Schriften des Betriebs-Beraters
Band 138

GmbH-Recht in der Praxis

von

Professor Dr. Markus Gehrlein

Richter am Bundesgerichtshof,
Karlsruhe
Honorarprofessor der
Universität Mannheim

Verlag Recht und Wirtschaft GmbH
Frankfurt am Main

Bibliografische Information Der Deutschen Bibliothek

Die Deutsche Bibliothek verzeichnet diese Publikation in der Deutschen Nationalbibliografie; detaillierte bibliografische Daten sind im Internet über http://dnb.ddb.de abrufbar.

ISBN 3-8005-1424-9

© 2005 Verlag Recht und Wirtschaft GmbH, Frankfurt am Main

Das Werk einschließlich aller seiner Teile ist urheberrechtlich geschützt. Jede Verwertung außerhalb der engen Grenzen des Urheberrechtsgesetzes ist ohne Zustimmung des Verlages unzulässig und strafbar. Das gilt insbesondere für Vervielfältigungen, Übersetzungen, Bearbeitungen, Mikroverfilmungen und die Einspeicherung und Verarbeitung in elektronischen Systemen.

Satzkonvertierung: Lichtsatz Michael Glaese GmbH, 69502 Hemsbach

Druck und Verarbeitung: Druckerei Lokay e. K., 64354 Reinheim

∞ Gedruckt auf säurefreiem, alterungsbeständigem Papier, hergestellt aus chlorfrei gebleichtem Zellstoff (TCF-Norm)

Printed in Germany

Für Eva und Gisela

Vorwort

Die GmbH ist die in Deutschland – nicht nur im Mittelstand – verbreitetste Unternehmensform. Diese Bedeutung wird durch einen nicht abreißenden Fluss ober- und vor allem höchstgerichtlicher Rechtsprechung wie auch immer weiter fortschreitende Publikationen aus der Wissenschaft unterstrichen. Das vorliegende Praxis-Handbuch will den Leser insbesondere mit der Rechtsprechung, aber auch dem Stand der Kommentarliteratur zu den wichtigsten Bereichen des GmbH-Rechts vertraut machen. Adressaten sind Kenner des GmbH-Rechts, die sich im raschen Zugriff über neuere Entwicklungen informieren möchten, vor allem aber auch Leser, die, sei es als Unternehmensjurist, Anwalt oder auch Student, den Einstieg in Materie suchen. Ein Schwerpunkt der Darstellung ist auf Verständlichkeit, Transparenz und Prägnanz gelegt. Das Buch befindet sich auf dem Stand Juli 2005.

Landau in der Pfalz, 27. Juli 2005

Markus Gehrlein

Inhaltsverzeichnis

1. Kapitel
Gründung der GmbH

I. Vorgründungsgesellschaft	29
1. Vertragsschluss	30
2. Rechtsnatur, Haftung	30
3. Verhältnis zu Vor-GmbH und GmbH	31
a) Trennung der Rechtsgebilde	31
b) Haftungsübernahme	31
II. Gesellschaftsvertrag	32
1. Gesellschaftszweck	32
a) Zweck und Unternehmensgegenstand	32
b) Mögliche Zwecke	33
aa) Grundsatz	33
bb) Einschränkungen durch §§ 134, 138 BGB	33
cc) Spezialgesetzliche Regelungen	34
c) Rechtsfolgen eines unzulässigen Zwecks	35
2. Gesellschafter	36
a) Natürliche Personen	36
b) Juristische Personen	37
c) Einpersonengründung	38
3. Mindestinhalt	38
a) Firma	38
aa) Freie Wahl der Unternehmensbezeichnung	38
bb) Rechtsscheinhaftung	40
b) Sitz	41
c) Unternehmensgegenstand	42
aa) Grundsatz	42
bb) Neugründung durch Verwendung des Mantels einer Vorrats-GmbH oder einer Alt-GmbH	42
(1) Gleichstellung mit Neugründung	43
(2) Registerrechtliche Kontrolle	44
(3) Unterbilanzhaftung	45
(4) Handelndenhaftung	46
d) Höhe des Stammkapitals	46

Inhaltsverzeichnis

  e) Betrag der einzelnen Stammeinlagen 46
 4. Körperschaftliche Regelungen 47
 5. Form 48
  a) Notarielle Beurkundung 48
  b) Ausländische Beurkundung 49
  c) Materielle Satzungsbestandteile 49
  d) Änderungen des Vertrages 50
  e) Vorvertrag 51
  f) Treuhand 51
 6. Auslegung des Vertrages 52
 7. Inhaltskontrolle von AGB 53

III. Vorgesellschaft 54
 1. Rechtsnatur 54
 2. Rechtsfähigkeit 54
 3. Vertretung der Vorgesellschaft 56
 4. Innenverhältnis 56
 5. Einpersonen-GmbH 57

IV. Haftung für Verbindlichkeiten der Vorgesellschaft 58
 1. Problematik 58
 2. Unterbilanzhaftung 59
  a) Grundlagen 59
  b) Voraussetzungen 59
   aa) Unterbilanz 59
   bb) Ermächtigung zur Aufnahme des Geschäftsbetriebs 60
   cc) Höhe der Haftung 60
 3. Verlustdeckungshaftung 61
 4. Beweislast 62
 5. Handelndenhaftung 63
  a) Handelnder 63
  b) Rechtsgeschäftliches Handeln 64
  c) Umfang der Haftung 65
  d) Erlöschen der Haftung 66
  e) Rückgriffsanspruch des Handelnden 66
 6. Unechte Vor-GmbH bei fehlender Eintragungsabsicht 67
  a) Gesamtschuldnerische Außenhaftung 67
  b) Einpersonengründung, Treuhand 67
  c) Feststellung der Aufgabe der Eintragungsabsicht 68

V. Eintragung der GmbH ... 68
1. Anmeldung ... 68
2. Registergerichtliche Prüfung ... 69
3. Eintragung ... 70

VI. Fehlerhafte Gesellschaft ... 71
1. Vor-GmbH ... 71
   a) Grundsätze der fehlerhaften Gesellschaft ... 71
   b) Abwicklung ... 72
2. Eintragung der GmbH ... 72
3. Unheilbare Beitrittsmängel ... 73
4. Abtretung von Geschäftsanteilen ... 73
   a) Vor-GmbH ... 73
   b) Eingetragene GmbH ... 74

2. Kapitel
Die Mitgliedschaft in der GmbH

I. Mitgliedschaft und Geschäftsanteil ... 75
1. Begriff ... 75
2. Mehrere Geschäftsanteile ... 75
3. Veräußerlichkeit des Geschäftsanteils ... 76
4. Vererblichkeit des Geschäftsanteils ... 77
   a) Erbfolge in Geschäftsanteil ... 77
   b) Gesellschaftsvertragliche Regelungen ... 77
      aa) Nachfolgeklausel ... 77
      bb) Hinauskündigung des Erben ... 78
      cc) Abfindung ... 79

II. Formzwang von Verpflichtungs- und Verfügungsgeschäft bei Anteilsveräußerung ... 80
1. Zweck des Formgebots ... 80
2. Verpflichtungsgeschäft ... 81
   a) Reichweite des Formgebots ... 81
      aa) Wesentliche Vertragsbestandteile ... 81
      bb) Nebenabreden ... 81
      cc) Vor-GmbH, Treuhand, Treuhänderwechsel, Abtretung des Übertragungsanspruchs ... 82
      dd) Vollmacht ... 84

Inhaltsverzeichnis

      b) Satzungsgemäßes Angebot an Mitgesellschafter 85
   3. Heilung des formwidrigen Verpflichtungsgeschäfts 86
      a) Rechtsgrund der Heilung 86
      b) Unwirksames Verpflichtungsgeschäft 86
      c) Bedingungseintritt oder -verzicht 86
   4. Verfügungsgeschäft 87

III. Gewährleistung bei Anteilsveräußerung 88

   1. Unterscheidung zwischen Rechts- und Unternehmenskauf .. 88
   2. Aufklärungspflichten 88
   3. Ergebnisabgrenzungsvereinbarung zwischen Verkäufer und Käufer 89
   4. Bereicherungsausgleich bei unwirksamer Übertragung eines Kundenstamms 89
   5. Kapitalerhöhung keine Anteilsveräußerung 90

IV. Beschränkung der Abtretung (Vinkulierung) 90

   1. Regelungszweck 90
   2. Satzungsgrundlage 91
   3. Genehmigungsberechtigter 92
   4. Genehmigung 94
   5. Erteilung der Genehmigung 94
   6. Reichweite der Vinkulierung 95
      a) Treuhand 95
      b) Nachlassanteil 96
      c) Ein- und Zweipersonengesellschaft 96

V. Veräußerung von Teilen des Geschäftsanteils 97

   1. Regelungszweck 97
   2. Genehmigung 97
      a) Gesellschafterbeschluss 97
      b) Erklärung der Genehmigung 98
      c) Schriftform 98
   3. Verbot der gleichzeitigen Abtretung 99
   4. Ausnahme vom Genehmigungserfordernis 100

VI. Mitberechtigung am Geschäftsanteil 100

   1. Regelungszweck 100
   2. Mitberechtigung 101
   3. Gemeinschaftliche Rechtsausübung 101

4.	Haftung der Mitberechtigten	102
5.	Rechtshandlungen der GmbH gegenüber Mitberechtigten ..	103

VII. Rechtsstellung von Veräußerer und Erwerber 104

1. Fehlerhafte Übertragung eines Geschäftsanteils 104
2. Legitimationswirkung der Anmeldung 105
3. Anmeldung 105
   a) Rechtsnatur, Anmeldeberechtigung 106
   b) Form der Anmeldung 106
   c) Nachweis des Übergangs 107
   d) Belieben der Anmeldeberechtigten 108
4. Rechtsfolgen der Anmeldung 108
   a) Gesamtschuldnerische Haftung von Veräußerer und Erwerber für Einlagepflichten 108
   b) Gewinne 110

VIII. Gewinnausschüttung 110

1. Gewinnanspruch 110
2. Konkludenter Beschluss – Vorabausschüttung 110
3. Fehlender Gesellschafterbeschluss 111

3. Kapitel
Verlust der Mitgliedschaft

I. Einziehung 113

1. Differenzierung zwischen Einziehung und Ausschließung .. 113
2. Begriff der Einziehung 113
3. Satzungsgrundlage 114
   a) Freiwillige Einziehung 115
   b) Zwangseinziehung 115
      aa) Konkretisierung der Gründe durch Satzung 115
      bb) Einzelfallprüfung 116
   c) Satzungsänderung 117
4. Zustimmung des Betroffenen bei freiwilliger Einziehung ... 118
5. Erhaltung des Stammkapitals 118
   a) Volleinzahlung der Einlage 118
   b) Leistung der Abfindung aus ungebundenem Vermögen .. 119
6. Durchführung der Einziehung 119
   a) Gesellschafterbeschluss 119

- b) Rechtliches Gehör 120
- c) Mitteilung der Einziehung 121
- 7. Rechtsfolgen der Einziehung – Abfindung 121
  - a) Vernichtung des Geschäftsanteils 122
  - b) Abfindung des ausgeschiedenen Gesellschafters ... 123
    - aa) Sittenwidrigkeit 123
    - bb) Nachträgliches Missverhältnis 123
    - cc) Benachteiligung der Gläubiger 124
  - c) Wirksamwerden der Einziehung 124
- 8. Rechtmäßigkeitsprüfung 125

II. Ausschließung eines Gesellschafters aus wichtigem Grund . 125

- 1. Verhältnis von Ausschließung und Einziehung 125
- 2. Ausschließung als Ergebnis der Rechtsfortbildung 126
  - a) Praktisches Bedürfnis 126
  - b) Dogmatische Grundlagen 126
  - c) Zusammenfassung der Rechtsprechungsgrundsätze ... 127
- 3. Beispiele möglicher Ausschließungsgründe 128
  - a) Gründe in der Person des Gesellschafters 128
  - b) Gründe im Verhalten des Gesellschafters 128
  - c) Wettbewerbsverstöße 130
  - d) Tief greifendes Zerwürfnis 131
  - e) Verhalten der anderen Gesellschafter: „milderes Licht" .. 131
  - f) Kapitalistisch strukturierte GmbH 132
- 4. Satzungsregeln zur Bestimmung von Ausschließungsgründen 132
  - a) Erschwerung der Ausschließung 133
  - b) Erleichterungen (freie Hinauskündigungsklausel) ... 133
    - aa) Grundsatz der Unwirksamkeit 133
    - bb) Gültigkeit wegen besonderer Umstände 134
      - (1) Treuhandähnliches Verhältnis 134
      - (2) Erbrechtliche Gestaltung 134
      - (3) Prüfung gedeihlicher Zusammenarbeit 135
      - (4) Beendigung der für die Beteiligung maßgeblichen Zusamenarbeit 136
  - c) Satzungsänderung 136
- 5. Durchführung der Ausschließung 137
  - a) Fehlende statutarische Regelungen 137
    - aa) Gesellschafterbeschluss 137
      - (1) Zustandekommen 137

	(2) Anfechtbarkeit	138
	bb) Ausschließungsklage	139
	cc) Ausschließungsurteil	140
	dd) Zahlung der Abfindung aus ungebundenem Vermögen	141
	ee) Rechtsstellung des Gesellschafters bis zur Zahlung der Abfindung	141
	b) Statutarische Regelung	142
6.	Abfindung	143
	a) Verkehrswert	143
	b) Unwirksame Abfindungsbeschränkungen	144
	c) Nachträgliche (schleichende) Unwirksamkeit einer Abfindungsbeschränkung	145
	d) Beweislast	146

III. Austritt eines Gesellschafters 146

4. Kapitel
Die Gesellschafterversammlung

I. Kompetenzen der Gesellschafterversammlung 150

1. Zwingende Zuständigkeiten 150
2. Statutarische Regelungen 150
3. Zuständigkeitskatalog des § 46 GmbHG 152
   a) Feststellung des Jahresabschlusses 152
   b) Einforderung von Einzahlungen 153
   c) Rückzahlung von Nachschüssen 153
   d) Teilung und Einziehung von Geschäftsanteilen 154
   e) Bestellung, Abberufung und Entlastung von Geschäftsführern 154
      aa) Bestellung, Abberufung 154
      bb) Entlastung, Generalbereinigung 155
         (1) Zuständigkeit 155
         (2) Reichweite 156
         (3) Kein Verzicht im Bereich der Kapitalerhaltung . 157
         (4) Kein Anspruch auf Entlastung 157
         (5) Anfechtbarkeit des Beschlusses 158
   f) Prüfung und Überwachung der Geschäftsführung 158
   g) Bestellung von Prokuristen 159
   h) Erhebung von Ersatzansprüchen 159

   aa) Normzweck 160
   bb) Beschlusserfordernis als materielle
     Klagevoraussetzung 161
   cc) Nachholung des Beschlusses 162
   dd) Entbehrlichkeit eines Gesellschafterbeschlusses 162
   ee) Bestellung eines Prozessvertreters 164

II. Einberufung der Gesellschafterversammlung 165
 1. Einberufungskompetenz 165
  a) Geschäftsführer 165
   aa) Ordnungsgemäße Bestellung 165
   bb) Sachliche Voraussetzungen 166
  b) Gesellschafter 167
   aa) Einberufungsverlangen 167
   bb) Pflichten der Geschäftsführer 168
   cc) Selbsthilferecht 168
   dd) Ergänzung der Tagesordnung 170
 2. Form und Inhalt der Einberufung 170
  a) Form 170
  b) Inhalt 171
  c) Einberufungsfrist 172
   aa) Berechnung der Frist 172
   bb) Verlegung, Eventualeinberufung 173
 3. Heilung von Einberufungsmängeln 174
  a) Universalversammlung 174
  b) Rügeverzicht 175
 4. Rechtsfolgen von Einberufungsmängeln 175

III. Beschlussfassung 176
 1. Ablauf der Versammlung 176
  a) Versammlungsleiter 176
  b) Protokollierung gefasster Beschlüsse 177
  c) Beschlussfassung in der Einpersonengesellschaft 177
  d) Wirksamwerden eines Gesellschafterbeschlusses 178
 2. Mehrheitserfordernisse 178
  a) Gesetz 178
  b) Satzung 179
 3. Teilnahmerecht 180
  a) Gesellschafter 180
  b) Treuhand 182

	c) Vertreter, Amtswalter	182
	d) Mitberechtigung	182
4.	Stimmrecht	183
	a) Abspaltungsverbot	183
	b) Treuhand	184
	c) Eigene Geschäftsanteile der GmbH	184
	d) Amtswalter	184
	e) Stimmbindungsverträge	185
	f) Einheitliche Stimmabgabe	186
	g) Rechtsnatur der Stimmabgabe	186
	h) Ausschluss von der Abstimmung	187
	aa) Normzweck	187
	bb) Subjektiver Geltungsbereich	188
	cc) Objektiver Geltungsbereich	189
	(1) Entlastung eines Gesellschafters	189
	(2) Befreiung von einer Verbindlichkeit	190
	(3) Vornahme eines Rechtsgeschäfts	191
	(4) Einleitung oder Erledigung eines Rechtsstreits	191
	dd) Unabdingbarkeit	192
5.	Schriftliche Beschlussfassung	193

IV. Rechtliche Kontrolle von Gesellschafterbeschlüssen   194

1.	Anwendbarkeit von Anfechtungs- und Nichtigkeitsklage	194
	a) Klage gegen protokollierten Beschluss	194
	b) Klage gegen nicht protokollierten Beschluss	196
2.	Schwebende Unwirksamkeit eines Beschlusses	196
3.	Nichtigkeit von Beschlüssen	197
	a) Nichtigkeitsgründe	197
	aa) Einberufungsmängel	197
	bb) Beurkundungsmängel	198
	cc) Unvereinbarkeit mit dem Wesen der GmbH	199
	dd) Sittenwidrigkeit	200
	ee) Nichtigerklärung, Löschung	200
	b) Geltendmachung der Nichtigkeit	200
4.	Anfechtbarkeit von Beschlüssen	201
	a) Klagebefugnis, Beklagter	201
	b) Anfechtungsfrist	203
	c) Zuständiges Gericht	203
	d) Urteil	204

e) Kausalität des Verfahrensfehlers für Beschluss entbehrlich 204
f) Vorrang von Nebenabreden 205

5. Kapitel
Der Geschäftsführer

I. **Geschäftsführer als Vertretungs- und Geschäftsführungsorgan** 207
  1. Funktion des Geschäftsführers 207
  2. Vertretung 208
    a) Umfang der Vertretungsmacht 208
    b) Immanente Grenzen der Vertretungsmacht 209
    c) Innengeschäfte 210
    d) Verbot des Insichgeschäfts 210
      aa) Grundsatz 210
      bb) Zulässigkeit eines Insichgeschäfts 211
      cc) Einpersonengesellschaft 212
    e) Gesamtvertretung 213
    f) Prozessvertretung 214
  3. Geschäftsführung 215
    a) Begriff 215
    b) Gesetzliche Aufgaben der Geschäftsführer 216
    c) Gesamtgeschäftsführung 216
      aa) Geschäftsordnung 216
      bb) Gesamtverantwortung 217
    d) Grenzen der Geschäftsführung 218
      aa) Weisungen 218
      bb) Gesetz und Satzung 219
      cc) Ungewöhnliche Geschäfte 219

II. **Organverhältnis** 220
  1. Unterscheidung zwischen Organ- und Anstellungsverhältnis .. 220
  2. Berufung in das Organverhältnis 221
    a) Person des Geschäftsführers 221
    b) Bestellungsorgan 222
      aa) Gesellschaftsvertrag 222
      bb) Gesellschafterversammlung 223
      cc) Delegation des Bestellungsrechts 224

c) Bestellungsakt	225
3. Abberufung aus dem Organverhältnis	226
a) Allgemeine Beendigungsgründe	226
b) Ordentliche Abberufung	227
aa) Grundsatz der freien Abberufbarkeit	227
bb) Verfahren	227
cc) Durchführung	228
dd) Rechtsschutz	229
ee) Kein Schadensersatzanspruch des Geschäftsführers wegen Widerrufs der Bestellung	229
c) Abberufung aus wichtigem Grund	230
aa) Satzungsfeste Befugnis der Gesellschafter	230
bb) Wichtiger Grund	231
d) Amtsniederlegung	233
aa) Begründung entbehrlich	233
bb) Kundgabe, Adressat der Erklärung	234
cc) Weitere Rechtsfolgen	235
e) Aufhebungsvertrag	235
III. Anstellungsverhältnis	236
1. Begründung des Anstellungsverhältnisses	236
a) Bestellungsorgan	236
b) Umsetzung der Bestellung	237
c) Form	238
d) Fehlerhafter Anstellungsvertrag	239
e) Rechtsnatur des Anstellungsverhältnisses: Dienstvertrag	240
2. Rechte des Geschäftsführers	242
a) Vergütung	242
aa) Vertragliche Abrede	242
bb) Tantieme	244
cc) Anpassung der Vergütung an wirtschaftliche Gegebenheiten, Unterbilanz	245
dd) Dienstwagen	247
ee) Leistungsstörungen	247
b) Nebenansprüche	248
c) Ruhegehalt	249
aa) Begründung des Anspruchs	249
bb) Entgeltcharakter der Versorgung	250
cc) Unverfallbarkeit einer Versorgungszusage	250
(1) Geschützter Personenkreis	250

    (2) Voraussetzungen der Unverfallbarkeit 251
   dd) Widerruf einer unverfallbaren Versorgungszusage .. 252
   ee) Widerruf einer verfallbaren Versorgungszusage 253
   ff) Insolvenzschutz für Versorgungsansprüche 253
 3. Pflichten des Geschäftsführers 254
  a) Ausübung der Organstellung in Übereinstimmung mit
   dem Gesetz 254
  b) Geschäftliche Risiken 255
  c) Allgemeine Pflichten 256
  d) Wettbewerbsverbot 257
   aa) Während der Amtszeit 257
    (1) Beginn und Ende 257
    (2) Reichweite des Wettbewerbsverbots 258
    (3) Rechtsfolge 259
   bb) Nach der Amtszeit 259
    (1) Ausdrückliche Vertragsabrede 259
    (2) Entschädigung 260
    (3) Freistellung des Geschäftsführers von
     nachvertraglichem Wettbewerbsverbot 261
 4. Beendigung des Anstellungsverhältnisses 262
  a) Allgemeine Beendigungsgründe 262
   aa) Tod, Insolvenz, Zeitablauf 262
   bb) Koppelung von Anstellungsverhältnis mit
    Organverhältnis 263
  b) Ordentliche Kündigung 263
   aa) Kündigungskompetenz 263
   bb) Kündigungsfrist 264
   cc) Kein Kündigungsgrund erforderlich 264
  c) Fristlose Kündigung 266
   aa) Wichtiger Grund 266
    (1) Kündigung durch Geschäftsführer 266
    (2) Kündigung durch GmbH 267
   bb) Abmahnung 269
   cc) Frist des § 626 Abs. 2 BGB 270
    (1) Fristbeginn 270
    (2) Nachschieben von Gründen 272
   dd) Vergütungsanspruch bei unwirksamer fristloser
    Kündigung: Annahmeverzug 273
  d) Aufhebungsvertrag 273

IV. Haftung des Geschäftsführers ... 274
1. Ansprüche der GmbH gegen den Geschäftsführer ... 274
   a) Verstoß gegen Auszahlungsverbot des § 30 GmbHG 274
   b) Schadensersatzansprüche wegen Pflichtverletzung
      (§ 43 GmbHG) ... 275
      aa) Organstellung ... 275
      bb) Sorgfaltspflichtverletzung ... 277
      cc) Weisungen ... 279
      dd) Schaden ... 279
      ee) Darlegungs- und Beweislast ... 280
      ff) Schutzwirkung des Geschäftsführervertrages zu
          Gunsten KG ... 281
      gg) Entlastung ... 281
      hh) Haftungsverzicht vor Anspruchsentstehung ... 282
          (1) Grundsätzliche Zulässigkeit ... 282
          (2) Grenzen ... 283
   c) Kreditgewährung aus gebundenem Vermögen ... 284
   d) Masseschmälerung ... 284
      aa) Schutzzweck der Norm ... 284
      bb) Verbotene Zahlungen ... 285
      cc) Kein Verweis auf Möglichkeit der
          Insolvenzanfechtung (§§ 129 ff. InsO) ... 286
      dd) Verschulden ... 286
   f) Gründerhaftung ... 287
2. Ansprüche der Gläubiger der GmbH ... 288
   a) Culpa in contrahendo ... 288
   b) Garantieversprechen ... 289
   c) Insolvenzverschleppung ... 289
      aa) Altgläubiger: Quotenschaden ... 290
      bb) Neugläubiger: Vertrauensschaden ... 291
      cc) Geltendmachung des Anspruchs, Darlegungs- und
          Beweislast, Verjährung ... 292
   d) Deliktische Haftung ... 293
   e) Nichtabführen von Sozialversicherungsbeiträgen ... 293

V. Haftung von Prokuristen und Handlungsbevollmächtigten . 295
1. Verletzung des Anstellungsvertrages ... 295
2. Deliktische Haftung ... 295

Inhaltsverzeichnis

6. Kapitel
Sicherung der Kapitalaufbringung

I. Kapitalaufbringung als Korrelat der Haftungsbefreiung ... 297

II. Unversehrtheitsgrundsatz 298
   1. Verwirklichung durch Differenzhaftung 298
   2. Mehrzahlung über Mindesteinlage hinaus 298

III. Zahlung der Bareinlage 299
   1. Fälligkeit der Bareinlage 299
   2. Gleichmäßige Behandlung der Gesellschafter 300
   3. Erfüllung der Bareinlageschuld 301
      a) Zuordnung einer Zahlung 301
      b) Vorauszahlung 302
      c) Zahlung auf eigenes, auch als Geschäftskonto der GmbH genutztes Konto des Gesellschafters 303
      d) Zahlung auf im Debet geführtes Konto 303
      e) Schuldrechtliche Verwendungsabsprachen 304
         aa) Zulässige Abreden 304
         bb) Kein Mittelrückfluss an Einleger 305
      f) Hin- und Herzahlung 306
      g) Zahlung aus Mitteln der Gesellschaft 307
      h) Zahlung an Gesellschaftsgläubiger 307
         aa) Mindesteinlage 307
         bb) Resteinlage 308
   4. Verjährung 309
   5. Befreiungsverbot 309
      a) Erlass 309
      b) Novation 310
      c) Annahme an Erfüllungs statt 310
      d) Stundung 310
      e) Vergleich 311
      f) Schiedsfähigkeit von Einlagestreitigkeiten 311
   6. Aufrechnungsverbot 312
      a) Aufrechnung durch Gesellschafter 312
      b) Aufrechnung durch GmbH 313

IV. Erbringung der Sacheinlage 315
   1. Begriff 315
   2. Gegenstand einer Sacheinlage 316

3. Gutgläubiger Erwerb der GmbH von einem Gesellschafter .. 318
   4. Verdeckte Sacheinlage 318
      a) Begriff 318
      b) Hin- und Herzahlung 318
      c) Verrechnung 319
         aa) Altforderung 320
         bb) Neuforderung 321
            (1) Absprache 321
            (2) Vermutung einer Absprache 322
      d) Rechtsfolgen der verdeckten Sacheinlage 322
         aa) Einlageschuld 322
         bb) Schuldrechtliche und dingliche Vereinbarung 323
         cc) Heilung der verdeckten Sacheinlage 323

V. **Kapitalerhöhung** 325
   1. Verwirklichung der Kapitalerhöhung 325
   2. Fälligkeit 326
   3. Zeitpunkt der Zahlung 326
   4. Vorausleistungen 327
         aa) Geldeinlage 327
         bb) Sanierungsfälle 328
         cc) Sacheinlage 328
   5. Zahlung auf im Debet geführtes Konto 329
   6. Ausschüttungs-Rückhol-Verfahren 329
      a) Tatsächliche Gestaltung 329
      b) Rechtliche Behandlung als Sacheinlage 330
      c) Offenlegung des Verfahrens 330

VI. **Kaduzierung** 331
   1. Anwendungsbereich 331
   2. Verfahrensgang 332
      a) Säumnis des Gesellschafters und erste
         Zahlungsaufforderung 332
      b) Erneute Zahlungsaufforderung 333
      c) Zuständigkeit 334
      d) Verlustigerklärung 334
   3. Wirkungen 335
      a) Verlust der Mitgliedschaft 335
      b) Stufenregress 336
         aa) Staffelregress 336

bb) Verwertung des Geschäftsanteils 337
cc) Ausfallhaftung des ausgeschlossenen Gesellschafters 337
dd) Ausfallhaftung der Mitgesellschafter 338

7. Kapitel
Sicherung der Kapitalerhaltung

I. Prinzip des Kapitalschutzes 341
  1. Notwendigkeit der Kapitalerhaltung 341
  2. Ausgestaltung des Kapitalschutzes 342
    a) Regelung der §§ 30, 31 GmbHG 342
      aa) Rückgewähranspruch 342
      bb) Abschließender Charakter der Regelung 343
    b) Ausstrahlungswirkung 344
      aa) Andere Normen 344
      bb) Eigenkapitalersatzregeln 345
  3. Unterschiede zwischen GmbH- und Aktien-Recht 345

II. Reichweite des Vermögensschutzes 345
  1. Stammkapital als Ausgangsgröße 345
  2. Auszahlung 347
    a) Adressat des Verbots 347
    b) Begriff 347
    c) Minderung des Gesellschaftsvermögens 348
      aa) Darlehensvergabe 349
      bb) Austauschverträge 349
      cc) Verdeckte Gewinnausschüttung, verdeckte
          Sondervorteile 350
      dd) Geschäftsführervergütung 351
      ee) Verzicht auf Gewinn 351
      ff) Unschädlichkeit eines reinen Passiventauschs 352
  3. Unterbilanz und Überschuldung 352
  4. Unterbilanz 353
    a) Feststellung der Unterbilanz 353
    b) Haftungsgrenze 354
  5. Überschuldung 355
    a) Begriff der Überschuldung 355
    b) Feststellung der rechnerischen Überschuldung 355
      aa) Vermögensbilanz 355

      (1) Aktivvermögen 355
      (2) Passivvermögen 356
      (3) Ergebnis 356
    bb) Bisherige Rechtsprechung: Zweistufiger
        Überschuldungsbegriff 357
    cc) Neue Rechtslage 357
  c) Haftungsgrenze 358
    aa) Gesellschafter 358
      (1) GmbH 358
      (2) GmbH & Co KG 359
    bb) Ausfallhaftung der Mitgesellschafter 360

III. Auszahlungsempfänger 361

  1. Gesellschafter 361
    a) Direkte Leistung an Gesellschafter 361
    b) Leistung an Gesellschafter über Dritten 362
  2. Dritte 363
    a) Treuhand 363
    b) Verbundene Unternehmen 364
    c) Leistungen an Familienangehörige 365

IV. Der Erstattungsanspruch 366

  1. Umfang des Anspruchs 366
  2. Inhalt des Anspruchs 367
  3. Fälligkeit des Anspruchs 367
  4. Nachträgliche Auffüllung des Stammkapitals 368
    a) Kein nachträglicher Wegfall des Erstattungsanspruchs .. 368
    b) Behandlung von Rückstellungen 368
  5. Anspruch gegen gutgläubigen Gesellschafter 369
  6. Aufrechnung, Erlass, Stundung 369
  7. Ausfallhaftung 370
  8. Verjährung 370
  9. Darlegungs- und Beweislast 371

V. Ansprüche gegen Gesellschafter wegen existenzvernichtenden Eingriffs 372

  1. Planmäßiger Vermögensentzug 372
  2. Haftung der Gesellschafter wegen existenzvernichtenden
     Eingriffs 372

      a) Schutz der abhängigen GmbH gegenüber ihrem
          Alleingesellschafter 372
      b) Missbrauch der Rechtsform GmbH 373
      c) Haftung im qualifiziert faktischen Konzern 375

VI. Durchgriffshaftung 376

   1. Vermögensvermischung 376
   2. Sphärenvermischung 377
   3. Unterkapitalisierung 378
   4. Einpersonengesellschaft 379
   5. Umgekehrter Durchgriff 379

VII. Weitere Haftung von Gesellschaftern 379

   1. Mithaftung des Gesellschafters neben der GmbH 379
   2. Haftung der Gesellschafter untereinander 380

8. Kapitel
Eigenkapitalersatzrecht

I. Grundgedanken des Eigenkapitalersatzrechts 381

   1. Notwendigkeit einer Kapitalstärkung 381
   2. Gleichbehandlung von Darlehen und Eigenkapital 382
      a) Darlehen zur Kapitalzufuhr ungeeignet 382
      b) Keine Risikoverlagerung auf Gläubiger 382
      c) Anwendung der §§ 30, 31 GmbHG 383
   3. Zweistufiger Schutz der Gesellschaft 383
      a) Rechtsprechungsregeln 384
      b) Gesetzliche Konzeption 385
      c) Rechtsprechungsregeln und Novellenregeln
         nebeneinander anwendbar 385
         aa) Unterschiede 385
         bb) Folgerung 386

II. Krise der Gesellschaft 387

   1. Insolvenzreife 388
      a) Zahlungsunfähigkeit 388
      b) Überschuldung 388
         aa) Zweistufiger Überschuldungsbegriff 388
         bb) Überschuldungsbilanz 389

>   (1) Jahresabschluss, stille Reserven 389
>   (2) Rückstellungen 390
>   cc) Passivierung von Gesellschafterforderungen 391
>   (1) Gesellschafterdarlehen 391
>   (2) Rangrücktrittserklärung 392
>   c) Beweislast 393
> 2. Kreditunwürdigkeit 393
>   a) Begriff der Kreditunwürdigkeit 394
>   b) Unterscheidung von Kreditunwürdigkeit und
>   Insolvenzreife 394
>   c) Feststellung der Kreditunwürdigkeit 395
>   aa) Kreditbezogene Indizien 395
>   bb) Unternehmensbezogene Indizien 397
>   cc) Darlegungs- und Beweislast 397
> 3. Erkennbarkeit der Krise 398
>
> III. **Umqualifizierung der Leistung des Gesellschafters in Eigenkapital** 399
> 1. Darlehen 399
>   a) Grundmodell des Eigenkapitalersatzrechts 399
>   b) Finanzplankredit 400
>   aa) Begriff 400
>   bb) Auslegung der Abrede 401
>   cc) Aufhebung der Verpflichtung 402
>   c) Kurzfristiger Überbrückungskredit 402
>   d) Sanierungsdarlehen 403
>   aa) Erwerb von Geschäftsanteilen 404
>   bb) Sanierungszweck 404
>   cc) Rechtsfolgen 405
> 2. Gesellschafterbesicherte Drittdarlehen 405
>   a) Tatbestand 406
>   b) Rechtsfolgen 407
>   aa) Verhältnis Kreditgeber zur GmbH 407
>   bb) Verhältnis der GmbH zu Gesellschafter 407
> 3. Gebrauchsüberlassung 408
>   a) Begriff der kapitalersetzenden Gebrauchsüberlassung ... 408
>   b) Insolvenzreife 409
>   c) Kreditunwürdigkeit 409
>   d) Überlassungsunwürdigkeit 410
>   aa) Standardwirtschaftsgüter 410

         bb) Spezialwirtschaftsgüter 411
         cc) Betriebsaufspaltung 411
   4. Andere Leistungen 413
      a) Stundung 413
      b) Fälligkeitsvereinbarungen 414
      c) Stille Beteiligung 416
   5. Zeitpunkt der Umqualifizierung 416
      a) Darlehenshingabe nach Eintritt der Krise 416
         aa) Leistung in der Krise 417
         bb) Leistungsversprechen in der Krise 418
         cc) Krisenfinanzierung 418
      b) Stehenlassen eines Darlehens 419
         aa) Kreditbelassung entspricht Kreditverlängerung 419
         bb) Entbehrlichkeit einer Finanzierungsabrede 420
         cc) Kennenmüssen der Krise 421
         dd) Möglichkeit des Darlehensabzugs 422
             (1) Kündigung 422
             (2) Liquidation 423
         ee) Klage wegen späteren Abzugs eines stehen
             gelassenen Darlehens 425

IV. **Umfang der Haftung wegen Eigenkapitalersatzes** 425

   1. Haftender Personenkreis 425
      a) Gesellschafter 425
         aa) Ehemaliger Gesellschafter 426
         bb) Neugesellschafter 427
      b) Kleinbeteiligte Gesellschafter 428
         aa) Tatbestand 428
             (1) Kleingesellschafter 428
             (2) Fehlende Geschäftsführung 429
         bb) Rechtsfolge 429
      c) Dritte 430
         aa) Treuhand 430
         bb) Verbundene Unternehmen 431
             (1) Voraussetzungen 431
             (2) Rechtsfolgen 432
         cc) Miteigentümer bei Gebrauchsüberlassung 432
         dd) Pfandgläubiger 433
      d) Nahe Angehörige 433
   2. Inhalt der Haftung 434

	a)	Auszahlungsverbot	434
		aa) Höhe	434
		bb) Dauer der Verstrickung	435
	b)	Erstattungsanspruch	436
		aa) Höhe	436
		bb) Dauer der Verstrickung	437
	c)	Gesellschafterbesicherte Drittdarlehen	438
	d)	Gebrauchsüberlassung	439
		aa) Unentgeltliches Nutzungsrecht der Gesellschaft	439
		bb) Insolvenz	440
		cc) Zwangsverwaltung	441
	e)	Insolvenz der GmbH	441
		aa) Insolvenzforderung des Gesellschafters	441
		bb) Haftung des Gesellschafters wegen Rückzahlung des Darlehens	442
	f)	Haftung der Mitgesellschafter	443
		aa) Rückgriffsanspruch der GmbH	443
		bb) Ausgleichsanspruch des haftenden gegen andere Gesellschafter	443

9. Kapitel
Auflösung und Beendigung der GmbH

I. Auflösung, Liquidation und Beendigung der Gesellschaft .. 445

   1. Beendigung einer GmbH in drei Phasen 445
   2. Zusammenfallen von Auflösung und Beendigung 445

II. Auflösungsgründe 446

   1. Befristung 446
   2. Auflösungsbeschluss 447
      a) Voraussetzungen 447
      b) Anfechtung 449
   3. Auflösung kraft Hoheitsakt 450
      a) Auflösungsurteil 450
         aa) Auflösungsgrund 450
         bb) Verfahren 451
      b) Auflösung im Verwaltungsweg 452
   4. Insolvenzeröffnung 452
   5. Ablehnung der Insolvenzeröffnung 453

Inhaltsverzeichnis

      6. Registergerichtliche Verfügung 453
      7. Gesellschaftsvertragliche Auflösungsgründe 453

III. Fortsetzung einer aufgelösten GmbH 454
      1. Fortsetzungsbeschluss 455
      2. Keine Vollbeendigung 455
      3. Beseitigung des Auflösungsgrundes 456
         a) Zeitablauf (§ 60 Abs. 1 Nr. 1 GmbHG),
            Auflösungsbeschluss (§ 60 Abs. 1 Nr. 2 GmbHG) 456
         b) Auflösungsurteil und Auflösungsverfügung
            (§ 60 Abs. 1 Nr. 3 GmbHG) 456
         c) Eröffnung des Insolvenzverfahrens (§ 60 Abs. 1 Nr. 4
            GmbHG) 457
         d) Ablehnung der Insolvenzeröffnung mangels Masse
            (§ 60 Abs. 1 Nr. 5 GmbHG) 457
         e) Registergerichtliche Verfügung 458

IV. Liquidation 458
      1. Bestellung und Anstellung des Liquidators 459
      2. Vertretungsmacht der Liquidatoren 460
      3. Aufgaben der Liquidatoren im Innenverhältnis 461
         a) Geschäftsführung 461
         b) Beendigung der laufenden Geschäfte 462
         c) Erfüllung der Verpflichtungen 463
         d) Einziehung der Forderungen 464
         e) Umsetzung des Gesellschaftsvermögens in Geld 465
         f) Vermögensverteilung 465

V. Vollbeendigung 466

Literaturverzeichnis 468

Sachregister 469

1. Kapitel
Gründung der GmbH

Die GmbH kann als eine in das Handelsregister eingetragene, mit selbstständiger Rechtspersönlichkeit ausgestattete Handelsgesellschaft definiert werden, die jedem erlaubten Zweck dienen kann und deren Gesellschafter mit Einlagen auf das in Teile zerlegte Stammkapital beteiligt sind, ohne persönlich für die Verbindlichkeiten der Gesellschaft zu haften.[1] Bekanntlich ist die Bezeichnung „mit beschränkter Haftung" zumindest unscharf, weil die GmbH ihren Gläubigern unbeschränkt haftet (§ 13 Abs. 2 GmbHG), das Haftungsprivileg vielmehr nur ihre Gesellschafter genießen. Als juristische Person (§ 13 GmbHG) entsteht die GmbH mit der Eintragung in das Handelsregister (§ 11 GmbHG). Der erste Abschnitt des GmbH-Gesetzes befasst sich in den §§ 1 bis 11 mit den Voraussetzungen für die Eintragung der GmbH. Die GmbH wird mit Abschluss des Gesellschaftsvertrages *errichtet*, mit ihrer Eintragung in das Handelsregister *gegründet*.[2] Die Gründung der GmbH vollzieht sich in fünf Schritten: Abschluss des Gesellschaftsvertrages (§ 2 GmbHG), Bestellung der Geschäftsführer (§ 6 GmbHG), Leistungen auf die Stammeinlage (§ 7 Abs. 2 und 3 GmbHG), Anmeldung zum Handelsregister (§§ 7 Abs. 1, 8 GmbHG) und registergerichtliche Prüfung, Eintragung und Bekanntmachung (§§ 9c, 10, 11 GmbHG).[3]

I. Vorgründungsgesellschaft

Den Zeitraum vor Abschluss des Gesellschaftsvertrages bezeichnet man als *Vorgründungsstadium*. In diesem Stadium kann, muss aber nicht eine Vorgründungsgesellschaft bestehen. Mit Abschluss des Gesellschaftsvertrages entsteht die Vor-GmbH oder Vorgesellschaft, die nach Eintragung in das Handelsregister von der (fertigen) GmbH abgelöst wird.

---

1 Rowedder/*Schmidt-Leithoff*, § 1, Rn. 3.
2 *Lutter/Bayer*, in: Lutter/Hommelhoff, § 1, Rn. 1.
3 *Roth*/Altmeppen, § 1, Rn. 2.

1. Kap. I. Vorgründungsgesellschaft

1. Vertragsschluss

Es sind – bei uneinheitlicher Terminologie[4] – zwei Formen der Vorgründungsgesellschaft zu unterscheiden: Die Gesellschafter können einen der Form des § 2 GmbHG unterliegenden *Vorvertrag* schließen, durch den sie sich zum späteren Abschluss eines GmbH-Gesellschaftsvertrages verpflichten und den Inhalt des künftigen Vertrages weitgehend festlegen. In dieser Konstellation spricht man von einer *Vorgründungsgesellschaft im engeren Sinn*. Daneben können sich die Gründer, ohne den Inhalt des Gesellschaftsvertrages vorzuzeichnen, formfrei verpflichten, fördernd auf die spätere Errichtung einer GmbH hinzuwirken. Dieser Fall wird als *Vorgründungsgesellschaft im weiteren Sinn* bezeichnet.[5] Der Zweck der Vorgründungsgesellschaft ist darauf gerichtet, durch gemeinsames Zusammenwirken eine GmbH zu gründen. Mit Errichtung des Gesellschaftsvertrages wird die Vorgründungsgesellschaft wegen Zweckerreichung (§ 726 BGB) aufgelöst.

2. Rechtsnatur, Haftung

Eine schon bestehende, die spätere GmbH-Tätigkeit vorbereitende Personenvereinigung hat mit der in Aussicht genommenen GmbH im Rechtssinn noch nichts zu tun. Es handelt sich um eine eigenständige Gesellschaft bürgerlichen Rechts oder, wenn bereits ein Handelsgeschäft betrieben wird, um eine OHG. Aus den für die Gesellschaft abgeschlossenen Geschäften haften die Gesellschafter *persönlich und unbeschränkt*.[6] Treten die Gründer vor Abschluss des Gesellschaftsvertrages namens der GmbH oder einer GmbH in Gründung auf, so kommt der Vertrag mit der Vorgründungsgesellschaft zustande. Es handelt sich um eine Falschbezeichnung, die dazu führt, dass nach den Grundsätzen des *betriebsbezogenen Geschäfts* der ordnungsgemäß vertretene wahre Rechtsträger berechtigt und verpflichtet wird.[7]

---

4 Scholz/*K. Schmidt*, § 11, Rn. 9.
5 Vgl. BGH, Urt. v. 7. 10. 1991 – II ZR 252/90, NJW 1992, 362 f.; BGH, Urt. v. 21. 9. 1987 – II ZR 16/87, BB 1988, 159.
6 BGH, Urt. v. 7. 5. 1984 – II ZR 276/83, BGHZ 91, 148 = BB 1984, 1315 = NJW 1984, 2164; BGH, Urt. v. 20. 6. 1983 – II ZR 200/82, BB 1982, 1433 = NJW 1982, 2822.
7 BGH, Urt. v. 7. 5. 1984 – II ZR 276/83, BGHZ 91, 148 = BB 1984, 1315 = NJW 1984, 2164.

Eine Vorgründungsgesellschaft ist als OHG zu qualifizieren, wenn sie mit ihren Geschäften beginnt und sich nicht aus §§ 2, 105 Abs. 2 HGB etwas anderes ergibt. Die erste der Geschäftsaufnahme dienende Rechtshandlung wie eine Kontoeröffnung kann ausreichen. Die Haftung der Gesellschafter ist jedenfalls begründet, wenn sie mit dem Geschäftsbeginn einverstanden sind.[8]

3. Verhältnis zu Vor-GmbH und GmbH

a) Trennung der Rechtsgebilde

Zwischen der Vorgründungsgesellschaft und der Vor-GmbH wie auch der GmbH besteht *keine Kontinuität*. Das GmbH-Recht greift auf die Zeit vor Abschluss des Gründungsvertrages nicht über. Rechte und Verbindlichkeiten der Vorgründungsgesellschaft gehen, weil GmbH-Recht noch nicht gilt, mit der GmbH-Gründung nicht automatisch auf die Vorgesellschaft und später auf die GmbH über, sondern müssen, wenn sie in die GmbH eingebracht werden sollen, durch besonderes Rechtsgeschäft übertragen werden.[9] Allerdings können Vermögenswerte von der Vorgründungsgesellschaft konkludent auf die Vorgesellschaft oder GmbH übertragen werden.[10] Indizien hierfür können sich aus den Geschäftspapieren der gegründeten GmbH ergeben, wenn sie Vermögensgegenstände der Vorgründungsgesellschaft als ihr Eigentum führt.[11]

b) Haftungsübernahme

Für die Verbindlichkeiten der Vorgründungsgesellschaft haben mangels Übergang auf Vorgesellschaft und GmbH deren Gesellschafter einzustehen. Eine rechtsgeschäftliche persönliche Haftung der GmbH-Gesellschafter für Verbindlichkeiten, die sie vorweg für die erst noch zu gründende Gesellschaft eingegangen sind, endet mit Gründung oder Eintragung der GmbH im Handelsregister nur, wenn das mit dem Gläubiger so vereinbart ist. Eine solche Vereinbarung

---

8 BGH, Urt. v. 26. 4. 2004 – II ZR 120/02, BB 2004, 1357.
9 BGH, Urt. v. 7. 5. 1984 – II ZR 276/83, BGHZ 91, 148 = BB 1984, 1315 = NJW 1984, 2164.
10 Goette, § 1, Rn. 34.
11 Vgl. BGH, Urt. v. 7. 10. 1991 – II ZR 252/90, NJW 1992, 362 f.; BGH, Urt. v. 21. 9. 1987 – II ZR 16/87, BB 1988, 159.

muss der Haftungsschuldner beweisen.[12] Daneben besteht die Möglichkeit, dass die Vorgesellschaft oder GmbH die Schuld ihres Gründers übernimmt (§§ 414, 415 BGB). Der Schuldübernahmevertrag kann zwischen Gläubiger und GmbH vereinbart werden. Wird die Schuldübernahme zwischen Gründer und GmbH verabredet, so hängt deren Wirksamkeit von der Genehmigung durch den Gläubiger ab (§ 415 Abs. 1 S. 2 BGB). Anstelle einer Genehmigung kann der Gläubiger der Schuldübernahme im Voraus zustimmen. Eine konkludente Zustimmung kann schwerlich angenommen werden, weil der Gläubiger regelmäßig nicht bereit ist, den durch den Vertragsschluss gewonnenen unbeschränkt haftenden Schuldner gegen einen beschränkt haftenden auszutauschen.[13]

II. Gesellschaftsvertrag

Der Abschluss des Gesellschaftsvertrages ist Gründungsvoraussetzung. Der Gesellschaftsvertrag enthält zum einen die Einigung der Gesellschafter über die Errichtung der GmbH; zum anderen regelt er die Verfassung (§ 25 BGB) der GmbH, ihre Organisation und die mitgliedschaftlichen Rechte und Pflichten der Gesellschafter, und hat daher satzungsmäßigen Charakter. Aus dieser Erwägung wird der Gesellschaftsvertrag der GmbH üblicherweise als *Satzung* bezeichnet.

1. Gesellschaftszweck

a) Zweck und Unternehmensgegenstand

Das Gesetz unterscheidet zwischen (Gesellschafts-)Zweck (§§ 1, 61 Abs. 1 GmbHG) und Unternehmensgegenstand (§§ 3 Abs. 1 Nr. 2, 8 Abs. 1 Nr. 6, 10 Abs. 1, 75, 76 GmbHG). Beide Begriffe stehen im Verhältnis von Mittel und Zweck, besagen also, durch welche Tätigkeit (Unternehmensgegenstand) ein bestimmter Zweck (Gewinnerzielung, karitative Belange) erreicht werden soll.[14] Beide Begriffe werden regelmäßig inhaltlich übereinstimmen; zwingend ist dies aber nicht. Der Unternehmensgegenstand „Import von Dritte-Welt-Pro-

---

12 BGH, Urt. v. 20. 6. 1983 – II ZR 200/82, BB 1982, 1433 = NJW 1982, 2822.
13 BGH, Urt. v. 9. 3. 1998 – II ZR 366/96, BB 1998, 813 = NJW 1998, 1645.
14 Scholz/*Emmerich,* § 1, Rn. 2; Hachenburg/*Ulmer,* § 1, Rn. 5 ff.; a. A. Baumbach/*Hueck/Fastrich,* § 1, Rn. 5.

dukten" kann mit dem Zweck der Gewinnerzielung, aber auch der Entwicklungshilfe kombiniert werden. Während eine Änderung des Unternehmensgegenstandes mit 3/4-Mehrheit durch eine Satzungsänderung beschlossen werden kann (§ 53 Abs. 2 GmbHG), bedarf eine Änderung der Zweckbestimmung als Grundlagengeschäft der Zustimmung aller Gesellschafter (§ 33 Abs. 1 S. 2 BGB).[15]

b) Mögliche Zwecke

aa) Grundsatz

Eine GmbH kann gemäß § 1 GmbHG zu jedem gesetzlich zulässigen Zweck errichtet werden. Grundsätzlich können alle beliebigen, seien es wirtschaftliche oder nicht wirtschaftliche Zwecke, verfolgt werden. Im Unterschied zu den kaufmännischen Organisationsformen wird nicht der Betrieb eines Handelsgewerbes (§§ 1 Abs. 1, 105 Abs. 1, 161 Abs. 1 HGB) vorausgesetzt. In der Praxis stehen erwerbswirtschaftliche und sonstige unternehmerische Zwecke deutlich im Vordergrund. Aber auch ideelle (religiöse, künstlerische, karitative Betätigungen) wie gemeinnützige Zwecke (öffentliche Wohnungsbauunternehmen) können unter dem Dach einer GmbH gefördert werden.[16] Die öffentliche Daseinsvorsorge bedient sich – vor allem auf kommunaler Ebene – der Organisationsform der GmbH. Freilich ist die GmbH unabhängig von ihrem Unternehmensgegenstand kraft Gesetzes eine Handelsgesellschaft (§ 13 Abs. 3 GmbHG) und folglich Kaufmann kraft Rechtsform (§ 6 Abs. 2 HGB); ihre Geschäfte sind, ohne dass eine private Sphäre zu separieren wäre, stets Handelsgeschäfte (§ 343 Abs. 1 HGB).[17]

bb) Einschränkungen durch §§ 134, 138 BGB

Die möglichen Gesellschaftszwecke stehen natürlich unter dem Vorbehalt der §§ 134, 138 BGB. Eine GmbH, die auf Steuerhinterziehung angelegt ist, verstößt gegen ein *gesetzliches Verbot* (§§ 369 ff. AO); anders verhält es sich, wenn die Gesellschaft lediglich auf Steuervermeidung ausgerichtet ist, selbst wenn die GmbH später steuerrecht-

---

15 Scholz/*Emmerich*, § 1, Rn. 2a; Hachenburg/*Ulmer*, § 53, Rn. 103; *K. Schmidt*, § 4, II. 3. *Lutter/Bayer*, in: Lutter/Hommelhoff, § 1, Rn. 20; a. A. *Goette*, § 1, Rn. 6.
16 BGH, Urt. v. 22. 1. 1976 – VII ZR 280/75, BGHZ 66, 514 = NJW 1976, 514.
17 BGH, Urt. v. 22. 1. 1976 – VII ZR 280/75, BGHZ 66, 514 = NJW 1976, 514.

lich nicht anerkannt wird.[18] Verboten ist die Ausnutzung fremder Schutzrechte, der Eingriff in ein staatliches Monopol und die Veranstaltung unerlaubten Glücksspiels.[19] *Sittenwidrig* ist die Übernahme des organisierten Austauschs von Finanzwechseln zwecks Kreditbeschaffung.[20] Dagegen unterliegt der Betrieb eines Bordells, wenn nicht besondere Umstände wie eine gezielte Ausplünderung der Prostituierten hinzutreten, auch im Blick auf das Prostitutionsgesetz nicht dem Verdikt der Sittenwidrigkeit.[21] Wird ein zulässiger Zweck mit verbotenen Mitteln verfolgt, so führt dies nicht zur Unzulässigkeit des Zwecks; vielmehr stehen lediglich die spezialgesetzlichen Sanktionen offen.[22] Wird eine GmbH von Ausländern unter Missachtung des Verbots einer inländischen Erwerbstätigkeit (§ 14 Abs. 2 AuslG) gegründet, bestimmen sich die Rechtsfolgen allein nach dem Ausländerrecht. Dient die Gründung dagegen dem Zweck, eine verbotene inländische Erwerbstätigkeit zu verwirklichen, liegt ein sittenwidriger Rechtsformmissbrauch vor.[23]

cc) Spezialgesetzliche Regelungen

Aufgrund gesetzlicher Verbote sind der Betrieb einer Apotheke (§ 8 ApG), eines Versicherungsunternehmens (§ 7 VAG), einer Hypothekenbank (§ 2 Abs. 1 HypBG), einer Schiffspfandbriefbank (§ 2 SchiffsBG) und einer privaten Bausparkasse (§ 2 BausparG) der Organisationsform der GmbH entzogen. Sonstige Bankgeschäfte (§ 2a KWG), Unternehmensbeteiligungensgesellschaften (§ 2 UBGG) und Kapitalanlagegesellschaften (§ 6 InvG) können dagegen in der Rechtsform einer GmbH geführt werden. Die sog. *freien Berufe* können – im Unterschied zur früheren am herkömmlichen Berufsbild haftenden Betrachtungsweise – überwiegend unter dem Dach einer GmbH ausgeübt werden: Für Steuerberater (§§ 49 ff. StbG) und Wirtschaftsprüfer (§§ 27 ff. WPO) ist die Betätigung in einer GmbH aus-

---

18 Scholz/*Emmerich,* § 1, Rn. 18.
19 Michalski/*Michalski,* § 1, Rn. 28.
20 BGH, Urt. v. 28. 4. 1958 – II ZR 197/57, BGHZ 27, 172 = BB 1958, 502 = NJW 1958, 989.
21 Scholz/*Emmerich,* § 1, Rn. 19; *Lutter/Bayer,* in: Lutter/Hommelhoff, § 1, Rn. 14; a. A. Rowedder/*Schmidt-Leithoff,* § 1, Rn. 49 (Fn. 133); Hachenburg/*Ulmer,* § 1, Rn. 30.
22 *Roth*/Altmeppen, § 1, Rn. 17.
23 Hachenburg/*Ulmer,* § 1, Rn. 31 f.; Baumbach/*Hueck/Fastrich,* § 1, Rn. 16.

drücklich zugelassen, Architekten und Ingenieuren wird sie – ohne spezialgesetzliche Regelung – gestattet.[24] Die Rechtsanwalts-GmbH hat seit dem Jahr 1999 in §§ 59c bis 59m BRAO eine ausdrückliche Regelung erfahren. Die Tätigkeit eines Heilpraktikers[25] wie auch die ambulante zahnärztliche Versorgung[26] kann innerhalb einer GmbH ausgeübt werden. Entsprechendes müsste – entgegen landesgesetzlicher Bestimmungen – für sonstige ärztliche Berufe gelten.[27] Bei der freiberuflichen Tätigkeit in der Rechtsform der GmbH muss stets beachtet werden, dass der einzelne Leistungserbringer über die notwendigen persönlichen und fachlichen Voraussetzungen verfügt.[28]

c) Rechtsfolgen eines unzulässigen Zwecks

Ist die Gesellschaft noch nicht in das Handelsregister eingetragen worden, bedingt ein unzulässiger Zweck die *Nichtigkeit des Gesellschaftsvertrages*. Diese Rechtsfolge kann von jedermann geltend gemacht werden; Gesellschafter können die Zahlung ihrer Einlage verweigern oder auf Feststellung der Nichtigkeit klagen.[29] Wurde die Vor-GmbH bereits in Vollzug gesetzt, so ist die Gesellschaft, wenn ihr nicht wegen der Schwere des Gesetzes- oder Sittenverstoßes jede rechtliche Anerkennung zu versagen ist, nach den *Grundsätzen der fehlerhaften Gesellschaft* auseinanderzusetzen.[30] Im Falle eines unzulässigen Zwecks hat das Registergericht die Eintragung abzulehnen.[31] Wird der Mangel nicht erkannt und kommt es zur Eintragung, so ist die GmbH trotz des nichtigen Gesellschaftsvertrages zunächst wirksam entstanden. Erstreckt sich die Nichtigkeit auch auf den *Unternehmensgegenstand*, kommen sowohl die Nichtigkeitsklage nach § 75 GmbHG als auch eine Amtslöschung (§ 144 FGG) in Betracht. Betrifft die Nichtigkeit lediglich den *Zweck*, so scheidet eine Nichtig-

---

24 Scholz/*Emmerich*, § 1, Rn. 13; *Lutter/Bayer*, in: Lutter/Hommelhoff, § 1, Rn. 8.
25 BGH, Urt. v. 5. 12. 1991 – I ZR 11/90, NJW-RR 1992, 430.
26 BGH, v. 25. 11. 1993 – I ZR 281/91, BGHZ 124, 224 ff. = NJW 1994, 786.
27 Scholz/*Emmerich,* § 1, Rn. 14; Rowedder/*Schmidt-Leithoff,* § 1, Rn. 13; *Lutter/ Bayer*, in: Lutter/Hommelhoff, § 1, Rn. 13.
28 *Goette,* § 1, Rn. 5.
29 Rowedder/*Schmidt-Leithoff,* § 1, Rn. 50; Michalski/*Michalski,* § 1, Rn. 32.
30 BGH, Urt. v. 12. 5. 1954 – II ZR 167/53, BGHZ 13, 320, 323 = BB 1954, 611 = NJW 1954, 1562; *Lutter/Bayer*, in: Lutter/Hommelhoff, § 1, Rn. 18; Scholz/*Emmerich,* § 1, Rn. 20; Hachenburg/*Ulmer,* § 1, Rn. 34.
31 Scholz/*Emmerich,* § 1, Rn. 21.

1. Kap. II. Gesellschaftsvertrag

keitsklage nach dem Wortlaut des § 75 GmbHG aus; vielmehr können die Gesellschafter nach Maßgabe des § 61 GmbHG auf Auflösung klagen. Ferner ist eine Amtsauflösung nach § 62 GmbHG möglich. Verfügt ein Gesellschafter nicht über die für eine Auflösungsklage nach § 61 GmbHG vorausgesetzte Mindestbeteiligung von 10%, so ist ihm ein Austrittsrecht aus wichtigem Grund zuzubilligen.[32]

2. Gesellschafter

a) Natürliche Personen

Die Gesellschaft kann durch eine oder – ohne Zahlenbegrenzung – mehrere Personen errichtet werden (§ 1 GmbHG). Gründer kann jede natürliche oder juristische Person sein.[33] Für nicht voll geschäftsfähige Personen (§§ 104 ff. BGB), insbesondere *Minderjährige*, handeln deren gesetzliche Vertreter. Falls der gesetzliche Vertreter selbst am Vertragsschluss beteiligt ist (GmbH-Gründung zwischen Eltern und Kindern), bedarf es – für jedes einzelne Kind – der Bestellung eines Pflegers (§§ 1909, 1795, 1629 BGB).[34] Einer Dauerpflegschaft bedarf es nicht; nach Abschluss des Gesellschaftsvertrages kann der gesetzliche Vertreter – auch im Falle eigener Beteiligung ohne Verstoß gegen § 181 BGB – etwa bei Beschlussfassungen die Belange des Minderjährigen wahrnehmen.[35] Darüber hinaus ist eine vormundschaftsgerichtliche Genehmigung gemäß §§ 1822 Nr. 3, 1643 BGB erforderlich, sofern die GmbH – dem Regelfall entsprechend – ein *Erwerbsgeschäft* betreiben soll.[36] Fehlt es an einem erwerbswirtschaftlichen Gesellschaftszwecks, dürfte § 1822 Nr. 3 BGB wegen der Eigenschaft der GmbH als Formkaufmann ebenfalls einschlägig sein,[37]

---

32 Hachenburg/*Ulmer*, § 1, Rn. 35; Baumbach/*Hueck/Fastrich*, § 1, Rn. 17; Michalski/*Michalski*, § 1, Rn. 43, ebenso jetzt auch *Lutter/Bayer*, in: Lutter/Hommelhoff, § 1, Rn. 19.
33 *Goette*, § 1, Rn. 7.
34 BGH, Beschl. v. 9. 7. 1956 – V BLw 11/56, BGHZ 21, 229 = NJW 1956, 1433; Hachenburg/*Ulmer*, § 2, Rn. 72; Scholz/*Emmerich*, § 2, Rn. 42; Rowedder/*Schmidt-Leithoff*, § 2, Rn. 14.
35 BGH, Beschl. v. 18. 9. 1975 – II ZB 6/74, BGHZ 65, 93 = NJW 1976, 49; Scholz/*Emmerich*, § 2, Rn. 42; Baumbach/*Hueck/Fastrich*, § 1, Rn. 25.
36 *K. Schmidt*, § 34, II. 1.; Hachenburg/*Ulmer*, § 2, Rn. 73; jetzt auch *Lutter/Bayer*, in: Lutter/Hommelhoff, § 2, Rn. 5; a. A. Kurz NJW 192, 1798, 1800.
37 Rowedder/*Schmidt-Leithoff*, § 2, Rn. 15; *Lutter/Bayer*, in: Lutter/Hommelhoff, § 2, Rn. 5.

während der Rückgriff auf § 1822 Nr. 10 BGB[38] an der fehlenden Übernahme einer fremden Verbindlichkeit scheitern dürfte.[39]

b) Juristische Personen

In- und ausländische juristische Personen des privaten (AG, GmbH, KGaA, e. V., rechtsfähige Stiftung etc.) und öffentlichen Rechts können sich an einer GmbH beteiligen. Allerdings muss der Beitritt durch den gesetzlich oder statutarisch bestimmten Aufgaben- und Wirkungsbereich des Rechtsträgers und die Vertretungsmacht seiner Organe gedeckt sein.[40] Als Gründer einer GmbH können Idealvereine wie der ADAC indirekt eine weitreichende unternehmerische Tätigkeit entfalten.[41] Die Fähigkeit der Personenhandelsgesellschaften OHG und KG, eine GmbH zu gründen, ist seit langem anerkannt;[42] OHG und KG können eine Einpersonen- oder mit einem ihrer Gesellschafter eine Mehrpersonengründung vornehmen.[43] Entsprechendes gilt für die Partnerschaftsgesellschaft.[44] Nach Anerkennung ihrer Rechtsfähigkeit[45] der *Gesellschaft bürgerlichen Rechts* steht ihre – schon zuvor anerkannte – Tauglichkeit, Gründer einer GmbH zu sein,[46] außer Frage. Auch die weiteren Gesamthandsgemeinschaften des bürgerlichen Rechts – Erbengemeinschaft, eheliche Güterge-

---

38 In diesem Sinne: Hachenburg/*Ulmer*, § 2, Rn. 74; Scholz/*Emmerich*, § 2, Rn. 43.
39 Vgl. BGH, Beschl. v. 3. 2. 1964 – II ZB 6/63, BGHZ 41, 71 = BB 1964, 278 = NJW 1964, 766 betreffend Genossenschaft.
40 BGH, Urt. v. 28. 2. 2965 – I ZR 84/54, BGHZ 20, 119 = BB 1956, 351 = NJW 1956, 746; Scholz/*Emmerich*, § 2, Rn. 49; Hachenburg/*Ulmer*, § 2, Rn. 76; Baumbach/ *Hueck/Fastrich*, § 2, Rn. 29.
41 Vgl. BGH, Urt. v. 29. 9. 1982 – I ZR 88/80, BGHZ 85, 84 = NJW 1983, 569.
42 *Roth*/Altmeppen, § 1, Rn. 28; *K. Schmidt*, § 34, II. 1.
43 Hachenburg/*Ulmer*, § 2, Rn. 58; Michalski/*Michalski*, § 2, Rn. 96.
44 *Lutter/Bayer*, in: Lutter/Hommelhoff, § 2, Rn. 7.
45 BGH, Urt. v. 29. 1. 2001 – II ZR 331/00, BGHZ 146, 341 = NJW 2001, 1056.
46 BGH, Beschl. v. 3. 11. 1980 II ZB 1/79, BGHZ 78, 311 = BB 1981, 450 = NJW 1981, 682 betreffend GmbH; BGH, Beschl. v. 4. 11. 1991 – II ZB 10/91, BGHZ 116, 86, 88 = BB 1992, 162 = NJW 1922, 499 betreffend Genossenschaft; BGH, Urt. v. 13. 4. 1992 – II ZR 277/90, BGHZ 118, 83, 99 = NJW 1992, 2222 betreffend AG; BGH, Urt. v. 2. 10. 1997 II ZR 249/96, BB 1997, 2498 = NJW 1998, 376 betreffend GbR; Hachenburg/*Ulmer*, § 2, Rn. 80 ff.; *K. Schmidt*, § 34 II. 1.; *Goette*, § 1, Rn. 8; Scholz/*Emmerich*, § 2, Rn. 52.

meinschaft, nicht rechtsfähiger Verein können an der Gründung einer GmbH mitwirken.[47]

c) Einpersonengründung

Eine Einmann- oder Einpersonen-GmbH ist dadurch gekennzeichnet, dass sich alle Geschäftsanteile in der Hand eines Gesellschafters vereinigen. Durch den nachträglichen Erwerb sämtlicher fremden Geschäftsanteile konnte seit jeher eine Einmann-GmbH entstehen. Seit dem Jahr 1980 ermöglicht § 1 GmbHG auch eine Einmanngründung. Die Einpersonengründung folgt im Wesentlichen den Regeln der Mehrpersonengründung. An die Stelle des Gesellschaftsvertrages tritt ein *einseitiger Errichtungsakt*.[48] Die einseitige Erklärung des Gesellschafters hat dem Mindestinhalt des § 3 GmbHG zu genügen.[49] Die Einmanngründung hat hohe praktische Bedeutung, weil sie dem Alleinunternehmer die Möglichkeit bietet, seine Haftung durch Zwischenschaltung einer GmbH zu begrenzen.

3. Mindestinhalt

Der Mindestinhalt eines Gesellschaftsvertrages ergibt sich aus § 3 Abs. 1 GmbHG; sein fakultativer Inhalt ist in § 3 Abs. 2 geregelt.

a) Firma

aa) Freie Wahl der Unternehmensbezeichnung

Der Gesellschaftsvertrag muss die Firma der Gesellschaft angeben (§ 3 Abs. 1 Nr. 1 GmbHG). Bei der Wahl der Firma herrscht eine weitgehende Gestaltungsfreiheit: Die GmbH kann eine von den Namen der Gesellschafter abgeleitete *Personenfirma* („Müller GmbH", „Müller und Meier GmbH"), eine dem Unternehmensgegenstand entlehnte *Sachfirma* („Gesellschaft für Wirtschaftsförderung mbH") oder eine Mischform aus beidem („Bauunternehmung Schulze GmbH") bilden, aber auch auf eine reine *Phantasiebezeichnung* („Wikulac", „Wefra", „Precismeca", „Mabak", „Medica") zurückgreifen.[50] Die Firma muss kennzeichnungsfähig, unterscheidungs-

---

47 Rowedder/*Schmidt-Leithoff,* § 2, Rn. 24; *Roth*/Altmeppen, § 2, Rn. 30; Michalski/*Michalski,* § 2, Rn. 98 f.
48 Baumbach/*Hueck/Fastrich,* § 1, Rn. 21; *Goette,* § 1, Rn. 7.
49 Michalski/*Michalski,* § 1, Rn. 49.

kräftig und darf nicht irreführend sein. Außerdem ist als Firmenzusatz gemäß § 4 GmbHG die Bezeichnung „Gesellschaft mit beschränkter Haftung" oder die allgemeine verständliche Abkürzung „GmbH" zu führen; dadurch soll der Geschäftsverkehr darüber unterrichtet werden, dass der Geschäftspartner nur mit einem beschränkten Haftungsfonds ausgestattet ist.[51] Der Gesellschafter, dessen Namen Firmenbestandteil ist, kann nach seinem Ausscheiden nicht verlangen, dass die GmbH ihre Firma ändert. Der BGH versagt dem Gesellschafter den Schutz des § 24 Abs. 2 HGB, weil der Gesellschafter einer GmbH – im Unterschied zum Gesellschafter einer OHG oder KG – nicht gezwungen sei, der Gesellschaft seinen Namen zur Firmenbildung zu überlassen. Den Interessen der GmbH sei der Vorzug zu geben, weil die Firma einer GmbH zugleich auch deren Name und damit wesentlicher Teil ihrer Rechtspersönlichkeit sei, unter dem die Gesellschaft nicht nur im Handels-, sondern überhaupt im Geschäftsverkehr auftrete.[52] Die Gefahr einer Irreführung besteht, wenn der Firmenname den Schluss auf eine andere Rechtsform zulässt: Der BGH hat die Bezeichnung „INDROHAG Industrie-Rohstoffe Handelsgesellschaft mit beschränkter Haftung" als unzulässig erachtet, weil die Endung „AG" auf eine Aktiengesellschaft hindeute. Die Irreführungsgefahr werde durch den Zusatz „mit beschränkter Haftung" nicht beseitigt, weil ein Phantasiename dazu bestimmt, jedenfalls aber geeignet sei, für sich allein verwendet zu werden.[53] Ebenso ist der GmbH der Partnerschaftsgesellschaften reservierte Zusatz vorenthalten. Allen Gesellschaften mit einer anderen Rechtsform als der Partnerschaft, die nach dem In-Kraft-Treten des Partnerschaftsgesellschaftsgesetzes gegründet oder umbenannt werden, ist die Bezeichnung „und Partner" verwehrt. Dies gilt auch für die Zusätze „+ Partner" oder „& Partner".[54]

---

50 *Lutter/Bayer*, in: Lutter/Hommelhoff, § 4, Rn. 4.
51 BGH, Urt. v. 18. 3. 1974 – II ZR 167/72, BGHZ 62, 216, 226 = BB 1974, 757 = NJW 1975, 1191.
52 BGH, Urt. v. 20. 4. 1972 – II ZR 17/70, BGHZ 58, 322 = BB 1972, 981 = NJW 1972, 1419.
53 BGH, Beschl. v. 25. 10. 1956 – II ZB 18/56, BGHZ 22, 88 = BB 1956, 1046 = NJW 1956, 1873.
54 BGH, Beschl. v. 21. 4. 1997 – II ZB 14/96, BGHZ 135, 257 = NJW 1997, 1051.

1. Kap. II. Gesellschaftsvertrag

bb) Rechtsscheinhaftung

Wer für die Gesellschaft ohne den in § 4 GmbHG vorgeschriebenen Formzusatz „mit beschränkter Haftung" auftritt, unterliegt einer Rechtsscheinhaftung. Nach der Rechtsprechung des BGH, haftet der für eine GmbH im Geschäftsverkehr Auftretende – gleichgültig, ob der Geschäftsführer selbst oder ein anderer Vertreter für das Unternehmen handelt – wegen Verstoßes gegen § 4 Abs. 2 GmbHG dann, wenn er durch sein Zeichnen der Firma ohne Formzusatz das berechtigte Vertrauen des Geschäftsgegners auf die Haftung mindestens einer natürlichen Person hervorgerufen hat. Dieser Grundsatz ist auch anzuwenden, wenn nicht für die bereits eingetragene GmbH, sondern nach Abschluss des notariellen Gesellschaftsvertrages für die *Vorgesellschaft*, deren Aktiva und Passiva mit Eintragung der GmbH in das Handelsregister ohne weiteres auf die als solche (§ 11 Abs. 1 GmbHG) entstandene GmbH übergehen, gehandelt wird. Auch die für eine Vorgesellschaft handelnde Person hat durch die Zeichnung deutlich zu machen, dass sie für ein Unternehmen handelt, dessen Haftungsfonds künftig beschränkt sein wird. Die Rechtsscheinhaftung wegen Fortlassens des Formzusatzes kann nicht nur den Geschäftsführer der GmbH treffen, sondern auch jeden anderen Vertreter des Unternehmens, der durch sein Zeichnen der Firma ohne den Formzusatz das berechtigte Vertrauen des Geschäftsgegners auf die Haftung mindestens einer natürlichen Person hervorgerufen hat. Der Rechtsscheinhaftung ist ausschließlich der für das Unternehmen handelnde *Vertreter* unterworfen, so dass für ein Handeln des Prokuristen nur dieser allein und nicht auch der Geschäftsführer einzustehen hat.[55] Der Handelnde trägt die Beweislast für seine Behauptung, der Geschäftsgegner habe die wahren Haftungsverhältnisse gekannt.[56] Neben die Rechtsscheinhaftung des Vertreters tritt eine Verbindlichkeit der GmbH, die nach den Grundsätzen des unternehmensbezogenen Geschäfts wirksam vertreten wurde.[57] Der aus Rechtsschein haf-

---

55 BGH, Urt. v. 8. 7. 1996 – II ZR 258/95, BB 1996, 1955 = NJW 1996, 2645; BGH, Urt. v. 24. 6. 1991 – II ZR 293/90, BB 1991, 1586 = NJW 1991, 2627; BGH, Urt. v. 3. 2. 1975 – II ZR 128/73, BGHZ 64, 11, 17 = BB 1975, 621 = NJW 1975, 1166.
56 BGH, Urt. v. 15. 1. 1990 – II ZR 311/88, BB 1990, 653 = NJW 1990, 2678.
57 BGH, Urt. v. 8. 7. 1996 – II ZR 258/95, BB 1996, 1955 = NJW 1996, 2645; BGH, Urt. v. 24. 6. 1991 – II ZR 293/90, BB 1991, 1586 = NJW 1991, 2627; BGH, Urt. v. 3. 2. 1975 – II ZR 128/73, BGHZ 64, 11, 17 = BB 1975, 621 = NJW 1975, 1166.

3. Mindestinhalt 1. Kap.

tende Vertreter und die GmbH sind *Gesamtschuldner*.[58] Mündliche Geschäftsabschlüsse begründen nicht das die Rechtsscheinhaftung auslösende Vertrauen, vielmehr ist „Zeichnung" des Vertreters unter Fortlassung des Formzusatzes oder die ausdrückliche mündliche Verneinung des Handelns für eine GmbH erforderlich.[59]

b) Sitz

Bei der Bestimmung des Unternehmenssitzes (§ 3 Abs. 1 Nr. 1 GmbHG) lässt § 4a Abs. 2 GmbHG den Gesellschaftern die Wahl zwischen dem Ort des *Betriebes*, dem Ort der *Geschäftsleitung* oder dem Ort der *Verwaltung*. Der Sitz der GmbH hat Bedeutung für die Zuständigkeit des Registergerichts (§ 7 Abs. 1 GmbHG), des Prozessgerichts (§ 17 ZPO) und des Insolvenzgerichts (§§ 3, 4 InsO). Zugleich ist der Sitz Erfüllungsort für die Rechte und Pflichten der GmbH gegenüber ihren Organmitgliedern. Gesellschafterversammlungen finden im Zweifel am Sitz der GmbH statt.[60] Der Ort des Betriebes ist dort anzusiedeln, wo sich der Schwerpunkt der Unternehmenstätigkeit befindet, bei einem Industrieunternehmen die Produktionsstätte, bei einem Handelsunternehmen die Verkaufsstätte.[61] Unter dem Ort der Geschäftsleitung ist der Ort zu verstehen, wo die Mehrzahl der Mitglieder der Geschäftsführung ihre Tätigkeit entfalten. Der Ort der Verwaltung wird mit dem Ort der Geschäftsleitung regelmäßig übereinstimmen. Eine Ausnahme ist bei Konzernunternehmen denkbar, wenn der Geschäftsführer einer Tochter-GmbH am Sitz der Muttergesellschaft tätig ist, die Tochter-GmbH aber an einem anderen Ort verwaltet wird.[62]

---

58 BGH, Urt. v. 24. 6. 1991 – II ZR 293/90, BB 1991, 1586 = NJW 1991, 2627; BGH, Urt. v. 15. 1. 1990 – II ZR 311/88, BB 1990, 653 = NJW 1991, 2678.
59 BGH, Urt. v. 8. 7. 1996 – II ZR 258/95; BB 1996, 1955 = NJW 1996, 2645; *Goette,* § 1, Rn. 27; *K. Schmidt,* § 34, II. 4. b).
60 *Lutter/Bayer*, in: Lutter/Hommelhoff, § 4a, Rn. 3.
61 Scholz/*Emmerich,* § 4a, Rn. 11.
62 Scholz/*Emmerich,* § 4a, Rn. 13.

II. Gesellschaftsvertrag

c) *Unternehmensgegenstand*

aa) Grundsatz

Die Angabe des Unternehmensgegenstandes dient dem Zweck, den *Schwerpunkt der Geschäftstätigkeit* mitzuteilen. Die Anforderungen an die Angabe des Unternehmensgegenstandes dürfen andererseits nicht überspannt werden. Dem mit der Angabe des Unternehmensgegenstandes verfolgten Hauptzweck, die interessierte Öffentlichkeit in groben Zügen über den Tätigkeitsbereich des neuen Unternehmens zu unterrichten, wird ausreichend Genüge getan, wenn die Zuordnung zu einem bestimmten Geschäftszweig als einem abgegrenzten Sachbereich des Wirtschaftslebens möglich ist. Eine noch weiter reichende Individualisierung bis in die letzten Einzelheiten der Geschäftsplanung hinein ist weder aus Gründen des Verkehrsschutzes noch dazu erforderlich, innergesellschaftlich das Tätigkeitsfeld der Geschäftsführer zu begrenzen.[63] Unzureichend sind Leerformeln wie „Produktion und Vertrieb von Waren aller Art", „Betreiben von Handelsgeschäften" und „Herstellung von Maschinen aller Art", während durch die Angaben „Betrieb von Gaststätten" und „Handel mit Webwaren" eine ordnungsgemäße Konkretisierung erfolgt.[64]

bb) Neugründung durch Verwendung des Mantels einer Vorrats-GmbH oder einer Alt-GmbH

Von einer Mantel- oder Vorratsgründung spricht man bei der Gründung einer Kapitalgesellschaft, bei der der in der Satzung angegebene Gegenstand des Unternehmens gar nicht oder doch zumindest vorerst nicht verwirklicht werden soll. Die Gründung einer solchen Kapitalgesellschaft dient dem Zweck, eine juristische Person auf Vorrat zu schaffen, die erst später bei Bedarf im Wege der so genannten Mantelverwendung unternehmerischer Verwendung zugeführt werden soll. Dahinter steht regelmäßig die Absicht der Gründer, einem späteren Nutzer, insbesondere auch Erwerber, bei Bedarf sofort für den angegebenen oder jeden beliebigen anderen Zweck eine Kapitalgesellschaft zur Verfügung stellen zu können, um ihm die mit der (Neu-) Gründung einer Kapitalgesellschaft zum Zwecke der Erlangung der

---

[63] BGH, Beschl. v. 3. 11. 1980 – II ZB 1/79, BGHZ 78, 311 = BB 1981, 450; Hachenburg/*Ulmer,* § 3, Rn. 21 ff.; Baumbach/*Hueck/Fastrich,* § 3, Rn. 10.
[64] Michalski/*Michalski,* § 3, Rn. 9 m. w. N.; Baumbach/*Hueck/Fastrich,* § 3, Rn. 10.

Haftungsbefreiung verbundenen erheblichen und zeitraubenden Gründungsformalitäten einschließlich etwaiger dabei auftretender Haftungsfragen zu ersparen. Die Zulassung der Gründung von Vorratsgesellschaften hat zur unabdingbaren Voraussetzung, dass die gesetzlichen *Gründungsvorschriften* ohne Abstriche beachtet werden. Die Gründung einer Vorratsgesellschaft ist zulässig, wenn die Bestimmung der Gesellschaft, als Mantel für die spätere Aufnahme eines Geschäftsbetriebs zu dienen, bei der Bezeichnung des *Unternehmensgegenstandes* deutlich klargestellt wird (sog. offene Vorratsgründung). Ausreichend dafür ist die Angabe „Verwaltung des eigenen Vermögens". Eine wegen Angabe eines unzutreffenden Unternehmensgegenstandes unwirksame verdeckte Vorratsgründung liegt auch dann vor, wenn der angegebene Unternehmensgegenstand nicht in absehbarer Zeit verwirklicht werden soll. Die Gesellschaft darf, wenn das Registergericht die unzutreffende Angabe des Unternehmensgegenstandes bemerkt, nicht eingetragen werden.[65] Im Falle der Eintragung kann ein Gesellschafter Nichtigkeitsklage (§ 75 GmbHG) erheben.[66]

(1) Gleichstellung mit Neugründung

Die Verwendung einer auf „Vorrat" gegründeten GmbH stellt wirtschaftlich eine Neugründung dar. Auf diese Form der wirtschaftlichen Neugründung durch Ausstattung der Vorratsgesellschaft mit einem Unternehmen und erstmalige Aufnahme ihres Geschäftsbetriebs sind die der Gewährleistung der Kapitalausstattung dienenden Gründungsvorschriften des GmbH-Gesetzes einschließlich der registerrechtlichen Kontrolle entsprechend anzuwenden. Dem Zweck der Gründungsvorschriften, die reale Kapitalaufbringung der gesetzlich vorgeschriebenen Kapitalausstattung der Gesellschaft im Zeitpunkt ihres Entstehens als Voraussetzung für die Beschränkung ihrer Haftung auf das Gesellschaftsvermögen sicherzustellen, ist durch deren *analoge Anwendung* bei der späteren wirtschaftlichen Neugründung Rechnung zu tragen.[67] Dies gilt auch im Fall der Verwendung des „alten" Mantels einer existenten, im Rahmen ihres früheren Unterneh-

---

[65] BGH, Beschl. v. 16. 3. 1992 – II ZB 17/91, BGHZ 117, 323 = BB 1992, 1018 = NJW 1992, 1824 betreffend AG.
[66] *Goette,* § 1, Rn. 21.
[67] BGH, Beschl. v. 9. 12. 2002 – II ZB 12/02, NJW 2003, 892.

1. Kap. II. Gesellschaftsvertrag

mensgegenstandes tätig gewesenen, jetzt aber unternehmenslosen GmbH. Auch die Verwendung eines solchen alten, leer gewordenen Mantels einer GmbH stellt wirtschaftlich eine Neugründung dar.[68]

(2) Registerrechtliche Kontrolle

Das Registergericht hat in beiden Konstellationen einer Neugründung entsprechend § 9c GmbHG i.V.m. § 12 FGG in eine Gründungsprüfung einzutreten, die sich jedenfalls auf die Erbringung der Mindeststammeinlagen und im Falle von Sacheinlagen auf deren Werthaltigkeit zu beziehen hat (§§ 7 Abs. 2, 3, 8 Abs. 2 GmbHG). Entscheidender verfahrensrechtlicher Anknüpfungspunkt für die Kontrolle durch das Registergericht ist die *Anmeldeversicherung* nach § 8 Abs. 2 GmbHG. Danach ist zu versichern, dass die in § 7 Abs. 2 und 3 GmbHG bezeichneten Leistungen auf die Stammeinlagen bewirkt sind und dass der Gegenstand der Leistungen sich endgültig in der freien Verfügung der Geschäftsführer befindet. Die dem Geschäftsführer nach § 8 Abs. 2 GmbHG obliegende Versicherung, dass die geleisteten Mindesteinlagen zu seiner freien Verfügung stehen, beinhaltet von Gesetzes wegen, dass im Anmeldezeitpunkt derartige Mindesteinlagen nicht durch schon entstandene Verluste ganz oder teilweise aufgezehrt sind. Nur wenn ausreichende Anhaltspunkte dafür bestehen, dass dies – entgegen der Versicherung – nicht der Fall ist, darf und muss das Registergericht seine Prüfung auch auf die Frage erstrecken, ob die GmbH im Zeitpunkt der Anmeldung der Mantelverwendung nicht bereits eine Unterbilanz aufweist.[69] Die Versicherung nach § 8 Abs. 2 GmbHG ist am satzungsmäßigen Stammkapital auszurichten, so dass im Zeitpunkt der Offenlegung die Gesellschaft noch ein Mindestvermögen in Höhe der statutarischen Stammkapitalziffer besitzen muss, von dem sich ein Viertel – wenigstens aber 12500 € – wertmäßig in der freien Verfügung der Geschäftsführung zu befinden hat. In beiden Fällen der wirtschaftlichen Neugründung ist die Kapitalaufbringung nicht auf das gesetzliche Mindeststammkapital von 25 000 € begrenzt, sondern am *satzungsmäßig festgelegten Stammkapital* auszurichten. Es liegt in der Konsequenz der analogen Anwendung der Kapitalaufbringungsvorschriften, dass bei der

---

68 BGH, Beschl. v. 7. 7. 2003 – II ZB 4/02, BB 2003, 2079 = NJW 2003, 3198.
69 BGH, Beschl. v. 9. 12. 2002 – II ZB 12/02, NJW 2003, 892; BGH, Beschl. v. 7. 7. 2003 – II ZB 4/02, BB 2003, 2079 = NJW 2003, 3198.

wirtschaftlichen Neugründung – genauso wie bei der „regulären" rechtlichen Neugründung – die Kapitalaufbringung im Umfang der statutarisch festgelegten Kapitalziffer sichergestellt werden soll.[70] Wegen der für das Registergericht begrenzten Erkennbarkeit einer Mantelverwendung ist die Wiederverwendung eines alten Gesellschaftmantels im Rahmen der Versicherung nach § 8 Abs. 2 GmbHG offen zu legen.[71] Dagegen liefern die mit einer Mantelverwendung im Anschluss an eine offene Vorratsgründung regelmäßig einhergehenden, gemäß § 54 GmbHG eintragungspflichtigen Änderungen des Unternehmensgegenstandes, der Neufassung der Firma, Verlegung des Gesellschaftssitzes und/oder Neubestimmung der Organmitglieder dem Registerrichter ein hinreichendes Indiz dafür, dass sich die Verwendung des bisher „unternehmenslosen" Mantels vollziehen soll.[72]

(3) Unterbilanzhaftung

Die Kapitalaufbringung ist sowohl bei der Mantelverwendung als auch der Aktivierung einer Vorratsgesellschaft über die registerrechtliche Präventivkontrolle hinaus auf der materiell-rechtlichen Haftungsebene durch entsprechende Anwendung des Haftungsmodells der Unterbilanzhaftung sicherzustellen. Als maßgeblicher *Stichtag* für eine Unterbilanzhaftung der Gesellschafter bei wirtschaftlicher Neugründung ist die – mit der Versicherung nach § 8 Abs. 2 GmbHG zu verbindende – Offenlegung (sowie Anmeldung der etwa mit ihr einhergehenden Satzungsänderung) gegenüber dem Handelsregister anzunehmen. Eine Gewährleistung der Unversehrtheit des Stammkapitals über diesen Zeitpunkt hinaus ist bei der wirtschaftlichen Neugründung nicht veranlasst. Einmal bedarf es – anders bei einer „echten" Neugründung, die erst mit der Eintragung vollzogen ist (§ 11 Abs. 1 GmbHG) – bei der Verwendung des Mantels einer Vorratsgesellschaft oder einer inaktiv gewordenen GmbH der bereits als frühere GmbH wirksam entstandene Rechtsträger zu seiner weiteren rechtlichen Existenz keiner zusätzlichen „konstitutiven" Eintragung mehr. Zum anderen ist dem Gläubigerschutz bei Unversehrtheit des Stamm-

---

[70] BGH, Beschl. v. 7. 7. 2003 – II ZB 4/02, BB 2003, 2079 = NJW 2003, 3198.
[71] BGH, Beschl. v. 7. 7. 2003 – II ZB 4/02, BB 2003, 2078 = NJW 2003, 3198.
[72] BGH, Beschl. v. 9. 12. 2002 – II ZB 12/02, NJW 2003, 892.

1. Kap. II. Gesellschaftsvertrag

kapitals im Zeitpunkt der Offenlegung (bzw. Anmeldung) hinreichend genügt.[73]

(4) Handelndenhaftung

Neben der Unterbilanzhaftung ist auch eine Handelndenhaftung analog § 11 Abs. 2 GmbHG in Betracht zu ziehen. Dies gilt in Fällen, in denen *vor Offenlegung* der wirtschaftlichen Neugründung die Geschäfte aufgenommen werden, ohne dass dem alle Gesellschafter zugestimmt haben.[74]

d) Höhe des Stammkapitals

Das Stammkapital bildet den Betrag, der mindestens als Reinvermögen zur Befriedigung der Gesellschaftsgläubiger zur Verfügung stehen soll. Die Bereitstellung dieses *Haftungsfonds* rechtfertigt die Haftungsfreistellung der Gesellschafter. Die GmbH ist gemäß § 5 Abs. 1 GmbHG mit einem Stammkapital von mindestens 25 000 € auszustatten. Die Höhe des Stammkapitals ist nach § 3 Abs. 1 Nr. 3 GmbHG als fester Betrag in der Satzung anzugeben. Es genügt nicht, lediglich die Stammeinlagen auszuweisen, aus deren Summe das Stammkapital errechnet werden kann.[75]

e) Betrag der einzelnen Stammeinlagen

Die Stammeinlage ist der von jedem Gesellschafter auf das Stammkapital zu leistenden Beitrag. Nach § 5 Abs. 1 GmbHG muss sich die Stammeinlage auf mindestens 500 € belaufen. Die Summe der Stammeinlagen entspricht dem Stammkapital. Bei Gründung der Gesellschaft kann jeder Gesellschafter nur eine Stammeinlage übernehmen (§ 5 Abs. 2 GmbHG); später kann ein Gesellschafter weitere, selbstständig bleibende Geschäftsanteile hinzu erwerben (§ 15 Abs. 2 GmbHG). Während die Stammeinlage als Rechnungsposten die Höhe der Einlageverpflichtung bestimmt, verbindet sich mit dem Begriff des *Geschäftsanteils* die Gesamtheit der Rechte und Pflichten

---

[73] BGH, Beschl. v. 7. 7. 2003 – II ZB 4/02, BB 2003, 2079 = NJW 2003, 3198.
[74] BGH, Beschl. v. 7. 7. 2003 – II ZB 4/02, BB 2003, 2079 = NJW 2003, 3198.
[75] Scholz/*Emmerich*, § 3, Rn. 25; *Lutter/Bayer*, in: Lutter/Hommelhoff, § 3, Rn. 20; Rowedder/*Schmidt-Leithoff*, § 3, Rn. 15; Michalski/*Michalski*, § 3, Rn. 27; a. A. Hachenburg/*Ulmer*, § 3, Rn. 44; Baumbach/*Hueck/Fastrich*, § 3, Rn. 17.

des Gesellschafters.[76] Die Höhe der Stammeinlagen der einzelnen Gesellschafter ist nach § 3 Abs. 1 Nr. 4 GmbHG in die Satzung aufzunehmen. Mit der Stammeinlage ist auch der *Name* des jeweiligen Gesellschafters einschließlich Wohnsitz zu bezeichnen.

4. Körperschaftliche Regelungen

Gemäß § 3 Abs. 2 GmbHG sind körperschaftliche Regelungen, die für Gläubiger der Gesellschaft und Erwerber von Geschäftsanteilen von unmittelbarer rechtlicher Bedeutung sind und in ihren Wirkungen über den engeren Kreis der Vertragsbeteiligten hinausgehen, in die Satzung aufzunehmen.[77] Dazu gehört die Einräumung von *Sonderrechten* etwa in der Ausprägung eines unentziehbaren Geschäftsführeramts (vgl. § 38 Abs. 2 GmbHG).[78] Übernehmen die Gesellschafter einer GmbH die Verpflichtung, zu den Kosten der Gesellschaft Deckungsbeiträge zu erbringen, so bedarf die Absprache der Aufnahme in die Satzung, wenn die Verpflichtung in der Weise an den Gesellschaftsanteil gebunden sein soll, dass sie ohne weiteres auch künftige Gesellschafter treffen soll; andernfalls ist eine formfreie Vereinbarung der Gesellschafter untereinander oder der Gesellschaft gegenüber (§ 328 BGB) ausreichend.[79] Soll eine *Nebenleistungspflicht* der Gesellschafter begründet werden, der GmbH beteiligungsproportional Kreditmittel zur Verfügung zu stellen, so ist die Regelung, wenn sie nicht nur für die an der Gründung beteiligten Gesellschafter gelten, sondern an den Geschäftsanteil gebunden und auch künftige Gesellschafter treffen soll, in der Satzung zu verankern.[80] *Gründungsaufwand*, der zulasten der GmbH an Gründer oder sonstige Personen gezahlt werden soll, ist in der Satzung als Gesamtbetrag gesondert festzusetzen. Das gilt auch, wenn die Verpflichtung der Gründer (analog § 26 Abs. 2 AktG) abbedungen werden soll, der GmbH die Gründungskosten zu erstatten, die sie im Außenverhältnis – allein oder neben den Gründern – geschuldet und bezahlt hat. Die sich aus § 9a GmbHG ergebende Verpflichtung, Vergütungen zu ersetzen, die nicht

---

76 Scholz/*Emmerich*, § 3, Rn. 29; Rowedder/*Schmidt-Leithoff,* § 3, Rn. 17.
77 *Goette,* § 1, Rn. 17.
78 BGH, Urt. v. 4. 11. 1968 – II ZR 63/67, BB 1969, 1399 = NJW 1969, 131.
79 BGH, Urt. v. 8. 2. 1993 – II ZR 24/92, BB 1993, 676 = NJW 1993, 1788 (LS) = NJW-RR 1993, 607.
80 BGH, Urt. v. 28. 6. 1999 – II ZR 272/98, BGHZ 142, 116, 123 = NJW 1999, 2809.

unter den Gründungsaufwand aufgenommen worden sind, setzt als selbstverständlich voraus, dass die Gesellschaft für diesen Aufwand nur aufzukommen hat, soweit die Satzung dies vorsieht. Der gesetzgeberische Zweck des § 26 Abs. 2 AktG, im Interesse des Gläubigerschutzes in der Satzung offen zu legen, wie weit das Grundkapital durch Gründungsaufwand vorbelastet ist, wird nur erreicht, wenn der gesamte Aufwand ausgewiesen und nicht danach unterschieden wird, wer ihn im Außenverhältnis schuldet. Soweit die Satzung über den Gründungsaufwand nichts aussagt, sind deshalb entsprechend § 26 Abs. 2 AktG im Verhältnis zur GmbH die Gründer dessen alleinige Schuldner mit der Folge, dass sie im Außenverhältnis für Rechnung der GmbH leisten und dieser zu erstatten haben, was sie an Gründungsaufwand aufgebracht hat.[81]

5. Form

a) Notarielle Beurkundung

Der Gesellschaftsvertrag bedarf gemäß § 2 Abs. 1 GmbHG notarieller Beurkundung. Der Formzwang dient Beweissicherungs- und damit Rechtssicherheitsgründen, aber auch dem Zwecke einer materiellen Richtigkeitsgewähr sowie der Gewährleistung einer Prüfungs- und Belehrungsfunktion.[82] Die Notwendigkeit der Unterzeichnung des Gesellschaftsvertrages durch sämtliche Gründer (§ 2 Abs. 1 S. 2 GmbHG) bedeutet nicht, dass die Beurkundung nur in Gegenwart aller Gesellschafter möglich ist. Eine *Stufenbeurkundung* durch Unterzeichnung zu verschiedenen Zeitpunkten ist möglich; auch können die Gesellschafter ihre Erklärungen bei verschiedenen Notaren abgeben.[83] Vollmachtloses Handeln bedarf – entgegen § 182 BGB – der Genehmigung in der Form des § 2 Abs. 2 GmbHG.[84] Wirkt ein Minderjähriger an der Errichtung einer GmbH mit, so bedarf die Genehmigung durch den gesetzlichen Vertreter nach § 2 Abs. 2 GmbHG der notariellen Beurkundung oder Beglaubigung. Nach Eintritt der Voll-

---

[81] BGH, Urt. v. 20. 2. 1989 – II ZR 10/88, BGHZ 107, 1 = BB 1989, 795 = NJW 1989, 1610.
[82] BGH, v. 24. 10. 1988 – II ZB 7/88, BGHZ 105, 324, 338 = BB 1989, 95 = NJW 1989, 295.
[83] Hachenburg/*Ulmer,* § 2, Rn. 12 f.; Rowedder/*Schmidt-Leithoff,* § 2, Rn. 37.
[84] *Lutter/Bayer,* in: Lutter/Hommelhoff, § 2, Rn. 17.

jährigkeit kann der zuvor minderjährige Gesellschafter die Genehmigung selbst formlos erteilen.[85]

b) Ausländische Beurkundung

Die Form für den Abschluss eines Gesellschaftsvertrages über die Errichtung einer GmbH bestimmt sich ausschließlich nach § 2 GmbHG; die Ortsform des Art. 11 EGBGB ist unanwendbar.[86] Eine ausländische Beurkundung ist anzuerkennen, wenn sie der deutschen gleichwertig ist. Gleichwertigkeit ist gegeben, wenn die ausländische Urkundsperson nach Vorbildung und Stellung im Rechtsleben eine der Tätigkeit des deutschen Notars entsprechende Funktion ausübt und für die Errichtung der Urkunde ein Verfahrensrecht zu beachten hat, das den tragenden Grundsätzen des deutschen Beurkundungsrechts entspricht. Die *Gleichwertigkeit* kann nicht wegen fehlender Kenntnis des deutschen GmbH-Rechts abgelehnt werden.[87] Diese Voraussetzungen sind für Notare in Österreich, der Schweiz und Notare des sog. lateinischen Notariats (Belgien, Frankreich, Italien, Niederlande, Spanien) anerkannt.[88]

c) Materielle Satzungsbestandteile

Die Beurkundungspflicht erstreckt sich auf die notwendigen (§ 3 Abs. 1 GmbHG) wie auch die fakultativen (§ 3 Abs. 2 GmbHG) Satzungsbestandteile.[89] Wegen der Reichweite des Beurkundungszwangs bei fakultativen Bestimmungen ist zwischen *materiellen* (korporationsrechtlichen) Regelungen, die auch für künftige Gesellschafter und/oder Gläubiger der Gesellschaft gelten, und *formellen* Individualvereinbarungen der Gründer zu unterscheiden, die nur die handelnden Personen binden.[90] Notarieller Beurkundung bedürfen nur materiell-

---

85 BGH, Urt. v. 21. 1. 1980 – II ZR 153/79, BB 1980, 857 = NJW 1980, 1842 (LS).
86 Scholz/*Emmerich,* § 2, Rn. 18; Scholz/*Westermann,* § 2, Rn. 93; *Roth*/Altmeppen, § 2, Rn. 22.
87 BGH, Beschl. v. 16. 2. 1981 – II ZB 8/80, BGHZ 80, 76, 78 f. = BB 1981, 693 = NJW 1981, 1160.
88 *Lutter/Bayer,* in: Lutter/Hommelhoff, § 2, Rn. 16; Baumbach/*Hueck/Fastrich,* § 2, Rn. 9.
89 Michalski/*Michalski,* § 2, Rn. 15.
90 Michalski/*Michalski,* § 2, Rn. 15.

1. Kap.   II. Gesellschaftsvertrag

rechtliche Satzungsbestandteile.[91] Besondere schuldrechtliche Vereinbarungen der Gesellschafter untereinander, die einen von ihnen persönlich gegenüber der Gesellschaft verpflichten, aber keine mitgliedschaftliche Bindung auch für später eintretende Gesellschafter herbeiführen sollen, sind dem Formgebot selbst dann nicht unterworfen, wenn die vereinbarte Leistung – im Streitfall Verkauf eines Baggers – für die wirtschaftlichen Zwecke der Gesellschaft unerlässlich ist.[92] Den Gesellschaftern ist eine Gestaltungsfreiheit eröffnet, ob sie bestimmte Klauseln als korporativen oder unechten Satzungsbestandteil ausgestalten: Eine Schiedsabrede kann korporativ für alle gegenwärtigen und künftigen Gesellschafter oder lediglich obligatorisch zwischen den Gründungsgesellschaftern verabredet werden.[93] Entsprechendes gilt für die korporativ an den Geschäftsanteil oder lediglich schuldrechtlich an einen bestimmten Gesellschafter gekoppelte Nebenpflicht, der Gesellschaft Darlehensmittel oder einen Deckungsbeitrag zu gewähren.[94] Die Bestellung des Geschäftsführers ist nur korporationsrechtlicher Satzungsbestandteil, wenn einem Gesellschafter ein Sonderrecht auf Wahrnehmung der Geschäftsführung eingeräumt wird.[95]

d) Änderungen des Vertrages

Vertragsänderungen vor Eintragung unterliegen grundsätzlich den Erfordernissen der Einstimmigkeit und der notariellen Beurkundung.[96] Der Formzwang ist zu beachten, soweit *materielle Satzungsbestandteile* betroffen sind. Ein *Gesellschafterwechsel* – gleich ob Ausscheiden oder Beitritt eines Gesellschafters oder eine Kombination aus Ausscheiden und Beitritt – bedarf vor Eintragung der GmbH in das Handelsregister als Vertragsänderung notarieller Beur-

---

91 Scholz/*Emmerich*, § 2, Rn. 13a.
92 BGH, Urt. v. 20. 1. 1977 – II ZR 222/75, BB 1977, 1729 = NJW 1977, 1151.
93 BGH, v. 25. 10. 1962 – II ZR 188/61, BGHZ 38, 155, 161 = BB 1962, 1344 = NJW 1963, 203.
94 BGH, v. 28. 6. 1999 – II ZR 272/98, BGHZ 142, 116, 123 = NJW 1999, 2809; BGH, Urt. v. 8. 2. 1993 – II ZR 24/92, BB 1993, 676 = NJW-RR 1993607 = NJW 1993, 1788 (LS).
95 BGH, v. 19. 1. 1961 – II ZR 217/58, BB 1961, 227 = NJW 1961, 507; BGH, v. 29. 9. 1955 – II ZR 225/54, BGHZ 18, 205, 208 = BB 1955, 975 = NJW 1955, 1716; vgl. *K. Schmidt*, § 34, II. 2. G) aa).
96 *Roth*/Altmeppen, § 2, Rn. 25.

kundung.[97] Freilich steht einem Gesellschafter die Möglichkeit offen, seinen Geschäftsanteil schon vor Eintragung der GmbH – in notarieller Form – an einen Dritten abzutreten (§ 15 Abs. 3 GmbHG). Diese Verfügung wird mit Eintragung der GmbH in das Handelsregister wirksam.[98] Die Bestellung zum Geschäftsführer und die Festsetzung des Gehalts kann als *formeller Satzungsbestandteil* ohne Einhaltung der für Satzungsänderungen maßgeblichen Form nachträglich modifiziert werden.[99] Wird einem Gesellschafter das Amt des Geschäftsführers hingegen als Sonderrecht eingeräumt, handelt es sich um eine materielle, beurkungungspflichtige Bestimmung.[100]

e) Vorvertrag

Auch der Vorvertrag, durch den sich die Beteiligten zur Gründung einer GmbH verpflichten, ist notariell zu beurkunden.[101] Bei Tätigwerden eines *Bevollmächtigten* ist § 2 Abs. 2 GmbHG anzuwenden.[102] Ausnahmsweise hat der BGH einen ohne notarielle Vollmacht geschlossenen Vorvertrag, der in einem von den Beteiligten über Jahrzehnte gebilligten KG-Vertrag enthalten war, als wirksam erachtet.[103]

f) Treuhand

Ein Treuhandvertrag hinsichtlich eines Geschäftsanteils, der vor der Beurkundung des Gesellschaftsvertrages geschlossen wird, unterliegt nicht dem Formzwang des § 15 Abs. 4 GmbHG, weil weder ein Geschäftsanteil vorhanden noch dessen Entstehen in die Wege geleitet ist. Im Vorgründungsstadium kann die Treuhandabrede als formlos geschlossen werden. Ist die Gesellschaft durch *Abschluss des Gesell-*

---

97 BGH, Urt. v. 27. 1. 1997 – II ZR 123/94, BB 1997, 905 = NJW 1997, 1507; BGH, v. 16. 2. 1959 – II ZR 170/57, BGHZ 29, 300, 303 = BB 1959, 352 = NJW 1959, 934; BGH, Urt. v. 12. 7. 1956 – II ZR 218/54, BGHZ 21, 242, 245 = BB 1956, 765 = NJW 1956, 934.
98 BGH, v. 19. 4. 1999 – II ZR 365/97, BGHZ 141, 207, 212 = BB 1999, 1233 = NJW 1999, 2594; BGH, Urt. v. 26. 9. 1994 – II ZR 166/93, NJW 1995, 128; BGH, Beschl. v. 9. 10. 1956 – II ZB 11/56, BB 1956, 1118 = NJW 1957, 17 f.
99 BGH, Urt. v. 29. 9. 1955 – II ZR 225/54 = BB 1955, 975 = NJW 1955, 1716.
100 BGH, Urt. v. 4. 11. 1968 – II ZR 63/67, BB 1968, 1399 = NJW 1969, 131.
101 BGH, Urt. v. 7. 10. 1991 – II ZR 252/90, NJW 1992, 362; BGH, Urt. v. 21. 9. 1987 – II ZR 16/87, BB 1988, 157 = NJW-RR 1988, 288; Hachenburg/*Ulmer,* § 2, Rn. 43 ff.; *Goette,* § 1, Rn. 14; Scholz/*Emmerich,* § 2, Rn. 79.
102 Hachenburg/*Ulmer,* Rn. 45; Rowedder/*Schmidt-Leithoff,* § 2, Rn. 85.
103 BGH, Urt. v. 5. 5. 1969 – II ZR 115/68, BB 1969, 892 = NJW 1969, 1856.

1. Kap. II. Gesellschaftsvertrag

schaftsvertrages errichtet, aber noch nicht eingetragen worden, so kommt die Formvorschrift hingegen zum Tragen. Nur durch diese Auslegung kann der Zweck des § 15 Abs. 4 GmbHG, den Beweis der Anteilsinhaberschaft zu gewährleisten und den freien Handel mit GmbH-Geschäftsanteilen zu unterbinden, erreicht werden. Folgerichtig greift das Formgebot auch ein, wenn nach Eintragung der GmbH eine Treuhandabrede über einen bestehenden Geschäftsanteil getroffen wird.[104]

6. Auslegung des Vertrages

Auch bei der Auslegung der Satzung ist zwischen den *korporativen Satzungsbestandteilen* und den *individualrechtlichen Bestimmungen* zu differenzieren. Korporativer Charakter kommt allen Regelungen zu, die die gegenwärtigen und künftigen Gesellschafter betreffen und auch für die Gesellschaftsgläubiger von Bedeutung sind. Die Auslegung solcher Bestimmungen unterliegt der uneingeschränkten Nachprüfung durch das Revisionsgericht. Bei der Auslegung haben Umstände, die außerhalb der Vertragsurkunde liegen und nicht allgemein erkennbar sind, außer Betracht zu bleiben. Dies gilt insbesondere für die Entstehungsgeschichte der Satzung, für Vorentwürfe und die Vorstellungen oder Äußerungen von Personen, die an der Abfassung des Gesellschaftsvertrages mitgewirkt haben.[105] Individualrechtliche Regelungen sind dagegen nach §§ 133, 157 BGB auszulegen. Korporativer Natur[106] sind Bestimmungen über Unternehmensgegenstand[107] und Gesellschaftszweck,[108] Kapitalausstattung, Zulassung von Sacheinlagen,[109] Vinkulierung von Geschäftsanteilen,[110] Mitgliederbe-

---

[104] BGH, Urt. v. 19. 4. 1999 – II ZR 365/97, BGHZ 141, 207 = BB 1999, 1233 = NJW 1999, 2594; Scholz/*Emmerich*, § 2, Rn. 56.

[105] BGH, Urt. v. 16. 12. 1991 – II ZR 58/91, BGHZ 116, 359, 364 = BB 1992, 448 = NJW 1992, 892; *Lutter/Bayer*, in: Lutter/Hommelhoff, § 2, Rn. 13; Michalski/*Michalski*, § 2, Rn. 48 f.; kritisch Scholz/*Emmerich*, § 2, Rn. 38.

[106] Vgl. die Zusammenstellungen bei *Goette*, § 1, Rn. 23; Michalski/*Michalski*, § 2, Rn. 45.

[107] BGH, Urt. v. 20. 1. 1983 – II ZR 243/81, BB 1983, 996 = NJW 1983, 1910; BGH, Urt. v. 17. 1. 1966 – II ZR 157/63, WM 1966, 446 f.

[108] BGH, Urt. v. 20. 1. 1983 – II ZR 243/81, BB 1983, 996 = NJW 1983, 1910.

[109] Urt. v. 13. 10. 1966 – II ZR 56/64, BB 1966, 1410.

[110] BGH, Urt. v. 13. 7. 1967 – II ZR 238/64, BGHZ 48, 141 = BB 1967, 1016 = NJW 1967, 2159.

stand,[111] Stimmrecht,[112] Mehrheits-[113] und Formerfordernisse von Gesellschafterbeschlüssen,[114] Sonderrechte,[115] Gewinnverteilung,[116] Kompetenzverteilung in der GmbH[117] und Abfindung.[118] Individuellen Charakter haben Regelungen über die Vergütung von Geschäftsführern und ihren Hinterbliebenen.[119]

7. Inhaltskontrolle von AGB

Formularverträge auf dem Gebiet des Gesellschaftsrechts sind gemäß § 310 Abs. 4 BGB (früher: § 23 AGBG) einer Inhaltskontrolle nach Maßgabe der §§ 305 ff. BGB entzogen. Handelt es sich jedoch um eine – in der Rechtsform der GmbH eher seltene – *Publikumsgesellschaft* oder um den Fall eines anonymen einflusslosen Beitritts, erfolgt im Interesse des Anleger- und Kleinaktionärsschutzes eine an § 242 BGB orientierte Billigkeitskontrolle.[120] Als Auslegungshilfe wird vorgeschlagen, den Gesellschaftern stets die im AktG vorgesehenen Mindestinformations-, Kontroll-, Einfluss- und Lösungsrechte zu belassen.[121] Die Bereichsausnahme des § 310 Abs. 4 BGB verbietet eine Kontrolle der auf den Gesellschaftszweck, im Streitfall die Gewährung von Ferienwohnrechten, bezogenen Regelungen. Soweit

---

111 BGH, Urt. v. 13. 7. 1967 – II ZR 238/64, BGHZ 48, 141 = BB 1967, 1016 = NJW 1967, 2159.
112 BGH, Urt. v. 9. 6. 1954 – II ZR 70/53, BGHZ 14, 25, 36 f. = BB 1954, 611 = NJW 1954, 1401.
113 BGH, Urt. v. 25. 9. 1989 – II ZR 304/88, BB 1989, 2132 = NJW-RR 1990, 99.
114 BGH, Urt. v. 13. 7. 1967 – II ZR 238/64, BGHZ 48, 141 = BB 1967, 1016 = NJW 1967, 2159.
115 BGH, Urt. v. 4. 11. 1968 – II ZR 63/67, BB 1968, 1399 = NJW 1969, 131.
116 BGH, Urt. v. 29. 9. 1955 – II ZR 225/54, BGHZ 18, 205, 208 = BB 1955, 975 = NJW 1955, 1716.
117 BGH, Urt. v. 13. 6. 1983 – II ZR 67/82, DB 1983, 1864; BGH, Urt. v. 29. 3. 1973 – II ZR 139/0, BB 1973, 772 = NJW 1973, 1039.
118 BGH, Urt. v. 16. 12. 1991 – II ZR 58/91, BGHZ 116, 359 = BB 1992, 448 = NJW 1992, 892.
119 BGH, Urt. v. 29. 9. 1955 – II ZR 225/54, BGHZ 18, 206 = BB 1955, 975 = NJW 1955, 1716.
120 *Roth*/Altmeppen, § 2, Rn. 14; Scholz/*Emmerich*, § 2, Rn. 12.
121 *Lutter/Bayer*, in: Lutter/Hommelhoff, § 3, Rn. 65; zurückhaltend Baumbach/Hueck/*Zöllner*, § 45, Rn. 5.

daneben Einkaufsvorteile eröffnet werden, findet hingegen eine Inhaltskontrolle statt.[122]

III. Vorgesellschaft

1. Rechtsnatur

Mit Abschluss des Gesellschaftsvertrages wird die GmbH errichtet (vgl. § 29 AktG). Der Begriff Vor-GmbH oder Vorgesellschaft bezieht sich auf die errichtete, aber noch nicht in das Handelsregister eingetragene GmbH.[123] Die Vorgesellschaft ist als notwendige Vorstufe zu der mit der Eintragung entstehenden juristischen Person als werdende Kapitalgesellschaft bereits ein eigenständiges, von ihren Gründern und Gesellschaftern verschiedenes körperschaftlich strukturiertes Rechtsgebilde mit eigenen Rechten und Pflichten. Die Vorgesellschaft als solche und nicht jeder einzelne Gesellschafter oder eine von ihr verschiedene Gesamtheit der Gesellschafter ist Träger der eingebrachten Vermögenswerte. Die Vor-GmbH ist also weder eine Personengesellschaft noch eine juristische Person, sondern eine *Personenvereinigung eigener Art*, die bis auf die noch fehlende Rechtsfähigkeit bereits der künftigen GmbH als deren Vorstufe entspricht. Infolgedessen sind auf sie bereits die *Vorschriften des GmbH-Rechts anzuwenden*, soweit diese nicht gerade die Rechtsfähigkeit voraussetzen oder auf die besonderen Umstände bzw. Verhältnisse des Gründungsstadiums keine hinreichende Rücksicht nehmen.[124]

2. Rechtsfähigkeit

Die Vorgesellschaft wird vielfach als teilrechtsfähig bezeichnet.[125] Dem heutigen Rechtszustand dürfte es eher entsprechen, der Vorgesellschaft volle *Rechtsfähigkeit* zuzusprechen.[126] Das Vermögen ist der Vor-GmbH, nicht den einzelnen Gesellschaftern oder einer aus

---

122 BGH, Urt. v. 11. 11. 1991 – II ZR 44/91, BB 1992, 89 = NJW-RR 1992, 379.
123 Scholz/*K. Schmidt*, § 11, Rn. 21.
124 BGH, Urt. v. 18. 1. 2000 – XI ZR 71/99, BGHZ 143, 314 = NJW 2000, 1193; BGH, Beschl. v. 16. 3. 1992 – II ZB 17/91, BGHZ 117, 323 = BB 1992, 1018 = NJW 1992, 1824.
125 Hachenburg/*Ulmer*, § 11, Rn. 45.
126 Scholz/*K. Schmidt*, § 11, Rn. 28; *Lutter/Bayer*, in: Lutter/Hommelhoff, § 11, Rn. 4.

den Gesellschaftern bestehenden Gesamthandsgemeinschaft zugeordnet.[127] Folglich kann die Vorgesellschaft, Eigentümer, Gläubiger und Schuldner sein.[128] Die Vorgesellschaft verfügt über eine eigene Firma, ist konto-[129] und grundbuchfähig und nach der im Schrifttum herrschenden Auffassung auch scheck- und wechselfähig.[130] Zur Vermeidung von Irreführungen hat die Vor-GmbH ihre Firma mit dem Zusatz „in Gründung" oder „i. G." zu versehen;[131] betreibt die Vorgesellschaft kein vollkaufmännisches Unternehmen, genießt sie nach § 12 BGB Namensschutz.[132] Die Vor-GmbH kann die Funktion des persönlich haftenden Gesellschafters in einer KG übernehmen.[133] Die Vorgesellschaft ist im Zivilprozess aktiv und passiv parteifähig;[134] sie kann Anträge im Handelsregisterverfahren stellen;[135] in Einklang damit wird ihr auch Insolvenzfähigkeit zuerkannt.[136] Wird ein nicht kaufmännisches Einzelunternehmen in eine neu gegründete GmbH eingebracht, so findet, weil es sich dabei nicht um eine Personengesellschaft handelt, § 28 HGB keine Anwendung. Entsprechendes gilt

---

127 BGH, Beschl. v. 16. 3. 1992 – II ZB 17/91, BGHZ 117, 323 = BB 1992, 1018 = NJW 1992, 1824; Scholz/*K. Schmidt*, § 11, Rn. 28; *Lutter/Bayer*, in: Lutter/Hommelhoff, § 11, Rn. 4; wohl auch BGH, Urt. v. 18. 1. 2000 – XI ZR 71/99, BGHZ 143, 314, 319 = NJW 2000, 1193 und *Goette*, § 1, Rn. 37, anders aber Rn. 41; a. A. noch BGH, Urt. v. 9. 3. 1981 – II ZR 54/80, BGHZ 80, 129, 135 = BB 1981, 689 = NJW 1981, 1373, der – höchst widersprüchlich – „von Gesamthandsvermögen in der Hand einer Vorgesellschaft" spricht; Baumbach/*Hueck/Fastrich,* § 11, Rn. 7; Hachenburg/*Ulmer,* § 11, Rn. 30.
128 *Scholz/K. Schmidt,* § 11, Rn. 31.
129 BGH, Urt. v. 2. 5. 1966 – II ZR 219/63, BGHZ 45, 338, 347 = BB 1966, 597 = NJW 1966 1311: Schon zwecks Einzahlung der Einlagen.
130 BGH, Beschl. v. 16. 3. 1992 II ZB 17/91, BGHZ 117, 323 = BB 1992, 1018 = NJW 1992, 1824.
131 *K. Schmidt*, § 34, III 3. a).
132 BGH, Urt. v. 29. 10. 1992 – I ZR 264/90, BGHZ 120, 103, 106 = BB 1993, 163 = NJW 1993, 459; BGH, Urt. v. 23. 1. 1981 – I ZR 30/79, BGHZ 79, 239, 241 = NJW 1981, 873.
133 BGH, Beschl. v. 16. 3. 1992 – II ZB 17/91, BGHZ 117, 323 = BB 1992, 1018 = NJW 1992, 1824; BGH, Urt. v. 9. 3. 1981 – II ZR 54/80, BGHZ 80, 129, 132 = BB 1981, 689 = NJW 1981, 1373.
134 BGH, Urt. v. 28. 11. 1997 – V ZR 178/96 = BB 1998, 862 = NJW 1998, 1079.
135 BGH, Urt. v. 9. 3. 1981 – II ZR 54/80, BGHZ 80, 129, 143 = BB 1981, 689 = NJW 1981, 1373.
136 BGH, Beschl. v. 9. 10. 2003 – IX ZB 34/03, BB 2003, 2477 = NJW-RR 2004, 258 = BGHReport 2004, 68.

1. Kap. III. Vorgesellschaft

bei Einbringung in eine Vor-GmbH, die ebenfalls keine Personengesellschaft darstellt.[137]

3. Vertretung der Vorgesellschaft

Grundsätzlich ist zu berücksichtigen, dass die Vertretungsmacht der Geschäftsführer in der Vorgesellschaft durch deren *Zweck* begrenzt ist, als notwendige Vorstufe zur juristischen Person deren Entstehung zu fördern und bis dahin das schon eingebrachte Vermögen zu verwalten und zu erhalten. Geht es dabei zum Beispiel um die Fortführung eines als *Sacheinlage* eingebrachten Handelsgeschäfts, so wird sich die Vertretungsbefugnis praktisch weitgehend mit der umfassenden Vertretungsmacht des Geschäftsführers einer eingetragenen GmbH nach §§ 35ff. GmbHG decken. Bei *Bargründungen* beschränkt sie sich dagegen im Allgemeinen auf solche Rechtshandlungen, die unerlässlich sind, um die gesetzlichen Eintragungsvoraussetzungen und die Eintragung selbst herbeizuführen. Die Gründer sind aber nicht gehindert, die Vertretungsmacht der Geschäftsführer zu erweitern. Das kann insbesondere der Fall sein, wenn die Gründer den oder die Geschäftsführer *übereinstimmend* ermächtigen, bereits vor der Eintragung ein Geschäft weiterzubetreiben oder zu eröffnen oder namens der Vor-GmbH die Komplementärrolle einer KG zu übernehmen. Hierfür bedarf es nicht der Form des § 2 GmbHG.[138] Für die von ihr eingegangenen Verbindlichkeiten haftet die Vor-GmbH mit ihrem Vermögen.[139]

4. Innenverhältnis

Die *Gesellschafterversammlung* ist auch in der Vor-GmbH oberstes Gesellschaftsorgan.[140] *Gesellschafterbeschlüsse* sind nach Maßgabe der §§ 45 bis 50 GmbHG zu fassen. Grundsätzlich genügt die Mehrheit der Stimmen, die sich nach dem Wert der Geschäftsanteile er-

---

137 BGH, Urt. v. 18. 1. 2000 – XI ZR 71/99, BGHZ 143, 314 = NJW 2000, 1193.
138 BGH, Urt. v. 9. 3. 1981 – II ZR 54/80, BGHZ 80, 129, 139 = BB 1981, 689 = NJW 1981, 1373; *Lutter/Bayer*, in: Lutter/Hommelhoff, § 11, Rn. 11; *Roth*/Altmeppen, § 11, Rn. 47; Hachenburg/*Ulmer*, § 11, Rn. 54, 25; a. A Scholz/*K. Schmidt*, § 11, Rn. 63; Michalski/*Michalski*, § 11, Rn. 55: Unbegrenzte Vertretungsmacht.
139 *Lutter/Bayer*, in: Lutter/Homelhoff, § 11, Rn. 12.
140 Hachenburg/*Ulmer*, § 11, Rn. 33; Michalski/*Michalski*, § 11, Rn. 47.

rechnet.[141] Zur Bestellung eines Geschäftsführers (§ 6 Abs. 3 GmbHG) reicht Stimmenmehrheit. Ferner können Gesellschafterbeschlüsse mit Anfechtungs- und Nichtigkeitsklage bekämpft werden.[142] Änderungen des *Gesellschaftsvertrages* wie Ein- und Austritt von Mitgliedern bedürfen hingegen – neben der notariellen Beurkundung – der Zustimmung aller Gesellschafter.[143] Allerdings kann die Satzung vorsehen, dass § 53 GmbHG und die dort bestimmte 3/4-Mehrheit schon vor Eintragung verbindlich sein soll.[144] Ein Aufsichtsrat kann nach Gesellschaftsvertrag oder Gesetz schon im Gründungsstadium vorgeschrieben sein.[145]

5. Einpersonen-GmbH

Da § 1 GmbHG *Einpersonengründungen* gestattet, führt der Abschluss des Gesellschaftsvertrages zu einer *Einpersonen-Vor-GmbH*. Deshalb ist das Privatvermögen des Gründers strikt vom Vermögen der Vor-GmbH zu trennen. Privatgläubiger des Gründers können nicht unmittelbar auf das Gesellschaftsvermögen zugreifen, aber die Mitgliedschaft pfänden;[146] andererseits ist Gläubigern der Vor-GmbH die direkte Inanspruchnahme des Gründers nicht verwehrt.[147] Die Einlageleistung muss in einer nach außen erkennbaren Weise erbracht werden.[148]

---

141 Rowedder/*Schmidt-Leithoff,* § 11, Rn. 42; Hachenburg/*Ulmer,* § 11, Rn. 33; *Goette,* § 1, Rn. 37; Scholz/*K. Schmidt,* § 11, Rn. 46; a. A. *Lutter/Bayer,* in: Lutter/Hommelhoff, § 11, Rn. 9.
142 BGH, Urt. v. 23. 3. 1981 – II ZR 27/80, BGHZ 80, 212 = BB 1980, 212 = NJW 1981, 2125.
143 BGH, Urt. v. 27. 1. 1997 – II ZR 123/94, BB 1997, 905 = NJW 1997, 1507; BGH, Urt. v. 16. 2. 1959 – II ZR 170/57, BGHZ 29, 300, 303 = BB 1959, 352 = NJW 1959, 934; BGH, Urt. v. 12. 7. 1956 – II ZR 218/54, BGHZ 21, 242, 246 = BB 1956, 765 = NJW 1956, 1435; Hachenburg/*Ulmer,* § 11, Rn. 34; Rowedder/*Schmidt-Leithoff,* § 11, Rn. 42; Baumbach/*Hueck/Fastrich,* § 11, Rn. 8; a. A. Scholz/*K. Schmidt,* § 11, Rn. 47.
144 Rowedder/*Schmidt-Leithoff,* § 11, Rn. 42.
145 Rowedder/*Schmidt-Leithoff,* § 11, Rn. 47 ff.
146 Scholz/*K. Schmidt,* § 11, Rn. 149; *Lutter/Bayer* in: Lutter/Hommelhoff, § 11, Rn. 28.
147 BGH, Urt. v. 27. 1. 1997 – II ZR 123/94, BGHZ 134, 333, 341 = BB 1997, 907 = NJW 1997, 1507; Scholz/*K. Schmidt,* § 11, Rn. 155; *Goette,* § 1, Rn. 83; a. A. Baumbach/*Hueck/Fastrich,* § 11, Rn. 40.
148 *Lutter/Bayer,* in: Lutter/Hommelhoff, § 11, Rn. 28.

IV. Haftung für Verbindlichkeiten der Vorgesellschaft

1. Problematik

Die Vorgesellschaft hat für die von ihren Vertretern im *Einverständnis* sämtlicher Gesellschafter begründeten – auch deliktischen – Verpflichtungen mit ihrem Vermögen einzustehen.[149] Für die Haftung einer Vor-GmbH kommt es nicht auf die Kenntnis der Gesellschafter über die konkret eingegangenen Verbindlichkeiten an. Für die Verpflichtung der Vorgesellschaft und gegebenenfalls ihrer Gründer reicht es aus, dass diese mit der vorzeitigen Geschäftsaufnahme einverstanden sind und die Geschäftsführer damit bevollmächtigen, nicht nur die Eintragung der Gesellschaft herbeizuführen, sondern darüber hinaus Verbindlichkeiten einzugehen.[150] Diese Verbindlichkeiten gehen mit Eintragung auf die nunmehr als juristische Person entstandene GmbH über.[151] Die Aufnahme der Geschäftstätigkeit durch die Vorgesellschaft birgt für Gesellschaftsgläubiger die Gefahr, dass im Zeitpunkt der Eintragung das Stammkapital nicht mehr unversehrt vorhanden ist oder Anlaufverluste sogar dazu führen, dass die Gesellschaft überhaupt nicht eingetragen wird. Für diese Fälle hat der BGH – nach langer Wegstrecke [152] eine einheitliche Gründerhaftung konzipiert, die sich – *nach Eintragung* – in einer Vorbelastungs-, Differenz- oder Unterbilanzhaftung und – bei *Scheitern der Eintragung* – in einer Verlustdeckungshaftung manifestiert, aber jeweils auf gleichen, der jeweiligen Gründungsphase angepassten Voraussetzungen beruht.[153] Die Haftung ist als *Innenhaftung* der Gesellschafter gegen-

---

149 BGH, Urt. v. 24. 10. 1988 II ZR 176/88, BGHZ 105, 300 = BB 1989, 169 = NJW 1989, 710; BGH, Urt. v. 9. 3. 81 II ZR 54/80, BGHZ 80, 129 = BB 1981, 689 = NJW 1981, 1373; *Lutter/Bayer*, in: Lutter/Hommelhoff, § 11, Rn. 12; Baumbach/*Hueck/Fastrich*, § 11, Rn. 21; allgM.
150 BGH, Urt. v. 4. 11. 2002 – II ZR 204/00, BGHZ 152, 290 = BB 119 = NJW 2003, 429.
151 BGH, Urt. v. 27. 1. 1997 – II ZR 123/94, BGHZ 134, 333, 338 f.= BB 1997, 905 = NJW 1997, 1507; BGH, Urt. v. 24. 10. 1988 II ZR 176/88, BGHZ 105, 300 = BB 1989, 169 = NJW 1989, 710; BGH, Urt. v. 9. 3. 81 II ZR 54/80, BGHZ 80, 129, 137 ff. = BB 1981, 689 = NJW 1981, 1373; *Lutter/Bayer*, in: Lutter/Hommelhoff, § 11, Rn. 12; Baumbach/*Hueck/Fastrich*, § 11, Rn. 21; allgM.
152 Vgl. die instruktive Darstellung auch zur Rechtsentwicklung bei *Goette*, § 1, Rn. 45 ff.
153 BGH, Urt. v. 27. 1. 1997 – II ZR 123/94, BGHZ 134, 333, 338; *Lutter/Bayer*, in: Lutter/Hommelhoff, § 11, Rn. 14.

über der eingetragenen GmbH (Unterbilanzhaftung) bzw. der Vorgesellschaft (Vorbelastungshaftung) ausgestaltet.[154]

2. Unterbilanzhaftung

a) Grundlagen

Im Falle der Einbringung einer *Sacheinlage*, namentlich eines Handelsgeschäfts, können Anlaufverluste zur Folge haben, dass der Wert des eingebrachten Gegenstandes den Betrag der dafür übernommenen Stammeinlage in Wirklichkeit nicht (oder nicht mehr) erreicht. In diesem Fall muss der Gesellschafter den Fehlbetrag gegenüber der GmbH in Geld ausgleichen (§ 9 GmbHG). Der *Unversehrtheitsgrundsatz* wird hier also nicht buchstäblich, sondern wertmäßig verstanden, weil das eingebrachte Sachvermögen bei Aufstellung einer Bilanz einen Aktivüberschuss in Höhe des Stammkapitals aufweisen soll.[155] Auch bei *Bargründungen* gilt der Grundsatz der wertmäßigen Aufbringung des Stammkapitals. Dann ist es aber nur folgerichtig, hier ebenfalls eine Differenzhaftung eingreifen zu lassen, also die Gesellschafter gegenüber der eingetragenen GmbH zur Auffüllung der Kapitallücke zu verpflichten, die bilanzmäßig durch Vorbelastungen entstanden ist.[156]

b) Voraussetzungen

aa) Unterbilanz

Dies bedeutet, dass Gesellschafter auch bei einer Bargründung der GmbH gegenüber anteilig auf die Differenz zwischen dem Stammkapital und dem Wert des Gesellschaftsvermögens im *Zeitpunkt der Eintragung* haften, was ggf. eine Ausfallhaftung nach § 24 GmbHG einschließt.[157] Sowohl im Fall einer Sach- wie einer Bargründung haften die Gesellschafter der GmbH anteilig auf Ausgleich, soweit sich im

---

154 BGH, Urt. v. 4. 11. 2002 – II ZR 204/00, BGHZ 152, 290, 293 = BB 2003, 119 = NJW 2003, 429.
155 BGH, Urt. v. 9. 3. 1981 – II ZR 54/80, BGHZ 80, 129 = BB 1981, 689 = NJW 1981, 1373.
156 BGH, Urt. v. 9. 3. 1981 – II ZR 54/80, BGHZ 80, 129 = BB 1981, 689 = NJW 1981, 1373.
157 BGH, Urt. v. 9. 3. 1981 – II ZR 54/80, BGHZ 80, 129 = BB 1981, 689 = NJW 1981, 1373.

1. Kap. IV. Haftung für Verbindlichkeiten der Vorgesellschaft

Zeitpunkt der Entstehung der GmbH bei Eintragung ins Handelsregister eine Differenz zwischen dem Stammkapital und dem Wert des Gesellschaftsvermögens ergibt. Zur Ermittlung einer Unterbilanz ist eine *Vorbelastungsbilanz* zu erstellen. Dabei ist das Gesellschaftsvermögen grundsätzlich mit seinen wirklichen Werten nach Fortführungsgrundsätzen zu bewerten.[158] Im Falle einer negativen Fortbestehensprognose sind hingegen die Vermögensgegenstände mit ihren Veräußerungswerten zu veranschlagen.[159] Hat die Ingangsetzung der Vor-GmbH in der Zeit zwischen Aufnahme der Geschäftstätigkeit und Eintragung der Gesellschaft zu einer Organisationseinheit geführt, die als Unternehmen anzusehen ist, das über seine einzelnen Vermögenswerte hinaus einen eigenen Vermögenswert repräsentiert, hat die Bewertung des Vermögens in der Vorbelastungsbilanz nach der Ertragswertmethode zu erfolgen.[160]

bb) Ermächtigung zur Aufnahme des Geschäftsbetriebs

Die Haftung setzt eine *übereinstimmende Ermächtigung* der Gründer an den Geschäftsführer, den Geschäftsbetrieb aufzunehmen, voraus.[161] An das Einvernehmen der Gesellschafter sind keine besonderen Anforderungen zu stellen. Wird ein Geschäftsführer zwecks alsbaldiger Fertigstellung eines Bauvorhabens bestellt, so liegt darin die Ermächtigung der Gesellschafter, die zur Fortführung des Bauvorhabens notwendigen Geschäfte einzugehen.[162] Infolge der Ermächtigung müssen Verbindlichkeiten der Vorgesellschaft entstanden sein.[163]

cc) Höhe der Haftung

Die im *Verhältnis zur GmbH* und nicht unmittelbar deren Gläubigern eingreifende Haftung ist nicht auf die Höhe des Stammkapitals be-

---

158 BGH, Urt. v. 6. 12. 1993 – II ZR 102/93, BGHZ 124, 282, 285 = BB 1994, 392 = NJW 1994, 724.
159 BGH, Urt. v. 29. 9. 1997 – II ZR 245/96, NJW 1998, 233.
160 BGH, Urt. v. 9. 11. 1998 – II ZR 190/97, BGHZ 140, 35 = BB 1999, 14 = NJW 1999, 283.
161 BGH, Urt. v. 24. 10. 1988 – II ZR 176/88, BGHZ 103, 300 = BB 1989, 169 = NJW 1989, 710.
162 BGH, Urt. v. 15. 6. 1978 – II ZR 205/76, BGHZ 72, 45 = BB 1978, 1132 = NJW 1978, 1978.
163 Michalski/*Michalski*, § 11, Rn. 136.

schränkt, sondern gleicht unbegrenzt jede darüber hinausgehende *Überschuldung* aus. Dabei spielt es keine Rolle, worauf die Kapitallücke zurückzuführen ist.[164] Besteht bei der Gesellschaft im Zeitpunkt der Eintragung bei Vergleich der Stammkapitalziffer zum tatsächlich vorhandenen Gesellschaftsvermögen eine Unterbilanz, ist sie von den Gesellschaftern nach Maßgabe ihrer *Beteiligungsquote* (pro rata) auszugleichen.[165] Will der Gläubiger den Gesellschafter auch im Blick auf die Einlage eines Mitgesellschafters in Anspruch nehmen, so reicht der Hinweis auf § 24 GmbHG nicht aus. Vielmehr hat der Kläger außer der Nichterfüllung der Einlagepflicht darzulegen, dass die für eine auf diese Vorschrift gestützte Ausfallhaftung erforderlichen Voraussetzungen nach §§ 21 ff. GmbHG erfüllt sind, insbesondere also der Geschäftsanteil des anderen Gesellschafters wirksam kaduziert worden ist.[166] Mangels eines eigenen Anspruchs kommt für Gesellschaftsgläubiger nur in Betracht, auf den Anspruch der GmbH gegen ihren Gesellschafter – nach Erwirkung eines Titels – im Wege der Pfändung und Überweisung zuzugreifen. Die Unterbilanzhaftung verwirklicht sich erst mit der *Eintragung* der GmbH in das Handelsregister;[167] folgerichtig *verjährt* der Anspruch analog § 9 Abs. 2 GmbHG innerhalb von zehn Jahren ab Eintragung.[168] Ausnahmsweise dürfte eine direkte Haftung der Gesellschafter anzunehmen sein, wenn die GmbH – etwa bei Ablehnung der Eröffnung des Insolvenzverfahrens mangels Masse – vermögenslos ist, da es sich nur um einen Gläubiger oder eine Einpersonengesellschaft handelt.[169]

3. Verlustdeckungshaftung

Die Grundsätze der Verlustdeckungshaftung sind Bestandteil der einheitlichen, regelmäßig als Innenhaftung der Gesellschafter gegenüber der Vorgesellschaft (Verlustdeckungshaftung) bzw. gegenüber der

---

164 BGH, Urt. v. 24. 10. 1988 – II ZR 176/88, BGHZ 103, 300 = BB 1989, 169 = NJW 1989, 710.
165 BGH, Urt. v. 4. 11. 2002 – II ZR 204/00, BGHZ 152, 290 = BB 2003, 119 = NJW 2003, 429.
166 BGH, Urt. v. 17. 2. 2003 – II ZR 281/00, BB 2003, 703.
167 Michalski/*Michalski,* § 11, Rn. 135.
168 BGH, Urt. v. 24. 10. 1988 – II ZR 176/88, BGHZ 105, 300 = BB 1989, 169 = NJW 1989, 710.
169 Michalski/*Michalski,* § 11, Rn. 62.

eingetragenen GmbH (Unterbilanzhaftung) ausgestalteten Gründerhaftung. Kommt es überhaupt nicht mehr zur Eintragung und stellen die Gesellschafter den Betrieb der Vor-GmbH ein, so trifft sie eine Verlustdeckungshaftung, die darauf gerichtet ist, der Gesellschaft anteilig *ohne Haftungsbeschränkung* die zur Tilgung ihrer Verbindlichkeiten erforderlichen Mittel zur Verfügung zu stellen. Es handelt sich also um eine anteilige *Innenhaftung* der Gesellschafter,[170] die im Schrifttum auf Zustimmung[171], unter Berufung auf die Vorteile einer Außenhaftung aber auch auf Ablehnung[172] gestoßen ist. *Fällig* wird der Anspruch mit Scheitern der Eintragung.[173] Ein solches Scheitern kann bei Rücknahme oder Ablehnung des Eintragungsantrages, Eröffnung oder Ablehnung der Eröffnung des Insolvenzverfahrens angenommen, bei überlanger Verfahrensdauer oder Nichtbeachtung von Zwischenverfügungen des Registergerichts wie auch der Aufgabe des Geschäftsbetriebs vermutet werden.[174] Ausnahmsweise besteht ein *Direktanspruch* des Gesellschaftsgläubigers gegen die Gesellschafter, wenn die Vor-GmbH vermögenslos ist, keinen Geschäftsführer mehr hat, weitere Gläubiger nicht vorhanden sind oder es sich um eine Einpersonengründung handelt.[175] In diesem Fall haften die Gesellschafter nicht anteilsmäßig, sondern gesamtschuldnerisch für die Verbindlichkeiten der Gesellschaft.[176]

4. Beweislast

Nach allgemeinen Regeln ist die Gesellschaft – bzw. im Falle ihrer Insolvenz der Insolvenzverwalter – darlegungs- und beweispflichtig für das Bestehen von Unterbilanzhaftungsansprüchen. Den Schwierigkeiten, denen vor allem ein Insolvenzverwalter ausgesetzt sein kann, substantiierten Vortrag zu halten, wenn eine Vorbelastungsbilanz auf den Eintragungsstichtag nicht erstellt worden ist oder wenn

---

170 BGH, Urt. v. 27. 1. 1997 – II ZR 123/94, BGHZ 134, 333 = BB 1997, 905 = NJW 1997, 1507; BGH, Urt. v. 4. 11. 2002 – II ZR 204/00, BGHZ 152, 290 = BB 2003, 119 = NJW 2003, 429.
171 Baumbach/*Hueck*, § 11, Rn. 25 m. w. N.
172 Scholz/*K. Schmidt*, § 11, Rn. 82 ff. m. w. N.
173 Baumbach/*Hueck*, § 11, Rn. 24.
174 Hachenburg/*Ulmer*, § 11, Rn. 95, Baumbach/*Hueck/Fastrich*, § 11, Rn. 24.
175 BGH, Urt. v. 27. 1. 1997 – II ZR 123/94, BGHZ 134, 333, 341 = BB 1997, 905 = NJW 1997, 1507.
176 Rowedder/*Schmidt-Leithoff*, § 11, Rn. 100 m. w. N. pro und contra.

nicht einmal geordnete Geschäftsaufzeichnungen vorhanden sind, ist nach den Grundsätzen der sekundären Behauptungslast zu begegnen. Ergeben sich aus dem dem Insolvenzverwalter vorliegenden Material hinreichende Anhaltspunkte dafür, dass das Stammkapital der Gesellschaft schon im Gründungsstadium angegriffen oder verbraucht worden ist oder sogar darüber hinausgehende Verluste entstanden sind, ist es Sache der Gesellschafter darzulegen, dass eine Unterbilanz nicht bestanden hat.[177]

5. Handelndenhaftung

Mit der von dem BGH entwickelten umfassenden Gründerhaftung geht ein Bedeutungsverlust der in § 11 Abs. 2 GmbHG geregelten Handelndenhaftung einher. Eine Handelndenhaftung scheidet bei einem Tätigwerden im Vorgründungsstadium aus, kommt also erst nach Errichtung des Gesellschaftsvertrages in Betracht.[178]

a) Handelnder

Nach der überkommenen Rechtsprechung war der Kreis der Handelnden weit zu ziehen und umfasste alle Gründungsgesellschafter, die allgemein ihr Einverständnis mit der Geschäftsaufnahme bekundet hatten.[179] Von dieser Rechtsprechung hat der BGH Abstand genommen. Der Handelndenhaftung unterliegen nur die Geschäftsführer als Organ der Vorgesellschaft sowie solche Personen, die sonst Geschäftsführungsaufgaben für die künftige GmbH unmittelbar oder mittelbar aufgenommen haben. Handelnder im Sinne des § 11 Abs. 2 GmbHG ist also nur derjenige, der als Geschäftsführer oder wie ein (faktischer) *Geschäftsführer* rechtsgeschäftliche Erklärungen für die mit der Gründung entstandene Vorgesellschaft abgegeben hat. Wird ein Vertrag von dem Treuhänder der Geschäftsanteile in seiner Eigenschaft als Geschäftsführer der Vor-GmbH geschlossen, so kann aus § 11 Abs. 2 GmbHG eine Haftung des beim Vertragsschluss nicht in Erscheinung getretenen Treugebers nicht hergeleitet werden.[180] Die

---

177 BGH, Urt. v. 17. 2. 2003 – II ZR 281/00, BB 2003, 703.
178 BGH, Urt. v. 7. 5. 1984 – II ZR 276/83, BGHZ 91, 148 = BB 1984, 1315 = NJW 1984, 2164; Rowedder/*Schmidt-Leithoff,* § 11, Rn. 109.
179 BGH, Urt. v. 9. 3. 1981 – II ZR 54/80, BGHZ 80, 129 = BB 1981, 689 = NJW 1981, 1373.
180 BGH, Urt. v. 19. 3. 2001 – II ZR 249/99, BB 2001, 900 = NJW 2001, 2092.

1. Kap.   IV. Haftung für Verbindlichkeiten der Vorgesellschaft

Regelung erfasst nur organschaftliche, nicht nachgeordnete Vertreter wie Prokuristen und Handlungsbevollmächtigte.[181] Freilich haftet der Geschäftsführer, der einen Bevollmächtigten einsetzt.[182] Ein Gesellschafter, der sich lediglich mit der Eröffnung oder Fortführung des Geschäftsbetriebs vor der Eintragung allgemein einverstanden erklärt hat, ist einer Handelndenhaftung nicht unterworfen. Das Gleiche gilt, wenn der Gründer, sei es auch in maßgeblicher Weise, die vorzeitige Geschäftsaufnahme veranlasst, gefordert oder erst ermöglicht, sich aber nicht selbst geschäftsführend betätigt hat. § 11 Abs. 2 GmbHG setzt ein Handeln „im Namen der Gesellschaft" voraus. Sie ist keine bloße Veranlassungshaftung, sondern eine Haftung aus rechtsgeschäftlichem Handeln. Demnach scheidet eine Handelndenhaftung von Gründern aus, die weder dem Vertretungsorgan der Vor-GmbH angehören noch in der Art von Geschäftsführern im Rechtsverkehr auftreten.[183]

b) Rechtsgeschäftliches Handeln

Die Haftung ist an ein rechtsgeschäftliches, auch rechtsgeschäftsähnliches, zu Ansprüchen aus Verschulden bei Vertragsschluss (§ 311 Abs. 2 BGB) oder ungerechtfertigter Bereicherung (§ 812 BGB) führendes Handeln gekoppelt,[184] greift aber nicht bei *gesetzlichen Ansprüchen* (etwa auf Abführung von Sozialversicherungsbeiträgen oder Steuern) ein.[185] Die Haftung wird ohne Unterschied darauf begründet, ob der Handelnde im Namen der GmbH oder der Vor-GmbH auftritt.[186] Bedeutungslos ist ebenfalls, ob mit oder ohne Vertretungsmacht ge-

---

181 *Roth*/Altmeppen, § 11, Rn. 30.
182 BGH, Urt. v. 9. 2. 1970 – II ZR 182/68; BGHZ 53, 206 = BB 1970, 465 = NJW 1970, 1043; BGH, Urt. v. 9. 2. 1970 – II ZR 137/69, BGHZ 53, 210 = BB 1970, 465 = NJW 1970, 806.
183 BGH, Urt. v. 8. 10. 1979 – II ZR 165/77, BGHZ 66, 359 = BB 1980, 11 = NJW 1980, 287; BGH, Urt. v. 15. 12. 1975 – II ZR 95/73, BGHZ 65, 378 = BB 1976, 200 = NJW 1976, 419; *Lutter/Bayer*, in: Lutter/Hommelhoff, § 11, Rn. 23; Baumbach/*Hueck/Fastrich*, § 11, Rn. 43.
184 Hachenburg/*Ulmer*, § 11, Rn. 108; *Lutter/Bayer*, § 11, Rn. 24; a. A. Scholz/*K. Schmidt*, § 11, Rn. 106.
185 Scholz/*K. Schmidt*, § 11, Rn. 106 m.w. N.; Baumbach/*Hueck/Fastrich*, § 11, Rn. 45.
186 Hachenburg/*Ulmer*, § 11, Rn. 110; Rowedder/Schmidt-Leithoff, § 11, Rn. 118; Scholz/*K. Schmidt*, § 11, Rn. 107; a. A. *Roth*/Altmeppen, § 11, Rn. 21 f.; ebenso wohl BGH, Urt. v. 19. 3. 2001 – II ZR 249/99, BB 2001, 900 = NJW 2001, 2092, der ein Handeln namens der GmbH fordert.

handelt wurde.[187] Der Geschäftsführer haftet nicht für vertragliche Pflichten, die erst nach seinem Ausscheiden durch vertragswidriges Verhalten der GmbH begründet wurden.[188] Die Vorschrift gilt nur gegenüber *Dritten* und nicht gegenüber Gründern oder solchen Personen, die der werdenden Gesellschaft beitreten wollen und über die inneren Verhältnisse der Gründervereinigung unterrichtet sind.[189] Auch die Aufsichtsratsmitglieder einer Vor-GmbH haften dem ersten Geschäftsführer der Gesellschaft, mit dem sie den Anstellungsvertrag geschlossen haben, nicht wegen seiner Vergütungsansprüche.[190]

c) Umfang der Haftung

§ 11 GmbHG statuiert eine *akzessorische Haftung*, die inhaltsgleich neben oder anstelle der Verpflichtung der GmbH tritt.[191] Auf diese Weise soll der Gläubiger nicht schlechter, aber auch nicht besser gestellt werden, als er stünde, wäre die GmbH bei Vertragsschluss bereits eingetragen gewesen und darum unmittelbar und allein verpflichtet worden. Die Haftung des Handelnden geht darum nicht weiter als die einer bestehenden GmbH.[192] Deshalb besteht abweichend von § 179 BGB ungeachtet, ob die Vor-GmbH wirksam verpflichtet wurde oder nicht, kein Wahlrecht zwischen einem Erfüllungsanspruch und einem Schadensersatzanspruch wegen Nichterfüllung.[193] Mehrere Handelnde haften *gesamtschuldnerisch*; dies gilt auch im Verhältnis zwischen dem Handelnden und der mit verpflichteten Gesellschaft.[194]

---

187 BGH, Urt. v. 9. 2. 1970 – II ZR 137/69, BGHZ 53, 210 = BB 1970, 465 = NJW 1970, 806; Rowedder/*Schmidt-Leithoff,* § 11, Rn. 116.
188 BAG, Urt. v. 20. 1. 1998 – 9 AZR 593/96, NJW 1998, 2845; Rowedder/*Schmidt-Leithoff,* § 11, Rn. 113.
189 BGH, Urt. v. 17. 3. 1980 – II ZR 11/79, BGHZ 76, 320 = BB 1980, 693 = NJW 1980, 1630; BGH, Urt. v. 20. 11. 1954 – II ZR 53/53, BGHZ 15, 204 = BB 1954, 1080 = NJW 1955, 219; Hachenburg/*Ulmer,* § 11, Rn. 102; Baumbach/*Hueck/Fastrich,* § 11, Rn. 45.
190 BGH, Urt. v. 14. 6. 2004 – II ZR 47/02, BB 2004, 1585 = NJW 2004, 2519.
191 Scholz/*K. Schmidt,* § 11, Rn. 111.
192 BGH, Urt. v. 9. 2. 1970 – II ZR 137/69, BGHZ 53, 210 = BB 1970, 1970, 465 = NJW 1970, 806; Michalski/*Michalski,* § 11, Rn. 105.
193 Hachenburg/*Ulmer,* § 11, Rn. 114; Scholz/*K. Schmidt,* § 11, Rn. 111.
194 Baumbach/*Hueck/Fastrich,* § 1, Rn. 47; Rowedder/*Schmidt-Leithoff,* § 11, Rn. 128; a. A. Scholz/*K. Schmidt,* § 11, Rn. 113.

IV. Haftung für Verbindlichkeiten der Vorgesellschaft

d) Erlöschen der Haftung

Die Handelndenhaftung erlischt mit *Eintragung* der GmbH in das Handelsregister. Da die aufgrund einer Ermächtigung der Gesellschafter im Namen der Vorgesellschaft eingegangenen Verbindlichkeiten mit der Eintragung gegen die GmbH fortwirken und die Gesellschafter für etwaige Lücken im Stammkapital aufkommen müssen, endet die Handelndenhaftung im Zeitpunkt der Eintragung der GmbH in das Handelsregister.[195] Wurde die eingetragene GmbH mangels *Vertretungsmacht* nicht wirksam verpflichtet, dauert die Handelndenhaftung ohne die Erleichterung des § 179 Abs. 2 BGB fort.[196]

e) Rückgriffsanspruch des Handelnden

Der gemäß § 11 Abs. 2 GmbHG als Handelnder in Anspruch genommene Geschäftsführer hat aus seinem Anstellungsvertrag gegen die *Vorgesellschaft* einen Regressanspruch auf Aufwendungsersatz (§§ 675, 670 BGB) oder Schuldbefreiung (§ 257 BGB), sofern die Aufnahme des Geschäftsbetriebs im Einverständnis der Gesellschafter erfolgte.[197] Fehlt es an einer Ermächtigung, besteht ein Anspruch aus § 683 BGB.[198] Die *Gründer* können nur im Rahmen der Vorbelastungshaftung im Wege der Innenhaftung belangt werden.[199] Ausnahmsweise kann ein unmittelbarer Anspruch gegen die Gesellschafter bestehen, wenn der Geschäftsführer auf deren Weisung gehandelt hat.[200]

---

195 BGH, Urt. v. 16. 3. 1981 – II ZR 59/80, BGHZ 80, 182 = BB 1981, 750 = NJW 1981, 1452; Scholz/*K. Schmidt*, § 11, Rn. 118; Hachenburg/*Ulmer*, § 11, Rn. 118.
196 *Lutter/Bayer*, in: Lutter/Hommelhoff, § 11, Rn. 26; Hachenburg/*Ulmer*, § 11, Rn. 419; Baumbach/*Hueck/Fastrich*, § 11, Rn. 49; a. A. unter Hinweis auf § 179 Scholz/*K. Schmidt*, §11, Rn. 120.
197 BGH, Urt. v. 13. 12. 1982 – II ZR 282/81, BGHZ 86, 122 = BB 1983, 144 = NJW 1983, 876; Hachenburg/*Ulmer*, § 11, Rn. 121 ff.; Scholz/*K. Schmidt*, § 11, Rn. 114.
198 Hachenburg/*Ulmer*, § 11, Rn. 122; Rowedder/*Schmidt-Leithoff*, § 11, Rn. 129.
199 Baumbach/*Hueck/Fastrich*, § 11, Rn. 49a; Rowedder/*Schmidt-Leithoff*, § 11, Rn. 129.
200 BGH, Urt. v. 13. 12. 1982 – II ZR 282/81, BGHZ 86, 122 = BB 1983, 144 = NJW 1983, 876.

6. Unechte Vor-GmbH bei fehlender Eintragungsabsicht

a) Gesamtschuldnerische Außenhaftung

Das Modell der Verlustdeckungshaftung findet keine Anwendung, wenn die Gesellschafter nach Aufgabe der Eintragungsabsicht, also nach Scheitern der Gründung, den *Geschäftsbetrieb fortführen*. Dieser Fall steht Gestaltungen näher, in denen die handelnden Personen von Anfang an nicht die Absicht haben, die GmbH eintragen zu lassen. Hier ist seit langem anerkannt, dass sie sich so behandeln lassen müssen, als wären sie in einer *Personengesellschaft* miteinander verbunden. Nach aufgegebener Eintragungsabsicht ist der einzige Grund dafür entfallen, den Gläubigern der Vorgesellschaft zu versagen, die Gründer persönlich in Anspruch zu nehmen, der darin liegt, dass die Kapitalgesellschaft notwendig ein Vorstadium durchlaufen muss und deren Gläubiger erwarten dürfen, sich wegen ihrer Ansprüche an eine alsbald entstehende GmbH mit einem gesetzlich kontrollierten und garantierten, notfalls auf dem Wege der Unterbilanzhaftung aufzufüllenden Haftungsfonds halten zu können. Entfällt diese Voraussetzung, müssen die Gründer die Geschäftstätigkeit sofort einstellen und die Vorgesellschaft abwickeln, wenn sie es vermeiden wollen, nicht nur wegen der *neuen*, sondern auch wegen der *bis dahin begründeten Verbindlichkeiten* der Vor-GmbH persönlich und gesamtschuldnerisch haftend von den Gläubigern in Anspruch genommen werden zu können.[201]

b) Einpersonengründung, Treuhand

Gläubiger der Vor-GmbH können den *Alleingesellschafter* in Ermangelung einer Eintragung der GmbH unmittelbar als Haftungsschuldner in Anspruch nehmen. Ein Treuhandgesellschafter hat gegen den Treugeber einen Anspruch auf Freistellung von dieser Haftung. Bestehen mehrere voneinander unabhängige Treuhandverhältnisse, so haftet jeder Treugeber dem Treuhänder in Höhe seiner von dem Treuhänder für ihn gehaltenen Beteiligung an der Gesellschaft. Diesen Befreiungsanspruch kann der Treuhänder seinem Gläubiger abtreten. Infolge der Abtretung wandelt sich der Freistellungsanspruch in der

---

[201] BGH, Urt. v. 4. 11. 2002 – II ZR 204/00, BGHZ 152, 290 = BB 2003, 119 = NJW 2003, 429.

Hand des Gläubigers in einen unmittelbaren Zahlungsanspruch gegen den Treugeber um.[202]

c) Feststellung der Aufgabe der Eintragungsabsicht

Die Aufgabe der Eintragungsabsicht und das Scheitern der Gründung wird sich regelmäßig aus äußeren Umständen feststellen lassen. Das gilt beispielsweise, wenn die Gesellschafter mangels Einigung über die Bewertung der einzubringenden Sacheinlagen keinen Eintragungsantrag mehr stellen, Beanstandungen des Registergerichts im Eintragungsverfahren nicht umgehend abgestellt werden, die Auflösung der Vorgesellschaft beschlossen wird oder die Geschäftsführer der Vorgesellschaft selbst einen Insolvenzantrag stellen.[203]

V. Eintragung der GmbH

1. Anmeldung

Die Anmeldung der Gesellschaft zum Handelsregister ist nach § 78 HS. 2 GmbHG von allen Geschäftsführern im Namen der Gesellschaft vorzunehmen.[204] Der *Geschäftsführer* hat im Gründungsstadium alle erforderlichen Maßnahmen zu ergreifen, damit die Gesellschaft angemeldet und eingetragen werden kann. Dazu sind die Bareinlagen mindestens zu 1/4 (§ 7 Abs. 2 GmbHG) und Sacheinlagen vollständig (§ 7 Abs. 3 GmbHG) einzufordern; insgesamt müssen vor Anmeldung mindestens Bar- und Sacheinlagen von 12 500 € bewirkt worden sein (§ 7 Abs. 2 S. 2 GmbHG). Der *Anmeldung* sind die in § 8 Abs. 1 GmbHG bezeichneten Dokumente beizufügen: Neben einer Ausfertigung des Gesellschaftsvertrages (§ 8 Abs. 1 Nr. 1 GmbHG) und der – falls sie sich nicht bereits aus dem Gesellschaftsvertrag ergibt – etwa auf einem Gesellschafterbeschluss beruhenden Legitimation der Geschäftsführer (§ 8 Abs. 1 Nr. 2 GmbHG) ist eine Liste der Gesellschafter einzureichen (§ 8 Abs. 1 Nr. 3 GmbHG). Bei Sachgründungen sind Ausführungsverträge über die Einbringung (Beispiel: Auflassung), Belege über den Wert der Sacheinlage vorzu-

---
202 BGH, Urt. v. 19. 3. 2001 – II ZR 249/99, NJW 2001, 209.
203 BGH, Urt. v. 4. 11. 2002 – II ZR 204/00, BGHZ 152, 290 = BB 2003, 119 = NJW 2003, 429.
204 *Rowedder/Zimmermann,* § 78, Rn. 13.

legen und ein (ggf. durch ein Sachverständigengutachten[205] untermauerter) Sachgründungsbericht zu fertigen (§ 8 Abs. 1 Nr. 4 und 5 GmbHG). Ferner sind staatliche Genehmigungsurkunden (§ 8 Abs. 1 Nr. 6 GmbHG) wie die Eintragung in die Handwerksrolle[206] vorzulegen. Neben der Versicherung, dass die gemäß § 7 Abs. 2 und 3 GmbHG zu leistenden Stammeinlagen zur freien Verfügung des Geschäftsführers bewirkt sind und keine Umstände nach § 6 Abs. 3 S. 3 und 4 GmbHG (Straftat nach §§ 283 bis 283d StGB, Berufsverbot) seiner Bestellung entgegenstehen (§ 8 Abs. 3 und 4 GmbHG), hat der Geschäftsführer seine Vertretungsbefugnis mitzuteilen (§ 8 Abs. 4 GmbHG) und seine Unterschrift bei Gericht zu hinterlegen (§ 8 Abs. 5 GmbHG).[207] Die Versicherung der Geschäftsführer nach § 8 Abs. 2 S. 1 GmbHG hat sich auch auf die im Zeitpunkt der Anmeldung bestehenden Verbindlichkeiten zu erstrecken, für die eine Unterbilanzhaftung der Gesellschafter eingreift. Es ist nicht Sinn der Unterbilanzhaftung, die Eintragung der GmbH trotz unzureichender Kapitalausstattung zu ermöglichen. Bei Bargründungen erstreckt sich deshalb die Versicherung des Geschäftsleiters nach § 8 Abs. 2 GmbHG und die entsprechende Prüfung durch das Registergericht (§ 9c GmbHG) auch darauf, inwieweit das aus Geldeinlagen oder Geldeinlageforderungen gebildete Stammkapital bereits durch Verbindlichkeiten vorbelastet ist.[208] Wird der Eintragungsantrag abgelehnt, so steht das *Beschwerderecht* nicht den Geschäftsführern, sondern der Vor-GmbH zu.[209]

2. Registergerichtliche Prüfung

Trotz der ungenauen Formulierung des § 9c GmbHG hat eine umfassende registergerichtliche Kontrolle stattzufinden. Die Prüfung erstreckt sich neben den Formalien wie örtliche Zuständigkeit und ord-

---

205 *Roth*/Altmeppen, § 8, Rn. 7.
206 BGH, Beschl. v. 9. 11. 1987 – II ZB 49/87, BGHZ 102, 209 = BB 1988, 426 = NJW 1988, 1087.
207 *K. Schmidt*, § 34, II 3.; *Goette*, § 1, Rn. 38.
208 BGH, Urt. v. 9. 3. 1981 – II ZR 54/80, BGHZ 80, 129, 143 = BB 1981, 689 = NJW 1981, 1373.
209 BGH, Beschl. v. 16. 3. 1992 – II ZB 17/91, BGHZ 117, 323 = BB 1992, 1018 = NJW 1992, 1824; BGH, Beschl. v. 24. 10. 1988 – II ZB 7/88, BGHZ 105, 324 = BB 1989, 95 = NJW 1989, 295.

nungsgemäße Antragstellung[210] vor allem auf die Vollständigkeit und Wirksamkeit des Gesellschaftsvertrages und die Zulässigkeit der gewählten Firma (§ 9c Abs. 2 Nr. 1 GmbHG), die vorgeschriebene *Kapitalaufbringung* und die Richtigkeit der Angaben (§ 9c Abs. 2 Nr. 2 und 3 GmbHG).[211] Nur konkrete Anhaltspunkte geben dem Registergericht Veranlassung, in eigene Ermittlungen über die Richtigkeit der Angaben einzutreten (§ 12 FGG).[212] Das Registergericht hat eine reine Rechtmäßigkeitsprüfung und keine Zweckmäßigkeitskontrolle vorzunehmen und darf die Eintragung nicht wegen *Unterkapitalisierung* oder fehlender Solvenz der Gründer ablehnen.[213] Anders verhält es sich, wenn die Absicht sittenwidriger Schädigung der Gläubiger evident ist. Die Bank, die in Kenntnis der Tatsache, dass die angebliche Bareinlage bereits an den Einleger zurück überwiesen ist oder absprachegemäß demnächst zurück überwiesen werden wird, den Geschäftsführern der GmbH zur Vorlage beim Handelsregister eine Bestätigung ausstellt, wonach die Bareinlage geleistet sei und zur endgültig freien Verfügung der Geschäftsführer stehe, haftet der Gesellschaft für die ausstehende Bareinlage analog § 37 Abs. 1 S. 4 AktG.[214]

3. Eintragung

Nach positiver Prüfung bilden *Eintragung* und Bekanntmachung den Abschluss des Gründungsverfahrens (§ 10 GmbHG). Der Mindestinhalt der Eintragung folgt aus § 10 Abs. 1 GmbHG. Die Eintragung hat für die Entstehung der GmbH als juristische Person *konstitutive Wirkung*; die *Bekanntmachung* ist insoweit bedeutungslos.[215]

---

210 *Lutter/Bayer*, in: Lutter/Hommelhoff, § 9c, Rn. 4.
211 BGH, Urt. v. 18. 2. 1991 – II ZR 104/90, BGHZ 113, 335 = BB 1991, 993 = NJW 1991, 1754; *K. Schmidt*, § 34 II., 3 b).
212 Hachenburg/*Ulmer*, § 9c, Rn. 12.
213 Baumbach/*Hueck/Fastrich*, § 9c, Rn. 4; Scholz/*Winter*, § 9c, Rn. 36; einschränkend Hachenburg/*Ulmer*, § 9c, Rn. 9, 31.
214 BGH, Urt. v. 18. 2. 1991 – II ZR 104/90, BGHZ 113, 335 = BB 1991, 993 = NJW 1991, 1754.
215 Hachenburg/*Ulmer*, § 10, Rn. 14; Scholz/*Winter*, § 10, Rn. 17.

VI. Fehlerhafte Gesellschaft

Der Gesellschaftsvertrag kann wie jeder andere Vertrag *nichtig* sein: §§ 125, 134 und 138 BGB sind ebenso wie etwaige Vertretungsmängel zu beachten. Ebenso kommt eine Anfechtung der Willenserklärung in Betracht (§§ 119, 123 BGB). Schließlich greift der Schutz zu Gunsten in ihrer Geschäftsfähigkeit beschränkter Personen ein (§§ 104 ff. BGB). Bei den Auswirkungen dieser Mängel auf die Existenz der GmbH sind die Phasen nach Vertragsschluss und nach Eintragung der GmbH zu unterscheiden.

1. Vor-GmbH

a) Grundsätze der fehlerhaften Gesellschaft

Die Nichtigkeitsfolge kann von dem Gesellschafter ohne weiteres geltend gemacht werden, solange die GmbH noch *nicht in Vollzug* gesetzt ist.[216] Anders verhält es sich, wenn die Gesellschaft durch Aufnahme der Geschäfte oder Leistung der Einlagen in Gang gekommen ist. Die zur fehlerhaften Gesellschaft entwickelten Grundsätze sind auch auf die Vor-GmbH anzuwenden, wenn sie nach außen und innen ins Leben getreten ist und so viele derart gewichtige Rechtstatsachen geschaffen hat, dass Recht und Verkehrssicherheit es verbieten, ihnen die rechtliche Anerkennung zu versagen.[217] Damit wird die fehlerhafte Vor-GmbH im Wesentlichen ebenso wie die fehlerhafte Personengesellschaft behandelt.[218] Die Auflösung kann bei einem Nichtigkeitsgrund durch jeden Gesellschafter, bei einem Anfechtungsgrund durch den betroffenen Gesellschafter analog § 723 BGB durch außerordentliche Kündigung geltend gemacht werden. Einer Auflösungsklage nach § 61 GmbHG bedarf es nicht.[219]

---

216 *Lutter/Bayer*, in: Lutter/Hommelhoff, § 2, Rn. 21; Scholz/*Emmerich*, § 2, Rn. 63.
217 BGH, Urt. v. 12. 5. 1954 – II ZR 167/53, BGHZ 13, 320 = BB 1954, 611 = NJW 1954, 1562.
218 Rowedder/*Schmidt-Leithoff*, § 2, Rn. 65; Baumbach/*Hueck/Fastrich*, § 2, Rn. 35.
219 Hachenburg/*Ulmer*, § 2, Rn. 93; Scholz/*Emmerich*, § 2, Rn. 64; Baumbach/*Hueck/Fastrich*, § 2, Rn. 35; a. A. Rowedder/*Schmidt-Leithoff*, § 2, Rn. 67, § 61 GmbHG (ohne Abs. 2) analog; Scholz/*K. Schmidt*, § 11, Rn. 55, § 133 HGB analog.

1. Kap.   VI. Fehlerhafte Gesellschaft

b) Abwicklung

Die Liquidation der Vor-GmbH erfolgt nicht nach §§ 730 ff. BGB, sondern analog §§ 60 ff. GmbHG, soweit die Regelungen nicht – wie etwa § 65 GmbHG – die Eintragung in das Handelsregister voraussetzen.[220] Der Übergang der werdenden zu einer sich auflösenden GmbH macht aus dem korporationsähnlichen Sondergebilde *keine* Personengesellschaft. Die Vor-GmbH trägt in sich die zwei Entwicklungsmöglichkeiten, durch Eintragung juristische Person zu werden oder in das *Liquidationsstadium* zu treten. Das ändert aber nichts am Rechtscharakter der Vor-GmbH, die nach GmbH-Recht zu behandeln ist.[221] Folglich sind nach § 66 die Geschäftsführer (und nicht die Gesellschafter) als Liquidatoren berufen.

2. Eintragung der GmbH

Mit Eintragung der GmbH in das Handelsregister werden die *Formmängel* des Gesellschaftsvertrages und der Vollmacht geheilt. Sonstige Mängel werden in dem Sinn „geheilt", dass sie – wie Irrtum, Täuschung oder Drohung (außer mit Gewalt), Gesetz- und Sittenwidrigkeit (§§ 134, 138 BGB)[222] – im Interesse des Bestandsschutzes der GmbH nicht mehr geltend gemacht werden können. Lediglich die besonderen im Klageweg durchzusetzenden *Nichtigkeitsgründe* des § 75 GmbHG bleiben unberührt. Ebenso ist die Amtslöschung (§ 144 Abs. 1 S.2 FGG) auf diese Fälle beschränkt und nicht bei sonstigen Gründungsmängeln möglich.[223] Die Nichtigkeit einzelner Satzungsklauseln – etwa über die Abfindung – wird analog § 242 Abs. 2 AktG nach Ablauf von drei Jahren geheilt.[224] Infolge der Heilung des Mangels können keine Schadensersatzansprüche gegen die GmbH erhoben werden, wohl aber gegen Dritte wie Mitgründer, die etwa für eine Täuschung verantwortlich sind.[225]

---

220 BGH, Urt. v. 28. 11. 1997 – V ZR 178/96, BB 1998, 862 = NJW 1998, 1079; *Goette,* § 1, Rn. 31; Scholz/*K. Schmidt,* § 11, Rn. 56; Hachenburg/*Ulmer,* § 11, Rn. 42; anders noch BGH, Urt. v. 24. 10. 1968 – II ZR 216/66, BGHZ 51, 30, 34 = BB 1969, 153 = NJW 1969, 509.
221 BAG Urt. v. 8. 11. 1962 – 2 AZR 11/62, BB 1963, 283 = NJW 1963, 680.
222 Rowedder/*Schmidt-Leithoff,* § 2, Rn. 72.
223 Scholz/*Emmerich,* § 2, Rn. 72; Baumbach/*Hueck/Fastrich,* § 2, Rn. 36; Michalski/*Michalski,* § 2, Rn. 60 f.
224 BGH, Urt. v. 19. 6. 2000 – II ZR 73/99, BGHZ 144, 365 = NJW 2000, 2819.
225 Michalski/*Michalski,* § 2, Rn. 71, Scholz/*Emmerich,* § 2, Rn. 77.

3. Unheilbare Beitrittsmängel

Im Falle besonders schwer wiegender Mängel ist trotz In-Vollzug-Setzung der fehlerhaften Vorgesellschaft und selbst Eintragung in das Handelsregister eine Bindung des betroffenen Gesellschafters abzulehnen. Dies ist in folgenden Fällen anzunehmen: *Fehlende Geschäftsfähigkeit, Fehlen einer* dem Gründer zurechenbaren *Willenserklärung* bei *Fälschung* der Unterschrift oder *fehlender Vertretungsmacht*, Erzwingung der Willenserklärung durch *Gewalt* oder durch *Drohung mit Gewalt* (nicht sonstige Drohung), *fehlende Zustimmung des Ehegatten* (§§ 1365, 1423, 1487 BGB).[226] Nichtig ist aber – § 139 BGB ist unanwendbar – nur der Beitritt des betroffenen Gesellschafters. Er wird nicht Gesellschafter, und sein Geschäftsanteil entsteht nicht, so dass das Stammkapital und die Summen der Stammeinlagen nicht mehr übereinstimmen. Die übrigen Gesellschafter, die nicht nach § 24 GmbHG für die nie entstandene Stammeinlage haften, können diesen Mangel durch eine Kapitalherabsetzung beseitigen.[227] Wird dies versäumt, ist Raum für das Beanstandungsverfahren nach § 144a Abs. 4 FGG.[228]

4. Abtretung von Geschäftsanteilen

a) Vor-GmbH

Vor Eintragung besteht noch kein Geschäftsanteil, der übertragen werden könnte. Möglich ist nur die Übertragung des *künftigen Geschäftsanteils*, die aber erst mit der Eintragung der GmbH in das Handelsregister wirksam wird. Zuvor ist eine Veränderung des Gesellschafterkreises nur durch eine der Form des § 2 Abs. 1 GmbHG genügende, die Mitwirkung aller Gesellschafter erfordernde Änderung des Gesellschaftervertrages möglich. Fehlt es daran, so sind die Grundsätze der fehlerhaften Gesellschaft unanwendbar. Denn der Formzwang ist auch im Gründungsstadium uneingeschränkt zu beachten.[229]

---

226 Hachenburg/*Ulmer*, § 2, Rn. 98 ff.; Scholz/*Emmerich*, § 2, Rn. 66.
227 Rowedder/*Schmidt-Leithoff*, § 2, Rn. 75; Hachenburg/*Ulmer*, § 2, Rn. 106; Michalski/*Michalski*, § 2, Rn. 67; a. A. *Lutter/Bayer*, in: Lutter/Hommelhoff, § 2, Rn. 24.
228 Scholz/*Emmerich*, § 2, Rn. 71; Baumbach/*Hueck/Fastrich*, § 2, Rn. 39; Michalski/*Michalski*, § 2, Rn. 67.
229 BGH, Urt. v. 13. 12. 2004 – II ZR 409/02, BB 2005, 400.

VI. Fehlerhafte Gesellschaft

b) Eingetragene GmbH

Wenn die Abtretung eines Geschäftsanteils an einem Mangel wie Irrtum, arglistige Täuschung oder sittenwidrige Übervorteilung leidet, sind die Grundsätze der fehlerhaften Gesellschaft *nicht anwendbar*. Gemäß § 16 Abs. 1 GmbHG führen die bürgerlichrechtlichen Nichtigkeits- und Anfechtungsvorschriften nicht dazu, dass die Gesellschafter im Verhältnis zur Gesellschaft rückwirkend in ihre alten Rechtspositionen eingesetzt werden. Vielmehr bestimmt die Vorschrift, dass die Gesellschaft im eigenen Interesse, aber auch zum Schutz von Veräußerer und Erwerber berechtigt und verpflichtet ist, unabhängig von der wahren Rechtslage jeden, der sich einmal ihr gegenüber als Erwerber ausgewiesen hat, so lange als solchen zu behandeln, bis eine Rechtsänderung bei ihr nachgewiesen oder angemeldet ist. Der Veräußerer des Anteils haftet nach § 16 Abs. 3 GmbHG der Gesellschaft auch weiterhin für die bis dahin auf den Geschäftsanteil rückständigen Leistungen; dasselbe gilt, wenn die Anteilsübertragung angefochten und dies der Gesellschaft gemeldet wird, für die Haftung desjenigen, der den Anteil anfechtbar erworben hat; er kann sich der Haftung für die Rückstände nicht durch nachträgliche Anfechtung entziehen. Die Fehlerhaftigkeit des Anteilserwerbs und eine daran anknüpfende *Rückwirkungsfolge der Anfechtung* ist damit auf die Rechtsbeziehungen von Gesellschaft und Gesellschafter ohne Einfluss. Bedeutung erlangt die Rückwirkung lediglich für die *Rechtsbeziehung zwischen Veräußerer und Erwerber*. Die rückwirkende Abwicklung dieser Geschäftsbeziehung mag im Einzelfall schwierig sein; derartige Schwierigkeiten sind aber nicht auf diese Art Rückabwicklung beschränkt, treten vielmehr auch außerhalb des Gesellschaftsrechts auf; sie allein rechtfertigen es nicht, die bürgerlichrechtlichen Anfechtungs- und Nichtigkeitsvorschriften auf den Fall der Anteilsabtretung nicht anzuwenden.[230]

---

[230] BGH, Urt. v. 22. 1. 1990 – II ZR 25/89, BB 1990, 508 = NJW 1990, 1915; BGH, Urt. v. 10. 5.1982 – II ZR 89/81, BGHZ 84, 47 = BB 1982, 1325 = NJW 1982, 2822. Michalski/*Ebbing,* § 15, Rn. 129; Scholz/*Winter,* § 15, Rn. 109.

2. Kapitel
Die Mitgliedschaft in der GmbH

I. Mitgliedschaft und Geschäftsanteil

1. Begriff

Der Geschäftsanteil kann als die durch die Beteiligungserklärung begründete mitgliedschaftliche Rechtsstellung des Gesellschafters und der hieraus sich ergebenden Gesamtheit seiner Rechte und Pflichten umschrieben werden.[1] Damit ist der Geschäftsanteil die *Kurzbezeichnung für die Mitgliedschaft* als Zusammenfassung der Rechte und Pflichten des einzelnen Gesellschafters in der GmbH.[2] Vermögensrechte (Gewinn- und Liquidationsanteil, Bezugsrecht) sind neben Mitverwaltungsrechten (Stimmrecht, Anfechtungsrecht), Informationsrechten (§ 51a GmbHG) und Minderheitenrechten (§ 50 Abs. 1, § 61 GmbHG) besonders hervorzuheben. Unter den Pflichten kommt den vermögensrechtlichen Pflichten auf Leistung der Stammeinlage verbunden mit einer Differenz- und Ausfallhaftung besondere Bedeutung zu. Gesellschafter ist, wer einen oder mehrere Geschäftsanteile an der GmbH hält. Die Gesellschafter werden nicht in das Handelsregister eingetragen (§ 10 GmbHG); die Publizität der Mitgliedschaft wird durch eine bei Anmeldung einzureichende und bei Veränderungen von den Geschäftsführern zu aktualisierende Gesellschafterliste verwirklicht (§§ 8 Abs. 1 Nr. 3, 40 GmbHG). Die Mitgliedschaft wird nicht in einer Beteiligungsqote, sondern einem festen Nennbetrag ausgedrückt, der entsprechend der Stammeinlage (§ 5 Abs. 3 GmbHG) für die einzelnen Gesellschafter unterschiedlich hoch sein kann.

2. Mehrere Geschäftsanteile

Bei Gründung (§ 5 Abs. 2 GmbHG) und einer Kapitalerhöhung kann ein Gesellschafter nur *einen Geschäftsanteil* übernehmen. Nachträglich kann er von Mitgesellschaftern selbstständig bleibende Geschäftsanteile erwerben (§ 15 Abs. 2 GmbHG). Diese Regelung hat

---

1 Scholz/*Winter*, § 14, Rn. 2; Baumbach/*Hueck*/*Fastrich*, § 14, Rn. 2.
2 *Lutter*/*Bayer*, in: Lutter/Hommelhoff, § 14, Rn. 1.

ihren Grund darin, dass der Rechtsvorgänger eines mit der Zahlung der Stammeinlage säumigen und darum nach § 21 GmbHG aus der Gesellschaft ausgeschlossenen Gesellschafters dessen Geschäftsanteil erwirbt, wenn er den rückständigen Betrag bezahlt (§ 22 Abs. 4 GmbHG). Diese Bestimmung kann nur eingehalten werden, wenn ein unbezahlter Geschäftsanteil, der seinen Inhaber gewechselt hat, fortbesteht. Sie dient dem Gläubigerschutz, weil sie das Aufkommen des Stammkapitals zu sichern sucht, steht aber mit dem durch § 5 Abs. 2, § 17 Abs. 6, § 55 Abs. 4 GmbHG zum Ausdruck gebrachten *Grundsatz der einheitlichen Beteiligung* in Widerspruch. Auf die Regelung in § 22 Abs. 4 GmbHG braucht nicht Rücksicht genommen zu werden, wenn voll eingezahlte Geschäftsanteile zusammengelegt werden sollen und der Gesellschaftsvertrag keine Nachschusspflicht (§ 26 GmbHG) vorsieht. Nicht anders verhält es sich bei der Zusammenlegung eines kaduzierten Geschäftsanteils, den die Gesellschaft nach § 23 GmbHG verwertet hat, mit voll eingezahlten Geschäftsanteilen. Daher muss unter diesen Voraussetzungen die Zusammenlegung von Geschäftsanteilen trotz der Vorschrift des § 15 Abs. 2 GmbHG zugelassen werden.[3] Die *Zusammenlegung* geschieht durch Beschluss der Gesellschafterversammlung mit Zustimmung des betroffenen Gesellschafters.[4]

3. Veräußerlichkeit des Geschäftsanteils

§ 15 Abs. 1 GmbHG erklärt den Geschäftsanteil für veräußerlich und vererblich. Die freie Übertragung von Geschäftsanteilen wird gleichwohl durch eine Reihe von Regelungen erschwert: Verpflichtungs- wie auch Verfügungsgeschäft (§ 15 Abs. 3 und 4 GmbHG) bedürfen der notariellen Beurkundung. Die Satzung kann die Veräußerung von weiteren Erfordernissen wie einer Genehmigung der Gesellschaft abhängig machen (§ 15 Abs. 5 GmbHG) und die Übertragbarkeit sogar gänzlich ausschließen. Der nicht ohne weiteres teilbare (§ 17 GmbHG) Geschäftsanteil kann zwar in einem Anteilsschein verbrieft, aber nicht als Wertpapier gehandelt werden. Da es an einem dem Bör-

---

[3] BGH, Urt. v. 13. 7. 1964 – II ZR 110/62, BGHZ 42, 89 = BB 1964, 942 = NJW 1964, 1954; Hachenburg/*Ulmer,* § 15, Rn. § 53, Rn. 106; Baumbach/*Hueck/Fastrich,* § 15, Rn. 18.

[4] *Lutter/Bayer,* in: Lutter/Hommelhoff, § 15, Rn. 14; Scholz/*Winter,* Rn. 115; *Rowedder*/Schmidt-Leithoff/*Bergmann,* § 15, Rn. 191.

senhandel vergleichbaren organisierten Markt für Geschäftsanteile fehlt, stößt eine Veräußerung mitunter auch auf praktische Schwierigkeiten. Mit der Einschränkung der Übertragung von Geschäftsanteilen will der Gesetzgeber den Charakter der Mitgliedschaft als eines der Regel nach dauernden Verhältnisses fördern und verhindern, dass Geschäftsanteile Gegenstand des freien Handelsverkehrs werden.[5]

4. Vererblichkeit des Geschäftsanteils

a) Erbfolge in Geschäftsanteil

Der oder die Erben werden mit dem Tod des Erblassers – ohne die Notwendigkeit einer Anmeldung (§ 16 GmbHG) – kraft testamentarischer oder gesetzlicher Erbfolge unmittelbar Gesellschafter mit allen Rechten und Pflichten. Der Geschäftsanteil gehört zum Nachlass. Eine Sonderrechtsnachfolge in den Geschäftsanteil außerhalb des Erbrechts ist – im Unterschied zum Personengesellschaftsrecht – nicht möglich. Die Satzung kann weder die Vererblichkeit ausschließen noch mit dem Tode des Gesellschafters eine automatische Einziehung seines Anteils anordnen.[6] Deswegen kann man von einem *Vorrang des Erbrechts* gegenüber dem Gesellschaftsrecht sprechen.[7]

b) Gesellschaftsvertragliche Regelungen

Wenngleich das Erbrecht durch die Satzung weder entzogen noch beschränkt werden darf, kann der Gesellschaftsvertrag über den dauernden Verbleib des Erben in der GmbH Bestimmungen treffen.[8]

aa) Nachfolgeklausel

Bei der Auslegung einer Nachfolgeklausel müssen die Belange der Gesellschafter und der Gesellschaft selbst, die im Gesellschaftsvertrag geschützt sind, gewahrt werden. Andererseits muss der durch den Erbfall entstandenen erbrechtlichen Lage Rechnung getragen werden, soweit sich dies mit der gesellschaftsvertraglichen Regelung verein-

---

5 BGH, Urt. v. 19. 4. 1999 – II ZR 365/97, BGHZ 141, 207 = BB 1999, 1233 = NJW 1999, 2594; Scholz/*Winter*, § 15, Rn. 1.
6 *Lutter/Bayer*, in: Lutter/Hommelhoff, § 15, Rn. 8; Baumbach/*Hueck*/Fastrich, § 15, Rn. 12; Hachenburg/*Zutt*, § 15, Rn. 5 f.
7 Michalski/*Ebbing*, § 15, Rn. 6.
8 *Rowedder*/Schmidt-Leithoff/*Bergmann*, § 15, Rn. 116.

baren lässt. Erfüllen nur einige der Erben die gesellschaftsvertraglichen Nachfolgevoraussetzungen eines Mindestalters und einer bestimmten Ausbildung, hat der BGH den gebotenen Interessenausgleich verwirklicht, indem der im Nachlass befindliche Gesellschaftsanteil auf solche Miterben übertragen wird, die zur *Nachfolge in die Gesellschafterstellung* berechtigt sind. Die nicht nachfolgeberechtigten Miterben scheiden dann aus der Gesellschaft aus, so dass das von der gesellschaftsvertraglichen Regelung in erster Linie verfolgte Ziel erreicht ist, Personen, die nicht die vertraglichen Voraussetzungen erfüllen, als Gesellschaftsnachfolger fernzuhalten. Dass die nicht nachfolgeberechtigten Miterben für eine kurze Übergangszeit zur gesamten Hand Mitberechtigte an dem ererbten Geschäftsanteil sind, kann hingenommen werden und bietet keinen sachlichen Grund dafür, ein Erwerbsrecht der übrigen Gesellschafter eingreifen zu lassen. Neben dem Eintrittsberechtigten kann auch die Gesellschaft von dem Erben Vollzug der Abtretung verlangen.[9] Auch können die Erben verpflichtet werden, den Anteil auf einen unter ihnen oder einen Dritten, der kraft der Satzung ein obligatorisches Recht erworben hat (§§ 328, 331 BGB), zu *übertragen*. Dabei ist die Form des § 15 Abs. 3 GmbHG zu wahren.[10] Zum Ausgleich der Verpflichtung, den Geschäftsanteil auf einen anderen zu übertragen, kann dem Erben ein Nießbrauch an dem Geschäftsanteil eingeräumt werden.[11] Ohne Mitwirkung des Erben kann die Nachfolge durch eine auf den Todesfall bedingte Übertragung zwischen Gesellschafter und Eintretendem bewerkstelligt werden.[12] Schließlich kann die Satzung eine Befugnis zur Einziehung des Geschäftsanteils nach dem Tod seines Inhabers vorsehen.[13]

bb) Hinauskündigung des Erben

Im Bereich der GmbH legt der Gesellschaftsvertrag nicht selten fest, dass bei dem Tod eines Gesellschafters und dem darauf erfolgten Ein-

---

[9] BGH, Urt. v. 5. 11. 1984 – II ZR 147/83, BGHZ 82, 386 = BB 1985, 477 = NJW 1985, 2592; Michalski/*Ebbing*, § 15, Rn. 26; Scholz/*Winter*, § 15, Rn. 26.
[10] BGH, Urt. v. 14. 6. 1996 – II ZR 56/95, NJW-RR 1996, 1377; Baumbach/*Hueck*/*Fastrich*, § 15, Rn. 13; *Lutter/Bayer*, in: Lutter/Hommelhoff, § 15, Rn. 9.
[11] BGH, Urt. v. 24. 6. 1996 – II ZR 56/95, NJW-RR 1996, 1377.
[12] *Lutter/Bayer*, in: Lutter/Hommelhoff, § 15, Rn. 9.
[13] Michalski/*Ebbing,* § 15, Rn. 31.

tritt eines Erben in die Gesellschaft diesem durch einen oder mehrere Gesellschafter wieder gekündigt werden kann. Dann muss die Hinauskündigung des Erben, falls es an einer ausdrücklichen Regelung fehlt, im Wege der Vertragsauslegung (§ 157 GmbHG) *binnen kurzer Frist* nach seinem Eintritt in die Gesellschaft durchgeführt werden. Gegen eine solche Vertragsgestaltung bestehen nicht die gegen eine Kündigung aus freiem Ermessen anzumeldenden Bedenken. Der entscheidende Grund hierfür liegt darin, dass sich die ausschlussberechtigten Gesellschafter angesichts des zeitlich beschränkten Ausschließungsrechts zügig darüber Klarheit verschaffen müssen, ob man sich mit dem neuen Mitgesellschafter abfinden will oder nicht. Nach der gesellschaftsvertraglichen Regelung ist daher ausgeschlossen, dass es zu einer willkürlichen und missbräuchlichen Handhabung des Kündigungsrechts und damit zu einer nicht hinzunehmenden Gefährdung der für ein gedeihliches Zusammenwirken erforderlichen freien Willensbildung der Gesellschafter kommen kann. Eine andere Beurteilung ergibt sich hingegen, wenn die Kündigungsklausel ein zeitlich unbefristetes Ausschließungsrecht gegenüber dem Erben enthält.[14]

cc) Abfindung

Einigkeit herrscht darüber, dass im Falle einer Nachfolge-, Einziehungs- oder Kündigungsregelung der Gesellschaftsvertrag die Modalitäten der Abfindungszahlung wie Fälligkeit und Zahlungsbedingungen festlegen kann. Ferner werden *Abfindungsbeschränkungen* auf den Substanzwert oder den Buchwert nach Handelsbilanz und – ausnahmsweise zur dauerhaften Wahrung des Charakters einer Familiengesellschaft[15] – bis hin zu einem völligen *Abfindungsausschluss* gebilligt.[16] Dann wird aber zu untersuchen sein, ob erbrechtliche Ausgleichsansprüche nach §§ 2050 ff., 2325 ff. BGB in Betracht kommen.[17]

---

14 BGH, Urt. v. 19. 9. 1988 – II ZR 329/87, BGHZ 105, 213 = NJW 1989, 834.
15 BGH, Urt. v. 20. 12. 1976 – II ZR 115/75, BB 1977, 563.
16 Baumbach/*Hueck*/*Fastrich*, § 15, Rn. 13a; Michalski/*Ebbing*, § 15, Rn. 33; zu Recht kritisch Rowedder/Schmidt-Leithoff/*Bergmann*, § 15, Rn. 120.
17 Michalski/*Ebbing*, § 15, Rn. 34.

II. Formzwang von Verpflichtungs- und Verfügungsgeschäft bei Anteilsveräußerung

Das Formgebot der notariellen Beurkundung erstreckt sich bei einer Anteilsveräußerung sowohl auf das Verpflichtungsgeschäft (§ 15 Abs. 4 GmbHG) als auch die dingliche Abtretung (§ 15 Abs. 3 GmbHG).

1. Zweck des Formgebots

Die Bedeutung der Formvorschrift des § 15 Abs. 3 und 4 GmbHG liegt im Unterschied zu der des § 311b BGB nicht darin, eine leichtfertige Veräußerung von GmbH-Geschäftsanteilen zu verhindern. Der Zweck dieser Formvorschrift geht vielmehr dahin, den *leichten und spekulativen Handel* mit GmbH-Geschäftsanteilen auszuschließen. Die Anteilsrechte an einer GmbH sollen nicht zum Gegenstand des freien Handelsverkehrs werden und nicht wie Aktien in den Börsenverkehr geraten; eine ungebundene Umsetzung der Geschäftsanteile von Hand zu Hand soll durch die Formvorschrift unmöglich gemacht werden. Dazu kommt, dass das Mitgliedschaftsrecht in einer GmbH in der Regel einer besonderen Verbriefung in Gestalt eines Anteilscheins ermangelt und es deshalb im Hinblick auf § 16 GmbHG wesentlich der Beweiserleichterung dient, wenn die Rechtsübertragung dem Formzwang unterstellt wird.[18] Eine *Auslandsbeurkundung* ist anzuerkennen, wenn sie einer inländischen Beurkundung gleichwertig ist.[19] Da es nicht um die Beurkundung des Gesellschaftsvertrages als der auch künftige Mitglieder bindenden Verfassung der GmbH, sondern nur die Übertragung eines Geschäftsanteils geht, sind an die Gleichwertigkeit keine übertriebenen Anforderungen zu stellen.[20]

---

18 BGH, Urt. v. 24. 3. 1954 – II ZR 23/53, BGHZ 13, 49 = BB 1954, 360 – NJW 1954, 1157; BGH, Urt. v. 19. 4. 1999 – II ZR 365/97, BGHZ 141, 207 = BB 1999, 1233 = NJW 1999, 2594; Michalski/*Ebbing,* § 15, Rn. 55.
19 Vgl. oben 1. Kap. II. 5. b).
20 *Goette,* § 5, Rn. 10.

2. Verpflichtungsgeschäft

a) Reichweite des Formgebots

aa) Wesentliche Vertragsbestandteile

Ohne Bedeutung für den Formzwang ist die Rechtsnatur des Verpflichtungsvertrages. Praktisch wird es sich häufig um einen Kaufvertrag handeln, aber auch Tausch und *Schenkung* kommen in Betracht. Im Unterschied zu § 518 BGB gebietet § 15 Abs. 4 GmbHG über das Schenkungsversprechen hinaus die Beurkundung des gesamten Vertragsinhalts, also auch der Annahme.[21] Formbedürftig sind Angebot und Annahme der Verpflichtungserklärung, die freilich getrennt beurkundet werden können (§§ 128, 152 BGB).[22] Die wesentlichen Bestandteile des Vertrages sind zu beurkunden; dazu gehört naturgemäß die Höhe des Kaufpreises.[23] Die häufig durch steuerrechtliche Erwägungen geleitete Angabe eines unzutreffenden Kaufpreises führt zur Annahme eines nichtigen Scheingeschäfts (§ 117 Abs. 1 BGB) und der Wirksamkeit des verdeckten Geschäfts (§ 117 Abs. 2 BGB) über den tatsächlich gewollten Preis, das indes der gebotenen Beurkundung entbehrt und nur durch Vollzug der Abtretung geheilt werden kann (§ 15 Abs. 4 S. 2 GmbHG).[24]

bb) Nebenabreden

Das Formerfordernis des § 15 Abs. 4 S. 1 GmbHG erstreckt sich neben der *Verpflichtung auf Übertragung* der Geschäftsanteile auf alle *Nebenabreden*, die nach dem Willen der Parteien Bestandteil der Vereinbarung über die Verpflichtung der Abtretung sein sollen.[25] Zu den beurkundungsbedürftigen Nebenabreden gehören die Modalitäten der Vertragserfüllung,[26] der Verzicht auf nicht ausgeschütteten Gewinn,[27] und die Zusicherung einer Eigenschaft des Geschäftsan-

---

[21] Michalski/*Ebbing*, § 15, Rn. 63; Scholz/*Winter*, § 15, Rn. 54.
[22] BGH, Urt. v. 12. 7. 1956 – II ZR 218/54, BGHZ 21, 242 = BB 1956, 765 = NJW 1956, 1435; Scholz/*Winter*, § 15, Rn. 69; Michalski/*Ebbing*, § 15, Rn. 89.
[23] Roth/*Altmeppen*, § 15, Rn. 73.
[24] BGH, Urt. v. 16. 1. 1991 – VIII ZR 335/89, NJW 1991, 1223; BGH, Urt. v. 23. 2. 1983 – IVa ZR 187/81, NJW 1983, 1843.
[25] BGH, Urt. v. 27. 6. 2001 – VIII ZR 329/99, NJW 2002, 143.
[26] BGH, Urt. v. 25. 9. 1996 – VIII ZR 172/95, BB 1996, 2427 = NJW 1996, 3338; Hachenburg/*Zutt*, § 15, Rn. 48 f.; Scholz/*Winter*, § 15, Rn. 69.
[27] BGH, Urt. v. 30. 6. 1969 – II ZR 71/68, BB 1969, 1242 = NJW 1969, 2049.

2. Kap. II. Formzwang von Verpflichtungs- und Verfügungsgeschäft

teils.[28] Die Formnichtigkeit wird unter dem Gesichtspunkt des Schutzzwecks der Norm nicht schon durch fehlerhafte Positionen einer dem Vertrag beigefügten Anlage begründet. Die Vereinbarung einer Option[29] oder eines Vorkaufsrechts[30] ist formbedürftig; Vorkaufsrecht und Option können hingegen formfrei wahrgenommen werden.[31] Dem Formzwang werden die Vereinbarung einer *Bedingung* wie auch die Umwandlung einer bedingten in eine unbedingte Verpflichtung unterworfen.[32] Dies gilt auch für Vertragsänderungen, die nicht nur klarstellende Funktion haben.[33] Ein *Garantievertrag*, der die Verpflichtung zur Übertragung oder Abnahme eines Geschäftsanteils begründet, wird von § 15 Abs. 4 GmbHG erfasst.[34] Der Vertrag, der eine Verpflichtung zur Übertragung eines Geschäftsanteils enthält, kann formfrei, also auch konkludent, *aufgehoben* werden.[35]

cc) Vor-GmbH, Treuhand, Treuhänderwechsel, Abtretung des Übertragungsanspruchs

Bereits nach Errichtung einer GmbH unterliegt die Verpflichtung zur Abtretung eines Geschäftsanteils der Form des § 15 Abs. 4 GmbHG.[36] Entsprechendes gilt für die Vereinbarung eines *Treuhandverhältnisses* (vgl. 1. Kap. II. 5. f).[37] Nach § 15 Abs. 4 GmbHG bedarf nur die Vereinbarung, durch welche die Verpflichtung eines Gesellschafters zur Abtretung eines Geschäftsanteils begründet wird, der notariellen

---

28 Scholz/*Winter,* § 15, Rn. 69.
29 Michalski/*Ebbing,* § 15, Rn. 76.
30 Baumbach/*Hueck/Fastrich,* § 15, Rn. 30; Scholz/*Winter,* § 15, Rn. 58.
31 Hachenburg/*Zutt,* § 15, Rn. 29 f.; *Lutter/Bayer,* in: Lutter/Hommelhoff, § 15, Rn. 30; Michalski/*Ebbing,* § 15, Rn. 70, 76.
32 BGH, Urt. v. 25. 9. 1996 – VIII ZR 172/95, BB 1996, 2427 = NJW 1996, 3838; BGH, Urt. v. 23. 11. 1988 – VIII ZR 262/87, BB 1989, 372 = NJW-RR 1989, 291; *Lutter/Bayer,* in: Lutter/Hommelhoff, § 15, Rn. 30.
33 Baumbach/*Hueck/Fastrich,* § 15, Rn. 29; Hachenburg/*Zutt,* § 15, Rn. 50; Scholz/*Winter,* § 15, Rn. 69.
34 Baumbach/*Hueck/Fastrich,* § 15, Rn. 32; Michalski/*Ebbing,* § 15, Rn. 82.
35 Scholz/*Winter,* § 15, Rn. 64; Hachenburg/*Zutt,* § 15, Rn. 41; Michalski/*Ebbing,* § 15, Rn. 79.
36 BGH, Urt. v. 19. 4. 1999 – II ZR 365/97, BGHZ 141, 207 = BB 1999, 1233 = NJW 1999, 2594; BGH, Urt. v. 26. 9. 1994 – II ZR 166/93, NJW 1995, 128; BGH, Urt. v. 12. 7. 1956 – II ZR 218/54, BGHZ 21, 242 = BB 1956, 765 = NJW 1956, 1435.
37 BGH, Urt. v. 19. 4. 1999 – II ZR 365/97, BGHZ 141, 207 = BB 1999, 1233 = NJW 1999, 2594.

2. Verpflichtungsgeschäft

Form. Der Formvorschrift unterliegen nur Verträge, die die Verpflichtung zur Übertragung eines Geschäftsanteils zum Inhalt haben. Die Abtretung des Übertragungsanspruchs des Treugebers gegen den bisherigen Treuhänder auf einen neuen Treuhänder bedarf nicht der Form des § 15 Abs. 4 GmbHG. Wird der Treuhänder eines GmbH-Anteils durch einen anderen *ausgewechselt*, so dient die damit verbundene Abtretung des Anspruchs auf Übertragung des Geschäftsanteils nicht dazu, den formlosen Handel mit Geschäftsanteilen zu ermöglichen.[38] Anders im Sinne der Notwendigkeit der Beachtung des Formgebots verhält es sich indes beim Wechsel des Treugebers, wenn dieser seinen Übertragungsanspruch gegen den Treuhänder an einen Dritten abtritt.[39] Davon abgesehen fällt die Abtretung des Anspruchs auf Übertragung eines Geschäftsanteils unter § 15 Abs. 3 GmbHG. Die *formlose* Abtretung eines Geschäftsanteils kann von der Rechtsordnung nicht anerkannt werden, weil andernfalls Sinn und Zweck der zwingenden Formvorschrift des § 15 Abs. 3 und 4 GmbHG verfehlt würde. Die Anspruchsabtretung ist zum Aufbau eines Marktes geeignet, der wirtschaftlich auf den Umsatz von Geschäftsanteilen gerichtet ist. Der angemessene Weg, die Entwicklung eines solchen vom Gesetz missbilligten Marktes zu unterbinden, ist, die Anspruchsabtretung ebenfalls der Formvorschrift zu unterwerfen.[40] Ungeklärt ist, ob § 15 Abs. 4 GmbHG auf einen deutschem Orts- und Geschäftsrecht unterliegenden Treuhandvertrag über einen Geschäftsanteil an einer polnischen GmbH anzuwenden ist.[41] Die Frage dürfte zu verneinen sein, weil der Gesetzeszweck des § 15 Abs. 4 GmbHG nicht ohne weiteres auf die Verpflichtung zur Abtretung eines Geschäftsanteils an ausländischen Gesellschaften übertragbar ist.

---

38 BGH, Urt. v. 17. 11. 1955 – II ZR 222/54, BGHZ 19, 69 = NJW 1956, 58; BGH, Urt. v. 5. 11. 1979 – II ZR 83/79, BGHZ 75, 352 = BB 1980, 278 = NJW 1980, 1100.
39 BGH, Urt. v. 19. 4. 1999 – II ZR 365/97, BGHZ 141, 208 = BB 1999, 1233 = NJW 1999, 2594.
40 BGH, Urt. v. 5. 11. 1979 – II ZR 83/79, BGHZ 75, 352 = BB 1980, 278 = NJW 1980, 1100; Rowedder/Schmidt-Leithoff/*Bergmann*, § 15, Rn. 42; Hachenburg/ *Zutt*, § 15, Rn. 39; Roth/*Altmeppen*, § 15, Rn. 79; a. A. Scholz/*Winter*, § 15, Rn. 45.
41 BGH, Urt. v. 4. 11. 2004 – III ZR 172/03, BB 2004, 2707.

dd) Vollmacht

Bei Geschäften über Geschäftsanteile gilt regelmäßig der Grundsatz der *Formfreiheit* der Vollmacht (§ 167 Abs. 2 BGB). Nur solchen formlosen Vollmachten, die den Zweck der Vorschrift aushöhlen, indem sie den unter Formzwang stehenden Verpflichtungsvertrag ersetzen und dadurch einen freien Umsatzverkehr von Geschäftsanteilen ermöglichen, ist die rechtliche Anerkennung zu versagen. Das ist nicht der Fall, wenn die Vollmacht den *Bevollmächtigten benennt* und damit nur einen einmaligen Verkauf und eine einmalige Abtretung, also nur ein bestimmtes Geschäft, ermöglicht. Anders ist es dagegen bei schriftlichen *Blankovollmachten*, die geeignet sind, von Hand zu Hand weitergegeben zu werden und die dadurch praktisch die freie Übertragbarkeit von Geschäftsanteilen herbeiführen können. Sie würden eine Umgehung der Formvorschrift des § 15 GmbHG darstellen und daher keine rechtliche Anerkennung finden können. Dabei macht es keinen Unterschied, ob eine schriftliche Blankovollmacht im Einzelfall eine Befreiung von dem *Verbot des Selbstkontrahierens* enthält oder nicht, weil auch beim Fehlen einer solchen Befreiung die formlose Weitergabe von Hand zu Hand und damit der einfache Handel mit GmbH-Geschäftsanteilen möglich ist. Dagegen bestehen nach Grundgedanken und Zweck der Formvorschrift keine Bedenken, wenn der Erwerber eines Geschäftsanteils den Veräußerer oder umgekehrt der Veräußerer den Erwerber unter Befreiung von dem Verbot des § 181 BGB *namentlich bevollmächtigt*, den Verkauf und die Abtretung des Geschäftsanteils zugleich auch in seinem Namen vorzunehmen.[42] Die Genehmigung des vollmachtlosen Geschäfts ist gemäß § 182 Abs. 2 formlos gültig. Ebenso kann sich ein Geschäftsführer namens der GmbH privatschriftlich zur *Genehmigung* des Vertrages verpflichten. Es würde eine Überspannung der Formerfordernisse des § 15 Abs. 4 S. 1 GmbHG bedeuten, wollte man dieser Bestimmung auch die Verpflichtungserklärung in Bezug auf die Genehmigung unterstellen, obwohl die Genehmigung selbst kraft ausdrücklicher Vorschrift trotz ihrer weit reichenden Rechtsfolgen formfrei erteilt werden kann.[43]

---

[42] BGH, Urt. v. 24. 3. 1954 – II ZR 23/53, BGHZ 13, 49 = BB 1954, 360 = NJW 1954, 1157; Scholz/*Winter,* § 15, Rn. 46; Baumbach/*Hueck/Fastrich,* § 15, Rn. 29; Rowedder/Schmidt-Leithoff/*Bergmann,* § 15, Rn. 37.

[43] BGH, Urt. v. 25. 9. 1996 – VIII ZR 172/95, BB 1996, 2427 = NJW 1996, 3838.

b) Satzungsgemäßes Angebot an Mitgesellschafter

Die Abtretungsverpflichtung kann bereits in dem notariell beurkundeten Gesellschaftsvertrag enthalten sein. Dem Formzweck des § 15 GmbHG ist bereits genügt, wenn der *formgerecht abgeschlossene Gesellschaftsvertrag* einen kündigenden Gesellschafter verpflichtet, seinen Geschäftsanteil zu bestimmten Bedingungen an einen zur Übernahme bereiten Mitgesellschafter zu übertragen. In einem solchen Fall enthält schon der Gesellschaftsvertrag eine Vereinbarung nach § 15 Abs. 4 GmbHG, die eine konkrete, lediglich durch die Kündigung und das Vorhandensein eines Übernehmers bedingte Abtretungsverpflichtung begründet, so dass sich nicht nur der Abschluss und die Beurkundung einer besonderen Vereinbarung erübrigen, sondern auch eine beurkundete *Annahmeerklärung* des Anteilserwerbers. Die Abtretung zu anderen, nur formlos oder privatschriftlich vereinbarten Bedingungen – etwa über einen Verzicht auf nicht ausgeschütteten Gewinn – kann nicht verlangt werden.[44] Ist ein Gesellschafter nach der Satzung verpflichtet, vor Veräußerung an einen außen stehenden Dritten seinen Geschäftsanteil den Mitgesellschaftern zum Erwerb anzubieten, so bedarf dieses Angebot nicht gemäß § 15 Abs. 4 GmbHG der notariellen Beurkundung. Denn die Verpflichtung ist bereits durch den (notariellen) Gesellschaftsvertrag begründet worden, der dem Veräußerer die Bestimmung des Kaufpreises überlässt (§ 316 BGB). Die Andienung entspricht hier einer formfreien Anfrage, ob der Berechtigte sein – bereits in der Satzung begründetes – Recht ausübt.[45] Richtet sich die satzungsgemäße Abtretungsverpflichtung an einen *außerhalb* der Gesellschaft stehenden Übernehmer, ist dessen Annahmeerklärung notariell zu beurkunden. Stets bedarf der Vollzug der Verpflichtung durch Abtretung des Geschäftsanteils der notariellen Beurkundung.[46]

---

44 BGH, Urt. v. 30. 6. 1969 – II ZR 71/68, BB 1969, 1242 = NJW 1969, 2049; vgl. BGH, Urt. v. 20. 6. 1983 – II ZR 237/82, BB 1983, 1628 = NJW 1983, 2880.
45 BGH, Urt. v. 25. 11. 2002 – II ZR 69/01, BB 2003, 171 = NZG 2003, 127.
46 *Goette*, § 5, Rn. 18.

2. Kap. II. Formzwang von Verpflichtungs- und Verfügungsgeschäft

3. Heilung des formwidrigen Verpflichtungsgeschäfts
a) Rechtsgrund der Heilung

Das formunwirksame Verpflichtungsgeschäft wird gemäß § 15 Abs. 4 S. 2 GmbHG durch den in notarieller Form geschlossenen Abtretungsvertrag geheilt. Der Sinn der Heilungsvorschrift besteht, wie der BGH unter Hinweis auf die Gesetzesmaterialien ausgeführt hat, darin, dass ein ohne die geforderte Form geschlossenes Rechtsgeschäft nachträglich gültig werden soll, sobald der dingliche Abtretungsvertrag hinzutritt. Andernfalls würde der materielle Rechtsgrund der Letzteren, wenn er nicht ebenfalls in dem Vertrag beurkundet wird, stets der Wirksamkeit entbehren, so dass auch der dingliche Vertrag selbst der Anfechtung ausgesetzt wäre. Die Heilungsvorschrift will mithin den *Bestand* der formgerecht vollzogenen Abtretung bewirken und eine *Rückforderung* aus Gründen der Rechtssicherheit ausschließen. Wenn formgerecht erfüllt ist, soll unabhängig davon, ob auf der Ebene des Verpflichtungsgeschäfts die angestrebte Handelserschwernis erreicht wird, die Anteilsübertragung nicht mehr rückabgewickelt werden.[47]

b) Unwirksames Verpflichtungsgeschäft

Die Heilung durch Vollzug tritt unabhängig davon ein, ob es an einem notariell beurkundeten Verpflichtungsgeschäft völlig fehlt oder der Vertrag lediglich unvollständig ist. Klassischer Fall der Unwirksamkeit bilden *Schwarzgeldabreden* (§ 117 BGB), wenn ein Teil des Kaufpreises als Beraterhonorar deklariert oder neben dem Kaufpreis weitere Zahlungspflichten eingegangen werden.[48]

c) Bedingungseintritt oder -verzicht

Die bedingt vereinbarte Abtretung wird durch den – formlos gültigen – Verzicht der begünstigten Partei auf die Bedingung wirksam. Der Verzicht auf die Bedingung hat *keine rückwirkende Kraft*. Mit Zugang des Verzichts setzt die Heilung des wegen eines Formmangels unwirksamen Verpflichtungsgeschäfts ein. Auch hinsichtlich des Ver-

---

[47] BGH, Urt. v. 21. 9. 1994 – VIII ZR 257/93, BGHZ 127, 129 = BB 1994, 2228 = NJW 1994, 3227.
[48] BGH, Urt. v. 16. 1. 1991 – VIII ZR 335/89, NJW 1991, 1223; BGH, Urt. v. 23. 2. 1983 – IVa ZR 187/81, NJW 1983, 1843.

pflichtungsgeschäfts erfolgt keine rückwirkende, sondern eine Heilung ex nunc. Darum wird das Verpflichtungsgeschäft erst im Zeitpunkt des Eintritts oder Verzichts der mit dem dinglichen Geschäft verknüpften Bedingung gültig.[49] Eine Abtretung nach § 15 Abs. 3 GmbHG heilt nur denjenigen formwidrigen Verpflichtungsvertrag, in dessen Erfüllung sie erfolgt. Deswegen scheidet eine Heilung aus, wenn Anteile in einem notariellen Vertrag an *andere Personen* abgetreten worden sind als an die in dem privatschriftlichen Verpflichtungsvertrag bezeichnete Gläubigerin. Die Abtretung der Geschäftsanteile an einen Dritten führt ausnahmsweise zur Heilung des Verpflichtungsgeschäfts, wenn es sich um eine *Lieferkette* handelt und der Veräußerer den Geschäftsanteil mit Zustimmung seines Vertragspartners an dessen Erwerber abtritt.[50]

4. Verfügungsgeschäft

Den Abtretungsvertrag (§§ 398, 413 BGB) unterstellt § 15 Abs. 3 GmbHG ebenfalls zur Vermeidung spekulativen Handels mit Geschäftsanteilen dem Formzwang der notariellen Beurkundung. Der notariellen Form bedürfen Sicherungs- sowie Treuhandabtretung, die Verpfändung wie auch die Einbringung eines Geschäftsanteils in eine Personen- oder Kapitalgesellschaft.[51] Die Formbedürftigkeit gilt unabhängig davon, ob ein wirksames Verpflichtungsgeschäft vorliegt. Häufig werden Verpflichtungs- und Verfügungsgeschäft in einer Urkunde zusammengefasst. Sowohl der Erwerber als auch der Gegenstand der Abtretung müssen *hinreichend bestimmt* sein.[52] Auch Änderungen des Abtretungsvertrages haben den Anforderungen des § 15 Abs. 3 GmbHG zu genügen.[53] Dient die Bedingung – wie ein Eigentumsvorbehalt – nur den Interessen eines Vertragspartners, so kann der begünstigte Vertragsteil durch einseitige, empfangsbedürftige Er-

---

49 BGH, Urt. v. 25. 3. 1998 – VIII ZR 185/96, BGHZ 138, 195 = BB 1998, 1171 = NJW 1998, 2360; BGH, Urt. v. 21. 9. 1994 – VIII ZR 257/93, BGHZ 127, 129 = BB 1994, 2228 = NJW 1994, 3227.
50 BGH, Urt. v. 27. 6. 2001 – VIII ZR 329/99, NJW 2002, 143.
51 *Lutter/Bayer*, in: Lutter/Hommelhoff, § 15, Rn. 17.
52 Baumbach/*Hueck/Fastrich*, § 15, Rn. 21; Michalski/*Ebbing*, § 15, Rn. 116.
53 Hachenburg/*Zutt*, § 15, Rn. 93; Michalski/*Ebbing*, § 15, Rn. 125.

klärung, die keiner Annahme bedarf, auf die Bedingung verzichten.[54] Auch eine befristete Abtretung ist möglich. Der Formpflicht ist auch bei Abtretung *künftiger Geschäftsanteile* zu genügen.[55]

III. Gewährleistung bei Anteilsveräußerung

1. Unterscheidung zwischen Rechts- und Unternehmenskauf

Erstreckt sich ein Kaufvertrag lediglich auf einzelne Geschäftsanteile einer GmbH, so handelt es sich um einen *Rechtskauf*.[56] Sind einzelne Vermögensgegenstände mit Mängeln behaftet, so ist es streitig, ob der Käufer daraus Gewährleistungsrechte herleiten kann. Teils wird unter Berufung auf § 453 Abs. 3 BGB jegliche Haftung abgelehnt, weil der Geschäftsanteil kein Besitzrecht vermittelt.[57] Dagegen handelt es sich um einen *Unternehmenskauf*, wenn der Erwerber alle oder fast alle Geschäftsanteile übernimmt.[58] Hier führen Mängel von Einzelgegenständen nur zu Gewährleistungsansprüchen, wenn sie für das Gesamtunternehmen relevant sind.[59]

2. Aufklärungspflichten

Bei Vertragsverhandlungen, in denen die Parteien entgegengesetzte Interessen verfolgen, besteht für jeden Vertragspartner die Pflicht, den anderen Teil über solche Umstände aufzuklären, die den *Vertragszweck* (des anderen) vereiteln können und daher für seinen Entschluss von wesentlicher Bedeutung sind, sofern er die Mitteilung nach der Verkehrsauffassung erwarten konnte. Bei Verhandlungen über den Kauf eines Unternehmens oder von GmbH-Geschäftsanteilen trifft den Verkäufer im Hinblick auf die wirtschaftliche Tragweite des Geschäfts und die regelmäßig erschwerte Bewertung des Kaufobjekts

---

54 BGH, Urt. v. 21. 9. 1994 – VIII ZR 257/93, BGHZ 127, 129 = BB 1994, 2228 = NJW 1994, 3227.
55 BGH, Urt. v. 26. 9. 1994 – II ZR 166/93, NJW 1995, 128 m. w. N.; Michalski/*Ebbing,* § 15, Rn. 122.
56 BGH, Urt. v. 12. 11. 1975 – VIII ZR 142/74, BGHZ 65, 246 = NJW 1976, 236.
57 Bamberger/Roth/*Faust,* § 453, Rn. 21 m. w. N. auch zur Gegenauffassung.
58 BGH, Urt. v. 12. 11. 1975 – VIII ZR 142/74, BGHZ 65, 246 = BB 1976, 11, 155 = NJW 1976, 236; BGH, Urt. v. 24. 11. 1982 – VIII ZR 263/81, BGHZ 85, 367 = NJW 1983, 390.
59 Bamberger/Roth/*Faust,* § 453, Rn. 27 m. w. N.

durch den Kaufinteressenten diesem gegenüber eine gesteigerte Aufklärungs- und Sorgfaltspflicht. Dabei erstreckt sich die Aufklärungspflicht namentlich auf alle Umstände, welche die *Überlebensfähigkeit* ernsthaft gefährden, insbesondere also drohende oder bereits eingetretene Zahlungsunfähigkeit oder Überschuldung.[60]

3. Ergebnisabgrenzungsvereinbarung zwischen Verkäufer und Käufer

Behält sich der Veräußerer eines Geschäftsanteils in dem Anteilskaufvertrag die Auszahlung des für ein bestimmtes Geschäftsjahr zu erwartenden Gewinns an ihn selbst vor, so liegt in der entsprechenden Vereinbarung die rechtlich mögliche *Rückabtretung* des – von dem an den Geschäftsanteil gebundenen Gewinnstammrecht zu unterscheidenden – Anspruchs auf Auszahlung des Gewinns. Haben die Parteien in einem Kaufvertrag über GmbH-Geschäftsanteile vereinbart, dass der für einen bestimmten Stichtag festzustellende Gewinn der Gesellschaft dem Verkäufer zustehen soll, so ist es den Gesellschaftern in Regelfall verwehrt, gemäß § 29 Abs. 2 GmbHG eine anderweitige Gewinnverwendung zu beschließen. Vereiteln die Gesellschafter durch einen Beschluss über eine anderweitige Gewinnverwendung den Gewinnauszahlungsanspruch des Anteilsverkäufers, so sind sie diesem gegenüber unter dem Gesichtspunkt der *positiven Vertragsverletzung* zum Schadensersatz verpflichtet.[61]

4. Bereicherungsausgleich bei unwirksamer Übertragung eines Kundenstamms

Für die bereicherungsrechtliche Rückgängigmachung der Einbringung eines Kundenstammes ist davon auszugehen, dass der Anspruch aus § 812 BGB in erster Linie auf Herausgabe des Erlangten selbst gerichtet und demgegenüber der Wertersatzanspruch des § 818 Abs. 2 BGB subsidiär ist. Tatsächlich ist indessen die Erfüllbarkeit des primären Anspruchs auf Herausgabe des bereits in das Unternehmen des Bereicherungsschuldners eingegliederten Kundenstamms nicht allein vom Willen und der Rechtsmacht des Schuldners, sondern

---

60 BGH, Urt. v. 6. 2. 2002 – VIII ZR 185/00, BGHReport 2002, 573; BGH, Urt. v. 4. 4. 2001 – VIII ZR 32/00, NJW 2001, 216.
61 BGH, Urt. v. 30. 6. 2004 – VIII ZR 349/03.

vornehmlich davon abhängig, dass die Kunden den Wechsel vom Bereicherungsschuldner zum Gläubiger mit vollziehen; fehlt es an der in ihrem freien Willen liegenden Bereitschaft der Kunden zur Rückkehr zum Gläubiger, so ist der Bereicherungsschuldner zur Herausgabe außer Stande mit der Folge, dass er nach § 818 Abs. 2 BGB *Wertersatz* schuldet. Durch die bloße Rückgabe der Kundenliste kann der Bereicherungsschuldner seine primäre Verpflichtung zur Rückübertragung des Kundenstammes ebenso wenig erfüllen wie durch die zusätzliche Verpflichtung zur Unterlassung weiterer Geschäftsabschlüsse mit den Kunden. Abgesehen davon fehlte für das Unterlassungsbegehren die gesetzliche Grundlage, weil es nicht dem Leitbild der Herausgabe im Sinne des § 812 BGB entspräche.[62]

5. Kapitalerhöhung keine Anteilsveräußerung

Eine Kapitalerhöhung vollzieht sich im Wege von Kapitalerhöhungsbeschluss (§ 53 GmbHG), Übernahme des erhöhten Kapitals (§ 55 GmbHG), Leistung der Einlage (§ 57 Abs. 2 GmbHG) sowie Anmeldung und Eintragung der Kapitalerhöhung (§§ 57, 57a GmbHG). Mit der Annahme der Übernahmeerklärung des Gesellschafters durch die GmbH kommt ein Übernahmevertrag zustande. Ein solcher Vertrag verpflichtet in erster Linie den durch Gesellschafterbeschluss nach § 55 GmbHG zugelassenen Übernehmer zur Erbringung der vorgesehenen Einlage. Es handelt sich nicht um einen *Austauschvertrag* wie bei der Veräußerung eines Geschäftsanteils, sondern um einen Vertrag mit körperschaftlichem Charakter, weil das von dem Übernehmer erstrebte Mitgliedschaftsrecht nicht von der Gesellschaft „geliefert" wird, sondern auf der Grundlage des satzungsändernden Kapitalerhöhungsbeschlusses und des Übernahmevertrages kraft Gesetzes mit der Eintragung in das Handelsregister entsteht.[63]

IV. Beschränkung der Abtretung (Vinkulierung)

1. Regelungszweck

Die grundsätzlich freie Übertragbarkeit von Geschäftsanteilen kann gemäß § 15 Abs. 5 GmbHG statutarisch begrenzt und sogar ausge-

---

62 BGH, Urt. v. 14. 1. 2002 – II ZR 354/99, NJW 2003, 1340.
63 BGH, Urt. v. 11. 1. 1999 – II ZR 170/98, BGHZ 140, 258 = NJW 1999, 1252.

schlossen werden. Darum kann die Abtretung von Geschäftsanteilen, die Teilung von Geschäftsanteilen (§ 17n GmbHG) und die Einräumung einer Mitberechtigung (§ 747 BGB) an weitere Voraussetzungen geknüpft werden. Der praktisch häufigste Fall der Vinkulierung ist das *Genehmigungserfordernis* durch die Gesellschaft oder die Gesellschafterversammlung, die Abtretung kann aber auch an die Übernahme bestimmter Verpflichtungen oder gewisse Eigenschaften des Erwerbers wie Familienzugehörigkeit, Konfession, Fachkunde oder Alter gekoppelt werden.[64] Nicht nur, aber gerade in einer personalistisch strukturierten GmbH werden die Gesellschafter häufig ein Interesse haben, ein Eindringen unerwünschter Gesellschafter zu verhindern. Außerdem kann mithilfe einer Vinkulierung (Bindung des Übertragungsrechts) bei mehreren Eigentümerstämmen einer Änderung der Beteiligungsverhältnisse vorgebeugt werden.[65] Die Vinkulierung betrifft nicht das *schuldrechtliche Geschäft*, sondern als *Wirksamkeitserfordernis*[66] allein den Vollzug durch die dingliche Abtretung.[67] § 15 Abs. 5 GmbHG gilt als Ausnahme von § 137 BGB nur bei freiwilligen Veräußerungen, neben Vollübertragung und Unterbeteiligung auch für die Verpfändung und Bestellung eines Nießbrauchs. Dagegen wird eine Verwertung des Geschäftsanteils im Rahmen der *Zwangsvollstreckung* oder eines *Insolvenzverfahrens* durch § 15 Abs. 5 GmbHG nicht gehindert. Insofern räumt das Gesetz der Befriedigung des Gläubigers Vorrang vor den Interessen der Gesellschaft ein, das Eindringen Fremder in die Gesellschaft zu verhindern.[68]

2. Satzungsgrundlage

Die Vinkulierung bedarf einer klaren und eindeutigen Verankerung in der Satzung.[69] Es muss unmissverständlich zum Ausdruck kommen,

---

64 Baumbach/*Hueck/Fastrich*, § 15, Rn. 37; Michalski/*Ebbing*, § 15, Rn. 161.
65 *Goette,* § 5, Rn. 38.
66 Baumbach/*Hueck/Fastrich*, § 15, Rn. 36; Michalski/*Ebbing*, § 15, Rn. 131.
67 *Lutter/Bayer*, in Lutter/Hommelhoff, § 15, Rn. 41; Hachenburg/*Zutt*, § 15, Rn. 96; Roth/*Altmeppen,* § 15, Rn. 94; Rowedder/Schmidt-Leithoff/*Bergmann*, § 15, Rn. 162.
68 BGH, Beschl. v. 12. 6. 1975 – II ZB 12/73, BGHZ 65, 22 = BB 1975, 1177 = NJW 1975, 1835; Baumbach/*Hueck/Fastrich*, § 15, Rn. 38; Scholz/*Winter*, § 15, Rn. 84.
69 BGH, Urt. v. 13. 7. 1967 – II ZR 238/64, BGHZ 48, 141= BB 1967, 1016.

ob die Genehmigung von der Gesellschaft, vertreten durch den Geschäftsführer, oder der Gesellschafterversammlung erteilt wird. Eine in der Gründungssatzung nicht vorgesehene Vinkulierung kann durch einen satzungsändernden Gesellschafterbeschluss nur mit Zustimmung aller (betroffenen) Gesellschafter (§ 53 Abs. 3 GmbHG) eingeführt werden, weil das unentziehbare Recht der freien Veräußerlichkeit beschnitten wird.[70] Entsprechendes gilt für die Verschärfung einer Vinkulierungsklausel. Zur Aufhebung oder *Abschwächung* einer Vinkulierungsbestimmung genügt grundsätzlich die für eine Satzungsänderung erforderliche Mehrheit von drei Vierteln der Stimmen (§ 53 Abs. 2 GmbHG). Falls die Vinkulierung jedoch Ausdruck eines Einzelnen oder allen Gesellschaftern eingeräumten Sonderrechts ist, bedarf es der Zustimmung der bevorzugten Gesellschafter.[71] Dies ist anzunehmen, wenn die Zustimmung eines bestimmten Gesellschafters oder einer bestimmten Gesellschaftergruppe oder Erwerbsvorrechte vorgesehen sind.[72] Eine ohne die gebotene Mehrheit beschlossene Änderung wird freilich nach Ablauf von drei Jahren seit Eintragung in das Handelsregister geheilt.[73]

3. Genehmigungsberechtigter

Die Satzung kann die Übertragung etwa von der Genehmigung des Geschäftsführers, des Aufsichtsrats bzw. Beirats oder eines gesellschaftsfremden Dritten abhängig machen.[74] Regelmäßig wird das Genehmigungserfordernis der *Gesellschafterversammlung* (allein oder neben dem Geschäftsführer) zugewiesen. Sie entscheidet unter Mitwirkung des stimmberechtigten veräußerungswilligen Geschäftsfüh-

---

70 Baumbach/*Hueck/Fastrich*, § 15, Rn. 39; *K. Schmidt*, § 35, II. 1 b); Hachenburg/*Zutt*, § 15, Rn. 101; Michalski/*Ebbing*, § 15, Rn. 133; jetzt auch *Lutter/Bayer*, in: Lutter/Hommelhoff, § 15, Rn. 43.
71 *Lutter/Bayer*, in: Lutter/Hommelhoff, § 15, Rn. 43; Baumbach/*Hueck/Fastrich*, § 15, Rn. 39.
72 Michalski/*Ebbing*, § 15, Rn. 134; Hachenburg/*Zutt*, § 15, Rn. 102; Roth/*Altmeppen*, § 15, Rn. 95.
73 BGH, Urt. v. 19. 6. 2000 – II ZR 73/99, BGHZ 144, 365 = BB 2000, 1590 = NJW 2000, 2819; BGH, Urt. v. 6. 11. 1995 – II ZR 181/94, BB 1996, 129 = NJW 1996, 257; *Goette*,§ 5, Rn. 39.
74 *Lutter/Bayer*, § 15, Rn. 48; Michalski/*Ebbing*, § 15, Rn. 152; a. A. im Blick auf gesellschaftsfremde Dritte Scholz/*Winter*, § 15, Rn. 91.

rers mit *einfacher Mehrheit*.[75] Wird der abtretungswillige Gesellschafter zu der Gesellschafterversammlung nicht geladen, bildet der Mangel keinen Nichtigkeitsgrund, weil der Gesellschafter nicht durch ablehnende Stimmabgabe gegen seine Veräußerungsverpflichtung verstoßen darf.[76] Knüpft die Satzung an die Zustimmung „der Gesellschafter", dürfte ebenfalls die einfache Mehrheit der Gesellschafterversammlung genügen.[77] In einer personalistischen GmbH kann die Klausel im Sinne der Einstimmigkeit zu verstehen sein, was das Einverständnis aller und nicht nur der erschienenen Gesellschafter voraussetzt.[78] Mit der schuldrechtlichen Abtretungsverpflichtung übernimmt der Gesellschafter die Nebenpflicht, die nach dem Gesellschaftsvertrag erforderliche Genehmigung der Gesellschafterversammlung herbeizuführen. Deswegen ist der Gesellschafter verpflichtet, auf der Gesellschafterversammlung seine Zustimmung zu erteilen. Der Abstimmungsvereinbarung steht § 47 Abs. 4 nicht entgegen, weil der abtretungswillige Gesellschafter mangels eines Rechtsgeschäfts mit der GmbH an der Abstimmung teilnehmen darf.[79] Eine konkludente Genehmigung der Gesellschafter liegt vor, wenn sie ihre gesamten Geschäftsanteile an den Erwerber übertragen.[80] Bei dieser Sachlage stellt das Fehlen einer satzungsmäßig vorgesehenen *förmlichen Genehmigungsurkunde* keinen Nichtigkeitsgrund dar, weil das Einverständnis gegenüber dem Vertragspartner bereits durch die Abtretungsverträge bekundet wurde.[81]

---

[75] BGH, Urt. v. 29. 5. 1967 – II ZR 105/66, BGHZ 48, 163 = BB 1967, 975 = NJW 1967, 1963; BGH, Urt. v. 8. 4. 1965 – II ZR 77/63, BB 1965, 567 = NJW 1965, 1376; Rowedder/Schmidt-Leithoff/*Bergmann*, § 15, Rn. 177; Scholz/*Winter*, § 15, Rn. 93; Roth/*Altmeppen*, § 15, Rn. 104.
[76] BGH, Urt. v. 8. 4. 1965 – II ZR 77/63, BB 1965, 567 = NJW 1965, 1376.
[77] Lutter/*Bayer*, in: Lutter/Hommelhoff, § 15, Rn. 47; Hachenburg/*Zutt*, § 15, Rn. 114; Scholz/*Winter*, § 15, Rn. 93; a. A. Rowedder/Schmidt-Leithoff/*Bergmann*, § 15, Rn. 179: Einstimmigkeit.
[78] Michalski/*Ebbing*, § 15, Rn. 151.
[79] BGH, Urt. v. 29. 5. 1967 – II ZR 105/66, BB 1967, 975 = NJW 1967, 1963.
[80] BGH, Urt. v. 1. 12. 1954 – II ZR 285/53, BGHZ 15, 324 = BB 1955, 5 = NJW 1955, 220.
[81] BGH, Urt. v. 1. 12. 1954 – II ZR 285/53, BGHZ 15, 324 = BB 1955, 5 = NJW 1955, 220; a. A. Michalski/*Ebbing*, § 15, Rn. 141; Scholz/*Winter*, § 15, Rn. 98.

2. Kap. IV. Beschränkung der Abtretung (Vinkulierung)

4. Genehmigung

Das Zustimmungserfordernis der §§ 15, 17 GmbHG wird als Anwendungsfall der §§ 182ff. BGB betrachtet. Die Zustimmung kann als *Einwilligung* vor und als *Genehmigung* nach Vollzug der Abtretung erteilt werden. Die Verweigerung einer Genehmigung im Sinne der §§ 182ff. BGB ist ebenso unwiderruflich wie ihre Erteilung. Die Verweigerung der Genehmigung wirkt rechtsgestaltend auf die schwebend unwirksame Verfügung in der Weise, dass diese endgültig unwirksam wird. Diese Wirkung kann nicht durch eine einseitige Erklärung des Zustimmungsberechtigten wieder beseitigt werden. Es würde mit den Erfordernissen einer Sicherung des Rechtsverkehrs nicht in Einklang stehen, einen Widerruf einer einmal ausgesprochenen Verfügung zuzulassen.[82] Demgegenüber ist die Verweigerung einer Einwilligung, die vor der Abtretung ausgesprochen wird, nicht bindend. In diesem Fall kann das Einvernehmen der Gesellschaft nachgeholt werden.[83]

5. Erteilung der Genehmigung

Sieht die Satzung einer GmbH vor, dass Geschäftsanteile nur mit Genehmigung der Gesellschaft abgetreten werden können, so erteilt der Geschäftsführer die Genehmigung. Im Innenverhältnis bedarf er hierzu aber eines Beschlusses der Gesellschafterversammlung oder des von der Satzung berufenen Organs. Die Zuständigkeit zur Erteilung bzw. Verweigerung der Zustimmung liegt also nach der Beschlussfassung bei dem oder den *vertretungsberechtigten* Geschäftsführern. Ist der Geschäftsführer kraft Satzung selbst zur Entscheidung berufen, so führt er keinen Beschluss aus, sondern erteilt mit seiner Erklärung die Zustimmung.[84] Die Genehmigung ist gegenüber dem Veräußerer oder Erwerber zu erklären. Entbehrlich ist eine Erklärung, wenn der Veräußerer an der Gesellschafterversammlung teilgenommen hat und über das Ergebnis der Beschlussfassung in Kenntnis ist.[85] Fraglich ist, ob

---

[82] BGH, Urt. v. 28. 4. 1954 – II ZR 8/53, BGHZ 13, 179 = BB 1954, 360 = NJW 1954, 1155; Michalski/*Ebbing,* § 15, Rn. 156; Hachenburg/*Zutt,* § 15, Rn. 119.
[83] BGH, Urt. v. 29. 5. 1967 – II ZR 105/66, BGHZ – 48, 163 = BB 1967, 975 = NJW 1967, 1963; Baumbach/*Hueck/Fastrich,* § 15, Rn. 46; Hachenburg/*Zutt,* § 15, Rn. 106.
[84] BGH, Urt. v. 14. 3. 1988 – II ZR 211/87, BB 1988, 994 = NJW 1988, 2241.
[85] *Lutter/Bayer,* in: Lutter/Hommelhoff, § 15, Rn. 50.

die nach außen bekundete Genehmigung wirksam ist, obwohl sie einer zustimmenden Beschlussfassung entbehrt. Eine Bindung scheidet im Blick auf den Schutzzweck des § 37 Abs. 2 GmbHG aus, wenn das Einvernehmen gegenüber dem veräußernden Gesellschafter bekundet wird. Ferner ist die Genehmigung nach den Grundsätzen über den *Missbrauch der Vertretungsmacht unwirksam*, wenn der Dritte weiß oder sich ihm aufdrängt, dass der Beschluss nicht herbeigeführt worden ist.[86] Ist der Erwerber jedoch gutgläubig, dürfte die nicht durch einen Gesellschafterbeschluss gedeckte Erklärung des Geschäftsführers, wie der BGH im vergleichbaren Fall der Genehmigung zur Veräußerung von Teilen eines Geschäftsanteils entschieden hat, gegen die GmbH wirken.[87]

6. Reichweite der Vinkulierung

a) Treuhand

Verlangt der Gesellschaftsvertrag für die Abtretung eines Geschäftsanteils die Zustimmung der Gesellschafter, gilt dies einmal, wenn der Treugeber seinen Geschäftsanteil auf einen Treuhänder überträgt. Das Genehmigungserfordernis ist aber auch bei einer Rückabtretung des Treuhänders an den Treugeber zu beachten. Der Treuhänder hat, wenn er auch an die Weisungen des Treugebers gebunden ist und im Verhältnis zu diesem lediglich die Stellung eines Beauftragten hat, nach außen die Stellung des *vollen Rechtsinhabers*. Daher bedarf die Abtretung auch dann der Genehmigung, wenn sie an den erfolgt, in dessen Auftrag und auf dessen Rechnung der Zedent den Geschäftsanteil hält. Auch bei einer Sicherungstreuhand kann der Treugeber, selbst wenn er früher der GmbH angehörte, nicht gegen den Willen der Gesellschafter in seine alte Gesellschafterstellung einrücken. Anders verhält es sich indes, wenn der Gesellschafter den *Antrag* stellt, eine treuhänderische Abtretung zu genehmigen; er hat wesensgemäß auch zum Inhalt, es solle zugleich die Rückübertragung gebilligt werden. Andernfalls würde die Abtretung zu Treuhand-, insbesondere Sicherungszwecken für den Zedenten mit dem unzumutbaren Risiko

---

86 BGH, Urt. v. 14. 3. 1988 – II ZR 211/87, BB 1988, 994 = NJW 1988, 2241; Rowedder/Schmidt-Leithoff/*Bergmann*, § 15, Rn. 176; Michalski/*Ebbing*, § 15, Rn. 143.
87 BGH, Urt. v. 9. 6. 1954 – II ZR 70/53, BGHZ 14, 25 = BB 1954, 611 = NJW 1954, 1401; Baumbach/*Hueck*/Fastrich, § 15, Rn. 41; Scholz/*Winter*, § 15, Rn. 92.

2. Kap. IV. Beschränkung der Abtretung (Vinkulierung)

belastet, nicht in die Gesellschaft zurückkehren zu können. Falls die Gesellschafter die Rückabtretung nicht sogleich mitgenehmigen wollen, so müssen sie ihrer Erklärung einen entsprechenden Vorbehalt beifügen. Fehlt es an einem Vorbehalt, kann die im Voraus erteilte Zustimmung zur Rückübertragung später nicht widerrufen werden.[88]

b) Nachlassanteil

Die Verfügung über den Miterbenanteil an einem Nachlass, zu dem ein Geschäftsanteil an einer GmbH gehört, bedarf nicht der für die Abtretung des Geschäftsanteils erforderlichen Genehmigung. Das Gesetz unterscheidet zwischen dem Anteil des Miterben am Nachlass, über den nach § 2033 Abs. 1 BGB frei verfügt werden kann, und dem Anteil an den einzelnen Nachlassgegenständen, der einer gesonderten Verfügung nicht zugänglich ist (§ 2033 Abs. 2 BGB). Der Erwerber kann aber aufgrund einer gesellschaftsrechtlichen Erwerbsklausel schuldrechtlich verpflichtet sein, hinsichtlich des Geschäftsanteils die satzungsgemäße Rechtslage wiederherzustellen.[89]

c) Ein- und Zweipersonengesellschaft

Bei Veräußerungen von Geschäftsanteilen durch den Alleingesellschafter ist eine Genehmigung entbehrlich. Es würde eine *Überspannung* des Genehmigungserfordernisses bedeuten, wenn man neben der Erklärung des alleinigen Gesellschafters noch eine besondere Genehmigungserklärung des Geschäftsführers als Vertreter der GmbH verlangen würde.[90] In der Zweipersonengesellschaft kann auf eine Genehmigung ebenfalls verzichtet werden, wenn ein Gesellschafter seine Geschäftsanteile auf den anderen Gesellschafter überträgt.[91]

---

[88] BGH, Urt. v. 30. 6. 1980 – II ZR 219/79, BGHZ 77, 392 = NJW 1980, 2708; BGH, Urt. v. 8. 4. 1965 – II ZR 77/63, BB 1965, 567 = NJW 1965, 1376; Michalski/*Ebbing,* § 15, Rn. 212; *Lutter/Bayer,* in: Lutter/Hommelhoff, § 15, Rn. 62.
[89] BGH, Urt. v. 5. 11. 1984 – II ZR 147/83, BB 1985, 477 = NJW 1985, 2592.
[90] BGH, Urt. v. 15. 4. 1991 II ZR 209/90, BB 1991, 1071; BGH, Urt. v. 6. 6. 1988 – II ZR 318/87, BB 1988, 1618 = NJW 1989, 168; Michalski/*Ebbing,* § 15, Rn. 136; Roth/*Altmeppen,* § 15, Rn. 96.
[91] Scholz/*Winter,* § 15, Rn. 101; Baumbach/*Hueck/Fastrich,* § 15, Rn. 38; *Roth/Altmeppen,* § 15, Rn. 96.

V. Veräußerung von Teilen des Geschäftsanteils

1. Regelungszweck

Der Grundsatz der Unteilbarkeit des Geschäftsanteils (§ 5 Abs. 2, § 17 Abs. 6, § 55 Abs. 4 GmbHG) wird durch § 17 Abs. 1 GmbHG durchbrochen. Die Norm gestattet eine Teilung nur zum Zwecke der *Veräußerung* und im Rahmen von *Erbauseinandersetzungen*. Ohne die Zustimmung der Gesellschaft kann eine Teilung nicht verwirklicht werden. Zweck des Genehmigungserfordernisses (§ 17 Abs. 1 GmbHG) ist es, die Abtretung von Teilen eines Geschäftsanteils zu erschweren. Es soll vermieden werden, dass die bei einer GmbH meist beschränkte Zahl von Mitgliedern unangemessen erweitert und das in der Regel enge Verhältnis zwischen der Gesellschaft und ihren Mitgliedern gelockert wird.[92] Die Satzung kann die Teilbarkeit ausschließen (§ 17 Abs. 6 GmbHG) oder die Anforderungen an eine Teilung durch das Erfordernis einer qualifizierten Mehrheit oder bestimmter über § 5 Abs. 1 GmbHG hinausgehender Mindestnennbeträge erschweren.[93] Die Veräußerung des geteilten Geschäftsanteils vollzieht sich nach § 15 Abs. 3, 4 GmbHG. Auch ist § 16 GmbHG zu beachten.[94] § 17 GmbHG bezieht sich nur auf das dingliche, nicht das schuldrechtliche Geschäft.[95]

2. Genehmigung

Die Genehmigung ist *Wirksamkeitsvoraussetzung* der Abtretung.

a) Gesellschafterbeschluss

Die Teilung hat in der Weise zu erfolgen, dass die Summe der Nennbeträge dem Nennbetrag des geteilten Geschäftsanteils entspricht.[96] Die neu gebildeten Anteile müssen auf mindestens 100 € lauten und durch 50 € teilbar sein.[97] Im Innenverhältnis der GmbH setzt die Tei-

---

92 BGH, Urt. v. 9. 6. 1954 – II ZR 70/53, BGHZ 14, 25 = BB 1954, 611 = NJW 1954, 1401.
93 Rowedder/Schmidt-Leithoff/*Pentz*, § 17, Rn. 39; Michalski/*Ebbing*, § 17, Rn. 10, 42.
94 Roth/*Altmeppen*, § 17, Rn. 1.
95 Rowedder/Schmidt-Leithoff/*Pentz*, § 17, Rn. 13.
96 Baumbach/*Hueck*/*Fastrich*, § 17, Rn. 3.
97 Scholz/*Winter*, § 17, Rn. 11a; Roth/*Altmeppen*, § 17, Rn. 16.

V. Veräußerung von Teilen des Geschäftsanteils

lung einen Gesellschafterbeschluss (§ 46 Nr. 4 GmbHG) voraus. Es genügt die *einfache Mehrheit* der Stimmen.[98] Der teilungswillige übertragende Gesellschafter wie auch ein Erwerber, der bereits der GmbH angehört, sind stimmberechtigt.[99] Die Erteilung der Genehmigung liegt im pflichtgemäßen Ermessen und kann nicht erzwungen werden.[100] In der Zustimmung für eine Teilveräußerung ist mangels einer ausdrücklichen Beschlussfassung die Teilung zu erkennen.[101]

b) Erklärung der Genehmigung

Der Begriff der Genehmigung ist wie bei § 15 GmbHG als Zustimmung zu verstehen (§§ 182 ff. BGB) und erfasst daher sowohl die im Voraus gegebene Zustimmung als auch die nachträglich erteilte Genehmigung.[102] Die Genehmigung ist eine empfangsbedürftige Willenserklärung, die gegenüber dem Veräußerer oder Erwerber abgegeben werden kann.[103] Zuständig zur Abgabe der Genehmigung sind der oder die *vertretungsberechtigten* Geschäftsführer. Die Erklärung des Geschäftsführers bindet die Gesellschaft, selbst wenn ein gültiger Gesellschafterbeschluss fehlt.[104] Die Grundsätze über den Missbrauch der Vertretungsmacht sind zu beachten.

c) Schriftform

Die Genehmigungserklärung bedarf nach § 17 Abs. 2 GmbHG der Schriftform (§ 126 BGB) durch eine vom Geschäftsführer eigenhändig unterschriebene Urkunde. Eine *mündliche oder konkludente Erklärung* ist folglich ausgeschlossen.[105] Inhaltlich muss die Genehmigung die Person des Erwerbers und den Betrag bezeichnen, der von der Stammeinlage des ungeteilten Geschäftsanteils auf jeden der

---

98 BGH, Urt. v. 9. 6. 1954 – II ZR 70/53, BGHZ 14, 25 = BB 1954, 611 = NJW 1954, 1401.
99 *Lutter/Bayer*, in: Lutter/Hommelhoff, § 17, Rn. 9; Rowedder/Schmidt-Leithoff/ *Pentz*, § 17, Rn. 21; Michalski/*Ebbing*, § 17, Rn. 16.
100 *Lutter/Bayer*, in: Lutter/Hommelhoff, § 17, Rn. 9.
101 *Goette*, § 5, Rn. 55.
102 *Lutter/Bayer*, in: Lutter/Hommelhoff, § 17, Rn. 7; Rowedder/Schmidt-Leithoff/ *Pentz*, § 15, Rn. 20.
103 Michalski/*Ebbing*, § 17, Rn. 13.
104 BGH, Urt. v. 9. 6. 1954 – II ZR 70/53, BGHZ 14, 25 = BB 1954, 611 = NJW 1954, 1401.
105 Scholz/*Winter*, § 17, Rn. 24; Baumbach/*Hueck/Fastrich*, § 17, Rn. 11.

durch die Teilung entstehenden Geschäftsanteile entfällt. Ein Verstoß gegen die Vorschrift hat die *Unwirksamkeit* der Genehmigung zur Folge.[106] Der notwendige Inhalt der Genehmigung kann aber durch die Bezugnahme auf Urkunden, die die Genehmigungsurkunde anführt, insbesondere durch die Bezugnahme auf die Abtretungsurkunde selbst, ergänzt werden. Es genügt, wenn die Genehmigungserklärung selbst oder durch in Bezug genommene Urkunden besagt, wie hoch der Betrag des abgetretenen Teils ist und wie hoch der Betrag des ursprünglichen Geschäftsanteils war, mag sich dann auch der Betrag des dem Veräußerer verbliebenen Teils erst durch Subtraktion ergeben.[107]

3. Verbot der gleichzeitigen Abtretung

§ 17 Abs. 5 GmbHG verbietet die gleichzeitige Übertragung mehrerer Geschäftsanteile auf denselben Erwerber, erlaubt hingegen die gleichzeitige Übertragung auf verschiedene Erwerber.[108] Die Bestimmung untersagt nicht die getrennte Übertragung von Teilen eines Geschäftsanteils an den gleichen Erwerber. Der Sinn der Norm ist, die willkürliche Vervielfältigung der Geschäftsanteile zu vermeiden und so zu erreichen, dass die Grenze zwischen AG und GmbH nicht durch eine Vielzahl von Geschäftsanteilen verschoben wird. Will man der Intention des Gesetzes Rechnung tragen, so ist darauf abzustellen, ob die Aufteilung des Geschäftsanteils Selbstzweck ist. Trifft dies zu, ist die Übertragung mehrerer Teile von Geschäftsanteilen eines Gesellschafters an denselben Erwerber auch dann unzulässig, wenn sie äußerlich nacheinander erfolgt. Ist die Aufspaltung des Geschäftsanteils dagegen nicht Selbstzweck, sondern *wirtschaftlich gerechtfertigt*, so ist die Teilabtretung auch dann wirksam, wenn sie äußerlich als ein Akt vorgenommen wird. Es muss für die sukzessive Übertragung also ein *sachlicher Grund* gegeben sein.[109]

---

[106] BGH, Urt. v. 9. 6. 1954 – II ZR 70/53, BGHZ 14, 25 = BB 1954, 611 = NJW 1954, 1401.
[107] BGH, Urt. v. 9. 6. 1954 – II ZR 70/53, BGHZ 14, 25 = BB 1954, 611 = NJW 1954, 1401; Baumbach/*Hueck*/*Fastrich*, § 17, Rn. 11; Scholz/*Winter*, § 17, Rn. 26.
[108] Rowedder/Schmidt-Leithoff/*Pentz*, § 17, Rn. 36.
[109] BGH, Urt. v. 28. 11. 1953 – II ZR 203/52, BGHZ 11, 124 = BB 1954, 7 = NJW 1954, 146; Rowedder/Schmidt-Leithoff/*Pentz*, § 17, Rn. 37; Michalski/*Ebbing*, § 17, Rn. 38.

2. Kap.   VI. Mitberechtigung am Geschäftsanteil

4. Ausnahme vom Genehmigungserfordernis

Die Satzung kann nach § 17 Abs. 3 GmbHG das Genehmigungserfordernis in zwei Fällen abbedingen: Die Veräußerung von Teilen eines Geschäftsanteils an Mitgesellschafter kann freigestellt werden. Ferner kann die Satzung bei der Teilung des Geschäftsanteils eines verstorbenen Gesellschafters unter dessen Erben vom Genehmigungserfordernis absehen. Andere Gesellschafter im Sinne des § 17 Abs. 3 GmbHG sind die im *Zeitpunkt der dinglichen Abtretung* nach § 16 GmbHG angemeldeten Gesellschafter.[110] Richtig betrachtet stellt die Teilung unter Miterben nur einen *Sonderfall* der Veräußerung unter Gesellschaftern dar, ist also Alternative 2 in Alternative 1 mit enthalten, weil die Miterben durch den Erbfall zu Gesellschaften werden. Darum kann ohne Erbfallklausel schon durch die Gestattung der Veräußerung an Gesellschafter sowohl ein zum Nachlass gehörender Geschäftsanteil unter den Erben aufgeteilt als auch ein Vermächtnis erfüllt werden, das einem (der GmbH bereits angehörenden) Gesellschafter einen Teil des Nachlassgeschäftsanteils zuwendet.[111] In der *Einpersonenengesellschaft* ist die Teilabtretung ohne weiteres zulässig.[112]

VI. Mitberechtigung am Geschäftsanteil

1. Regelungszweck

Die Vorschrift des § 18 GmbHG dient dem Schutz der Gesellschaft, falls ein Geschäftsanteil ungeteilt mehreren Berechtigten zusteht. Im Interesse der Rechtssicherheit soll der Rechtsverkehr zwischen GmbH und den Mitberechtigten erleichtert werden.[113] Deshalb bestimmt § 18 Abs. 1 und 2 GmbHG, dass die Mitberechtigten ihre Rechte nur gemeinsam ausüben können, auf die für den Geschäftsanteil zu bewirkenden Leistungen aber gesamtschuldnerisch haften.

---

110 *Lutter/Bayer*, in: Lutter/Hommelhoff, § 17, Rn. 16.
111 BGH, Urt. v. 28. 1. 1960 – II ZR 236/57, BGHZ 32, 35 = BB 1960, 305 = NJW 1960, 864; *Lutter/Bayer*, in: Lutter/Hommelhoff, § 17, Rn. 17; Baumbach/*Hueck/Fastrich*, § 17, Rn. 13; a. A. Scholz/*Winter*, § 17, Rn. 28; Rowedder/Schmidt-Leithoff/*Pentz*, § 17, Rn. 31.
112 BGH, Urt. v. 27. 6. 1988 – II ZR 143/87, BB 1988, 1698 = NJW 1989, 168.
113 Baumbach/*Hueck/Fastrich*, § 18, Rn. 1; Rowedder/Schmidt-Leithoff/*Pentz*, § 18, Rn. 1.

Schließlich kann die GmbH gemäß § 18 Abs. 3 GmbHG Rechtshandlungen wirksam gegenüber einem Mitberechtigten vornehmen.

2. Mitberechtigung

Der Regelungsbereich des § 18 GmbHG erstreckt sich auf die *Bruchteilsgemeinschaft* (§ 741 ff. BGB) und die *Gesamthandsgemeinschaften* der ehelichen Gütergemeinschaft (§§ 1415 ff.) und Erbengemeinschaft (§§ 2032 ff. BGB).[114] Nicht erfasst werden die zu einer einheitlichen Willensbildung fähigen juristischen Personen des privaten und öffentlichen Rechts und die mit Rechssubjektivität ausgestatteten Personenhandelsgesellschaften OHG und KG (§§ 124, 161 Abs. 2 HGB) sowie die Partnerschaftsgesellschaft.[115] Entsprechendes müsste für die *Gesellschaft bürgerlichen Rechts* (§§ 705 ff.) gelten,[116] soweit sie mit Gesamthandsvermögen ausgestattet ist und daher als rechtsfähig anerkannt ist.[117] § 18 GmbHG hat die *gleichstufige* Beteiligung mehrerer Personen an einem Geschäftsanteil zum Gegenstand und ist darum auf *Unterbeteiligung, Pfandrecht* und *Nießbrauch* nicht anwendbar.[118]

3. Gemeinschaftliche Rechtsausübung

§ 18 gilt sowohl für die Wahrnehmung von *Verwaltungsrechten* wie das Stimmrecht, die Stellung von Anträgen, Auskunfts- und Einsichtsrechte (§ 51a GmbHG), die Erhebung von Auflösungs-, Anfechtungs- und Nichtigkeitsklage als auch für die Geltendmachung *vermögensrechtlicher Ansprüche*.[119] Können sich die Mitberechtigten nicht einigen, kann das Recht grundsätzlich nicht ausgeübt werden.[120] § 18 GmbHG betrifft nur das Außenverhältnis der Gesellschaft zu den

---

114 BGH, Urt. v. 14. 12. 1967 – II ZR 30/67, BGHZ 49, 183 = BB 1968, 181 = NJW 1968, 743; Rowedder/Schmidt-Leithoff/*Pentz*, § 18, Rn. 3.
115 *Lutter/Bayer*, in: Lutter/Hommelhoff, § 18, Rn. 2; Baumbach/*Hueck/Fastrich*, § 18, Rn. 2.
116 Rowedder/Schmidt-Leithoff/*Pentz*, § 18, Rn. 4; Roth/*Altmeppen*, § 18, Rn. 6; a. A. *Goette*, § 5, Rn. 61; Scholz/*Winter*, § 18, Rn. 3a; Michalski/*Ebbing*, § 18, Rn. 19.
117 BGH, Urt. v. 29. 1. 2001 – II ZR 331/00, BGHZ 146, 341 = BB 2001, 423 = NJW 2001, 1056.
118 Michalski/*Ebbing*, § 18, Rn. 7.
119 Baumbach/*Hueck/Fastrich*, § 18, Rn. 4; *Lutter/Bayer*, in: Lutter/Hommelhoff, § 18, Rn. 3.
120 Rowedder/Schmidt-Leithoff/*Pentz*, § 18, Rn. 6; Hachenburg/*Zutt*, § 18, Rn. 20.

VI. Mitberechtigung am Geschäftsanteil

Mitberechtigten. Die Willensbildung der Mitberechtigten und ihre Vertretung im Außenverhältnis zur GmbH richtet sich hingegen nach den für das Rechtsgebilde maßgeblichen Regelungen.[121] Jedenfalls in Not- oder Eilfällen kann die Mehrheit nicht von der Minderheit lahmgelegt und ein Mehrheitsbeschluss im Verhältnis zur GmbH ausgeführt werden.[122] Innerhalb einer Erbengemeinschaft kann über Angelegenheiten der ordnungsgemäßen Verwaltung des Nachlassvermögens im Unterschied zu Verfügungen über Nachlassgegenstände gemäß §§ 2038 Abs. 1, 745 Abs. 1 BGB mehrheitlich beschlossen werden. Die Mehrheit ist berechtigt, einen ordnungsgemäß gefassten *Mehrheitsbeschluss* mit Wirkung für und gegen die Erbengemeinschaft *auszuführen*.[123] § 18 GmbHG soll nur verhindern, dass die Anteilsrechte von den einzelnen Mitberechtigten unterschiedlich ausgeübt werden. Dazu kommt es aber nicht, wenn ein Teilhaber oder die *Mehrheit* der Teilhaber nach dem für sie einschlägigen *Organisationsrecht* das Gesellschafterrecht mit Wirkung für alle ausübt. Sogar ein einzelner Miterbe kann darum eine gesellschaftsrechtliche Anfechtungsklage erheben, wenn es sich um eine notwendige Erhaltungsmaßnahme handelt (§ 2038 Abs. 1 S. 2 BGB).[124] Auch innerhalb einer *Bruchteilsgemeinschaft* erfolgt die Willensbildung mit Stimmenmehrheit (§ 745 Abs. 1 BGB). Bei einer *ehelichen Gütergemeinschaft* nimmt der im Ehevertrag als Verwalter eingesetzte Ehegatte die Gesellschafterrechte wahr (§ 1421 Abs. 1 S. 1 BGB); fehlt es an einem Ehevertrag, so müssen sich die Ehegatten einigen.

4. Haftung der Mitberechtigten

Mitberechtigte haften nach der zwingenden, unabdingbaren Regelung des § 18 Abs. 2 GmbHG für die auf den Geschäftsanteil zu bewirken-

---

[121] BGH, Urt. v. 14. 12. 1967 – II ZR 30/67, BGHZ 49, 183 = BB 1968, 181 = NJW 1968, 743; Michalski/*Ebbing*, § 18, Rn. 42; Scholz/*Winter*, § 18, Rn. 24.
[122] BGH, Urt. v. 14. 12. 1967 – II ZR 30/67, BGHZ 49, 183 = BB 1968, 181 = NJW 1968, 743; Scholz/*Winter*, § 18, Rn. 8.
[123] BGH, Urt. v. 29. 3. 1971 – III ZR 255/68, BGHZ 56, 47 = BB 1971, 586 = NJW 1971, 1265.
[124] BGH, Urt. v. 12. 6. 1989 – II ZR 246/88, BGHZ 108, 21 = BB 1989, 1496 = NJW 1989, 2694; Baumbach/*Hueck/Fastrich*, § 18, Rn. 4; Rowedder/Schmidt-Leithoff/ *Pentz*, § 18, Rn. 7; *Lutter/Bayer*, in: Lutter/Hommelhoff, § 18, Rn. 3; Roth/*Altmeppen*, § 18, Rn. 13; a. A. Scholz/*Winter*, § 18, Rn. 20; Hachenburg/*Zutt*, § 18, Rn. 20 f.; Michalski/*Ebbing*, § 18, Rn. 44.

den Zahlungen als *Gesamtschuldner* (§§ 421 ff. BGB). Die gesamtschuldnerische Haftung greift ungeachtet der Rechtsform der Mitberechtigung ein und erfasst auch die Teilhaber einer Bruchteilsgemeinschaft ohne die Möglichkeit einer Haftungsbeschränkung.[125] Allerdings schließt § 18 Abs. 2 GmbHG die Beschränkung der Erbenhaftung nicht aus.[126] Die Vorschrift erfasst rückständige Einlagen, Ansprüche aus Differenzhaftung, Verlustdeckungshaftung wie auch auf Nachschüsse (§ 26 ff. GmbHG), Nebenleistungspflichten (§ 3 GmbHG), die Ausfallhaftung der §§ 24, 31 Abs. 3 GmbHG sowie Gewährleistung wegen Fehler der Einlage.[127] Ungeachtet der Anwendbarkeit des § 18 Abs. 2 GmbHG haften Gesellschafter einer Gesellschaft bürgerlichen Rechts und einer OHG sowie der Komplementär einer KG unbeschränkt für die Einlageschuld.[128]

5. Rechtshandlungen der GmbH gegenüber Mitberechtigten

Der Gesellschaft ist es durch § 18 Abs. 3 GmbHG gestattet, Rechtshandlungen gegenüber einem Mitberechtigten mit Wirkung gegenüber den anderen Mitberechtigten vorzunehmen. Rechtshandlungen sind einseitige *Willenserklärungen* und *geschäftsähnliche Handlungen* wie Einladung zur Gesellschafterversammlung, Mahnung, Kündigung, Anforderung von Zahlungen auf die Stammeinlage, Kaduzierung, Mitteilung der Einziehung des Geschäftsanteils oder Ausübung eines gesellschaftsvertraglichen Vorkaufsrechts.[129] Trotz Notwendigkeit einheitlicher Stimmausübung sind alle Teilhaber zu einer *Gesellschafterversammlung* zu laden.[130] Ist ein Gesellschafter noch an einem anderen Geschäftsanteil mitberechtigt, so genügt seine Ladung zur Ladung der Mitberechtigten nur dann, wenn er sowohl als Gesellschafter als auch als Mitberechtigter geladen wird.[131]

---

125 Baumbach/*Hueck/Fastrich*, § 18, Rn. 8; Rowedder/Schmidt-Leithoff/*Pentz*, § 18, Rn. 19.
126 *Roth/Altmeppen*, § 18, Rn. 15; *Lutter/Bayer*, in: Lutter/Hommelhoff, § 18, Rn. 5.
127 Hachenburg/*Zutt*, § 18, Rn. 25; Michalski/*Ebbing*, § 18, Rn. 62.
128 BGH, Beschl. v. 3. 11. 1980 – II ZB 1/79, BGHZ 78, 311 = BB 1981, 1450 = NJW 1981, 682.
129 Michalski/*Ebbing*, § 18, Rn. 75; Rowedder/Schmidt-Leithoff/*Pentz*, § 18, Rn. 28.
130 Michalski/*Ebbing*, § 18, Rn. 47.
131 BGH, Urt. v. 14. 12. 1967 – II ZR 30/67, BGHZ 49, 183 = BB 1968, 181 = NJW 1968, 743; Scholz/*Winter*, § 18, Rn. 34.

VII. Rechtsstellung von Veräußerer und Erwerber

In engem Kontext mit § 15 GmbHG steht § 16 GmbHG, der dem Schutz der Gesellschaft im Falle eines Gesellschafterwechsels dient. Die – zwingende – Vorschrift verschafft der Gesellschaft Gewissheit, wer als Inhaber ihrer Geschäftsanteile anzusehen ist.

1. Fehlerhafte Übertragung eines Geschäftsanteils

Die Abtretung eines Geschäftsanteils kann infolge Nichtigkeits- oder Anfechtungsgründen unwirksam sein. Im Unterschied zu seiner früheren Rechtsprechung wendet der BGH auf die fehlerhafte Übertragung von GmbH-Geschäftsanteilen nicht mehr die *Grundsätze der fehlerhaften Gesellschaft* an. § 16 Abs. 1 GmbHG regelt, was im Verhältnis der Gesellschaft zu ihren Gesellschaftern in Fällen gilt, in denen Geschäftsanteile fehlerhaft übertragen worden sind. Danach führen die bürgerlich-rechtlichen Nichtigkeits- und Anfechtungsvorschriften gerade nicht dazu, dass die Gesellschafter im Verhältnis zur Gesellschaft rückwirkend in ihre alten Rechtspositionen eingesetzt werden. Vielmehr bestimmt § 16 Abs. 1 GmbHG, dass die Gesellschaft im eigenen Interesse, aber auch zum Schutz von Veräußerer und Erwerber berechtigt und verpflichtet ist, unabhängig von der wahren Rechtslage jeden, der sich einmal ihr gegenüber als Erwerber ausgewiesen hat, so lange als solchen zu behandeln, bis eine Rechtsänderung bei ihr angemeldet und nachgewiesen ist. Gemäß § 16 Abs. 3 GmbHG haftet der *Veräußerer* des Anteils der Gesellschaft auch weiterhin für die bis dahin auf den Geschäftsanteil rückständigen Leistungen. Dasselbe gilt, wenn die Anteilsübertragung angefochten und diese der Gesellschaft gemeldet wird, für die Haftung desjenigen, der den Anteil anfechtbar erworben hat. Er kann sich der Haftung für die Rückstände nicht durch nachträgliche Anfechtung entziehen. Die Fehlerhaftigkeit des Anteilserwerbs und eine daran anknüpfende Rückwirkungsfolge der Anfechtung ist damit auf die Rechtsbeziehungen zwischen Gesellschaft und Gesellschafter ohne Einfluss.[132]

---

[132] BGH, Urt. v. 22. 1. 1990 – II ZR 25/89, BB 1990, 508 = NJW 1990, 1915; BGH, Urt. v. 10. 5.1982 – II ZR 89/81, BGHZ 84, 47 = BB 1982, 1325 = NJW 1982, 2822. Michalski/*Ebbing,* § 15, Rn. 129; Scholz/*Winter,* § 15, Rn. 109.

2. Legitimationswirkung der Anmeldung

§ 16 GmbHG regelt, ab wann die *Veräußerung* eines Geschäftsanteils gegenüber der GmbH Rechtswirkungen auslöst. § 16 GmbHG betrifft die rechtsgeschäftliche Übertragung, nicht gesetzliche Anteilsübergänge wie beim Erbfall.[133] Wer Inhaber eines Geschäftsanteils ist, bestimmt sich im Verhältnis zwischen Veräußerer und Erwerber sowie Gläubigern und Dritten nach materiellem Recht (etwa § 15 GmbHG) und damit auch den einschlägigen Anfechtungs- und Nichtigkeitsgründen. Die Bestimmung des § 16 GmbHG enthält kein zusätzliches *Wirksamkeitserfordernis* einer Veräußerung und heilt auch kein unwirksames Veräußerungsgeschäft, sondern dient allein der Legitimation des Erwerbers gegenüber der Gesellschaft.[134] Über die Legitimation hinaus begründet die Anmeldung ohne Rücksicht auf die Wirksamkeit der Übertragung die *Fiktion* (unwiderlegliche Vermutung), dass der angemeldete Erwerber ohne Rücksicht auf die materielle Rechtslage Gesellschafter der GmbH ist.[135] Von der Anmeldung ist also nicht der Übergang, sondern die Ausübung der Mitgliedschaftsrechte abhängig.[136] Vor der Anmeldung kann (nur) der Veräußerer an einer Gesellschafterversammlung teilnehmen[137] bzw. Anfechtungsklage gegen einen Gesellschafterbeschluss erheben.[138]

3. Anmeldung

Nach § 16 Abs. 1 GmbHG gilt bei einer Anteilsveräußerung nur derjenige als Gesellschafter, dessen Erwerb unter Nachweis des Übergangs bei der Gesellschaft angemeldet ist. Es handelt sich dabei um eine gesetzliche Fiktion; auf die Wirksamkeit der Übertragung kommt es nicht an.[139]

---

133 *Lutter/Bayer*, in: Lutter/Hommelhoff, § 16, Rn. 3.
134 *Lutter/Bayer*, in: Lutter/Hommelhoff, § 16, Rn. 1; Baumbach/*Hueck/Fastrich*, § 16, Rn. 1.
135 Hachenburg/*Zutt*, § 16, Rn. 1; Scholz/*Winter*, § 16, Rn. 2.
136 BGH, Urt. v. 25. 1. 1960 – II ZR 207/57, BB 1960, 264 = NJW 1960, 628.
137 BGH, Urt. v. 9. 7. 1990 – II ZR 194/89, BGHZ 112, 103 = BB 1990, 1578 = NJW 1990, 2622.
138 BGH, Urt. v. 21. 10. 1968 – II ZR 181/66, BB 1968, 1452 = NJW 1969, 133.
139 BGH, Urt. v. 15. 4. 1991 – II ZR 209/90, NJW-RR 1991, 926.

2. Kap. VII. Rechtsstellung von Veräußerer und Erwerber

a) Rechtsnatur, Anmeldeberechtigung

Die Anmeldung ist eine *rechtsgeschäftsähnliche*, empfangsbedürftige Erklärung, auf die die Vorschriften über Willenserklärungen analog anwendbar sind.[140] Eine Anfechtung beseitigt die Wirkungen der Anmeldung nur ex nunc, also nicht rückwirkend.[141] Von den Mängeln der Anmeldung sind *Mängel der Abtretung* zu unterscheiden, die nicht auf die Anmeldung durchschlagen.[142] Die Anmeldung kann durch den – legitimierten – Veräußerer oder den Erwerber vorgenommen werden. Jeder von ihnen ist allein zur Anmeldung befugt.[143] Vertretung ist zulässig.

b) Form der Anmeldung

Die – für die Haftung gemäß § 16 Abs. 3 GmbHG in jedem Fall erforderliche – Anmeldung kann grundsätzlich gegenüber jedem *Geschäftsführer* formlos erfolgen.[144] Eine Anmeldung setzt die Kundgabe des Anteilsübergangs durch einen Gestaltungsakt des Veräußerers oder Erwerbers gegenüber der Geschäftsführung der Gesellschaft voraus; allein die Kenntnis der Geschäftsführung von der Übertragung genügt dafür nicht, weil der Zeitpunkt des Wirksamwerdens des Gesellschafterwechsels gegenüber der Gesellschaft durch dessen Anmeldung bei ihr zur *Disposition der Parteien* des Veräußerungsvertrages steht. Die Beteiligung des alleinvertretungsberechtigten Geschäftsführers an der Anteilsübertragung kann nicht ohne weiteres als konkludente Anmeldung verstanden werden. Vielmehr muss sich der Geschäftsführer nach außen in einer Weise verhalten, die sich als stillschweigende Anmeldung deuten lässt.[145] Ferner kommt eine konkludente Anmeldung in Betracht, sofern eine Genehmigung nach § 15 Abs. 5 GmbHG eingeholt wird.[146] Eine Anmeldung kann auch durch konkludentes Verhalten eines Anmeldeberechtigten erfolgen, wenn

---

140 Baumbach/*Hueck/Fastrich*, § 16, Rn. 3; Roth/*Altmeppen*, § 16, Rn. 4.
141 Rowedder/Schmidt-Leithoff/*Pentz*, § 16, Rn. 45.
142 Roth/*Altmeppen*, § 16, Rn. 14; Baumbach/*Hueck/Fastrich*, § 16, Rn. 4.
143 Scholz/*Winter*, § 16, Rn. 17; Rowedder/Schmidt-Leithoff/*Pentz*, § 16, Rn. 10.
144 Rowedder/Schmidt-Leithoff/*Pentz*, § 16, Rn. 6.
145 BGH, Urt. v. 9. 7. 1990 – II ZR 194/89, BGHZ 112, 103 = BB 1990, 1578 = NJW 1990, 2627; BGH, Urt. v. 15. 4. 1991 – II ZR 209/90, BB 1991, 1071; Baumbach/*Hueck/Fastrich*, § 16, Rn. 3.
146 Michalski/*Ebbing*, § 16, Rn. 23.

etwa der Geschäftsführer den Erwerber mit dessen zum Ausdruck gekommenen Willen als Gesellschafter behandelt. Die bloße Bezeichnung des Erwerbers als Gesellschafter in einem Schreiben des Geschäftsführers der GmbH reicht dazu nicht aus, weil es keine Schlüsse darauf zulässt, ob sich der Erwerber gegenüber dem Geschäftsführer in entsprechender Weise verhalten hat. Behandelt und anerkennt die Gesellschaft den Erwerber als neuen Gesellschafter, so macht dies zwar den Nachweis, nicht aber die Anmeldung des Anteilsüberganges entbehrlich.[147]

c) Nachweis des Übergangs

Der von § 16 Abs. 1 GmbHG geforderte Nachweis des Übergangs liegt nur vor, wenn das Vertretungsorgan der Gesellschaft von dem Rechtsübergang überzeugend unterrichtet wird. Üblich ist die Vorlage einer Ausfertigung oder beglaubigten Abschrift des Abtretungsvertrages.[148] Der Nachweis des Übergangs kann auch geführt werden, wenn die Abtretung an unerkennbaren *Gültigkeitsmängeln* leidet.[149] An dem gebotenen Nachweis fehlt es indessen, wenn der Anteilsübertragungsvertrag ersichtlich nicht in der nach § 15 Abs. 3 GmbHG vorgeschriebenen Form geschlossen und daher nichtig ist. Dies ist anzunehmen, sofern dem Geschäftsführer bekannt ist, dass die Unterschriften der beteiligten Personen nur beglaubigt worden sind.[150] Ebenso verhält es sich, wenn der Geschäftsführer weiß, dass die nach der Satzung erforderliche einstimmige Einwilligung der Gesellschafterversammlung zur Anteilsabtretung fehlt.[151] Im Übrigen entscheidet der Geschäftsführer nach *pflichtgemäßem Ermessen* über die von ihm als notwendig erachteten Nachweise; er kann sogar auf einen Nachweis ganz verzichten.[152] Eine Zurückweisung der Anmeldung ist wirkungslos, falls bei objektiver Betrachtung die erbrachten Nachweise ausreichend sind.[153]

---

147 BGH, Urt. v. 29. 1. 2001 – II ZR 183/00, BB 2001, 694 (LS), NJW 2001, 1647.
148 Michalski/*Ebbing*, § 16, Rn. 28; Rowedder/Schmidt-Leithoff/*Pentz*, § 16, Rn. 15.
149 BGH, Urt. v. 24. 6. 1991 – II ZR 56/95, NJW-RR 1996, 1377.
150 BGH, Urt. v. 26. 9. 1994 – II ZR 166/93, NJW 1995, 128 m. w. N.; Michalski/*Ebbing,* § 15, Rn. 122.
151 BGH, Urt. v. 24. 6. 1996 – II ZR 56/95, NJW-RR 1996, 1377.
152 BGH, Urt. v. Scholz/*Winter,* § 16, Rn. 19; Michalski/*Ebbing,* § 16, Rn. 29.
153 Rowedder/Schmidt-Leithoff/*Pentz,* § 16, Rn. 17; Scholz/*Winter,* § 16, Rn. 20.

d) Belieben der Anmeldeberechtigten

Ob überhaupt und wann die Anmeldung stattfindet, liegt im Belieben der Anmeldeberechtigten und kann von der GmbH nicht erzwungen werden. § 16 Abs. 1 GmbHG bestimmt in Form der Fiktion, wer gegenüber der Gesellschaft als Gesellschafter zu gelten hat. Die Vorschrift dient nicht nur dem Schutz der Gesellschaft, sondern räumt dem Veräußerer und (oder) Erwerber die Möglichkeit ein, mit Wirkung gegenüber der Gesellschaft den *Zeitpunkt des Gesellschafterwechsels* zu bestimmen. Es können beachtliche Gründe dafür vorliegen, dem seinen Geschäftsanteil veräußernden Gesellschafter dadurch, dass er den Übergang des Geschäftsanteils noch nicht anmeldet, seine Gesellschafterstellung gegenüber der Gesellschaft noch aufrechtzuerhalten, etwa um ihm den Gewinnanspruch für einen gewissen Zeitraum zu belassen und ihm die Möglichkeit zu geben, auf die Höhe dieses Anspruchs durch Ausübung seines Stimmrechts Einfluss zu nehmen. Der Gesellschaft kann nicht gestattet werden, in eine solche zwischen Veräußerer und Erwerber getroffene und von Wortlaut und Sinn des Gesetzes gedeckte Regelung nach Belieben einzugreifen. Der Übergang ist der Gesellschaft gegenüber als nicht maßgebend fingiert.[154]

4. Rechtsfolgen der Anmeldung

Kraft der Anmeldung verliert der Veräußerer und erlangt der Erwerber die Stellung eines Gesellschafters mit allen Rechten und Pflichten. Eine zwischenzeitlich durchgeführte Satzungsänderung wirkt ohne Rücksicht auf seine Kenntnis zulasten des Erwerbers.

a) Gesamtschuldnerische Haftung von Veräußerer und Erwerber für Einlagepflichten

Mit der Anmeldung wird der Veräußerer nicht von allen Pflichten gegenüber der GmbH frei. Zwar tritt der Erwerber in die Rechtsstellung des Veräußerers ein. Beide haften aber nach § 16 Abs. 3 GmbHG für die im Zeitpunkt der Anmeldung rückständigen Leistungen. Dies können fällige Einlageverpflichtungen oder Ansprüche aus Differenz-, Unterbilanz- oder Ausfallhaftung sein. Der Erwerber haftet je-

---

154 BGH, Urt. v. 21. 10. 1968 – II ZR 181/66, BB 1968, 1452 = NJW 1969, 133; *Lutter/Bayer*, in: Lutter/Hommelhoff, § 16, Rn. 6; Baumbach/*Hueck/Fastrich*, § 16, Rn. 3.

4. Rechtsfolgen der Anmeldung 2. Kap.

doch mangels Verbindung mit dem Geschäftsanteil nicht für die gegen den Veräußerer wegen Verletzung der gesellschaftlichen Treuepflicht gerichteten *Schadensersatzansprüche*.[155] Die *Mindesteinlage* muss bereits bei Anmeldung der GmbH erbracht sein (§ 7 Abs. 2 S. 1 GmbHG). Eine gesamtschuldnerische Haftung von Veräußerer und Erwerber kommt darum insbesondere wegen der *Resteinlage* in Betracht. Fehlt es an einem satzungsmäßig festgelegten Zahlungstermin, so wird die Resteinlage durch ein zweistufiges Verfahren fällig gestellt: Einmal bedarf es eines *Gesellschafterbeschlusses* (§ 46 Nr. 2 GmbHG) über die Einforderung der Einlage, bei dessen Fassung alle – auch betroffene – Gesellschafter (ohne Beschränkung durch § 47 Abs. 4 S. 2 Alt. 1 GmbHG) stimmberechtigt sind.[156] Als weitere Voraussetzung hat die von dem Geschäftsführer zu bewirkende *Anforderung* der Zahlung an den Gesellschafter, mit deren Zugang die Einlage fällig wird, hinzuzutreten.[157] Der Einforderungsbeschluss kann von *sämtlichen* Gesellschaftern (auch konkludent) getroffen werden und bedarf in diesem Fall keiner Umsetzung durch eine Anforderung des Geschäftsführers.[158] § 16 Abs. 3 GmbHG ist nicht anwendbar, wenn die Resteinlage im Zeitpunkt der Anmeldung noch nicht fällig gestellt war. Dann hat nur der Erwerber und nicht auch der Veräußerer für die Einlage aufzukommen.[159] Allerdings hat der BGH den Veräußerer im Streitfall unter dem Gesichtspunkt einer verdeckten Sacheinlage der Haftung unterworfen. Tritt ein Gesellschafter seinen Geschäftsanteil an einer GmbH, aus dem die Resteinlage noch nicht fällig gestellt ist, an eine andere GmbH ab, an der er ebenfalls beteiligt ist und an die er die Mindesteinlage geleistet hat, greifen die Grundsätze der verdeckten Sacheinlage ein, wenn die zweite GmbH die auf sie übergegangene, nunmehr fällig gestellte Resteinlageverpflichtung mit dem Mindesteinlagebetrag erfüllt.[160]

---

155 *Lutter/Bayer*, in: Lutter/Hommelhoff, § 16, Rn. 16.
156 BGH, Urt. v. 9. 7. 1990 – II ZR 9/90, BB 1990, 1923 = NJW 1991, 172.
157 Hachenburg/*Ulmer*, § 19, Rn. 7; *Goette*, § 2, Rn. 12; Scholz/*Uwe H. Schneider*, § 19, Rn. 10.
158 BGH, Urt. v. 16. 9. 2002 – II ZR 1/00, BGHZ 152, 37 = BB 2002, 2347 = NJW 2002, 3774.
159 BGH, Urt. v. 4. 3. 1996 – II ZR 89/95, BGHZ 132, 133 = BB 1996, 711 = NJW 1996, 1286.
160 BGH, Urt. v. 4. 3. 1996 – II ZR 89/95, BGHZ 132, 133 = BB 1996, 711 = NJW 1996, 1286.

b) Gewinne

Das Gewinnstammrecht geht bei der Veräußerung des Geschäftsanteils zusammen mit diesem auf den Erwerber über. Der aus dem Stammrecht resultierende Gewinnanspruch steht dem *Erwerber* auch für das der Übertragung vorausgegangene Geschäftsjahr zu, wenn der *Jahresabschluss* für dieses Geschäftsjahr vor der Übertragung des Geschäftsanteils noch nicht festgestellt worden ist. Denn erst mit dieser Feststellung entsteht der Gewinnanspruch der Gesellschafter.[161] Mangels abweichender Abreden hat der seinen Gesellschaftsanteil veräußernde Gesellschafter einen schuldrechtlichen Anspruch nach § 101 Nr. 2 HS 2 BGB gegen den Erwerber auf den während seiner Zugehörigkeit zur Gesellschaft entfallenen anteiligen Gewinn, sofern er ausgeschüttet wird. Dies gilt nicht, wenn die nicht gewinnbezugsberechtigte GmbH den Geschäftsanteil erwirbt.[162] In dieser Konstellation sollte der Gesellschafter darauf dringen, dass ihm ein vertraglicher Ausgleichsanspruch entsprechend der Dauer seiner Gesellschaftsangehörigkeit eingeräumt wird.[163]

VIII. Gewinnausschüttung

1. Gewinnanspruch

Der Anspruch des Gesellschafters auf Auszahlung des Gewinns (§ 29 Abs. 1 GmbHG) entsteht erst mit der Feststellung des Jahresabschlusses durch die Gesellschafterversammlung und mit der Beschlussfassung über die Verwendung des ausgewiesenen Gewinns. Als künftiger Anspruch kann er im Voraus abgetreten werden.[164]

2. Konkludenter Beschluss – Vorabausschüttung

Dass ein Jahresabschluss festgestellt, aber noch kein Gewinnverwendungsbeschluss gefasst worden ist, hindert die Gesellschafter nicht, eine Ausschüttung zu beschließen. Ist der Jahresabschluss noch nicht einmal festgestellt, können die Gesellschafter eine Vorabausschüt-

---

[161] BGH, Urt. v. 8. 12. 1997 – II ZR 203/96, BB 1998, 1327 = NJW 1998, 1314.
[162] BGH, Urt. v. 30. 1. 1995 – II ZR 45/94, BB 1995, 690 = NJW 1995, 1027.
[163] *Goette* § 5 Rn. 37.
[164] BGH, Urt. v. 30. 6. 2004 – VII ZR 349/03 BB 2004, 1759 unter Hinweis auf BGHZ 139, 299, 302.

tung beschließen. Entsprechende Beschlüsse können auch konkludent gefasst werden. Eines nochmaligen förmlichen Gewinnverwendungsbeschlusses bedarf es nicht.[165] Eine Vorabausschüttung steht freilich unter dem Vorbehalt der Rückforderung gemäß § 812 Abs. 1 S. 2 BGB für den Fall eines der Ausschüttung nicht entsprechenden Jahresgewinns.[166]

3. Fehlender Gesellschafterbeschluss

Beschließen die Gesellschafter, einen Gewinn zu thesaurieren, so ist er in die Gewinnrücklagen einzustellen und/oder als Gewinn vorzutragen. Bei einem Jahresüberschuss von 22694,06 € können 13256 € als satzungsmäßige Rücklage und 9438,06 € als Gewinnvortrag ausgewiesen werden. Kehrt die Gesellschaft sodann aus dem Jahresüberschuss an drei Gesellschafter je 7217 €, insgesamt also 21651 €, aus, so entbehrt die Zahlung mangels eines späteren Gesellschafterbeschlusses über die Auflösung der Posten eines Rechtsgrundes. Folglich sind die Zahlungen von den Gesellschaftern nach § 812 Abs. 1 S. 1 BGB zu erstatten.[167] Im Übrigen werden §§ 30 bis 32 GmbHG bei Nichtigkeit des Ausschüttungsbeschlusses nicht durch § 812 BGB verdrängt.[168]

---

165 BGH, Urt. v. 16. 9. 2002 – II ZR 1/00, BB 2002, 2347 = NJW 2002, 3774.
166 BGH, Urt. v. 22. 9. 2003 – II ZR 229/02, BB 2003, 2423 = NJW 2003, 3629.
167 BGH, Urt. v. 27. 11. 2000 – II ZR 83/00, BB 2001, 165 = NJW 2001, 830.
168 BGH, Urt. v. 22. 9. 2003 – II ZR 229/02, BB 2003, 2423 = NJW 2003, 3629.

3. Kapitel
Verlust der Mitgliedschaft

Der Verlust der Mitgliedschaft wird vom GmbH-Recht höchst stiefmütterlich behandelt. Die *Ausschließung* und der *Austritt* eines Gesellschafters sind im Gesetz überhaupt nicht geregelt, sondern erst im Wege der Rechtsfortbildung zugelassen worden. § 34 GmbHG befasst sich lediglich mit der *Einziehung* eines Geschäftsanteils, die wie der Gesellschafterausschluss zum Verlust der Mitgliedschaft führt.

I. Einziehung

1. Differenzierung zwischen Einziehung und Ausschließung

Ausschließung und Einziehung sind rechtstechnisch verschiedenartige Begriffe: Die Ausschließung betrifft den Gesellschafter persönlich und bezieht sich im Allgemeinen nicht auf bestimmte Anteile; sie ist bei Vorliegen wichtiger Gründe auch *ohne ausdrückliche Regelung* im Gesellschaftsvertrag zulässig und führt nicht notwendig zum Untergang des Geschäftsanteils, sondern kann auch in der Weise durchgeführt werden, dass der Anteil an einen Dritten veräußert oder von der Gesellschaft selbst übernommen wird, worüber es im Einzelfall besonderer Bestimmungen bedarf. Die Einziehung richtet sich demgegenüber unmittelbar gegen den einzelnen *Geschäftsanteil* und vernichtet diesen; sie setzt entweder den Ausschluss des Gesellschafters aus wichtigem Grund oder sonst eine Satzungsbestimmung gemäß § 34 GmbHG voraus und ist nur in den Grenzen der Vorschriften zum Schutz des Stammkapitals zulässig. Freilich liegt in einer kraft Satzung vorgesehenen Einziehung aus wichtigem Grund regelmäßig auch die Ausschließung des Anteilsberechtigten. Die Einziehung ist in diesem Fall zugleich das Mittel der Ausschließung. Häufiges Mittel, einen Gesellschafter aufgrund der Satzung auszuschließen, ist also die Einziehung seines Anteils nach § 34 GmbHG.

2. Begriff der Einziehung

§ 34 GmbHG regelt die Voraussetzungen einer Einziehung (früher *Amortisation* genannt) von Gesellschaftsanteilen, durch die ein Ge-

3. Kap. I. Einziehung

sellschaftsanteil nebst der aus ihm fließenden Rechte vernichtet wird, ohne dass damit eine Herabsetzung des Stammkapitals einhergeht.[1] Das Gesetz unterscheidet zwischen der *freiwilligen Einziehung* mit Zustimmung des betroffenen Gesellschafters und der an bestimmte satzungsmäßige Gründe geknüpften *Zwangseinziehung*.[2] Den Schwerpunkt der Einziehung bildet die gegen den Willen des Anteilsinhabers von der Gesellschaft angeordnete Zwangseinziehung seines Geschäftsanteils. Da die Regelung des § 34 GmbHG sonach in erster Linie die Funktion hat, ungeeignete Gesellschafter auszuschließen, weisen Einziehung und Ausschließung nahe liegende Zusammenhänge auf. Die Einziehung konkurriert mit der Ausschließung wie auch mit einer durch die Satzung zu begründenden Pflicht zur Übertragung des Gesellschaftsanteils an die Gesellschaft oder einen Dritten. Die gesetzliche Konzeption des § 34 GmbHG will den Schutz der Gesellschafter und der Gläubiger sicherstellen: Soweit § 34 Abs. 1 GmbHG eine *Satzungsgrundlage* fordert, sollen die verbleibenden Gesellschafter davor geschützt werden, dass sich ihre Gesellschafterstellung nebst Rechten und Pflichten infolge einer Einziehung verändert. Dagegen berücksichtigt § 34 Abs. 2 GmbHG die Interessen des betroffenen Gesellschafters, der seine Beteiligung auf der Grundlage einer Zwangseinziehung nur verlieren kann, sofern diese Satzungsregelung schon **vor** *Erwerb des Gesellschaftsanteils* in Kraft war. Schließlich hat § 34 Abs. 3 in Verbindung mit § 30 GmbHG die Interessen der Gläubiger im Auge, weil die Abfindung nicht aus *gebundenem Vermögen* geleistet werden darf.[3]

3. Satzungsgrundlage

Die Einziehung von Gesellschaftsanteilen (§ 34 GmbHG) als Mittel zur Ausschließung eines Gesellschafters bedarf einer *gesellschaftsvertraglichen Grundlage*.

---

[1] *Rowedder*/Schmidt-Leithoff/*Bergmann*, § 34, Rn. 2; Hachenburg/*Ulmer*, § 34, Rn. 2; Scholz/*Westermann*, § 34, Rn. 1.

[2] Baumbach/*Hueck*/*Fastrich*, § 34, Rn. 1; *Lutter/Hommelhoff*, § 34, Rn. 1; Hachenburg/*Ulmer*, § 34, Rn. 1.

[3] Hachenburg/*Ulmer*, § 34, Rn. 3; Scholz/*Westermann*, § 34, Rn. 1.

a) Freiwillige Einziehung

Die freiwillige Einziehung mit Zustimmung des austrittswilligen Gesellschafters kann stattfinden, wenn eine dahingehende Satzungsbestimmung vorhanden ist (§ 34 Abs. 1, 2 GmbHG). Das Erfordernis einer Satzungsklausel dient nicht dem Schutz des ausscheidenden Gesellschafters, der durch Verweigerung seiner Zustimmung sein Verbleiben in der Gesellschaft erzwingen kann. Vielmehr sollen die Interessen der anderen Gesellschafter gewahrt werden, die sich wegen des Ausscheidens auf veränderte Stimm- und Beteiligungsverhältnisse einrichten müssen. Es genügt die bloße Satzungsklausel, dass die *Einziehung der Geschäftsanteile zulässig* ist.[4]

b) Zwangseinziehung

aa) Konkretisierung der Gründe durch Satzung

Eine Einziehung ohne die Zustimmung des Gesellschafters – Zwangseinziehung – ist gemäß § 34 Abs. 2 GmbHG an strengere Kautelen gebunden. Diese Maßnahme bedarf ebenfalls einer satzungsmäßigen Ermächtigung. Die Tatbestandsmerkmale, die eine Zwangseinziehung gestatten, sind einer näheren inhaltlichen Konkretisierung zuzuführen.[5] Als Einziehungsgründe sind etwa die Pfändung in den Gesellschaftsanteil oder die Gesellschafterinsolvenz anerkannt.[6] Als weitere Gründe kommen die Anteilsvererbung an familienfremde Personen in einer Familiengesellschaft oder an andere als im Gesellschaftsvertrag vorgesehene Personen, der Verlust bestimmter Eigenschaften wie einer beruflichen Zulassung oder der deutschen Staatsbürgerschaft, Niederlegung der Geschäftsführung oder Mitarbeit, Krankheit, Alter, Verstoß gegen ein Wettbewerbsverbot, schikanöse Wahrnehmung von Gesellschafterrechten, die Erhebung der Auflösungsklage oder die Kündigung der Gesellschaft in Betracht.[7] Es genügt, wenn die Satzung die Einziehung unter der Vo-

---

4 Michalski/*Sosnitza*, § 34, Rn. 9; Baumbach/*Hueck/Fastrich*, § 34, Rn. 4.
5 *Rowedder*/Schmidt-Leithoff/*Bergmann*, § 34, Rn. 30; Hachenburg/*Ulmer*, § 34, Rn. 32; Roth/*Altmeppen*, § 34, Rn. 34.
6 BGH, Beschl. v. 12. 6. 1975 – II ZB 12/73, BGHZ 65, 22 = BB 1975, 1177 = NJW 1975, 1835.
7 Michalski/*Sosnitza*, § 34, Rn. 35; *Rowedder*/Schmidt-Leithoff/*Bergmann*, § 34, Rn. 31; *Lutter/Hommelhoff*, § 34, Rn. 18.

3. Kap. I. Einziehung

raussetzung eines *wichtigen Grundes* gestattet.[8] Bei dieser Sachlage kann ein Gesellschaftsanteil aus einem in der Person seines Inhabers liegenden, seine Ausschließung rechtfertigenden wichtigen Grund eingezogen werden. Problematisch ist die *erschöpfende Aufzählung* von Einziehungsgründen, wenn in der Person des Gesellschafters ein anderer wichtiger Grund erfüllt ist. In dieser Konstellation scheidet mangels Erfüllung der in der Satzung festgelegten Gründe eine Einziehung aus.[9] Der Gesellschaft bleibt dann nur die Ausschließungsklage. Deshalb sollte in die Satzung neben bestimmten Gründen stets der Auffangtatbestand des wichtigen Grundes aufgenommen werden. Zusätzlich muss nach dem ausdrücklichen Wortlaut des § 34 Abs. 2 GmbHG die Satzungsvorschrift über die Einziehungsvoraussetzungen schon *vor dem Beitritt* des Gesellschafters geschaffen worden sein.[10] Gestaltungen in der *Gründersatzung* über die Zwangseinziehung sind auch gegenüber den Gründungsgesellschaftern wirksam.[11]

bb) Einzelfallprüfung

Eine aus Anlass eines wichtigen Grundes in der Person des Gesellschafters angeordnete Einziehung oder Ausschließung erfordert eine umfassende Prüfung aller Umstände des Einzelfalls und eine *Gesamtabwägung* der beteiligten Interessen sowie des Verhaltens der übrigen Gesellschafter. Diese Maßnahmen scheiden danach vor allem dann aus, wenn in der Person des den Ausschluss oder die Einziehung betreibenden Gesellschafters Umstände vorliegen, die seine Ausschließung oder die Auflösung der Gesellschaft rechtfertigen oder auch nur zu einer anderen Beurteilung derjenigen Gründe führen können, die der von der Ausschließung bedrohte Gesellschafter gesetzt hat. Verfehlungen eines Gesellschafters, der den Ausschluss mit betreibt, können das Fehlverhalten des auszuschließenden Gesellschafters in einem derart milden Licht erscheinen lassen, dass es als Ausschließungsgrund ausscheidet. Die gegen einen anderen Gesellschafter oder das Organmitglied einer Gesellschafterin gerichtete *Strafanzeige*

---

8 BGH, Urt. v. 20. 9. 1999 – II ZR 345/97, BB 1999, 2262 = NJW 1999, 3779; BGH, Urt. v. 19. 9. 1977 – II ZR 11/76, BB 1977, 1569 = NJW 1977, 2316.
9 BGH, Urt. v. 20. 9. 1999 – II ZR 345/97, BB 1999, 2262 = NJW 1999, 3779; Roth/*Altmeppen*, § 34, Rn. 34; *Goette*, § 5, Rn. 77.
10 Scholz/*Westermann*, § 34, Rn. 18; Michalski/*Sosnitza*, § 34, Rn. 30.
11 BGH, Urt. v. 19. 9. 1977 – II ZR 11/76, BB 1977, 1569 = NJW 1977, 2316.

ist nicht in jedem Fall als ein Verhalten anzusehen, das das Verbleiben des Anzeigeerstatters in der Gesellschaft unmöglich macht. Jedenfalls dann, wenn eine solche Anzeige nicht leichtfertig oder gar wider besseres Wissen erhoben wird, sondern der sich an die Strafverfolgungsbehörden wendende Gesellschafter nach gewissenhafter Prüfung der Auffassung sein kann, es lägen strafbare Verhaltensweisen vor, ist es ihm nicht verwehrt, sich an die Ermittlungsbehörden zu wenden. Das gilt erst recht dann, wenn seine Versuche, die Frage innergesellschaftlich zu klären, am Widerstand der anderen Seite gescheitert sind. Dabei ist ferner zu berücksichtigen, dass das die Gesellschaft belastende Zerwürfnis nicht nur durch den auszuschließenden Gesellschafter, sondern auch die die Zwangseinziehung betreibenden Gesellschafter gesetzt wurde.[12]

c) Satzungsänderung

Soll die Möglichkeit einer *Zwangseinziehung* nachträglich in die Satzung aufgenommen werden, bedarf der satzungsändernde Gesellschafterbeschluss der Zustimmung aller Gesellschafter (§ 53 Abs. 3 GmbHG). Der BGH hat ausgesprochen, dass die nachträgliche Schaffung einer Satzungsklausel über die Modalitäten der Ausschließung aus wichtigem Grund das Einverständnis aller Gesellschafter voraussetzt.[13] In der Konsequenz dieser Entscheidung fordert der BGH auch für die Aufnahme einer Zwangseinziehung in die Satzung die Zustimmung aller Gesellschafter.[14] Im Schrifttum wird auch für die Verwirklichung einer *freiwilligen Einziehung* durch Satzungsänderung das Einvernehmen aller Gesellschafter verlangt. Dies erscheint wegen der durch eine freiwillige Einziehung bedingten Änderungen im Kräfteverhältnis der Gesellschafter durchaus folgerichtig.[15]

---

12 BGH, Urt. v. 24. 2 2003 – II ZR 243/02, BB 2003, 976 (LS) = NZG 2003, 530.
13 BGH, Urt. v. 1. 4. 1953 – II ZR 235/52, BGHZ 9, 157 = BB 1953, 332 = NJW 1953, 780.
14 BGH, Urt. v. 19. 9. 1977 – II ZR 11/76, BB 1977, 1569 = NJW 1977, 2316; Michalski/*Sosnitza*, § 34, Rn. 31; Baumbach/*Hueck/Fastrich*, § 34, Rn. 7.
15 Lutter/Hommelhoff, § 34, Rn. 9; Michalski/*Sosnitza*, § 34, Rn. 31; *Rowedder/* Schmidt-Leithoff/*Bergmann*, § 34, Rn. 10; a.A. Baumbach/*Hueck/Fastrich*, § 34, Rn. 5; Roth/*Altmeppen*, § 34, Rn. 8; in diese Richtung auch *Goette*, § 5, Rn. 73.

3. Kap.   I. Einziehung

4. Zustimmung des Betroffenen bei freiwilliger Einziehung

Die Zustimmung des Berechtigten ist eine empfangsbedürftige, gegenüber der Gesellschaft, den Geschäftsführern oder der Gesellschafterversammlung abzugebende Willenserklärung.[16] Die Erklärung, die vor, bei oder nach dem Gesellschafterbeschluss abgegeben werden kann,[17] ist an keine Form gebunden.[18] Das Einverständnis kann von dem Gesellschafter durch Zustimmung in den Einziehungsbeschluss bekundet werden.[19] Jedoch genügt nicht bereits die Mitwirkung an der *Einfügung einer Einziehungsklausel* in die Satzung, weil dadurch noch keine konkrete Einzelmaßnahme gegenüber einem bestimmten Gesellschafter getroffen wird.[20] Ferner ist die Zustimmung aller an dem Geschäftsanteil *dinglich Berechtigter* erforderlich.[21]

5. Erhaltung des Stammkapitals

a) Volleinzahlung der Einlage

Eine Einziehung kann nur vorgenommen werden, wenn die Einlage voll bezahlt ist.[22] Andernfalls würde die Stammeinlageverpflichtung mit der Vernichtung des Geschäftsanteils erlöschen.[23] Der Geschäftsanteil darf nicht eingezogen werden, wenn er noch nicht voll eingezahlt ist und sich niemand findet, der die Volleinzahlung anstelle des Auszuschließenden vornimmt. Denn damit würde die Einlageforderung erlöschen, und eine *Streichung der Einlageschuld* ist durch § 19 Abs. 2 GmbHG verboten.[24] Die Notwendigkeit der Volleinzahlung ist auch zu beachten, wenn die Satzung eine unentgeltliche Einziehung vorsieht.[25]

---

16 Hachenburg/*Ulmer*, § 34, Rn. 21; *Lutter/Hommelhoff*, § 34, Rn. 12.
17 *Lutter/Hommelhoff*, § 34, Rn. 12; *Rowedder*/Schmidt-Leithoff/*Bergmann*, § 34, Rn. 13.
18 Scholz/*Westermann*, § 34, Rn. 12.
19 *Lutter/Hommelhoff*, § 34, Rn. 11.
20 Scholz/*Westermann*, § 34, Rn. 12; Michalski/*Sosnitza*, § 34, Rn. 14.
21 *Lutter/Hommelhoff*, § 34, Rn. 11; Baumbach/*Hueck/Fastrich*, § 34, Rn. 6; Hachenburg/*Ulmer*, § 34, Rn. 23.
22 *Lutter/Hommelhoff*, § 34, Rn. 11; *Rowedder*/Schmidt-Leithoff/*Bergmann*, § 34, Rn. 19.
23 Michalski/*Sosnitza*, § 34, Rn. 16.
24 BGH, Urt. v. 1. 4. 1953 – II ZR 235/52, BGHZ 9, 157 = BB 1953, 332 = NJW 1953, 780.
25 *Rowedder*/Schmidt-Leithoff/*Bergmann*, § 34, Rn. 19.

b) Leistung der Abfindung aus ungebundenem Vermögen

Der Einziehungsbeschluss nach § 34 GmbHG steht unter der gesetzlichen Bedingung, dass das Stammkapital erhalten bleibt. Darum kann der Beschluss nicht ausgeführt werden, wenn das zur Deckung des Stammkapitals erforderliche Vermögen bei der Beschlussfassung fehlt oder bis zu dem Zeitpunkt, in dem zu erfüllen ist, verloren geht. Der Einziehungsbeschluss ist nichtig, wenn er gegen § 34 GmbHG verstößt. Das ist insbesondere der Fall, wenn die Gesellschafter das zur Deckung des *Stammkapitals* erforderliche Vermögen angreifen wollen (§ 30 GmbHG), ohne zugleich eine Kapitalherabsetzung vorzunehmen. Alsdann verbleibt der „eingezogene" Geschäftsanteil dem Anteilsberechtigten.[26] Der Beschluss über die Einziehung eines Geschäftsanteils ist also nichtig, wenn bereits bei der Beschlussfassung feststeht, dass die Entschädigung des Gesellschafters ganz oder teilweise nur aus gebundenem Vermögen gezahlt werden kann und der Beschluss nicht klarstellt, dass die Zahlung nur bei Vorhandenseins ungebundenen Vermögens erfolgen darf.[27] Die Zahlung aus gebundenem Vermögen kann nur durch eine *Kapitalherabsetzung* vermieden werden. Dann muss zuerst die Kapitalherabsetzung vollständig durchgeführt und eingetragen werden, bevor die Gesellschaft zur Einziehung schreiten darf.[28] Der Gesichtspunkt einer Verletzung des § 30 GmbHG spielt freilich keine Rolle, wenn *Mitgesellschafter* den Anteil erwerben und die Abfindung zu zahlen haben.[29]

6. Durchführung der Einziehung

Das *mehraktige* Verfahren der Einziehung vollzieht sich durch den Einziehungsbeschluss und die Einziehungserklärung.

a) Gesellschafterbeschluss

Über die Einziehung eines Geschäftsanteils hat grundsätzlich die Gesellschafterversammlung zu beschließen (§ 46 Nr. 4 GmbHG). Der

---

26 BGH, Urt. v. 1. 4. 1953 – II ZR 235/52, BGHZ 9, 157 = BB 1953, 332 = NJW 1953, 780; Baumbach/*Hueck*/*Fastrich*, § 34, Rn. 10; Michalski/*Sosnitza*, § 34, Rn. 17; Roweder/Schmidt-Leithoff/*Bergmann*, § 34, Rn. 31.
27 BGH, Urt. v. 19. 6. 2000 – II ZR 73/99, BGHZ 144, 365 = BB 2000, 1590 = NJW 2000, 2819.
28 Michalski/*Sosnitza*, § 34, Rn. 18.
29 BGH, Urt. v. 20. 6. 1983 – II ZR 237/82, BB 1983, 1628 = NJW 1983, 2880.

3. Kap. I. Einziehung

Einziehungsbeschluss muss sich auf einen bestimmten Geschäftsanteil beziehen und bei einer Zwangseinziehung auch den Grund angeben.[30] Die Satzung kann die Entscheidungskompetenz gemäß § 45 Abs. 2 GmbHG einem anderen Gesellschaftsorgan, einem Gesellschafterausschuss, einem Aufsichtsrat oder Beirat übertragen.[31] Entgegen der h. L. bestehen gegen eine Zuweisung an den Geschäftsführer durchgreifende Bedenken.[32] Für die Beschlussfassung genügt gemäß § 47 Abs. 1 GmbHG die *Mehrheit der* abgegebenen *Stimmen*, wenn nicht eine abweichende Satzungsregelung vorliegt.[33] Handelt es sich um eine *freiwillige Einziehung*, so kann der betroffene Gesellschafter bei der Beschlussfassung sein Stimmrecht wahrnehmen.[34] Bei einer *Zwangseinziehung* wegen eines wichtigen Grundes in der Person des Anteilsinhabers ist hingegen das Stimmverbot des §47 Abs. 4 GmbHG zu beachten. Diese Bestimmung schließt das Stimmrecht etwa dann aus, wenn die Beschlussfassung die Einleitung eines Rechtsstreits gegen den Gesellschafter betrifft. Dabei wird kein Unterschied gemacht, ob der Betroffene der GmbH als Dritter oder als Gesellschafter gegenübertritt. Jedenfalls greift ein Stimmverbot ein, weil ein Gesellschafter nicht Richter in eigener Sache sein darf. Deshalb kann auch der Geschäftsanteil eines Mehrheitsgesellschafters eingezogen werden.[35]

b) Rechtliches Gehör

Einem Gesellschafter ist im Gegensatz zum Verfahren bei seiner Abberufung als Geschäftsführer und der Kündigung seines Anstellungsvertrages rechtliches Gehör einzuräumen, wenn er aus der GmbH ausgeschlossen werden soll. Eine Verpflichtung zur Anhörung

---

30 Michalski/*Sosnitza,* § 34, Rn. 95.
31 Scholz/*Westermann,* § 34, Rn. 39; Baumbach/*Hueck/Fastrich,* § 34, Rn. 12; Hachenburg/*Ulmer,* § 34, Rn. 110; einschränkend *Goette,* § 5, Rn. 82.
32 Rowedder/Schmidt-Leithoff/*Bergmann,* § 34, Rn. 15.
33 Hachenburg/*Ulmer,* § 34, Rn. 49; Baumbach/*Hueck/Fastrich,* § 34, Rn. 12; Scholz/ Westermann, § 34, Rn. 39.
34 Roth/*Altmeppen,* § 34, Rn. 44; *Rowedder*/Schmidt-Leithoff/*Bergmann,* § 34, Rn. 14; Baumbach/*Hueck/Fastrich,* § 34, Rn. 12; a.A. Michalski/*Sosnitza,* Rn. 99.
35 BGH, Urt. v. 1. 4. 1953 – II ZR 235/52, BGHZ 9, 157 = BB 1953, 332 = NJW 1953, 780; BGH, Urt. v. 20. 12. 1976 – II ZR 115/75, BB 1977, 563 = GmbHR 1977, 81 = LM § 34 GmbHG Nr. 7; Roth/*Altmeppen,* § 34, Rn. 59; Michalski/*Sosnitza,* § 34, Rn. 100; Baumbach/*Hueck/Fastrich,* § 34, Rn. 12.

des Gesellschafters vor seiner Ausschließung lässt sich aus der *gesellschafterlichen Treuepflicht* in Verbindung mit dem Rechtsgrundsatz herleiten, dass vor der Ausschließung mit ihren einschneidenden Folgen für den Betroffenen alle anderen möglichen und zumutbaren Wege zur Behebung der Schwierigkeiten beschritten werden müssen. Auch im Schrifttum ist anerkannt, dass dem Gesellschafter über sein Mitspracherecht in der Gesellschafterversammlung hinaus Gelegenheit gegeben werden muss, zu den Vorwürfen, auf denen seine Ausschließung fußt, Stellung zu nehmen. Wird die Anhörung versäumt, kann der Gesellschafter gegen den Beschluss mit der Anfechtungsklage vorgehen.[36]

c) Mitteilung der Einziehung

Der Einziehungsbeschluss entfaltet erst Rechtswirkung, wenn er dem Anteilsinhaber durch eine Einziehungserklärung mitgeteilt wird. Dieser Gestaltungsakt zielt auf die Vernichtung des Gesellschaftsanteils. Die Einziehungserklärung ist eine einseitige, formlose, empfangsbedürftige Willenserklärung. Die Mitteilung obliegt der *Gesellschafterversammlung*, die hierzu den *Geschäftsführer* oder einen Dritten einschalten kann.[37] Ist der betroffene Gesellschafter bei der Beschlussfassung anwesend, so verbindet sich mit der Bekanntgabe des Einziehungsbeschlusses[38] zugleich die für die Anteilsvernichtung konstitutive Mitteilung der Gesellschaft gegenüber dem Anteilseigner. Fehlt es an einem gültigen Beschluss, so löst die Einziehungserklärung des Geschäftsführers keine Rechtsfolgen aus.[39]

7. Rechtsfolgen der Einziehung – Abfindung

Die Einziehung bewirkt als Rechtsfolge nicht nur den Verlust des Geschäftsanteils für den bisherigen Inhaber, sondern weitergehend sogar die Vernichtung des Geschäftsanteils als solchen. Als Ausgleich er-

---

36 BGH, Urt. v. 4. 7. 1960 – II ZR 168/58, BB 1960, 797 = NJW 1960, 1861; Baumbach/*Hueck/Fastrich*, § 34, Rn. 12; Michalski/*Sosnitza*, § 34, Rn. 103.
37 Hachenburg/*Ulmer*, § 34, Rn. 55; Scholz/*Westermann*, § 34, Rn. 43; Michalski/*Sosnitza*, § 34, Rn. 109.
38 *Goette*, § 5, Rn. 83; Baumbach/*Hueck/Fastrich*, § 34, Rn. 13; Rowedder/Schmidt-Leithoff/*Bergmann*, § 34, Rn. 18.
39 Hachenburg/*Ulmer*, § 34, Rn. 54; Rowedder/Schmidt-Leithoff/*Bergmann*, § 34, Rn. 17.

3. Kap. I. Einziehung

hält der ausscheidende Gesellschafter eine Abfindung, mit deren Zahlung sich die Einziehung im Rechtssinn vollendet.

a) Vernichtung des Geschäftsanteils

Die Einziehung vernichtet den Geschäftsanteil des betroffenen Gesellschafters und lässt sämtliche mit dem Geschäftsanteil verbundenen Mitgliedschaftsrechte und -pflichten untergehen. Vor der Einziehung begründete Ansprüche des Gesellschafters gegen die GmbH, etwa auf Ausschüttung des festgestellten Gewinns, bleiben erhalten. Fehlt es an einem *Gewinnverwendungsbeschluss*, partizipiert der Gesellschafter nicht an dem während seiner Zugehörigkeit erwirtschafteten, aber (noch) nicht ausgeschütteten Gewinn.[40] Für die im Zeitpunkt der Einziehung bereits entstandenen Pflichten auf Nebenleistungen, Nachschüsse oder die Haftung aus § 24 GmbHG hat der Gesellschafter weiter einzustehen.[41] Rechte Dritter gehen mit dem betroffenen Geschäftsanteil unter.[42] Die Vernichtung des Geschäftsanteils bedingt, dass der Nominalbetrag aller Gesellschaftsanteile hinter den Betrag des Stammkapitals zurückfällt. Allerdings bleibt die *Stammkapitalziffer* und damit die Höhe des den Gläubigern vorbehaltenen Haftungsfonds unverändert.[43] Die Diskrepanz zwischen dem Stammkapital und der Summe der fortbestehenden Geschäftsanteile zieht eine Vermehrung der Mitgliedschaftsrechte und -pflichten nach sich. Die mithilfe der Summe der verbliebenen Geschäftsanteile zu ermittelnde Beteiligungsquote der Gesellschafter erhöht sich. Sind etwa drei Gesellschafter am Stammkapital in Höhe von 150 000 € mit je 50 000 € beteiligt, so vermehrt sich nach Einziehung eines Geschäftsanteils die Beteiligungsquote der verbliebenen Gesellschafter von je 1/3 auf je 1/2. Dies schlägt sich beispielsweise auf das Gewinnrecht (§ 29 Abs. 3 GmbHG), das Stimmrecht (§ 47 Abs. 2 GmbHG) und den Anteil am Liquidationserlös (§ 72 Satz 1 GmbHG) nieder.

---

[40] BGH, Urt. v. 14. 9. 1998 – II ZR 172/97, BGHZ 139, 299 = BB 1998, 2279 = NJW 1998, 3646; Michalski/*Sosnitza*, § 34, Rn. 119.

[41] Scholz/*Westermann*, § 34, Rn. 60; Baumbach/*Hueck/Fastrich,* § 34, Rn. 16; Michalski/*Sosnitza*, § 34, Rn. 118.

[42] Baumbach/*Hueck/Fastrich,* § 34, Rn. 16.

[43] Hachenburg/*Ulmer,* § 34, Rn. 62; Baumbach/*Hueck/Fastrich,* § 34, Rn. 17; Scholz/*Westermann*, § 34, Rn. 58; Michalski/*Sosnitza*, § 34, Rn. 115; a.A. *Lutter/Hommelhoff,* § 34, Rn. 3.

7. Rechtsfolgen der Einziehung – Abfindung   3. Kap.

Andererseits steigen die dem Geschäftsanteil entspringenden Gesellschafterpflichten, beispielsweise die subsidiäre Ausfallhaftung der §§ 24, 31 Abs. 3 GmbHG.[44]

b) Abfindung des ausgeschiedenen Gesellschafters

Sofern die Satzung keine abweichende Regelung enthält, besteht grundsätzlich ein Anspruch auf *vollwertige Abfindung* auf der Grundlage des *Verkehrswerts* des Unternehmens. Dabei ist an Stelle des Substanzwerts regelmäßig der Ertragswert des Betriebs zugrunde zu legen.[45] Satzungsmäßige Abfindungsbeschränkungen unterliegen einer *Inhaltskontrolle* nach Maßgabe der im Personengesellschaftsrecht entwickelten Zulässigkeitsschranken. In dieser Problematik haben sich einzelne Fallgruppen herausgebildet.

aa) Sittenwidrigkeit

Gesellschaftsvertragliche Beschränkungen des Abfindungsrechts eines GmbH-Gesellschafters sind aufgrund der *Satzungsautonomie* innerhalb des Wertungsmodells des § 138 Abs. 1 BGB grundsätzlich zulässig. Ihr Zweck besteht darin, den Bestandsschutz der Gesellschaft durch Einschränkung des Kapitalabflusses zu gewährleisten und/oder die Berechnung der Höhe des Abfindungsanspruches zu vereinfachen. Derartige Beschränkungen können jedoch auch unter Berücksichtigung solcher Zwecke nicht schrankenlos vorgenommen werden. Sie unterliegen den Grenzen des § 138 BGB. Diese greifen jedoch nur in dem Fall ein, dass die getroffene Regelung bereits bei ihrer *Entstehung* grob unbillig ist.[46]

bb) Nachträgliches Missverhältnis

Ebenso sind das Austrittsrecht unzumutbar beschneidende Abfindungsregelungen als unzulässig zu erachten. Dem Gesellschafter einer GmbH wird das Recht zuerkannt, bei Vorliegen eines wichtigen Grundes aus der Gesellschaft auszutreten. Dieses Recht gehört als

---

[44] Baumbach/*Hueck/Fastrich*, § 34, Rn. 18; Scholz/*Westermann*, § 34, Rn. 62.
[45] BGH, Urt. v. 16. 12. 1991 – II ZR 58/91, BGHZ 116, 359 = BB 1992, 448 = NJW 1992, 892; Baumbach/*Hueck/Fastrich*, § 34, Rn. 19; Roth/*Altmeppen*, § 34, Rn. 15.
[46] BGH, Urt. v. 16. 12. 1991 – II ZR 58/91, BGHZ 116, 359 = BB 1992, 448 = NJW 1992, 892; Baumbach/*Hueck/Fastrich*, § 34, Rn. 24; Roth/*Altmeppen*, § 34, Rn. 47.

3. Kap. I. Einziehung

Grundprinzip des Verbandsrechts zu den zwingenden, unverzichtbaren Mitgliedschaftsrechten. Entsteht durch die im Gesellschaftsvertrag enthaltene Abfindungsbeschränkung ein grobes Missverhältnis zu dem nach dem wirtschaftlichen Wert zu bemessenden Anspruch, wird darin ein Umstand gesehen, durch den das Recht des austrittswilligen Gesellschafters, sich zum Austritt zu entschließen, in unvertretbarer Weise eingeengt wird. In dieser Fallgruppe ist abweichend zu § 138 Abs. 1 BGB nicht auf das Missverhältnis bei Aufnahme der Abfindungsklausel in die Satzung abzustellen, sondern auf dasjenige bei Vorliegen der Austrittsvoraussetzungen.[47]

cc) Benachteiligung der Gläubiger

Einseitige Abfindungsbeschränkungen zu Lasten der auf den Geschäftsanteil zugreifenden Gläubiger des Gesellschafters begegnen ebenfalls Bedenken. Solche Klauseln sind nichtig, wenn die Abfindungsbeschränkung nur gegen Gläubiger gerichtet ist und darum eine *Gläubigerbenachteiligung* hervorruft. Grundsätzlich nicht zu beanstanden ist hingegen, die Abfindung bei einer Anteilseinziehung aus einem wichtigen, in der Person des Gesellschafters liegenden Grund und einer Zwangseinziehung im Vollstreckungs- und Insolvenzfall in gleicher Art auszugestalten.[48]

c) Wirksamwerden der Einziehung

Streitig ist die bislang höchstrichterlich nicht entschiedene Frage, ob die Zwangseinziehung des Geschäftsanteils bereits mit der *Bekanntgabe* des Einziehungsbeschlusses an den betroffenen Gesellschafter oder erst mit der *Zahlung des Abfindungsbetrages* wirksam wird.[49] Der Verweisung des § 34 Abs. 3 auf § 30 Abs. 1 GmbHG ist zu entnehmen, dass Entgeltzahlungen aus dem über die Stammkapitalziffer hinaus vorhandenen Reinvermögen der Gesellschaft zu leisten sind, im Augenblick der Zahlung also keine Unterbilanz auftreten darf. Im Hinblick auf die berechtigte Erwartung des Gesellschafters, seine Stellung nur gegen ein aus dem freien Vermögen herrührendes Ent-

---

47 Hachenburg/*Ulmer,* § 34, Rn. 92.
48 BGH, Urt. v. 7. 4. 1960 – II ZR 69/58, BGHZ 32, 151 = BB 1960, 497 = NJW 1960, 1053; BGH, Urt. v. 12. 6. 1975 – II ZR 12/73, BGHZ 65, 22 = BB 1975, 1177 = NJW 1975, 1835; Michalski/*Sosnitza,* § 34, Rn. 58.
49 Vgl. BGH, Urt. v. 20. 2. 1995 – II ZR 46/94, ZIP 1995, 835, 837.

1. Verhältnis von Ausschließung und Einziehung   3. Kap.

gelt zu verlieren, sollte die tief greifende Folge einer Einziehung an die Zahlung der Abfindung gekoppelt werden. Nicht zuletzt wird die Wirksamkeit der ähnlich gelagerten Ausschließung aus wichtigem Grund an die Bedingung der Zahlung des Abfindungsentgelts geknüpft.[50] Allerdings kann die Satzung vorsehen, dass die Einziehung schon vor Zahlung des Abfindungsentgelts wirksam wird.[51]

8. Rechtmäßigkeitsprüfung

Der Gesellschafter, gegen den sich eine Zwangseinziehung richtet, kann diese Maßnahme im Wege der *Anfechtungsklage* gerichtlich überprüfen lassen. Der Beschluss über die Zwangseinziehung kann stets einer gerichtlichen Entscheidung zugeführt werden.[52] Die Voraussetzungen der Einziehung können im Rahmen einer Anfechtungsklage gegen die Beschlussfassung zur gerichtlichen Kontrolle gestellt werden. Mit der Anfechtungsklage kann sich der Gesellschafter insbesondere darauf berufen, dass der Einziehungsbeschluss inhaltlich nicht von der entsprechenden Satzungsklausel gedeckt ist oder der in der Satzungsklausel genannte Grund tatsächlich nicht vorliegt.[53] Generell kann der Gesellschafter gegen Mängel bei der Beschlussfassung mit der Anfechtungsklage vorgehen.[54]

II. Ausschließung eines Gesellschafters aus wichtigem Grund

1. Verhältnis von Ausschließung und Einziehung

Die Beendigung der Gesellschafterstellung in der GmbH kann im Wege einer *Ausschließung* wie auch einer *Einziehung* des Geschäftsanteils erfolgen. Die gesetzlich nicht eigens geregelte Ausschließung kann bei Vorliegen eines *wichtigen Grundes* in der Person des Gesellschafters auch ohne besondere satzungsmäßige Bestimmung durch

---

50 BGH, Urt. v. 1. 4. 1953 – II ZR 235/52, BGHZ 9, 157 = BB 1953, 332 = NJW 1953, 780; Michalski/*Sosnitza*, § 34, Rn. 113; Baumbach/*Hueck/Fastrich*, § 34, Rn. 35; *Goette,* § 5, Rn. 87.
51 BGH, Urt. v. 30. 6. 2003 – II ZR 326/01, BB 2003, 1749 = NJW-RR 2003, 1265.
52 Scholz/*Westermann*, § 34, Rn. 39.
53 Hachenburg/*Ulmer*, § 34, Rn. 47.
54 *Rowedder*/Schmidt-Leithoff/*Bergmann*, § 34, Rn. 45.

ein gerichtliches Gestaltungsurteil erwirkt werden. Im Gegensatz dazu wird die Einziehung bereits durch einen rechtsgestaltenden Beschluss der Gesellschafterversammlung nebst Zahlung des Abfindungsentgelts vollzogen. Die Einziehung eines Gesellschaftsanteils und die Ausschließung eines Gesellschafters sind zwar rechtstechnisch unterschiedliche, allerdings in ihren Rechtsfolgen verwandte Rechtsinstitute. Soweit die Anordnung wegen eines in der Person des Gesellschafters liegenden wichtigen Grundes ergeht, gelten übereinstimmende Wertungsmaßstäbe.

2. Ausschließung als Ergebnis der Rechtsfortbildung

a) Praktisches Bedürfnis

Im Unterschied etwa zu § 140 HGB ist die Ausschließung eines Gesellschafters aus wichtigem Grund im GmbH-Recht nicht geregelt. Gleichwohl besteht, wie der BGH in einer frühen Entscheidung überzeugend ausgeführt hat, für die Zulassung der Ausschließung bei *Fehlen einer satzungsrechtlichen Ermächtigung* ein starkes dringendes Bedürfnis. Hat ein Gesellschafter die satzungsmäßigen Eigenschaften verloren, hat er seine Mitgliedschaft erschlichen oder ist er völlig untragbar geworden, so muss es eine Möglichkeit geben, den Störenfried aus der Gesellschaft auszuschließen und das Unternehmen, die Firma, den Betrieb mit allen darin steckenden Werten und die vorhandenen Arbeitsplätze zu erhalten. Den Gesellschaftern kann nicht angesonnen werden, entweder Auflösungsklage (§ 61 GmbHG) zu erheben und damit möglicherweise das eigene Lebenswerk zu zerstören oder das abträgliche und dem Gesellschaftsverhältnis hohnsprechende Verhalten des anderen hinzunehmen. Die – mögliche – Einführung einer *statutarischen Ausschlussmöglichkeit* wird regelmäßig scheitern, weil diese Änderung des Gesellschaftsvertrages der Zustimmung aller (§ 53 Abs. 3 GmbHG) und damit auch des auszuschließenden Gesellschafters bedarf.[55]

b) Dogmatische Grundlagen

Die rechtliche Begründung für die Ausschließbarkeit eines GmbH-Gesellschafters aus wichtigem Grund ist dem sowohl das bürgerliche

---

55 BGH, Urt. v. 1. 4. 1953 – II ZR 235/52, BGHZ 9, 157 = BB 1953, 332 = NJW 1953, 780.

2. Ausschließung als Ergebnis der Rechtsfortbildung 3. Kap.

als auch das Handelsrecht beherrschenden Grundsatz zu entnehmen, dass ein in die Lebensbetätigung der Beteiligten stark eingreifendes Rechtsverhältnis vorzeitig gelöst werden kann, wenn ein wichtiger Grund besteht. Neben dem Grundsatz der Kündbarkeit von *Dauerschuldverhältnissen* lässt sich die Ausschließung eines Gesellschafters aus der Treuepflicht ableiten. Den Gesellschaftern einer GmbH obliegt eine echte, nicht bloß den Grundsatz von Treu und Glauben (§ 242 BGB) beinhaltende *Treuepflicht*, weil die Beziehungen des Gesellschafters zur GmbH und seinen Mitgesellschaftern nicht rein kapitalistisch, sondern auch persönlicher Art sind.[56]

c) Zusammenfassung der Rechtsprechungsgrundsätze

Die Rechtsprechung des BGH kann in wenigen Sätzen zusammengefasst werden: Trotz einer fehlenden satzungsrechtlichen Ermächtigung kann ein Gesellschafter bei Vorliegen eines *wichtigen*, in seiner Person liegenden *Grundes* mittels einer Klage aus einer GmbH ausgeschlossen werden. Die *Ausschließungsklage* ist von der GmbH auf der Grundlage eines Gesellschafterbeschlusses zu erheben, bei dessen Fassung der betroffene Gesellschafter kein Stimmrecht hat. Die Ausschließung wird durch *rechtsgestaltendes Urteil* vollzogen. Der Geschäftsanteil bleibt erhalten. Der Gesellschafter hat Anspruch auf Abfindung nach dem vollen Wert seines Geschäftsanteils, der nach dem Zeitpunkt der Klageerhebung zu berechnen ist. Das *Abfindungsentgelt* ist im Urteil festzusetzen. Mit der Zahlung, die nicht aus gebundenem Vermögen erfolgen darf (§ 30 GmbHG), verliert der Gesellschafter seine Gesellschafterstellung.[57] Diese Rechtsprechung hat im Schrifttum einhellige Billigung gefunden.[58]

---

56 BGH, Urt. v. 1. 4. 1953 – II ZR 235/52, BGHZ 9, 157 = BB 1953, 332 = NJW 1953, 780.
57 BGH, Urt. v. 25. 1. 1960 – II ZR 22/59, BGHZ 32, 17 = BB 1960, 304 = NJW 1960, 866; BGH, Urt. v. 17. 2. 1955 – II ZR 316/53, BGHZ 16, 317 = BB 1955, 270 = NJW 1955, 667.
58 Hachenburg/*Ulmer,* Anh § 34, Rn. 8; Baumbach/*Hueck/Fastrich,* Anh § 34, Rn. 2; *Lutter/Hommelhoff,* § 34, Rn. 32; Roth/*Altmeppen,* § 60, Rn. 60; Scholz/*Winter,* § 15, Rn. 130; Rowedder/Schmidt-Leithoff/*Bergmann,* § 34, Rn. 64; Michalski/*Sosnitza,* Anh § 34, Rn. 6.

3. Kap.   II. Ausschließung eines Gesellschafters aus wichtigem Grund

3. Beispiele möglicher Ausschließungsgründe

Ob für die Ausschließung eines Gesellschafters oder die Zwangseinziehung seines Geschäftsanteils ein wichtiger Grund vorliegt, beurteilt sich nach einem einheitlichen Bewertungsmaßstab. Deswegen kann das einschlägige Fallmaterial wechselseitig nutzbar gemacht werden. Die Ausschließung setzt kein Verschulden des Gesellschafters voraus;[59] im Rahmen der Gesamtabwägung kann es aber erschwerend bewertet werden.[60]

a) Gründe in der Person des Gesellschafters

Als Gründe in der Person des Gesellschafters kommen in Frage: ungeordnete, die Kreditwürdigkeit beeinträchtigende Vermögensverhältnisse,[61] durch Insolvenz oder Pfändung des Geschäftsanteils manifestierter *Vermögensverfall*,[62] Verlust einer kraft Satzung oder Gesellschaftszweck vorausgesetzten *beruflichen Qualifikation*,[63] Krankheit oder Entmündigung,[64] Unfähigkeit zur oder Niederlegung der Mitarbeit.[65] Ein schwer wiegendes unsittliches Verhalten im Umgang gegenüber Mitarbeitern und Kunden kann einen wichtigen Grund nahe legen.[66]

b) Gründe im Verhalten des Gesellschafters

Finanzielle Unregelmäßigkeiten eines Gesellschafters, der Angelegenheiten der GmbH wahrnimmt, sind als Ausschließungsgrund geeignet. Dies ist etwa anzunehmen, wenn der Gesellschafter erhebliche Gesellschaftsmittel an sich bringt, um sie für eigene Zwecke, etwa

---

59 BGH, Urt. v. 1. 4. 1953 – II ZR 235/52, BGHZ 9, 157 = BB 1953, 332 = NJW 1953, 780.
60 Michalski/*Sosnitza,* Anh § 34, Rn. 12.
61 Scholz/*Winter,* § 15, Rn. 134.
62 BGH, Urt. v. 7. 4. 1960 – II ZR 69/58, BGHZ 32, 151 = BB 1960, 497 = NJW 1960, 1053.
63 OLG Frankfurt NJW 1947/48, 429; Michalski/*Sosnitza,* Anh § 34, Rn. 10.
64 BGH, Urt. v. 7. 4. 1960 – II ZR 69/58, BGHZ 32, 151 = BB 1960, 497 = NJW 1960, 1053.
65 BGH, Urt. v. 20. 6. 1983 – II ZR 237/82, BB 1983, 1628 = NJW 1983, 2880.
66 BGH, Urt. v. 17. 2. 1955 – II ZR 316/53, BGHZ 16, 317 = BB 1955, 270 = NJW 1955, 667.

3. Beispiele möglicher Ausschließungsgründe   3. Kap.

einen Hausbau zu verwenden.[67] Entsprechendes gilt, auch wenn das kriminelle Element der Veruntreuung fehlt, für übermäßige Entnahmen.[68] Die Anlegung einer Schwarzgeldreserve und ein zu Gunsten der GmbH verübter Versicherungsbetrug[69] kann ebenso wie die wahrheitswidrige Mitteilung, einen Debetsaldo ausgeglichen zu haben,[70] die sehende Eingehung hoch risikoreicher, unverantwortlicher Geschäfte[71] und der Entzug liquider Mittel der GmbH verbunden mit der Überleitung auf ein eigenes Unternehmen des Gesellschafters[72] als Ausschließungsgrund in Betracht kommen. Die eigenmächtige Abberufung eines Geschäftsführers kann einen Gesellschafter untragbar erscheinen lassen.[73] Ebenso verhält es sich, wenn ein Gesellschafter in Abwesenheit des Geschäftsführers/Mitgesellschafters den Geschäftsbetrieb eigenmächtig faktisch stilllegt, indem er den Geschäftsführer in einer allein anberaumten Gesellschafterversammlung absetzt, alle Verträge mit Lieferanten und Kunden kündigt und die Post an seine eigene Adresse leitet.[74] Nicht anders ist es zu bewerten, wenn der Gesellschafter die Betriebseinrichtung und Ansprüche der GmbH an sein eigenes Unternehmen verkauft bzw. abtritt.[75] Die eines triftigen Grundes entbehrende *Strafanzeige* wegen Jagdvergehens kann ebenso wie der haltlose Vorwurf, sich im Krieg bereichert zu haben, einen Ausschließungsgrund bilden.[76] Jedenfalls dann, wenn eine solche Anzeige nicht leichtfertig oder gar wider besseres Wissen erhoben wird, sondern der sich an die Strafverfolgungsbehörden wendende Gesellschafter nach gewissenhafter Prüfung der Auffassung sein kann, es lägen strafbare Verhaltensweisen vor, ist es ihm nicht verwehrt, sich an die Ermittlungsbehörden zu wenden. Das gilt erst

---

67 BGH, Urt. v. 25. 1. 1960 – II ZR 22/59, BGHZ 32, 17 = BB 1960, 304 = NJW 1960, 866.
68 BGH, Urt. v. 25. 1. 1960 – II ZR 22/59, BGHZ 32, 17 = BB 1960, 304 = NJW 1960, 866.
69 BGH, Urt. v. 20. 2. 1995 – II ZR 46/94, ZIP 1995, 835.
70 BGH, Urt. v. 9. 3. 1987 – II ZR 215/86, GmbHR 1987, 302.
71 BGH, Urt. v. 17. 2. 1955 – II ZR 316/53, BGHZ 16, 317 = BB 1955, 270 = NJW 1955, 667.
72 BGH, Urt. v. 20. 9. 1999 – II ZR 345/97, BB 1997, 2262 = NJW 1999, 3779.
73 OLG Hamm GmbHR 1993, 743.
74 OLG Frankfurt GmbHR 1980, 56.
75 BGH, Urt. v. 28. 6. 1993 – II ZR 119/92, NJW-RR 1993, 1123.
76 BGH, Urt. v. 9. 12. 1968 – II ZR 42/67, BGHZ 51, 204 = BB 1968, 329 = NJW 1969, 793.

recht dann, wenn seine Versuche, die Frage innergesellschaftlich zu klären, am Widerstand der anderen Seite gescheitert sind.[77] Die Einleitung von *Rechtstreitigkeiten* gegen die GmbH oder Mitgesellschafter stellt einen Ausschließungsgrund dar, wenn es sich um ein schikanöses Vorgehen handelt und der Gesellschafter wahllos Klagen einleitet. Anders ist es zu bewerten, falls er ernsthaft eigene Belange verfolgt.[78] Auch kann die ständige, willkürliche Geltendmachung von *Auskunfts- und Einsichtsrecht* (§ 51a GmbHG) wie auch das ständige, willkürliche Verlangen, eine Gesellschafterversammlung einzuberufen, die Schwelle eines Ausschließungsgrundes überschreiten.[79]

c) Wettbewerbsverstöße

Der Verstoß gegen ein in der Satzung verankertes Wettbewerbsverbot kann einen Ausschließungsgrund darstellen. Dies ist etwa anzunehmen, wenn der Gesellschafter die Inhaberin eines Konkurrenzunternehmens heiratet oder sein Sohn ein Konkurrenzunternehmen gründet. Ebenso hat es der BGH beanstandet, falls ein Gesellschafter/Geschäftsführer für den Betrieb der GmbH benötigte Grundstücke zum eigenen oder Vorteil Dritter erwirbt.[80] Die Ausnutzung von Erwerbschancen der GmbH für eigene Zwecke des Gesellschafters kann seine Ausschließung rechtfertigen.[81] Die Einräumung einer *Unterbeteiligung* ist grundsätzlich nicht zu beanstanden. Anders kann es zu bewerten sein, wenn einem Konkurrenten durch die Unterbeteiligung eine einem Treuhandverhältnis angeglichene unternehmerische Mitwirkung gewährt wird.[82] Wird der Gesellschafter als Lieferant der GmbH tätig, können Störungen in diesem Vertragsverhältnis (Drittbeziehung) die Ausschließung nicht rechtfertigen, sofern das Gesellschaftsverhältnis davon unberührt bleibt. Anders kann bei einem schwer wiegenden Vertragsbruch zu entscheiden sein.[83]

---

77 BGH, Urt. v. 24. 2 2003 – II ZR 243/02, BB 2003, 976 (LS) = NZG 2003, 530.
78 BGH, Urt. v. 10. 6. 1991 – II ZR 234/89, NJW- RR 1991, 1249.
79 *Rowedder*/Schmidt-Leithoff/*Bergmann*, § 34, Rn. 68.
80 BGH, Urt. v. 12. 6. 1989 – II ZR 334/87, BB 1989, 1637.
81 BGH, Urt. v. 13. 2. 1995 – II ZR 223/93, BB 1995, 688 = NJW 1995, 688.
82 OLG Frankfurt DB 1992, 2489.
83 OLG Hamm GmbHR 1993, 662.

d) Tief greifendes Zerwürfnis

Die schuldhafte Herbeiführung eines tief greifenden unheilbaren Zerwürfnisses stellt einen möglichen Ausschließungsgrund dar. Die Ausschließung ist grundsätzlich gerechtfertigt, wenn den auszuschließenden Gesellschafter ein überwiegendes Verschulden an dem Zerwürfnis trifft. Ein überwiegendes Verschulden des Ausschließungsbeklagten rechtfertigt die Ausschließung nur dann nicht, wenn dem anderen Gesellschafter selbst Pflichtwidrigkeiten zur Last fallen, die, wenn auch weniger schwer wiegend als die des Ausschließungsbeklagten, so erheblich sind, dass sie auch seine Ausschließung gerechtfertigt haben würden. Der Ausschluss eines Gesellschafters setzt also voraus, dass das Zerwürfnis von ihm überwiegend verursacht wurde, und in der Person des oder der anderen Gesellschafter nicht ebenfalls ein Ausschließungsgrund vorliegt.[84] Eine Ausschließung aus einer Zweipersonengesellschaft kann nicht erfolgen, wenn in der Person des verbleibenden Gesellschafters ebenfalls ein Ausschließungsgrund vorliegt.[85]

e) Verhalten der anderen Gesellschafter: „milderes Licht"

Die Ausschließung eines Gesellschafters ist nicht anzuerkennen, wenn in der Person des anderen Gesellschafters Umstände liegen, die die Ausschließung nicht rechtfertigen oder auch nur zu einer anderen Beurteilung der Gründe führen können, die der von dem Ausschluss betroffene Gesellschafter gesetzt hat. Verfehlungen eines Gesellschafters, der den Ausschluss mit betreibt, können das Fehlverhalten des auszuschließenden Gesellschafters in einem derart milden Licht erscheinen lassen, dass es als Ausschließungsgrund ausscheidet.[86] Danach kann selbst der Verbrauch von Gesellschaftsmitteln für eigene Zwecke den Ausschluss nicht rechtfertigen, sofern der andere Gesellschafter den auszuschließenden Gesellschafter *wider besseres*

---

[84] BGH, Urt. v. 25. 1. 1960 – II ZR 22/59, BGHZ 32, 17 = BB 1960, 304 = NJW 1960, 866.
[85] BGH, Urt. v. 23. 2. 1981 – II ZR 229/79, BGHZ 80, 346 = BB 1981, 1729 = NJW 1981, 2302.
[86] BGH, Urt. v. 13. 2. 1995 – II ZR 223/93, BB 1995, 688 = NJW 1995, 688.

Wissen beim Finanzamt angeschwärzt und als nicht kreditwürdig bezeichnet hat.[87]

f) Kapitalistisch strukturierte GmbH

Im Schrifttum wurde unter dem Eindruck eines vornehmlich in personalistisch strukturierten Gesellschaften auftretenden Bedürfnisses für die Ausschließung eines Gesellschafters die Auffassung vertreten, für eine Ausschließung sei in kapitalistisch strukturierten Gesellschaften kein Raum.[88] Zwischenzeitlich wird die Möglichkeit einer Ausschließung auch für die kapitalistisch strukturierte GmbH anerkannt.[89] Gleichwohl gewinnt die Struktur der GmbH bei der *Abwägung*, ob ein wichtiger Grund vorliegt, Bedeutung. Mit Blick auf persönliche Eigenschaften und Störungen des Vertrauensverhältnisses wird ein Ausschluss eher bei einer personalistisch strukturierten GmbH in Betracht kommen. Dagegen ist bei einer kapitalistisch strukturierten GmbH ein Verhalten als Ausschließungsgrund zu billigen, das, wie die Verletzung der Einlagepflicht oder anderer zentraler Mitgliedschaftspflichten, den Gesellschaftszweck gefährdet oder vereitelt und damit die *Funktionsfähigkeit* der GmbH beeinträchtigt.[90]

4. Satzungsregeln zur Bestimmung von Ausschließungsgründen

Die Satzung kann die Ausschließungsgründe näher konkretisieren. Daneben besteht die weitere Möglichkeit, mithilfe der Satzung das Ausschließungsverfahren auszugestalten.[91] Die Präzisierung der Ausschließungsgründe darf aber nicht dazu führen, dass die Ausschließung als unabdingbares Rechtsprinzip in anderen Fällen abgeschnitten wird.[92]

---

[87] BGH, Urt. v. 25. 1. 1960 – II ZR 22/59, BGHZ 32, 17 = BB 1960, 304 = NJW 1960, 866.
[88] Vgl. die Nachweise bei Hachenburg/*Ulmer,* Anh § 34, Rn. 12, Fn 25; Scholz/*Winter,* § 15, Rn. 131, Fn 542.
[89] Hachenburg/*Ulmer,* Anh § 34, Rn. 12; Scholz/*Winter,* § 34, Rn. 131; Roth/*Altmeppen,* § 60, Rn. 79; Baumbach/*Hueck*/*Fastrich,* Anh § 34, Rn. 2.
[90] Hachenburg/*Ulmer,* Anh § 34, Rn. 12.
[91] BGH, Urt. v. 1. 4. 1953 – II ZR 235/52, BGHZ 9, 157 = BB 1953, 332 = NJW 1953, 780.
[92] BGH, Urt. v. 16. 12. 1991 – II ZR 58/91, BGHZ 116, 359 = BB 1992, 448 = NJW 1992, 892; Hachenburg/*Ulmer,* Anh. § 34, Rn. 17; Baumbach/*Hueck*/*Fastrich,*

4. Satzungsregeln zur Bestimmung von Ausschließungsgründen   3. Kap.

a) Erschwerung der Ausschließung

Die Satzung kann bestimmte Fälle ausdrücklich als Ausschließungsgrund festlegen. Als Beispiel kommen die Einstellung der Mitarbeit,[93] der Eintritt eines Fremden in eine Familiengesellschaft[94] und die Insolvenz des Gesellschafters bzw. die Pfändung in seinen Geschäftsanteil[95] in Betracht. Dies bedeutet aber nicht, dass eine Ausschließung in anderen Fällen untersagt wäre. Dies beruht schon auf der *Unverzichtbarkeit* des Ausschließungsrechts aus wichtigem Grund und seiner zwingenden Geltung. Der Benennung bestimmter Gründe kann allenfalls entnommen werden, dass die Ausschließung außerhalb der geregelten Gründe an *vergleichbar strenge Maßstäbe* gebunden ist.[96]

b) Erleichterungen (freie Hinauskündigungsklausel)

aa) Grundsatz der Unwirksamkeit

Der Ausschluss darf nicht dazu missbraucht werden, sich eines missliebigen Gesellschafters zu entledigen. Darum muss der durch die Satzung gestattete Ausschluss auf *sachlichen, vernünftigen Gründen* beruhen.[97] Eine nicht an sachliche Erwägungen gekoppelte freie Hinauskündigungsklausel verstößt nach der Rechtsprechung des BGH gegen § 138 Abs. 1 BGB. Sie begründet die Gefahr, dass die von der jederzeitigen Ausschließungsmöglichkeit bedrohten Gesellschafter von ihren Rechten keinen Gebrauch machen und die ihnen obliegenden Pflichten nicht ordnungsgemäß erfüllen, sondern sich den Wünschen des oder der durch das Ausschließungsrecht begünstigten Gesellschafter beugen; damit wird einer nicht zu billigenden *Willkürherrschaft* der Mehrheit oder der mit dem Ausschließungsrecht ausgestatteten Gesellschafter Vorschub geleistet. Auch in der GmbH ist

---

Anh. §, 34 Rn. 14; Roth/*Altmeppen,* § 60, Rn. 68; Michalski/*Sosnitza,* Anh § 34, Rn. 41.
93 BGH, Urt. v. 20. 6. 1983 – II ZR 237/82, BB 1983, 1628 = NJW 1983, 2880.
94 BGH, Urt. v. 20. 12. 1976 – II ZR 115/75, BB 1977, 563 = LM § 34 GmbHG Nr. 7.
95 BGH, Urt. v. 7. 4. 1960 – II ZR 69/58, BGHZ 32, 151 = BB 1960, 497 = NJW 1960, 1053.
96 Hachenburg/*Ulmer,* Anh § 34, Rn. 17; Rowedder/Schmidt-Leithoff/*Bergmann,* § 34, Rn. 65; Scholz/*Winter,* § 15, Rn. 152; Michalski/*Sosnitza,* Anh § 34, Rn. 41; Roth/*Altmeppen,* § 60, Rn. 70.
97 Scholz/*Winter,* § 15, Rn. 152; Rowedder/Schmidt-Leithoff/*Bergmann,* § 15, Rn. 69.

ein satzungsmäßiges Ausschließungs- und Einziehungsrecht nur wirksam, wenn es wegen besonderer Gründe sachlich gerechtfertigt ist.[98] Eine freie Hinauskündigungsklausel ist auch bei *voller Abfindung* ungültig.[99]

bb) Gültigkeit wegen besonderer Umstände

(1) Treuhandähnliches Verhältnis

Eine an keine Voraussetzungen geknüpfte freie Hinauskündigungsklausel ist ausnahmsweise wirksam, wenn sie wegen *besonderer Umstände* sachlich gerechtfertigt ist.[100] Solche besonderen Gründe hat der BGH in einem Fall angenommen, in dem die Geschäftsführerin/Gesellschafterin ihren Geschäftsanteil mit Fremdmitteln erworben und dem Geldgeber, ihrem Lebensgefährten, ein unbefristetes Angebot auf Abtretung des Geschäftsanteils gemacht hatte, das dieser nach Zerbrechen der Lebensgemeinschaft annahm. Nach Ansicht des BGH hatte sich der Lebensgefährte mit seinem in dem Unternehmen investierten Geld ganz in die Hände seiner Lebensgefährtin begeben. Grundlage hierfür waren die engen persönlichen Beziehungen und das darauf gegründete Vertrauen in eine die Belange des Geldgebers wahrende Geschäftsführung. Fielen diese Voraussetzungen weg, hatte der Lebensgefährte ein berechtigtes Interesse, die Machtstellung der Lebensgefährtin in der GmbH zu beenden. Die Wirksamkeit des Ausschließungsbeschlusses wird durch die Festsetzung einer zu niedrigen *Abfindung* oder eines zu niedrigen Abfindungsentgelts nicht in Frage gestellt.[101]

(2) Erbrechtliche Gestaltung

Ferner hat der BGH die freie Ausschließung eines Erben binnen kurzer Frist nach seinem Eintritt in die Gesellschaft gebilligt. Dieses

---

98 BGH, Urt. v. 9. 7. 1990 – II ZR 194/89, BGHZ 112, 103 = BB 1990, 1578 = NJW 1990, 2622; Hachenburg/*Ulmer*, § 34, Rn. 43; Michalski/*Sosnitza*, Anh § 34, Rn. 41 i.V. m. § 34 Rn. 40; Baumbach/*Hueck/Fastrich*, § 34, Rn. 8; *Lutter/Hommelhoff*, § 34, Rn. 20.
99 Hachenburg/*Ulmer*, § 34, Rn. 42.
100 BGH, Urt. v. 9. 7. 1990 – II ZR 194/89, BGHZ 112, 103 = BB 1990, 1578 = NJW 1990, 2622; Hachenburg/*Ulmer*, § 34, Rn. 43; Michalski/*Sosnitza*, Anh § 34, Rn. 41 i.V. m. § 34 Rn. 40; Baumbach/*Hueck/Fastrich*, § 34, Rn. 8; *Lutter/Hommelhoff*, § 34, Rn. 20.
101 BGH, Urt. v. 9. 7. 1990 – II ZR 194/89, BGHZ 112, 103 = BB 1990, 1578 = NJW 1990, 2622.

Ausschließungsrecht knüpft an ein festes Tatbestandsmerkmal an. Gegen eine solche Vertragsgestaltung bestehen nicht die gegenüber einer Kündigungsregel nach freiem Ermessen anzumeldenden Bedenken. Der entscheidende Grund hierfür liegt darin, dass sich die ausschlussberechtigten Gesellschafter angesichts des zeitlich beschränkten Ausschließungsrechts zügig darüber Klarheit verschaffen müssen, ob man sich mit dem neuen Gesellschafter abfinden will oder nicht. Dann ist es ausgeschlossen, dass es zu einer willkürlichen und missbräuchlichen Handhabung des Kündigungsrechts und damit zu einer nicht hinzunehmenden Gefährdung der für ein gedeihliches Zusammenwirken erforderlichen freien Willensbildung aller Gesellschafter kommen kann. Eine andere Beurteilung ergibt sich aber hingegen, wenn die Kündigungsklausel ein zeitlich unbefristetes Ausschließungsrecht gegenüber dem Erben gewährt.[102]

(3) Prüfung gedeihlicher Zusammenarbeit

Im Schrifttum wird eine freie Kündigung durch den Altgesellschafter befürwortet, den von ihm in die Gesellschaft aufgenommenen Neugesellschafter mangels fachlicher Eignung wieder auszuschließen.[103] Diese Überlegungen hat der BGH zwischenzeitlich aufgegriffen. Das grundsätzlich nicht anzuerkennende Recht, einen Mitgesellschafter ohne sachlichen Grund aus der Gesellschaft auszuschließen, kann ausnahmsweise als nicht sittenwidrig angesehen werden, wenn ein neuer Gesellschafter in eine seit langer Zeit bestehende Verbindung von Freiberuflern (hier: Gemeinschaftspraxis von Laborärzten) aufgenommen wird und das Ausschließungsrecht allein dazu dient, den *Altgesellschaftern* binnen einer angemessenen Frist die Prüfung zu ermöglichen, ob zu dem neuen Partner das notwendige *Vertrauen* hergestellt werden kann und ob die Gesellschafter auf Dauer in der für die gemeinsame *Berufsausübung* erforderlichen Weise harmonieren können. Eine Prüfungsfrist von zehn Jahren überschreitet den anzuerkennenden Rahmen bei weitem.[104]

---

102 BGH, Urt. v. 19. 9. 1988 – II ZR 329/87, BGHZ 105, 213 = NJW 1989, 834.
103 Hachenburg/*Ulmer,* § 34, Rn. 42; Scholz/*Westermann,* § 34, Rn. 16.
104 BGH, Urt. v. 8. 3. 2004 – II ZR 165/02, BB 2004, 1017 = NJW 2004, 2013.

3. Kap. II. Ausschließung eines Gesellschafters aus wichtigem Grund

(4) Beendigung der für die Beteiligung maßgeblichen Zusamenarbeit

Einzelne, jeweils in einem bestimmten europäischen Land tätige Paketdienstleister gründeten eine GmbH mit Sitz in Deutschland, um durch die damit geschaffene Kooperation europaweit einen einheitlichen Paketdienst anbieten zu können. Zwischen der GmbH und ihren Gesellschaftern bestanden in deren Eigenschaft als nationale Paketdienstleister ordentlich kündbare Kooperationsverträge. In der Satzung war die Befugnis vorgesehen, den Geschäftsanteil eines Gesellschafters bei Beendigung des Kooperationsvertrages zwangsweise einzuziehen. Der BGH hat den auf eine *Kündigung des Kooperationsvertrages* gestützten Ausschluss eines Gesellschafters auch unter dem Blickwinkel eines freien Hinauskündigungsrechts gebilligt. Das Gesellschaftsverhältnis habe sein entscheidendes Gepräge durch den Kooperationsvertrag erfahren. Die Mitgliedschaftsrechte in der GmbH könne nur ein mit ihr durch den Kooperationsvertrag verbundener Gesellschafter sinnvoll wahrnehmen. Darum dürfte der Fortbestand des Gesellschaftsverhältnisses vom Bestand des Kooperationsvertrages abhängig gemacht werden.[105]

c) Satzungsänderung

Nach dem Prinzip der Vertragsfreiheit kann zwar die Möglichkeit der Ausschließung eines Gesellschafters satzungsmäßig vorgesehen werden. Ist der Gesellschaftsvertrag aber ohne eine solche Regelung zustande gekommen, so kann sie nur noch unter den Voraussetzungen und in den Formen der Änderung des Gesellschaftsvertrages nachgeholt werden (§§ 53, 54 GmbHG) und bedarf zudem der Zustimmung *aller Gesellschafter* (§ 53 Abs. 3 GmbHG), weil durch sie die Pflichten der Gesellschafter vermehrt werden.[106] Kann das Einverständnis aller Gesellschafter nicht eingeholt werden, verbleibt es bei der Möglichkeit der Ausschließung aus wichtigem Grund.[107]

---

105 BGH, Urt. v. 14. 3. 2005 – II ZR 153/03.
106 BGH, Urt. v. 1. 4. 1953 – II ZR 235/52, BGHZ 9, 157 = BB 1953, 332 = NJW 1953, 780; BGH, Urt. v. 19. 9. 1977 – II ZR 11/76, BB 1977, 1569 = NJW 1977, 2316; Baumbach/*Hueck/Fastrich*, Anh § 34, Rn. 14.
107 Rowedder/Schmidt-Leithoff/*Bergmann,* § 34, Rn. 64; Roth/*Altmeppen,* § 30, Rn. 68.

5. Durchführung der Ausschließung

a) Fehlende statutarische Regelungen

Die Ausschließung erfolgt auf der Grundlage eines Gesellschafterbeschlusses, der die GmbH zur Erhebung der Ausschließungsklage gegen den betroffenen Gesellschafter ermächtigt. Verwirklicht wird die Ausschließung durch das gerichtliche Ausschließungsurteil.

aa) Gesellschafterbeschluss

(1) Zustandekommen

Der BGH hat für die im Gesetz nicht unmittelbar geregelte Ausschließung eines Gesellschafters ein zweistufiges Verfahren entwickelt, das zunächst einen von einer breiten Mehrheit der abgegebenen Stimmen getragenen Gesellschafterbeschluss voraussetzt. Inhaltlich muss sich der keiner Form bedürftige Gesellschafterbeschluss auf einen bestimmten Gesellschafter beziehen und zum Ausdruck bringen, dass gegen ihn Ausschließungsklage zu erheben ist.[108] Erforderlich ist demnach eine Mehrheit von *drei Viertel*, wie sie § 60 Abs. 1 Nr. 2 GmbHG für die Auflösung der Gesellschaft vorschreibt, wenn der Gesellschaftsvertrag nichts Gegenteiliges bestimmt. Kein Argument gegen das qualifizierte Mehrheitserfordernis lässt sich daraus gewinnen, dass für den Gesellschafterbeschluss über eine Zwangseinziehung (§§ 34, 46 Nr. 4, 47 Abs. 1 GmbHG) bei Fehlen einer gegenteiligen Satzungsbestimmung regelmäßig die einfache Mehrheit der abgegebenen Stimmen genügt. Denn die Zulässigkeit der Zwangseinziehung hängt davon ab, dass sich die Gesellschafter einer entsprechenden statutarischen Regelung unterworfen haben, woran es bei der statutarisch nicht vorgesehenen Ausschließung eines Gesellschafters gerade fehlt.[109] Der betroffene Gesellschafter hat bei dem Beschluss kein *Stimmrecht*, weil niemand Richter in eigener Sache sein darf.[110]

---

[108] Michalski/*Sosnitza*, Anh § 34, Rn. 23.
[109] BGH, Urt. v. 13. 1. 2003 – II ZR 227/00, BB 2003, 490 = NZG 2003, 286, BGH, Urt. v. 1. 4. 1953 – II ZR 237/52, BGHZ 9, 153 = BB 1953, 332 = NJW 1953, 780; Michalski/*Sosnitza*, Anh § 34, Rn. 25; Hachenburg/*Ulmer*, Anh § 34, Rn. 24; Roth/*Altmeppen*, § 60 Rn., 86; Lutter/*Hommelhoff*, § 34, Rn. 36; aA. Scholz/*Winter*, § 15, Rn. 140; Baumbach/*Hueck*/Fastrich, Anh § 34, Rn. 9.
[110] BGH, Urt. v. 1. 4. 1953 – II ZR 235/52, BGHZ 9, 157 = BB 1953, 332 = NJW 1953, 780.

II. Ausschließung eines Gesellschafters aus wichtigem Grund

Bei der Abstimmung über die Erhebung der Ausschließungsklage genügt ein *Näheverhältnis* zwischen dem auszuschließenden – selbst nicht stimmberechtigten – Gesellschafter und den für seinen Verbleib stimmenden Gesellschaftern, den Ausschluss des Stimmrechts auf die letztgenannten Gesellschafter auszudehnen. Dies gilt jedenfalls dann, wenn dem auszuschließenden Gesellschafter die Rechtsmacht fehlt, auf das Abstimmungsverhalten der auf seiner Seite stehenden Gesellschafter Einfluss zu nehmen.[111] Die den Ausschluss betreibenden Gesellschafter müssen nicht über eine Mindestkapitalbeteiligung verfügen. Deshalb kann auch ein Mehrheitsgesellschafter, dem die Mehrheitsbeteiligung keinen Freibrief für gesellschaftswidriges Verhalten einräumt, ausgeschlossen werden.[112] Fehlt es an dem erforderlichen Beschluss, ist eine Ausschließungsklage als unbegründet abzuweisen.[113] Handelt es sich um eine *Zweipersonengesellschaft*, ist eine Beschlussfassung entbehrlich.[114]

(2) Anfechtbarkeit

Einer Anfechtungsklage gegen einen Gesellschafterbeschluss fehlt nicht deshalb das *Rechtsschutzinteresse*, weil in dem angefochtenen Gesellschafterbeschluss nur über die Erhebung der Ausschließungsklage gegen einen Gesellschafter entschieden worden und über seine Ausschließung aus wichtigem Grund erst in dem gerichtlichen Ausschließungsverfahren durch rechtsgestaltendes Urteil unter umfassender Würdigung aller Umstände zu entscheiden ist. Ein Gesellschafterbeschluss ist notwendige materielle Voraussetzung für die Erhebung der Ausschließungsklage. Seine Anfechtbarkeit wegen eines *formellen Mangels* kann nur durch Anfechtungsklage geltend gemacht werden. Lediglich das Fehlen eines wichtigen Grundes für die Ausschließung kann im Anfechtungsprozess nicht geltend gemacht werden, weil darüber allein im Rechtsstreit über die Ausschließungsklage zu

---

111 BGH, Urt. v. 13. 1. 2003 – II ZR 227/00, BB 2003, 490 = NZG 2003, 286.
112 BGH, Urt. v. 1. 4. 1953 – II ZR 235/52, BGHZ 9, 157 = BB 1953, 332 = NJW 1953, 780.
113 Baumbach/*Hueck/Fastrich,* Anh § 34, Rn. 9; Hachenburg/*Ulmer,* Anh § 34, Rn. 26.
114 BGH, Urt. v. 20. 9. 1999 – II ZR 345/97, BB 1999, 2262 = NJW 1999, 3779; Hachenburg/*Ulmer,* Anh § 34, Rn. 26; Baumbach/*Hueck/Fastrich,* Anh § 34, Rn. 9; *Lutter/Hommelhoff,* § 34, Rn. 36.

5. Durchführung der Ausschließung 3. Kap.

entscheiden ist, während umgekehrt formelle Mängel des für sie erforderlichen Gesellschafterbeschlusses, die dessen Anfechtbarkeit entsprechend § 243 Abs. 1 AktG begründen, hier keine Rolle spielen, wenn der Beschluss nicht erfolgreich angefochten und damit der Ausschließungsklage die Grundlage entzogen wird.[115] Ist das Beschlussergebnis über die Erhebung der Ausschließungsklage von dem Versammlungsleiter im Sinne der Annahme festgestellt worden, so kommt eine allgemeine Feststellungsklage nach § 256 ZPO neben oder anstelle einer Anfechtungsklage mit dem Ziel der Feststellung, dass der Antrag abgelehnt worden sei, nicht in Betracht. Auch eine Verbindung der Anfechtungsklage mit einer sog. „positiven Beschlussfeststellungsklage" scheidet aus, weil sich diese nur gegen die Ablehnung eines Beschlussantrags durch Gesellschafterbeschluss richten kann, während hier umgekehrt ein positiver Gesellschafterbeschluss angefochten wird. Ist dieser auf die Anfechtungsklage für nichtig zu erklären, so steht damit zugleich fest, dass der in der Gesellschafterversammlung gestellte Antrag keinen Erfolg hatte.[116]

bb) Ausschließungsklage

An den Gesellschafterbeschluss schließt sich als zweite Stufe die Ausschließungsklage an. Im Interesse der Rechtssicherheit ist die Ausschließung eines Gesellschafters im Klageweg durchzusetzen. Die Ausschließung eines Gesellschafters aus der OHG erfordert eine Klage (§ 140 HGB). Das *Ausschließungsurteil* hat *rechtsgestaltende Wirkung*. Der Sinn der Regelung ist, für den Ausschluss als eine besonders einschneidende Maßnahme von vornherein klare Verhältnisse zu schaffen. Wird die Ausschließung durch Urteil vorgenommen, so wird der sich beim Ausschließungsbeschluss ergebende Zustand der Unsicherheit und Ungewissheit vermieden. Diese Überlegung lässt die rechtsgestaltende Klage auch für die Ausschließung aus der GmbH als das geeignete Mittel erscheinen. Die Klage ist dagegen nicht, wie im Falle des § 140 HGB, von den übrigen Mitgliedern, sondern von der GmbH gegen den auszuschließenden Gesellschafter zu erheben. Hierzu führt, dass die GmbH juristische Person ist und es bei

---
[115] BGH, Urt. v. 13. 1. 2003 – II ZR 227/00, BB 2003, 490 = NZG 2003, 286; BGH, Urt. v. 13. 1. 2003 – II ZR 173/02, BB 2003, 493 = NJW-RR 2003, 470.
[116] BGH, Urt. v. 13. 1. 2003 – II ZR 173/02, BB 2003, 493 = NJW-RR 2003, 470.

II. Ausschließung eines Gesellschafters aus wichtigem Grund

der Ausschließung vornehmlich darum geht, die Rechtsbeziehungen des Betroffenen zur GmbH und nicht so sehr der Gesellschafter untereinander zu lösen. Auch bei dem Ausschluss säumiger Gesellschafter (§ 21 GmbHG) und bei der Durchführung der Einziehung (§ 34 GmbHG) tritt die GmbH als *Kläger* auf.[117] Im Rechtsstreit wird die GmbH durch ihren Geschäftsführer vertreten.[118] Ob der Rechtsstreit auch bei Ausschluss eines Gesellschafters in einer *Zweipersonengesellschaft* von der GmbH zu führen ist, hat der BGH bisher offen gelassen.[119] Richtigerweise kann hier die Klage von der GmbH, aber auch dem *Gesellschafter* erhoben werden. Da die Ausschließungsklage regelmäßig mit einer Ausschließungswiderklage beantwortet wird, können beide Gesellschafter ihre Ausschlussbegehren in einem Rechtsstreit austragen.[120]

cc) Ausschließungsurteil

Die Ausschließung erfolgt durch rechtsgestaltendes Urteil, wobei der Urteilsausspruch an die *Bedingung* geknüpft ist, dass der betroffene Gesellschafter von der GmbH oder durch sie binnen einer für den Einzelfall angemessenen Frist den im Urteil zu bestimmenden Gegenwert für seinen Geschäftsanteil erhält. Im Urteil ist die für den Geschäftsanteil des Auszuschließenden zu zahlende *Vergütung* einschließlich einer Zahlungsfrist festzusetzen. Bei der Wertbemessung ist auf den Zeitpunkt der Klageerhebung abzustellen. Der Zahlungsbetrag ist *nicht vollstreckbar*. Dass die rechtsgestaltende Wirkung des Urteils nicht mit der Rechtskraft, sondern bei Ausfall der Bedingung gar nicht und bei Eintritt der Bedingung erst hiermit eintreten soll, ist zwar ungewöhnlich. Eine solche Regelung ist aber auch nicht ausgeschlossen. Der Erlass eines bedingten Ausschließungsurteils schafft für die Zeit nach Eintritt der Rechtskraft Klarheit für das Vorliegen eines wichtigen Grundes. Hiermit ist eine feste Grundlage für die

---

[117] BGH, Urt. v. 1. 4. 1953 – II ZR 235/52, BGHZ 9, 157 = BB 1953, 332 = NJW 1953, 780; Roth/*Altmeppen,* § 60, Rn. 84; Lutter/*Hommelhoff,* § 34, Rn. 37.
[118] Lutter/*Hommelhoff,* § 34, Rn. 37; Roth/*Altmeppen,* § 60, Rn. 84.
[119] BGH, Urt. v. 1. 4. 1953 – II ZR 235/52, BGHZ 9, 157 = BB 1953, 332 = NJW 1953, 780.
[120] *Lutter/Hommelhoff,* § 34, Rn. 37; Baumbach/*Hueck/Fastrich,* Anh § 34, Rn. 8; Michalski/*Sosnitza,* Anh § 34, Rn. 28.

Durchführung des Ausschlusses, insbesondere für Verhandlungen mit Dritten vorhanden.[121]

dd) Zahlung der Abfindung aus ungebundenem Vermögen

Bei dem durch Zahlung des vollen Entgelts bedingten Ausschlussurteil fällt der Geschäftsanteil des Betroffenen mit der Zahlung an die Gesellschaft. Wie die Gesellschaft den Geschäftsanteil verwertet, geht den verurteilten Gesellschafter nur insoweit etwas an, als durch die Zahlung § 19 Abs. 2 GmbHG verletzt oder der Auszuschließende einem Rückforderungsanspruch aus § 31 Abs. 1 GmbHG ausgesetzt wird. Dann erfüllt die Zahlung nicht die im Urteil gestellte Bedingung. Das kann durch Feststellungsklage geklärt werden. In diesem Fall ist eine zweite Klage unvermeidlich. Aber davon kann der fragliche Gesellschafter nicht freigestellt werden, weil Zahlungen der Gesellschaft an ihre Gesellschafter immer unter der gesetzlichen Bedingung stehen, dass damit § 19 Abs. 2, § 30 Abs. 1 GmbHG nicht verletzt werden.[122]

ee) Rechtsstellung des Gesellschafters bis zur Zahlung der Abfindung

Bis zur Zahlung des Abfindungsentgelts ist der Gesellschafter nicht an einer wirksamen Verfügung über seinen Geschäftsanteil gehindert.[123] Bis zum Bedingungseintritt bleibt der Auszuschließende Gesellschafter. Der Gesellschafter darf Maßnahmen, die der Durchführung seines Ausschlusses dienen, nicht vereiteln.[124] Der weitergehenden Schlussfolgerung, dass die *nicht vermögensrechtlichen Rechte und Pflichten* und folglich auch das Stimmrecht suspendiert sind,[125] kann jedoch nicht gefolgt werden. Ein Ruhen des Stimmrechts

---

121 BGH, Urt. v. 1. 4. 1953 – II ZR 235/52, BGHZ 9, 157 = BB 1953, 332 = NJW 1953, 780; Scholz/*Winter* § 15, Rn. 142a; *Lutter/Hommelhoff*, § 34, Rn. 38; a.A. Hachenburg/*Ulmer*, Anh § 34, Rn. 35; in diese Richtung auch *Goette*, § 6, Rn. 45.
122 BGH, Urt. v. 1. 4. 1953 – II ZR 235/52, BGHZ 9, 157 = BB 1953, 332 = NJW 1953, 780; Michalski/*Sosnitza*, Anh § 34, Rn. 20.
123 BGH, Urt. v. 1. 4. 1953 – II ZR 235/52, BGHZ 9, 157 = BB 1953, 332 = NJW 1953, 780; Michalski/*Sosnitza*, Anh § 34, Rn. 38.
124 BGH, Urt. v. 1. 4. 1953 – II ZR 235/52, BGHZ 9, 157 = BB 1953, 332 = NJW 1953, 780.
125 Scholz/*Winter*, § 15, Rn. 148; Baumbach/*Hueck/Fastrich*, An § 34, Rn. 13; Michalski/*Sosnitza*, Anh § 34, Rn. 38.

kann nur durch die Satzung angeordnet werden. Allerdings missbraucht der Gesellschafter sein Stimmrecht, wenn er ohne triftigen Grund einer von den anderen Gesellschaftern vorgeschlagenen Maßnahme widerspricht, die seine Vermögensinteressen weder unmittelbar noch mittelbar beeinträchtigen kann.[126] Der Gesellschafter hat Anspruch auf *Gewinnbeteiligung*.[127]

b) Statutarische Regelung

Die Satzung kann nicht nur bestimmte Ausschlussgründe schaffen, sondern auch das Ausschließungsverfahren regeln. Es kann insbesondere vorgesehen werden, dass anstelle der Gestaltungsklage der Ausschluss bereits durch einen *rechtsgestaltenden Gesellschafterbeschluss* vollzogen wird.[128] In diesem Fall ist eine Ausschließungsklage mangels eines Rechtsschutzinteresses unzulässig, es sei denn, es bestehen Zweifel an der Wirksamkeit der Klausel.[129] Die Wirksamkeit von Ausschließung und Einziehung erfolgen unter der aufschiebenden Bedingung der Zahlung des Abfindungsentgelts. Die Satzung kann eine hiervon abweichende Regelung sowohl für den Ausschluss und Austritt eines Gesellschafters wie auch die Einziehung des Geschäftsanteils treffen. Weitergehend kann die Satzung anordnen, dass der Ausschluss bereits im *Zeitpunkt der Beschlussfassung* und nicht erst mit Zahlung des Abfindungsentgelts wirksam wird. Der Zeitpunkt der Ausschließung braucht nicht von der Abfindungszahlung abhängig gemacht zu werden.[130] Dies wird etwa durch eine Klausel zum Ausdruck gebracht, dass der Gesellschafter mit seiner Kündigung austritt und binnen eines Jahres nach der Kündigung auszuzahlen ist. Sieht die Sat-

---

[126] BGH, Urt. v. 26. 10. 1983 – II ZR 87/83, BGHZ 88, 320 = BB 1984, 88 = NJW 1984, 489; *Lutter/Hommelhoff,* § 34, Rn. 38; *Rowedder*/Schmidt-Leithoff/*Bergmann,* § 34, Rn. 97.

[127] Scholz/*Winter,* § 15, Rn. 148; a.A. Baumbach/*Hueck/Fastrich,* Anh § 34, Rn. 13.

[128] BGH, Urt. v. 25. 1. 1960 – II ZR 22/59, BGHZ 32, 17 = BB 1960, 304 = NJW 1960, 866; BGH, Urt. v. 19. 9. 1977 – II ZR 11/76, BB 1977, 1569 = NJW 1977, 2316; Michalski/*Sosnitza,* Anh § 34, Rn. 42; Baumbach/*Hueck/Fastrich,* Anh § 34, Rn. 14.

[129] Michalski/*Sosnitza,* Anh § 34, Rn. 42; Baumbach/*Hueck/Fastrich,* Anh § 34, Rn. 14.

[130] BGH, Urt. v. 20. 6. 1983 – II ZR 237/82, BB 1983, 1628 = NJW 1983, 2880; *Goette,* § 6, Rn. 52 ff.; Michalski/*Sosnitza,* Anh § 34, Rn. 42; *Rowedder*/Schmidt-Leithoff/*Bergmann,* § 34, Rn. 84; Scholz/*Winter,* § 15, Rn. 152.

zung zusätzlich vor, dass der Geschäftsanteil des ausgeschiedenen Gesellschafters den anderen Gesellschaftern im Verhältnis ihrer Geschäftsanteile „anwächst", so wird damit zum Ausdruck gebracht, dass er den anderen Gesellschaftern dinglich anfallen soll. Dies ist im Wege einer durch den Austritt eines Gesellschafters aufschiebend bedingten Teilung (§ 17 Abs. 3 GmbHG) und Abtretung des Geschäftsanteils (§ 15 Abs. 3 GmbHG) ohne weiteres möglich. Damit wird klargestellt, dass der Gesellschafter schon vor Zahlung der Abfindung aus der Gesellschaft ausscheiden soll.[131] Durch solche Klauseln wird der Gesellschafter nicht rechtlos gestellt. Vielmehr kann er gegen den Ausschließungsbeschluss mit der Anfechtungsklage vorgehen.[132]

6. Abfindung

a) Verkehrswert

Nach der Rechtsprechung ist die Abfindung eines ausscheidenden Gesellschafters nach dem *vollen wirtschaftlichen Wert* seines Anteils zu bemessen. Im Zweifel ist der Anteilswert auf der Grundlage des wirklichen Wertes des lebenden Unternehmens einschließlich der stillen Reserven und des goodwill zu errechnen. Dieser ergibt sich im Allgemeinen aus dem Preis, der bei einer Veräußerung des Unternehmens als Einheit zu erzielen wäre. Da es keinen Markt für GmbH-Beteiligungen gibt, ist regelmäßig mithilfe eines Sachverständigengutachtens eine Unternehmensbewertung vorzunehmen. Dabei wird heute überwiegend anstelle der Substanzwertmethode von der *Ertragswertmethode* ausgegangen.[133] Knüpft ein über einen GmbH-Geschäftsanteil geschlossener *Unterbeteiligungsvertrag* die Abfindung an die in dem GmbH-Vertrag getroffenen Regelungen, so ist nach Maßgabe des GmbH-Vertrages ein eventueller Abschichtungsminderwert auch im Rahmen der Abfindung des Unterbeteiligten zu berücksichtigen.[134]

---

[131] BGH, Urt. v. 30. 6. 2003 – II ZR 326/01, BB 2003, 1749 = NJW-RR 2003, 1265.
[132] *Goette,* § 6, Rn. 39; Michalski/*Sosnitza,* Anh § 34, Rn. 42.
[133] BGH, Urt. v. 16. 12. 1991 – II ZR 58/91, BGHZ 116, 359 = BB 192, 448 = NJW 1992, 892; Michalski/*Sosnitza,* § 34, Rn. 43; Hachenburg/*Ulmer,* § 34, Rn. 73; Scholz/*Westermann,* § 34, Rn. 22.
[134] BGH, Urt. v. 4. 11. 2002 – II ZR 287/01, BGH, Report 2003, 284.

b) Unwirksame Abfindungsbeschränkungen

Die Satzung einer GmbH enthält häufig Abfindungsbeschränkungen. Verbreitung finden *Buchwertklauseln*, Nennwertklauseln, die Abfindung nach dem *Vermögensteuerwert*, dem gemeinen Wert oder dem Jahresabschluss sowie Teilzahlungsregelungen. Die Zulässigkeit solcher Abfindungsbeschränkungen ist im Grundsatz anzuerkennen, weil bei Abschluss des Gesellschaftsvertrags der Abfindungsanspruch des Gesellschafters tatsächlich lediglich den Buchwerten entspricht.[135] Eine statutarische Abfindungsbeschränkung ist nichtig, wenn sie schon bei ihrer *Einführung* gegen § 138 BGB verstößt.[136] Unwirksam ist eine Klausel, die die Abfindung auf den *halben Buchwert* beschränkt oder eine Auszahlung in *fünfzehn gleichen Jahresraten* vorsieht.[137] Ein völliger Abfindungsausschluss ist grundsätzlich unwirksam. Er kann ausnahmsweise bei Gesellschaften mit ideeller Zwecksetzung[138] oder einer Gesellschafternachfolge[139] zu billigen sein. Ungültig sind Abfindungsbeschränkungen, die nicht zulasten des Gesellschafters, sondern nur seiner auf den Geschäftsanteil zugreifenden Gläubiger wirken.[140] Ist eine Abfindungsklausel von Anfang an unwirksam, ist der Gesellschafter nach dem vollen Verkehrswert abzufinden.[141] Freilich ist zu berücksichtigen, dass eine von Anfang an unwirksame Abfindungsklausel nach Ablauf von drei Jahren seit Eintragung in das Handelsregister wegen der *Heilungswirkung* des § 242 Abs. 2 AktG – im Verhältnis der Gesellschafter und nicht zum Nachteil außenstehender zu einer Anfechtung nicht berechtigter Dritter – als gültig zu behandeln ist.[142]

---

135 Scholz/*Westermann,* § 34, Rn. 26, 28.
136 Michalski/*Sosnitza,* § 34, Rn. 56.
137 BGH, Urt. v. 9. 1. 1989 – II ZR 83/88, NJW 1989, 2685.
138 BGH, Urt. v. 2. 6. 1997 – II ZR 81/96, BGHZ 135, 387 = BB 1997, 2391 = NJW 1997, 2592.
139 BGH, Urt. 22. 11. 1956 – II ZR 222/55, BGHZ 22, 186 = NJW 1957, 180.
140 BGH, Urt. v. 19. 6. 2000 – II ZR 73/99, BGHZ 144, 365 = BB 2000, 1590 = NJW 2000, 2819; BGH, Beschl. v. 12. 6. 1975 – II ZB 12/73, BGHZ 65, 22 = BB 1975, 1177 = NJW 1975, 1835.
141 BGH, Urt. v. 16. 12. 1991 – II ZR 58/91, BGHZ 116, 359 = BB 1992, 448 = NJW 1992, 892; *Lutter/Hommelhoff,* § 34, Rn. 55.
142 BGH, Urt. v. 19. 6. 2000 – II ZR 73/99, BGHZ 144, 365 = BB 2000, 1590 = NJW 2000, 2819; BGH, Urt. v. 16. 12. 1991 – II ZR 58/91, BGHZ 116, 359 = BB 1992, 448 = NJW 1992, 892; Baumbach/*Hueck/Fastrich,* § 34, Rn. 27; Hachenburg/*Ul-*

c) Nachträgliche (schleichende) Unwirksamkeit einer Abfindungsbeschränkung

Die Regelung in einer GmbH-Satzung, welche für die Fälle der Kündigung eines Gesellschafters und der Pfändung seines Geschäftsanteils eine Abfindung nach Buchwerten vorsieht, ist mangels gegenteiliger Anhaltspunkte auch auf den (statutarisch nicht geregelten) Fall einer Ausschließung aus wichtigem Grund durch Gestaltungsurteil anzuwenden. Ferner ist zu prüfen, ob im Lauf der Zeit ein grobes Missverhältnis zwischen Buch- und Verkehrswert entstanden ist und deshalb dem ausscheidenden Gesellschafter ein unverändertes Festhalten an der – *grundsätzlich zulässigen* – Buchwertklausel nach den Maßstäben von Treu und Glauben nicht mehr zugemutet werden kann. Dabei ist nicht allein auf die Differenz zwischen Buch- und Verkehrswert, sondern auf alle Umstände des Einzelfalles abzustellen, etwa auf den Anteil des ausscheidenden Gründungsgesellschafters am Aufbau des Unternehmens, aber auch auf den von ihm zu vertretenden Anlass seines Ausschlusses.[143] Ein im Laufe der Zeit eintretendes, außergewöhnlich weitgehendes Auseinanderfallen von vereinbartem Abfindungs- und tatsächlichem Anteilswert kann dazu führen, dass dem Gesellschafter die vertragliche Abfindungsbeschränkung nicht mehr zumutbar ist. Ein nachträgliches Missverhältnis dürfte anzunehmen sein, wenn die Abfindungsbeschränkung mehr als *ein Drittel des Verkehrswerts* ausmacht. Eine ursprünglich wirksame, nicht nach § 138 BGB zu beanstandende Abfindungsklausel wird nicht dadurch nichtig, dass sich – insbesondere bei wirtschaftlich erfolgreichen Unternehmen – Abfindungsanspruch und tatsächlicher Anteilswert immer mehr voneinander entfernen. Die vertragliche Regelung bleibt vielmehr als solche wirksam. Die Frage ist nur, welchen Inhalt sie unter Berücksichtigung der Grundsätze von Treu und Glauben hat und ob sie im Blick auf die geänderten Verhältnisse zu ergänzen ist. Der Inhalt der Abfindungsregelung ist durch ergänzende Vertragsauslegung nach den Grundsätzen von Treu und Glauben unter angemessener Abwägung der Interessen der Gesellschaft und des ausscheidenden Gesellschafters und unter Berücksichtigung aller Umstände des

---

mer, § 34, Rn. 103, 101; *Lutter/Hommelhoff,* § 34, Rn. 55; Roth/*Altmeppen,* § 34, Rn. 54.
143 BGH, Urt. v. 17. 12. 2001 – II ZR 348/99, BB 2002, 216.

konkreten Falles entsprechend den geänderten Verhältnissen neu zu ermitteln.[144] Der BGH hat seine frühere Auffassung, wonach ein erhebliches Missverhältnis zwischen einer Buchwertklausel und dem wirklichen Anteilswert eine Abfindungsbeschränkung unwirksam macht, aufgegeben. Dies bedeutet im Ergebnis keine Änderung, weil auch nach der früheren Konzeption die Lücke im Vertragsgefüge durch ergänzende Vertragsauslegung zu füllen war. Im Rahmen der *ergänzenden Vertragsauslegung* ist nicht nur das Missverhältnis zwischen Abfindungsbetrag und tatsächlichem Anteilswert, sondern auch die Dauer der Mitgliedschaft des Gesellschafters und sein Anteil am Erfolg des Unternehmens und der Anlass seines Ausscheidens von Bedeutung. Im Zweifel sollte ein *mittlerer Betrag* zwischen Verkehrswert und Buchwert zugesprochen werden.[145]

d) Beweislast

Beweispflichtig für Grund und Höhe eines Anspruchs unter Einschluss eines Abfindungsanspruchs und der dafür maßgeblichen Parameter ist nach allgemeinen Grundsätzen der Anspruchsteller, also der eine Abfindung begehrende *Gesellschafter*. Allerdings ist die Gesellschaft in einem Rechtsstreit für ihre inneren Verhältnisse darlegungspflichtig, soweit der geltend gemachte Anspruch hiervon abhängt und der Anspruchsteller darin keinen Einblick (mehr) hat.[146]

III. Austritt eines Gesellschafters

Dem Gesellschafter wird das Recht zugebilligt, bei Vorliegen eines *wichtigen Grundes* aus der Gesellschaft auszutreten. Dieses Recht gehört als Grundprinzip der Verbandsrechts zu den zwingenden unverzichtbaren Mitgliedschaftsrechten. Es kann geltend gemacht werden, wenn Umstände vorliegen, die dem austrittswilligen Gesellschafter

---

144 BGH, Urt. v. 20. 9. 1993 – II ZR 104/92, BGHZ 123, 281 = BB 1993, 2265 = NJW 1993, 3193; BGH, Urt. v. 24. 5. 1993 – II ZR 36/92, NJW 1993, 2101.
145 BGH, Urt. v. 20. 9. 1993 – II ZR 104/92, BGHZ 123, 281 = BB 1993, 2265 = NJW 1993, 3193; BGH, Urt. v. 24. 5. 1993 – II ZR 36/92, NJW 1993, 2101.
146 BGH, Urt. v. 17. 12. 2001 – II ZR 348/99, BB 2002, 216.

den Verbleib in der Gesellschaft unzumutbar machen.[147] Der Sache nach handelt es sich bei dem Austritt um eine *Kündigung*.[148] Der Austritt vollzieht sich in zwei Akten, nämlich der formlosen Erklärung des Gesellschafters und der Durchführung des Austritts, indem die GmbH Zug um Zug gegen Zahlung der Abfindung nach ihrer Wahl den Anteil einzieht oder sich oder einem Dritten abtreten lässt. Die Abfindung darf nur aus ungebundenem Vermögen gezahlt werden, der Austritt nur nach Volleinzahlung des Geschäftsanteils verlangt werden.[149]

---

147 BGH, Urt. v. 16. 12. 1881 – II ZR 58/91, BGHZ 116, 359 = BB 1992, 448 = NJW 1992, 892; *Lutter/Hommelhoff,* § 34, Rn. 43; Roth/*Altmeppen,* § 60, Rn. 100; Hachenburg/*Ulmer,* Anh § 34, Rn. 44.
148 *Goette,* § 6 Rn. 56.
149 *Lutter/Hommelhoff,* § 34, Rn. 47.

4. Kapitel
Die Gesellschafterversammlung

Das GmbH-Recht sieht nur zwei Organe der GmbH vor. Den oder die *Geschäftsführer* (§§ 6, 35 ff. GmbHG), die nach außen für die GmbH auftreten, und die *Gesellschafterversammlung* (§§ 45 ff. GmbHG), wo sich die Willensbildung der Gesellschaft verwirklicht. Von wenigen den Geschäftsführern als solchen im öffentlichen Interesse zugewiesenen Kompetenzen abgesehen (§§ 30, 33, 64 GmbHG) sind in der GmbH die Gesellschafter das *zentrale Entscheidungsorgan*. Sie fassen in der Gesellschafterversammlung die für die Geschicke der Gesellschaft wesentlichen Entscheidungen, sie setzen sie durch Weisungen an die Geschäftsführer (§ 37 GmbHG) um und nehmen ein umfassendes Prüfungs- und Überwachungsrecht der Geschäftsführung wahr (§ 46 Nr. 6 GmbHG). Der Aufsichtsrat (§ 52 GmbHG) ist nach der Konzeption des GmbH-Rechts lediglich ein fakultatives Organ. Bei den in § 45 Abs. 1 GmbHG genannten Rechten ist zwischen den Befugnissen, die den Gesellschaftern einzeln zustehen, und den Zuständigkeiten zu unterscheiden, die den Gesellschaftern in ihrer Gesamtheit zukommen. Die Gesellschafter nehmen ihre gemeinsamen Zuständigkeiten durch *Beschluss* der Gesellschafterversammlung (§ 48 Abs. 1 GmbHG) oder im schriftlichen Umlaufverfahren wahr (§ 48 Abs. 2 GmbHG). Die Gesellschafterversammlung ist folglich das oberste Willensbildungsorgan der GmbH.[1] Die *Befugnisse* der Gesellschafterversammlung ergeben sich vorrangig aus dem zwingenden Recht, in zweiter Linie aus dem Inhalt der Satzung sowie schließlich dem dispositiven Gesetzesrecht.[2]

---

[1] Hachenburg/*Hüffer*, § 45, Rn. 6; *Goette*, § 7, Rn. 1; Baumbach/Hueck/*Zöllner*, § 45, Rn. 3; a.A. Scholz/*K. Schmidt*, § 45, Rn. 5; *Roth*/Altmeppen, § 45, Rn. 2; Michalski/*Römermann*, § 45, Rn. 2, die – ohne praktischen Unterschied – der Gesamtheit der Gesellschafter die Organstellung einräumen.
[2] *Roth*/Altmeppen, § 45, Rn. 2.

I. Kompetenzen der Gesellschafterversammlung

1. Zwingende Zuständigkeiten

Zwingend ist die Zuständigkeit der Gesellschafterversammlung für *Satzungsänderungen* (§ 53 GmbHG), die Einforderung von Nachschüssen (§ 26 GmbHG), die Genehmigung der Abtretung von Geschäftsanteilen (§ 15 Abs. 5 GmbHG), die *Bestellung und Abberufung von Geschäftsführern* (§ 46 Nr. 5), die Wahl der Abschlussprüfer (§ 318 HGB), die Ernennung von nicht der Geschäftsführung angehörender Liquidatoren (§ 66 Abs. 1 GmbHG) sowie deren Abberufung (§ 66 Abs. 3 GmbHG), die Verweigerung von Informationen an Gesellschafter (§ 51a GmbHG) sowie den Ausschluss von Gesellschaftern (§ 34 GmbHG). Ebenso besteht eine unentziehbare Zuständigkeit der Gesellschafterversammlung für *Grundlagenbeschlüsse* über die Auflösung (§ 60 Abs. 1 Nr. 2 GmbHG), die Umwandlung (§ 193 Abs. 1 UmwG), die Verschmelzung (§ 13 Abs. 1 UmwG) oder die Spaltung (§§ 123, 13 UmwG) der Gesellschaft.

2. Statutarische Regelungen

Die *Satzung* – nicht etwa eine bloße Geschäftsordnung[3] – kann die Zuständigkeiten der Gesellschafterversammlung einschränken oder erweitern. Eine Ausdehnung der Befugnisse findet sich vor allem im Bereich der *Geschäftsführung*. Aufgrund der Weisungsunterworfenheit der Geschäftsführer können die Gesellschafter in jedem Einzelfall Einfluss auf die Geschäftsführung nehmen (§ 37 Abs. 1 GmbHG). Vorbeugend kann die Satzung einen umfassenden *Zustimmungsvorbehalt* zu Gunsten der Gesellschafterversammlung vorsehen.[4] Freilich können die Gesellschafter den Geschäftsführer nicht zum leitenden Angestellten degradieren. Die Ausführung der Maßnahmen der Gesellschafterversammlung erfolgt durch den Geschäftsführer als Vertretungsorgan der GmbH.[5] Durch eine Kompetenzzuweisung an andere Organe kann die Zuständigkeit der Gesellschafterversammlung eingeengt werden. Eine unüberwindbare Schranke

---

3 *Lutter/Hommelhoff* § 45, Rn. 3; Scholz/*K. Schmidt,* § 45, Rn. 8.
4 Rowedder/Schmidt-Leithoff/*Koppensteiner,* § 45, Rn. 6; Michalski/*Römermann,* § 45, Rn. 37; *Roth*/Altmeppen, § 45, Rn. 10.
5 Rowedder/Schmidt-Leithoff/*Koppensteiner,* § 45, Rn. 6; *Lutter/Hommelhoff,* § 45, Rn. 4.

2. Statutarische Regelungen 4. Kap.

finden Satzungsregeln, durch die die Stellung der Gesellschafterversammlung als oberstes Gesellschaftsorgan *in ihrem Kern auf Dauer in Frage gestellt* bzw. *bis zur Bedeutungslosigkeit ausgehöhlt* wird.[6] Trotz seiner kaum vermeidbaren Unschärfe[7] geben die Begriffe immerhin eine taugliche Leitlinie. Zuständigkeiten können kraft Satzung auf einen *Gesellschafterausschuss, Beirat* oder *Aufsichtsrat* (§ 52 GmbHG) verlagert werden.[8] Der gesamte Katalog des § 46 GmbHG kann auf andere Organe übertragen werden.[9] Ist das neu geschaffene Organ freilich handlungsunfähig, fällt die Kompetenz an die Gesellschafterversammlung zurück.[10] Stets ist aber die Überordnung der Gesellschafterversammlung zu beachten, die durch einen satzungsändernden Beschluss alle Angelegenheiten von einem Beirat wieder an sich ziehen kann.[11] Die Gesellschafterversammlung kann nicht auf die einem Aufsichtsrat oder einem anderen Organ untergeordnete Rolle verwiesen werden. Denn überall dort, wo das Gesetz der Gesellschafterversammlung als dem obersten Unternehmensorgan die Entscheidungsmacht vorbehält, ist sie eigenständig und nicht von den Entschließungen eines anderen Organs abhängig.[12] *Satzungsauslegende* Beschlüsse fallen grundsätzlich in die Kompetenz der Gesellschafterversammlung. Ebenso wie über die Zustimmung zu einer bestimmten Maßnahme der Gesellschaft müssen die Gesellschafter über die Vorfrage ihrer Zustimmungsbedürftigkeit durch Beschluss entscheiden können. Auf die Mehrheitserfordernisse für die Zustimmung als solche kommt es dabei nicht an. Die gerichtliche Nachprüfung eines solchen Beschlusses im Wege der dafür statthaften Klagen bleibt davon unberührt.[13]

---

6 *Lutter/Hommelhoff,* § 45, Rn. 6; Scholz/*K. Schmidt,* § 45, Rn. 10.
7 Kritisch Rowedder/Schmidt-Leithoff/*Koppensteiner,* § 45, Rn. 14.
8 *Lutter/Hommelhoff,* § 45, Rn. 5; *Roth*/Altmeppen, § 45, Rn. 3.
9 *Roth*/Altmeppen, § 45, Rn. 3.
10 Scholz/*K. Schmidt,* § 45, Rn. 11; Michalski/*Römermann,* § 45, Rn. 44.
11 Scholz/*K. Schmidt,* § 46, Rn. 5; Michalski/*Römermann,* § 45, Rn. 57; Rowedder/Schmidt-Leithoff/*Koppensteiner,* § 45, Rn. 12.
12 BGH, Urt. v. 14. 11. 1983 – II ZR 33/83, BGHZ 89, 48 = BB 1984, 9 = NJW 1984, 733.
13 BGH, Urt. v. 25. 11. 2002 – II ZR 69/01, BB 2003, 171 = NZG 2003, 127.

4. Kap. I. Kompetenzen der Gesellschafterversammlung

3. Zuständigkeitskatalog des § 46 GmbHG

Wegen des Grundsatzes der *Allzuständigkeit* der Gesellschafterversammlung ist der Katalog des § 46 GmbHG nicht erschöpfend. Der Gesellschafterversammlung können durch die Satzung weitere Zuständigkeiten zugewiesen werden. Andererseits sind sämtliche Zuständigkeiten des § 46 GmbHG dispositiv; der Gesellschaftsvertrag kann die Kompetenzen auf ein anderes Organ verlagern.[14]

a) Feststellung des Jahresabschlusses

Der Jahresabschluss, dessen Feststellung nach § 46 Nr. 1 GmbHG den Gesellschaftern obliegt, setzt sich nach §§ 242, 264 Abs. 1 HGB aus Jahresbilanz, Gewinn- und Verlustrechnung nebst Anhang zusammen. Der danach nicht zum Jahresabschluss gehörende *Lagebericht* ist der Beschlussfassung der Gesellschafterversammlung entzogen.[15] Mit der Feststellung beschränkt sich die Zuständigkeit der Gesellschafterversammlung auf die Genehmigung des Jahresabschlusses. Als vorbereitende Tätigkeit obliegt den Geschäftsführern die *Aufstellung* des Jahresabschlusses; dieser Entwurf ist den Gesellschaftern binnen angemessener Frist vor der Beschlussfassung vorzulegen.[16] Der Gesellschaftergeschäftsführer ist von der *Abstimmung* über die Feststellung des von ihm aufgestellten Jahresabschlusses nicht ausgeschlossen.[17] Soweit die Gesellschafter vom Bilanzentwurf des Geschäftsführers abweichen, so sind sie an das Bilanzrecht gebunden.[18] Vom Beschluss über den Jahresabschluss, der festlegt, welcher Betrag zur Verteilung an die Gesellschafter offen steht, ist der Beschluss über die Ergebnisverwendung zu trennen. Beide Beschlüsse können zusammenfallen. Die Feststellung des Jahresabschlusses ist Voraussetzung für den *Ergebnisverwendungsbeschluss*.[19] Der Gewinnanspruch eines Gesellschafters setzt also den Beschluss der Gesellschafterver-

---

14 Scholz/*K. Schmidt*, § 46, Rn. 3; Michalski/*Römermann*, § 46, Rn. 8; *Lutter/Hommelhoff*, § 46, Rn. 1.
15 Scholz/*K. Schmidt*, § 46, Rn. 7; Michalski/*Römermann*, § 46, Rn. 18; Baumbach/Hueck/*Zöllner*, § 46, Rn. 7; a.A. Rowedder/Schmidt-Leithoff/*Koppensteiner*, § 46, Rn. 3.
16 *Lutter/Hommelhoff*, § 46, Rn. 3; Scholz/*K. Schmidt*, § 46, Rn. 9.
17 *Lutter/Hommelhoff*, § 46, Rn. 4
18 Scholz/*K. Schmidt*, § 46, Rn. 14.
19 Scholz/*K. Schmidt*, § 46, Rn. 10.

sammlung über die Feststellung des Jahresabschlusses und die Verwendung des Gewinns voraus.[20]

b) Einforderung von Einzahlungen

Die bis zur Eintragung (§ 7 Abs. 2 GmbHG) noch nicht eingezahlten Einlagen werden durch einen Einforderungbeschluss der Gesellschafterversammlung (§ 46 Nr. 2 GmbHG) geltend gemacht. Fehlt es an einem satzungsmäßig festgelegten Zahlungstermin, so wird die Resteinlage durch ein zweistufiges Verfahren fällig gestellt: Einmal bedarf es eines *Gesellschafterbeschlusses* (§ 46 Nr. 2 GmbHG) über die Einforderung der Einlage, bei dessen Fassung alle – auch betroffene – Gesellschafter (ohne Beschränkung durch § 47 Abs. 4 S. 2 Alt. 1 GmbHG) stimmberechtigt sind.[21] Als weitere Voraussetzung hat die von dem Geschäftsführer zu bewirkende *Anforderung* der Zahlung an den Gesellschafter, mit deren Zugang die Einlage fällig wird, hinzuzutreten.[22] Eine nicht durch einen Gesellschafterbeschluss gedeckte Anforderung durch den Geschäftsführer ist unwirksam.[23] Der Einforderungsbeschluss kann von *sämtlichen* Gesellschaftern (auch konkludent) getroffen werden und bedarf in diesem Fall keiner Umsetzung durch eine Anforderung des Geschäftsführers.[24]

c) Rückzahlung von Nachschüssen

Die Zuständigkeit für die Einforderung von Nachschüssen liegt zwingend bei der Gesellschafterversammlung (§ 26 Abs. 1 GmbHG).[25] § 46 Nr. 3 GmbHG betrifft hingegen die nach Maßgabe des § 30 Abs. 2 GmbHG zulässige *Rückzahlung* von Nachschüssen. Im Blick auf die Rückzahlung kann die Satzung eine von § 46 Nr. 3 GmbHG abweichende Regelung treffen.[26]

---

20 BGH, Urt. v. 14. 9. 1998 – II ZR 172/97, BGHZ 139, 299 = BB 1998, 2279 = NJW 1998, 3646.
21 BGH, Urt. v. 9. 7. 1990 – II ZR 9/90, BB 1990, 1923 = NJW 1991, 172.
22 Hachenburg/*Ulmer*, § 19, Rn. 7; *Goette*, § 2, Rn. 12; Scholz/*Uwe H. Schneider*, § 19, Rn. 10.
23 BGH, Urt. v. 29. 6. 1961 – II ZR 39/60, BB 1961, 953.
24 BGH, Urt. v. 16. 9. 2002 – II ZR 1/00, BGHZ 152, 37 = BB 2002, 2347 = NJW 2002, 3774.
25 Michalski/*Römermann*, § 46, Rn. 151; Scholz/*K. Schmidt*, § 46, Rn. 61.
26 Scholz/*K. Schmidt*, § 46, Rn. 61; Lutter/*Hommelhoff*, § 46, Rn. 8.

d) Teilung und Einziehung von Geschäftsanteilen

Die Anteilsteilung ist in § 17 GmbHG, die Einziehung von Geschäftsanteilen in § 34 GmbHG geregelt. Bei der Anteilsteilung ist auch der betroffene Gesellschafter stimmberechtigt. Die Teilung wird nicht schon mit der Beschlussfassung der Gesellschafterversammlung, sondern erst mit der *Mitteilung* der *Genehmigung* durch den Geschäftsführer an den Veräußerer oder Erwerber wirksam.[27] Handelt es sich um eine Zwangseinziehung, ist der betroffene Gesellschafter mit seinem Stimmrecht ausgeschlossen. Auch hier ist zwischen Beschlussfassung und *Einziehungserklärung* zu unterscheiden.[28]

e) Bestellung, Abberufung und Entlastung von Geschäftsführern

§ 46 Nr. 5 GmbHG weist der Gesellschafterversammlung die umfassende Kompetenz zur Bestellung, Abberufung und Entlastung des Geschäftsführers zu.

aa) Bestellung, Abberufung

In der mitbestimmten GmbH ist § 46 Nr. 5 GmbHG unanwendbar. Bestellung und Abberufung eines Geschäftsführers fallen dort in die Zuständigkeit des obligatorischen Aufsichtsrats.[29] Abgesehen von diesem Sonderfall obliegt der Gesellschafterversammlung die Bestellung und Abberufung des Geschäftsführers. Es ist zwischen *Bestellung* und *Anstellung* zu unterscheiden: Bestellung und Abberufung betreffen die Begründung und Beendigung des *Organverhältnisses*. Im Blick auf die Anstellung, den Dienstvertrag, stehen sich Einstellung, Begründung, und Kündigung, Entlassung, gegenüber.[30] Die Beschlussfassung über die Bestellung des Geschäftsführers als Organ der GmbH hat in Verbindung mit der Erklärung an ihn als notwendigen Ausführungsakt rechtsgeschäftliche Wirkung.[31] Daneben liegt über den Wortlaut des § 46 Nr. 5 GmbHG hinaus auch die Zuständig-

---

27 Scholz/*K. Schmidt*, § 46, Rn. 66.
28 Scholz/*K. Schmidt*, § 46, Rn. 67.
29 BGH, Urt. v. 14. 11. 1983 – II ZR 33/83, BGHZ 89, 48 = BB 1984, 9 = NJW 1984, 733; Rowedder/Schmidt-Leithoff/*Koppensteiner,* § 46, Rn. 21; *Roth*/Altmeppen, § 46, Rn. 19.
30 Michalski/*Römermann,* § 46, Rn. 194 f.
31 Rowedder/Schmidt-Leithoff/*Koppensteiner,* § 46, Rn. 23; Michalski/*Römermann,* § 46, Rn. 196.

keit für den Abschluss eines *Geschäftsführeranstellungsvertrages* bei der Gesellschafterversammlung, nicht jedoch bei dem amtierenden Geschäftsführer.[32] Die Gesellschafterversammlung ist auch für Änderungen des Dienstvertrages eines Geschäftsführers, die nicht mit der Begründung oder Beendigung der Organstellung zusammenhängen, sowie für dessen vertragliche Aufhebung zuständig, soweit nach Gesetz oder Satzung keine anderweitige Zuständigkeit bestimmt ist.[33] Die *Abberufung* aus der Organstellung vollzieht sich ebenfalls durch den Gesellschafterbeschluss und die Mitteilung an den Geschäftsführer.[34] Ferner bedarf es einer eigenständigen Kündigung des Anstellungsvertrages.[35]

bb) Entlastung, Generalbereinigung

(1) Zuständigkeit

Dem Geschäftsführer kann nach § 46 Nr. 5 GmbHG durch Gesellschafterbeschluss Entlastung für seine bisherige Geschäftsführertätigkeit erteilt und darüber hinaus – im Sinne einer so genannten „Generalbereinigung" aus Anlass seines Ausscheidens – auf jegliche Haftung verzichtet werden. Die Zuständigkeit der Gesellschafterversammlung für eine Generalbereinigung ergibt sich daraus, dass über die Entlastung eines Geschäftsführers gemäß § 46 Nr. 5 GmbHG allein die Gesellschafterversammlung zu befinden hat und dasselbe erst recht für die Entscheidung über eine Generalbereinigung gelten muss. Da den Gesellschaftern außerdem nach § 46 Nr. 8 GmbHG die Entscheidungskompetenz für die Geltendmachung von Ersatzansprüchen gegen Geschäftsführer zugewiesen ist, muss den Gesellschaftern auch die Entscheidung für das Gegenteil, nämlich einen Erlassvertrag (§ 397 BGB) oder Vergleich (§ 779 BGB) mit dem Geschäftsführer und erst recht eine Generalbereinigung vorbehalten werden.[36]

---

32 BGH, Urt. v. 3. 7. 2000 – II ZR 282/98, BB 2000, 1751 = NJW 2000, 2983.
33 BGH, Urt. v. 25. 2. 1991 – II ZR 76/90, BB 1991, 714 = NJW 1991, 1681; *Lutter/Hommelhoff*, § 46, Rn. 13; Michalski/*Römermann*, § 46, Rn. 246 f.
34 Michalski/*Römermann*, § 46, Rn. 230.
35 Michalski/*Römermann*, § 46, Rn. 253.
36 BGH, Urt. v. 8. 12. 1997 – II ZR 236/96, BB 1998, 444 = NJW 1998, 1315.

(2) Reichweite

Generalbereinigung und *Entlastung* unterscheiden sich im Wesentlichen nur darin, dass bei Letzterer auf die den Gesellschaftern zur Zeit der Beschlussfassung *bekannten* oder aus den ihnen zugänglich gemachten Unterlagen erkennbaren Ersatzansprüche gegen die Geschäftsführer verzichtet wird, während eine *Generalbereinigung* einen Verzicht auf *sämtliche denkbaren Ersatzansprüche* bis zur Grenze des rechtlich zulässigen (§ 43 Abs. 3, § 9b Abs. 1, § 57 Abs. 4, § 64 Abs. 2 GmbHG) darstellt.[37] Im Unterschied zur Generalbereinigung können bei einer bloßen Entlastung nicht erkennbare, nachträglich bekannt gewordene Verfehlungen einen Schadensersatzanspruch begründen. Dies ist etwa anzunehmen, wenn der Geschäftsführer den Gesellschaftern einen der GmbH nachteiligen Vertrag verschwiegen hat.[38] Entlastung und Generalbereinigung erfassen nicht nur Ersatzansprüche im Wortsinn, sondern Ansprüche auf jeder Rechtsgrundlage, sofern die ihre Tatbestandsmerkmale erfüllenden Handlungen sachlich dem *Vorgang der Gründung oder Geschäftsführung* zuzurechnen sind. Damit erstreckt sich die Entlastung auch etwa auf Bereicherungsansprüche (§ 812 BGB) und Ansprüche aus Geschäftsführung ohne Auftrag (§§ 677 ff. BGB).[39] Entlastung bzw. Generalbereinigung berühren indessen nicht Ansprüche der GmbH aus Drittgeschäften mit dem Geschäftsführer, deren Verfolgung auch keinen Gesellschafterbeschluss nach § 46 Nr. 8 GmbHG voraussetzt.[40] Sofern ein Sachverhalt sowohl organschaftliche Ersatzansprüche gegen den Geschäftsführer als auch gegen ihn Schadensersatzansprüche wegen der Verletzung seiner Treuepflicht als Gesellschafter begründet, decken Entlastungs- bzw. Generalbereinigungsbeschluss beide Haftungsgrundlagen ab.[41]

---

37 BGH, Urt. v. 21. 3. 2005 – II ZR 54/03, DB 2005, 1269; BGH, Urt. v. 8. 12. 1997 – II ZR 236/96, BB 1998, 444 = NJW 1998, 1315; *Lutter/Hommelhoff,* § 46, Rn. 14 ff.; Rowedder/Schmidt-Leithoff/*Koppensteiner,* § 43, Rn. 37 ff.
38 BGH, Urt. v. 14. 9. 1998 – II ZR 175/97, BB 1998, 2384 = NJW 1999, 781.
39 BGH, Urt. v. 21. 4. 1986 – II ZR 165/85, BGHZ 97, 382 = NJW 1986, 2250.
40 BGH, Urt. v. 18. 9. 2000 – II ZR 15/99, BB 2000, 2436 = NJW 2001, 223.
41 BGH, Urt. v. 14. 9. 1998 – II ZR 175/97, BB 1998, 2384 = NJW 1999, 781; *Goette,* § 7, Rn. 11.

(3) Kein Verzicht im Bereich der Kapitalerhaltung

Wie sich aus § 46 Nr. 6, 8 GmbHG ergibt, ist es, solange nicht der Anwendungsbereich des § 43 Abs. 3 GmbHG betroffen ist, Sache der Gesellschafter, darüber zu befinden, ob ein Geschäftsführer wegen etwaiger Pflichtwidrigkeiten zur Rechenschaft gezogen oder ob auf Ansprüche gegen ihn durch Entlastungs- oder Generalbereinigungsbeschluss verzichtet werden soll. Dass durch den Anspruchsverzicht das Vermögen der Gesellschaft und damit ihr Haftungsfonds im Verhältnis zu ihren Gläubigern geschmälert wird, nimmt das Gesetz hin, soweit nicht der Verzicht auf eine gemäß § 30 GmbHG *verbotene Auszahlung* an einen Gesellschaftergeschäftsführer hinausläuft oder gemäß § 43 Abs. 3 GmbHG unverzichtbare Ersatzansprüche zum Gegenstand hat. Sind diese Grenzen zur Zeit des Verzichts gewahrt, so bleibt es bei dessen Wirksamkeit auch dann, wenn der Schadensersatzbetrag später zur Gläubigerbefriedigung benötigt würde.[42]

(4) Kein Anspruch auf Entlastung

Der Geschäftsführer einer GmbH hat gegen diese keinen Anspruch auf Entlastung. Die Gesellschafter billigen, wenn sie die Geschäftsführer entlasten, deren Amtsführung für die Dauer der zurückliegenden Entlastungsperiode und sprechen ihnen gleichzeitig für die künftige Geschäftsführung ihr Vertrauen aus. Die Entlastung hat ferner zur Folge, dass die GmbH mit Ersatzansprüchen und Kündigungsgründen ausgeschlossen ist, die der Gesellschafterversammlung bei sorgfältiger Prüfung aller Vorlagen und Berichte erkennbar sind oder von denen alle Gesellschafter privat Kenntnis haben. Die *Aufgabe dieser Rechte* kann der Geschäftsführer von der Gesellschaft ebenso wenig fordern wie den eigentlichen Beschlussgegenstand, die Billigung der bisherigen und das Vertrauen in die künftige Geschäftsführung.[43]

---

[42] BGH, Urt. v. 7. 4. 2003 – II ZR 193/02, BB 2003, 1141 = NJW-RR 2003, 895.
[43] BGH, Urt. v. 20. 5. 1985 – II ZR 165/84, BGHZ 94, 324 = BB 1985, 1869 = NJW 1986, 129; Scholz/*K. Schmidt*, § 46, Rn. 101; *Lutter/Hommelhoff*, § 46, Rn. 15; *Roth*/Altmeppen, § 46, Rn. 41; Michalski/*Römermann*, § 46, Rn. 307; a.A. Baumbach/Hueck/*Zöllner*, § 46, Rn. 29.

I. Kompetenzen der Gesellschafterversammlung

(5) Anfechtbarkeit des Beschlusses

Ein Entlastungsbeschluss ist selbst dann nicht nichtig, sondern nur *anfechtbar*, wenn sein Gegenstand ein eindeutiges und schwer wiegendes Fehlverhalten des Geschäftsleiters gegenüber der GmbH ist. *Nichtig* ist er erst, wenn er seinem inneren Gehalt nach in einer sittenwidrigen Schädigung nicht anfechtungsberechtigter Personen besteht. Ein solcher dem Beschluss innewohnender Schädigungszweck ist nicht gegeben, wenn ein gegen die GmbH gerichteter Schadensersatzanspruch eines Dritten, der mit dem Schadensersatzanspruch der GmbH gegen ihren Geschäftsführer korrespondiert, im Zeitpunkt des Entlastungsbeschlusses hätte durchgesetzt werden können.[44]

f) Prüfung und Überwachung der Geschäftsführung

Maßregeln zur Prüfung und Überwachung der Geschäftsführung (§ 46 Nr. 6 GmbHG) kann nur die *Gesellschaftergesamtheit*, nicht ein einzelner Gesellschafter, dessen Individualrecht aus § 51a GmbHG unberührt bleibt, treffen.[45] Die Gesellschafter können durch Mehrheitsbeschluss einen Bericht der Geschäftsführung anfordern, Auskunft oder die Vorlage der Bücher verlangen, die Einnahme eines Augenscheins (im Betrieb) oder die Anhörung Dritter (Betriebsangehöriger) anordnen.[46] Die Gesellschafter können auch analog § 142 AktG einen Sonderprüfer mit einer Kontrolle der Geschäftsführer betrauen.[47] Schließlich können die Gesellschafter auch *Zustimmungsvorbehalte* nach Art des § 111 Abs. 4 S. 2 AktG statuieren.[48] Das Weisungsrecht der Gesellschafterversammlung gegenüber der Geschäftsführung besteht nur innerhalb der gesetzlichen Grenzen (Beispiel: § 43 Abs. 3 S. 3 GmbHG); unbeachtlich sind Weisungen, mit deren Befolgung der Geschäftsführer ihm im öffentlichen Interesse auferlegte gesetzliche Pflichten verletzt.[49] Der Geschäftsführer hat die ihm vorgegebenen Grundlagenentscheidungen der Gesellschafter

---
44 BGH, Urt. v. 7. 4. 2003 – II ZR 193/02, BB 2003, 1141 = NJW-RR 2003, 895.
45 Scholz/*K. Schmidt,* § 46, Rn. 111; *Roth*/Altmeppen, § 46, Rn. 44; Michalski/*Römermann,* § 32a, Rn. 337.
46 Baumbach/Hueck/*Zöllner,* § 46, Rn. 31; *Lutter/Hommelhoff,* § 46, Rn. 17.
47 Baumbach/Hueck/*Zöllner,* § 46, Rn. 31; Rowedder/Schmidt-Leithoff/*Koppensteiner,* § 46, Rn. 33.
48 *Roth*/Altmeppen, § 46, Rn. 44; *Lutter/Hommelhoff,* § 46, Rn. 17.
49 *Goette,* § 7, Rn. 5.

zu befolgen. Der Geschäftsführer darf die langjährig praktizierte Geschäftspolitik, nahezu ausschließlich mit einem Unternehmen zusammenzuarbeiten, nicht ändern, ohne die Zustimmung der Gesellschafterversammlung einzuholen.[50] Sehen die Geschäftsführer davon ab, fällige Ansprüche gegen einen Vertragspartner geltend zu machen und setzen sie dessen Belieferung sogar fort, scheidet eine Haftung wegen pflichtwidriger Geschäftsführung aus, wenn die Geschäftsführer die Gesellschafter laufend über die angespannte Liquiditätslage des Vertragspartners unterrichtet haben und deshalb vom stillschweigenden Einverständnis der Gesellschafter mit dieser Vorgehensweise ausgehen dürfen. Hier wäre es vielmehr Sache der Gesellschafter, durch eine Weisung eine Änderung der Geschäftspolitik herbeizuführen.[51]

g) Bestellung von Prokuristen

§ 46 Nr. 7 GmbHG, der die Bestellung von Prokuristen und Handlungsbevollmächtigten der Bestimmung der Gesellschafter vorbehält, betrifft nur das gesellschaftliche *Innenverhältnis*; für die Erteilung der Prokura und Handlungsvollmacht nach außen sind nur die *Geschäftsführer* zuständig.[52] Die Erteilung der Prokura durch die Geschäftsführer ist mithin auch dann gültig, wenn es an einem wirksamen Gesellschafterbeschluss fehlt.[53] § 46 Nr. 7 GmbHG gilt nicht für den Abschluss des *Anstellungsvertrages* mit einem Prokuristen oder Handlungsbevollmächtigten und den *Widerruf* der Prokura oder Vollmacht.[54] Allerdings können die Gesellschafter den Geschäftsführern inhaltliche und formale Vorgaben machen.[55]

h) Erhebung von Ersatzansprüchen

Die Erhebung von Ersatzansprüchen gegen Gesellschafter und Geschäftsführer setzt gemäß § 46 Nr. 8 GmbHG einen Gesellschafterbeschluss voraus. Die Regelung statuiert eine materielle Anspruchs-

---

50 BGH, Urt. v. 25. 2. 1991 – II ZR 76/90, BB 1991, 714 = NJW 1991, 1681.
51 BGH, Urt. v. 15. 11. 1999 – II ZR 122/98, BB 2000, 59 = NJW 2000, 576.
52 BGH, Beschl. v. 14. 2. 1994 – II ZB 6/73, NJW 1974, 1194; *Lutter/Hommelhoff*, § 46, Rn. 19; *Roth/*Altmeppen, § 46, Rn. 46.
53 Michalski/*Römermann*, § 46, Rn. 365, 368; Scholz/*K. Schmidt*, § 46, Rn. 127.
54 *Lutter/Hommelhoff*, § 46, Rn. 20; Baumbach/Hueck/*Zöllner*, § 46, Rn. 34.
55 Michalski/*Römermann*, § 46, Rn. 385.

4. Kap. I. Kompetenzen der Gesellschafterversammlung

voraussetzung und hat darum *Außenwirkung*.[56] Der Gesellschafterbeschluss, Ersatzansprüche gegen einen (ehemaligen) Geschäftsführer geltend zu machen, kann formlos durch entsprechende Absprache der Gesellschafter gefasst werden.[57]

aa) Normzweck

Grundsätzlich bedarf es gemäß § 46 Nr. 8 GmbHG stets eines Beschlusses der Gesellschafterversammlung, wenn die Gesellschaft Ansprüche – auch *deliktischer Art* – gegen ihren Geschäftsführer geltend machen will. § 46 Nr. 8 GmbHG macht die Verfolgung derartiger Ansprüche und die Bestellung eines besonderen Vertreters für diesen Zweck deshalb von einem Beschluss der Gesellschafterversammlung abhängig, weil dem obersten Gesellschaftsorgan vorbehalten und nicht dem Einfluss der Geschäftsführer überlassen werden soll, ob ein Geschäftsführer wegen Pflichtverletzung belangt und die damit verbundene *Offenlegung interner Gesellschaftsverhältnisse* trotz der für Ansehen und Kredit der Gesellschaft möglicherweise abträglichen Wirkung in Kauf genommen werden soll. Da diese Gesichtspunkte auch zutreffen, wenn sich der Geschäftsführer nicht mehr im Amt befindet, ist § 46 Nr. 8 GmbHG auf die Geltendmachung von Ersatzansprüchen gegen einen ausgeschiedenen Gesellschafter gleichfalls anwendbar.[58] Im Übrigen ist § 46 Nr. 8 GmbHG Kehrseite der Entlastungskompetenz des § 46 Nr. 5 GmbHG und darauf angelegt, den persönlichen Beziehungen der Gesellschafter im Interesse einer vertrauensvollen Zusammenarbeit Rechnung zu tragen.[59] Diese Gesichtspunkte treffen zu, gleichviel ob der Geschäftsführer noch im Amt oder bereits ausgeschieden ist. Deshalb ist § 46 Nr. 8 GmbHG auch auf die Geltendmachung von Ersatzansprüchen gegen einen ausgeschiedenen Gesellschafter anzuwenden.[60]

---

56 Rowedder/Schmidt-Leithoff/*Koppensteiner,* § 46, Rn. 40.
57 BGH, Urt. v. 21. 6. 1999 – II ZR 47/98, BB 1999, 1569 = NJW 1999, 2817, insoweit in BGHZ 142, 92 nicht abgedruckt.
58 BGH, Urt. v. 20. 11. 1958 – II ZR 17/57, BGHZ 28, 355 = BB 1958, 1272 = NJW 1959, 194; BGH, Urt. v. 14. 7. 2004 – VIII ZR 224/02; Scholz/*K. Schmidt,* § 46, Rn. 141; *Lutter/Hommelhoff,* § 46, Rn. 21.
59 Michalski/*Römermann,* § 46, Rn. 391; Rowedder/Schmidt-Leithoff/*Koppensteiner,* § 46, Rn. 39.
60 BGH, Urt. v. 20. 11. 1958 – II ZR 17/57, BGHZ 28, 355 = BB 1958, 1272 = NJW 1959, 194; Scholz/*K. Schmidt,* § 46, Rn. 141; *Lutter/Hommelhoff,* § 46, Rn. 21.

bb) Beschlusserfordernis als materielle Klagevoraussetzung

Zum Schutz der Gesellschaft im Geschäftsverkehr kann über ein Vorgehen gegen den Geschäftsführer nur die Gesellschafterversammlung entscheiden. Nach dem Sinn der in § 46 Nr. 8 GmbHG getroffenen Bestimmung hängt die Erhebung von Ersatzansprüchen gegen Geschäftsführer nicht nur im Innenverhältnis, sondern auch nach außen von einem sie zulassenden Gesellschafterbeschluss ab.[61] Ein Gesellschafterbeschluss ist materielles Erfordernis für die Geltendmachung der Forderung, so dass eine ohne Beschluss der Gesellschafterversammlung erhobene Klage als unbegründet abzuweisen ist.[62] Der Gesellschafterbeschluss ist mithin als *materielle Klagevoraussetzung* anzusehen, dessen Fehlen zur Abweisung der Klage als unbegründet führt.[63] Das Beschlusserfordernis geht nicht nur zulasten der Gesellschaft, sondern nach § 404 BGB auch eines Zessionars.[64] Das Merkmal des Ersatzanspruchs ist wie bei § 46 Nr. 5 GmbHG in einem weiteren Sinne zu verstehen. Es erfasst nicht nur Ansprüche aus §§ 43, 64 GmbHG sowie aus Verletzung des Geschäftsführervertrages, sondern auch *alle anderen aus der Geschäftsführung hergeleiteten Ansprüche* auf vertraglicher oder außervertraglicher Grundlage wie etwa auch Bereicherungsansprüche (§ 812 BGB), Ansprüche aus Geschäftsführung ohne Auftrag (§§ 677 ff. BGB) und deliktische Ansprüche (§§ 823 ff. BGB).[65] Entbehrlich ist ein Gesellschafterbe-

---

61 BGH, Urt. v. 20. 11. 1958 – II ZR 17/57, BGHZ 28, 355 = BB 1958, 1272 = NJW 1959, 194; BGH, Urt. v. 13. 2. 1975 – II ZR 92/73, BB 1975, 578 = NJW 1975, 977; Baumbach/Hueck/*Zöllner,* § 46, Rn. 40; Scholz/K. Schmidt, § 46, Rn. 142; *Lutter/Hommelhoff,* § 46, Rn. 22.
62 BGH, Urt. v. 14. 7. 2004 – VIII ZR 224/02.
63 BGH, Urt. v. 21. 4. 1986 – II ZR 165/85, BGHZ 97, 382 = NJW 1986, 2250; BGH, Urt. v. 13. 2. 1975 – II ZR 92/73, BB 1975, 578 = NJW 1975, 977; BGH, Urt. v. 13. 6. 1960 – II ZR 73/58, BB 1960, 755 = NJW 1960, 1667; *Roth*/Altmeppen, § 46, Rn. 60; *Lutter/Hommelhoff,* § 46, Rn. 22; Scholz/*K. Schmidt,* § 46, Rn. 142, 159.
64 BGH, Urt. v. 21. 5. 1964 – VII ZR 21/63, GmbHR 1965, 4; BGH, Urt. v. 14. 7. 2004 – VIII ZR 224/02; Scholz/K. Schmidt, § 46, Rn. 145, anders aber Rn. 152; Rowedder/Schmidt-Leithoff/*Koppensteiner,* § 46, Rn. 41; a.A. Michalski/*Haas,* § 43, Rn. 223; *Roth*/Altmeppen, § 46, Rn. 61, die sich zu Unrecht auf BGH, Urt. v. 10. 2. 1992 – II ZR 23/91, BB 1992, 726 = NJW-RR 1992, 800 beziehen, das eine Abtretung durch eine GmbH & Co KG zum Gegenstand hat.
65 BGH, Urt. v. 21. 4. 1986 – II ZR 165/85, BGHZ 97, 382 = NJW 1986, 2250; BGH, Urt. v. 13. 2. 1975 – II ZR 92/73, BB 1975, 578 = NJW 1975, 977.

schluss, falls ein Drittverhältnis zu einem Gesellschafter oder Geschäftsführer im Streit ist.[66]

cc) Nachholung des Beschlusses

Als Begründungselement der Klage kann der Gesellschafterbeschluss während des Rechtsstreits vorgetragen werden. Für den Gesellschafterbeschluss nach § 46 Nr. 8 GmbHG reicht es aus, wenn er im Laufe des Rechtsstreits gefasst und dem Gericht vorgelegt wird.[67] Die *verjährungsunterbrechende Wirkung* der Erhebung einer Schadensersatzklage gegen den früheren Geschäftsführer einer GmbH tritt auch dann ein, wenn der für die Begründetheit des Klagebegehrens erforderliche Beschluss der Gesellschafterversammlung noch nicht gefasst, aber nachgeholt wird.[68] Auf Mängel des Gesellschafterbeschlusses kann sich der in Anspruch genommene Geschäftsführer nur berufen, wenn der Beschluss nichtig oder wirksam angefochten ist. Ein förmlich festgestellter, an Mängeln leidender, aber nicht nichtiger Beschluss nach § 46 Nr. 8 GmbHG ist nicht nur vorläufig, sondern wird endgültig verbindlich, wenn er nicht entsprechend den im GmbH-Recht analog anzuwendenden aktienrechtlichen Vorschriften angefochten wird.[69]

dd) Entbehrlichkeit eines Gesellschafterbeschlusses

Ein *Insolvenzverwalter* kann ebenso wie ein Pfandgläubiger wegen des vorrangigen Gläubigerschutzes ohne die Notwendigkeit einer Beschlussfassung Ersatzansprüche gegen Geschäftsführer verfolgen.[70] Im *Insolvenzverfahren* verdienen die Interessen der Gesellschaftsgläubiger an einer Vermehrung der Masse den Vorrang, während ein Schutzbedürfnis der in der Regel abzuwickelnden Gesellschaft nicht mehr gegeben ist. Für eine Entschließung der Gesellschafter besteht daher keine Notwendigkeit mehr.[71] Entsprechendes gilt im Fall der

---

66 BGH, Urt. v. 18. 9. 2000 – II ZR 15/99, BB 2000, 2436 = NJW 2001, 223.
67 BGH, Urt. v. 3. 5. 1999 – II ZR 119/98, BB 1999, 1345 = NJW 1999, 2115; BGH, Urt. v. 26. 1. 1998 – II ZR 279/96, NJW 1998, 1646.
68 BGH, Urt. v. 3. 5. 1999 – II ZR 119/98, BB 1999, 1345 = NJW 1999, 2115.
69 BGH, Urt. v. 3. 5. 1999 – II ZR 119/98, BB 1999, 1345 = NJW 1999, 2115.
70 BGH, Urt. v. 13. 6. 1960 – II ZR 73/58, NJW 1960, 1667; Baumbach/Hueck/*Zöllner*, § 46, Rn. 39; Scholz/*K. Schmidt*, § 46, Rn. 152; *Goette*, § 7, Rn. 19.
71 BGH, Urt. v. 14. 7. 2004 – VIII ZR 224/02.

3. Zuständigkeitskatalog des § 46 GmbHG **4. Kap.**

Liquidation einer GmbH,[72] die ihren Geschäftsbetrieb endgültig eingestellt hat, wenn die Liquidation deshalb insolvenzfrei verläuft, weil eine die Kosten deckende Masse nicht vorhanden ist (masselose Liquidation). Ebenso wie im Falle der Insolvenz ist bei einer masselosen Liquidation den Interessen der Gläubiger der Gesellschaft Vorrang einzuräumen.[73] In einer *Zweipersonengesellschaft* erscheint ein Gesellschafterbeschluss, weil der in Anspruch zu nehmende Gesellschafter nicht stimmberechtigt ist, entbehrlich, wenn der andere Gesellschafter als Vertretungsorgan den Rechtsstreit einleitet. Die Beschlussfassung bedeutet hier eine überflüssige Formalität.[74] Fehlt dem verbleibenden Gesellschafter, weil er nicht Geschäftsführer ist, die Vertretungsbefugnis, dürfte seine Zustimmungserklärung genügen, um nach außen zu verdeutlichen, dass die von dem Fremdgeschäftsführer erhobene Klage vom Einverständnis des einzigen noch stimmberechtigten Gesellschafters getragen ist.[75] Ferner kann ein Gesellschafter nach der Rechtsprechung des BGH, berechtigt sein, einen Mitgesellschafter auf Leistung an die GmbH in Anspruch zu nehmen, wenn dieser seine zwischen den Gesellschaftern bestehende *Treuepflicht* verletzt und durch eine damit verbundene Schädigung des Vermögens der Gesellschaft mittelbar auch dasjenige des klagenden Gesellschafters verletzt hat. In diesem Fall macht der Gesellschafter mit der Gesellschafterklage nicht Ansprüche der Gesellschaft im Wege der nur ausnahmsweise zulässigen *Prozessstandschaft*, sondern eigene Ansprüche wegen Verletzung der ihm gegenüber bestehenden Treuepflicht des Mitgesellschafters geltend, die darauf zielen, den ihm selbst und der Gesellschaft entstandenen Schaden durch Ersatzleistung in das Gesellschaftsvermögen auszugleichen. Gegenüber der *Gesellschafterklage* besteht allerdings ein grundsätzlicher Vorrang der inneren Zuständigkeitsordnung der Gesellschaft, insbesondere der Entscheidungskompetenz der Gesellschafterversammlung für die Geltendmachung von Ersatzansprüchen gegen Gesellschafter nach § 46 Nr. 8 GmbHG. Eine Ausnahme von diesem Vorrang besteht,

---

72 *Goette,* § 7, Rn. 19.
73 BGH, Urt. v. 14. 7. 2004 – VIII ZR 224/02.
74 BGH, Urt. v. 29. 11. 2004 – II ZR 14/03, BB 2005, 456; BGH, Urt. v. 4. 2. 1991 – II ZR 246/89, BB 1991, 937 = NJW 1991, 1884.
75 *Goette,* § 7 Rn. 18; vgl. auch BGH, Urt. v. 20. 9. 1999 – II ZR 345/97, BB 1999, 2262 = NJW 1999, 3779.

4. Kap. I. Kompetenzen der Gesellschafterversammlung

wenn eine Klage der Gesellschaft undurchführbar, durch den Schädiger selbst vereitelt worden oder infolge der Machtverhältnisse in der Gesellschaft so erschwert ist, dass es für den betroffenen Gesellschafter ein unzumutbarer Umweg wäre, müsste er die Gesellschaft erst zu einer Haftungsklage zwingen.[76]

ee) Bestellung eines Prozessvertreters

Die Bestellung eines besonderen Prozessvertreters dient dem Zweck der Vermeidung einer Interessenkollision. Die Vorschrift des § 46 Nr. 8 GmbHG gilt einmal für *Aktivprozesse* und *Passivprozesse* der Gesellschaft gegen einen *Geschäftsführer,*[77] ferner für Verfahren gegen einen *Gesellschafter,* falls der Geschäftsführer wegen derselben Pflichtverletzung die GmbH nicht vertreten kann. Wird darüber abgestimmt, ob ein Ersatzanspruch geltend gemacht werden soll, der der Gesellschaft gegen einen Geschäftsführer oder Gesellschafter zusteht, so ist nicht nur der unmittelbar betroffene, sondern grundsätzlich auch der Gesellschafter von der Abstimmung ausgeschlossen, der mit ihm gemeinsam die Pflichtverletzung begangen hat. Die gleichen Grundsätze gelten, wenn es um die *Bestellung des Organs* geht, das die Gesellschaft im Prozess gegen Geschäftsführer und Gesellschafter vertreten soll.[78] Ein Gesellschafter, gegen den dieselben Vorwürfe wie gegen den Geschäftsführer erhoben werden, ist naturgemäß als Prozessvertreter ungeeignet. Die Gesellschafterversammlung ist befugt, zur Vertretung der Gesellschaft in einem von einem Gesellschafter gegen sie geführten Rechtsstreit *(Passivprozess)* einen besonderen Vertreter zu bestellen, wenn in dem Prozess eine Pflichtverletzung eine Rolle spielt, die der Gesellschafter gemeinsam mit den Geschäftsführern begangen haben soll. Die von dem Vorwurf betroffenen Gesellschafter haben bei dem Beschluss über die Bestellung eines Vertreters kein Stimmrecht.[79] Es unterliegt dem Ermessen der Gesellschafterversammlung, wen – einen anderen Geschäftsführer, einen Gesellschafter oder gesellschaftsfremden Dritten – sie mit der

---

[76] BGH, Urt. v. 29. 11. 2004 – II ZR 14/03, BB 2005, 456; BGH, Urt. v. 5. 6. 1975 – II ZR 23/74, BGHZ 65, 15 = BB 1975, 1450 = NJW 1976, 191.
[77] Baumbach/Hueck/*Zöllner,* § 46, Rn. 44.
[78] BGH, Urt. v. 20. 1. 1986 – II ZR 73/85, BGHZ 97, 28 = BB 1986, 619 = NJW 1986, 2051.
[79] BGH, Urt. v. 16. 12. 1991 – II ZR 31/91, BGHZ 116, 353 = NJW 1992, 977.

Wahrnehmung der Prozessführung betraut.[80] Die Gesellschaft ist aber, sofern sie durch einen noch verbliebenen, in die Vorwürfe nicht involvierten Geschäftsführer vertreten werden kann, nicht zur Bestellung eines besonderen Vertreters verpflichtet. Kann die Gesellschaft im Prozess gegen einen von mehreren Geschäftsführern durch die anderen satzungsgemäß vertreten werden, dann bleibt es bei der Vertretungszuständigkeit, sofern die Gesellschafterversammlung nicht von ihrer Befugnis Gebrauch macht, einen besonderen Prozessvertreter zu bestellen.[81]

II. Einberufung der Gesellschafterversammlung

1. Einberufungskompetenz

Die Beachtung der Einberufungszuständigkeit ist von hoher Bedeutung. Gesellschafterbeschlüsse, die auf einer Gesellschafterversammlung gefasst wurden, die von einem Unbefugten einberufen wurde, sind nicht lediglich anfechtbar, sondern *nichtig*.[82]

a) Geschäftsführer

aa) Ordnungsgemäße Bestellung

Die Gesellschafterversammlung wird nach § 49 Abs. 1 grundsätzlich durch die Geschäftsführer einberufen. Verfügt die Gesellschaft über *mehrere Geschäftsführer*, so ist jeder einzelne von ihnen, selbst wenn im Außenverhältnis Gesamtvertretung angeordnet ist, zur Einberufung der Gesellschafterversammlung berechtigt.[83] Der nicht wirksam bestellte *faktische Geschäftsführer* hat das Einberufungsrecht, sofern er das Amt tatsächlich ausübt.[84] Die Eintragung in das Handelsregister allein dürfte ohne die Übernahme der Geschäfte eine Einberu-

---

80 *Lutter/Hommelhoff,* § 46, Rn. 27.
81 BGH, Urt. v. 24.2.1992 – II ZR 79/91, BB 1992, 802 = NJW-RR 1992, 933.
82 *Lutter/Hommelhoff,* § 49, Rn. 10; Rowedder/Schmidt-Leithoff/*Koppensteiner,* § 51, Rn. 7.
83 *Lutter/Hommelhoff,* § 49, Rn. 3; Scholz/*K. Schmidt,* § 49, Rn. 4; *Roth*/Altmeppen, § 49, Rn. 2; Baumbach/Hueck/*Zöllner,* § 49, Rn. 2.
84 *Lutter/Hommelhoff,* § 49, Rn. 3a; Rowedder/Schmidt-Leithoff/*Koppensteiner,* § 49, Rn. 2; Scholz/*K. Schmidt,* § 49, Rn. 5.

fungskompetenz nicht begründen.[85] Nach Abberufung eines Geschäftsführers oder Niederlegung seines Amtes ist er selbst bei Fortdauer seiner Eintragung in das Handelsregister mangels Analogiefähigkeit des § 121 Abs. 2 S. 2 AktG nicht mehr zur Einberufung der Gesellschafterversammlung berechtigt.[86] Neben einem Notgeschäftsführer sind auch die bisherigen Geschäftsführer zur Einberufung befugt.[87] Im *Liquidationsstadium* treten die Liquidatoren an die Stelle der Geschäftsführer.[88] Dem *Insolvenzverwalter* kann ein Einberufungsrecht nicht zugebilligt werden, weil er kein Gesellschaftsorgan darstellt.[89]

bb) Sachliche Voraussetzungen

Die *sachlichen Voraussetzungen* für die Einberufung ergeben sich aus dem *Gesetz* oder der Satzung. Wegen der Notwendigkeit eines Gesellschafterbeschlusses (§ 53 GmbHG) ist zur Verwirklichung einer Satzungsänderung die Gesellschafterversammlung einzuberufen. Außerdem ist die Gesellschafterversammlung nach § 49 Abs. 2 GmbHG einzuberufen, wenn dies im Interesse der Gesellschaft erforderlich erscheint. Diese Voraussetzung ist erfüllt, wenn es sich entweder um eine *außergewöhnliche Maßnahme* (Umstrukturierung des Betriebs, Erwerb einer Beteiligung, Änderung der Geschäftspolitik, Umstellung eines Geschäftszweigs), handelt oder *besondere Entwicklungen* bzw. Risiken einen Meinungsaustausch der Gesellschafter gebieten.[90] Ferner ordnet das Gesetz die Einberufung an (§ 49 Abs. 3 GmbHG), wenn ausweislich einer Bilanz die *Hälfte des Stammkapitals* verloren ist.

---

85 Rowedder/Schmidt-Leithoff/*Koppensteiner*, § 49, Rn. 2; Michalski/*Römermann*, § 49, Rn. 26; wohl auch Scholz/*K. Schmidt*, § 49, Rn. 5; a.A. *Lutter/Hommelhoff*, § 49, Rn. 3a: Eintragung genügt.
86 Hachenburg/*Hüffer*, § 49, Rn. 7; Baumbach/Hueck/*Zöllner*, § 49, Rn. 2; Rowedder/Schmidt-Leithoff/*Koppensteiner*, § 49, Rn. 2; a.A. *Lutter/Hommelhoff*, § 49, Rn. 3a.
87 Baumbach/Hueck/*Zöllner*, § 49, Rn. 2; Michalski/*Römermann*, § 49, Rn. 32 f.
88 *Roth*/Altmeppen, § 49, Rn. 2.; *Lutter/Hommelhoff*, § 49, Rn. 3a.
89 Scholz/*K. Schmidt*, § 49, Rn. 6; Rowedder/Schmidt-Leithoff/*Koppensteiner*, § 49, Rn. 2; Michalski/*Römermann*, § 49, Rn. 31; a.A. *Lutter/Hommelhoff*, § 49, Rn. 3a.
90 *Roth*/Altmeppen, § 49, Rn. 9.

b) Gesellschafter

Geschäftsführer und Gesellschafter können gegenteiliger Auffassung sein, ob das Interesse der Gesellschaft die Einberufung einer Gesellschafterversammlung erfordert (§ 49 Abs. 2 GmbHG). Mitunter wird der Geschäftsführer in Übereinstimmung mit der Gesellschaftermehrheit die Erörterung bestimmter Sachverhalte für entbehrlich erachten. Gelegentlich sucht der Geschäftsführer auch den Zusammentritt der Gesellschafterversammlung herauszuzögern, um seiner Abberufung und der fristlosen Kündigung seines Anstellungsvertrages zu entgehen.[91] Zur Verwirklichung eines *Minderheitenschutzes* räumt § 50 GmbHG-Gesellschaftern, deren Beteiligung sich auf mindestens 10% des Stammkapitals beläuft, das *Initiativrecht* ein, mit Hilfe eines zweistufigen Verfahrens die Einberufung einer Gesellschafterversammlung zu erzwingen.

aa) Einberufungsverlangen

Ein Einberufungsverlangen kann nicht von jedem einzelnen Gesellschafter, sondern nur einer Minderheit erhoben werden, die mit mindestens 10% am Stammkapital der Gesellschaft beteiligt ist. Besitzt ein *einzelner Gesellschafter* einen entsprechenden Anteil, kann er allein die Initiative ergreifen.[92] Maßstab für die Berechnung der Minderheitsquote bildet das in der Satzung ausgewiesene *Stammkapital* (§ 3 Abs. 1 Nr. 3 GmbHG). Außer Betracht bleiben, weil es auf das Verhältnis zwischen den Gesellschaftern ankommt, eigene Geschäftsanteile der GmbH (§ 33 GmbHG), eingezogene und damit vernichtete sowie die kaduzierten und nach § 27 GmbHG aufgegebenen Geschäftsanteile, solange sie nicht von Mitgesellschaftern oder Dritten erworben wurden.[93] Das Einberufungsverlangen kann mündlich oder, was sich empfiehlt,[94] schriftlich an einen oder die Geschäftsführer gerichtet werden. Der Antrag bedarf in *dreierlei Richtung* einer Begründung: Der oder die Antragsteller müssen eine Beteiligung von min-

---

91 Vgl. etwa BGH, Urt. v. 15. 6. 1998 – II ZR 318/96, BGHZ 139, 89 = BB 1998, 1808 = NJW 1998, 3274.
92 *Lutter/Hommelhoff,* § 50, Rn. 2; Scholz/*K. Schmidt,* § 50, Rn. 13.
93 *Lutter/Hommelhoff,* § 50, Rn. 3; *Roth*/Altmeppen, § 50, Rn. 3; *Baumbach/Hueck,* § 50, Rn. 17; Rowedder/Schmidt-Leithoff/*Koppensteiner,* § 50, Rn. 3; a.A. Scholz/ *K. Schmidt,* § 50, Rn. 10; Michalski/*Römermann,* § 50, Rn. 37.
94 Scholz/*K. Schmidt,* § 50, Rn. 14.

II. Einberufung der Gesellschafterversammlung

destens 10% als Voraussetzung ihrer *Legitimation* darlegen. Daneben ist der Zweck der Einberufung und damit der *Gegenstand der Beschlussfassung* zu bezeichnen. Schließlich ist eine Begründung für die Notwendigkeit der Einberufung der Gesellschafterversammlung zum jetzigen Zeitpunkt und damit für die *Dringlichkeit der Beschlussfassung* zu geben.[95]

bb) Pflichten der Geschäftsführer

Genügt das Einberufungsverlangen diesen Anforderungen, sind die Geschäftsführer verpflichtet, unverzüglich eine Gesellschafterversammlung anzuberaumen. Die Geschäftsführer sind nur zu einer *formellen Prüfung* berechtigt, ob das Quorum von 10% erfüllt ist und ein eindeutiges, begründetes Verlangen vorliegt.[96] Ein *materielles Prüfungsrecht*, ob die von den Gesellschaftern mitgeteilten Zwecke und Gründe billigenswert sind, steht ihnen hingegen nicht zu.[97] Eine Ausnahme gilt lediglich in Fällen eines evidenten *Rechtsmissbrauchs*, wenn die Versammlung unzuständig ist oder ein bereits beschlossener Punkt wieder aufgerollt werden soll.[98]

cc) Selbsthilferecht

Verweigert der Geschäftsführer die Einberufung oder kommt er dem Verlangen binnen angemessener Frist nicht nach, so sind die Gesellschafter nach § 50 Abs. 3 GmbHG befugt, selbst die Gesellschafterversammlung einzuberufen. Form und Inhalt der Einberufung hat einmal den Erfordernissen des § 51 GmbHG zu genügen.[99] Als Bestandteil der Einladung ist zur Unterrichtung unbeteiligter Gesellschafter auch die Einladungsbefugnis der Minderheitengesellschafter darzulegen: Es sind die einladenden Gesellschafter nebst dem Umfang ihrer Beteiligung zu bezeichnen, das an die Geschäftsführung

---

95 Scholz/*K. Schmidt*, § 50, Rn. 15; Rowedder/Schmidt-Leithoff/*Koppensteiner*, § 50, Rn. 4.
96 Roth/*Altmeppen*, § 50, Rn. 9; Michalski/*Römermann*, § 50, Rn. 58.
97 Rowedder/Schmidt-Leithoff/*Koppensteiner*, § 50, Rn. 4; *Lutter/Hommelhoff*, § 50, Rn. 5.
98 *Roth*/Altmeppen, § 50, Rn. 9; Rowedder/Schmidt-Leithoff/*Koppensteiner*, § 50, Rn. 4; *Lutter/Hommelhoff*, § 50, Rn. 5.
99 Rowedder/Schmidt-Leithoff/*Koppensteiner* § 50 Rn. 10; Michalski/*Römermann* § 50 Rn. 151.

gerichtete Einberufungsverlangen sowie die Reaktion der Geschäftsführung mitzuteilen.[100] Schließlich bedarf es zwecks zweifelsfreier Individualisierung der handschriftlichen Unterzeichnung durch die Gesellschafter.[101] Nicht restlos geklärt ist, welche Frist die Gesellschafter vor Ausübung ihres Einberufungsrechts abwarten müssen. Der BGH hat eine Frist von *sieben Wochen* als in jedem Fall ausreichend bezeichnet,[102] aber zwecks außerordentlicher Kündigung eines Geschäftsführers im Blick auf § 626 Abs. 2 BGB eine Frist von drei Wochen genügen lassen.[103] Als Richtschnur dürfte eine Frist von *einem Monat* abzuwarten sein.[104] Fehler bei der im Wege der Selbsthilfe anberaumten Gesellschafterversammlung führen zur Nichtigkeit der dort gefassten Beschlüsse. *Nichtigkeit* tritt also ein, wenn die Gesellschafterversammlung von einem Gesellschafter einberufen wird, der hierzu nicht nach § 50 Abs. 1 und 3 befugt war. Dies gilt auch, wenn der Gesellschafter zwar mit 10 % beteiligt ist und zuvor den Geschäftsführer um die Einberufung ersucht, dann aber nicht gewartet hat, bis dieser der Aufforderung nachkommen und die Versammlung einberufen konnte.[105] Das Selbsthilferecht verdrängt nicht das Einberufungsrecht des Geschäftsführers, der vor Ausübung des Selbsthilferechts eine Gesellschafterversammlung ansetzen darf. Haben die Gesellschafter ihr Selbsthilferecht jedoch wahrgenommen, so bleibt die von ihnen einberufene Versammlung wirksam einberufen, auch wenn der Geschäftsführer zwischenzeitlich von seinem Einberufungsrecht Gebrauch macht.[106]

---

100 Scholz/*K. Schmidt,* § 50, Rn. 26; Michalski/*Römermann,* § 50, Rn. 149, Roth/*Altmeppen,* § 50, Rn. 13.
101 Rowedder/Schmidt-Leithoff/*Koppensteiner,* § 51, Rn. 7; *Lutter/Hommelhoff,* § 51, Rn. 3.
102 BGH, Urt. v. 15. 6. 1998 – II ZR 318/96, BGHZ 139, 89, 94 = BB 1998, 1808 = NJW 1998, 3274; BGH, Urt. v. 28. 1. 1985 – II ZR 79/84, BB 1985, 567.
103 BGH, Urt. v. 15. 6. 1998 – II ZR 318/96, BGHZ 139, 89, 94 = BB 1998, 1808 = NJW 1998, 3274.
104 *Lutter/Hommelhoff,* § 50, Rn. 7; Rowedder/Schmidt-Leithoff/*Koppensteiner,* § 50, Rn. 12.
105 BGH, Urt. v. 7. 2. 1983 – II ZR 14/82, BGHZ 87, 1 = BB 1983, 995 = NJW 1983, 1677.
106 Scholz/*K. Schmidt,* § 50, Rn. 28; *Roth*/Altmeppen, § 50, Rn. 9; *Lutter/Hommelhoff,* § 50, Rn. 11.

4. Kap. II. Einberufung der Gesellschafterversammlung

dd) Ergänzung der Tagesordnung

Minderheitsgesellschafter können unter Beachtung der Voraussetzungen eines Selbsthilferechts nach § 50 Abs. 2 GmbHG auch eine Ergänzung der Tagesordnung einer von dem Geschäftsführer anberaumten Gesellschafterversammlung verlangen. Ergänzungsanträge sind so rechtzeitig zu stellen, dass die Frist des § 51 Abs. 4 GmbHG gewahrt werden kann.[107] Erweitert der Geschäftsführer die *Tagesordnung* antragsgemäß, wird teils eine Befugnis der Gesellschaftermehrheit befürwortet, auf der Gesellschafterversammlung diesen Tagungsordnungspunkt wieder abzusetzen und nicht darüber zu beschließen.[108] Dem kann indes nicht zugestimmt werden, weil andernfalls das Minderheitenrecht durch *Nichtbefassung* unterlaufen würde. Vielmehr ist die Mehrheit lediglich berechtigt, über den zur Abstimmung gestellten Gegenstand ablehnend zu votieren.[109]

2. Form und Inhalt der Einberufung

a) Form

Die Ladung zur Gesellschafterversammlung hat nach § 51 Abs. 1 S. 1 GmbHG durch *eingeschriebenen Brief* zu erfolgen. Die Ladung muss mangels Geltung des § 126 BGB nicht unterzeichnet sein,[110] aber die Person des *Einberufenden* und die Identität der Gesellschaft erkennen lassen.[111] Die Einladung ist an sämtliche – auch nach § 47 Abs. 4 GmbHG von der Abstimmung ausgeschlossene[112] – Gesellschafter – zumindest unter der letzten bekannten Anschrift – aufzugeben.[113] Eine

---

107 Rowedder/Schmidt-Leithoff/*Koppensteiner,* § 50, Rn. 7; *Lutter/Hommelhoff,* § 50, Rn. 6.
108 Scholz/*K. Schmidt,* § 50, Rn. 4; Michalski/*Römermann,* § 50, Rn. 92.
109 *Goette,* § 7, Rn. 39; Rowedder/Schmidt-Leithoff/*Koppensteiner,* § 50, Rn. 11; Baumbach/Hueck/*Zöllner,* § 50, Rn. 20; in diese Richtung auch BGH, Urt. 7. 6. 1993 – II ZR 81/92, BGHZ 123, 15 = BB 1993, 1474 = NJW 1993, 2246.
110 Scholz/*K. Schmidt,* § 51, Rn. 13; Rowedder/Schmidt-Leithoff/*Koppensteiner,* § 51, Rn. 7; *Lutter/Hommelhoff,* § 51, Rn. 3; Michalski/*Römermann,* § 51, Rn. 38; a.A. Baumbach/Hueck/*Zöllner,* § 51, Rn. 11; Hachenburg/*Hüffer,* § 51, Rn. 4; *Roth*/Altmeppen, § 51, Rn. 2.
111 Scholz/*K. Schmidt,* § 51, Rn. 13; Michalski/*Römermann,* § 51, Rn. 38; *Lutter/ Hommelhoff,* § 51, Rn. 3; Rowedder/Schmidt-Leithoff/*Koppensteiner,* § 51, Rn. 7.
112 BGH, Urt. v. 12. 7. 1971 – II ZR 127/69, BB 1971, 1025 = NJW 1971, 2225; Rowedder/Schmidt-Leithoff/*Koppensteiner,* § 51, Rn. 4.
113 BGH, Urt. v. 20. 9. 2004 – II ZR 334/02, BB 2004, 2597.

juristische Person ist unter der Bezeichnung des Vertretungsorgans zu laden. Anstelle des Gesellschafters richtet sich die Einladung an dessen gesetzliche Vertreter, einen Testamentsvollstrecker oder Insolvenzverwalter.[114] Bei gewillkürter Vollmacht ist die Einladung an den Vertreter zu richten, sofern er auch über eine Ladungsvollmacht verfügt.[115] Falls die mitgeteilte Adresse unrichtig geworden ist, braucht die Gesellschaft weder die neue Adresse ausfindig zu machen noch für die Bestellung eines Abwesenheitspflegers Sorge zu tragen.[116]

b) Inhalt

In der Einladung sind Zeit (Datum, Uhrzeit) und Ort der Gesellschafterversammlung mitzuteilen. Ferner soll gemäß § 51 Abs. 2 GmbHG der Zweck der Versammlung, die *Tagesordnung*, mitgeteilt werden. Die in der Einladung nicht oder nicht vollständig mitgeteilte Tagesordnung ist gemäß § 51 Abs. 4 GmbHG spätestens drei Tage vor der Versammlung bekannt zu geben.[117] Die Ankündigung des *Beschlussgegenstandes* muss so deutlich sein, dass sich die Gesellschafter auf die Erörterung und Beschlussfassung vorbereiten können und sie vor einer Überrumpelung geschützt werden. Es liegt nahe, dass die Ankündigung „Zustimmung zu der Anteilsübertragung" auch die Abstimmung über die Vorfrage der Zustimmungsbedürftigkeit deckt.[118] Soll ein Geschäftsführer abberufen werden, so ist der Tagungsordnungspunkt *„Geschäftsführerangelegenheiten"* zu unbestimmt. Diese Ankündigung genügt nicht dem Zweck der Vorschrift, den an der Beschlussfassung Beteiligten eine sachgerechte Vorbereitung und Teilnahme an der Aussprache zu ermöglichen und sie vor Überraschung oder Überrumpelung zu schützen. Vielmehr bedarf es der Mitteilung, dass „ein *bestimmter* Geschäftsführer abberufen werden soll", während die Angabe der Gründe nicht erforderlich ist.[119] Handelt es sich um einen Gesellschaftergeschäftsführer, kann wegen der

---

114 Michalski/*Römermann,* § 51, Rn. 25 f.
115 Roth/*Altmeppen,* § 51, Rn. 4; Michalski/*Römermann,* § 51, Rn. 27.
116 Baumbach/Hueck/*Zöllner,* § 51, Rn. 4; Michalski/*Römermann,* § 51, Rn. 34.
117 *Lutter/Hommelhoff,* § 51, Rn. 6; Scholz/*K. Schmidt,* § 51, Rn. 17.
118 BGH, Urt. v. 25. 11. 2002 – II ZR 69/01, BB 2003, 171 = NJW-RR 826.
119 BGH, Urt. v. 29. 5. 2000 – II ZR 47/99, BB 2000, 1538 (LS) = NJW-RR 2000, 1278; BGH, Urt. v. 30. 11. 1961 II ZR 136/60, BB 1962, 110 = NJW 1962, 393; Scholz/*K. Schmidt,* § 51, Rn. 18; Michalski/*Römermann,* § 51, Rn. 78.

4. Kap. II. Einberufung der Gesellschafterversammlung

Stimmbefugnisse die zusätzliche Angabe, ob eine ordentliche oder außerordentliche Abberufung beabsichtigt ist, geboten sein.[120]

c) Einberufungsfrist

aa) Berechnung der Frist

Die Frist für die Einberufung der Gesellschafterversammlung beträgt gemäß § 51 Abs. 1 S. 2 GmbHG mindestens eine Woche. Die Berechnung der Wochenfrist ist nicht ganz unumstritten. Einvernehmen herrscht, dass es auf den individuellen Zugang bei dem Gesellschafter nicht ankommt, weil sich der Gesetzeswortlaut mit dem „Bewirken" der Einladung begnügt und keinen Zugang fordert.[121] Im Interesse der Rechtssicherheit wird teils auf den Tag der *Aufgabe* zur Post abgestellt.[122] In Übereinstimmung mit der neueren Lehre geht der BGH davon aus, dass sich die Ladungsfrist aus der üblicherweise zu erwartenden *Zustellungsfrist* für Einschreiben einerseits und der wöchentlichen *Dispositionsfrist* andererseits zusammensetzt. Die Wochenfrist des § 51 Abs. 1 S. 2 GmbHG ist für sich genommen schon äußerst knapp bemessen. Würde man die Wochenfrist ab Aufgabe zur Post berechnen, so würde ein erheblicher Teil von ihr schon im postalischen Verkehr konsumiert. Damit wäre dem Dispositionsschutz des Gesellschafters nicht genügt. Geht man bei der Bestimmung der Frist des § 51 Abs. 1 S. 2 GmbHG von dem Tag aus, an dem ein eingeschriebener Brief bei normaler postalischer Beförderung den Gesellschafter erreicht, so verliert der Einwand mangelnder Rechtssicherheit und Rechtsklarheit wesentlich an Gewicht, weil sich dieser Tag von den Beteiligten regelmäßig anhand des Absendetages und der üblichen Beförderungsdauer unschwer feststellen lässt. Außerdem ist das Einberufungsorgan im Allgemeinen schon von vornherein in der Lage, eine genaue Fristberechnung durch Summierung der normalen Zustellungsfrist und der Dispositionsfrist des § 51 Abs. 1 S. 2 GmbHG vorzunehmen.[123] Die Frist ist nach §§ 187, 188 BGB zu berechnen: Wird

---

120 *Goette,* § 7, Rn. 30.
121 Rowedder/Schmidt-Leithoff/*Koppensteiner,* § 51, Rn. 10; Michalski/*Römermann,* § 51, Rn. 42; Lutter/*Hommelhoff,* § 51, Rn. 9.
122 Scholz/*K. Schmidt,* § 51, Rn. 15.
123 BGH, Urt. v. 30. 3. 1987 – II ZR 180/86, BGHZ 100, 264 = BB 1987, 1551 = NJW 1987, 2580; Lutter/*Hommelhoff,* § 51, Rn. 9; Baumbach/Hueck/*Zöllner,* § 51, Rn. 17; Hachenburg/*Hüffer,* § 51, Rn. 15; *Roth*/Altmeppen, § 51, Rn. 3; Michals-

2. Form und Inhalt der Einberufung

das Schreiben am Montag zur Post gegeben und ist mit einem Zugang am Mittwoch zu rechnen, so endet die Wochenfrist am folgenden Mittwoch um 24.00 Uhr. Folglich kann die Gesellschafterversammlung frühestens auf den dann folgenden Donnerstag anberaumt werden. Fristende ist also am Tag vor der Gesellschafterversammlung.[124] Fällt der Fristablauf auf einen Samstag, Sonntag oder gesetzlichen Feiertag, so tritt gemäß § 193 BGB an dessen Stelle der nächste Werktag.[125] Diese Grundsätze gelten auch bei der Berechnung der Frist des § 51 Abs. 4 GmbHG.[126] Die Einberufungsfrist kann nicht durch die *Satzung* verkürzt werden.[127]

bb) Verlegung, Eventualeinberufung

Die Frist des § 51 Abs. 1 S. 2 GmbHG ist auch bei einer *Verlegung der Gesellschafterversammlung* zu beachten. Der Schutzzweck der Ladungsfrist liegt nicht allein in der Gewährleistung einer ausreichenden inhaltlichen Vorbereitungszeit. Ihr Ziel besteht außerdem darin, den Gesellschafter in die Lage zu versetzen, dass er sich den Zeitpunkt der Versammlung von anderen Verpflichtungen freihalten und eine erforderliche Anreise zum Ort der Versammlung rechtzeitig bewirken kann. Diesem Dispositionsschutz muss bei der Verlegung eines ordnungsgemäß einberufenen Ersttermins Rechnung getragen werden, weil sich der Gesellschafter auf den geänderten Termin von neuem einzustellen hat.[128] Satzungen sehen mitunter vor, dass die Gesellschafterversammlung nur bei Anwesenheit einer Mindestzahl von Gesellschaftern beschlussfähig ist, im Falle der Beschlussunfähigkeit eine neue Versammlung anzusetzen ist, die dann ohne Rücksicht auf die Zahl der Anwesenden beschlussfähig ist. Zur Vereinfachung wurde in solchen Fällen mit der Ersteinladung (Beispiel: auf den 20. 12.) zugleich eine *Eventualeinberufung* für einen Folgetermin (Beispiel:

---

ki/*Römermann*, § 51, Rn. 44; Rowedder/Schmidt-Leithoff/*Koppensteiner*, § 51, Rn. 10.
124 Michalski/*Römermann*, § 51, Rn. 45 f.
125 Rowedder/Schmidt-Leithoff/*Koppensteiner*, § 51, Rn. 10; *Lutter/Hommelhoff*, § 51, Rn. 8; Hachenburg/*Hüffer*, § 51, Rn. 14; a.A. Baumbach/Hueck/*Zöllner*, § 51, Rn. 18.
126 *Lutter/Hommelhoff*, § 51, Rn. 11.
127 Hachenburg/*Hüffer*, § 51, Rn. 34; Baumbach/Hueck/*Zöllner*, § 51, Rn. 29.
128 BGH, Urt. v. 30. 3. 1987 – II ZR 180/86, BGHZ 100, 264 = BB 1987, 1551 = NJW 1987, 2580.

II. Einberufung der Gesellschafterversammlung

auf den 23. 12.) vorgenommen. Dieser Praxis ist der BGH jedoch entgegengetreten. Eine Eventualeinberufung ist *vor Durchführung der Erstversammlung* nicht zulässig. Den Gesellschaftern muss die Einberufungsfrist für die Folgeversammlung zur Durchführung klärender Aussprachen verbleiben.[129]

3. Heilung von Einberufungsmängeln

Einberufungsmängel können durch eine *Universalversammlung* (§ 51 Abs. 3 GmbHG) oder durch einen *Rügeverzicht* des betroffenen Gesellschafters geheilt werden.[130]

a) Universalversammlung

Die Gesellschafter einer GmbH können auch im Rahmen eines (auch zufälligen) Zusammentreffens ohne förmliche Einberufung der Gesellschafterversammlung Beschlüsse fassen, wenn alle Gesellschafter daran widerspruchslos mitwirken.[131] Die Bestimmung des § 51 Abs. 3 GmbHG setzt neben der *Anwesenheit* sämtlicher Gesellschafter deren *Einvernehmen mit der Abhaltung* der Versammlung zum Zwecke der Beschlussfassung voraus. Nicht „anwesend" im Sinne des § 51 Abs. 3 GmbHG ist sonach derjenige Gesellschafter, der zwar erschienen ist, aber der Durchführung der Versammlung oder Beschlussfassung, sei es ausdrücklich oder konkludent, widerspricht. Würde allein die Anwesenheit der Gesellschafter die Heilung des Einberufungsfehlers bewirken, so hätte dies zur Folge, dass der Gesellschafter, der die Beschlussfassung wegen eines Verfahrensverstoßes gerade verhindern will oder noch unentschlossen ist, gezwungen wäre, der Versammlung fernzubleiben, weil er sonst Gefahr liefe, sein Recht auf ein Vorgehen gegen die anstehenden Beschlüsse zu verlieren. Der Gesellschaft muss daran gelegen sein, dass der Gesellschafter die Versammlung aufsucht, um durch seinen Widerspruch den erschienenen Gesellschaftern Gelegenheit zu geben, angreifbare Beschlussfassungen zu unterlassen oder eine Einigung herbeizufüh-

---

[129] BGH, Urt. v. 8. 12. 1997 – II ZR 216/96, BB 1998, 445 = NJW 1998, 1317.
[130] BGH, Urt. v. 7. 2. 1983 – II ZR 14/82, BGHZ 87, 1 = BB 1983, 995 = NJW 1983, 1677.
[131] BGH, Urt. v. 21. 6. 1999 – II ZR 47/98, BGHZ 142, 92 = BB 1999, 1569 = NJW 1999, 2817, insoweit in BGHZ 142, 92 nicht abgedruckt.

ren.¹³² Die Mitwirkung an der Erörterung und der Abstimmung kann aber bedeuten, dass ein Gesellschafter den eingangs erklärten Widerspruch gegen eine Gesellschafterversammlung nachträglich aufgegeben hat.¹³³

b) Rügeverzicht

Von der Heilung durch Beschlussfassung in einer Universalversammlung ist der heilende *Rügeverzicht* zu unterscheiden.¹³⁴ Der Rügeverzicht kann im Voraus, während der Versammlung oder noch nach der Beschlussfassung bekundet werden.¹³⁵ Liegt ein Ankündigungsmangel vor, so kommt eine Heilung nach § 51 Abs. 3 GmbHG in Betracht, wenn der Gesellschafter dies nicht vor oder bei der Abstimmung rügt. Wird der Mangel erst nach der Abstimmung gerügt, so genügt dies nicht, um die Heilungswirkung gemäß § 51 Abs. 3 GmbHG auszuschließen.¹³⁶

4. Rechtsfolgen von Einberufungsmängeln

Nichtig ist ein Gesellschafterbeschluss, wenn nicht sämtliche – einschließlich der nach § 47 Abs. 4 GmbHG von der Abstimmung ausgeschlossene¹³⁷ – Gesellschafter zu der Versammlung geladen werden.¹³⁸ Wer als *Gesellschafter* einzuladen ist, bestimmt sich nach § 16 Abs. 1 GmbHG. Fehlt es an der erforderlichen Genehmigung der Anteilsveräußerung, so hat die Anmeldung des Übergangs nicht die in § 16 Abs. 1 GmbHG geregelte Wirkung. Lädt der Geschäftsführer,

---

132 BGH, Urt. v. 30. 3. 1987 – II ZR 180/86, BGHZ 100, 264 = BB 1987, 1551 = NJW 1987, 2580; BGH, Urt. v. 29. 5. 2000 – II ZR 47/99, BB 2000, 1538 (LS) = NJW-RR 2000, 1278; Hachenburg/*Hüffer*, § 51, Rn. 29; *Lutter/Hommelhoff*, § 51, Rn. 18; Scholz/*K. Schmidt*, § 51, Rn. 43; kritisch Baumbach/Hueck/*Zöllner*, § 51, Rn. 25; a.A. Rowedder/Schmidt-Leithoff/*Koppensteiner*, § 51, Rn. 13.
133 BGH, Urt. v. 8. 12. 1997 – II ZR 216/96, BB 1998, 445 = NJW 1998, 1317; Scholz/*K. Schmidt*, § 51, Rn. 43; Michalski/*Römermann*, § 51, Rn. 98.
134 *Lutter/Hommelhoff*, § 51, Rn. 19.
135 Scholz/*K. Schmidt*, § 51, Rn. 38.
136 BGH, Urt. v. 25. 11. 2002 – II ZR 69/01, BB 2003, 171 = NZG 2003, 127.
137 BGH, Urt. v. 12. 7. 1971 – II ZR 127/69, BB 1971, 1025 = NJW 1971, 2225; Rowedder/Schmidt-Leithoff/*Koppensteiner*, § 51, Rn. 4.
138 BGH, Urt. v. 20. 9. 2004 – II ZR 334/02, BB 2004, 2597; BGH, Urt. v. 14. 12. 1961 – II ZR 97/59, BGHZ 36, 207 = BB 1962, 196 = NJW 1962, 538; Rowedder/Schmidt-Leithoff/*Koppensteiner*, § 51, Rn. 12.

4. Kap.   III. Beschlussfassung

der über diese Rechtsfolge im Bilde ist, den Erwerber zu der Gesellschafterversammlung, so sind die dort gefassten Beschlüsse nichtig.[139] Entsprechendes gilt, wenn es bereits an einer Einberufung fehlt oder Ort und Zeit der Versammlung nicht mitgeteilt, gleichwohl von einem Teil der Gesellschafter Beschlüsse gefasst werden.[140] Die von einem *Unzuständigen* oder *Geschäftsunfähigen* ausgesprochene Einberufung führt ebenfalls zur Nichtigkeit gefasster Beschlüsse.[141] Dagegen ziehen *Formverstöße* wie die Ladung durch einfaches Schreiben statt durch Einschreiben,[142] die Nichtbeachtung der Frist des § 51 Abs. 1 S. 2 GmbHG,[143] und eine fehlende oder unvollständige Tagesordnung[144] nur die *Anfechtbarkeit* der Beschlüsse nach sich.

III. Beschlussfassung

1. Ablauf der Versammlung

a) Versammlungsleiter

Der Ablauf der Gesellschafterversammlung ist gesetzlich nicht geregelt. Die Satzung kann aber nähere Bestimmungen vorsehen. Im Rahmen der Gesellschafterversammlung ist die *Tagesordnung* abzuhandeln. Ein *Versammlungsleiter* kann durch die Satzung oder ad hoc durch einen Gesellschafterbeschluss bestellt werden.[145] Der Versammlungsleiter öffnet und schließt die Gesellschafterversammlung, leitet Beratung und Abstimmung, nimmt Anträge entgegen und erteilt den Gesellschaftern das Wort. Er kann aus sachlichen Gründen die Tagesordnung umstellen. Die Absetzung von Tagesordnungspunkten

---

139 BGH, Urt. v. 24. 6. 1996 – II ZR 56/95, NJW-RR 1996, 1377.
140 Scholz/*K. Schmidt*, § 51, Rn. 27; Rowedder/Schmidt-Leithoff/*Koppensteiner*, § 51, Rn. 12.
141 BGH, Urt. v. 7. 2. 1983 – II ZR 14/82, BGHZ 87, 1 = BB 1983, 995 = NJW 1983, 1677; BGH, Urt. v. 20. 2. 1984 – II ZR 116/83, WM 1984, 473; Scholz/*K. Schmidt*, § 51, Rn. 29.
142 *Lutter/Hommelhoff*, § 51, Rn. 16; Scholz/*K. Schmidt*, § 51, Rn. 31; a. A. Baumbach/Hueck/*Zöllner*, § 51, Rn. 24.
143 *Lutter/Hommelhoff*, § 51, Rn. 16; Rowedder/Schmidt-Leithoff/*Koppensteiner*, § 51, Rn. 12; Scholz/*K. Schmidt*, § 51, Rn. 30, der allerdings zu Recht Nichtigkeit annimmt, wenn eine Teilnahme wegen offensichtlich verspäteter Aufgabe zur Post nicht erwartet werden kann.
144 Hachenburg/*Hüffer*, § 51, Rn. 27; Michalski/*Römermann*, § 51, Rn. 113.
145 Rowedder/Schmidt-Leithoff/*Koppensteiner*, § 48, Rn. 12.

oder eine Vertagung kann allein die Gesellschafterversammlung beschließen.[146] Den Gesellschaftern ist Gelegenheit zu geben, sich zu den einzelnen Tagesordnungspunkten zu äußern.[147] Der Versammlungsleiter übt die Ordnungsgewalt aus, kann das Wort entziehen, eine Verkürzung der Redezeit anordnen und bei schweren Störungen einen Saalverweis aussprechen.[148]

b) Protokollierung gefasster Beschlüsse

Bei normalen Gesellschafterbeschlüssen ist im Unterschied zu einer Satzungsänderung (§ 53 Abs. 2 GmbHG) eine Protokollierung entbehrlich. Die Satzung kann und sollte eine schriftliche Fixierung vorsehen. Ist in einer Gesellschafterversammlung das Zustandekommen eines bestimmten Beschlusses – gleich ob Annahme oder Ablehnung – von dem Versammlungsleiter *festgestellt* worden, so ist der Beschluss mit dem festgestellten Inhalt vorläufig verbindlich.[149] Der Versammlungsleiter kann also das Beschlussergebnis mit vorläufiger Bestandskraft festlegen.

c) Beschlussfassung in der Einpersonengesellschaft

In der Einpersonengesellschaft ist über die Beschlussfassung nach § 48 Abs. 3 GmbHG eine Niederschrift zu errichten, die von dem Gesellschafter zu unterzeichnen ist. Der Beschluss des Alleingesellschafters einer GmbH, dem Geschäftsführer fristlos zu kündigen, bedarf zu seiner Wirksamkeit nicht der Protokollierung nach § 48 Abs. 3 GmbHG, wenn die Kündigung schriftlich von ihm ausgesprochen worden ist und damit der Sinn der Vorschrift, Sicherheit über den Inhalt eines von der Einpersonengesellschaft gefassten Beschlusses zu schaffen und nachträglich Manipulationen zulasten Dritter auszuschließen, mit der gleichen Gewissheit erreicht ist, als wäre eine Niederschrift nach § 48 Abs. 3 GmbHG gefertigt worden.[150] Ferner genügt eine schriftliche Weisung des Alleingesellschafters an den Li-

---

146 Baumbach/Hueck/*Zöllner,* § 48, Rn. 9.
147 Rowedder/Schmidt-Leithoff/*Koppensteiner,* § 48, Rn. 12.
148 Baumbach/Hueck/*Zöllner,* § 48, Rn. 9.
149 BGH, Urt. v. 21. 3. 1988 – II ZR 308/87, BGHZ 104, 66, BB 1988, 993 = NJW 1988, 1844.
150 BGH, Urt. v. 27. 3. 1995 – II ZR 140/93, BB 1995, 1102 = NJW 1995, 1750; *Lutter/Hommelhoff,* § 48, Rn. 18.

quidator, Schadensersatzansprüche gegen den Geschäftsführer geltend zu machen.[151] Im Übrigen bildet das Formerfordernis keine *Wirksamkeitsvoraussetzung* für einen Gesellschafterbeschluss. Ein Dritter kann die formlose Beschlussfassung gelten lassen.[152] Der Gesellschafter kann sich aber gegenüber Dritten, die einen Beschluss in Abrede stellen, nur im Fall der gebotenen Protokollierung auf den Beschluss berufen.[153]

d) Wirksamwerden eines Gesellschafterbeschlusses

Ein Gesellschafterbeschluss, der die Grundlage für ein Rechtsgeschäft oder eine rechtsgeschäftsähnliche Handlung des Vertretungsorgans der GmbH bildet, wird mit seinem Zustandekommen regelmäßig zugleich mit *Außenwirkung* umgesetzt, sofern sowohl der Geschäftsführer der GmbH als auch der außenstehende Dritte als potenzieller Empfänger der Erklärung oder Handlung bei der Beschlussfassung zugegen sind. Dabei kann ein Gesellschafter, zu dessen Gunsten ein Schuldanerkenntnis der GmbH beschlossen wird, zugleich in der Doppelfunktion als *Anspruchsteller* und *beschließender Gesellschafter* mitwirken. Folglich kann das Schuldanerkenntnis als Außengeschäft zwischen der GmbH, vertreten durch den Geschäftsführer und dem Mitgesellschafter als Gläubiger, begründet werden. Eine nachträgliche Aufhebung des Gesellschafterbeschlusses berührt nicht die Wirksamkeit des Anerkenntnisses.[154]

2. Mehrheitserfordernisse

a) Gesetz

Gesellschafterbeschlüsse bedürfen nach § 47 Abs. 1 GmbHG der *einfachen Mehrheit*, soweit Gesetz (§ 53 Abs. 2 GmbHG) und Satzung nichts anderes vorsehen. Die Mehrheit bestimmt sich nicht nach Köpfen, sondern dem Nominalwert der Geschäftsanteile, wobei nach § 47 Abs. 2 GmbHG 50 € je eine Stimme gewähren. Die Zahl der abgegebenen Stimmen errechnet sich aus der Summe des bei der Beschluss-

---

[151] BGH, Urt. v. 9. 12. 1996 – II ZR 240/95, BB 1997, 277 = NJW 1997, 741.
[152] Scholz/*K. Schmidt*, § 48, Rn. 78.
[153] Scholz/*K. Schmidt*, § 48, Rn. 78; Rowedder/Schmidt-Leithoff/*Koppensteiner*, § 48, Rn. 23; *Lutter/Hommelhoff*, § 48, Rn. 17 f.
[154] BGH, Urt. v. 5. 5. 2003 – II ZR 50/01, BB 2003, 1579 = NJW-RR 2003, 1196.

fassung vertretenen Kapitals. Ein Beschluss kommt zustande, wenn die Zahl der Ja-Stimmen die der Nein-Stimmen übersteigt. Bei Stimmengleichheit gilt ein Antrag als abgelehnt.[155] *Enthaltungen* bleiben außer Ansatz. Da nach § 47 Abs. 2 GmbHG die Mehrheit der „abgegebenen" Stimmen entscheidet, sind nur die Ja- und Nein-Stimmen, nicht aber die Enthaltungen einzurechnen. Es kommt also nur auf das Verhältnis der Stimmen an, die für oder gegen den gestellten Antrag Stellung nehmen. Niemand, der sich der Stimme enthält, wird nach der Verkehrsanschauung auf den Gedanken kommen, sein Verhalten werde sich auf die Beschlussfassung anders auswirken, als wenn er der Versammlung ferngeblieben wäre oder sich vor der Abstimmung entfernt hätte. Würden die Stimmenthaltungen dennoch bei der Mehrheitsberechnung mitgezählt, dann würden sich die Enthaltungen so auswirken, als ob die Mitglieder mit Nein gestimmt hätten. Damit würde aber der objektive Erklärungswert dieses Abstimmungsverhaltens verfälscht.[156] Bei der Frage der *Beschlussfähigkeit* zählen Enthaltungen mit, weil die Gesellschafter durch ihre Mitwirkung zum Ausdruck gebracht haben, den Beschluss ungeachtet seines Ergebnisses mitzutragen.[157] Unberücksichtigt bleiben ungültige Stimmen sowie die Stimmen eines Gesellschafters, dessen Stimmrecht ruht oder der nach § 47 Abs. 4 GmbHG von der Abstimmung ausgeschlossen ist.[158]

b) Satzung

Die Satzung kann die Voraussetzungen, unter denen ein Gesellschafterbeschluss zustande kommt, abweichend regeln (§ 45 Abs. 2 GmbHG). Das Stimmgewicht kann vom Kapitalanteil gelöst und eine Abstimmung nach *Köpfen* eingeführt werden. Andererseits können Mehrstimmrechtsanteile oder auch Anteile ohne oder mit beschränktem Stimmrecht geschaffen werden. Das Stimmgewicht kann von der Zahlung der Einlage abhängig gemacht werden.[159] Ebenso können andere Mehrheitserfordernisse bis hin zur Einstimmigkeit getroffen

---

155 Rowedder/Schmidt-Leithoff/*Koppensteiner,* § 47, Rn. 9.
156 BGH, Urt. v. 25. 1. 1982 – II ZR 164/81, BGHZ 83, 35 = NJW 1982, 1585.
157 *Lutter/Hommelhoff,* § 47, Rn. 4.
158 Baumbach/Hueck/*Zöllner,* § 47, Rn. 14.
159 Rowedder/Schmidt-Leithoff/*Koppensteiner,* § 47, Rn. 16; *Lutter/Hommelhoff,* § 47, Rn. 4.

4. Kap. III. Beschlussfassung

werden.[160] Freilich ist es nicht möglich, durch Satzungsregeln der Minderheit auf Dauer das Übergewicht gegenüber der Mehrheit einzuräumen.[161] Nachträgliche Satzungsänderungen, die das Abstimmungsverfahren zum Gegenstand haben, bedürfen regelmäßig der Zustimmung aller Gesellschafter.[162]

3. Teilnahmerecht

a) Gesellschafter

Der Abstimmung über einen Beschlussgegenstand gehen seine Erörterung und Beratung voraus. Das Recht jedes Gesellschafters auf Abhaltung einer Versammlung und Teilnahme an ihr (§ 48 GmbHG) ist vom Stimmrecht zu unterscheiden. Es besteht unabhängig davon, ob der Gesellschafter über die in der Versammlung zu erörternden Angelegenheiten mitstimmen darf. Der Gesellschafter muss, auch soweit er von der Stimmabgabe ausgeschlossen ist, kraft seiner *Mitgliedsstellung* die Gelegenheit haben, seine Auffassung über den zur Beschlussfassung anstehenden Punkt den Mitgesellschaftern vorzutragen und Einwände geltend zu machen. Schon mit Rücksicht auf ein etwaiges Anfechtungsrecht muss er auch verlangen und darüber wachen können, dass alle nach Gesetz oder Satzung zur Beschlussfassung notwendigen Förmlichkeiten eingehalten werden.[163] Das Teilnahmerecht steht den gemäß § 16 GmbHG angemeldeten Gesellschaftern zu. Wird die Übertragung eines Geschäftsanteils der GmbH nicht angezeigt, ist nur der Veräußerer und nicht der Erwerber zur Teilnahme an der Gesellschafterversammlung berechtigt.[164] Wird gegen den Gesellschafter ein Ausschluss- oder Einziehungsverfahren geführt (§§ 21, 27, 34 GmbHG, Ausschluss aus wichtigem Grund), hat er seinen Geschäftsanteil gekündigt oder verkauft, so bleibt sein Teilnahmerecht erhalten, bis er – etwa nach Zahlung einer Abfindung – seine Mitgliedschaft tatsächlich

---

160 BGH, Urt. v. 25. 9. 1989 – II ZR 304/88, BB 1989, 2132 = NJW-RR 1990, 99.
161 *Lutter/Hommelhoff*, § 47, Rn. 4.
162 Rowedder/Schmidt-Leithoff/*Koppensteiner,* § 47, Rn. 18.
163 BGH, Urt. v. 12. 7. 1971 – II ZR 127/69, BB 1971, 1025 = NJW 1971, 2225; Scholz/*K Schmidt,* § 48, Rn. 12; *Lutter/Hommelhoff,* § 48, Rn. 3; Michalski/*Römermann*, § 48, Rn. 35.
164 BGH, Urt. v. 9. 7. 1990 – II ZR 194/89, BGHZ 112, 103 = BB 1990, 1578 = NJW 1990, 2622; Hachenburg/*Hüffer,* § 48, Rn. 13; Michalski/*Römermann,* § 48, Rn. 37; Scholz/*K. Schmidt,* § 48, Rn. 13.

verloren hat.[165] Eine *juristische Person* hat als Gesellschafterin einer GmbH auch im Falle der Gesamtvertretung nur das Recht, ein Mitglied ihres Vorstandes oder ihrer Geschäftsführung in eine Gesellschafterversammlung zu entsenden.[166] Die Teilnahme eines Beistands oder *Beraters* kann dem Gesellschafter durch Gesellschafterbeschluss gestattet werden. Eine Verpflichtung zur Zulassung kann gegeben sein, falls der Gesellschafter unter Berücksichtigung seiner persönlichen Verhältnisse und der Bedeutung des Beschlussgegenstandes dringend beratungsbedürftig ist.[167] Die *Satzung* kann das Teilnahmerecht der Gesellschafter ebenso wie das Stimmrecht regeln, soweit dadurch nicht in den unverzichtbaren Kernbereich der Mitgliedschaft eingegriffen wird. Das Teilnahmerecht der Gesellschafter kann in der Weise geregelt werden, dass jeder Gesellschafter nur einen Vertreter in die Gesellschafterversammlung entsenden darf.[168] Der *Kern der Mitgliedschaft* ist nicht berührt, wenn der Gesellschafter den Vertreter eigenverantwortlich bestimmen und ihm Weisungen bei der Ausübung des Stimmrechts erteilen kann. Anders verhält es sich, wenn die Satzung zwingend die Vertretung durch eine Person anordnet, die dem Einfluss des Gesellschafters entzogen ist.[169] Der wirksam vertretene Gesellschafter hat kein eigenes zusätzliches Teilnahmerecht; er kann durch Widerruf der Vollmacht seine Teilnahme erzwingen.[170] Nichtgesellschafter wie (Fremd-)*Geschäftsführer* oder *Beiratsmitglieder* haben kein Anwesenheitsrecht, können aber durch Gesellschafterbeschluss zugelassen werden.[171] Auch wenn die Gesellschaft eigene Anteile hält, verfügt der Geschäftsführer nicht über ein Teilnahmerecht.[172] *Aufsichtsratsmitglieder* haben nur in der mitbestimmten GmbH gemäß § 118 Abs. 2 AktG, § 77 Abs. 1 BetrVG, § 25 Abs. 1 MitbestG ein Teilnahmerecht.[173]

---

165 BGH, Urt. v. 17. 10. 1983 – II ZR 80/83, WM 1983, 1354; Hachenburg/*Hüffer,* § 48, Rn. 14; Scholz/*K. Schmidt,* § 48, Rn. 12; Michalski/*Römermann,* § 48, Rn. 37.
166 Baumbach/Hueck/*Zöllner,* § 48, Rn. 4; Scholz/*K. Schmidt,* § 48, Rn. 19; a.A. Hachenburg/*Hüffer,* § 48, Rn. 16; Michalski/*Römermann,* § 48, Rn. 46.
167 *Lutter/Hommelhoff,* § 48, Rn. 4.
168 BGH, Urt. v. 17. 10. 1988 – II ZR 18/88, BB 1989, 449 = NJW-RR 1989, 347.
169 Michalski/*Römermann,* § 48, Rn. 77.
170 Scholz/*K. Schmidt,* § 48, Rn. 20.
171 Baumbach/Hueck/*Zöllner,* § 48, Rn. 5; *Roth*/Altmeppen, § 48, Rn. 6.
172 BGH, Urt. v. 30. 1. 1995 – II ZR 45/94, BB 1995, 690 = NJW 1995, 1027.
173 *Lutter/Hommelhoff,* § 48, Rn. 6.

III. Beschlussfassung

b) Treuhand

Im Rahmen eines Treuhandverhältnisses ist nur der *Treuhänder*, nicht der Treugeber zur Teilnahme berechtigt.[174] Durch die Einräumung eines *Pfandrechts* an seinem Geschäftsanteil verliert der Gesellschafter nicht sein Teilnahmerecht; er kann dem Pfandgläubiger die Teilnahme durch eine Vollmacht ermöglichen.[175] Auch durch die Bestellung eines *Nießbrauchs* an dem Geschäftsanteil bleibt das Teilnahmerecht des Gesellschafters unberührt.[176] Der *Vorerbe* und nicht der Nacherbe ist zu Teilnahme befugt.[177]

c) Vertreter, Amtswalter

Im Rahmen ihres Aufgabenkreises nehmen *gesetzliche Vertreter* eines Gesellschafters – Eltern, Vormund, Betreuer – das Teilnahmerecht des Gesellschafters wahr.[178] Erfasst eine Testamentsvollstreckung den Geschäftsanteil, so ist der Testamentsvollstrecker teilnahmebefugt.[179] Im Fall der Insolvenz übt der Insolvenzverwalter das Teilnahmerecht des Gesellschafters aus.[180] Dem *Gesellschafter* steht neben den Vertretern, die schließlich seine Belange verfolgen, ein eigenes Teilnahmerecht nicht zu.[181]

d) Mitberechtigung

Mehrere Mitberechtigte haben gemäß § 18 Abs. 1 GmbHG jeweils ein Teilnahme- und Äußerungsrecht.[182] Allerdings kann die *Satzung* für mehrere an einem Geschäftsanteil Mitberechtigte oder für mehrere zu einer Gruppe gehörende Gesellschafter die Wahrnehmung der

---

[174] Hachenburg/*Hüffer*, § 48, Rn. 19; Scholz/*K. Schmidt*, § 48, Rn. 13.
[175] Michalski/*Römermann*, § 48, Rn. 57.
[176] Michalski/*Römermann*, § 48, Rn. 58; Scholz/*K. Schmidt*, § 48, Rn. 13; großzügiger *Goette*, § 7, Rn. 48, der dem Nießbraucher Zutritt bei Beschlüssen über das Gewinnrecht und die Mitgliedschaft als solche einräumt.
[177] Scholz/*K. Schmidt*, § 48, Rn. 13.
[178] Baumbach/Hueck/*Zöllner*, § 48, Rn. 4; Rowedder/Schmidt-Leithoff/*Koppensteiner*, § 48, Rn. 8.
[179] Michalski/*Römermann*, § 48, Rn. 54.
[180] Hachenburg/*Hüffer*, § 48, Rn. 16; Scholz/*K. Schmidt*, § 48, Rn. 19.
[181] Scholz/*K. Schmidt*, § 48, Rn. 19; Rowedder/Schmidt-Leithoff/*Koppensteiner*, § 48, Rn. 8.
[182] Michalski/*Römermann*, § 48, Rn. 42.

Gesellschafterrechte durch einen gemeinsamen Vertreter anordnen. Der unverzichtbare Kernbereich des Teilnahmerechts als Ausfluss der Mitgliedschaft ist grundsätzlich erst dann berührt, wenn dem Gesellschafter eine von seinem eigenen Willen getragene Wahrnehmung der Gesellschafterrechte nicht mehr zugestanden wird, wie es regelmäßig der Fall sein wird, wenn dem Gesellschafter ein Vertreter aufgezwungen wird, auf dessen Auswahl und Abstimmungsverhalten er keinen Einfluss hat.[183]

4. Stimmrecht

Die Gesellschafterversammlung ist, falls die Satzung nichts anderes vorschreibt, beschlussfähig, wenn einer der geladenen Gesellschafter erschienen ist.[184]

a) Abspaltungsverbot

Zur Stimmabgabe ist berechtigt, wer nach § 16 GmbHG als Gesellschafter gilt. Die *Verwaltungsrechte* des Gesellschafters können nicht von der Mitgliedschaft abgespalten werden und ein vom Mitgliedschaftsrecht unabhängiges Schicksal haben. Der BGH hat vielfach ausgesprochen, dass bei OHG und KG das *Stimmrecht* des Gesellschafters nicht losgelöst vom Gesellschaftsanteil übertragen werden kann. Für die Verwaltungsrechte des Gesellschafters einer GmbH kann nichts anderes gelten. Das folgt bei einer juristischen Person aus der Einheitlichkeit der Willensbildung.[185] Eine *Vollmacht*, die der Abtretung des Stimmrechts gleichkommt, ist gleichfalls unzulässig. Dies ist bei Erteilung einer unwiderruflichen Stimmrechtsvollmacht unter gleichzeitigem Stimmrechtsverzicht des Gesellschafters anzunehmen.[186] Unbedenklich ist eine widerrufliche Stimmrechtsvoll-

---

183 BGH, Urt. v. 17. 10. 1988 – II ZR 18/88, BB 1989, 449 = NJW-RR 1989, 347.
184 *Lutter/Hommelhoff,* § 48, Rn. 8; Rowedder/Schmidt-Leithoff/*Koppensteiner,* § 48, Rn. 13.
185 BGH, Urt. v. 25. 2. 1965 – II ZR 287/63, BGHZ 43, 261 = BB 1965, 516 = NJW 1965, 1378; Scholz/*K. Schmidt,* § 47, Rn. 20; Michalski/*Römermann,* § 47, Rn. 49; Baumbach/Hueck/*Zöllner,* § 47, Rn. 28; a.A. *Lutter/Hommelhoff,* § 47, Rn. 2; Rowedder/Schmidt-Leithoff/*Koppensteiner,* § 47, Rn. 24.
186 BGH, Urt. v. 10. 11. 1951 – II ZR 111/50, BGHZ 3, 354 = BB 1952, 10 = NJW 1952, 178; BGH, Urt. v. 17. 11. 1986 – II ZR 96/86, BB 1987, 436 = NJW 1987, 780; Baumbach/Hueck/*Zöllner,* § 47, Rn. 36.

4. Kap. III. Beschlussfassung

macht.[187] Die Vollmacht bedarf nicht des Nachweises in *Textform* (§ 47 Abs. 3 GmbHG), wenn sie sämtlichen Gesellschaftern bekannt ist und niemand Widerspruch erhebt oder wenn sie in einer Gesellschafterversammlung in Anwesenheit aller Beteiligten mündlich erteilt wird.[188] Wird gegen den Gesellschafter ein Ausschluss- oder Einziehungsverfahren geführt (§§ 21, 27, 34 GmbHG, Ausschluss aus wichtigem Grund), hat er seinen Geschäftsanteil gekündigt oder verkauft, so bleibt sein Stimmrecht erhalten, bis er – etwa nach Zahlung einer Abfindung – seine Mitgliedschaft tatsächlich verloren hat.[189]

b) Treuhand

Das Stimmrecht ist an die Mitgliedschaft gekoppelt. Darum ist im Falle eines Treuhandverhältnisses der *Treuhänder* und nicht der Treugeber zur Stimmabgabe befugt.[190] Bei der Bestellung eines *Pfandrechts* oder *Nießbrauchs* an dem Geschäftsanteil verbleibt das Stimmrecht dem Gesellschafter.[191]

c) Eigene Geschäftsanteile der GmbH

Die Mitgliedschaftsrechte für einen eigenen Anteil der GmbH ruhen. Bei der Beschlussfassung hat die Gesellschaft deswegen kein Stimmrecht.[192] Auch für Geschäftsanteile, die von abhängigen Gesellschaften gehalten werden, gilt ein Stimmverbot.[193] Ebenso verhält es sich, falls ein *Treuhänder* den Geschäftsanteil für die GmbH hält.[194]

d) Amtswalter

Ist für einen Geschäftsanteil Dauertestamentsvollstreckung angeordnet, dann kann der Testamentsvollstrecker grundsätzlich die mit der Beteiligung verbundenen Mitgliedschaftsrechte ausüben. Einschrän-

---

187 Baumbach/Hueck/*Zöllner,* § 47, Rn. 36.
188 BGH, Urt. v. 14. 12. 1967 – II ZR 30/67, BGHZ 49, 183 = BB 1968, 181 = NJW 1968, 743; *Roth*/Altmeppen, § 47, Rn. 32.
189 Michalski/*Römermann,* § 47, Rn. 59 ff.
190 Baumbach/Hueck/*Zöllner,* § 47, Rn. 26.
191 Scholz/*K. Schmidt,* § 47, Rn. 18; großzügiger bei Nießbrauch *Goette,* § 7, Rn. 51.
192 BGH, Urt. v. 30. 1. 1995 – II ZR 45/94, BB 1995, 690 = NJW 1995, 1027; Scholz/ *K. Schmidt,* § 47, Rn. 24; Baumbach/Hueck/*Zöllner,* § 47, Rn. 40.
193 Michalski/*Römermann,* § 47, Rn. 68.
194 Scholz/*K. Schmidt,* § 47, Rn. 24.

kungen können sich daraus ergeben, dass der Testamentsvollstrecker nicht berechtigt ist, den Erben persönlich zu verpflichten. Folglich nimmt der *Testamentsvollstrecker* in der Gesellschafterversammlung für den Erben das Stimmrecht wahr.[195] Der Testamentsvollstrecker ist nach § 47 Abs. 4 GmbHG vom Stimmrecht ausgeschlossen, soweit die Beschlussfassung seine Entlastung als Mitglied eines Gesellschafterbeirats zum Gegenstand hat.[196] Gesetzliche Vertreter (Eltern, Vormund) sind ebenso wie Betreuer und *Insolvenzverwalter* stimmberechtigt.[197]

e) Stimmbindungsverträge

Die Stimmbindung ist die rechtsgeschäftliche Beschränkung künftigen Abstimmungsverhaltens.[198] Durch einen Stimmbindungsvertrag verpflichtet sich ein Gesellschafter, sein Stimmrecht nicht frei, sondern in einem durch den Inhalt der Abrede oder auf andere Weise konkretisierten Sinn auszuüben.[199] Die Ad-hoc-Stimmbindung bezieht sich auf einen bestimmten Zweck, während eine Dauerstimmbindung die Binnenstruktur der Gesellschaft verändert.[200] *Stimmbindungsverträge zwischen Gesellschaftern* werden als wirksam eingestuft.[201] Stimmbindungsverträge mit gesellschaftsfremden Dritten werden ebenfalls grundsätzlich zugelassen.[202] Sie finden freilich ihre Grenze, sofern Satzungsänderungen und andere wichtige *Strukturmaßnahmen* wie Umwandlung, Konzernierung und Auflösung betroffen sind.[203] Stimmbindungsvereinbarungen können nach § 894 ZPO vollstreckt

---

195 BGH, Beschl. v. 3. 7. 1989 – II ZB 1/89, BGHZ 108, 187 = NJW 1989, 3152.
196 BGH, Urt. v. 12. 6. 1989 – II ZR 246/88, BGHZ 108, 21, BB 1989, 1496 = NJW 1989, 2694.
197 Scholz/*K. Schmidt*, § 47, Rn. 16; Baumbach/Hueck/*Zöllner*, § 47, Rn. 30, 30a.
198 Michalski/*Römermann*, § 47, Rn. 475.
199 Baumbach/Hueck/*Zöllner*, § 47, Rn. 77.
200 Scholz/*K. Schmidt*, § 47, Rn. 39.
201 BGH, Urt. v. 20. 1. 1983 – II ZR 243/81, BB 1983, 996 = NJW 1983, 1910; BGH, Urt. v. 29. 5. 1967 – II ZR 105/66, BGHZ 48, 163 = BB 1967, 975 = NJW 1967, 1963; Scholz/*K. Schmidt*, § 47, Rn. 40; Baumbach/Hueck/*Zöllner*, § 47, Rn. 77.
202 BGH, Urt. v. 20. 1. 1983 – II ZR 243/81, BB 1983, 996 = NJW 1983, 1910; BGH, Urt. v. 29. 5. 1967 – II ZR 105/66, BGHZ 48, 163 = BB 1967, 975 = NJW 1967, 1963; Scholz/*K. Schmidt*, § 47, Rn. 42; Baumbach/Hueck/*Zöllner*, § 47, Rn. 77.
203 *Lutter/Hommelhoff*, § 47, Rn. 5.

werden.[204] Zweifelhaft erscheint im Blick auf § 136 Abs. 2 AktG, ob eine Stimmbindung gegenüber dem Geschäftsführer oder anderen Gesellschaftsorganen möglich ist.[205]

f) Einheitliche Stimmabgabe

Ein Gesellschafter, dessen Geschäftsanteil mehrere Stimmen vereinigt (vgl. § 47 Abs. 2 GmbHG), kann nur einheitlich abstimmen.[206] Ebenso sind *Mitberechtigte* (§ 18 GmbHG) etwa im Rahmen einer Bruchteilsgemeinschaft oder Erbengemeinschaft zu einer einheitlichen Stimmabgabe gezwungen.[207] Hält ein Gesellschafter infolge Zuerwerbs mehrere Geschäftsanteile (§ 15 Abs. 2 GmbHG), ist grundsätzlich gleichfalls eine einheitliche Stimmabgabe geboten.[208] Ausnahmsweise kann in diesem Fall ein schutzwürdiges Interesse eine gespaltene Stimmabgabe rechtfertigen, wenn der Gesellschafter auf eine Stimmbindung oder die Interessen von Treugeber, Pfandgläubiger oder Nießbraucher Rücksicht nimmt.[209] Wird eine Person als Vertreter mehrerer Gesellschafter oder ein Gesellschafter als Vertreter eines anderen Gesellschafters tätig, so ist eine gespaltene Stimmabgabe zulässig.[210] Die unzulässige gespaltene Stimmabgabe ist als *Enthaltung* zu werten.[211]

g) Rechtsnatur der Stimmabgabe

Die Stimmabgabe ist eine *Willenserklärung* des Gesellschafters, die darauf gerichtet ist, einen bestimmten Beschluss als innerverbandli-

---

[204] BGH, Urt. v. 29. 5. 1967 – II ZR 105/66, BGHZ 48, 163 = BB 1967, 975 = NJW 1967, 1963.
[205] Baumbach/Hueck/*Zöllner*, § 47, Rn. 78a; Scholz/*K. Schmidt,* § 47, Rn. 41.
[206] BGH, Urt. v. 21. 3. 1988 – II ZR 308/87, BGHZ 104, 66, BB 1988, 993 = NJW 1988, 1844; Scholz/*K. Schmidt,* § 47, Rn. 69; *Roth*/Altmeppen, § 47, Rn. 29; Baumbach/Hueck/*Zöllner,* § 47, Rn. 11; a.A. Michalski/*Römermann*, § 47, Rn. 463.
[207] Scholz/*K. Schmidt,* § 47, Rn. 70.
[208] Baumbach/Hueck/*Zöllner,* § 47, Rn. 11.
[209] Baumbach/Hueck/*Zöllner,* § 47, Rn. 11; gegen jede Beschränkung Rowedder/Schmidt-Leithoff/*Koppensteiner*, § 47, Rn. 40; Scholz/*K. Schmidt,* § 47, Rn. 72.
[210] Michalski/*Römermann*, § 47, Rn. 549; *Roth*/Altmeppen, § 47, Rn. 24.
[211] Rowedder/Schmidt-Leithoff/*Koppensteiner,* § 47, Rn. 42.

che Entscheidung herbeizuführen.[212] Erklärungsempfänger ist die von dem Versammlungsleiter vertretene Gesellschaft. Auf die Stimmabgabe sind die bürgerlichrechtlichen Vorschriften über *Zugang* (§ 130 BGB), *Nichtigkeit* (§§ 105, 116, 117, 118 BGB) und *Anfechtbarkeit* (§§ 119, 123, 142) anwendbar.[213] Ab Zugang kann die Stimmabgabe nicht mehr widerrufen werden.[214] Die Unwirksamkeit einer etwa nachträglich wegen Irrtums angefochtenen Stimmabgabe ist bedeutungslos, wenn der Beschluss auch ohne Berücksichtigung der Stimme eine ausreichende Mehrheit gefunden hat.[215] Ist die Stimmabgabe als Beitrittserklärung Bestandteil des *Gründungsvorgangs*, so ist sie einer Anfechtung entzogen.[216]

h) Ausschluss von der Abstimmung

aa) Normzweck

Der in § 47 Abs. 4 GmbHG geregelte Stimmrechtsausschluss dient dem Zweck, möglichen Beeinträchtigungen des Gesellschaftsinteresses vorzubeugen, indem der Gesellschafter, der den tatbestandsmäßigen Interessenkonflikten ausgesetzt ist, von der Ausübung des Stimmrechts ausgeschlossen wird.[217] Der Anwendungsbereich der Vorschrift erfasst nicht die Teilnahme an der Versammlung, sondern beschränkt sich auf die Abgabe der Stimme.[218] § 47 Abs. 4 GmbHG regelt *vier Fälle des Stimmrechtsausschlusses*, die Entlastung (§ 46 Nr. 5 GmbHG), die Befreiung von einer Verbindlichkeit (§ 46 Nr. 8 GmbHG), die Vornahme eines Rechtsgeschäfts und die Einleitung oder Erledigung eines Rechtsstreits (§ 46 Nr. 8 GmbHG). Man kann die Fälle auf zwei Grundtatbestände zurückführen, einmal das *Verbot des Richtens in eigener Sache*, soweit die Entlastung und die Führung

---

212 BGH, Urt. v. 14. 7. 1954 – II ZR 342/53, BGHZ 14, 264 = BB 1954, 668 = NJW 1954, 1563; Baumbach/Hueck/*Zöllner,* § 47, Rn. 4; Michalski/*Römermann,* § 47, Rn. 374.
213 Hachenburg/*Hüffer,* § 45, Rn. 41; Scholz/*K. Schmidt,* § 45, Rn. 22.
214 Michalski/*Römermann,* § 47, Rn. 378.
215 Scholz/*K. Schmidt,* § 45, Rn. 22.
216 BGH, Urt. v. 14. 7. 1954 – II ZR 342/53, BGHZ 14, 264 = BB 1954, 668 = NJW 1954, 1563.
217 Rowedder/Schmidt-Leithoff/*Koppensteiner,* § 47, Rn. 51.
218 *Lutter/Hommelhoff,* § 47, Rn. 13; Rowedder/Schmidt-Leithoff/*Koppensteiner,* § 47, Rn. 53.

4. Kap. III. Beschlussfassung

eines Rechtsstreits betroffen sind, und zum anderen das *Verbot des Insichgeschäfts* (§ 181 BGB), soweit es um die Befreiung von einer Verbindlichkeit und die Vornahme eines Rechtsgeschäfts geht.[219] Da der Gesetzgeber von der Einführung einer Generalklausel abgesehen hat, kann der Bestimmung kein allgemeines Prinzip entnommen werden, dass ein Stimmrechtsausschluss in allen Fällen eines Interessenkonflikts eingreift.[220] Die Regelung des § 47 Abs. 4 GmbHG ist auch zu beachten, falls es sich um Abstimmungen in einem Beirat oder Aufsichtsrat handelt.[221]

bb) Subjektiver Geltungsbereich

Das Stimmverbot untersagt dem betroffenen Gesellschafter nach dem Wortlaut des § 47 Abs. 4 GmbHG die Stimmausübung für seinen eigenen Geschäftsanteil sowie als Vertreter eines anderen. Der Gesellschafter kann das in seiner Person liegende Stimmverbot nicht durch Einschaltung eines *Vertreters* umgehen.[222] Auch der selbst befangene rechtsgeschäftliche oder gesetzliche Vertreter ist an der Abstimmung gehindert.[223] Befangenen Amtswaltern ist die Mitwirkung versagt, weil sie im eigenen Namen handeln.[224] Deswegen kann sich der Testamentsvollstrecker des Erben nicht in seiner Eigenschaft als Beiratsmitglied selbst Entlastung erteilen.[225] Bei einem *Stimmbindungsvertrag* führt eine Befangenheit des Stimmrechtsgläubigers zu einem Stimmrechtsausschluss.[226] Der *Treuhänder* ist im Falle der Befangen-

---

[219] Scholz/*K. Schmidt*, § 47, Rn. 102.
[220] Baumbach/Hueck/*Zöllner*, § 47, Rn. 44; Rowedder/Schmidt-Leithoff/*Koppensteiner*, § 47, Rn. 52.
[221] BGH, Urt. v. 12. 6. 1989 – II ZR 246/88, BGHZ 108, 21 = BB 1989, 1496 = NJW 1989, 2694.
[222] Rowedder/Schmidt-Leithoff/*Koppensteiner*, § 47, Rn. 56; Michalski/*Römermann*, § 47, Rn. 105; Baumbach/Hueck/*Zöllner*, § 47, Rn. 63; vgl. den Sachverhalt bei BGH, Urt. v. 13. 11. 1995 – II ZR 288/94, NJW 1996, 259.
[223] Baumbach/Hueck/*Zöllner*, § 47, Rn. 63; Michalski/*Römermann*, § 47, Rn. 101 f.; Scholz/*K. Schmidt*, § 47, Rn. 155.
[224] Rowedder/Schmidt-Leithoff/*Koppensteiner*, § 47, Rn. 55.
[225] BGH, Urt. v. 12. 6. 1989 – II ZR 246/88, BGHZ 108, 21 = BB 1989, 1496 = NJW 1989, 2694; Scholz/*K. Schmidt*, § 47, Rn. 155; Baumbach/Hueck/*Zöllner*, § 47, Rn. 63; Michalski/*Römermann*, § 47, Rn. 101.
[226] Scholz/*K. Schmidt*, § 47, Rn. 171; Rowedder/Schmidt-Leithoff/*Koppensteiner*, § 47, Rn. 57; vgl. BGH, Urt. v. 29. 5. 1967 – II ZR 105/66, BB 1967, 975 = NJW 1967, 1963.

heit des Treugebers vom Stimmrecht ausgeschlossen.[227] Dem Gesellschafter steht kein Stimmrecht zu, wenn der Vertrag mit einem Unternehmen genehmigt werden soll, das mit dem Gesellschafter wirtschaftlich identisch ist oder das er beherrscht.[228] Der Grundsatz, dass ein GmbH-Gesellschafter, der zugleich Alleingesellschafter eines anderen Unternehmens ist, über ein Rechtsgeschäft zwischen den beiden Unternehmen in der Gesellschafterversammlung nicht abstimmen kann, gilt entsprechend für das Stimmrecht von drei Mitgliedern der GmbH, die alle Anteile an dem anderen Unternehmen innehaben.[229] Im *Konzern* ist der Konzernspitze in der Tochtergesellschaft die Stimmabgabe verwehrt, sofern über ein Geschäft zwischen der Konzernspitze oder einem anderen abhängigen Unternehmen und Tochtergesellschaft zu beschließen ist.[230] Sind einzelne von mehreren Mitberechtigten befangen, kommt ein Stimmrechtsausschluss für alle zum tragen, wenn der oder die Betroffenen das Abstimmungsverhalten maßgeblich beeinflussen können. Dies ist bei einer überwiegenden Beteiligung der betroffenen Mitberechtigten an dem Geschäftsanteil anzunehmen.[231] *Persönliche Näheverhältnisse* oder verwandtschaftliche Beziehungen zeitigen keinen Stimmrechtsausschluss.[232]

cc) Objektiver Geltungsbereich

Das Stimmverbot beschränkt sich auf die vier in § 47 Abs. 4 GmbHG geregelten Alternativen.

(1) Entlastung eines Gesellschafters

Unter einer Entlastung ist jede Beschlussfassung zu verstehen, mit der die Tätigkeit eines Gesellschaftsorgans – des Geschäftsführers oder Liquidators, der Mitglieder eines Aufsichtsrats oder Beirats – in-

---

227 Scholz/*K. Schmidt*, § 47, Rn. 158; Baumbach/Hueck/*Zöllner*, § 47, Rn. 63.
228 BGH, Urt. v. 29. 3. 1971 – III ZR 255/68, BGHZ 56, 47 = BB 1971, 586 = NJW 1971, 1256.
229 BGH, Urt. v. 10. 2. 1977 – II ZR 81/76, BGHZ 68, 107 = BB 1977, 463 = NJW 1977, 850; *Lutter/Hommelhoff,* § 47, Rn. 15; Rowedder/Schmidt-Leithoff/*Koppensteiner,* § 47, Rn. 59.
230 *Lutter/Hommelhoff,* § 47, Rn. 23.
231 BGH, Urt. v. 16. 12. 1991 – II ZR 31/91, BGHZ 116, 353 = NJW 1992, 977.
232 Scholz/*K. Schmidt,* § 47, Rn. 154; Rowedder/Schmidt-Leithoff/*Koppensteiner,* § 47, Rn. 58.

4. Kap.   III. Beschlussfassung

haltlich gebilligt wird.[233] Alle diese Personen sind als Gesellschafter von der Mitwirkung bei dem Entlastungsbeschluss ausgeschlossen.[234] Wird darüber abgestimmt, ob ein Ersatzanspruch geltend gemacht werden soll, der der Gesellschaft gegen einen Geschäftsführer oder Gesellschafter zusteht, so ist nicht nur der *unmittelbar betroffene*, sondern grundsätzlich auch der Gesellschafter von der Abstimmung ausgeschlossen, der mit ihm gemeinsam die Pflichtverletzung begangen hat.[235] Das Stimmverbot erfasst beim Vorwurf gemeinsam begangener Pflichtverletzungen die Abstimmung über das Verhalten *aller daran Beteiligten*, weil dieses in einem solchen Fall nur einheitlich beurteilt werden kann. Wenn die Tätigkeit der Geschäftsführung, des Aufsichtsrats oder eines Beirats im Wege einer *Gesamtentlastung* insgesamt gebilligt oder missbilligt werden soll, sind, falls es nicht um eine bestimmte Einzelmaßnahme eines Organmitglieds geht, *alle Gesellschafter* von dem Stimmverbot betroffen, die dem Organ angehören.[236] Einem Stimmrechtsausschluss unterliegt der betroffene Gesellschafter wegen der damit zum Ausdruck gebrachten Missbilligung seines Verhaltens auch bei der Abstimmung über eine *Kaduzierung* (§ 21 GmbHG), *Einziehung* (§ 34 GmbHG) und den Ausschluss aus wichtigem Grund.[237]

(2) Befreiung von einer Verbindlichkeit

Mit dem Merkmal der Verbindlichkeit wird jede Schuld des Gesellschafters, sei sie vertraglicher oder gesetzlicher Natur, erfasst. Bedeutungslos ist, ob die Verbindlichkeit mit dem *Gesellschaftsverhältnis* in einem Zusammenhang steht.[238] Ohne Belang ist auch, auf welche Weise die Befreiung, ob durch Erlassvertrag, negatives Schuldanerkenntnis, Verzicht, Aufrechnung oder Stundung, erfolgt.[239] Das

---

233 Baumbach/Hueck/*Zöllner,* § 47, Rn. 45.
234 Rowedder/Schmidt-Leithoff/*Koppensteiner,* § 47, Rn. 65.
235 BGH, Urt. v. 20. 1. 1986 – II ZR 73/85, BGHZ 97, 28 = BB 1986, 619 = NJW 1986, 2051.
236 BGH, Urt. v. 12. 6. 1989 – II ZR 246/88, BGHZ 108, 21 = BB 1989, 1496 = NJW 1989, 2694.
237 *Lutter/Hommelhoff,* § 47, Rn. 19; Rowedder/Schmidt-Leithoff/*Koppensteiner,* § 47, Rn. 73.
238 *Lutter/Hommelhoff,* § 47, Rn. 20.
239 Baumbach/Hueck/*Zöllner,* § 47, Rn. 47; Rowedder/Schmidt-Leithoff/*Koppensteiner,* § 47, Rn. 67.

Stimmverbot gilt auch für einen Gesellschafter, der für die Verbindlichkeit eines anderen Gesellschafters gegenüber der GmbH eine Bürgschaft übernommen hat.[240]

(3) Vornahme eines Rechtsgeschäfts

Der Stimmrechtsauschluss ist auch zu beachten, wenn ein Gesellschafterbeschluss die Vornahme eines Rechtsgeschäfts mit dem Gesellschafter zum Gegenstand hat. Unter Rechtsgeschäften sind nicht nur *Verträge*, sondern auch *einseitige Erklärungen* wie Kündigung oder Anfechtung zu verstehen.[241] Auch an der Abstimmung über die Erfüllung eines Vertrages kann der betroffene Gesellschafter nicht mitwirken.[242] Das Stimmverbot trifft den Gesellschafter nicht bei innergesellschaftsrechtlichen, typischerweise zur Mitgliedschaft gehörenden Rechtsgeschäften, den *Sozialakten*. Der Gesellschafter ist also stimmberechtigt, wenn über seine Berufung zum Geschäftsführer beschlossen wird. Auch bei Sozialakten greift allerdings ein Stimmrechtsausschluss zulasten eines Gesellschafters durch, wenn gegen ihn aus *wichtigem Grund* eine Maßnahme getroffen werden soll.[243]

(4) Einleitung oder Erledigung eines Rechtsstreits

Der Begriff des Rechtsstreits ist in einem weiten Sinn zu begreifen. Es kommt weder auf die *Klageart* noch die *Verfahrensart* an. Schiedsrichterliche Verfahren, Mahnverfahren, Maßnahmen des vorläufigen Rechtsschutzes und Zwangsvollstreckung werden erfasst.[244] Das Stimmverbot erstreckt sich nicht auf Beschlüsse, die lediglich eine Leistungsaufforderung zum Gegenstand haben und die Entscheidung über die Beschreitung des Gerichtswegs offen lassen.[245]

---

240 *Lutter/Hommelhoff,* § 47, Rn. 20.
241 Rowedder/Schmidt-Leithoff/*Koppensteiner,* § 47, Rn. 68.
242 Baumbach/Hueck/*Zöllner,* § 47, Rn. 49; a.A. Rowedder/Schmidt-Leithoff/*Koppensteiner,* § 47, Rn. 68.
243 BGH, Urt. v. 4. 10. 2004 – II ZR 356/02, BB 2004, 2653; *Lutter/Hommelhoff,* § 47, Rn. 24.
244 *Roth*/Altmeppen, § 47, Rn. 72.
245 *Lutter/Hommelhoff,* § 47, Rn. 21.

dd) Unabdingbarkeit

Die Regelung des § 47 Abs. 4 GmbHG kann, soweit die Erhebung von Ersatzansprüchen und die Entlastung in Rede stehen, nicht durch die Satzung in der Weise abbedungen werden, dass der betroffene Gesellschafter zur Mitwirkung an der Abstimmung berechtigt ist. Dabei geht es vornehmlich um Gestaltungen, in denen ein Gesellschafter zugleich als Geschäftsführer tätig ist und sich möglicherweise schadensersatzpflichtig gemacht hat. Der BGH hat ausgesprochen, dass die Satzung die Anwendbarkeit des § 47 Abs. 4 GmbHG insoweit nicht ausschließen kann, als es um die *Geltendmachung von Ersatzansprüchen* gegen einen Geschäftsführer wegen eines Verhaltens *außerhalb* der Geschäftsführung geht.[246] Für *Ansprüche aus pflichtwidriger Geschäftsführung* kann nichts anderes gelten. Ein Gesellschafter kann bei der Entscheidung darüber, ob gegen ihn Schadensersatzansprüche erhoben werden sollen, die Interessen der Gesellschaft nicht objektiv wahrnehmen. Eine Satzungsregelung, mit der sich die Gesellschafter insoweit in die Hand dessen begeben, der die Gesellschaft möglicherweise geschädigt hat, verstößt gegen § 138 BGB. *Entlastungsbeschlüsse* können nicht anders beurteilt werden. Soweit durch sie dem zu Entlastenden lediglich das Vertrauen ausgesprochen wird, würde zwar dem Stimmrecht des Betroffenen nichts entgegenstehen. Eine andere Beurteilung ist jedoch wegen der weitergehenden Wirkung der Entlastung geboten, die darin besteht, dass erkennbare Schadensersatzansprüche nicht mehr geltend gemacht werden können.[247] Auch bei der Beschlussfassung über die *Einleitung eines Rechtsstreits* kann die Satzung dem betroffenen Gesellschafter kein Stimmrecht einräumen.[248] Auch bei der *Befreiung von einer Verbindlichkeit* ist das Stimmrechtsverbot satzungsfest, weil es sich um die Kehrseite der Er-

---

[246] BGH, Urt. v. 28. 1. 1980 – II ZR 84/79, BGHZ 76, 154 = BB 1980, 750 = NJW 1980, 1527.

[247] BGH, Urt. v. 12. 6. 1989 – II ZR 246/88, BGHZ 108, 21 = BB 1989, 1496 = NJW 1989, 2694; Scholz/*K. Schmidt*, § 47, Rn. 173; Baumbach/Hueck/*Zöllner*, § 47, Rn. 73; Michalski/*Römermann*, § 47, Rn. 338, 341.

[248] BGH, Urt. v. 28. 1. 1980 – II ZR 84/79, BGHZ 76, 154 = BB 1980, 750 = NJW 1980, 1527; *Goette*, § 7, Rn. 62; Michalski/*Römermann*, § 47, Rn. 341 f.; a.A. Scholz/*K. Schmidt*, § 47, Rn. 173.

hebung eines Anspruchs handelt.[249] Satzungsdispositiv ist demgegenüber das *Verbot des Insichgeschäftes*.

5. Schriftliche Beschlussfassung

Gesellschafterbeschlüsse können nach § 48 Abs. 2 GmbHG auch außerhalb einer Gesellschafterversammlung getroffen werden. Die Vorschrift sieht hierfür zwei Wege vor: Einmal ist eine Gesellschafterversammlung entbehrlich, wenn die Gesellschafter einem Beschlussvorschlag *einstimmig* in Textform (§ 126b BGB) zustimmen. Zum anderen kann im *Einverständnis sämtlicher Gesellschafter* eine schriftliche Beschlussfassung erfolgen; ist das Einverständnis (einstimmig) erteilt, so kann eine schriftliche *Mehrheitsentscheidung* getroffen werden.[250] In Abweichung von § 48 Abs. 2 2. Alt. GmbHG kann der Gesellschaftsvertrag eine schriftliche (Mehrheits-)Abstimmung auch ohne Zustimmung sämtlicher Gesellschafter gestatten.[251] Bei einer einstimmigen Beschlussfassung nach § 48 Abs. 2 Alt. 1 GmbHG[252] wie auch einer Beschlussfassung nach § 48 Abs. 2 Alt. 2 GmbHG bedarf es eines Beschlussantrags, der hier neben dem Beschlussgegenstand auch das Einverständnis mit dem schriftlichen Verfahren beinhaltet.[253] Ein Geschäftsführer, der zu schriftlicher Abstimmung auffordert, muss feststellen und den Gesellschaftern mitteilen, dass die satzungsmäßigen Voraussetzungen für diese Abstimmungsart gegeben sind.[254] Bei einer schriftlichen Abstimmung gilt der Beschluss in der Regel erst als gefasst, wenn er vom Geschäftsführer festgestellt und allen Gesellschaftern mitgeteilt wurde.[255]

---

249 BGH, Urt. v. 12. 6. 1989 – II ZR 246/88, BGHZ 108, 21 = BB 1989, 1496 = NJW 1989, 2694; Baumbach/Hueck/*Zöllner,* § 47, Rn. 73; Michalski/*Römermann,* § 47, Rn. 339, 341; Hachenburg/*Hüffer,* § 47, Rn. 188.
250 *Lutter*/Hommelhoff, § 48, Rn. 10.
251 *Roth*/Altmeppen, § 48, Rn. 35; Scholz/*K. Schmidt,* § 48, Rn. 68.
252 Michalski/*Römermann,* § 48, Rn. 223.
253 Michalski/*Römermann,* § 48, Rn. 263.
254 BGH, Urt. v. 20. 11. 1958 – II ZR 17/57, BGHZ 28, 355 = BB 1958, 1272 = NJW 1959, 194.
255 BGH, Urt. v. 1. 12. 1954 – II ZR 285/53, BGHZ 15, 324 = BB 1955, 5 = NJW 1955, 220; a.A. Baumbach/Hueck/*Zöllner,* § 48, Rn. 19, 23; Scholz/*K. Schmidt,* § 48, Rn. 67.

IV. Rechtliche Kontrolle von Gesellschafterbeschlüssen

1. Anwendbarkeit von Anfechtungs- und Nichtigkeitsklage

Die Frage, welche Rechtsfolgen die Mangelhaftigkeit eines Gesellschafterbeschlusses hat, ist im GmbH-Recht nicht geregelt. Die Lücke wird dadurch ausgefüllt, dass die im Aktienrecht enthaltenen Bestimmungen über die Nichtigkeit und Anfechtbarkeit von Beschlüssen der Hauptversammlung und auch die Vorschriften über die Abgrenzung zwischen Nichtigkeit und Anfechtbarkeit auf die GmbH angesichts der weitgehenden Ähnlichkeit der Sach- und Rechtslage sinngemäß angewendet werden, soweit nicht die Besonderheiten der GmbH eine Abweichung erfordern.[256] Nur bestimmte besonders schwer wiegende Mängel führen zur *Nichtigkeit* eines Beschlusses, die von jedermann geltend gemacht werden kann. Ansonsten können Mängel lediglich mit der fristgebundenen, eine besondere Legitimation voraussetzenden *Anfechtungsklage* beseitigt werden.[257]

a) Klage gegen protokollierten Beschluss

Das festgestellte Beschlussergebnis schafft einen Vertrauenstatbestand der nur im Wege der *Anfechtungsklage* beseitigt werden kann.[258] Auch die formal einwandfreie Ablehnung eines Beschlussantrags mit Mehrheit oder infolge Stimmengleichheit bildet einen Beschluss, der aus sachlichen Gründen nichtig oder anfechtbar sein kann. Nur so ist für den antragstellenden Gesellschafter ein ausreichender Rechtsschutz gewährleistet.[259] Darüber hinaus muss aber auch ein positiver Beschluss – also die Annahme eines Antrags – un-

---

[256] BGH, Urt. v. 14. 12. 1961 – II ZR 97/59, BGHZ 36, 207 = BB 1962, 196 = NJW 1962, 538; BGH, Urt. v. 16. 12. 1953 – II ZR 167/52, BGHZ 11, 231 = BB 1954, 39 = NJW 1954, 385; BGH, Urt. v. 25. 11. 2002 – II ZR 69/01, BB 2003, 171 = NZG 2003, 127; *Lutter/Hommelhoff*, Anh § 47, Rn. 1; Scholz/*K. Schmidt*, § 45, Rn. 36; *Roth*/Altmeppen, § 47, Rn. 91; Michalski/*Römermann*, Anh. § 47, Rn. 17; Rowedder/Schmidt-Leithoff/*Koppensteiner*, § 47, Rn. 86; kritisch Baumbach/Hueck/*Zöllner*, Anh § 47, Rn. 2.
[257] Scholz/*K. Schmidt*, § 45, Rn. 38 f.
[258] BGH, Urt. v. 13. 11. 1995 – II ZR 288/94, NJW 1996, 259.
[259] BGH, Urt. v. 26. 10. 1983 – II ZR 87/83, BGHZ 88, 320 = BB 1984, 88 = NJW 1984, 489; BGH, Urt. v. 20. 1. 1986 – II ZR 73/85, BGHZ 97, 28 = BB 1986, 619 = NJW 1986, 2051.

1. Anwendbarkeit von Anfechtungs- und Nichtigkeitsklage 4. Kap.

geachtet möglicher formeller oder materieller Mängel, wenn ein bestimmtes Beschlussergebnis von dem Versammlungsleiter festgestellt worden ist, mit diesem Ergebnis als vorläufig verbindlich gelten, so dass er nur noch durch Anfechtungsklage beseitigt werden kann. Formelle oder materielle Mängel eines Gesellschafterbeschlusses, die seine Anfechtbarkeit begründen, können nur durch Erhebung der Anfechtungsklage geltend gemacht werden.[260] Ein förmlich festgestellter, an Mängeln leidender, aber nicht nichtiger Gesellschafterbeschluss ist nicht nur vorläufig, sondern wird endgültig verbindlich, wenn er nicht entsprechend den aktienrechtlichen Vorschriften angefochten wird.[261] Der Gesellschafter kann die Anfechtungsklage mit einer *Beschlussfeststellungsklage* kombinieren. Hat der Versammlungsleiter zu Unrecht festgestellt, ein Antrag sei wegen Fehlens der erforderlichen Stimmenmehrheit abgelehnt, so kann die hiergegen gerichtete Anfechtungsklage mit dem Antrag auf Feststellung eines zustimmenden Beschlusses verbunden werden. War etwa ein Mitgesellschafter an der Abstimmung gemäß § 47 Abs. 4 GmbHG gehindert, so kann die gegen den ablehnenden Beschluss gerichtete Anfechtungsklage mit dem Feststellungsantrag gekoppelt werden, der Antrag sei angenommen worden. Mithilfe der Feststellungklage kann verbindlich geklärt werden, was tatsächlich beschlossen worden ist. Dies ist aber nur möglich, wenn der widersprechende Gesellschafter in dem Rechtsstreit seine Belange wahrnehmen kann. Dazu genügt es, wenn er von der Klageerhebung in Kenntnis gesetzt wird und auf diese Weise Gelegenheit erhält, als *Nebenintervenient* auf Seiten der verklagten Gesellschaft Mängel des Beschlusses, dessen Feststellung der Kläger begehrt, einredeweise geltend zu machen.[262]

---

260 BGH, Urt. v. 21. 3. 1988 – II ZR 308/87, BGHZ 104, 66, BB 1988, 993 = NJW 1988, 1844; Scholz/*K. Schmidt*, § 48, Rn. 58; *Lutter/Hommelhoff,* Anh § 47, Rn. 42; Michalski/*Römermann*, Anh. § 47, Rn. 57.
261 BGH, Urt. v. 3. 5. 1999, 119/98, BB 1999, 1345 = NJW 1999, 2115.
262 BGH, Urt. v. 20. 1. 1986 – II ZR 73/85, BGHZ 97, 28 = BB 1986, 619 = NJW 1986, 2051; BGH, Urt. v. 26. 10. 1983 – II ZR 87/83, BGHZ 88, 320 = BB 1984, 88 = NJW 1984, 489; BGH, Urt. v. 13. 3. 1980 – II ZR 54/78, BGHZ 76, 191 = NJW 1980, 1465; Scholz/*K. Schmidt*, § 48, Rn. 58.

b) Klage gegen nicht protokollierten Beschluss

Hat der Versammlungsleiter das *rechtliche Beschlussergebnis*, ob die gestellten Anträge angenommen oder abgelehnt sind, nicht festgestellt, weil die Gesellschafter sich über die Stimmberechtigung nicht einigen konnten, so kann auf *Feststellung* geklagt werden, dass der *beantragte Beschluss gefasst* oder nicht gefasst wurde. Da ein derart umstrittener Beschluss nicht in gleicher Weise einen Vertrauenstatbestand schafft wie ein festgestelltes Beschlussergebnis, besteht keine Notwendigkeit, diese Rechtsschutzmöglichkeit den gleichen zeitlichen Begrenzungen zu unterwerfen wie eine Anfechtungsklage. Auch die Feststellungklage wird der interessierte Gesellschafter, um sich nicht dem Verwirkungseinwand oder dem Vorwurf widersprüchlichen Verhaltens auszusetzen, zeitnah erheben müssen.[263] Mangels Feststellung eines förmlichen Beschlussergebnisses ist ebenfalls im Wege der Feststellungklage zu klären, ob ein Geschäftsführer durch einen Gesellschafterbeschluss abberufen wurde.[264]

2. Schwebende Unwirksamkeit eines Beschlusses

Eine besondere Art der Mangelhaftigkeit bildet die schwebende Unwirksamkeit von Beschlüssen. Dabei handelt es sich um Beschlüsse, die als solche mangelfrei sind, der Eintritt des bezweckten rechtlichen Erfolgs von der Erfüllung weiterer Rechtsbedingungen abhängt.[265] Schwebend unwirksam sind danach Beschlüsse, die der Zustimmung eines oder mehrerer Gesellschafter bedürfen, gegen ein Verbot mit Erlaubnisvorbehalt verstoßen oder erst mit Eintragung in das Handelsregister wirksam werden.[266] Die Zustimmung des betroffenen Gesellschafters ist erforderlich, wenn in seine unentziehbaren Gesellschafterrechte eingegriffen werden soll,[267] eine Vermehrung der nach

---

[263] BGH, Urt. v. 13. 11. 1995 – II ZR 288/94, NJW 1996, 259; BGH, Urt. v. 28. 1. 1980 – II ZR 84/79, BGHZ 76, 154 = BB 1980, 750 = NJW 1980, 1527; Michalski/*Römermann,* Anh. § 47, Rn. 57; Rowedder/Schmidt-Leithoff/*Koppensteiner,* § 47, Rn. 9.
[264] BGH, Urt. v. 1. 3. 1999 – II ZR 205/98, BB 1999, 867 = NJW 1999, 2268.
[265] Rowedder/Schmidt-Leithoff/*Koppensteiner,* § 47, Rn. 88; *Roth*/Altmeppen, § 47, Rn. 92.
[266] Michalski/*Römermann,* Anh. § 47, Rn. 26.
[267] BGH, Urt. v. 13. 7. 1967 – II ZR 238/64, BGHZ 48, 141 = BB 1967, 1016 = NJW 1967, 2159.

der Satzung zu erbringenden Leistungen (§ 53 Abs. 3 GmbHG)[268] oder eine Verminderung der Abfindung bei einer Zwangseinziehung beabsichtigt[269] ist.

3. Nichtigkeit von Beschlüssen

a) Nichtigkeitsgründe

Ein Rechtsverstoß macht den Gesellschafterbeschluss „im Zweifel" nur anfechtbar. Durch diese Formulierung wird deutlich gemacht, dass Nichtigkeit allein in den abschließend geregelten Fällen des § 241 AktG gegeben ist.[270] Ein Bestätigungsbeschluss kann nur die Anfechtbarkeit, nicht aber die Nichtigkeit eines Gesellschafterbeschlusses beseitigen.[271]

aa) Einberufungsmängel

Einberufungsmängel führen analog § 241 Nr. 1 AktG zur Nichtigkeit eines Gesellschafterbeschlusses. Nichtig ist ein Gesellschafterbeschluss, wenn nicht sämtliche – einschließlich der nach § 47 Abs. 4 GmbHG von der Abstimmung ausgeschlossene[272] – Gesellschafter zu der Versammlung geladen werden.[273] Wer als *Gesellschafter* einzuladen ist bestimmt sich nach § 16 Abs. 1 GmbHG. Fehlt es an der erforderlichen Genehmigung der Anteilsveräußerung, so hat die Anmeldung des Übergangs nicht die in § 16 Abs. 1 GmbHG geregelte Wirkung. Lädt der Geschäftsführer, der über diese Rechtsfolge im Bilde ist, den Erwerber zu der Gesellschafterversammlung, so sind die dort gefassten Beschlüsse nichtig.[274] Entsprechendes gilt, wenn es bereits an einer Einberufung fehlt oder Ort und Zeit der Versammlung

---

268 BGH, Urt. v. 16. 12. 1991 – II ZR 58/91, BGHZ 116, 359 = BB 1992, 448 = NJW 1992, 892.
269 BGH, Urt. v. 16. 12. 1991 – II ZR 58/91, BGHZ 116, 359 = BB 1992, 448 = NJW 1992, 892.
270 Scholz/*K. Schmidt*, § 45, Rn. 62; Michalski/*Römermann,* Anh. § 47, Rn. 61 ff.; *Lutter/Hommelhoff,* Anh § 47, Rn. 9.
271 BGH, Urt. v. 20. 9. 2004 – II ZR 288/02, BB 2004, 2482.
272 BGH, Urt. v. 12. 7. 1971 – II ZR 127/69, BB 1971, 1025 = NJW 1971, 2225; Rowedder/Schmidt-Leithoff/*Koppensteiner,* § 51, Rn. 4.
273 BGH, Urt. v. 20. 9. 2004 – II ZR 334/02, BB 2004, 2597; BGH, Urt. v. 14. 12. 1961 – II ZR 97/59, BGHZ 36, 207 = BB 1962, 196 = NJW 1962, 538; Rowedder/Schmidt-Leithoff/*Koppensteiner,* § 51, Rn. 12.
274 BGH, Urt. v. 24. 6. 1996 – II ZR 56/95, NJW-RR 1996, 1377.

4. Kap. IV. Rechtliche Kontrolle von Gesellschafterbeschlüssen

nicht mitgeteilt, gleichwohl von einem Teil der Gesellschafter Beschlüsse gefasst werden.[275] Die von einem *Unzuständigen* oder *Geschäftsunfähigen* ausgesprochene Einberufung führt ebenfalls zur Nichtigkeit gefasster Beschlüsse.[276] Dagegen ziehen *Formverstöße* wie die Ladung durch einfaches Schreiben statt durch Einschreiben,[277] die Nichtbeachtung der Frist des § 51 Abs. 1 S. 2 GmbHG,[278] und eine fehlende oder unvollständige Tagesordnung[279] nur die *Anfechtbarkeit* der Beschlüsse nach sich. Die *unrichtige Feststellung des Abstimmungsergebnisses*, insbesondere auch wegen Mitzählens der Stimmen in Wahrheit nicht stimmberechtigter Personen, ist kein Nichtigkeits-, sondern lediglich ein Anfechtungsgrund.[280]

bb) Beurkundungsmängel

Ein Verstoß gegen das Erfordernis der Beurkundung (§ 241 Nr. 2 AktG) macht den Gesellschafterbeschluss nichtig. Notarieller Beurkundung bedürfen *satzungsändernde Beschlüsse* (§ 53 Abs. 2 GmbHG), Umwandlungsbeschlüsse (§§ 50, 125, 176, 233 UmwG) sowie Beschlüsse über den Abschluss von Unternehmensverträgen.[281] Unschädlich ist die Beurkundung durch einen unzuständigen Notar.[282] Die Zulässigkeit einer Anfechtungs- und Nichtigkeitsklage gegen einen *satzungsauslegenden Beschluss* ist anerkannt, wenn der Gesellschafterbeschluss in Wahrheit keine Auslegung, sondern eine Änderung der Satzung enthält. Entsprechendes gilt, wenn dem satzungs-

---

275 Scholz/*K. Schmidt*, § 51, Rn. 27; Rowedder/Schmidt-Leithoff/*Koppensteiner*, § 51, Rn. 12.
276 BGH, Urt. v. 7. 2. 1983 – II ZR 14/82, BGHZ 87, 1 = BB 1983, 995 = NJW 1983, 1677; BGH, Urt. v. 20. 2. 1984 – II ZR 116/83, WM 1984, 473; Scholz/*K. Schmidt*, § 51, Rn. 29.
277 *Lutter/Hommelhoff*, § 51, Rn. 16; Scholz/*K. Schmidt*, § 51, Rn. 31; a.A. Baumbach/Hueck/*Zöllner*, § 51, Rn. 24.
278 *Lutter/Hommelhoff*, § 51, Rn. 16; Rowedder/Schmidt-Leithoff/*Koppensteiner*, § 51, Rn. 12; Scholz/*K. Schmidt*, § 51, Rn. 30, der allerdings zu Recht Nichtigkeit annimmt, wenn eine Teilnahme wegen offensichtlich verspäteter Aufgabe zur Post nicht erwartet werden kann.
279 Hachenburg/*Hüffer*, § 51, Rn. 27; Michalski/*Römermann*, § 51, Rn. 113.
280 BGH, Urt. v. 21. 3. 1988 – II ZR 308/87, BGHZ 104, 66 = BB 1988, 993 = NJW 1988, 1844.
281 *Lutter/Hommelhoff*, Anh. § 47, Rn. 15; Michalski/*Römermann*, Anh. § 47, Rn. 109.
282 Baumbach/Hueck/*Zöllner*, Anh. § 47, Rn. 22.

auslegenden Beschluss regelnder Charakter zukommt, weil über die Zulässigkeit von Maßnahmen entschieden werden soll. Betrifft ein satzungsauslegender Beschluss einen konkreten Vorgang wie die Zustimmungsbedürftigkeit einer Anteilsveräußerung, so würde er im Falle seiner Satzungswidrigkeit einen von der Satzung abweichenden Rechtszustand schaffen und wäre daher nichtig. Selbst wenn er nur eine „punktuelle Satzungsdurchbrechung" enthielte, deren Wirkung sich in der entsprechenden Maßnahme erschöpfte, wäre der Gesellschafterbeschluss nach § 243 Abs. 1 AktG anfechtbar, wenn nicht alle Gesellschafter zugestimmt haben. Ein satzungsauslegender Beschluss, der die Zustimmungsbedürftigkeit einer Anteilsveräußerung verneint, ist mit dem festgestellten Inhalt zunächst für alle Beteiligten vorläufig verbindlich. Ein überstimmter Gesellschafter kann die Satzungswidrigkeit des Beschlusses überhaupt nur im Wege der Anfechtungsklage, nicht aber inzidenter in einem anderen Rechtsstreit über die Wirksamkeit der Anteilsveräußerung geltend machen.[283] Die Nichtbeachtung einer durch die *Satzung* vorgeschriebenen Form zeitigt mangels einer Sanktionierung durch § 241 Nr. 2, § 130 AktG lediglich Anfechtbarkeit.[284]

cc) Unvereinbarkeit mit dem Wesen der GmbH

Der Nichtigkeitsgrund der Unvereinbarkeit mit dem Wesen der GmbH und des Gläubigerschutzes (§ 241 Nr. 3 AktG) hat in der Praxis nur geringe Bedeutung. Unvereinbarkeit mit dem Wesen der GmbH ist die Überbürdung der unbeschränkten persönlichen Haftung der Gesellschafter, die Beseitigung unentziehbarer Individual- und Minderheitsrechte wie das Teilnahme- und Anfechtungsrecht sowie die Verletzung zwingender Zuständigkeitsregeln.[285] Nichtig ist ein Gesellschafterbeschluss bei einem Verstoß gegen die Vorschriften zur *Kapitalaufbringung* und *Kapitalerhaltung* sowie der *Gesellschafterhaftung*.[286]

---

283 BGH, Urt. v. 25. 11. 2002 – II ZR 69/01, BB 2003, 171 = NZG 2003, 127.
284 Michalski/*Römermann*, Anh. § 47, Rn. 111; Baumbach/Hueck/*Zöllner*, Anh. § 47, Rn. 22.
285 *Roth*/Altmeppen, § 47, Rn. 96.
286 Scholz/*K. Schmidt*, § 45, Rn. 74.

dd) Sittenwidrigkeit

Die Sittenwidrigkeit eines Beschlusses bildet einen Nichtigkeitsgrund. Die Sittenwidrigkeit muss im Blick auf den Inhalt gegeben sein; unbeachtlich sind sittenwidrige Motive oder eine sittenwidrige Verfahrensweise. Der Inhalt eines Beschlusses verstößt „für sich allein genommen" gegen die guten Sitten, wenn er eine *Schädigung* dritter nicht anfechtungsberechtigter Personen bezweckt.[287]

ee) Nichtigerklärung, Löschung

Die Nichtigerklärung im Anfechtungsprozess bewirkt nach § 241 Nr. 5 AktG die Nichtigkeit des Beschlusses. Die Löschung im Amtswege (§ 241 Nr. 6 AktG) hat ex tunc Nichtigkeit zur Folge. Die Löschung ist auch nach Ablauf der Frist des § 242 Abs. 2 AktG möglich.[288]

b) Geltendmachung der Nichtigkeit

Der nichtige Beschluss ist rechtswidrig und ispso iure *ohne jede Rechtswirksamkeit*. Selbst der Gesellschafter, der dem Beschluss zugestimmt hat, kann sich auf Nichtigkeit berufen.[289] Die Nichtigkeit kann von jedermann innerhalb und außerhalb eines Prozesses, auch einredeweise gerügt werden. Die Nichtigkeit kann von Gesellschaftern oder Dritten durch eine *Nichtigkeitsfeststellungsklage* verfolgt werden. Diese nicht fristgebundene, aber dem Verwirkungseinwand unterliegende Klage ist eine Feststellungsklage (§ 256 ZPO) und setzt ein Feststellungsinteresse voraus, das im Blick auf Gewinnverwendungsbeschlüsse bei einem stillen Gesellschafter vorliegen kann.[290] Ein auch zur Anfechtung berechtigter Gesellschafter kann die ebenfalls unbefristete *aktienrechtliche Nichtigkeitsklage* (§ 249 AktG) erheben. Diese Klage ist auf eine für jedermann verbindliche Nichtigerklärung des Beschlusses gerichtet. Ein Rechtsschutzbedürfnis für diese Klage folgt bereits daraus, dass ihre Erhebung der Herbeiführung eines Gesetz und Satzung entsprechenden Rechtszustands dient. Etwas anderes kann gelten, wenn sich der angefochtene Beschluss auf

---

[287] Baumbach/Hueck/*Zöllner* Anh. § 37 Rn. 25.
[288] *Roth*/Altmeppen, § 47, Rn. 107; Scholz/*K. Schmidt*, § 45, Rn. 83.
[289] Scholz/*K. Schmidt*, § 45, Rn. 81; *Lutter/Hommelhoff*, Anh § 47, Rn. 31.
[290] Scholz/*K. Schmidt,* § 45, Rn. 82; Baumbach/Hueck/*Zöllner,* Anh § 47, Rn. 33.

das Verhalten der Organe nicht auswirken kann.[291] Nichtigkeits- und Anfechtungsklage verfolgen mit der richterlichen Klärung der Nichtigkeit von Gesellschafterbeschlüssen mit Wirkung für und gegen jedermann dasselbe materielle Ziel. Wird primär Anfechtungsklage und nur hilfsweise Nichtigkeitsklage erhoben, so kann ohne Entscheidung über die Anfechtungsklage die Nichtigkeit festgestellt werden. Beide Klagen stehen nämlich nicht in einem Eventualverhältnis.[292] Die Vorschrift des § 242 Abs. 2 AktG ist im GmbH-Recht entsprechend anzuwenden. Die Nichtigkeit eintragungspflichtiger Beschlüsse der Gesellschafterversammlung einer GmbH kann analog § 242 Abs. 2 AktG nicht mehr geltend gemacht werden, wenn seit der Eintragung ins Handelsregister drei Jahre verstrichen sind. Die Regelung findet auch auf nichtige Bestimmungen der Ursprungssatzung sowohl im Aktien- als auch im GmbH-Recht Anwendung. Auch im GmbH-Recht ist die Sicherheit des Rechtsverkehrs von ausschlaggebender Bedeutung.[293]

4. Anfechtbarkeit von Beschlüssen

Ein nicht an einem Nichtigkeitsgrund behafteter Gesellschafterbeschluss ist zunächst rechtswirksam. Die Nichtigkeit kann nur auf Anfechtungsklage durch ein *kassatorisches Anfechtungsurteil* erreicht werden.[294] Alle Verstöße gegen Gesetz und Satzung, die keinen Nichtigkeitsgrund darstellen, sind als Anfechtungsgrund geeignet.[295] Ein rechtswidriger Bezugsrechtsausschluss wie auch eine Missachtung der Treuepflicht sind mit der Anfechtungsklage geltend zu machen.[296]

a) Klagebefugnis, Beklagter

Anfechtungsbefugt ist der tatsächliche Gesellschafter der GmbH. Im Falle der Treuhand ist diese der *Treuhänder*, nicht der Treugeber. Die

---

[291] BGH, Urt. v. 20. 9. 2004 – II ZR 334/02, BB 2004, 2597.
[292] BGH, Urt. v. 20. 9. 2004 – II ZR 288/02, BB 2004, 2482; BGH, Urt. v. 17. 2. 1997 – II ZR 41/96, BGHZ 134, 266 = BB 1997, 988 = NJW 1997, 1510.
[293] BGH, Urt. v. 19. 6. 2000 – II ZR 73/99, BGHZ 144, 365 = BB 2000, 1590 = NJW 2000, 2819; BGH, Urt. v. 23. 3. 1981 – II ZR 27/80, BGHZ 80, 212 = BB 1981, 992 = NJW 1981, 2125.
[294] *Lutter/Hommelhoff,* Anh § 47, Rn. 42.
[295] *Goette,* § 7, Rn. 91.
[296] BGH, Urt. v. 18. 4. 2005 – II ZR 151/03, BB 2005, 1241.

4. Kap. IV. Rechtliche Kontrolle von Gesellschafterbeschlüssen

Anfechtungsberechtigung kann als eine förmliche Voraussetzung der Vernichtung von Gesellschafterbeschlüssen nicht nach wirtschaftlichen, sondern allein nach den rechtlichen Verhältnissen beurteilt werden.[297] Mitberechtigte können nur gemeinsam Klage erheben.[298] Auch nach Veräußerung des Geschäftsanteils kann nur der Veräußerer die Anfechtungsklage gegen einen Gesellschafterbeschluss erheben, wenn der Erwerb nicht unter Nachweis des Übergangs der Gesellschaft angemeldet ist (§ 16 Abs. 1 GmbHG).[299] Fehlt die Klagebefugnis, ist die Anfechtungsklage als *unzulässig* abzuweisen.[300] Der BGH hat den Standpunkt vertreten, dass ein Kommanditist, der einen gesellschaftsvertraglichen Anspruch gegen seinen Mitgesellschafter geltend macht, diesen Anspruch auch nach Abtretung seines Gesellschaftsanteils an einen Dritten weiterverfolgen kann (§ 265 ZPO). Entsprechend ist zu entscheiden, wenn ein GmbH-Gesellschafter, der einen Gesellschafterbeschluss mit der Nichtigkeits- und/oder Anfechtungsklage angegriffen hat, seine Gesellschafterstellung *während der Dauer des Rechtsstreits* aufgibt oder verliert. Sowohl das Anfechtungsrecht als auch das Recht, ohne persönliches Interesse die Nichtigkeit eines Gesellschafterbeschlusses feststellen zu lassen, ist Ausfluss des Mitgliedschaftsrechts. Daher findet auf die Abtretung des Geschäftsanteils des Nichtigkeits- und Anfechtungsklägers die Vorschrift des § 265 ZPO Anwendung. Dies bedeutet, dass die Abtretung des Geschäftsanteils auf den Prozess keinen Einfluss hat.[301] Die Anfechtungsklage ist gegen die *GmbH*, vertreten durch den Geschäftsführer, zu erheben.[302]

---

[297] BGH, Urt. v. 15. 4. 1957 – II ZR 34/56, BGHZ 24, 119 = BB 1957, 489 = NJW 1957, 951; Scholz/*K. Schmidt*, § 45, Rn. 128; Baumbach/Hueck/*Zöllner*, Anh § 47, Rn. 73.
[298] Rowedder/Schmidt-Leithoff/*Koppensteiner*, § 47, Rn. 146.
[299] BGH, Urt. v. 21. 10. 1968 – II ZR 181/66, BB 1968, 1452 = NJW 1969, 133.
[300] Michalski/*Römermann*, Anh. § 47, Rn. 483.
[301] BGH, Urt. v. 25. 2. 1965 – II ZR 287/63, BGHZ 43, 261 = BB 1965, 516 = NJW 1965, 1378; Baumbach/Hueck/*Zöllner*, Anh § 47, Rn. 73; Scholz/*K. Schmidt*, § 45, Rn. 133; *Lutter/Hommelhoff*, Anh § 47, Rn. 64.
[302] BGH, Urt. v. 10. 11. 1980 – II ZR 51/80, BB 1981, 199 = NJW 1981, 1041; Rowedder/Schmidt-Leithoff/*Koppensteiner*, § 47, Rn. 149; Baumbach/Hueck/*Zöllner*, Anh § 47, Rn. 81; Scholz/*K. Schmidt*, § 45, Rn. 148.

b) *Anfechtungsfrist*

Der BGH wendet in ständiger Rechtsprechung auf fehlerhafte Beschlüsse der Gesellschafterversammlung einer GmbH die aktienrechtlichen Vorschriften mit der Folge entsprechend an, dass von dem Versammlungsleiter festgestellte Beschlüsse, soweit sie zwar fehlerhaft, aber nicht nichtig sind, vorläufig verbindlich und binnen einer am Leitbild des § 246 AktG orientierten Frist von *einem Monat* angefochten werden müssen, wenn sie endgültig wirksam werden sollen. Liegen keine besonderen Umstände vor und ist eine einverständliche Regelung nicht zu erwarten, muss der Gesellschafter Mängel, die ihm bereits bei der Beschlussfassung erkennbar sind, innerhalb eines Monats durch Klageerhebung geltend machen.[303] Wenn schwierige tatsächliche oder rechtliche Fragen zu klären sind, kommt eine Verlängerung der Frist in Betracht.[304] Gleichwohl ist der Gesellschafter gut beraten, wenn er stets die Monatsfrist wahrt.[305] Ausreichend ist eine innerhalb der Monatsfrist eingereichte Klage, die demnächst zugestellt wird (§ 167 ZPO).[306] Die Gründe, auf die die Anfechtung gestützt wird, müssen in ihrem wesentlichen Kern innerhalb der Frist des § 246 Abs. 1 AktG in den Rechtsstreit eingeführt werden. Geschieht dies erst nach Ablauf der Anfechtungsfrist, kommt dies einer verspäteten Klage gleich. Die verspätet vorgebrachten Gründe sind dann unbeachtlich.[307]

c) *Zuständiges Gericht*

Für die Erhebung von Anfechtungsklagen besteht analog § 246 Abs. 3 S. 1 AktG eine ausschließliche Zuständigkeit des Landgerichts, in dessen Bezirk die Gesellschaft ihren *Sitz* hat. Innerhalb des

---

[303] BGH, Urt. v. 18. 4. 2005 – II ZR 151/03, BB 2005, 1241; BGH, Urt. v. 3. 5. 1999 – II ZR 119/98, BB 1999, 1345 = NJW 1999, 2115; BGH, Urt. v. 14. 5. 1990 – II ZR 126/89, BGHZ 111, 224 = BB 1990, 1293 = NJW 1990, 2625.
[304] BGH, Urt. v. 14. 5. 1990 – II ZR 126/89, BGHZ 111, 224 = BB 1990, 1293 = NJW 1990, 2625; Scholz/*K. Schmidt*, § 45, Rn. 142; *Lutter/Hommelhoff*, Anh § 47, Rn. 60; Baumbach/Hueck/*Zöllner*, Anh § 47, Rn. 78a; a.A. Michalski/*Römermann*, Anh. § 47, Rn. 466 f., der – durchaus plausibel – aus Gründen der Rechtssicherheit stets auf die Monatsfrist abstellt.
[305] *Goette*, § 7, Rn. 98.
[306] *Goette*, § 7, Rn. 84.
[307] BGH, Urt. v. 9. 11. 1992 – II ZR 230/91, BGHZ 120, 141 = NJW 1992, 400.

4. Kap.   IV. Rechtliche Kontrolle von Gesellschafterbeschlüssen

Landgerichts ist die Kammer für Handelssachen zuständig.[308] Anfechtungsklagen können nicht vor privaten *Schiedsgerichten* geführt werden. Die aktienrechtlichen Vorschriften, nach denen Urteile über Anfechtungs- und Nichtigkeitsklagen *Rechtskraftwirkung* für und gegen alle Aktionäre haben, auch wenn diese nicht Parteien des Rechtsstreits sind, sind auf Entscheidungen privater Schiedsgerichte nicht anwendbar. Deswegen sind auch Anfechtungsklagen, die sich gegen Beschlüsse der Gesellschafterversammlung einer GmbH wenden, nicht schiedsfähig. Der Gesellschafter kann also eine Anfechtungsklage nur vor den staatlichen Gerichten erheben.[309]

d) Urteil

Haben mehrere Gesellschafter sowohl Nichtigkeits- als auch Anfechtungsklage gegen einen Gesellschafterbeschluss erhoben, ist ein *Teilurteil*, das sich auf die Nichtigkeitsklage bzw. die Anfechtungsklage oder einen Teil der Klage beschränkt, unzulässig. Der Tatrichter hat den angegriffenen Beschluss anhand des gesamten von der Klägerseite vorgetragenen Sachverhalts auf seine Nichtigkeit hin zu überprüfen, unabhängig davon, ob die Klägerseite die Gründe unter dem Gesichtspunkt der Nichtigkcit oder Anfechtbarkeit vorgetragen hat. Eine Teilung des *Streitgegenstandes* danach, ob der Sachvortrag die Voraussetzungen der Nichtigkeit oder der Anfechtbarkeit erfüllt, scheidet daher aus.[310]

e) Kausalität des Verfahrensfehlers für Beschluss entbehrlich

Nach der Rechtsprechung des BGH, kommt es – entgegen früherer Auffassung – für die Anfechtbarkeit nicht darauf an, ob der Entzug des Rederechts oder die Vorenthaltung der begehrten Informationen für das Abstimmungsergebnis ursächlich geworden ist. Die Anfechtung scheitert also nicht an der fehlenden *Kausalität* für das Beschlussergebnis. Vielmehr scheidet eine Anfechtbarkeit nur dann aus, wenn die Gesellschaft darlegen und beweisen kann, dass dieser Verfahrensfehler bei wertender Betrachtung schlechthin nicht relevant

---

308 Baumbach/Hueck/*Zöllner*, Anh § 47, Rn. 84.
309 BGH, Urt. v. 29. 3. 1996 – II ZR 124/95, 132, 278 = NJW 1996, 1753; großzügiger *Lutter/Hommelhoff*, Anh § 47, Rn. 77 ff.
310 BGH, Urt. v. 1. 3. 1999 – II ZR 305/97, NJW 1999, 1638.

geworden sein kann. Das ist jedenfalls dann zu verneinen, wenn dem Gesellschafter ohne Grund das Wort entzogen worden ist. *Relevanz* ist ferner anzunehmen, wenn Fragen nicht beantwortet werden, die in einem nicht nur ganz unbedeutenden Zusammenhang mit dem Beschlussgegenstand stehen, und die Informationen damit zu dessen sachgemäßer Beurteilung erforderlich sind. Relevanz ist auch bei Bekanntmachungsmängeln regelmäßig gegeben.[311] Der Verstoß rechtfertigt die Anfechtbarkeit des Beschlusses ungeachtet dessen, ob der tatsächliche Inhalt einer verweigerten und später eventuell erteilten Auskunft einen objektiv urteilenden Gesellschafter von der Zustimmung zu der Beschlussvorlage abgehalten hätte.[312]

f) Vorrang von Nebenabreden

Verstößt ein Gesellschafterbeschluss gegen von den Gesellschaftern getroffene *Nebenabreden*, so ist er, auch wenn ihm davon abgesehen kein rechtlicher Mangel anhaftet, anfechtbar. Der Mehrheitsbeschluss einer Gesellschafterversammlung, sich an einem anderen Unternehmen zu beteiligen, kann – obwohl von der Satzung gedeckt – anfechtbar sein, wenn sich alle Gesellschafter schuldrechtlich untereinander verpflichtet haben, eine solche Geschäftstätigkeit der GmbH zu unterlassen.[313] Ebenso kann der Beschluss der Gesellschafterversammlung, einen Geschäftsführer abzuberufen, trotz Vereinbarkeit mit der Satzung anfechtbar sein, wenn sich alle Gesellschafter einig waren, eine Abberufung solle nur mit Zustimmung des betroffenen Gesellschafters erfolgen können.[314]

---

[311] BGH, Urt. v. 12. 11. 2001 – II ZR 225/99, BGHZ 149, 158 = BB 2002, 165 = NJW 2002, 1128; BGH, Urt. v. 25. 11. 2002 – II ZR 49/01, BGHZ 153, 32 = BB 2003, 462 = NJW 2003, 970; BGH, Urt. v. 20. 9. 2004 – II ZR 334/02, BB 2004, 2597; BGH, Urt. v. 20. 9. 2004 – II ZR 288/02, BB 2004, 2482; *Lutter/Hommelhoff,* Anh § 47, Rn. 51.
[312] BGH, Urt. v. 18. 10. 2004 – II ZR 250/02, BB 2005, 65.
[313] BGH, Urt. v. 20. 1. 1983 – II ZR 243/81, BB 1983, 996 = NJW 1983, 1910.
[314] BGH, Urt. v. 27. 10. 1986 – II ZR 240/85, BB 1987, 218 = NJW 1987, 1890.

5. Kapitel

Der Geschäftsführer

I. Geschäftsführer als Vertretungs- und Geschäftsführungsorgan

1. Funktion des Geschäftsführers

Die GmbH hat zwei notwendige Organe, die Gesellschafter in ihrer Gesamtheit (Gesellschafterversammlung) sowie den oder die Geschäftsführer. § 6 Abs. 1 GmbHG schreibt als Grundnorm den Geschäftsführer als Handlungsorgan der Gesellschaft vor. Der Geschäftsführer leitet das Unternehmen nach den Richtlinien der Gesellschafter (§ 37 GmbHG) und vertritt die Gesellschaft im Rechts- und Geschäftsverkehr (§ 35 GmbHG). Deswegen kann man den Geschäftsführer als *Leitungs- und Vertretungsorgan* der GmbH bezeichnen. Die Vertretung stellt die Kernkompetenz des Geschäftsführers dar und kann ihm nicht durch die Gesellschafterversammlung entzogen oder auf ein anderes Organ übertragen werden. Die GmbH bedarf bereits vor ihrer Eintragung eines Geschäftsführers, um die Mindesteinlagen entgegenzunehmen (§ 7 Abs. 2 GmbHG) und die Anmeldung der Gesellschaft in das Handelsregister (§ 7 Abs. 1, § 8 GmbHG) zu bewirken. Die Bezeichnung des Leitungsorgans als Geschäftsführer ist für die Eintragung in das Handelsregister zwingend; durch Gesellschaftsvertrag oder Gesellschafterbeschluss kann der Titel des (General-) Direktors, aber wegen der Gefahr einer Verwechslung mit der Rechtsform der AG nicht der des Vorstands verliehen werden.[1] Der Geschäftsführer selbst ist, auch wenn er im Handelsregister unter dieser Berufsbezeichnung eingetragen ist, kein *Kaufmann* im Sinne des HGB, kann aber als ehrenamtlicher Handels-, Arbeits- und Sozialrichter tätig werden (§ 109 GVG, § 22 Abs. 2 Nr. 1 ArbGG, § 16 Abs. 4 Nr. 2 SGG).

---

1 Scholz/*Uwe H. Schneider,* § 6, Rn. 6; Baumbach/Hueck/*Zöllner,* § 35, Rn. 1; großzügiger *Hommelhoff/Kleindiek,* in: Lutter/Hommelhoff, § 6, Rn. 6.

5. Kap. I. Geschäftsführer als Vertretungs- und Geschäftsführungsorgan

2. Vertretung

Die Gesellschaft wird gemäß § 35 Abs. 1 GmbHG durch die Geschäftsführer gerichtlich und außergerichtlich vertreten. Dabei handelt es sich um eine *organschaftliche Vertretungsmacht*, die nicht auf Rechtsgeschäft, sondern der Stellung des Geschäftsführers als Organ der GmbH beruht.[2]

a) Umfang der Vertretungsmacht

Die Vertretungsmacht des Geschäftsführers ist unbeschränkt und kann – jedenfalls im Außenverhältnis (§ 37 Abs. 2 GmbHG) – nicht beschränkt werden.[3] Als Bestandteil der Organstellung kann die Vertretungsmacht nicht durch die Satzung beschränkt oder entzogen werden. Die Vertretungsmacht kann auch nicht für bestimmte Bereiche auf Gesellschafter oder den Aufsichtsrat übertragen werden.[4] Die Befugnis des Geschäftsführers einer GmbH zur organschaftlichen Willensbildung und -erklärung und die damit verbundene Verantwortung sind unübertragbar. Darum sind weder der Geschäftsführer noch die Gesellschafter berechtigt, einen Nichtgeschäftsführer mit einer umfassenden *organschaftlichen Generalvollmacht* auszustatten. Geschäftsführungs- und Vertretungsbefugnis können nicht insgesamt einer Person anvertraut werden, ohne sie zum Geschäftsführer zu bestellen.[5] Im Zweifel ist eine solche Generalvollmacht in eine rechtsgeschäftliche Vollmacht umzudeuten, die sämtliche nicht den Organen vorbehaltene Rechtsgeschäfte umfasst.[6] Die Vertretungsmacht des Geschäftsführers erstreckt sich auf alle denkbaren Unternehmensgeschäfte und ist nicht auf den gegenständlichen Bereich des Unternehmens oder die konkrete Zweckbindung der GmbH beschränkt.[7] Die

---

[2] Michalski/*Lenz*, § 35, Rn. 6; Rowedder/Schmidt-Leithoff/*Koppensteiner*, § 35, Rn. 8.
[3] *Lutter/Hommelhoff*, § 35, Rn. 3; Michalski/*Lenz*, § 35, Rn. 31; Roth/*Altmeppen*, § 35, Rn. 13.
[4] Scholz/*Uwe H. Schneider*, § 38, Rn. 13.
[5] BGH, Urt. v. 18. 10. 1976 – II ZR 9/75, BB 1976, 1577 = NJW 1977, 199; Michalski/*Lenz*, § 35, Rn. 7; Scholz/*Uwe H. Schneider*, § 35, Rn. 17; Rowedder/Schmidt-Leithoff/*Koppensteiner*, § 35, Rn. 9.
[6] Roth/*Altmeppen*, § 35, Rn. 11.
[7] Roth/*Altmeppen*, § 35, Rn. 24.

Vertretungsmacht deckt danach auch den Erwerb von Beteiligungen oder Tochtergesellschaften.[8]

b) Immanente Grenzen der Vertretungsmacht

Die Vertretungsmacht des Geschäftsführers ist im Außenverhältnis grundsätzlich unbeschränkbar (§ 37 Abs. 2 GmbHG). Interne Beschränkungen können Dritten grundsätzlich nicht entgegengehalten werden. Aus Gründen des Verkehrsschutzes hat der Gesetzgeber bei Handelsgesellschaften den Umfang der organschaftlichen Vertretungsbefugnis zwingend festgelegt. Um einen Verkehrsschutz geht es aber dann nicht, wenn der Geschäftsführer bei Abschluss des Vertrages den an sich nur intern wirkenden Zustimmungsvorbehalt anderer Gesellschaftsorgane zum Gegenstand der mit dem Dritten getroffenen Regelung macht. Derartige Abreden im Außenverhältnis sind unbedenklich zulässig, weil der dritte Vertragspartner die interne Beschränkung des handelnden Vertreters kennt und sie in Form einer *Wirksamkeitsbedingung* zum Vertragsinhalt macht. In diesem Fall findet § 37 Abs. 2 GmbHG keine Anwendung. Der Vertrag erlangt nur bei Zustimmung des anderen Organs Gültigkeit.[9] Außerdem gelten die allgemeinen Grundsätze über den *Missbrauch der Vertretungsmacht*. Im Falle der *Kollusion*, wenn Geschäftsführer und Vertragsgegner bewusst zum Nachteil der GmbH zusammenwirken, ist ein Missbrauch unstreitig gegeben.[10] Diese Regeln greifen aber auch dann ein, wenn der Vertragspartner der Gesellschaft weiß oder es sich ihm aufdrängen muss, dass der Geschäftsführer die Grenzen überschreitet, die seiner Vertretungsbefugnis im Innenverhältnis zu der Gesellschaft gezogen sind. Eine solche Grenzüberschreitung kommt vor allem in Betracht, wenn die *Vertragskonditionen* beim Abschluss gegenseitiger Verträge für die Gesellschaft grob nachteilig sind oder wenn die Bestimmung der Vergütung weitgehend dem Vertragspartner der Gesellschaft überlassen ist und eine effektive Kontrolle der

---

[8] Michalski/*Lenz,* § 35, Rn. 35.
[9] BGH, Urt. v. 23. 6. 1997 – II ZR 353/95, BB 1997, 1808 = NJW 1997, 2678; Roth/*Altmeppen,* § 37, Rn. 37; Rowedder/Schmidt-Leithoff/*Koppensteiner,* § 38, Rn. 46.
[10] Scholz/*Uwe H. Schneider,* § 35, Rn. 133; Rowedder/Schmidt-Leithoff/*Koppensteiner,* § 37, Rn. 54.

Höhe der Vergütung der Gesellschaft nicht möglich ist.[11] Ist der Geschäftsgegner ein *Gesellschafter*, so ist von einer Kenntnis des Missbrauchs auszugehen, wenn sich die Überschreitung der Vertretungsmacht aus dem Gesellschaftsvertrag ergibt.[12]

c) Innengeschäfte

Die Vertretungsmacht des Geschäftsführers erstreckt sich auch auf die sog. *Innengeschäfte*, also Geschäfte mit Organen der GmbH oder zwischen der GmbH und Gesellschaftern.[13] Dies betrifft die Zustimmung zur Anteilsveräußerung (§ 15 Abs. 5 GmbHG) und zur Anteilsteilung (§ 17 GmbHG), den Erwerb und die Veräußerung eigener Geschäftsanteile (§ 33 GmbHG), die Einziehung von Geschäftsanteilen (§ 34 GmbHG) sowie die im Kaduzierungsverfahren (§§ 21 ff. GmbHG) abzugebenden Erklärungen. Hier kann allerdings die Wirksamkeit der Vertretung an den Grundsätzen über den Missbrauch der Vertretungsmacht scheitern. Gegenüber Mitgeschäftsführern besteht keine Vertretungsmacht, sofern deren *Dienstverhältnis* berührt ist. Hier greift vielmehr nach § 46 Nr. 5 GmbHG die ausschließliche Zuständigkeit der Gesellschafterversammlung ein. Darum ist ein Geschäftsführer gehindert, mit einem Mitgeschäftsführer einen Aufhebungsvertrag zu schließen oder ihm eine Generalbereinigung zu erteilen.[14] Anders verhält es sich, wenn ein normales Verkehrsgeschäft mit einem anderen Geschäftsführer vereinbart wird.[15]

d) Verbot des Insichgeschäfts

aa) Grundsatz

Die in § 181 BGB niedergelegten Verbote des *Selbstkontrahierens* – Vertrag zwischen dem auf beiden Seiten als Vertreter tätigen Geschäftsführer und der GmbH – und der *Mehrvertretung* – Vertrag zwischen der GmbH und einem von dem Geschäftsführer ebenfalls ver-

---

11 BGH, Urt. v. 13. 11. 1995 – II ZR 113/94, BB 1996, 128 = NJW 1996, 589; *Lutter/Hommelhoff*, § 35, Rn. 13 f.; Scholz/*Uwe H. Schneider*, § 35, Rn. 24.
12 *Lutter/Hommelhoff*, § 35, Rn. 15.
13 *Lutter/Hommelhoff*, § 35, Rn. 9; Michalski/*Lenz*, § 38, Rn. 33; Roth/*Altmeppen*, § 35, Rn. 15; a.A. Baumbach/Hueck/*Zöllner*, § 38, Rn. 49.
14 BGH, Urt. v. 8. 12. 1997 – II ZR 236/96, BB 1998, 444 = NJW 1998, 1315; Rowedder/Schmidt-Leithoff/*Koppensteiner*, § 38, Rn. 17.
15 Scholz/*Uwe H. Schneider*, § 38, Rn. 30a.

tretenen Dritten – gelten auch für die Vertretungsorgane einer GmbH. Der Geschäftsführer kann die Regelung des § 181 BGB nicht umgehen, indem er für die GmbH einen *Unterbevollmächtigten* bestellt.[16] Demgegenüber wird der Vertrag zwischen dem Geschäftsführer einer GmbH und der durch einen *Prokuristen* vertretenen GmbH von § 181 BGB nicht erfasst, weil ein Prokurist nicht als Untervertreter des Geschäftsführers anzusehen ist, sondern seine Aufgabe in eigener Verantwortung verrichtet.[17] Ferner kann einer von zwei gesamtvertretungsberechtigten Geschäftsführern, der mit der Gesellschaft einen Vertrag abschließen will, den anderen Geschäftsführer wirksam zur Alleinvertretung ermächtigen, weil die organschaftliche Gesamtvertretungsmacht durch eine Ermächtigung zur Alleinvertretungsmacht erstarkt.[18] Das entgegen § 181 BGB geschlossene Geschäft ist *schwebend unwirksam*.

bb) Zulässigkeit eines Insichgeschäfts

Der Geschäftsführer kann ein Geschäft mit der GmbH nur schließen, falls dies die Erfüllung einer bereits bestehenden Verbindlichkeit bezweckt, der Vertrag für die GmbH nur rechtlich vorteilhaft ist oder der Geschäftsführer von dem Verbot befreit ist.[19] Ein *Erfüllungsgeschäft* ist in der Gehaltsauszahlung des Geschäftsführers an sich selbst zu erblicken.[20] Rechtlich vorteilhaft ist der Erlass einer Forderung.[21] Die Vornahme von Insichgeschäften kann dem Geschäftsführer generell durch die *Satzung* gestattet werden. Ebenso kann im Einzelfall –

---

16 BGH, Urt. v. 6. 3. 1975 – II ZR 80/73, BGHZ 64, 72 = BB 1975, 535 = NJW 1975, 1117; Scholz/*Uwe H. Schneider*, § 35, Rn. 91; Roth/*Altmeppen*, § 35, Rn. 70; a.A. Baumbach/Hueck/*Zöllner*, § 35, Rn. 76; Hachenburg/*Mertens*, § 35, Rn. 68.
17 BGH, Urt. v. 13. 6. 1984 – VIII ZR 125/83; BGHZ 91, 334 = BB 1984, 1316 = NJW 1984, 2085; Scholz/*Uwe H. Schneider*, § 35, Rn. 92 ff.; Roth/*Altmeppen*, § 35, Rn. 70; Rowedder/Schmidt-Leithoff/*Koppensteiner*, § 35, Rn. 34.
18 BGH, Urt. v. 6. 3. 1975 – II ZR 80/73, BGHZ 64, 72 = BB 1975, 535 = NJW 1975, 1117; Scholz/*Uwe H. Schneider*, § 35, Rn. 94; Roth/*Altmeppen*, § 35, Rn. 70; a.A. Baumbach/Hueck/*Zöllner*, § 35, Rn. 76; Hachenburg/*Mertens*, § 35, Rn. 68.
19 BGH, Urt. v. 27. 9. 1972 – IV ZR 225/69, BGHZ 59, 236 = BB 1972, 73, 63 = NJW 1972, 2262; Roth/*Altmeppen*, § 35, Rn. 64; *Lutter/Hommelhoff*, § 35, Rn. 19.
20 Michalski/*Lenz*, § 35, Rn. 82; Baumbach/Hueck/*Zöllner*, § 35, Rn. 74.
21 BGH, Urt. v. 27. 9. 1972 – IV ZR 225/69, BGHZ 59, 236 = BB 1972, 73, 63 = NJW 1972, 2262.

5. Kap.   I. Geschäftsführer als Vertretungs- und Geschäftsführungsorgan

ohne das Erfordernis einer satzungsmäßigen Ermächtigung – eine Gestattung durch das Bestellungsorgan erfolgen.[22]

cc) Einpersonengesellschaft

Nach früherer Rechtsprechung war § 181 BGB auf Rechtsgeschäfte des geschäftsführenden Alleingesellschafters einer GmbH nicht anwendbar.[23] Dieses Verständnis ist durch die Neufassung des § 35 Abs. 4 S. 1 und 2 GmbHG, der § 181 BGB auch auf Verträge zwischen Alleingesellschafter und GmbH erstreckt, überholt. Über seinen Wortlaut hinaus verbietet § 35 Abs. 4 GmbHG auch Insichgeschäfte zwischen GmbH und Alleingesellschafter, sofern neben ihm noch ein weiterer (Fremd-)Geschäftsführer bestellt ist.[24] Dem alleinigen Gesellschafter und Geschäftsführer einer GmbH kann die Vornahme von Insichgeschäften durch eine Regelung in der *Satzung* und deren *Eintragung in das Handelsregister* gestattet werden. Ein bloßer (ad hoc gefasster) Gesellschafterbeschluss reicht also nicht aus.[25] Die dem Geschäftsführer einer mehrgliedrigen GmbH durch die Satzung erteilte und in das Handelsregister eingetragene Befreiung vom Verbot des Insichgeschäfts erlischt nicht dadurch, dass der Geschäftsführer Alleingesellschafter der GmbH wird.[26] Nach Ansicht des BGH spricht angesichts der üblichen notariellen Gestaltung von Satzungen eine *tatsächliche Vermutung* für eine Befreiung des Alleingesellschafters und Geschäftsführers vom Verbot des Selbstkontrahierens.[27] Nach § 35 Abs. 4 S. 2 besteht für Insichgeschäfte des Alleingesellschafters und Geschäftsführers eine *Protokollierungspflicht*. Die Dokumentation kann in schriftlicher Form oder durch einen elektronischen Datenträger erfolgen. Inhaltlich muss der – wegen der Möglich-

---

22 Baumbach/Hueck/*Zöllner,* § 35, Rn. 75; Hachenburg/*Mertens,* § 35, Rn. 59; Rowedder/Schmidt-Leithoff/*Koppensteiner,* § 35, Rn. 35.
23 BGH, Urt. v. 19. 4. 1971 – II ZR 98/68, BGHZ 56, 97 = BB 1971, 630 = NJW 1971, 1355.
24 Scholz/*Uwe H. Schneider,* § 35, Rn. 107; *Lutter/Hommelhoff,* § 35, Rn. 24.
25 BGH, Beschl. v. 28. 2. 1983 – II ZB 8/82, BGHZ 87, 59 = BB 1983, 857 = NJW 1983, 1676; BGH, Urt. v. 8. 4. 1991 – II ZR 3/91, BGHZ 114, 67 = BB 1991, 925 = NJW 1991, 1731; BFH Urt. v. 23. 10. 1996 I R 71/95, NJW 1997, 1031; Scholz/ *Uwe H. Schneider,* § 35, Rn. 115, 118, 124; Baumbach/Hueck/*Zöllner;* § 35, Rn. 79 f.; a.A. Roth/*Altmeppen,* § 35, Rn. 77.
26 BGH, Urt. v. 8. 4. 1991 – II ZR 3/91, BGHZ 114, 67 = BB 1991, 925 = NJW 1991, 1731.
27 BGH, Urt. v. 8. 3. 2004 – II ZR 316/01, BB 2004, 1359 = NJW-RR 2004, 1035.

keit elektronischer Datenspeicherung keine Unterzeichnung erfordernde – Vermerk das Rechtsgeschäft nachvollziehbar konkretisieren.[28] Der Verstoß gegen die Dokumentationspflicht berührt nicht die *Wirksamkeit* des Vertrages.[29] Die fehlende Dokumentation kann aber *Schadensersatzansprüche* der Gläubiger wie auch der GmbH gegen den Alleingesellschafter begründen.[30]

e) Gesamtvertretung

Mehrere Geschäftsführer sind gemäß § 35 Abs. 2 S. 2 und 3 GmbHG als Aktivvertreter der GmbH nur zur *Gesamtvertretung* berechtigt. Die tatsächliche Verhinderung eines Geschäftsführers verleiht dem anderen Geschäftsführer keine Einzelvertretungsbefugnis. Die Gesellschaft wird also, wenn die Satzung keine Vorsorge trifft, handlungsunfähig.[31] Scheidet einer von zwei Geschäftsführern aus Rechtsgründen infolge Amtsunfähigkeit, Amtsniederlegung oder Abberufung aus, erlangt der verbliebene *Einzelvertretungsbefugnis*. Dies gilt mithin, wenn einer der Geschäftsführer abberufen wird.[32] Tritt ein zweiter Geschäftsführer hinzu, so wandelt sich die Alleinvertretungsmacht in eine Gesamtvertretung.[33] Durch die *Satzung* kann einzelnen oder allen Geschäftsführern Einzelvertretungsbefugnis verliehen werden; so kann dem Geschäftsführer A die Alleinvertretung gestattet, den Geschäftsführern B und C hingegen ein Zusammenwirken vorgeschrieben werden.[34] Als unechte oder gemischte Gesamtvertretung

---

28 *Lutter/Hommelhoff,* § 35, Rn. 25; Rowedder/Schmidt-Leithoff/*Koppensteiner,* § 35, Rn. 32; anders Baumbach/Hueck/*Zöllner,* der bei schriftlicher Niederlegung Unterschrift, bei elektronischer Erfassung die Kennzeichnung der verantwortlichen Person fordert.
29 Scholz/*Uwe H. Schneider,* § 35, Rn. 131d; Baumbach/Hueck/*Zöllner,* § 35, Rn. 81.
30 Baumbach/Hueck/*Zöllner,* § 35, Rn. 81; Scholz/*Uwe H. Schneider,* § 35, Rn. 131d; Roth/*Altmeppen,* § 35, Rn. 83; Rowedder/Schmidt-Leithoff/*Koppensteiner,* § 35, Rn. 33.
31 BGH, Urt. v. 12. 12. 1960 – II ZR 255/59, BGHZ 34, 27 = BB 1961, 65 = NJW 1961, 506; Scholz/*Uwe H. Schneider,* § 35, Rn. 76; Baumbach/Hueck/*Zöllner,* § 35, Rn. 57.
32 BGH, Beschl. v. 9. 5. 1960 – II ZB 3/60, BB 1960, 880; *Goette,* § 8, Rn. 63; Baumbach/Hueck/*Zöllner,* § 35, Rn. 52; Rowedder/Schmidt-Leithoff/*Koppensteiner,* § 35, Rn. 60.
33 Baumbach/Hueck/*Zöllner,* § 35, Rn. 52; Roth/*Altmeppen,* § 35, Rn. 32.
34 Scholz/*Uwe H. Schneider;* Rowedder/Schmidt-Leithoff/*Koppensteiner,* § 35, Rn. 39.

5. Kap. I. Geschäftsführer als Vertretungs- und Geschäftsführungsorgan

bezeichnet man Satzungsregeln, nach denen ein Geschäftsführer nur gemeinsam mit einem *Prokuristen* zur Vertretung befugt ist. Diese Vertretungsform ist nur zulässig, wenn ein anderer Geschäftsführer zur Einzelvertretung befugt ist, weil eine gesetzliche Vertretung ohne Mitwirkung eines Prokuristen möglich sein muss.[35] Zur *Passivvertretung* genügt die Abgabe der Willenserklärung gegenüber einem Geschäftsführer (§ 35 Abs. 2 S. 3 GmbHG).

f) Prozessvertretung

Die Vertretung der GmbH bei Prozessen (§ 35 Abs. 1 GmbHG) durch den Geschäftsführer erfährt eine Durchbrechung bei Verfahren gegen frühere oder amtierende *(Mit-)Geschäftsführer*. Hier übernimmt vielmehr die Gesellschafterversammlung (§ 46 Nr. 8 GmbHG) die Prozessvertretung.[36] Gemäß § 112 AktG wird eine Aktiengesellschaft gegenüber aktiven wie auch ehemaligen *Vorstandsmitgliedern* gerichtlich und außergerichtlich durch den Aufsichtsrat vertreten. Gleiches gilt bei einer GmbH, die über einen Aufsichtsrat verfügt (§ 52 GmbHG i.V.m. § 112 AktG). Der *(fakultative) Aufsichtsrat* einer GmbH vertritt diese in einem Rechtsstreit mit einem *(ehemaligen) Geschäftsführer* über den Widerruf einer Versorgungszusage, soweit der Gesellschaftsvertrag keine andere Regelung enthält (§ 52 GmbHG i.V.m. § 112 AktG).[37] Wird die Klage fälschlich gegen die durch den Geschäftsführer vertretene GmbH erhoben, so kann der Vertretungsmangel geheilt werden, indem der Aufsichtsrat die Prozessführung übernimmt und die frühere Prozessführung genehmigt. Die Genehmigung kann auch konkludent erfolgen. Eine Pflicht, die Prozessführung zu genehmigen, besteht nicht.[38] Die Zustellung der Klage an den nicht vertretungsberechtigten Vorstand ist gemäß § 170 Abs. 2 ZPO wirksam. Trotz fehlender Vertretungsmacht ist der Vorstand berechtigt, den Streit über die gesetzliche Vertretungsmacht zur

---

35 Scholz/*Uwe H. Schneider*, § 35, Rn. 72; Michalski/*Lenz*, § 35, Rn. 57.
36 *Goette*, § 8, Rn. 61; Michalski/*Lenz*, § 35, Rn. 38; *Lutter/Hommelhoff*, § 35, Rn. 7; Baumbach/Hueck/*Zöllner*, § 35, Rn. 51.
37 BGH, Urt. v. 24. 11. 2003 – II ZR 127/01, BB 2004, 126 = NJW-RR 2004, 330; BGH, Urt. v. 28. 2. 2005 – II ZR 220/03.
38 BGH, Urt. v. 21. 6. 1999 – II ZR 27/98, BB 1999, 2100 = NJW 1999, 3263; BGH, Urt. v. 28. 2. 2005 – II ZR 220/03.

Erwirkung einer Abweisung der Klage als unzulässig auszutragen.³⁹ Diese Vertretungsregelung gilt auch bei Umwandlung einer GmbH in eine Aktiengesellschaft. In einer vom BGH entschiedenen Sache war die Klage des ehemaligen Geschäftsführers gegen die GmbH, vertreten durch ihren damaligen Aufsichtsrat, erhoben worden. Nach Verschmelzung der GmbH auf eine Aktiengesellschaft bezeichnete der Kläger die Beklagte in seiner Berufungsschrift als „X-GmbH, vertreten durch den Geschäftsführer, nunmehr Y-AG, vertreten durch den Vorstand". Da die X-GmbH in dem anhängigen Rechtsstreit durch einen Prozessbevollmächtigten vertreten war, trat die Y-AG als Rechtsnachfolgerin der X-GmbH gemäß § 246 Abs. 1 ZPO ohne Unterbrechung des Verfahrens (§§ 239, 241 ZPO) kraft Gesetzes in den Rechtsstreit ein und wurde durch den bisherigen Prozessbevollmächtigten der X-GmbH auf Grund des Fortbestandes der von ihr erteilten Prozessvollmacht entsprechend § 86 ZPO „nach Vorschrift der Gesetze vertreten". Trotz der Gesamtrechtsnachfolge kann das Verfahren unter der bisherigen Bezeichnung fortgesetzt werden. Die Falschbezeichnung in der Berufungsschrift ist, soweit der Aufsichtsrat nicht als Vertretungsorgan aufgeführt ist, unschädlich und kann nach § 319 ZPO berichtigt werden; sie gibt der Klage keine neue Richtung gegen die bereits kraft Gesetzes in den Rechtsstreit eingetretene Beklagte. Die zulässige Klage des Geschäftsführers einer GmbH gegen diese wird also nach deren Verschmelzung auf eine AG nicht dadurch unzulässig, dass der Kläger in seiner Berufungsschrift das Organ der AG falsch bezeichnet. Auch die Zulässigkeit der Berufung bleibt davon unberührt.⁴⁰

3. Geschäftsführung

a) Begriff

Der Begriff der Geschäftsführung wird im Gesetz nicht näher umschrieben. Die Geschäftsführung umfasst sämtliche Maßnahmen, die erforderlich sind, um den Unternehmensgegenstand mit den zur Verfügung stehenden personellen, sachlichen und finanziellen Ressourcen nach den Grundsätzen ordnungsgemäßer Geschäftsleitung zu ver-

---

39 BGH, Urt. v. 28. 2. 2005 – II ZR 220/03.
40 BGH, v. 1. 12. 2003 – II ZR 161/02, BB 2004, 64 = NJW 2004, 1528.

wirklichen.[41] In die Zuständigkeit der Geschäftsführer gehören die *originären Führungsfunktionen* auf den Gebieten der Unternehmensplanung, -koordinierung und -kontrolle sowie die Besetzung der Führungsstellen im Unternehmen.[42]

b) Gesetzliche Aufgaben der Geschäftsführer

Die Geschäftsführung hat im Fall der *Insolvenz* das Vermögen der GmbHG zu sichern[43] und der *Insolvenzantragspflicht* des § 64 GmbHG zu genügen. Kapitalaufbringung und Kapitalerhaltung sind vom Geschäftsführer zu überwachen (§§ 30, 43 Abs. 3 GmbHG), er hat Ansprüche aus Differenz- und Unterbilanzhaftung zu verfolgen. Ferner hat der Geschäftsführer für eine ordnungsgemäße Buchhaltung zu sorgen (§ 41 GmbHG) und den Jahresabschluss aufzustellen (§ 264 HGB). Ihm obliegt es, die Gesellschafterversammlung einzuberufen (§ 49 Abs. 2 und 3 GmbHG).[44]

c) Gesamtgeschäftsführung

aa) Geschäftsordnung

Hat die Gesellschaft mehrere Geschäftsführer, so ordnet das Gesetz für das Außenverhältnis Gesamtvertretung an (§ 35 Abs. 2 S. 2 GmbHG). Für die Abstimmung der Geschäftsführer im Innenverhältnis fehlt es an einer ausdrücklichen Regelung. Gleichwohl wird man in Anlehnung an § 35 Abs. 2 S. 2 GmbHG eine Verpflichtung zum Zusammenwirken der Geschäftsführer annehmen können.[45] Die damit gegebene *Gesamtgeschäftsführung* bedeutet, dass kein Geschäftsführer ohne die Mitwirkung des anderen handeln darf. Wird über eine Maßnahme beschlossen, kann sie entgegen §§ 28, 32 BGB nur im Falle der *Einstimmigkeit* durchgeführt (analog § 77 AktG) werden.[46]

---

41 *Lutter/Hommelhoff,* § 37, Rn. 3.
42 *Lutter/Hommelhoff,* § 37, Rn. 4.
43 Vgl. BGH, Urt. v. 8. 1. 2001 – II ZR 88/99, BGHZ 146, 264 = BB 2001, 430 = NJW 2001, 1280.
44 *Lutter/Hommelhoff,* § 37, Rn. 5; Michalski/*Lenz,* § 37, Rn. 6.
45 *Lutter/Hommelhoff,* § 37, Rn. 28; Roth/*Altmeppen,* § 37, Rn. 33; Baumbach/Hueck/*Zöllner,* § 37, Rn. 16; Hachenburg/*Mertens,* § 37, Rn. 106.
46 Scholz/*Uwe H. Schneider,* § 37, Rn. 21; Rowedder/Schmidt-Leithoff/*Koppensteiner,* § 37, Rn. 17; Baumbach/Hueck/*Zöllner,* § 37, Rn. 16.

3. Geschäftsführung   5. Kap.

Stimmenthaltungen gelten dabei als Neinstimmen.[47] Die *Satzung* kann davon abweichend für die Ausübung der Geschäftsführung eine *(organexterne) Geschäftsordnung* treffen, Einzelgeschäftsführung oder *Ressortbildung* vorsehen, Mehrheitsentscheidungen oder – bei Stimmengleichheit – einen Stichentscheid des Vorsitzenden oder Sprechers der Geschäftsleitung gestatten.[48] Soll eine Geschäftsordnung nachträglich durch Gesellschafterbeschluss geschaffen werden, bedarf es wegen der damit verbundenen Satzungsänderung der Mehrheit von drei Viertel (§ 53 Abs. 2 GmbHG).[49] Die Geschäftsführer können sich, wenn es an einer in der Satzung enthaltenen Geschäftsordnung fehlt, auch ohne satzungsmäßige Ermächtigung selbst eine *(organinterne) Geschäftsordnung* geben.[50] Hierzu bedarf es der Zustimmung aller Geschäftsführer.[51]

bb) Gesamtverantwortung

Eine Ressortbildung oder die Gestattung von Einzelgeschäftsführung, auf die aus einer Einzelvertretungsbefugnis geschlossen werden kann,[52] entheben die an einem Vorgang unbeteiligten Geschäftsführer nicht ihrer gesetzlichen *Gesamtverantwortung*. Wegen der ihn nach § 64 GmbHG treffenden Pflichten darf einem Geschäftsführer nicht der Einblick in die Buchhaltung verwehrt werden.[53] Eine mit seinem Mitgeschäftsführer vereinbarte interne Geschäftsaufteilung entbindet den Geschäftsführer einer GmbH nicht von seiner eigenen Verantwortung für die Erfüllung der aus § 64 GmbHG folgenden Pflichten zur rechtzeitigen Insolvenzantragstellung, zur Massesicherung und dementsprechend auch nicht von dem ihm obliegenden Nachweis, dass der diese Pflichten mit der den Umständen nach gebotenen Sorgfalt erfüllt hat. Dabei ist, weil es um die Wahrung grundsätzlich nicht auf einen anderen übertragbarer Aufgaben, sondern um die eigene Einstandspflicht des Geschäftsführers für die Gesetzmäßigkeit der Unter-

---

47 Scholz/*Uwe H. Schneider,* § 37, Rn. 21.
48 Baumbach/Hueck/*Zöllner,* § 37, Rn. 16; Michalski/*Lenz,* § 37, Rn. 32; *Lutter/Hommelhoff,* § 37, Rn. 34.
49 Scholz/*Uwe H. Schneider,* § 37, Rn. 59; a.A. Roth/*Altmeppen,* § 37, Rn. 33; *Lutter/Hommelhoff,* § 37, Rn. 36: einfache Mehrheit genügt.
50 *Lutter/Hommelhoff,* § 37, Rn. 29; Scholz/*Uwe H. Schneider,* § 37, Rn. 62.
51 Scholz/*Uwe H. Schneider,* § 37, Rn. 62; Baumbach/Hueck/*Zöllner,* § 37, Rn. 16.
52 Michalski/*Lenz,* § 37, Rn. 38.
53 BGH, Urt. v. 26. 6. 1995 – II ZR 109/94, BB 1995, 1844 = NJW 1995, 2850.

nehmensleitung geht, jedenfalls ein strenger Maßstab an die Erfüllung der in einem solchen Fall besonders weitgehenden *Kontroll- und Überwachungspflichten* gegenüber einem Mitgeschäftsführer anzulegen.[54] Fallen Buch- und Kassenführung in die Zuständigkeit verschiedener Geschäftsführer und ist streitig, ob ein Fehlbestand darauf beruht, dass der für die Kassenführung zuständige Geschäftsführer Auszahlungen nicht belegt, oder darauf, dass der andere Geschäftsführer ordnungsgemäß belegte Auszahlungen nicht verbucht hat, so können die Geschäftsbücher gegen den die Kasse verwaltenden Geschäftsführer auch dann als Beweismittel herangezogen werden, wenn er für die Buchführung *mitverantwortlich* gewesen ist. Denn selbst wenn diese einem Geschäftsführer als eigenes Arbeitsgebiet zugewiesen worden ist, haben die übrigen insoweit wenigstens eine Überwachungspflicht, die sie zwingt einzugreifen, wenn sich Anhaltspunkte ergeben, dass der zuständige Geschäftsführer in seinem Arbeitsbereich die Geschäfte nicht ordnungsgemäß führt.[55] Selbst der nur als *Strohmann* eingesetzte Geschäftsführer hat durch geeignete Kontrollmaßnahmen dafür Sorge zu tragen, dass Auszahlungen an Gesellschafter aus dem Stammkapital unterbleiben.[56] Gesetzeswidrige Weisungen darf ein Geschäftsführer nicht ausführen; als letztes Mittel bleibt dem Geschäftsführer die Amtsniederlegung.[57]

d) Grenzen der Geschäftsführung

aa) Weisungen

Die Geschäftsführer sind bei Wahrnehmung ihrer Aufgaben den Weisungen der Gesellschafter unterworfen (§ 37 Abs. 2 GmbHG). Der Geschäftsführer hat die ihm vorgegebenen *Grundlagenentscheidungen* der Gesellschafter ernst zu nehmen und zu befolgen. Maßnahmen und Entscheidungen, die den Rahmen des bisherigen Geschäftsbetriebs sprengen, gehören nicht zur Zuständigkeit des Geschäftsführers, sondern müssen von der Gesellschafterversammlung getroffen werden. Der Geschäftsführer darf die langjährig betriebene Ge-

---

54 BGH, Urt. v. 1. 3. 1993 – II ZR 61/92, BB 1994, 1163 = NJW 1994, 2149.
55 BGH, Urt. v. 8. 7. 1985 – II ZR 198/84, BB 1985, 1753 = NJW 1986, 54.
56 BGH, Urt. v. 24. 11. 2003 – II ZR 171/01, BGHZ 157, 72 = BB 2004, 293 = NJW 2004, 1111.
57 BGH, Urt. v. 13. 4. 1994 – II ZR 16/93, BGHZ 125, 366 = BB 1994, 1095 = NJW 1994, 1801.

schäftspolitik, ausschließlich mit einem bestimmten anderen Unternehmen zusammenzuarbeiten, nicht ändern, ohne die Zustimmung der Gesellschafterversammlung einzuholen.[58] Das Weisungsrecht findet allerdings seine Grenze, falls der Geschäftsführer gezwungen werden soll, die ihm im öffentlichen Interesse obliegenden Verpflichtungen zu missachten. Dies wird in § 43 Abs. 3 GmbHG für die Befolgung der Kapitalerhaltungsvorschriften besonders hervorgehoben.[59] Darüber hinaus entfalten sitten- und gesetzeswidrige Weisungen keine Bindung.[60]

bb) Gesetz und Satzung

Der Gesellschafterversammlung sind durch § 46 GmbHG bestimmte Aufgaben zwingend zugewiesen. Abschlussfeststellung und Ergebnisverwendung (§ 46 Nr. 1 GmbHG), Bestellung und Abberufung der Gesellschafter (§ 46 Nr. 5 GmbHG) einschließlich aller auf ihre Anstellung bezogener Rechtsgeschäfte (§ 46 Nr. 5 GmbHG) und die Bestellung von Prokuristen obliegen der Gesellschafterversammlung. Die *Unternehmenspolitik* liegt – wie sich zusammenfassend aus § 42a Abs. 2, § 29 Abs. 2, § 46 Nr. 5, 6, 7 sowie § 49 Abs. 2 GmbHG erschließt – in der Hand der Gesellschafter.[61] Ferner ist der Geschäftsführer an die Satzung gebunden. Er darf also nicht etwa von sich aus den *Unternehmensgegenstand* (§ 3 Abs. 1 Nr. 2 GmbHG) ändern.[62]

cc) Ungewöhnliche Geschäfte

Wie sich aus der Einberufungspflicht des § 49 Abs. 2 GmbHG ergibt, hat die Gesellschafterversammlung über ungewöhnliche Geschäft zu entscheiden.[63] Ungewöhnlich sind Geschäfte, die außerhalb des satzungsmäßigen *Unternehmensgegenstandes* (§ 3 Abs. 1 Nr. 2 GmbHG) anzusiedeln sind, der von den Gesellschaftern vorgegebe-

---

58 BGH, Urt. v. 25. 2. 1991 – II ZR 76/90, BB 1991, 714 = NJW 1991, 1681.
59 BGH, Urt. v. 13. 4. 1994 – II ZR 16/93, BGHZ 125, 366, 372 = BB 1994, 1095 = NJW 1994, 1801; Scholz/*Uwe H. Schneider*, § 37, Rn. 51; Michalski/*Lenz*, § 37, Rn. 19.
60 Scholz/*Uwe H. Schneider*, § 37, Rn. 51a ff.; Roth/*Altmeppen*, § 37, Rn. 18.
61 Scholz/*Uwe H. Schneider*, § 37, Rn. 10; Lutter/*Hommelhoff*, § 37, Rn. 8.
62 Rowedder/Schmidt-Leithoff/*Koppensteiner*, § 37, Rn. 8.
63 Rowedder/Schmidt-Leithoff/*Koppensteiner*, § 37, Rn. 10; Roth/*Altmeppen*, § 37, Rn. 23; Scholz/*Uwe H. Schneider*, § 37, Rn. 12; Lutter/*Hommelhoff*, § 37, Rn. 10; a.A. Baumbach/Hueck/*Zöllner*, § 37, Rn. 6a.

nen *Unternehmenspolitik* widersprechen oder nach *Bedeutung* und den eingegangenen Risiken Ausnahmecharakter haben.[64] Zu den ungewöhnlichen Geschäften im Sinne der letzten Fallgruppe kann der beträchtliche Mittel erfordernde Kauf eines anderen Unternehmens gehören.[65] Ebenso verhält es sich, wenn bedeutende Unternehmensteile verkauft werden oder eine erhebliche Investition in Produktionsanlagen eines anderen Unternehmens vorgenommen werden soll, um die künftige Belieferung der GmbH sicherzustellen.[66] Wenn bei einer Ausgliederung eines Unternehmens oder der Umstrukturierung einer Tochter- in eine Enkelgesellschaft wegen des damit verbundenen *Mediatisierungseffekts* eine ungeschriebene Mitwirkungsbefugnis der Hauptversammlung einer AG in Betracht kommt, so handelt es sich in Fällen dieser Art für den Bereich des GmbH-Rechts angesichts der Weisungsgebundenheit der Geschäftsführer erst recht um außergewöhnliche, der Geschäftsführung entzogene Geschäfte.[67]

II. Organverhältnis

1. Unterscheidung zwischen Organ- und Anstellungsverhältnis

Bei den Rechtsbeziehungen zwischen Gesellschafter und GmbH ist zwischen dem körperschaftlichen Organverhältnis und dem schuldrechtlichen Anstellungsverhältnis (Amtswalterverhältnis) zu differenzieren.[68] Die Organstellung vermittelt dem Geschäftsführer die Leitungs- und Vertretungsmacht. Demgegenüber betrifft das Anstellungsverhältnis die persönlichen Rechte und Pflichten zwischen Geschäftsführer und Gesellschaft.[69] Das Anstellungsverhältnis bildet regelmäßig einen *Dienstvertrag* (§ 611 BGB).[70] Rein faktisch sind beide Rechtsverhältnisse miteinander verbunden. Niemand wird die Bestellung zum Geschäftsführer ohne den Abschluss eines Anstel-

---

64 Scholz/*Uwe H. Schneider,* § 37, Rn. 13 bis 15.
65 BGH, Urt. v. 29. 3. 1973 – II ZR 139/70, BB 1973, 772 = NJW 1973, 1039.
66 BGH, Urt. v. 5. 12. 1983 – II ZR 56/82, NJW 1983, 1461.
67 BGH, Urt. v. 26. 4. 2004 – II ZR 155/02, BB 2004, 1182 = NJW 2004, 1860; BGH, Urt. v. 25. 2. 1982 – II ZR 174/80, BGHZ 83, 122 = BB 1982, 827 = NJW 1982, 1703.
68 *Hommelhoff/Kleindiek,* in: Lutter/Hommelhoff, § 6, Rn. 1.
69 Rowedder/*Schmidt-Leithoff,* § 6, Rn. 23; Michalski/*Heyder,* § 6, Rn. 94.
70 Roth/*Altmeppen,* § 6, Rn. 39.

lungsvertrages annehmen. Ebenso wird die GmbH nur mit demjenigen einen Geschäftsführerdienstvertrag schließen, der zur Amtsübernahme bereit ist.[71] Wird ein Gesellschafter zum Geschäftsführer bestellt, kann von einer Vergütung und folglich auch vom Abschluss eines Anstellungsvertrages abgesehen werden. Möglich ist eine *gültige Bestellung*, aber die *Unwirksamkeit des Dienstverhältnisses*. Beide Rechtsverhältnisse können unabhängig voneinander begründet und beendet werden (§ 38 Abs. 1 GmbHG). Nach Abberufung aus der Organstellung kann das Dienstverhältnis des früheren Geschäftsführers fortdauern. Das als freies Dienstverhältnis begründete Anstellungsverhältnis des Vorstandsmitglieds einer Sparkasse – entsprechendes gilt für den Geschäftsführer einer GmbH – wandelt sich ohne weiteres mit dem Verlust der Organstellung infolge einer Sparkassenfusion in ein *Arbeitsverhältnis* um. Bleibt ein derartiges Anstellungsverhältnis mit seinem bisherigen Inhalt als *freies Dienstverhältnis* bei Weiterbeschäftigung des ehemaligen Organmitglieds als stellvertretendes Vorstandsmitglied bestehen, so sind hierauf im Falle fristloser Kündigung weder die §§ 4, 13 KSchG über die Einhaltung einer Klagefrist noch die Vorschriften über das Erfordernis der Mitwirkung eines Personalrats anwendbar.[72]

2. Berufung in das Organverhältnis

a) Person des Geschäftsführers

Geschäftsführer kann nur eine natürliche, unbeschränkt geschäftsfähige Person werden (§ 6 Abs. 2 GmbHG). *Juristische Personen und beschränkt Geschäftsfähige* sind damit vom Amt des Geschäftsführers ausgeschlossen. Einem beschränkt Geschäftsfähigen steht eine Person gleich, die als Betreuter bei Besorgung ihrer eigenen Vermögensangelegenheiten einem Einwilligungsvorbehalt nach § 1903 BGB unterliegt.[73] Eine entgegen dieser Hinderungsgründe vorgenommene Bestellung ist unwirksam. Ebenso verliert ein Geschäftsführer mit Eintritt der *Geschäftsunfähigkeit* seine Organstellung. Die Geschäftsunfähigkeit des Geschäftsführers beendet nicht nur seine Organstellung, sie führt gemäß § 105 BGB auch zur Nichtigkeit der von

---

71 Michalski/*Heyder,* § 6, Rn. 95.
72 BGH, Urt. v. 10. 1. 2000 – II ZR 251/98, NJW 2000, 1864.
73 Roth/*Altmeppen,* § 6, Rn. 7; Rowedder/*Schmidt-Leithoff,* § 6, Rn. 10.

ihm abgegebenen Willenserklärungen. Dritte können sich auf die Eintragung in das Handelsregister (§ 15 HGB) nicht berufen, weil die Geschäftsfähigkeit keine eintragungspflichtige Tatsache darstellt. Das Erlöschen der Geschäftsfähigkeit ist keine Tatsache, die in das Handelsregister einzutragen ist.[74] Fehlen berufsrechtliche Voraussetzungen (§§ 59 c ff. BRAO, § 28 WPO, § 50 StBerG), so ist die Bestellung gleichwohl wirksam. Die Rechtsfolgen sind vielmehr den jeweiligen Spezialgesetzen zu entnehmen.[75] Ansonsten ist eine *Mindestqualifikation* grundsätzlich nicht vorgeschrieben.[76]

b) Bestellungsorgan

aa) Gesellschaftsvertrag

Der Geschäftsführer kann bereits durch die Satzung (§ 6 Abs. 3 GmbHG) bestellt werden. Wird ein *Gesellschafter* kraft Satzung zum Geschäftsführer berufen, kann es sich um ein nur aus *wichtigem Grund* entziehbares *Sonderrecht* handeln (§ 38 Abs. 2 GmbHG).[77] Allein der Umstand, dass ein Gesellschafter im Gesellschaftsvertrag zum ersten Geschäftsführer der GmbH bestellt worden ist, vermag noch kein unentziehbares Mitgliedschaftsrecht zu begründen. Diese Tatsache kann in Verbindung mit einer *besonderen satzungsmäßigen* Gestaltung auf ein solches Recht schließen lassen. Ein mitgliedschaftliches Geschäftsführungsrecht kann gegeben sein, wenn dem Gesellschafter die Stellung des Geschäftsführers in der Satzung auf Lebenszeit oder die Dauer seiner Mitgliedschaft verliehen wird. Entsprechendes dürfte gelten, wenn unter den Gesellschaftern strikte Parität vereinbart, aber nur für einen Gesellschafter ausdrücklich das Sonderrecht der Geschäftsführung erwähnt wird. Im Zweifel ist das Bestehen eines Sonderrechts zu verneinen.[78] Ist die Bestellung zum Geschäftsführer durch die Satzung erfolgt, wäre auf der Grundlage des § 53

---

74 BGH, Urt. v. 1. 7. 1991 – II ZR 292/90, BGHZ 115, 78 = BB 1991, 1584; Scholz/ *Uwe H. Schneider,* § 6, Rn. 12.
75 Rowedder/*Schmidt-Leithoff,* § 6, Rn. 20; Scholz/*Uwe H. Schneider,* § 6, Rn. 19.
76 Roth/*Altmeppen,* § 6, Rn. 12.
77 BGH, Urt. v. 4. 11. 1968 – II ZR 63/67, BB 1968, 1399 = NJW 1969, 131; Roth/ *Altmeppen,* § 6, Rn. 31.
78 BGH, Urt. v. 16. 2. 1981 – II ZR 89/79, BB 1981, 926 = WM 1981, 438; Scholz/ *Uwe H. Schneider,* § 6, Rn. 31 f.; Michalski/*Heyder,* § 6, Rn. 48; Baumbach/*Hueck/ Fastrich,* § 6, Rn. 15.

2. Berufung in das Organverhältnis 5. Kap.

Abs. 3 GmbHG davon auszugehen, dass die Abberufung, die eines wichtigen Grundes entbehrt, als Änderung des Gesellschaftsvertrages der Zustimmung aller Gesellschafter bedarf.[79] Dies ist nur anzunehmen, wenn die Berufung als *Sonderrecht* einen echten Satzungsbestandteil bildet. Regelmäßig ist aber die Bestellung als *unechter Satzungsbestandteil* zu begreifen, weil sie nur bei Gelegenheit des Abschlusses des Gesellschaftsvertrages erfolgt ist.[80] Nicht jede Änderung der im *Gesellschaftsvertrag* enthaltenen Bestimmung ist eine Satzungsänderung. In den Gesellschaftsvertrag werden auch Vereinbarungen aufgenommen, die nicht das Rechtsverhältnis der Gesellschafter zu der Gesellschaft betreffen und gar nicht in der Satzung enthalten zu sein brauchen, um wirksam zu sein. Deshalb gehören Bestellung und Gehalt eines Geschäftsführers, auch wenn sie in den Gesellschaftsvertrag aufgenommen sind, nur tatsächlich, aber nicht rechtlich zur Satzung. Deshalb bedarf eine Änderung insoweit nicht der Einhaltung der für eine Satzungsänderung geltenden Vorschriften.[81] Der Gesellschaftergeschäftsführer kann vielmehr mit einfacher Mehrheit abberufen werden.[82] Besteht ein Sonderrecht, darf es nicht durch eine von der Gesellschafterversammlung gegen die Stimme des begünstigten Gesellschafters erlassene Geschäftsordnung, die die Rechte des Geschäftsführers beschneidet, ausgehöhlt werden.[83]

bb) Gesellschafterversammlung

Den Gesellschaftern obliegt es, die GmbH mit handlungsfähigen Organen auszustatten. Neben dem Gesellschaftsvertrag kann deshalb die Gesellschafterversammlung (§ 46 Nr. 5 GmbHG) den Geschäftsführer bestellen. Die Bestellung kann unbefristet oder befristet erfolgen, aber auch an eine (aufschiebende oder auflösende) Bedingung geknüpft werden.[84] Der Beschluss bedarf, sofern die Satzung nichts anderes vorschreibt, der *einfachen Mehrheit* (§ 47 Abs. 1 GmbHG).[85]

---

79 Michalski/*Heyder*, § 6, Rn. 49.
80 Scholz/*Uwe H. Schneider*, § 6, Rn. 29.
81 BGH, Urt. v. 29. 9. 1955 – II ZR 225/54, BGHZ 18, 205 = BB 1955, 975 = NJW 1955, 1716.
82 Scholz/*Uwe H. Schneider*, § 6, Rn. 29.
83 *Goette*, § 8, Rn. 12.
84 *Goette*, § 8, Rn. 17; a. A. Scholz/*Uwe H. Schneider*, § 6, Rn. 27.
85 Baumbach/*Hueck/Fastrich*, § 6, Rn. 16; Rowedder/*Schmidt-Leithoff*, § 6, Rn. 27.

Der betroffene Gesellschafter ist berechtigt, bei der Abstimmung über seine Bestellung zum Gesellschafter mitzuwirken.[86] Der Alleingesellschafter ist nicht nach §§ 181 BGB, 35 Abs. 4 GmbHG gehindert, sich zum Gesellschafter zu berufen.[87] Allerdings findet § 181 Anwendung, wenn sich der Vertreter des Gesellschafters mit den von ihm abgegebenen Stimmen zum Gesellschafter wählt.[88] In *mitbestimmten Gesellschaften* obliegt Bestellung und Abberufung von Geschäftsführern dem Aufsichtsrat (§ 31 MitBestG).[89] Besteht lediglich ein fakultativer oder ein gemäß § 77 BetrVG gebildeter Aufsichtsrat, so bleibt die Bestellungskompetenz der Gesellschafterversammlung unangetastet.[90]

cc) Delegation des Bestellungsrechts

Die Satzung kann die Bestellungs- und Abberufungskompetenz einem anderen Organ, insbesondere einem fakultativen *Aufsichtsrat* oder *Beirat* übertragen. Dabei ist, falls die Besetzung in der Hand der Gesellschafter liegt, bedeutungslos, wie sich dieses Organ zusammensetzt, ob ihm etwa (auch) Gesellschafter oder nur außenstehende Dritte angehören.[91] Jedoch dürfte es unzulässig sein, die Befugnis für Bestellung und Abberufung der Geschäftsführer einem *gesellschaftsfremden Dritten*, sei es die Muttergesellschaft von Gesellschaftern, ein Kreditgeber oder stiller Gesellschafter, zuzuweisen. In einer solchen Gestaltung begibt sich die Gesellschaft in nicht zu billigender Weise ihrer Leitungskompetenz. Der Hinweis auf die Möglichkeit einer Änderung des Gesellschaftsvertrages oder die Abberufung aus wichtigem Grund durch die Gesellschafterversammlung überzeugt letztlich nicht, weil diese Maßnahmen ein flexibles Vorgehen hin-

---

[86] Michalski/*Heyder,* § 6, Rn. 43.
[87] *Hommelhoff/Kleindiek*, in: Lutter/Hommelhoff, § 6, Rn. 22; Baumbach/*Hueck/Fastrich,* § 6, Rn. 16.
[88] BayObLG Beschl. v. 17. 11. 2000 – 3 Z BR 271/00, MDR 2001, 223; Rowedder/*Schmidt-Leithoff,* § 6, Rn. 27; Michalski/*Heyder,* § 6, Rn. 43.
[89] BGH, Urt. v. 14. 11. 1983 – II ZR 33/83, BGHZ 89, 48 = BB 1984, 9 = NJW 1984, 733.
[90] Baumbach/*Hueck/Fastrich,* § 6, Rn. 17.
[91] Baumbach/*Hueck/Fastrich,* § 6, Rn. 18; Rowedder/*Schmidt-Leithoff,* § 6, Rn. 28; Scholz/*Uwe H. Schneider,* § 6, Rn. 34c, Michalski/*Heyder,* § 6, Rn. 58.

2. Berufung in das Organverhältnis 5. Kap.

dern.⁹² Wird ein Aufsichtsrat oder Beirat funktionsunfähig, so fallen die ihm übertragenen Befugnisse auch hinsichtlich der Bestellung des Geschäftsführers auf die Gesellschafterversammlung zurück.⁹³ Das Recht, einen Geschäftsführer aus *wichtigem Grund* abzuberufen, kann die Gesellschafterversammlung auch im Falle der Delegation stets wahrnehmen.⁹⁴

c) Bestellungsakt

Der Geschäftsführer wird durch den als Bestellung bezeichneten *körperschaftlichen Organisationsakt* in sein Amt eingesetzt. Die Bestellung kann infolge der damit begründeten Pflichtenstellung kein einseitiges Rechtsgeschäft sein. Die Bestellung ist gegenüber dem Geschäftsführer rechtsgeschäftlich zu erklären und von ihm – zumindest konkludent – anzunehmen; §§ 146 ff. BGB sind insoweit anwendbar.⁹⁵ Fasst die Gesellschafterversammlung einen Mehrheitsbeschluss, so ist damit noch nicht die Bestellung vollzogen. Vielmehr bedarf es der Bekanntgabe an den Betroffenen und der Annahme der Bestellung durch ihn.⁹⁶ Der Gesellschafter bringt sein Einverständnis mit der Bestellung durch die Unterzeichnung des Gesellschaftervertrages oder die Mitwirkung an der Beschlussfassung der Gesellschafterversammlung zum Ausdruck. Ein Fremdgeschäftsführer kann die Annahme seiner Bestellung durch die Anmeldung der GmbH zum Handelsregister verlautbaren.⁹⁷ Der Gesellschafter, der von der Versammlung zur Mitteilung des Beschlussergebnisses an den Gewählten bestimmt wurde, ist zur Entgegennahme der Annahme ermächtigt.⁹⁸ Mit der Annahme der Bestellung wird die Organstellung be-

---

92 *Goette,* § 8, Rn. 10; Hachenburg/*Ulmer,* § 3, Rn. 56; Scholz/*Uwe H. Schneider,* § 6, Rn. 34b; Scholz/*K. Schmidt,* § 46, Rn. 72; Baumbach/Hueck/*Zöllner,* § 46, Rn. 22; a.A. Baumbach/*Hueck/Fastrich,* § 6, Rn. 18a; *Lutter*/Hommelhoff, § 46, Rn. 11; Roth/*Altmeppen,* § 6, Rn. 27.
93 BGH, Urt. v. 24. 2. 1954 – II ZR 88/53, BGHZ 12, 337 = BB 1954, 320 = NJW 1954, 799; Baumbach/Hueck/*Zöllner,* § 46, Rn. 22; Scholz/*K. Schmidt,* § 46, Rn. 72.
94 Baumbach/*Hueck/Fastrich,* § 6, Rn. 18a; Rowedder/*Schmidt-Leithoff,* § 6, Rn. 28.
95 Rowedder/*Schmidt-Leithoff,* § 6, Rn. 23; Baumbach/Hueck/*Fastrich,* § 6, Rn. 13; Michalski/*Heyder,* § 6, Rn. 38.
96 Scholz/*Uwe H. Schneider,* § 6, Rn. 36.
97 *Hommelhoff/Kleindiek,* in: Lutter/Hommelhoff, § 6, Rn. 27.
98 Michalski/*Heyder,* § 6, Rn. 39.

gründet; der nachfolgenden Eintragung in das Handelsregister (§ 39 GmbHG) kommt lediglich *deklaratorische Bedeutung* zu.[99] Man spricht von einem *faktischen Geschäftsführer* bei einer Person, die mit Wissen der Gesellschafter das Amt des Geschäftsführers wahrnimmt, deren Bestellung aber an (unerkannten) rechtlichen Mängeln leidet.[100] Eine einheitliche Rechtsfigur des faktischen Geschäftsführers hat sich allerdings nicht herausgebildet. Vielmehr ist im Einzelfall zu entscheiden, ob das Handeln des Geschäftsführers die GmbH nach außen (wirksame Vertretung bei Verpflichtungsgeschäften) und innen (Einberufung einer Gesellschafterversammlung) bindet und der faktische den rechtlichen Pflichten eines ordentlichen Geschäftsführers unterliegt.[101]

3. Abberufung aus dem Organverhältnis

a) Allgemeine Beendigungsgründe

Die Organstellung kann dem Geschäftsführer *befristet* oder *unbefristet* übertragen werden. Mit Ablauf der vereinbarten zeitlichen Dauer endet das Organverhältnis, ohne dass es einer besonderen Erklärung des Bestellungsorgans bedarf.[102] Ebenso erlischt das Organverhältnis mit Eintritt der *Amtsunfähigkeit* (§ 6 Abs. 2 GmbHG).[103] Mangels Vererblichkeit endet die Organstellung – auch bei Ausgestaltung als Sonderrecht – mit dem *Tod* des Geschäftsführers.[104] Im Fall der Auflösung wandelt sich die Stellung des Geschäftsführers in die eines Liquidators (§ 66 GmbHG). Im Insolvenzverfahren bleiben die Geschäftsführer mit erheblich eingeschränkten Befugnissen im Amt.[105] Die *Beendigung des Anstellungsverhältnisses* bedeutet nicht zwangsläufig auch den Widerruf der Organstellung.[106] Freilich ist es eine Auslegungsfrage, ob die Kündigung des Dienstvertrages nicht zugleich als Widerruf der Bestellung zu verstehen ist.[107] Umgekehrt

---

99 Michalski/*Heyder*, § 6, Rn. 39; Roth/*Altmeppen*, § 6, Rn. 18.
100 Scholz/*Uwe H. Schneider*, § 6, Rn. 48.
101 Michalski/*Heyder*, § 6, Rn. 93.
102 Michalski/*Terlau/Schäfers*, § 38, Rn. 80; Scholz/*Uwe H. Schneider*, § 38, Rn. 3.
103 Rowedder/Schmidt-Leithoff/*Koppensteiner*, § 38, Rn. 39.
104 Hachenburg/*Stein*, § 38, Rn. 42; Baumbach/Hueck/*Zöllner*, § 38, Rn. 38.
105 Hachenburg/*Stein*, § 38, Rn. 132; Baumbach/Hueck/*Zöllner*, § 38, Rn. 39.
106 Michalski/*Terlau/Schäfers*, § 38, Rn. 87.
107 Baumbach/Hueck/*Zöllner*, § 38, Rn. 40.

kann die Beendigung des Dienstvertrages an den Widerruf der Organstellung gekoppelt werden, so dass mit der Beendigung der Organstellung das Dienstverhältnis erlischt. In diesem Fall ist jedoch die Frist des § 622 Abs. 5 BGB zu beachten.[108]

b) Ordentliche Abberufung

aa) Grundsatz der freien Abberufbarkeit

Der Geschäftsführer kann gemäß § 38 Abs. 1 GmbHG jederzeit abberufen werden. Die freie, nicht an *sachliche Gründe*[109] gekoppelte Abberufbarkeit erklärt sich aus der unbeschränkten Vertretungsmacht der Geschäftsführer (§ 35 GmbHG), die im Außenverhältnis gegenüber bindenden Weisungen der Gesellschafterversammlung Vorrang genießt (§ 37 Abs. 2 GmbHG). Die freie Abberufbarkeit unterstreicht die *Weisungsgebundenheit* der Geschäftsführer.[110] Die Geschäftsführer hängen damit bei Wahrnehmung ihrer Leitungstätigkeit also vom vollen Vertrauen der Gesellschafter ab.[111] Die Abberufung setzt nicht voraus, dass noch ein vertretungsberechtigtes Organ verbleibt. Es kann also der einzige oder einer von zwei gesamtvertretungsberechtigten Geschäftsführern abberufen werden.[112] Im eigenen Interesse sollten die Gesellschafter alsbald einen Nachfolger bestellen. Erforderlichenfalls kommt die Einsetzung eines Notgeschäftsführers (§ 29 BGB) in Betracht.

bb) Verfahren

Da die Abberufung dem Belieben der Gesellschafter unterliegt, hat der Geschäftsführer keinen Anspruch auf *Anhörung* vor der Entscheidung. Ein Geschäftsführer, dessen vertragliche Ansprüche aus dem Anstellungsverhältnis nach § 38 Abs. 1 GmbHG unberührt bleiben, hat kein Recht auf den Fortbestand seiner Organstellung. Bei der Abberufung eines Geschäftsführers aus seinem Amt geht es nicht um eine Gerichtsentscheidung in einem internen Verfahren, sondern um

---

108 BGH, Urt. v. 29. 5. 1989 – II ZR 220/88, BB 1989, 1557 = NJW 1989, 2683; BGH, Urt. v. 9. 7. 1990 – II ZR 194/89, BB 1990, 1578 = NJW 1990, 2622.
109 Scholz/*Uwe H. Schneider*, § 38, Rn. 16; Michalski/*Terlau/Schäfers,* § 38, Rn. 4.
110 Scholz/*Uwe H. Schneider* § 38 Rn. 12.
111 *Lutter/Hommelhoff* § 38 Rn. 2; Baumbach/Hueck/*Zöllner* § 38 Rn. 2.
112 Baumbach/Hueck/*Zöllner*; *Goette* § 8 Rn. 30; Scholz/*Uwe H. Schneider* § 38 Rn. 16.

5. Kap. II. Organverhältnis

eine einseitige Willensentschließung, die auch ohne Vorliegen eines wichtigen Grundes, nach dem Ermessen der Gesellschafter vorgenommen werden kann. Hierfür sind nicht die für das vereinsgerichtliche oder das Ausschlussverfahren maßgebenden Regeln einzuhalten und daher der Betroffene auch nicht anzuhören.[113] Die Abberufung bedarf auch keiner *Begründung*.[114]

cc) Durchführung

Die Entscheidung über die Abberufung hat nach § 46 Nr. 5 GmbHG die *Gesellschafterversammlung* zu treffen. Die Satzung kann die Befugnis einem anderen Organ, einem Beirat oder Aufsichtsrat, zuweisen.[115] Im Zweifel ist das für die Bestellung zuständige Organ auch zur Abberufung berechtigt.[116] Vorbehaltlich einer satzungsmäßigen Regelung genügt die einfache Mehrheit der Stimmen. Da die Abberufung keiner wichtigen Gründe bedarf, kann der Gesellschaftergeschäftsführer an der Abstimmung teilnehmen.[117] Erst die *Ausführung des Beschlusses* bewirkt den Verlust der Organstellung. Die Gesellschafter können einen von ihnen oder den Geschäftsführer bevollmächtigen, den Widerruf der Bestellung dem Geschäftsführer mitzuteilen.[118] Die Mitteilung muss, um dem Geschäftsführer eine Zuständigkeitskontrolle zu ermöglichen, zum Ausdruck bringen, welches Organ den Widerruf beschlossen hat.[119] Die keiner bestimmten Form bedürftige Erklärung wird mit Zugang wirksam. Eine bloß zufällige Kenntniserlangung genügt nicht.[120] Der Mitteilung der Abberufungserklärung bedarf es nicht an einen *Gesellschaftergeschäftsführer*, der

---

[113] BGH, Urt. v. 4. 7. 1960 – II ZR 168/58, BB 1960, 797 = NJW 1960, 1861; *Lutter/Hommelhoff*, § 38, Rn. 2; Baumbach/Hueck/*Zöllner*, § 38, Rn. 2.

[114] Roth/*Altmeppen*, § 38, Rn. 4; *Goette*, § 8, Rn. 29.

[115] *Lutter/Hommelhoff*, § 38, Rn. 3; Rowedder/Schmidt-Leithoff/*Koppensteiner*, § 38, Rn. 6.

[116] Hachenburg/*Stein*, § 38, Rn. 84; Roth/*Altmeppen*, § 38, Rn. 12; Baumbach/Hueck/*Zöllner*, § 38, Rn. 12.

[117] BGH, Urt. v. 21. 4. 1969 – II ZR 200/67, BB 1969, 773 = NJW 1969, 1483; *Michalski/Terlau/Schäfers*, § 38, Rn. 21; *Lutter/Hommelhoff*, § 38, Rn. 6.

[118] BGH, Urt. v. 1. 2. 1968 – II ZR 212/65, BB 1968, 560; Scholz/*Uwe H. Schneider*, § 38, Rn. 30; Roth/*Altmeppen*, § 38, Rn. 22.

[119] Baumbach/Hueck/*Zöllner*, § 38, Rn. 19; *Goette*, § 8, Rn. 23; a.A. *Lutter/Hommelhoff*, § 38, Rn. 6.

[120] Scholz/*Uwe H. Schneider*, § 38, Rn. 30; Hachenburg/*Stein*, § 38, Rn. 79; Baumbach/Hueck/*Zöllner*, § 38, Rn. 19.

bei der Beschlussfassung *persönlich zugegen* ist. Die Abberufung wird ihm gegenüber mit der Feststellung des Abstimmungsergebnisses durch den Versammlungsleiter wirksam.[121] Die Abberufung wird mit Zugang bei dem Geschäftsführer wirksam. Die nach § 39 GmbHG gebotene Eintragung in das Handelsregister hat lediglich *deklaratorische Bedeutung*.[122] Bis zur Eintragung werden gutgläubige Dritte durch § 15 HGB geschützt.

dd) Rechtsschutz

Die Abberufung ist unwirksam, wenn es an einem wirksamen *Abberufungsbeschluss* fehlt oder die *Abberufungserklärung* ungültig ist.[123] Der Gesellschaftergeschäftsführer kann im Gegensatz zu einem Fremdgeschäftsführer gegen den Gesellschafterbeschluss über seine Abberufung mit der Anfechtungsklage vorgehen. Mit Rechtskraft des Urteils wird der Beschluss unwirksam, und der Gesellschafter erlangt sein Amt als Geschäftsführer zurück.[124] Demgegenüber kann ein Fremdgeschäftsführer nur allgemeine Feststellungsklage (§ 256 ZPO) erheben.[125] Die Unwirksamkeit des Abberufungsbeschlusses führt zur Nichtigkeit der Abberufungserklärung.[126]

ee) Kein Schadensersatzanspruch des Geschäftsführers
    wegen Widerrufs der Bestellung

Der Schadensersatzanspruch eines Geschäftsführers aus § 628 Abs. 2 BGB setzt voraus, dass der Anstellungsvertrag von ihm gekündigt wurde und die Kündigung durch ein *vertragswidriges Verhalten* des anderen Vertragsteils veranlasst wurde. Der Widerruf der Organstellung des Geschäftsführers durch die Gesellschafterversammlung der GmbH stellt kein vertragswidriges Verhalten im Sinne von § 628 Abs. 2 BGB dar. Aus der rechtlichen *Trennung von Organ- und Anstellungsverhältnis* folgt grundsätzlich, dass beide Rechtsverhältnisse rechtlich selbstständig nebeneinander stehen und demgemäß auch

---

121 Michalski/*Terlau/Schäfers*, § 38, Rn. 24; Rowedder/Schmidt-Leithoff/*Koppensteiner*, § 38, Rn. 21; Roth/*Altmeppen*, § 38, Rn. 22.
122 BGH, Urt. v. 6. 11. 1995 – II ZR 181/94, BB 1996, 129 = NJW 1996, 257.
123 Scholz/*Uwe H. Schneider*, § 38, Rn. 57.
124 Scholz/*Uwe H. Schneider*, § 38, Rn. 58a.
125 Scholz/*Uwe H. Schneider*, § 38, Rn. 58b.
126 Scholz/*Uwe H. Schneider*, § 38, Rn. 59.

rechtlich unabhängig voneinander nach den jeweiligen dafür geltenden Vorschriften beendet werden können. Die Bestellung zum Geschäftsführer ist jederzeit widerruflich (§ 38 Abs. 1 GmbHG), während das Recht zur Kündigung des Anstellungsverhältnisses nach § 626 Abs. 1 BGB nur im Falle der Unzumutbarkeit seiner Fortsetzung gegeben ist. Durch die jederzeitige Kündigungsmöglichkeit „unbeschadet der Entschädigungsansprüche aus bestehenden Verträgen" (§ 38 Abs. 1 GmbHG) trägt das Gesetz den Belangen des Geschäftsführers Rechnung, indem es ihm die Vergütungsansprüche im Rahmen der vertraglichen Bindung belässt. Kündigt der Geschäftsführer den Anstellungsvertrag aufgrund des Widerrufs seiner Organstellung aus wichtigem Grund, so begibt er sich seiner vertraglichen Ansprüche. Das Gesetz gewährt ihm lediglich einen Schadensersatzanspruch, wenn die Kündigung auf einem vertragswidrigen Verhalten der GmbH beruht (§ 628 Abs. 2 BGB). Da die Gesellschaft nur von einem ihr gesetzlich eingeräumten Recht Gebrauch macht, das einen Weiterbeschäftigungsanspruch als Geschäftsführer entfallen lässt, kann ihr Verhalten nicht als vertragswidrig angesehen werden.[127]

c) Abberufung aus wichtigem Grund

aa) Satzungsfeste Befugnis der Gesellschafter

Der Grundsatz der freien Abberufbarkeit ist nicht zwingend, sondern dispositiver Natur. Der Gesellschaftsvertrag kann die Abberufung einerseits an qualifizierte Voraussetzungen, etwa *sachliche Gründe*, koppeln.[128] Andererseits kann die Befugnis der Gesellschaft, die Bestellung eines Geschäftsführers *aus wichtigem Grund* jederzeit zu widerrufen, durch den Gesellschaftsvertrag nicht ausgeschlossen werden. Die Vorschrift ist zwingend.[129] Als Grundregel ordnet § 38 Abs. 2 GmbHG also an, dass das Recht, einen Gesellschafter aus wichtigem Grund jederzeit und mit sofortiger Wirkung abzuberufen, der Gesellschafterversammlung nicht entzogen werden kann.[130] Wird einem Gesellschafter kraft *Sonderrechts* ein unentziehbarer Anspruch

---

[127] BGH, Urt. v. 28. 10. 2002 – II ZR 146/02, BB 2002, 2629 = NJW 2003, 351; Rowedder/Schmidt-Leithoff/*Koppensteiner,* § 38, Rn. 51.
[128] *Lutter/Hommelhoff,* § 38, Rn. 7.
[129] BGH, Urt. v. 21. 4. 1969 – II ZR 200/67, BB 1969, 773 = NJW 1969, 1483.
[130] Roth/*Altmeppen,* § 38, Rn. 28.

3. Abberufung aus dem Organverhältnis 5. Kap.

auf die Geschäftsführung eingeräumt, ist § 38 Abs. 1 GmbHG unanwendbar. Vielmehr kann der Gesellschafter ohne seine Zustimmung dann nur bei Vorliegen eines wichtigen Grundes seiner Stellung enthoben werden.[131]

bb) Wichtiger Grund

Als wichtige Gründe nennt das Gesetz beispielhaft grobe Pflichtverletzung und die Unfähigkeit zur ordnungsgemäßen Geschäftsführung (§ 38 Abs. 2 GmbHG). Stets hat eine *Gesamtwürdigung* der Umstände des Einzelfalls zu erfolgen, ob das Verbleiben des Geschäftsführers in seiner Organstellung für die Gesellschaft unter Berücksichtigung seiner Verdienste, des Umfangs seiner Kapitalbeteiligung, der Restdauer seiner Bestellung einerseits sowie der Schadenshöhe und der Dauer der Fehlleistungen andererseits unzumutbar ist.[132] Im Unterschied zur fristlosen Kündigung des Anstellungsvertrages braucht der wichtige Grund nicht in der *Person des Geschäftsführers* zu liegen.[133] Davon abgesehen können die zur fristlosen Kündigung des Anstellungsverhältnisses entwickelten Grundsätze herangezogen werden.[134] Die Abberufung aus wichtigem Grund setzt kein Verschulden des Geschäftsführers voraus; ausreichend ist eine objektive Verantwortlichkeit für einen eingetretenen Missstand. Im Falle eines *unheilbaren Zerwürfnisses* der Geschäftsführer, zu dem beide Teile objektiv beigetragen haben, können beide oder einer von ihnen, ohne dass sich der abberufene Geschäftsführer auf Gleichbehandlung berufen kann, aus dem Amt entfernt werden.[135] Bezieht sich die Auseinandersetzung lediglich auf die Geschäftspolitik, scheidet eine Abberufung aus wichtigem Grund aus, weil diese Kontroverse von der übergeordneten Gesellschafterversammlung zu entscheiden ist. Solange die Frage der Unternehmenspolitik nicht geklärt ist, kann jeder Geschäftsführer

---

131 BGH, Urt. v. 16. 2. 1981 – II ZR 89/79, BB 1981, 926; Scholz/*Uwe H. Schneider,* § 38, Rn. 41; Baumbach/Hueck/*Zöllner,* § 38, Rn. 5.
132 Baumbach/Hueck/*Zöllner,* § 38, Rn. 8; Scholz/*Uwe H. Schneider,* § 38, Rn. 43; Rowedder/Schmidt-Leithoff/*Koppensteiner,* § 38, Rn. 10.
133 Roth/*Altmeppen,* § 38, Rn. 34; Rowedder/Schmidt-Leithoff/*Koppensteiner,* § 34, Rn. 10.
134 *Goette,* § 8, Rn. 36.
135 BGH, Urt. v. 24. 2. 1992 – II ZR 79/91, BB 1992, 802 = NJW-RR 1992, 993; Scholz/*Uwe H. Schneider,* § 38, Rn. 44; *Lutter/Hommelhoff,* § 38, Rn. 20; Michalski/*Terlau/Schäfers,* § 38, Rn. 40.

nach seinen eigenen Vorstellungen handeln.[136] Nicht von ausschlaggebender Bedeutung ist, ob der GmbH durch ein objektiv pflichtwidriges Verhalten des Geschäftsführers ein Schaden entstanden ist; allerdings kann die Gefahr, dass die Gesellschaft Schaden nehmen wird, die sofortige Abberufung rechtfertigen.[137] Die sofortige Abberufung rechtfertigende *Pflichtwidrigkeiten* können in strafbaren Handlungen, Veruntreuung von Barmitteln zu eigenen Zwecken, der Annahme von Schmiergeldern, langjährigen Bilanzmanipulationen nebst Steuerhinterziehung, rufschädigendem Verhalten, Missachtung von Weisungen und Auskunftsbegehren, Missbrauch der Vertretungsmacht, Wettbewerbsverstößen,[138] Überleitung von Geschäftschancen der GmbH auf die eigene Geschäftssphäre, Beeinflussung der Machtverhältnisse in der Gesellschaft zu eigenem Nutzen, Duldung pflichtwidrigen Handelns von Mitgeschäftsführern oder Mitarbeitern, Tätlichkeiten gegen Mitarbeiter oder Mitgeschäftsführer erblickt werden.[139] Wird der aus wichtigem Grund abberufene Geschäftsführer alsbald abermals bestellt, kommt ein Stimmrechtsmissbrauch der Mehrheit in Betracht.[140] Im Rechtsstreit können weitere, zum Zeitpunkt der Abberufung bereits bestehende wichtige Gründe *nachgeschoben* werden, wenn die Gesellschafter einen entsprechenden Beschluss gefasst haben.[141] Die Weigerung, den Jahresabschluss zu unterzeichnen, bildet keinen wichtigen Abberufungsgrund.[142] In einer *Zweipersonengesellschaft* sind strenge Anforderungen an die Abberufung aus wichtigem Grund zu stellen, weil sonst die Tätigkeit des Geschäftsführers bei dem Eintritt eines Vertrauensverlusts beliebig beendet werden könnte. Vielmehr müssen Verfehlungen eingreifen, die den Geschäftsführer untragbar machen und der Gesellschaft eine

---

[136] BGH, Urt. v. 24. 2. 1992 – II ZR 79/91, BB 1992, 802 = NJW-RR 1992, 993; Michalski/*Terlau/Schäfers*, § 38, Rn. 40.
[137] Scholz/*Uwe H. Schneider*, § 38, Rn. 45; Michalski/*Terlau/Schäfers*, § 38, Rn. 40.
[138] BGH, Urt. v. 24. 2. 1992 – II ZR 79/91, BB 1992, 802 = NJW-RR 1992, 993 mit weiteren Beispielen.
[139] Vgl. Michalski/*Terlau/Schäfers*, § 38, Rn. 44; Roth/*Altmeppen*, § 38, Rn. 37; *Lutter/Hommelhoff*, § 38, Rn. 21: Rowedder/Schmidt-Leithoff/*Koppensteiner*, § 38, Rn. 11 jeweils m. w. N.
[140] BGH, Urt. v. 24. 2. 1992 – II ZR 79/91, BB 1992, 802 = NJW-RR 1992, 993; Scholz/*Uwe H. Schneider*, § 38, Rn. 56.
[141] Michalski/*Terlau/Schäfers*, § 38, Rn. 56.
[142] *Lutter/Hommelhoff*, § 38, Rn. 21; Michalski/*Terlau/Schäfers*, § 38, Rn. 45.

Fortsetzung seiner Tätigkeit nicht zugemutet werden kann.[143] Die Abberufung aus wichtigem Grund ist an keine Frist geknüpft.[144] Eine *Verwirkung* des Abberufungsrechts kommt in Betracht, wenn die Gesellschafter aus einem ihnen bekannten Verhalten über einen längeren Zeitraum keine Konsequenzen ziehen oder den Geschäftsführer gar in Kenntnis von Abberufungsgründen bestellen oder in seinem Amt bestätigen.[145]

d) Amtsniederlegung

aa) Begründung entbehrlich

Die aus *wichtigem Grund* erklärte Amtsniederlegung eines Geschäftsführers ist auch dann als *sofort wirksam* zu behandeln, wenn über die objektive Berechtigung der Gründe Streit besteht. Für diese Bewertung ist der Gesichtspunkt der Rechtssicherheit ausschlaggebend. Es wäre für die Beteiligten und den allgemeinen Rechtsverkehr unzumutbar, wenn unter Umständen über mehrere Jahre Ungewissheit darüber besteht, ob die Niederlegungserklärung wirksam war und durch wen die Gesellschaft in dieser Zeit vertreten wird. Stellt man diese Erwägung in den Vordergrund, dann ist die Amtsniederlegung eines Geschäftsführers auch dann *sofort wirksam*, wenn sie *nicht* auf einen *angeblich wichtigen Grund* gestützt wird. Das Amt des Geschäftsführers kann also jederzeit fristlos niedergelegt werden, ohne dass ein wichtiger Grund vorliegen oder geltend gemacht werden muss. Die Amtsniederlegung muss folglich mit keiner *Begründung* versehen werden. Dem Geschäftsführer kann die Weiterführung der Organstellung gegen seinen Willen im Konflikt mit seinen organschaftlichen Pflichten, den Weisungen der Gesellschafter und den ihn treffenden öffentlich-rechtlichen Pflichten nicht zugemutet werden.[146] Zur Vermeidung einer Schadensersatzhaftung kann der mit rechtswidrigen Weisungen der Gesellschafter konfrontierte Geschäftsführer

---

143 *Lutter/Hommelhoff,* § 38, Rn. 31; Scholz/*Uwe H. Schneider,* § 38, Rn. 53.
144 Scholz/*Uwe H. Schneider,* § 38, Rn. 54; Hachenburg/*Stein,* § 38, Rn. 63.
145 Roth/*Altmeppen,* § 38, Rn. 42.
146 BGH, Urt. v. 8. 2. 1993 – II ZR 58/92, BGHZ 121, 257 = BB 1993, 675 = NJW 1993, 1198; Scholz/*Uwe H. Schneider,* § 38, Rn. 87; Michalski/*Terlau/Schäfers,* § 38, Rn. 82; *Lutter/Hommelhoff,* § 38, Rn. 41; Hachenburg/*Stein,* § 38, Rn. 135; anders Rowedder/Schmidt-Leithoff/*Koppensteiner,* § 38, Rn. 34 f., der die Amtsniederlegung als unzulässig, aber wirksam erachtet.

zu einer Amtsniederlegung gezwungen sein.[147] Die *Satzung* kann Fristen und Formen für die Amtsniederlegung statuieren, das Recht zur Niederlegung aus wichtigem Grund aber nicht ausschließen.[148]

bb) Kundgabe, Adressat der Erklärung

Die Amtsniederlegung braucht nicht *schriftlich* erklärt und mit einer *Begründung* verbunden werden.[149] Die Wirksamkeit der Niederlegung des Geschäftsführeramtes, für deren Entgegennahme ebenso wie für den Akt der Bestellung zum Geschäftsführer, den Widerruf der Bestellung sowie Abschluss, Aufhebung und Kündigung des Anstellungsvertrages und deren Entgegennahme die *Gesamtheit der Gesellschafter* zuständig ist, hängt nicht davon ab, dass sie gegenüber allen Gesellschaftern ausgesprochen wird. Vielmehr ist es ausreichend, wenn die Niederlegung gegenüber *einem Gesellschafter* erklärt und den übrigen lediglich nachrichtlich übersandt wird. Die Abgabe gegenüber einem Gesellschafter genügt selbst dann, wenn die *Benachrichtigung* der übrigen Gesellschafter *unterbleibt*. Es ist nämlich ein allgemein anerkannter Rechtsgrundsatz, dass im Rahmen der *Gesamtvertretung* eine Willenserklärung gegenüber einem Gesamtvertreter abgegeben werden kann. Der Grundsatz findet auch auf die Rechtsverhältnisse Anwendung, in denen die GmbH nach § 46 Nr. 5 GmbHG gemeinsam durch ihre Gesellschafter vertreten wird.[150] Hat der Geschäftsführer einer GmbH mit der Gesellschafterversammlung abgesprochen, dass er seinen Wunsch, aus dem Amt zu scheiden, zurückstelle, bis die Nachfolgefrage geklärt sei, ist seine Mitteilung an die Gesellschafterversammlung, er lege sein Amt zum Monatsende nieder, „nachdem Sie die personellen Voraussetzungen für einen Wechsel in der Geschäftsführung geschaffen haben", auch dann eine wirksame Amtsniederlegung, wenn die Gesellschafterversammlung zugleich gebeten wird, die „gesellschaftsrechtlich erforderlichen

---

147 BGH, Urt. v. 13. 4. 1994 – II ZR 16/93, BGHZ 125, 366 = BB 1994, 1095 = NJW 1994, 1801.
148 Hachenburg/*Stein,* § 38, Rn. 136; Michalski/*Terlau/Schäfers,* § 38, Rn. 83.
149 BGH, Urt. v. 8. 2. 1993 – II ZR 58/92, BGHZ 121, 257 = BB 1993, 675 = NJW 1993, 1198; Scholz/*Uwe H. Schneider,* § 38, Rn. 91.
150 BGH, Urt. v. 17. 9. 2001 – II ZR 378/99, BGHZ 149, 28 = BB 2001, 2547 = NZG 2002, 43; Michalski/*Terlau/Schäfers,* § 38, Rn. 85; *Lutter/Hommelhoff,* § 38, Rn. 47; a.A. Scholz/*Uwe H. Schneider,* § 38, Rn. 91.

Schritte zu veranlassen". Demgemäß kommt ein Schadensersatzanspruch wegen Nichtabführung im Folgemonat fällig gewordener Sozialversicherungsbeiträge (§§ 823 Abs. 2 BGB, 266a i.V.m. § 14 Abs. 1 Nr. 1 StGB) nicht in Betracht.[151]

cc) Weitere Rechtsfolgen

Legt der Geschäftsführer zur Unzeit oder ohne wichtigen Grund sein Amt nieder, kann er sich der Gesellschaft ersatzpflichtig machen. Der *Schadensersatzanspruch* beruht auf dem Anstellungsverhältnis und nicht auf § 43 GmbHG, weil diese Bestimmung nur zur ordnungsgemäßen Unternehmensleitung, aber nicht einem Verbleiben im Amt verpflichtet.[152] Einer unberechtigten Amtsniederlegung kann die Gesellschaft mit der außerordentlichen Kündigung des Dienstvertrages begegnen.[153] Dagegen ist es eine Auslegungsfrage, ob in der Amtsniederlegung durch den Geschäftsführer zugleich eine Kündigung seines Anstellungsvertrages zu erblicken ist. Einem Geschäftsführer, der eine Fortsetzung seiner Organtätigkeit nicht mehr verantworten kann, mag durchaus daran gelegen sein, seine Ansprüche aus dem Anstellungsverhältnis nicht zu verlieren.[154] Wird einem Geschäftsführer Einsicht in die Buchführung der Gesellschaft systematisch vorenthalten, ist er schon im Blick auf seine Pflichten aus § 64 GmbHG zur sofortigen Amtsniederlegung berechtigt.[155] Entsprechendes gilt, wenn dem Geschäftsführer seitens der Gesellschafter rechtswidrige Weisungen erteilt werden.[156]

e) Aufhebungsvertrag

Die Organstellung eines Geschäftsführers kann anstelle einer einseitigen Erklärung auch einvernehmlich durch einen Aufhebungsvertrag beendet werden. Eine einverständliche Beendigung ist auch zulässig, sofern die Satzung die Abberufung nur bei einem *wichtigen Grund*

---

151 BGH, Urt. v. 17. 2. 2003 – II ZR 340/01, BB 2003, 706 = NJW-RR 2003, 756.
152 BGH, Urt. v. 8. 2. 1993 – II ZR 58/92, BGHZ 121, 257 = BB 1993, 675 = NJW 1993, 1198; Scholz/*Uwe H. Schneider*, § 38, Rn. 89.
153 Rowedder/Schmidt-Leithoff/*Koppensteiner*, § 38, Rn. 35.
154 Michalski/*Terlau/Schäfers*, § 38, Rn. 86.
155 BGH, Urt. v. 26. 6. 1995 – II ZR 109/94, BB 1995, 1844 = NJW 1995, 2850.
156 BGH, Urt. v. 13. 4. 1994 – II ZR 16/93, BGHZ 125, 366 = BB 1994, 1095 = NJW 1994, 1801.

zulässt, ein solcher Grund tatsächlich aber nicht gegeben ist.[157] Bei Abschluss der Aufhebungsvereinbarung wird die Gesellschaft nicht durch den Mitgeschäftsführer, sondern das *Bestellungsorgan* vertreten.[158]

III. Anstellungsverhältnis

1. Begründung des Anstellungsverhältnisses

a) Bestellungsorgan

Partner des Anstellungsverhältnisses sind der Geschäftsführer und die Gesellschaft. Als Annex der Berufung in das Organverhältnis liegt die Befugnis zum Abschluss des Anstellungsvertrages bei der *Gesellschafterversammlung* (§ 46 Nr. 5 GmbHG). Nach ständiger Rechtsprechung liegt die Zuständigkeit für den *Abschluss* eines Geschäftsführeranstellungsvertrages bei der Gesellschafterversammlung, nicht jedoch bei dem amtierenden Mitgeschäftsführer. Die Gesellschafterversammlung einer GmbH ist auch für *Änderungen* des Dienstvertrages eines Geschäftsführers, die nicht mit der Begründung oder Beendigung der Organstellung zusammenhängen, sowie für dessen vertragliche *Aufhebung* zuständig, soweit nach Gesetz oder Satzung keine anderweitige Zuständigkeit bestimmt ist. Diese Rechtsgeschäfte fallen nicht in den Aufgabenbereich eines Mitgeschäftsführers. Zwischen Änderung bzw. Aufhebung des Anstellungsvertrages und Begründung, Änderung oder Beendigung der Organstellung besteht ein ähnlich enger Sachzusammenhang wie er zwischen Bestellung und Anstellung gegeben ist. Eine Erhöhung der Bezüge des Geschäftsführers, seines Ruhegehalts bzw. der Hinterbliebenenbezüge oder die Verlängerung einer Kündigungsfrist können die Gesellschafter bestimmen, von einem an sich beabsichtigten Widerruf der Bestellung des Geschäftsführers abzusehen. Hinzu kommt die Gefahr, dass sich die Geschäftsführer unter Missbrauch ihrer Rechtsstellung gegenseitig Vorteile oder verbesserte Rechtsstellungen verschaffen. Da auf diese Weise der Entscheidungsspielraum der Gesellschafter in erheb-

---

157 Scholz/*Uwe H. Schneider,* § 38, Rn. 7; Rowedder/Schmidt-Leithoff/*Koppensteiner,* § 38, Rn. 38.
158 *Goette,* § 8, Rn. 44; Scholz/*Uwe H. Schneider,* § 38, Rn. 7; Rowedder/Schmidt-Leithoff/*Koppensteiner,* § 38, Rn. 38.

licher Weise eingeschränkt werden kann, erscheint es geboten, in entsprechender Anwendung des § 46 Nr. 5 GmbHG die Zuständigkeit für Änderungen oder Aufhebungen des Anstellungsvertrages der Gesellschafterversammlung zuzuweisen.[159] Nicht anders als bei der Bestellung und der nicht an einen wichtigen Grund geknüpften Abberufung ist der betroffene Gesellschaftergeschäftsführer bei Abstimmungen über sein Anstellungsverhältnis *stimmberechtigt*.[160] Nicht anders als bei der Abberufung gebietet es die gesellschaftliche Treuepflicht allen Gesellschaftern, keinen Geschäftsführer zu berufen, in dessen Person wichtige Gründe vorliegen, die seine Tätigkeit in der Organstellung für die Gesellschaft unzumutbar machen. Stimmabgaben, die gegen dieses Verbot verstoßen, können treuwidrig sein und deshalb als rechtsmissbräuchlich und nichtig eingestuft werden, so dass sie bei der Feststellung des Beschlussergebnisses nicht mitzuzählen sind.[161] Die Kompetenz für Abschluss, Aufhebung und Änderung des Gesellschaftsvertrages kann die Satzung dem Aufsichtsrat übertragen.[162] In der *mitbestimmten Gesellschaft* ist der Aufsichtsrat für Abschluss, Änderung und Aufhebung der Anstellungsverträge mit Geschäftsführern und die dazu notwendigen Entscheidungen zuständig (§ 31 MitbestG).[163]

b) Umsetzung der Bestellung

Die Durchführung der von der Mehrheit beschlossenen Anstellung geschieht durch den Abschluss des Anstellungsvertrages mit dem Geschäftsführer. Dabei kann die GmbH durch die den Beschluss fassen-

---

[159] BGH, Urt. v. 25. 3. 1991 – II ZR 169/90, BB 1991, 927 = NJW 1991, 1680; BGH, Urt. v. 3. 7. 2000 – II ZR 282/98, BB 2000, 1751 = NJW 2000, 1983; *Hommelhoff/Kleindiek*, in: Lutter/Hommelhoff, Anh § 6, Rn. 6; Rowedder/Schmidt-Leithoff/*Koppensteiner*, § 35, Rn. 17; Michalski/*Heyder*, § 6, Rn. 128; Baumbach/Hueck/*Zöllner*, § 35, Rn. 95; Scholz/*Uwe H. Schneider*, § 35, Rn. 171.
[160] Baumbach/Hueck/*Zöllner*, § 47, Rn. 54; Hachenburg/*Hüffer*, § 47, Rn. 171.
[161] BGH, Urt. v. 12. 7. 1993 – II ZR 65/92, NJW-RR 1993, 1253.
[162] BGH, Urt. v. 21. 6. 1999 – II ZR 27/98, BB 1999, 2100 = NJW 1999, 3263; BGH, Urt. v. 17. 2. 1997 – II ZR 278/95, BB 1997, 1913 = MJW 1997, 2055; *Hommelhoff/Kleindiek*, in: Lutter/Hommelhoff, Anh § 6, Rn. 6; Hachenburg/*Stein*, § 38, Rn. 84; Roth/*Altmeppen*, § 6, Rn. 45.
[163] BGH, Urt. v. 14. 11. 1983 – II ZR 33/83, BGHZ 89, 48 = BB 1984, 9 = NJW 1984, 733; Rowedder/Schmidt-Leithoff/*Koppensteiner*, § 35, Rn. 18; Hachenburg/*Mertens*, § 35, Rn. 181; a.A. Scholz/*Uwe H. Schneider*, § 35, Rn. 177.

5. Kap. III. Anstellungsverhältnis

de Mehrheit vertreten werden. Die Gesellschaft wird also nur durch die Gesellschafter vertreten, die für ein entsprechendes rechtsgeschäftliches Handeln gestimmt haben. Zum Vertragsschluss kann seitens der GmbH auch der Vorsitzende der Gesellschafterversammlung oder ein anderer Gesellschafter bevollmächtigt werden. Schließlich besteht auch die Möglichkeit, einem anderen Geschäftsführer den Abschluss des Anstellungsvertrages zu übertragen.[164] Der Gesellschafter, der sein Stimmrecht zugleich als Vertreter weiterer Gesellschafter wahrnimmt, ist nach § 181 BGB daran gehindert, für seine eigene Bestellung zu stimmen und auf dieser Grundlage einen Anstellungsvertrag mit sich zu schließen.[165] Der *Einpersonengesellschafter* kann mit sich selbst einen Anstellungsvertrag nur vereinbaren (§ 35 Abs. 4 GmbHG), wenn er durch die Satzung von der Regelung des § 181 BGB befreit und dies im Handelsregister eingetragen ist. Eine Befreiung durch von ihm allein zu fassenden Beschluss der Gesellschafterversammlung scheidet aus.[166] Die Befreiung kann im Rahmen einer nachträglichen Satzungsänderung wirksam durch die Formulierung erfolgen, dass der Geschäftsführer „von den Beschränkungen des § 181 BGB befreit wird".[167] Der Anstellungsvertrag mit dem Alleingesellschafter ist nach § 35 Abs. 4 S. 2 zu protokollieren. Die Verletzung dieser Vorschrift führt nicht zur Ungültigkeit des Vertrages.[168] Die Dokumentation des Vertrages erfüllt zugleich die Anforderungen des § 48 Abs. 3 GmbHG.[169]

c) Form

Es empfiehlt sich, den Anstellungsvertrag schriftlich abzufassen. Ein gesetzlicher Formzwang ist aber nicht gegeben. Der Vertragsschluss ist vielmehr *formfrei*; der Vertrag kann sogar *konkludent* zustande

---

164 Michalski/*Heyder*, § 6, Rn. 129.
165 BGH, Urt. v. 24. 9. 1990 – II ZR 167/89, BGHZ 112, 339 = BB 1991, 85 = NJW 1991, 691.
166 Scholz/*Uwe H. Schneider*, § 35, Rn. 123; Michalski/*Heyder*, § 6, Rn. 130; *Hommelhoff/Kleindiek*, in: Lutter/Hommelhoff, Anh § 6, Rn. 7; a.A. Baumbach/Hueck/*Zöllner*, § 35, Rn. 95: § 35 Abs. 4 GmbHG unanwendbar.
167 BGH, Urt. v. 18. 11. 1999 – IX ZR 402/97, NJW 2000, 664.
168 Rowedder/Schmidt-Leithoff/*Koppensteiner*, § 35, Rn. 33; a.A. *Hommelhoff/Kleindiek*, in: Lutter/Hommelhoff, Anh § 6, Rn. 7.
169 Michalski/*Heyder*, § 6, Rn. 137.

1. Begründung des Anstellungsverhältnisses 5. Kap.

kommen.[170] Das Nachweisgesetz ist auf den Geschäftsführer, der kein Arbeitnehmer ist, unanwendbar.[171] Auch § 623 BGB begründet kein Formerfordernis, weil die Vorschrift nur für Arbeitsverhältnisse gilt.

d) Fehlerhafter Anstellungsvertrag

Wegen möglicher Fehler des Anstellungsvertrages ist zu unterscheiden, ob der Geschäftsführer seine Tätigkeit bereits aufgenommen hat oder ob dies noch bevorsteht. *Vor Antritt der Dienstgeschäfte* kann sich jeder Vertragsteil auf den Unwirksamkeitsgrund berufen und mögliche Gestaltungsrechte – Anfechtung – ausüben.[172] Anders verhält es sich, nachdem der Geschäftsführer seine Tätigkeit begonnen hat. Hat der Geschäftsführer seine *Tätigkeit* auf der Grundlage des geltungslosen Anstellungsvertrages *aufgenommen* und geschah dies mit Wissen des für den Vertragsabschluss zuständigen Gesellschaftsorgans oder auch nur eines Organmitglieds, ist die Vereinbarung für die Dauer der Geschäftsführertätigkeit so zu behandeln, als wäre sie mit allen gegenseitigen Rechten und Pflichten wirksam. Denn eine Rückabwicklung nach Bereicherungsrecht wäre nicht nur schwierig, sondern würde auch und vor allem den Geschäftsführer, der seinem Amt entsprechend gearbeitet hat, schwer beeinträchtigen. Ihm stehen deshalb für die Dauer seiner Beschäftigung Bezüge in Höhe der vereinbarten und nicht bloß in angemessener Höhe zu.[173] Diese Grundsätze gelten auch, wenn es sich bei dem Anstellungsvertrag um ein verbotenes *Insichgeschäft* des Alleingesellschafters handelt. Der Vertrag kann aber für die *Zukunft* auch ohne Vorliegen eines wichtigen Grundes aufgelöst wer-

---

170 BGH, Urt. v. 20. 12. 1993 – II ZR 217/92, BB 1994, 304 = NJW-RR 1994, 357; *Hommelhoff/Kleindiek*, in: Lutter/Hommelhoff, Anh § 6, Rn. 6; Scholz/*Uwe H. Schneider*, § 35, Rn. 178; Roth/*Altmeppen*, § 6, Rn. 39.
171 *Goette*, § 8, Rn. 90; Baumbach/Hueck/*Zöllner*, § 35, Rn. 95a; *Hommelhoff/Kleindiek*, in: Lutter/Hommelhoff, Anh § 6, Rn. 6.
172 Scholz/*Uwe H. Schneider*, § 35, Rn. 248; Michalski/*Heyder*, § 6, Rn. 191; Baumbach/Hueck/*Zöllner*, § 35, Rn. 95c.
173 BGH, Urt. v. 16. 1. 1995 – II ZR 290/93, BB 1995, 536; BGH, Urt. v. 21. 1. 1991 – II ZR 144/90, BGHZ 113, 237 = NJW 1991, 1727; BGH, Urt. v. 6. 4. 1964 – II ZR 75/62, BGHZ 41, 282 = BB 1964, 618 = NJW 1964, 1367; Baumbach/Hueck/*Zöllner*, § 35, Rn. 95c; Michalski/*Heyder*, § 6, Rn. 192; Scholz/*Uwe H. Schneider*, § 6, Rn. 248.

5. Kap.   III. Anstellungsverhältnis

den.[174] Eine Bindung an einen mangelhaften Vertrag kommt auch für die Zukunft in Betracht, wenn sich der Geschäftsführer mit seiner ganzen beruflichen Existenz auf den Bestand des Vertrages eingerichtet hat und daher andere Möglichkeiten der Sorge für seine wirtschaftliche Zukunft unwiederbringlich verloren sind.[175]

e) Rechtsnatur des Anstellungsverhältnisses: Dienstvertrag

Der Anstellungsvertrag von Organen juristischer Personen und damit auch der von Geschäftsführern einer GmbH fällt bei Entgeltlichkeit unter den mit einer Geschäftsbesorgung verbundenen *Dienstvertrag* (§§ 611, 675 BGB) der selbstständig Tätigen,[176] im Fall der Unentgeltlichkeit handelt es sich um einen Auftrag (§ 662 BGB).[177] Der organschaftliche Vertreter einer GmbH ist arbeitsrechtlich nicht *Arbeitnehmer*; er übt vielmehr die Funktion des Prinzipals der Angestellten und Arbeiter der Gesellschaft aus.[178] Auch der Fremdgeschäftsführer oder der als Gesellschafter nur geringfügig beteiligte Geschäftsführer ist nicht als Arbeitnehmer zu behandeln.[179] Für Streitigkeiten aus dem Dienstverhältnis sind folglich nicht die Arbeitsgerichte, sondern die *Zivilgerichte* zuständig.[180] Unanwendbar auf den Geschäftsführer ist das Arbeitszeitgesetz,[181] das Arbeitnehmererfindungsgesetz,[182] das

---

174 BGH, Urt. v. 3. 7. 2000 – II ZR 282/98, BB 2000, 1751 = NJW 2000, 2983; *Hommelhoff/Kleindiek*, in: Lutter/Hommelhoff, Anh § 6, Rn. 74; Michalski/*Heyder*, § 6, Rn. 193.
175 BGH, Urt. v. 23. 10. 1975 – II ZR 90/73, BGHZ 65, 190 = BB 1975, 1502 = NJW 1976, 145; Scholz/*Uwe H. Schneider*, § 35, Rn. 248.
176 BGH, Urt. v. 11. 7. 1953 – II ZR 126/52, BGHZ 10, 187 = BB 1953, 706 = NJW 1953, 1465; BGH, Urt. v. 7. 12. 1961 – II ZR 117/60, BGHZ 32, 142 = BB 1962, 196 = NJW 1962, 340.
177 Roth/*Altmeppen*, § 6, Rn. 39; Rowedder/Schmidt-Leithoff/*Koppensteiner*, § 35, Rn. 78.
178 BGH, Urt. v. 9. 11. 1967 – II ZR 64/67, BGHZ 49, 30 = BB 1967, 1394 = NJW 1968, 396; *Hommelhoff/Kleindiek*, in: Lutter/Hommelhoff, Anh § 6, Rn. 3; Rowedder/Schmidt-Leithoff/*Koppensteiner*, § 35, Rn. 78.
179 Baumbach/Hueck/*Zöllner*, § 35, Rn. 97b; Michalski/*Heyder*, § 6, Rn. 113; Rowedder/Schmidt-Leithoff/*Koppensteiner*, § 35, Rn. 78; a.A. Scholz/*Uwe H. Schneider*, § 35, Rn. 160 ff.
180 Baumbach/Hueck/*Zöllner*, § 35, Rn. 99a.
181 Roth/*Altmeppen*, § 6, Rn. 42.
182 BGH, Urt. v. 24. 10. 1989 – X ZR 58/88, WM 1990, 350; Scholz/*Uwe H. Schneider*, § 35, Rn. 164b.

1. Begründung des Anstellungsverhältnisses   5. Kap.

Mutterschutzgesetz,[183] das Bundesurlaubsgesetz,[184] die Regelungen über den Übergang von Arbeitsverhältnissen beim Betriebsübergang (§ 613a BGB),[185] das *Kündigungsschutzgesetz*,[186] der Kündigungsschutz Schwerbehinderter,[187] das Bundeserziehungsgeldgesetz (Erziehungsurlaub), das Arbeitsplatzschutzgesetz (Wehrdienst), die Regelungen der §§ 74ff. HGB über das Wettbewerbsverbot,[188] die Grundsätze einer Haftungsbegrenzung bei gefahrgeneigter Arbeit,[189] und der im Arbeitsrecht entwickelte *Gleichbehandlungsgrundsatz*.[190] Vor einer fristlosen Kündigung ist eine Abmahnung des Geschäftsführers entbehrlich.[191] Unter Umständen sind aber soziale *Schutzvorschriften*, die der Gesetzgeber für Arbeitnehmer vorgesehen hat, auf Organmitglieder juristischer Personen, insbesondere Geschäftsführer einer GmbH, anzuwenden.[192] Trotz fehlender Arbeitnehmereigenschaft hat der Geschäftsführer Anspruch auf Erteilung eines *Dienstzeugnisses*.[193] Der Geschäftsführer hat einen Anspruch auf *Urlaubsabgeltung*, wenn die Gewährung von Freizeit wegen Beendigung des Arbeitsverhältnisses nicht mehr möglich ist oder der Umfang der geleisteten Arbeit und die Verantwortung für das Unternehmen die Gewährung von Freizeit im Urlaubsjahr ausgeschlossen haben.[194] Ebenso gebieten die Interessen des Geschäftsführers und der Gesellschaft,

---

183 BAG Urt. v. 26. 5. 1999 – 5 AZR 664/98, BB 1999, 1276.
184 Scholz/*Uwe H. Schneider*, § 35, Rn. 196; Hachenburg/*Stein*, § 35, Rn. 308.
185 Michalski/*Heyder*, § 35, Rn. 114.
186 BGH, Urt. v. 10. 1. 2000 – II ZR 251/98, NJW 2000, 1864; BGH, Urt. v. 16. 12. 1953 – II ZR 41/53, BGHZ 12, 1 = BB 1954, 180 = NJW 1954, 505; Scholz/*Uwe H. Schneider*, § 35, Rn. 164b.
187 BGH, Urt. v. 9. 2. 1978 – II ZR 189/76, NJW 1978, 1435.
188 BGH, Urt. v. 26. 3. 1984 – II ZR 229/83, BGHZ 91, 1 = BB 1984, 1381 = NJW 1984, 2366; BGH, Urt. v. 17. 2. 1992 – II ZR140/91, BB 1992, 723 = NJW 1992, 1892; Baumbach/Hueck/*Zöllner*, § 35, Rn. 107a; Scholz/*Uwe H. Schneider*, § 35, Rn. 164b.
189 BGH, Urt. v. 27. 2. 1975 – II ZR 112/72, WM 1975, 467.
190 BGH, Urt. v. 14. 5. 1990 – II ZR 122/89, BB 1990, 1436 = NJW-RR 1990, 1313; BGH, Urt. v. 17. 2. 1969 – II ZR 19/68, WM 1969, 686; Scholz/*Uwe H. Schneider*, § 35, Rn. 164a.
191 BGH, Urt. v. 14. 2. 2000 – II ZR 218/98, BB 2000, 844 = NJW 2000, 1638.
192 BGH, Urt. v. 26. 3. 1984 – II ZR 229/83, BGHZ 91, 1 = BB 1984, 1381 = NJW 1984, 2366.
193 BGH, Urt. v. 9. 11. 1967 – II ZR 64/67, BGHZ 49, 30 = BB 1967, 1394 = NJW 1968, 396.
194 BGH, Urt. v. 3. 12. 1962 – II ZR 201/61, BB 1963, 55 = NJW 1963, 535.

§ 622 Abs. 1 BGB auf die Kündigung seines Anstellungsvertrages entsprechend anzuwenden.[195]

2. Rechte des Geschäftsführers

a) Vergütung

aa) Vertragliche Abrede

Der Geschäftsführer wird in aller Regel nicht unentgeltlich tätig (§ 612 BGB). Die Höhe seiner Bezüge ist, weil der Bestellungsakt keinen Anspruch auf Vergütung begründet, im Anstellungsvertrag festzulegen.[196] Fehlt es an einer ausdrücklichen Vereinbarung, wird die *„übliche Vergütung"* geschuldet.[197] Im Blick auf die Höhe der Vergütung besteht uneingeschränkte *Vertragsfreiheit*. Die in §§ 87, 86 Abs. 2 AktG niedergelegten Grundsätze über das Gehalt von Vorstandsmitgliedern einer AG sind auch auf das GmbH-Recht nicht übertragbar.[198] Die Grenze der Angemessenheit bildet § 138 BGB.[199] Als Bemessungsfaktoren kommen auf der einen Seite die Größe und Leistungsfähigkeit des Unternehmens, und auf der anderen Seite die Qualifikation des Geschäftsführers, Ausbildung, Erfahrungen und Fähigkeiten, in Betracht.[200] In der Praxis sind, wenn der Geschäftsführer zugleich Gesellschafter ist, eher überhöhte Vergütungen festzustellen.[201] Die Angemessenheit der Vergütung eines Gesellschaftergeschäftsführers lässt sich vielfach erst durch den Vergleich mit der Vergütung eines Fremdgeschäftsführers, die tendenziell geringer ist, ermitteln.[202] Eine überhöhte Vergütung zu Gunsten des Gesellschaftergeschäftsführers kann eine verdeckte Gewinnausschüttung darstel-

---

195 BGH, Urt. v. 26. 3. 1984 – II ZR 120/83, BGHZ 91, 217 = BB 1984, 1892 = NJW 1984, 2528.
196 Michalski/*Lenz,* § 35, Rn. 142.
197 Rowedder/Schmidt-Leithoff/*Koppensteiner,* § 35, Rn. 86; Hachenburg/*Stein,* § 35, Rn. 191, 196; Roth/*Altmeppen,* § 35, Rn. 52.
198 Scholz/*Uwe H. Schneider,* § 35, Rn. 180a; Hachenburg/*Stein,* § 35, Rn. 180a.
199 Scholz/*Uwe H. Schneider,* § 35, Rn. 180a.
200 BGH, Urt. v. 14. 5. 1990 – II ZR 126/89, BGHZ 111, 224 = BB 1990, 1293 = NJW 1990, 2625; BGH, Urt. v. 15. 6. 1992 – II ZR 88/91, BB 1992, 1583 = NJW 1992, 2894.
201 Baumbach/Hueck/*Zöllner,* § 35, Rn. 100.
202 Michalski/*Lenz,* § 35, Rn. 142; Scholz/*Uwe H. Schneider,* § 35, Rn. 181.

len, die das Gleichbehandlungsgebot verletzt.[203] Es ist unzulässig, einem Gesellschafter einen durch keine entsprechende Gegenleistung gedeckten Vermögensvorteil zuzuwenden, wenn den anderen Gesellschaftern nicht ein ebensolcher Vorteil eingeräumt wird. Die Bezüge eines Gesellschaftergeschäftsführers dürfen in keinem Missverhältnis zu der vergüteten Leistung und damit zu dem Entgelt stehen, das ein Fremdgeschäftsführer für die gleiche Tätigkeit erhalten hätte. Freilich können solche Leistungen, für die es keine taxmäßige Vergütung gibt, recht unterschiedlich bewertet werden. Den Gesellschaftern, die selbst am besten beurteilen können, was es ihnen und ihrem Unternehmen wert ist, einen bestimmten Geschäftsführer zu gewinnen, bleibt dabei ein *Ermessensspielraum*, innerhalb dessen ein bestimmter Vergütungsbetrag nicht deswegen als unangemessen bezeichnet werden kann, weil eine andere Bemessung sich ebenso gut oder besser vertreten ließe.[204] Überhöhte, als verdeckte Gewinnausschüttung einzustufende Zahlungen sind nicht als Betriebsausgabe abzugsfähig.[205] Laufende Dienstbezüge eines Geschäftsführers genießen den *Pfändungsschutz* der §§ 850ff. ZPO.[206] Die Wirksamkeit des Ausstellungsvertrages wird durch die Eröffnung des Insolvenzverfahrens über das Vermögen der GmbH nicht berührt (§§ 108, 113 InsO); der Insolvenzverwalter kann freilich die Kündigung des Ausstellungsvertrags erklären.[207] Gehaltsansprüche des Geschäftsführers unterlagen nicht der kurzen Verjährungsfrist des § 196 Abs. 1 Nr. 8 BGB a. F., sondern verjährten nach § 197 BGB a. F. in vier Jahren.[208] Nach dem seit dem 1. 1. 2002 maßgeblichen Recht beträgt die Verjährungsfrist gemäß § 195 BGB drei Jahre ab dem Schluss des Jahres, in dem der Anspruch entstanden ist und der Anspruchsteller hiervon Kenntnis erlangt hat. Bei Klagen auf Zahlung von Gehalt und Versorgungsbezügen wie auch des Fortbestands des Anstellungsverhältnisses bestimmt

---

203 Baumbach/Hueck/*Zöllner*, § 35, Rn. 100; *Hommelhoff/Kleindiek*, in: Lutter/Hommelhoff, Anh § 6, Rn. 31a; Scholz/*Uwe H. Schneider*, § 35, Rn. 181.
204 BGH, Urt. v. 14. 5. 1990 – II ZR 126/89, BGHZ 111, 224 = BB 1990, 1293 = NJW 1990, 2625.
205 Scholz/*Uwe H. Schneider*, § 35, Rn. 182.
206 BGH, Urt. v. 8. 12. 1977 – II ZR 219/75, BB 1978, 275 = NJW 1978, 756.
207 BGH, Urt. v. 20. 6. 2005 – II ZR 18/03, z.V.b.
208 BGH, Urt. v. 14. 5. 1964 – II ZR 191/91, NJW 1964, 1620; BGH, Urt. v. 7. 12. 1961 – II ZR 117/60, BGHZ 36, 142 = BB 1962, 196 = NJW 1962, 340; Scholz/*Uwe H. Schneider*, § 35, Rn. 164b.

5. Kap. III. Anstellungsverhältnis

sich der *Streitwert* gemäß § 9 ZPO nach dem dreieinhalbfachen Jahresbetrag der Vergütung.[209] Gehalts- und Tantiemeansprüche eines Geschäftsführers können grundsätzlich wirksam an einen gesellschaftsfremden Dritten abgetreten werden. Wenn es sich um ein Festgehalt handelt, ist mit der *Abtretung* nicht die dem Geschäftsführer typischerweise durch § 85 GmbHG verbotene Offenbarung von Betriebsgeheimnissen verbunden. Auch erfolgsbezogene Vergütungsansprüche sind abtretbar, sofern sie an den in dem – gemäß § 325 HGB publizitätspflichtigen – Jahresabschluss ausgewiesenen Gewinn anknüpfen. Die Abtretung ist allerdings nichtig (§ 134 BGB), wenn sie die Offenbarung von Betriebsgeheimnissen bedingt.[210] Hat der Gläubiger einer GmbH deren Anspruch auf Darlehensrückzahlung gegen einen abberufenen Geschäftsführer gepfändet und sich zur Einziehung überweisen lassen, kann dieser gemäß § 406 BGB mit einem ihm gegen die Gesellschaft zustehenden Gehaltsanspruch auch gegen den Pfändungspfandgläubiger aufrechnen. Die Aufrechnung ist aber nach § 390 BGB ausgeschlossen, wenn der Forderung eine Einrede, zu denen auch das Leistungsverweigerungsrecht des § 615 S. 2 BGB gehört, entgegensteht.[211]

bb) Tantieme

Neben der Festvergütung kann dem Geschäftsführer als variable Vergütung eine Tantieme gewährt werden. Anspruch auf eine Tantieme besteht nur nach Maßgabe einer konkreten Vereinbarung, weil eine Tantieme nicht zur üblichen Vergütung gehört (§ 612 Abs. 2 BGB).[212] Unabhängig vom Geschäftserfolg kann eine *Mindesttantieme* zugesagt werden.[213] Ist die Höhe einer fixen Tantieme angemessen, kann sie ohne Verstoß gegen § 30 GmbHG an den Gesellschaftergeschäfts-

---

209 *Goette*, § 8, Rn. 104.
210 BGH, Urt. v. 8. 11. 1999 – II ZR 7/98, BB 2000, 8 = NJW 2000, 1329; BGH, Urt. v. 20. 5. 1996 – II ZR 190/95, BB 1996, 1627; Scholz/*Uwe H. Schneider*, § 35, Rn. 197a; Michalski/*Heyder*, § 6, Rn. 164.
211 BGH, Urt. v. 9. 10. 2000 – II ZR 75/99, BB 2000, 2434; NJW 2001, 287.
212 Michaklski/*Heyder*, § 6, Rn. 154.
213 BGH, Urt. v. 21. 11. 1974 – II ZR 134/73, WM 1975, 94; Scholz/*Uwe H. Schneider*, § 35, Rn. 183; Rowedder/Schmidt-Leithoff/*Koppensteiner*, § 35, Rn. 88.

führer bezahlt werden.[214] Die Zusatzvergütung kann daneben als *Gewinntantieme* oder *Umsatztantieme* ausgestaltet werden. Die Regelung des § 86 Abs. 1 GmbHG, die als Verbot einer Umsatztantieme verstanden werden kann, ist auf das GmbH-Recht nicht übertragbar.[215] Wegen der Gefahr, dass Umsätze zulasten des Gewinns gesteigert werden, kann bei der Beschlussfassung möglicherweise ein *Stimmrechtsmissbrauch* vorliegen.[216] Die Gewinntantieme berechnet sich nach dem vollen, in der *Handelsbilanz*, nicht Steuerbilanz ausgewiesenen Jahresgewinn. Die Tantieme selbst und Rücklagen sind – entgegen § 86 Abs. 2 AktG – nicht abzuziehen, während ein Gewinnvortrag aus dem Vorjahr, die Körperschaftsteuer, die Geschäftsführergehälter gewinnmindernd zu berücksichtigen sind.[217] Wird eine Tantieme zugesagt, deren Höhe aber nicht festgelegt, kommt ein Rückgriff auf § 315 in Betracht. Falls eine Bemessungsgrundlage für die Tantieme nicht bestimmt wurde, ist § 86 Abs. 2 AktG anzuwenden.[218]

cc) Anpassung der Vergütung an wirtschaftliche Gegebenheiten, Unterbilanz

Verschlechtern sich die wirtschaftlichen Verhältnisse der Gesellschaft in wesentlichem Maße, so kann ein Organmitglied aufgrund der von ihm als solchem geschuldeten *Treuepflicht* gehalten sein, einer Herabsetzung seiner Bezüge zuzustimmen. Das Aktienrecht sieht dies in § 87 Abs. 2 AktG für Vorstandsmitglieder ausdrücklich vor. Für Geschäftsführer einer GmbH gilt unabhängig davon, ob und in welchem Umfang sie an der Gesellschaft beteiligt sind, im Grundsatz nichts anderes.[219] Wird dem Gesellschaftergeschäftsführer ein angemessener vertraglicher Vergütungsanspruch eingeräumt, dann handelt es sich

---

214 BGH, Urt. v. 15. 6. 1992 – II ZR 88/91, BB 1992, 1583 = NJW 1992, 2894; *Hommelhoff/Kleindiek*, in: Lutter/Hommelhoff, Anh § 6, Rn. 32; Michalski/*Heyder*, § 6, Rn. 158.

215 *Goette*, § 8, Rn. 118; Rowedder/Schmidt-Leithoff/*Koppensteiner*, § 35, Rn. 88; Scholz/*Uwe H. Schneider*, § 35, Rn. 183.

216 BGH, Urt. v. 4. 10. 1976 – II ZR 204/74, WM 1976, 1226.

217 Scholz/*Uwe H. Schneider*, § 35, Rn. 184; Rowedder/Schmidt-Leithoff/*Koppensteiner*, § 35, Rn. 89.

218 Baumbach/Hueck/*Zöllner*, § 35, Rn. 102; Michalski/*Lenz*, § 35, Rn. 147.

219 BGH, Urt. v. 15. 6. 1992 – II ZR 88/91, BB 1992, 1583 = NJW 1992, 2894; *Hommelhoff/Kleindiek*, in: Lutter/Hommelhoff, Anh § 6, Rn. 34a; Michalski/*Lenz*, § 35, Rn. 143; Scholz/*Uwe H. Schneider*, § 35, Rn. 191.

insgesamt um ein *Drittgeschäft*, dessen Erfüllung nicht mit § 30 GmbHG unvereinbar ist. Ist einem Gesellschaftergeschäftsführer ein angemessener vertraglicher Vergütungsanspruch eingeräumt worden, so verstößt die Auszahlung des Gehalts nicht – teilweise – gegen § 30 GmbHG, wenn dafür das Stammkapital angegriffen werden muss. Das gilt auch für eine gewinnunabhängige Tantieme.[220] Umgekehrt kann aus wirtschaftlichen Erwägungen – auch ohne entsprechende Vertragsklausel – eine Verpflichtung der GmbH zur Erhöhung des Gehalts eines Gesellschaftergeschäftsführers in Betracht kommen. Dies gilt unter dem Gesichtspunkt der Gleichbehandlung, wenn anderen Gesellschaftergeschäftsführern höhere Bezüge gewährt werden.[221] Aber auch der Fremdgeschäftsführer kann eine Erhöhung beanspruchen, falls er keine Möglichkeit zu einer alsbaldigen Lösung des Anstellungsverhältnisses hat oder ihm dies etwa aus Altersgründen nicht zumutbar ist.[222] Der Anspruch ist im Wege einer Klage auf der Grundlage des § 315 Abs. 3 BGB durchzusetzen.[223] Gründungsgesellschafter einer GmbH können kraft Sonderrechts ihre Bestellung als Geschäftsführer verlangen. In einer vom BGH entschiedenen Sache war vereinbart, dass die Gründungsgesellschafter/Geschäftsführer auch bei gleichzeitiger Tätigkeit als Geschäftsführer einer Tochtergesellschaft nur eine *einheitliche Vergütung* erhalten und eine Änderung ihrer Geschäftsführer-Anstellungsverträge nur einstimmig möglich ist. Nimmt ein Gründungsgesellschafter/Geschäftsführer von einer Tochtergesellschaft eine höhere als die ursprünglich vereinbarte Vergütung entgegen, so haben die übrigen Gründungsgesellschafter/Geschäftsführer gegen ihn einen Anspruch auf Unterlassung der Entgegennahme bis zur Neuregelung durch einstimmigen Beschluss in der Muttergesellschaft.[224]

---

[220] BGH, Urt. v. 15. 6. 1992 – II ZR 88/91, BB 1992, 1583 = NJW 1992, 2894; Scholz/*Uwe H. Schneider*, § 35, Rn. 181a.
[221] Baumbach/Hueck/*Zöllner*, § 35, Rn. 101; Roth/*Altmeppen*, § 35, Rn. 55; Michalski/*Heyder*, § 6, Rn. 151.
[222] Michalski/*Heyder*, § 6, Rn. 151; *Hommelhoff/Kleindiek*, in: Lutter/Hommelhoff, Anh § 6, Rn. 34.
[223] Baumbach/Hueck/*Zöllner*, § 35, Rn. 101; Michalski/*Heyder*, § 6, Rn. 151.
[224] BGH, Urt. v. 22. 3. 2004 – II ZR 50/02, BB 2004, 906.

dd) Dienstwagen

Häufig wird dem Geschäftsführer im Rahmen des Anstellungsvertrages ein auch privat nutzbarer Dienstwagen zur Verfügung gestellt. Der Geschäftswagen ist dem Geschäftsführer – auch bei vorheriger Abberufung aus dem Amt – während der gesamten Dauer des Anstellungsverhältnisses zu belassen. Das Fahrzeug kann während der Restdauer des Dienstverhältnisses auch zur Wahrnehmung einer erlaubten anderweitigen beruflichen Tätigkeit genutzt werden. Wird dem Geschäftsführer das Fahrzeug von der GmbH vorzeitig entzogen, kann er *Nutzungsersatz* beanspruchen.[225]

ee) Leistungsstörungen

Das Entgeltfortzahlungsgesetz gilt nicht für Geschäftsführer. Anstellungsverträge von Organen von Kapitalgesellschaften unterliegen grundsätzlich den für gegenseitige Verträge geltenden Vorschriften der §§ 323 ff. BGB. Dieser Grundsatz gilt aber nicht uneingeschränkt. § 326 BGB (früher § 323 BGB) kommt nicht zum Zuge.[226] Vielmehr ist § 616 BGB anzuwenden, wenn der Geschäftsführer wegen Krankheit oder eines anderen Grundes an der Dienstleistung verhindert ist. Falls sich die Verhinderung auf eine verhältnismäßig kurze Zeit beschränkt und weder von dem Geschäftsführer noch der Gesellschaft zu vertreten ist, bleibt der Gehaltsanspruch bestehen. Zu vertreten hat der Geschäftsführer vorsätzliches oder grob fahrlässiges Verhalten.[227] Grobe Fahrlässigkeit kann in einer unverantwortlichen, sinnlosen *Selbstgefährdung* zu erkennen sein.[228] Bei einer dauerhaften Verhinderung kann ein Anspruch auf Zahlung einer Teilvergütung gegeben sein.[229] Das *Betriebsrisiko* schlägt – etwa bei einem Arbeitskampf – zulasten der Gesellschaft aus. Dies gilt auch für einen Gesellschafter-

---

225 BGH, Urt. v. 25. 2. 1991 – II ZR 76/90, BB 1991, 714 = NJW 1991, 1681.
226 BGH, Urt. v. 11. 7. 1953 – II ZR 126/52, BGHZ 10, 187 = BB 1953, 706 = NJW 1953; *Hommelhoff/Kleindiek*, in: Lutter/Hommelhoff, Anh § 6, Rn. 41.
227 Michalski/*Heyder*, § 6, Rn. 160; Scholz/*Uwe H. Schneider*, § 35, Rn. 187.
228 Scholz/*Uwe H. Schneider*, § 35, Rn. 187, der zu engherzig bereits erheblichen Zigarrettenkonsum als grob fahrlässig einstuft; Michalski/*Heyder*, § 6, Rn. 160.
229 BGH, Urt. v. 11. 7. 1953 – II ZR 126/52, BGHZ 10, 187 = BB 1953, 706 = NJW 1953; BGH, Urt. v. 7. 12. 1987 – II ZR 206/87, BB 1988, 290 = NJW-RR 1988, 420; Michalski/*Heyder*, § 6, Rn. 35; *Hommelhoff/Kleindiek*, in: Lutter/Hommelhoff, Anh § 6, Rn. 41.

5. Kap. III. Anstellungsverhältnis

geschäftsführer. Eine Kürzung der Bezüge kommt nach § 326 BGB ausnahmsweise in Betracht, sofern der Geschäftsführer auf die Dauer des Streiks Einfluss nehmen kann. Entsprechendes gilt, wenn der Geschäftsführer eine Betriebsstörung zu verantworten hat.[230] Der Vergütungsanspruch besteht in voller Höhe, wenn die Betriebsstörung von der Gesellschaft zu vertreten ist (§ 326 Abs. 2 BGB, früher § 324 Abs. 2) oder sich die Gesellschaft in *Annahmeverzug* (§ 615 BGB) befindet. Im Falle einer unberechtigten Kündigung genügt ein wörtliches Angebot (§ 293 BGB) des Geschäftsführers, das bereits im Widerspruch gegen die Maßnahme – oder bei Bestellung eines neuen Geschäftsführers – in der Klage auf Fortzahlung der Bezüge zum Ausdruck kommen kann.[231]

b) Nebenansprüche

Der Geschäftsführer kann gemäß §§ 669 f., 675 BGB *Auslagenersatz* beanspruchen, wenn er im Rahmen der Unternehmensleitung im Interesse der Gesellschaft – etwa für Fahrten und Übernachtungen oder zur Wartung des Geschäftswagens – Kosten verauslagt hat.[232] Der Geschäftsführer kann keine Erstattung von *Geldstrafen*, Bußgeldern und Verfahrenskosten beanspruchen, auch soweit seine berufliche Tätigkeit sanktioniert wurde. Eine Freistellungsvereinbarung ist unwirksam (§§ 134 BGB, 257 StGB). Erfolgt gleichwohl Zahlung, steht der GmbH ein Bereicherungsanspruch gegen den Geschäftsführer zu.[233] Der Geschäftsführer hat, obwohl er sich nicht auf das Bundesurlaubsgesetz stützen kann, aufgrund der Fürsorgepflicht der Gesellschaft Anspruch auf angemessenen *Urlaub*.[234] Bei der Urlaubsplanung hat er auf die Belange der Gesellschaft Rücksicht zu nehmen.[235] Der Geschäftsführer hat einen Anspruch auf Urlaubsabgeltung nicht nur dann, wenn die Gewährung der Freizeit wegen Beendigung des Dienstverhältnisses nicht mehr möglich ist, sondern auch dann, wenn

---

[230] Michalski/*Heyder*, § 6, Rn. 161; *Hommelhoff/Kleindiek*, in: Lutter/Hommelhoff, Anh § 6, Rn. 42.
[231] Michalski/*Heyder*, § 6, Rn. 160.
[232] Scholz/*Uwe H. Schneider*, § 35, Rn. 192.
[233] Michalski/*Heyder*, § 6, Rn. 184; *Hommelhoff/Kleindiek*, in: Lutter/Hommelhoff, Anh § 6, Rn. 30.
[234] Scholz/*Uwe H. Schneider*, § 35, Rn. 196.
[235] Michalski/*Heyder*, § 6, Rn. 185.

der Umfang der geleisteten Arbeit und die Verantwortung für das Unternehmen die Gewährung von Freizeit im Urlaubsjahr ausgeschlossen haben. Der bereits entstandene Abgeltungsanspruch kann dem Geschäftsführer durch eine fristlose Kündigung nicht entzogen werden.[236] Dem Geschäftsführer, auch dem Gesellschaftergeschäftsführer, ist ein qualifiziertes *Dienstzeugnis* zu erteilen. Diese Aufgabe obliegt dem Bestellungsorgan.[237]

c) Ruhegehalt

aa) Begründung des Anspruchs

Es steht der Gesellschaft grundsätzlich frei, ob und in welchem Umfang sie Versorgungsleistungen zu Gunsten des Geschäftsführers und seiner Hinterbliebenen gewährt. Ausnahmsweise kann sich ein Versorgungsanspruch aus *Branchenüblichkeit* oder *Unternehmensüblichkeit* – betriebliche Übung – ergeben.[238] Davon abgesehen setzt ein Versorgungsanspruch eine – formfrei zulässige[239] – *vertragliche Vereinbarung* zwischen Geschäftsführer und GmbH voraus.[240] Die Versorgung kann durch eine Direktzusage, die Begründung einer gesetzlichen Rentenversicherung oder die Begründung einer privaten Direktversicherung verwirklicht werden.[241] Handelt es sich um eine Direktzusage, sollte der Anspruch – etwa als Prozentsatz des Durchschnittseinkommens der letzten drei Jahre – näher konkretisiert werden.[242] Mitunter wird die Versorgung an die Höhe einer bestimmten *Beamtenpension* (etwa der Besoldungsgruppe A 16) gekoppelt. Dann ist das Beamtengehalt einschließlich Zulagen und Zuschlägen zu berücksichtigen.[243] Bei der Bezugnahme auf beamtenrechtliche Vorschriften handelt es sich um eine Vollverweisung, so dass ein An-

---

236 BGH, Urt. v. 3. 12. 1962 – II ZR 201/61, BB 1963, 55 = NJW 1963, 535.
237 BGH, Urt. v. 9. 11. 1967 – II ZR 64/67, BGHZ 49, 30 = BB 1967, 1394 = NJW 1968, 396; Michalski/*Heyder*, § 6, Rn. 188.
238 Baumbach/Hueck/*Zöllner*, § 35, Rn. 106; Hommelhoff/*Kleindiek*, in: Lutter/Hommelhoff, Anh § 6, Rn. 36.
239 BGH, Urt. v. 20. 12. 1993 – II ZR 217/92, BB 1994, 304 = NJW-RR 1994, 357; Michalski/*Heyder*, § 6, Rn. 166.
240 Scholz/*Uwe H. Schneider*, § 35, Rn. 199: Michalski/*Heyder*, § 6, Rn. 166; Rowedder/Schmidt-Leithoff/*Koppensteiner*, § 35, Rn. 93.
241 Scholz/*Uwe H. Schneider*, § 35, Rn. 199.
242 Michalski/*Heyder*, § 6, Rn. 168.
243 BGH, Urt. v. 2. 6. 1976 – VIII ZR 25/75, NJW 1976, 2342.

5. Kap.   III. Anstellungsverhältnis

spruch auf Altersruhegeld erst mit dem Erreichen der Regelaltersgrenze entsteht. Freilich kann die – mündlich ergänzte – Zusage einen Anspruch bereits mit Ausscheiden aus dem Amt vorsehen.[244]

bb) Entgeltcharakter der Versorgung

Ein betriebliches Ruhegehalt hat Entgeltcharakter. Dabei ist die *Entgeltlichkeit* nicht so zu verstehen, dass eine Versorgungsrente unmittelbar auf die Arbeitsleistung zu beziehen und wie ein vorbehaltener Teil des Arbeitsentgelts zu betrachten wäre. Das Ruhegehalt ist vielmehr eine besondere Vergütung dafür, dass der Dienstverpflichtete seine Arbeitskraft für lange Zeit in den Dienst des Unternehmens stellt. Dieses beständige Ausharren im Betrieb bedeutet für den Unternehmensinhaber einen wirtschaftlichen Wert, weil ein häufiger Wechsel der Beschäftigten auf Kosten gleich bleibender Arbeitsqualität, des Betriebsklimas und damit letztlich auch der Rentabilität zu gehen pflegt. Als *Gegenleistung* hierfür bietet er dem Versorgungsberechtigten die Sicherheit, im Alter, bei Invalidität oder im Todesfall sich und seine Hinterbliebenen versorgt zu sehen. Zwischen der Versorgung und dem mit ihr abgegoltenen Verzicht auf einen möglichen Wechsel des Betriebs besteht daher ein *Austauschverhältnis*.[245]

cc) Unverfallbarkeit einer Versorgungszusage

(1) Geschützter Personenkreis

Das Betriebsrentengesetz (BetrAVG) ist nach § 17 Abs. 1 S. 2 auf den *arbeitnehmerähnlichen Geschäftsführer* – gleich ob sein Vergütungsanspruch auf einen Anstellungsvertrag oder dem Gesellschaftsvertrag beruht[246] – anzuwenden. Die Regelung schützt nur Personen, die „für" ein Unternehmen tätig sind. Dies ist bei einem Fremdgeschäftsführer und einem als Minderheitsgesellschafter beschäftigten Geschäftsführer, nicht aber dem als Geschäftsführer tätigen Allein- oder Mehrheitsgesellschafter anzunehmen.[247] Kommen bei einer Kapitalgesellschaft Leitungsmacht und maßgebliche Beteiligung zusammen, so ist

---

244 BGH, Urt. v. 19. 1. 2004 – II ZR 303/01, NJW-RR 2004, 630; BGH, Urt. v. 3. 12. 2001 – II ZR 372/99, WM 2002, 332.
245 BGH, Urt. v. 19. 12. 1983 – II ZR 71/83, BB 1984, 366 = NJW 1984, 1529; *Hommelhoff/Kleindiek*, in: Lutter/Hommelhoff, Anh § 6, Rn. 38.
246 BGH, Urt. v. 25. 7. 2005 – II ZR 237/03, z.V.b.
247 Scholz/*Uwe H. Schneider,* § 35, Rn. 203b.

ein Gesellschaftergeschäftsführer als Mitunternehmer einzustufen, dessen Versorgungsansprüche nicht durch das Betriebsrentengesetz geschützt sind. Minderheitengesellschafter genießen nicht den Schutz des Betriebsrentengesetzes, wenn sie nicht ganz unwesentlich an dem Unternehmen beteiligt sind – die Grenze liegt bei 10% – und sie zusammen mit einem oder mehreren Gesellschaftergeschäftsführern über die Kapital- und Stimmenmehrheit in der Gesellschafterversammlung verfügen.[248]

(2) Voraussetzungen der Unverfallbarkeit

Ziel des Gesetzes ist es, dem Arbeitnehmer bzw. Geschäftsführer, der vorzeitig ausscheidet, seine Ansprüche auf Altersversorgung unter bestimmten Voraussetzungen zu sichern. Der Geschäftsführer behält gemäß § 1b BetrAVG seine Versorgungsanwartschaft, wenn das Dienstverhältnis nach Vollendung des 30. Lebensjahres endet und die Zusage zu diesem Zeitpunkt mindestens 5 Jahre bestanden hat. Bis zum 26. 6. 2001 sah § 1 BetrAVG Unverfallbarkeit unter den erschwerten Voraussetzungen vor, dass das Anstellungsverhältnis vor Eintritt des Versorgungsfalles endet, der Geschäftsführer zu diesem Zeitpunkt mindestens das 35. Lebensjahr vollendet hat und entweder die Versorgungszusage für ihn 10 Jahre bestanden hat oder der Beginn der Betriebszugehörigkeit mindestens 12 Jahre zurückliegt und die Versorgungszusage mindestens 3 Jahre bestanden hat. Eine nach altem Recht unverfallbar gewordene Zusage ist auch unter dem neuen Rechtszustand zu beachten. Die Gesellschaft kann dem Geschäftsführer, bevor die gesetzlichen Voraussetzungen erfüllt sind (§ 17 Abs. 3 BetrAVG), eine *unverfallbare Versorgungszusage* erteilen. Eine solche aus freien Stücken, oftmals mit dem Ziel, eine bestimmte Person für die Gesellschaft als Leitungsorgan zu gewinnen, gewährte Besserstellung eines Versorgungsberechtigten, der die gesetzlichen Voraussetzungen für einen unverfallbaren Versorgungsanspruch nicht erfüllt, ist ohne weiteres zulässig.[249] Scheidet der Geschäftsführer nach Eintritt der *Unverfallbarkeit*, aber vor Eintritt des Versorgungsfalles aus,

---

[248] BGH, Urt. v. 9. 6. 1980 – II ZR 255/78, BGHZ 77, 234 = BB 1980, 1215 = NJW 1980, 2257; BGH, Urt. v. 2. 6. 1997 – II ZR 181/96, BB 1997, 1653 = NJW 1997, 2882; kritisch Michalski/*Heyder*, § 6, Rn. 173.
[249] BGH, Urt. v. 17. 12. 2001 – II ZR 222/99, ZIP 2002, 364 = BGH-Report 2002, 285.

sind seine Versorgungsanwartschaften grundsätzlich unentziehbar. Der Geschäftsführer erlangt danach eine unverfallbare, von seinem Ausscheiden und dessen Grund – auch bei außerordentlicher Kündigung – unabhängige Versorgungsanwartschaft.[250]

dd) Widerruf einer unverfallbaren Versorgungszusage

Der Widerruf einer Versorgungszusage ist kein *fristgebunden* auszuübendes (infolge von Zeitablauf aber möglicherweise verwirktes) *Gestaltungsrecht*, sondern findet seine Grundlage in dem Einwand rechtsmissbräuchlichen Verhaltens, den der Verpflichtete dem Begehren des Berechtigten mit Rücksicht auf dessen schwerwiegendes Fehlverhalten entgegensetzen kann.[251] Versorgungszusagen sind nur dann dem Einwand des *Rechtsmissbrauchs* ausgesetzt, wenn der Pensionsberechtigte seine Pflichten in grober Weise verletzt und seinem Dienstherrn einen so schweren, seine Existenz bedrohenden Schaden zugefügt hat, dass sich die in der Vergangenheit erwiesene Betriebstreue nachträglich als wertlos oder zumindest erheblich entwertet darstellt. Erst dann, wenn das pflichtwidrige Verhalten des Dienstberechtigten sich als eine besonders grobe Verletzung der Treuepflicht des Leitungsorgans darstellt, kann die Gesellschaft den Rechtsmissbrauchseinwand erheben. Dazu reicht es nicht aus, dass ein *wichtiger Grund* für die sofortige Beendigung des Anstellungsverhältnisses besteht oder dass das Leitungsorgan gegen strafrechtliche Vorschriften verstoßen hat. Vielmehr ist die Voraussetzung erst gegeben, wenn der Versorgungsberechtigte den Versprechenden in eine seine Existenz bedrohende Lage gebracht hat.[252] Diese Voraussetzungen können gegeben sein, wenn ein Bankvorstand uneinbringliche Kredite in einer Größenordnung von 13,55 Mio. € (26,5 Mio. DM) zu verantworten hat.[253] Der Widerruf kann auf einen *Teil der Versorgungszusage* beschränkt werden. Dabei kommt es darauf an, wie lange der Versorgungsberechtigte dem Unternehmen einwandfreie Dienste geleistet

---

250 Scholz/*Uwe H. Schneider*, § 35, Rn. 205; Rowedder/Schmidt-Leithoff/*Koppensteiner*, § 35, Rn. 95.
251 BGH, Urt. v. 13. 12. 1999 – II ZR 152/98, BB 2000, 2528 (LS) = NJW 2000, 1197.
252 BGH, Urt. v. 17. 12. 2001 – II ZR 222/99, ZIP 2002, 364 = BGH-Report 2002, 285; BGH, Urt. v. 13. 12. 1999 – II ZR 152/98, BB 2000, 2528 (LS) = NJW 2000, 1197.
253 BGH, Urt. v. 13. 12. 1999 – II ZR 152/98, BB 2000, 2528 (LS) = NJW 2000, 1197.

hat und ob mit Rücksicht auf deren Qualität seine jahrelang aufrechterhaltene Bindung an den Betrieb trotz seiner später festgestellten Verfehlungen und deren Folgen für das Unternehmen noch einen Wert verkörpert, der die gänzliche Versagung der versprochenen Pensionsbezüge als unangemessen erscheinen lässt.[254] Ausnahmsweise kommt ein (Teil-)Widerruf der Versorgungszusage unabhängig vom Verhalten des Geschäftsführers in Betracht, wenn sich die Gesellschaft in einer *Bestandsgefährdenden Notlage* befindet und der Verzicht auf das Ruhegehalt zu ihrer wirtschaftlichen Gesundung beitragen kann. Ist der Grund der Kürzung nach einer Sanierung entfallen, lebt der Anspruch in voller Höhe auf.[255]

ee) Widerruf einer verfallbaren Versorgungszusage

Der als Gesellschafter an der GmbH beteiligte Unternehmer-Geschäftsführer wird nicht durch § 1 BetrAVG geschützt. Nach der Rechtsprechung des BAG ist eine Ruhegehaltszusage nach 20 Jahren Betriebszugehörigkeit unverfallbar. Bis dahin ist ein Widerruf der mit einem Vorbehalt ausgestatteten Versorgungszusage ohne weiteres möglich.[256] Entsprechendes gilt für einen Fremdgeschäftsführer, der noch nicht die Voraussetzungen des § 1 BetrAVG erfüllt. Die Gewährung eines nicht dem BetrAVG unterstehenden *Übergangsgeldes* kann vertragsgemäß widerrufen werden, wenn der Geschäftsführer durch Aufnahme einer neuen Tätigkeit in Konkurrenz zu der GmbH tritt.[257]

ff) Insolvenzschutz für Versorgungsansprüche

Das Betriebsrentengesetz ist als gesetzliche *Vermögensschadenspflichtversicherung* ausgestaltet. Das gesetzliche Versicherungsverhältnis ist als so genanntes *Dreiecksverhältnis* dadurch gekennzeichnet, dass die der Insolvenzsicherung unterworfenen Arbeitgeber als Versicherungsnehmer und zugleich als allein Beitragspflichtige (§ 10 BetrAVG) im eigenen Namen das Risiko des Ausfalls oder der Minderung von Versorgungsansprüchen und -anwartschaften in den Sicherungsfällen des § 7 Abs. 1 BetrAVG versichern, während den Ver-

---

254 BGH, Urt. v. 19. 12. 1983 – II ZR 71/83, BB 1984, 366 = NJW 1984, 1529.
255 Michalski/*Heyder,* § 6, Rn. 176.
256 Michalski/*Heyder,* § 6, Rn. 174; Scholz/*Uwe H. Schneider,* § 35, Rn. 206.
257 BGH, Urt. v. 3. 7. 2000 – II ZR 381/98, BB 2000, 2316 (LS) = NJW-RR 2000, 1277.

sorgungsempfängern und -anwärtern als Versicherten die alleinige Bezugsberechtigung aus der Versicherung im Versicherungsfall zusteht. Die Rechtsposition des Versicherten ist bereits vor Eintritt des Sicherungsfalls unentziehbar. Auf der Grundlage dieser gesicherten Rechtsposition besteht schon in dem Zeitpunkt, in dem eine Versorgung oder Versorgungsanwartschaft die gesetzlichen Insolvenzschutzvoraussetzungen erfüllt, zwischen dem Versorgungsempfänger oder -anwärter und dem *Pensions-Sicherungs-Verein* als Träger der Insolvenzversicherung ein feststellungsfähiges (bedingtes) *Rechtsverhältnis* im Sinne von § 256 ZPO.[258] Der Träger der Insolvenzversicherung hat dem aus der unmittelbaren Versorgungszusage als früherer Geschäftsführer berechtigten Hauptversorgungsempfänger oder seinen Hinterbliebenen nach § 7 Abs. 1 S. 1 BetrAVG die Versicherungsleistungen in gleicher Höhe wie der verpflichtete Arbeitgeber zu erbringen. Der *Versicherungsanspruch* knüpft ohne Einschränkung an den *Versorgungsanspruch* an, wie er sich aus der Versorgungsvereinbarung ergibt. Bemessungsgrundlage für den Umfang des Versicherungsanspruchs der Hinterbliebenen ist der zu ihren Gunsten von dem Arbeitgeber zugesagte Hinterbliebenenanspruch. Erst dieser Hinterbliebenenanspruch und nicht der Primäranspruch wird – in einem zweiten Schritt – nach § 7 Abs. 3 BetrAVG auf das *Dreifache der Bezugsgröße* begrenzt. Bemisst sich die Rente des Hauptversorgungsberechtigten auf 20 830,82 DM, wäre sie im Insolvenzfall auf die – im Zeitpunkt des Streitfalls maßgebliche – Bezugsgröße von 13 340,– DM beschränkt. Beträgt die Witwenrente 10 108, 70 DM, so liegt sie unter der Bezugsgröße und kann nicht gekürzt werden. Die Witwenrente kann aber nicht ausgehend von der für ihren Mann geltenden Bezugsgröße von 13 340,– DM auf 8064 DM reduziert werden.[259]

3. Pflichten des Geschäftsführers

a) Ausübung der Organstellung in Übereinstimmung mit dem Gesetz

Durch den Anstellungsvertrag verpflichtet sich der Geschäftsführer, die Organstellung zu übernehmen und die damit verbundenen Aufgaben höchstpersönlich wahrzunehmen. Der Geschäftsführer ist danach

---

258 BGH, Urt. v. 25. 10. 2004 – II ZR 413/02, BGH-Report 2005, 394.
259 BGH, Urt. v. 11. 10. 2004 – II ZR 369/02, BB 2004, 2639.

zur ordnungsgemäßen Erfüllung der ihm in der Organstellung durch Gesetz, Satzung oder eine Geschäftsordnung auferlegten Aufgaben verpflichtet.[260] Dem Geschäftsführer obliegt in allen Bereichen der Aktivitäten der GmbH eine Rechtmäßigkeitskontrolle und hat die *Beachtung der allgemeinen rechtlichen Vorschriften*, des Steuer-, Arbeits-, Sozial-, Umwelt- und Produkthaftungsrechts sicherzustellen.[261] Der Geschäftsführer hat für eine ordnungsgemäße Buchführung,[262] die Erfüllung steuerlicher Erklärungspflichten,[263] die Abführung der *Sozialversicherungsbeiträge*,[264] die rechtzeitige Erstellung des Jahresabschlusses[265] sowie die Kapitalaufbringung,[266] Kapitalerhaltung[267] einschließlich der Massesicherung[268] Sorge zu tragen, daneben Ansprüche aus *Differenz-* und *Unterbilanzhaftung* gegen die Gesellschafter zu verfolgen.[269] Baugelder sind ordnungsgemäß zu verwenden,[270] ungesicherte Gewinne dürfen nicht im Vorgriff an die Gesellschafter ausgekehrt werden.[271]

b) Geschäftliche Risiken

Der Geschäftsführer ist nicht gezwungen, jedes Geschäft zu verhindern, das mit einem Risiko verbunden ist. Mit Risiken behaftete Geschäfte sind im kaufmännischen Leben nicht ungewöhnlich.[272] Dem

---

260 Scholz/*Uwe H. Schneider,* § 35, Rn. 179; Rowedder/Schmidt-Leithoff/*Koppensteiner,* § 35, Rn. 106; Michalski/*Heyder,* § 6, Rn. 139.
261 *Hommelhoff/Kleindiek,* in: Lutter/Hommelhoff, § 43, Rn. 6; Michalski/*Haas,* § 43, Rn. 45; *Goette,* § 8, Rn. 129.
262 BGH, Urt. v. 26. 6. 1995 – II ZR 109/94, BB 1995, 1844 = NJW 1995, 2850.
263 BGH, Urt. v. 8. 10. 1984 – II ZR 175/83, GmbHR 1985, 143.
264 BGH, Urt. v. 18. 4. 2005 – II ZR 151/03 = BB 2005, 1241; BGH, Urt. v. 21. 1. 1997 – VI ZR 338/95, BGHZ 134, 304 = BB 1997, 591 = NJW 1997, 1237; BGH, Urt. v. 15. 10. 1996 – VI ZR 319/95, BGHZ 133, 370 = BB 1996, 2531 = NJW 1997, 130.
265 BGH, Urt. v. 7. 11. 1977 – II ZR 43/76, BB 1978, 575 = NJW 1978, 425.
266 BGH, Urt. v. 12. 10. 1998 – II ZR 164/97, NJW 1999, 143.
267 BGH, Urt. v. 30. 3. 1998 – II ZR 146/96, BGHZ 138, 211 = BB 1989, 969 = NJW 1998, 2667.
268 BGH, Urt. v. 18. 12. 1995 – II ZR 277/94, BGHZ 131, 325 = BB 1996, 499 = NJW 1996, 850.
269 *Goette,* § 8, Rn. 130.
270 BGH, Urt. v. 13. 4. 1994 – II ZR 16/93, BGHZ 125, 366, 372 = BB 1994, 1095 = NJW 1994, 1801.
271 BGH, Urt. v. 7. 11. 1977 – II ZR 43/76, BB 1978, 575 = NJW 1978, 425.
272 BGH, Urt. v. 4. 7. 1977 – II ZR 150/75, BGHZ 69, 207 = NJW 1977, 2311.

5. Kap.   III. Anstellungsverhältnis

Geschäftsführer muss bei der Leitung des Unternehmens ein weiter *Ermessensspielraum* zugebilligt werden, ohne den eine unternehmerische Tätigkeit schlechthin nicht denkbar ist. Dazu gehört neben dem bewussten Eingehen geschäftlicher Risiken grundsätzlich auch die Gefahr von Fehlbeurteilungen und Fehleinschätzungen, der jeder Unternehmensleiter, mag er auch noch so verantwortungsbewusst handeln, ausgesetzt ist. Hat der Geschäftsleiter bei der Führung des Unternehmens keine „glückliche Hand", kann ihn die Gesellschafterversammlung abberufen, daraus aber keine *Schadensersatzpflicht* hergeleitet werden. Die Sorge vor persönlicher Haftung kann einen Geschäftsleiter zu einem übertrieben defensiven Verhalten veranlassen, das zum Schaden der Gesellschafter und Gläubiger dazu führt, dass neue risikobehaftete Chancen nicht wahrgenommen werden, mit der Folge, dass das Unternehmen im schlimmsten Fall den Anschluss an die wirtschaftliche Entwicklung verpasst.[273] Pflichtwidrig handelt jedoch ein Geschäftsführer, der einer Bank in Kenntnis ihrer angespannten Liquidationslage einen Wechsel über 1 Mio. DM überlässt.[274] Geht der Geschäftsführer für die GmbH Verpflichtungen ein, die sie von vornherein nicht erfüllen kann, so hat er der GmbH den daraus entstehenden Schaden zu ersetzen. Dies ist anzunehmen, wenn die GmbH ihr treuhänderisch überlassene Gelder wegen des Zugriffs ihrer Bank nicht auf einem Konto anlegen kann.[275]

c) Allgemeine Pflichten

Der Geschäftsführer hat für einen geordneten Betriebsablauf und die Überwachung der Vorgänge zu sorgen. Ihm vorgelegte Unterlagen hat er auf grobe *Kalkulationsfehler* zu prüfen.[276] Der Geschäftsführer hat nach § 51a GmbHG Informationswünschen der Gesellschafter nachzukommen. Die Gesellschafterversammlung hat er umfassend zu informieren. Der Geschäftsführer ist der GmbH und ihren Gesellschaftern zu *Loyalität* verpflichtet. Abfallende oder gar ehrverletzen-

---

[273] BGH, Beschl. v. 24. 2. 1997 – II ZB 11/96, BGHZ 138, 392 = BB 1997, 1220 = NJW 1997, 1923; BGH, Urt. v. 21. 4. 1997 – II ZR 175/95, BGHZ 135, 244 = BB 1997, 1169 = NJW 1997, 1926; BGH, Urt. v. 21. 3. 2005 – II ZR 54/03; Michalski/ Haas, § 43, Rn. 64; Scholz/*Uwe H. Schneider,* § 43, Rn. 77a.
[274] BGH, Urt. v. 21. 12. 1979 – II ZR 244/78, NJW 1980, 1629.
[275] BGH, Urt. v. 12. 10. 1987 – II ZR 251/86, NJW 1988, 1321.
[276] BGH, Urt. v. 28. 10. 1971 – II ZR 49/70, WM 1971, 1548.

de Äußerungen über den Alleingesellschafter verletzten das Loyalitätsgebot und rechtfertigen die fristlose Kündigung des Geschäftsführers.[277]

d) Wettbewerbsverbot

aa) Während der Amtszeit

(1) Beginn und Ende

Geschäftsführer unterliegen wegen ihrer Verpflichtung zu loyalem Verhalten auch ohne besondere Vereinbarung während der Dauer ihrer Tätigkeit für die GmbH einem Wettbewerbsverbot.[278] Das Wettbewerbsverbot gilt auch schon in der Vor-GmbH und in der Vorgründungsgesellschaft. Das Wettbewerbsverbot endet mit Ausscheiden des Geschäftsführers aus seinem Dienstverhältnis.[279] Der Geschäftsführer darf die Zeit bis zum Ablauf seines Vertrages nicht dazu nutzen, ein Konkurrenzunternehmen aufzubauen.[280] Dem Geschäftsführer ist es auch verwehrt, eine Geschäftschance, die er während seiner Amtszeit zu Gunsten der GmbH hätte wahrnehmen können, nach seinem Ausscheiden auf sich überzuleiten. Der Geschäftsführer ist rechtlich nicht gehindert, sein Dienstverhältnis zu kündigen und sich einen anderen beruflichen Wirkungskreis zu suchen. Er darf diesen Wechsel nur nicht unter Mitnahme einer Geschäftschance vollziehen, die für die GmbH zu nutzen er als Geschäftsführer verpflichtet ist. Dabei ist es unerheblich, ob diese Geschäftschance dienstlich oder privat an den Geschäftsführer herangetragen worden ist. Die Pflicht des Geschäftsführers, in allen die Gesellschaft berührenden Angelegenheiten allein deren und nicht den eigenen Nutzen im Auge zu haben, schließt eine unterschiedliche Behandlung einzelner Geschäftschancen aus.[281] Der Gesellschaftergeschäftsführer einer *Einpersonengesellschaft* ist keinem Wettbewerbsverbot unterworfen.[282]

---

[277] BGH, Urt. v. 14. 2. 2000 – II ZR 218/98, BB 2000, 844 = NJW 2000, 1638.
[278] Scholz/*Uwe H. Schneider*, § 43, Rn. 126.
[279] *Hommelhoff/Kleindiek*, in: Lutter/Hommelhoff, Anh § 6, Rn. 21.
[280] *Goette*, § 8, Rn. 143.
[281] BGH, Urt. v. 23. 9. 1985 – II ZR 246/84, BB 1986, 90 = NJW-RR 1986, 585; *Hommelhoff/Kleindiek*, in: Lutter/Hommelhoff, Anh § 6, Rn. 21.
[282] BGH, Urt. v. 28. 9. 1992 – II ZR 299/91, BGHZ 119, 257 = BB 1992, 2384 = NJW 1993, 193; BGH, Urt. v. 10. 5. 1993 – II ZR 74/92, BGHZ 122, 333 = BB 1993, 1314 = NJW 1993, 1922; Rowedder/Schmidt-Leithoff/*Pentz*, § 13, Rn. 88.

5. Kap.   III. Anstellungsverhältnis

Ebenso besteht kein Wettbewerbsverbot, wenn den Gesellschaftern bei Eintritt eines Geschäftsführers dessen *Konkurrenztätigkeit bekannt* ist.[283] Geht die GmbH als Subunternehmerin zu Gunsten des Hauptauftragnehmers ein vertragliches Wettbewerbsverbot ein, so erstreckt sich die Verpflichtung gemäß § 242 BGB auch auf den Geschäftsführer.[284]

(2) Reichweite des Wettbewerbsverbots

Zur Bestimmung der Reichweite des Wettbewerbsverbots ist auf den in der Satzung festgelegten *Unternehmensgegenstand* abzustellen.[285] Dabei sind auch Bereiche zu berücksichtigen, in denen die Gesellschaft noch nicht tätig ist, aber jederzeit tätig werden kann. Das Wettbewerbsverbot erstreckt sich darüber hinaus auf den abweichend von der Satzung tatsächlich ausgeübten Unternehmensgegenstand.[286] Selbst *singuläre Geschäftschancen* der Gesellschaft sind geschützt.[287] Der Geschäftsführer hat in allen Angelegenheiten, die das Interesse der Gesellschaft berühren, allein deren und nicht den *eigenen Vorteil* zu suchen. Das gilt auch, wenn er privat Kenntnis von einer Geschäftschance erlangt, deren Ausnutzung ihm wirtschaftlich erlauben würde, sich selbstständig zu machen.[288] Der Geschäftsführer einer GmbH darf bei der Wahrnehmung der ihm übertragenen Aufgaben nur das Wohl des Unternehmens im Auge behalten. Er darf hingegen nicht seine eigenen wirtschaftlichen Vorteile verfolgen. Besteht die Aussicht, für eine mit der Erstellung von Wohnraum befassten gemeinnützigen Gesellschaft von ihr benötigte *Grundstücke* zu erwerben, hat der Geschäftsführer alles zu unterlassen, was einen solchen Erwerb verhindert. Er handelt dann sittenwidrig, wenn er die Möglichkeit eines Erwerbs zu einem günstigen Preis nicht nutzt, sondern dem Erwerb einem anderen Unternehmen, an dessen Gewinn er beteiligt ist, in der Absicht überlässt, den Ankauf von diesem Unterneh-

---

283 BGH, Urt. v. 9. 3. 1987 – II ZR 215/86, GmbHR 1987, 302.
284 BGH, Urt. v. 30. 11. 2004 – X ZR 109/02.
285 BGH, Urt. v. 5. 12. 1983 – II ZR 242/82, BGHZ 89, 162 = NJW 1984, 1351; Scholz/*Uwe H. Schneider,* § 35, Rn. 127.
286 Scholz/*Uwe H. Schneider,* § 35, Rn. 127; *Hommelhoff/Kleindiek,* in: Lutter/Hommelhoff, Anh § 6, Rn. 22.
287 *Hommelhoff/Kleindiek,* in: Lutter/Hommelhoff, Anh § 6, Rn. 22.
288 BGH, Urt. v. 23. 9. 1985 – II ZR 246/84, BB 1986, 90 = NJW-RR 1986, 585; *Hommelhoff/Kleindiek,* in: Lutter/Hommelhoff, Anh § 6, Rn. 22.

men für die von ihm geführte Gesellschaft zu einem unverhältnismäßigen höheren Preis vorzunehmen.[289] Die bloße Anlage von eigenem Vermögen in Werte (Grundstücke), mit denen auch die Gesellschaft handelt, stellt noch kein *verbotenes Geschäftemachen* dar. Anders verhält es sich, wenn der Erwerb in der Absicht erfolgt, durch alsbaldigen Weiterverkauf Gewinn zu erzielen.[290]

(3) Rechtsfolge

Verstößen gegen das Wettbewerbsverbot kann die Gesellschaft einmal mit *Unterlassungsansprüchen* begegnen. Außerdem kann die Gesellschaft von dem Geschäftsführer *Schadensersatz* beanspruchen.[291] Jedoch ist die GmbH dem Geschäftsführer, sofern nicht grob treuwidriges Verhalten gegeben ist, zu weiterer Gehaltszahlung verpflichtet.[292]

bb) Nach der Amtszeit

(1) Ausdrückliche Vertragsabrede

Nach Beendigung seiner Amtszeit unterliegt der Geschäftsführer grundsätzlich keinem Wettbewerbsverbot, weil das Risiko einer Interessenkollision entfallen ist.[293] Deswegen muss ein über die Amtszeit hinausreichendes Wettbewerbsverbot *vertraglich* vereinbart werden.[294] Nachvertragliche Wettbewerbsverbote, die keiner Form bedürfen,[295] finden ihre Rechtfertigung allein darin, die GmbH nach Ausscheiden des Geschäftsführers vor einer illoyalen Verwertung der Erfolge der gemeinsamen Arbeit und vor einem Missbrauch der Ausübung der Berufsfreiheit zu schützen. Dagegen darf ein solches Wettbewerbsverbot rechtlich nicht dazu eingesetzt werden, den Geschäftsführer als potenziellen Wettbewerber auszuschalten. Soweit sich dieser in hinreichender räumlicher Entfernung niederlässt und seinen Beruf ausübt, ist das berechtigte Anliegen der Gesellschaft,

---

289 BGH, Urt. v. 12. 6. 1989 – II ZR 334/87, BB 1989, 1637 = NJW-RR 1989, 1255; vgl. auch BGH, Urt. v. 8. 5. 1989 – II ZR 229/88, BB 1989, 1430 = NJW 1989, 2687.
290 BGH, Urt. v. 17. 2. 1997 – II ZR 278/95, BB 1997, 1913 = NJW 1997, 2055.
291 Scholz/*Uwe H. Schneider,* § 35, Rn. 130 f.
292 BGH, Urt. v. 19. 10. 1987 – II ZR 97/87, BB 1988, 88 = NJW-RR 1988, 352.
293 *Hommelhoff/Kleindiek,* in: Lutter/Hommelhoff, Anh § 6, Rn. 25.
294 Scholz/*Uwe H. Schneider,* § 35, Rn. 135.
295 Roth/*Altmeppen,* § 6, Rn. 48.

vor illoyalem Wettbewerb geschützt zu sein, ebenso wenig berührt, wie wenn der ehemalige Geschäftsführer auf einem nicht von der GmbH gewählten anderen Berufsfeld tätig wird. Entsprechendes gilt, wenn sich – der BGH legt hier einen Zeitraum von *nicht mehr als zwei Jahren* zu Grunde – die während der Tätigkeit als Geschäftsführer geknüpften Verbindungen typischerweise so gelockert haben, dass der ausgeschiedene Geschäftsführer wie jeder andere Wettbewerber behandelt werden kann. Die mit einem nachvertraglichen Wettbewerbsverbot verbundenen Beschränkungen der Berufsausübungsfreiheit verstoßen also dann nicht gegen § 138 BGB, wenn sie *räumlich, zeitlich* und *gegenständlich* das notwendige Maß nicht überschreiten. Verstößt eine Wettbewerbsklausel allein gegen die *zwingende zeitliche Grenze von zwei Jahren*, ohne dass weitere Gründe vorliegen, deretwegen die Beschränkungen der Berufsausübungsfreiheit als sittenwidrig zu qualifizieren sind, lässt der BGH eine *geltungserhaltende Reduktion* auf das zeitlich tolerable Maß zu.[296] Der Gegenstand eines Wettbewerbsverbots ist zu weit gefasst, wenn dem bisher *freiberuflich* als Arzt tätigen Geschäftsführer auf Dauer auch die Übernahme einer ärztlichen Tätigkeit im staatlichen Bereich – etwa als Amtsarzt – untersagt wird. Hier scheidet eine geltungserhaltende Reduktion aus, weil *nicht nur* die zeitliche Grenze des Wettbewerbsverbots überschritten wird.[297]

(2) Entschädigung

Die Wirksamkeit eines Wettbewerbsverbots hängt nicht von der Zahlung einer *Karenzentschädigung* an den Geschäftsführer ab. Nach der Rechtsprechung des BGH unterliegen von einer GmbH mit ihren Geschäftsführern vereinbarte Wettbewerbsverbote nicht den für Handlungsgehilfen geltenden Beschränkungen der §§ 74 ff. HGB. Deshalb verbietet es sich, auf Vereinbarungen über nachvertragliche Wettbewerbsverbote zwischen einer GmbH und ihrem Geschäftsführer allgemein die Vorschrift des § 74 Abs. 2 HGB anzuwenden, wonach

---

[296] BGH, Urt. v. 29. 9. 2003 – II ZR 59/02, BB 2003, 2643 = NJW 2004, 66; BGH, Urt. v. 8. 5. 2000 – II ZR 308/98, BB 2000, 1420 = NJW 2000, 2584; BGH, Urt. v. 14. 7. 1997 – II ZR 30/89; Roth/*Altmeppen,* § 6, Rn. 50; *Hommelhoff/Kleindiek,* in: Lutter/Hommelhoff, Anh § 6, Rn. 25.
[297] BGH, Urt. v. 14. 7. 1997 – II ZR 238/96, NJW 1997, 3089; *Hommelhoff/Kleindiek,* in: Lutter/Hommelhoff, Anh § 6, Rn. 25; Scholz/*Uwe H. Schneider,* § 35, Rn. 135.

jede Beeinträchtigung der wirtschaftlichen Bewegungsfreiheit als unzulässig anzusehen ist, sofern dem keine Verpflichtung zur *Zahlung einer Entschädigung* gegenübersteht.[298] Allerdings können Geschäftsführer und GmbH die Anwendung der §§ 74ff. vertraglich vereinbaren.[299] Daneben steht es den Parteien frei, als Gegenleistung für das Wettbewerbsverbot eine ausdrückliche Entschädigung zu vereinbaren. Wird für die Dauer eines Wettbewerbsverbots von fünf Jahren, das der Geschäftsführer von Anfang an missachtet, eine Vergütung von 130 000 € vereinbart, so kann die Gesellschaft, weil das Wettbewerbsverbot von fünf Jahren auf die zulässige Dauer von zwei Jahren zu reduzieren ist, Rückzahlung von drei Fünftel der Entschädigung, also 78 000 €, beanspruchen.[300]

(3) Freistellung des Geschäftsführers von nachvertraglichem Wettbewerbsverbot

Bei einem Wettbewerbsverbot steht das Interesse der Gesellschaft im Vordergrund, sich davor zu bewahren, dass der Geschäftsführer die in dem Unternehmen erlangten Kenntnisse und Verbindungen zu ihrem Schaden ausnutzt. Soweit es zum Schutz eines derartigen berechtigten Interesses der Gesellschaft des Geschäftsführers zeitlich, örtlich und gegenständlich nicht unbillig erschwert wird, also ein Verstoß gegen § 138 BGB nicht vorliegt, kann ein nachvertragliches Wettbewerbsverbot mit einem Geschäftsführer auch ohne Karenzentschädigung vereinbart werden, weil ihm gegenüber die gesetzliche Regelung für Handlungsgehilfen (§ 74 Abs. 2 HGB) nicht gilt. Daraus lässt sich aber nicht schließen, dass auch bei einer *vereinbarten Karenzentschädigung* und der Auslegung dieser Vereinbarung allein das Interesse der Gesellschaft zu berücksichtigen wäre. Das im Anstellungsvertrag eines Geschäftsführers vereinbarte nachvertragliche Wettbewerbsverbot gegen Karenzentschädigung wird nicht allein dadurch verkürzt oder hinfällig, dass er mit der ordentlichen Kündigung des Anstellungsvertrages von seinen Dienstpflichten freigestellt wird. Die vereinbarte Karenzentschädigungspflicht entfällt mit dem Verzicht der

---

[298] BGH, Urt. v. 26. 3. 1984 – II ZR 229/83, BB 1984, 1381 = NJW 1984, 2366; *Hommelhoff/Kleindiek*, in: Lutter/Hommelhoff, Anh § 6, Rn. 25.
[299] BGH, Urt. v. 25. 6. 1990 – II ZR 119/89, BB 1990, 1653 = NJW-RR 1990, 1312; Scholz/*Uwe H. Schneider*, § 35, Rn. 135a.
[300] BGH, Urt. v. 29. 9. 2003 – II ZR 59/02, BB 2003, 2643 = NJW 2004, 66.

Gesellschaft auf das Wettbewerbsverbot jedenfalls dann nicht, wenn der Verzicht nach ordentlicher Kündigung des Anstellungsvertrages erst zu einem *Zeitpunkt* erklärt wird, in dem der Geschäftsführer sich auf die mit dem Wettbewerbsverbot verbundenen Einschränkungen seiner neuen beruflichen Tätigkeit eingerichtet hat. Hat die Gesellschaft dem Geschäftsführer mit Wirkung zum 31. 12. des Folgejahres gekündigt und bis dahin von seiner Tätigkeit freigestellt, so ist ein im Dezember des Folgejahres erklärter Verzicht auf das Wettbewerbsverbot unwirksam, weil der Geschäftsführer zwischenzeitlich am Aufbau einer neuen beruflichen Tätigkeit auf demselben Geschäftsfeld gehindert war.[301] Dagegen wird die GmbH von der Zahlung der Karenzentschädigung analog § 75a HGB frei, wenn sie die Freistellung *ein Jahr* vor Ablauf des Dienstverhältnisses erklärt und damit dem Geschäftsführer die Aufnahme einer neuen Tätigkeit nach Vertragsende ermöglicht wird.[302]

4. Beendigung des Anstellungsverhältnisses

a) Allgemeine Beendigungsgründe

aa) Tod, Insolvenz, Zeitablauf

Der Anstellungsvertrag endet mit dem *Tod* des Geschäftsführers oder der Löschung der GmbH.[303] Dagegen wird das Anstellungsverhältnis durch die *Insolvenz* der GmbH nicht berührt, kann aber nach § 113 InsO gekündigt werden. Auch die Auflösung der GmbH oder die Umwandlung in eine andere Rechtsform beendet das Anstellungsverhältnis nicht. [304] Der Vertrag endet mit Zeitablauf, wenn er für eine *bestimmte Frist* geschlossen worden ist (§ 620 BGB). Die Befristung kann nach Ablauf wiederholt werden.[305] In der Praxis wird mitunter vereinbart, dass der befristete Vertrag bei Nichtausübung einer Kündigung über die vereinbarte Dauer hinaus fortgilt.[306]

---

[301] BGH, Urt. v. 4. 3. 2002 – II ZR 77/00, BB 2002, 800 = NJW 2002, 1875; *Hommelhoff/Kleindiek*, in: Lutter/Hommelhoff, Anh § 6, Rn. 25a.
[302] BGH, Urt. v. 17. 2. 1992 – II ZR 140/91, BB 1992, 723 = NJW 1992, 1892.
[303] Roth/*Altmeppen,* § 6, Rn. 76.
[304] Michalski/*Heyder,* § 6, Rn. 229.
[305] Baumbach/Hueck/*Zöllner,* § 35, Rn. 114.
[306] *Goette,* § 8, Rn. 151; Roth/*Altmeppen,* § 6, Rn. 77.

4. Beendigung des Anstellungsverhältnisses

bb) Koppelung von Anstellungsverhältnis mit Organverhältnis

Bekanntlich sind Organverhältnis und Anstellungsverhältnis des Geschäftsführers zu unterscheiden. Beide Rechtsverhältnisse können ein unterschiedliches Rechtsschicksal haben, also das Anstellungsverhältnis trotz Beendigung des Organverhältnisses fortdauern. Allerdings kann der Anstellungsvertrag durch eine *auflösende Bedingung* an den Fortbestand der Organstellung geknüpft oder vereinbart werden, dass mit dem Entzug der Organstellung das Anstellungsverhältnis als gekündigt gilt. Der Widerruf der Organstellung gilt im letztgenannten Fall als Kündigung zum nächstmöglichen Zeitpunkt. Ist das Dienstverhältnis auf die Dauer von weiteren drei Jahren vereinbart worden, so ist eine ordentliche Kündigung vor Ablauf dieser Frist ausgeschlossen (§ 620 BGB). Dann kommt nur eine einen wichtigen Grund erfordernde außerordentliche Kündigung in Betracht.[307] Durch eine Koppelungsklausel können die zwingenden Kündigungsfristen (§ 622 Abs. 5 BGB) nicht umgangen werden.[308] Die *auflösende Bedingung* der Beendigung der Organstellung tritt nur ein, wenn der Widerruf der Bestellung rechtmäßig erfolgt ist.[309]

b) Ordentliche Kündigung

aa) Kündigungskompetenz

Das für den Abschluss des Anstellungsvertrages zuständige *Gesellschaftsorgan* ist auch für dessen Kündigung zuständig. Dies gilt unabhängig davon, ob die Kündigung mit einer Abberufung verbunden wird oder nicht.[310] Die Zuständigkeit für eine Kündigung des Anstellungsvertrages liegt, sofern es sich nicht um eine mitbestimmte Gesellschaft handelt oder die Satzung die Befugnis an einen Beirat oder

---

[307] BGH, Urt. v. 21. 6. 1999 – II ZR 27/98, BB 1999, 2100 = NJW 1999, 3261; BGH, Urt. v. 29. 5. 1989 – II ZR 220/88, BB 1989, 1557 = NJW 1989, 2683; Roth/*Altmeppen*, § 6, Rn. 76.

[308] BGH, Urt. v. 26. 3. 1984 – II ZR 120/83, BGHZ 91, 217 = BB 1984, 1892 = NJW 1984, 2528; BGH, Urt. v. 9. 7. 1990 – II ZR 194/89, BGHZ 112, 103 = BB 1990, 1578 = NJW 1990, 2622; BGH, Urt. v. 21. 6. 1999 – II ZR 27/98, BB 1999, 2100 = NJW 1999, 2100; Michalski/*Heyder*, § 6, Rn. 230; *Hommelhoff/Kleindiek*, in: Lutter/Hommelhoff, Anh § 6, Rn. 44.

[309] BGH, Urt. v. 29. 5. 1989 – II ZR 220/88, BB 1989, 1557 = NJW 1989, 2683; Roth/*Altmeppen*, § 6, Rn. 76.

[310] Scholz/*Uwe H. Schneider*, § 35, Rn. 221; Michalski/*Heyder*, § 6, Rn. 199.

5. Kap.   III. Anstellungsverhältnis

Aufsichtsrat delegiert, bei der *Gesellschafterversammlung* (§ 46 Nr. 5 GmbHG).[311] Die Kündigung wird durch eine – formfrei gültige[312] – *Kündigungserklärung* umgesetzt. Einer eigenständigen Erklärung bedarf es nicht, wenn der Geschäftsführer bei der Beschlussfassung anwesend war.[313] Die Vertretung für die Abgabe der Kündigungserklärung liegt bei den Gesellschaftern. Sie können aber einen von ihnen (vorzugsweise den Leiter der Gesellschafterversammlung), den Geschäftsführer oder einen Dritten (den Anwalt der Gesellschaft) zur Abgabe der Kündigungserklärung gegenüber dem Geschäftsführer bevollmächtigen.[314] *Kündigt der Geschäftsführer*, so kann er seine Erklärung gemäß § 35 Abs. 2 S. 3 GmbHG an einen Mitgeschäftsführer richten.[315]

bb) Kündigungsfrist

Da der Geschäftsführer kein Arbeitnehmer ist, wären eigentlich die Fristen des § 621 BGB maßgeblich. Wegen der wirtschaftlichen Abhängigkeit des Geschäftsführers wenden Rechtsprechung und Schrifttum hingegen *§ 622 Abs. 1 BGB* an, soweit er nicht herrschender, also Mehrheitsgesellschafter, ist.[316] Gemäß § 622 Abs. 1 BGB kann mit einer Frist von vier Wochen zum 15. oder zum Ende eines Kalendermonats gekündigt werden. Die Kündigungsfrist verlängert sich nach § 622 Abs. 2 BGB entsprechend der Beschäftigungsdauer.

cc) Kein Kündigungsgrund erforderlich

Die ordentliche Kündigung des Anstellungsverhältnisses des Geschäftsführers einer GmbH bedarf mit Rücksicht auf seine Vertrau-

---

311 BGH, Urt. v. 27. 3. 1995 – II ZR 140/93, BB 1995, 1102 = NJW 1995, 1750; Rowedder/Schmidt-Leithoff/*Koppensteiner*, § 38, Rn. 43; Scholz/*Uwe H. Schneider*, § 35, Rn. 221; Michalski/*Heyder*, § 6, Rn. 199.
312 *Hommelhoff/Kleindiek*, in: Lutter/Hommelhoff, Anh § 6, Rn. 52.
313 *Goette*, § 8, Rn. 155; Baumbach/Hueck/*Zöllner*, § 35, Rn. 115; vgl. BGH, Urt. v. 16. 9. 2002 – II ZR 1/00, BGHZ 152, 37 = BB 2002, 2347 = NJW 2002, 3774.
314 Michalski/*Heyder*, § 6, Rn. 200; Scholz/*Uwe H. Schneider*, § 35, Rn. 222.
315 BGH, Urt. v. 19. 1. 1961 – II ZR 217/58, BB 1961, 227 = NJW 1961, 507; Michalski/*Heyder*, § 6, Rn. 201.
316 BGH, Urt. v. 26. 3. 1984 – II ZR 120/83, BGHZ 91, 217 = BB 1984, 1892 = NJW 1984, 2528; BGH, Urt. v. 9. 3. 1987 – II ZR 132/86, BB 1987, 848 = NJW 1987, 2073; Michalski/*Heyder*, § 6, Rn. 204 f.; Rowedder/*Schmidt-Leithoff*, § 35, Rn. 42; a.A. Scholz/*Uwe H. Schneider*, § 35, Rn. 226.

ensstellung als organschaftlicher Vertreter der Gesellschaft mit Unternehmerfunktion keines sie rechtfertigenden Grundes. Sie ist, sofern ihre formellen Voraussetzungen erfüllt sind, auch dann wirksam, wenn sie sich auf keinen anderen Grund als den Willen des kündigungsberechtigten Organs stützen kann. Infolgedessen verbietet es sich, die Wirksamkeit einer von der Gesellschaft ordnungsgemäß erklärten ordentlichen Kündigung mit Rücksicht auf die ihr zugrunde liegenden *Motive der Gesellschafter* zu verneinen. Dies gilt auch dann, wenn die der Kündigung zugrunde liegenden Erwägungen im Einzelfall bekannt oder von der Gesellschaft selbst mitgeteilt sein sollten. Die Gesellschaft verhält sich damit grundsätzlich ordnungsgemäß, wenn sie die sofortige Abberufung aus der Organstellung mit der ordentlichen Kündigung des Anstellungsvertrages zu dem vertraglich oder gesetzlich vorgesehenen Beendigungszeitpunkt verbindet. Diese Kündigung trägt ihre *Rechtfertigung in sich selbst*; sie ist von dem Geschäftsführer hinzunehmen, auf welchen Erwägungen sie beruhen mag. Dies gilt auch dann, wenn sich die Kündigung als Reaktion auf die Weigerung des Geschäftsführers, eine wahrheitswidrige Erklärung abzugeben, darstellt.[317] Eine *unwirksame fristlose Kündigung* kann in eine ordentliche Kündigung umgedeutet werden, wenn der Wille der Gesellschafterversammlung zum Ausdruck gebracht wird, sich in jedem Fall von dem Geschäftsführer zu trennen.[318] Eine solche Umdeutung ist bei der Beendigung des Beschäftigungsverhältnisses eines Fremdgeschäftsführers ohne weiteres möglich. Schwieriger gestaltet es sich freilich bei einem *Gesellschaftergeschäftsführer*. Er ist zwar bei der Beschlussfassung über seine fristlose Kündigung nicht stimmberechtigt, aber bei einer fristgemäßen Kündigung nicht am Stimmrecht gehindert. Die Umdeutung in eine fristgemäße Kündigung ist mit dem Stimmrecht des Gesellschaftergeschäftsführers nicht vereinbar.[319]

---

317 BGH, Urt. v. 3. 11. 2003 – II ZR 158/01, NJW-RR 2004, 540.
318 BGH, Urt. v. 28. 1. 1985 – II ZR 79/84, BB 1985, 567; BGH, Urt. v. 8. 9. 1997 – II ZR 165/96, BB 1997, 2294; Scholz/*Uwe H. Schneider*, § 35, Rn. 241.
319 *Goette*, § 8, Rn. 159.

5. Kap.   III. Anstellungsverhältnis

c) Fristlose Kündigung

Neben der ordnungsgemäßen steht die außerordentliche Kündigung (§ 626 Abs. 2 BGB). Sie ist an einen *wichtigen Grund* und die *Kündigungsfrist* von zwei Wochen gekoppelt.

aa) Wichtiger Grund

Nach dem Wortlaut des § 626 Abs. 1 BGB ist eine außerordentliche Kündigung nur zulässig, wenn erstens ein wichtiger Grund vorliegt und zweitens dem Kündigenden unter Berücksichtigung aller Umstände und Abwägung der Interessen beider Vertragsteile die Fortsetzung des Dienstverhältnisses bis zu seinem ordentlichen Ablauf nicht zugemutet werden kann.

(1) Kündigung durch Geschäftsführer

Ein wichtiger Grund für den Geschäftsführer ist gegeben, wenn ihm *rechtswidrige Weisungen* (§ 37 Abs. 1 GmbHG) erteilt werden oder er an der Erfüllung seiner gesetzlichen Pflichten wie etwa der Buchführung gehindert wird.[320] Der vom Anstellungsvertrag nicht gedeckte Entzug der Geschäftsführungsbefugnis in einem Kernbereich stellt ebenfalls einen außerordentlichen Kündigungsgrund dar.[321] Entsprechendes gilt bei schwer wiegenden unberechtigten Vorwürfen durch Gesellschafter oder Mitgeschäftsführer.[322] Im Falle seiner Abberufung ist der Geschäftsführer stets zur außerordentlichen Kündigung des Anstellungsvertrages berechtigt.[323]

Reagiert der Geschäftsführer auf den Widerruf der Bestellung mit einer außerordentlichen Kündigung, so steht ihm allerdings ein *Schadensersatzanspruch* gegen die Gesellschaft nicht zu. Der Widerruf der Organstellung des Geschäftsführers durch die Gesellschafterversammlung der GmbH stellt kein vertragswidriges Verhalten im Sinne von § 628 Abs. 2 BGB dar. Die Bestellung zum Geschäftsführer ist

---

[320] BGH, Urt. v. 26. 6. 1995 – II ZR 109/94, BB 1995, 1884 = NJW 1995, 2850; Michalski/*Heyder,* § 6, Rn. 222; Roth/*Altmeppen,* § 35, Rn. 106.
[321] Roth/*Altmeppen,* § 35, Rn. 106; Baumbach/Hueck/*Zöllner,* § 35, Rn. 115a.
[322] BGH, Urt. v. 9. 3. 1992 – II ZR 102/91, BB 1992, 801 = NJW-RR 1992, 992; Baumbach/Hueck/*Zöllner,* § 35, Rn. 115a.
[323] Rowedder/Schmidt-Leithoff/*Koppensteiner,* § 38, Rn. 51; *Hommelhoff/Kliendiek,* in: Lutter/Hommelhoff, Anh § 6, Rn. 58; Baumbach/Hueck/*Zöllner,* § 35, Rn. 115a.

4. Beendigung des Anstellungsverhältnisses 5. Kap.

jederzeit widerruflich (§ 38 Abs. 1 GmbHG), während das Recht zur Kündigung des Anstellungsverhältnisses nach § 626 Abs. 1 BGB nur im Falle der Unzumutbarkeit seiner Fortsetzung gegeben ist. Durch die jederzeitige Kündigungsmöglichkeit „unbeschadet der Entschädigungsansprüche aus bestehenden Verträgen" (§ 38 Abs. 1 GmbHG) trägt das Gesetz den Belangen des Geschäftsführers Rechnung, indem es ihm die Vergütungsansprüche im Rahmen der vertraglichen Bindung belässt. Kündigt der Geschäftsführer den Anstellungsvertrag aufgrund des Widerrufs seiner Organstellung aus wichtigem Grund, so begibt er sich seiner vertraglichen Ansprüche. Das Gesetz gewährt ihm lediglich einen Schadensersatzanspruch, wenn die Kündigung auf einem vertragswidrigen Verhalten der GmbH beruht (§ 628 Abs. 2 BGB). Da die Gesellschaft nur von einem ihr gesetzlich eingeräumten Recht Gebrauch macht, das einen Weiterbeschäftigungsanspruch als Geschäftsführer entfallen lässt, kann ihr Verhalten nicht als vertragswidrig angesehen werden.[324]

(2) Kündigung durch GmbH

Die Wirksamkeit einer außerordentlichen Kündigung durch die GmbH setzt, wenn zumindest der Wille zu einer fristlosen Kündigung hinreichend – etwa durch die Auflösung des Dienstverhältnisses nach zwei Tagen – zum Ausdruck kommt, nicht die Angabe eines wichtigen Grundes in dem Kündigungsschreiben voraus.[325] Die Bewertung, ob ein wichtiger Grund vorliegt, erfordert eine *umfassende Gesamtabwägung*. Ein wichtiger Grund liegt nur vor, wenn dem Dienstherrn bei Abwägung aller Umstände die Weiterbeschäftigung des Dienstverpflichteten in seiner bisherigen oder einer entsprechenden Stellung bis zum Ablauf der ordentlichen Kündigungsfrist nicht zumutbar ist.[326] Zwar wird immer wieder darauf hingewiesen, dass Gründe, die eine sofortige Abberufung aus dem Organverhältnis (§ 38 Abs. 2 GmbHG) rechtfertigen, nicht ohne weiteres auch eine fristlose Kündigung des Anstellungsverhältnisses tragen.[327] Gleichwohl sind hier

---

324 BGH, Urt. v. 28. 10. 2002 – II ZR 146/02, BB 2002, 2629 = NJW 2003, 351.
325 BGH, Urt. v. 20. 6. 2005 – II ZR 18/03, z.V.b.
326 BGH, Urt. v. 9. 11. 1992 – II ZR 234/91, BB 1992, 2453 = NJW 1993, 463; Michalski/*Heyder*, § 6, Rn. 212; Baumbach/Hueck/*Zöllner*, § 35, Rn. 115a; Roth/*Altmeppen*, § 6, Rn. 93.
327 Scholz/*Uwe H. Schneider*, § 35, Rn. 232; Michalski/*Heyder*, § 6, Rn. 214.

vielfach Überschneidungen festzustellen.[328] Der wichtige Kündigungsgrund kann in den Verhältnissen der Gesellschaft, der Person und in dem Verhalten des Geschäftsführers wurzeln.[329] Ein wichtiger Grund setzt nicht *Verschulden* des Geschäftsführers voraus.[330] In aller Regel bilden aber, wie die nachfolgenden Beispiele belegen, (vermeintlich) *vorwerfbare Pflichtwidrigkeiten* den Anlass einer fristlosen Kündigung: Verweigerung der Amtsführung;[331] Unfähigkeit zur Amtsführung;[332] ständige Missachtung von Weisungen oder Beschlüssen der Gesellschafterversammlung;[333] Kompetenzüberschreitungen;[334] Verletzung des Kollegialprinzips;[335] eigenmächtige Änderung der Geschäftspolitik;[336] Ablehnung der Übernahme einer zusätzlichen Tätigkeit durch zeitlich nicht ausgelasteten Geschäftsführer;[337] fehlende Zusammenarbeit mit Aufsichtsrat;[338]; unberechtigte Amtsniederlegung;[339] eigenmächtiger Urlaubsantritt;[340] Missachtung eines Einberufungsverlangens der Gesellschafterminderheit;[341] Verrat von Geschäftsgeheimnissen;[342] Beleidigung von Gesellschaftern und Mitgeschäftsführern;[343] Handgreiflichkeiten und Bedrohungen gegen Gesellschafter;[344] Vertrauensbruch;[345] Zerwürfnis der Geschäftsführer;[346] Überleitung von Erwerbschancen der

---

328 *Goette,* § 8, Rn. 152.
329 *Hommelhoff/Kleindiek,* in: Lutter/Hommelhoff, Anh § 6, Rn. 59.
330 Roth/*Altmeppen,* § 6, Rn. 93; Michalski/*Heyder,* § 6, Rn. 214.
331 *Hommelhoff/Kleindiek,* in: Lutter/Hommelhoff, Anh § 6, Rn. 59.
332 BGH, Urt. v. 29. 1. 1976 – II ZR 3/74, WM 1976, 380.
333 BGH, Urt. v. 3. 2. 1995 – II ZR 225/93, BB 1995, 688 = NJW 1995, 1358.
334 BGH, Urt. v. 13. 7. 1998 – II ZR 131/97, NJW-RR 1998, 1409.
335 BGH, Urt. v. 13. 7. 1998 – II ZR 131/97, NJW-RR 1998, 1409.
336 BGH, Urt. v. 25. 2. 1991 – II ZR 76/90, BB 1991, 714 = NJW 1991, 1681.
337 Roth/*Altmeppen,* § 6, Rn. 94.
338 BGH, Urt. v. 13. 7. 1998 – II ZR 131/97, NJW-RR 1998, 1409.
339 BGH, Urt. 14. 7. 1980 – II ZR 161/79, BGHZ 78, 82 = BB 1980, 1397 = NJW 1980, 2415.
340 BGH, Urt. v. 21. 6. 1999 – II ZR 27/98, BB 1999, 2100 = NJW 1999, 3263.
341 BGH, Urt. v. 15. 6. 1998 – II ZR 318/96, BGHZ 139, 89 = BB 1998, 1808 = NJW 1998, 3274.
342 BGH, Urt. v. 13. 7. 1998 – II ZR 131/97, NJW-RR 1998, 1409.
343 BGH, Urt. v. 15. 6. 1998 – II ZR 318/96, BGHZ 139, 89 = BB 1998, 1808 = NJW 1998, 3274.
344 Baumbach/Hueck/*Zöllner,* § 35, Rn. 116.
345 BGH, Urt. v. 3. 2. 1995 – II ZR 225/93, BB 1995, 688 = NJW 1995, 1358.
346 BGH, Urt. v. 23. 10. 1995 – II ZR 130/94, NJW-RR 1996, 156.

GmbH zugunsten eigener wirtschaftlicher Betätigung;[347] Aufnahme einer Konkurrenztätigkeit;[348] Vergabe entgeltlicher Leistungen für die GmbH an eigenes Unternehmen;[349] Vermischung von Gesellschaftsgeldern und eigenen Mitteln verbunden mit der erschwerenden Weigerung, an der Aufklärung des Sachverhalts mitzuwirken;[350] Missachtung der Insolvenzantragspflicht (§ 64 GmbHG);[351] Wettbewerbsverstöße;[352] eigenmächtige Entnahme einer Bonuszahlung;[353] Überführung von Gesellschaftsmitteln auf Privatkonto zur Sicherung künftiger Ansprüche;[354] unerlaubte Verwendung von Baumaterial und Arbeitskräften der GmbH für eigene Zwecke.[355] Der *Verdacht* erheblicher Pflichtverletzungen kann eine außerordentliche Kündigung rechtfertigen, wenn er auf objektiv nachweisbaren Tatsachen beruht, die Gesellschaft alle Aufklärungsmöglichkeiten erschöpft und dem Geschäftsführer Gelegenheit zur Stellungnahme gegeben hat.[356]

bb) Abmahnung

Der fristlosen Kündigung eines Geschäftsführers muss keine Abmahnung vorausgehen. Der Geschäftsführer einer GmbH ist nicht *Arbeitnehmer* der Gesellschaft, sondern hat eine organschaftliche Aufgabe wahrzunehmen. Zu seinen *Leitungsaufgaben* gehört es, dass er für die Ordnungsmäßigkeit und Rechtmäßigkeit des Verhaltens der Gesellschaft und der für die handelnden Personen nach außen die Verantwortung trägt und im Innenverhältnis die Arbeitgeberfunktion erfüllt. Dementsprechend bedarf er erst recht keiner Hinweise der Gesellschafterversammlung oder des Aufsichtsrates, dass er sich an die Gesetze, an die Satzung und an die in seinem Dienstvertrag niedergelegten Pflichten zu halten hat. Vielmehr hat er sich ohne Abmahnung

---

347 BGH, Urt. v. 3. 2. 1995 – II ZR 225/93, BB 1995, 688 = NJW 1995, 1358.
348 BGH, Urt. v. 17. 2. 1997 – II ZR 278/95, BB 1997, 1913 = NJW 1997, 2055.
349 Baumbach/Hueck/*Zöllner,* § 35, Rn. 116.
350 Scholz/*Uwe H. Schneider,* § 35, Rn. 232b.
351 BGH, Urt. v. 20. 6. 2005 – II ZR 18/03, z.V.b.
352 BGH, Urt. v. 3. 2. 1995 – II ZR 225/93, BB 1995, 688 = NJW 1995, 1358.
353 BGH, Urt. v. 9. 11. 1992 – II ZR 234/91, BB 1992, 2453 = NJW 1993, 463.
354 Baumbach/Hueck/*Zöllner,* § 35, Rn. 116.
355 BGH, Urt. v. 2. 6. 1997 – II ZR 101/96, GmbHR 1997, 998.
356 Roth/*Altmeppen,* § 6, Rn. 95.

und von sich aus im Rahmen seines Pflichtenkreises dem Standard eines ordentlichen Geschäftsmanns entsprechend zu verhalten.[357]

cc) Frist des § 626 Abs. 2 BGB

(1) Fristbeginn

Die Frist für die außerordentliche Kündigung eines Dienstvertrages beträgt nach § 626 Abs. 2 BGB zwei Wochen ab Kenntniserlangung der für die Kündigung maßgeblichen Tatsachen durch den Kündigungsberechtigten (Kündigungserklärungsfrist). Die Vorschrift ist auf das Anstellungsverhältnis eines Geschäftsführers strikt anzuwenden[358] und sowohl bei einer Kündigung durch die GmbH als auch den Geschäftsführer zu beachten.[359] Die Frist gilt gesondert für jeden einzelnen Kündigungsgrund.[360] Bei einer *Dauerpflichtverletzung* wie der Missachtung der Insolvenzantragspflicht beginnt die Frist erst mit dem Abschluss der Fehlleistung zu laufen.[361] Die Frist beginnt erst im Zeitpunkt sicherer und umfassender Kenntnis von den für die Kündigung maßgebenden Tatsachen.[362] Für den Fristbeginn ist bei der GmbH grundsätzlich die Kenntnis der *Mitglieder der Gesellschafterversammlung* in ihrer Eigenschaft als Mitwirkende an der kollektiven Willensbildung maßgeblich. Daher löst nicht schon deren außerhalb der Gesellschafterversammlung, sondern erst die nach dem *Zusammentritt* erlangte Kenntnis der für die Kündigung maßgeblichen Tatsachen den Lauf der Ausschlussfrist aus. Es kommt also nicht auf die frühere oder spätere Kenntnis der einzelnen Gesellschafter, sondern auf den Kenntnisstand der Gesellschafterversammlung als Organ der GmbH an. Die Zweiwochenfrist beginnt zu laufen, sobald die Kündigungsgründe der Gesellschafterversammlung mitgeteilt werden. Aus-

---

357 BGH, Urt. v. 10. 9. 2001 – II ZR 14/00, BB 2001, 2239 (LS) = NJW-RR 2002, 173.
358 BGH, Urt. v. 17. 3. 1980 – II ZR 178/79, BB 1980, 1177 = NJW 1980, 2411; Hommelhoff/Kleindiek, in: Lutter/Hommelhoff, Anh § 6, Rn. 62; Scholz/*Uwe H. Schneider,* § 35, Rn. 237; kritisch Baumbach/Hueck/*Zöllner,* § 35, Rn. 118; Roth/*Altmeppen,* § 6, Rn. 100.
359 Michalski/*Heyder,* § 6, Rn. 223.
360 Michalski/*Heyder,* § 6, Rn. 223.
361 BGH, Urt. v. 13. 7. 1998 – II ZR 131/97, NJW-RR 1998, 1409; BGH, Urt. v. 20. 6. 2005 – II ZR 18/03, z.V.b.
362 BGH, Urt. v. 26. 2. 1996 – II ZR 114/95, NJW 1996, 1403.

schlaggebend ist also das *Kollektivwissen* des Organs.[363] Für die die Zweiwochenfrist in Lauf setzende Kenntnis im Sinne des § 626 Abs. 2 BGB kommt es allein auf den Wissensstand des zur Entscheidung über die fristlose Kündigung berufenen und bereiten *Gremiums* der Gesellschaft an. Liegt die Zuständigkeit für eine Kündigung beim *Aufsichtsrat*, ist nicht die Kenntnis des Vorsitzenden, sondern des Plenums ausschlaggebend.[364] In der *Einpersonengesellschaft* beginnt die Frist im Zeitpunkt der Kenntniserlangung durch den Gesellschafter.[365] Die *Beweislast* dafür, dass die Verfehlung erst binnen der Frist des § 626 Abs. 2 BGB bekannt wurde, trifft den Kündigenden, regelmäßig also die GmbH.[366]

Freilich kann für den Fristbeginn nicht in allen Fällen bis zum Zusammentritt der Gesellschafterversammlung abgewartet werden. Es wäre für den betroffenen Geschäftsführer unzumutbar, bis zu einer nur zwei- oder dreimal jährlich stattfindenden ordentlichen Versammlung im Ungewissen zu bleiben.[367] Vielmehr darf die Einberufung der Gesellschafterversammlung nicht unangemessen hinausgeschoben werden. Wird die Einberufung der Gesellschafterversammlung der GmbH von ihren einberufungsberechtigten Mitgliedern nach Kenntniserlangung von dem Kündigungssachverhalt unangemessen verzögert, so muss sich die Gesellschaft so behandeln lassen, als wäre die Gesellschafterversammlung mit der billigerweise zumutbaren Beschleunigung einberufen worden. Verweigert der Geschäftsführer – aus nahe liegenden Gründen – die ihm obliegende (§ 49 Abs. 1 GmbHG) Einberufung, so haben die Gesellschafter von ihrem Einberufungsrecht (§ 50 Abs. 1 GmbHG) Gebrauch zu machen. Die durch die Weigerung des Geschäftsführers bedingte Verzögerung der Einberufung bleibt außer Betracht. Gesellschafter, die wegen einer zu gerin-

---

363 BGH, Urt. v. 15. 6. 1998 – II ZR 318/96, BGHZ 139, 89 = BB 1998, 1808 = NJW 1998, 3274; Scholz/*Uwe H. Schneider*, § 35, Rn. 237c; Hachenburg/*Stein*, § 38, Rn. 75; *Hommelhoff/Kleindiek*, in: Lutter/Hommelhoff, Anh § 6, Rn. 64; Baumbach/Hueck/*Zöllner*, § 35, Rn. 119; Roth/*Altmeppen*, § 6, Rb 100; Michalski/*Heyder*, § 6, Rn. 224.
364 BGH, Urt. v. 10. 9. 2001 – II ZR 14/00, BB 2001, 2239 (LS) = NJW-RR 2002, 173; Michalski/*Heyder*, § 6, Rn. 224; *Hommelhoff/Kleindiek*, in: Lutter/Hommelhoff, Anh § 6, Rn. 66.
365 Baumbach/Hueck/*Zöllner*, § 35, Rn. 119.
366 BGH, Urt. v. 2. 7. 1984 – II ZR 16/84, ZIP 1984, 1113 = WM 1984, 1187.
367 Scholz/*Uwe H. Schneider*, § 35, Rn. 237a.

gen Mindestbeteiligung (§ 50 Abs. 1 GmbHG) über kein Einberufungsrecht verfügen, haben auf einberufungsberechtigte Gesellschafter einzuwirken. Die Frist des § 626 Abs. 2 beginnt in diesen Fällen mit dem Zeitpunkt zu laufen, zu dem die Gesellschafterversammlung bei angemessener Beschleunigung hätte zusammentreten können.[368]

(2) Nachschieben von Gründen

Im Rechtsstreit können weitere Kündigungsgründe nachgeschoben werden, soweit sie bei Ausspruch der Kündigung objektiv vorlagen und dem kündigenden Gesellschaftsorgan nicht länger als zwei Wochen zuvor bekannt geworden waren. Ein sachlicher Zusammenhang zwischen dem ursprünglichen und dem nachgeschobenen Kündigungsgrund ist nicht erforderlich. Der später bekannt gewordene Kündigungsgrund muss dem Geschäftsführer nicht binnen der Frist des § 626 Abs. 2 BGB eröffnet werden. Beim Nachschieben von Kündigungsgründen ist die *Kündigungserklärungsfrist* nicht berührt; die Nachschiebebefugnis muss also nicht binnen zwei Wochen nach Kenntniserlangung von dem wichtigen Grund ausgeübt werden.[369] Ist bereits eine fristlose Kündigung ausgesprochen, muss der Gekündigte damit rechnen, dass bei Ausspruch der Kündigung bereits bekannte, zu diesem Zeitpunkt aber noch nicht verfristete oder auch bis dahin noch nicht entdeckte Kündigungsgründe nachgeschoben werden. Über ein Nachschieben des Grundes hat das für die Kündigung zuständige Gesellschaftsorgan zu befinden.[370] Nach Insolvenzeröffnung geht die Nachschiebebefugnis auf den Insolvenzverwalter über.[371] Frühere, wegen Ablaufs der Zweiwochenfrist isoliert nicht mehr als Kündigungsgrund tragfähige Verfehlungen können bei der Gesamtabwägung unterstützend für die Kündigung herangezogen werden, wenn sie mit dem letzten, nicht verfristeten Fall in einem *inneren Zusammenhang* stehen.[372] Hat sich ein weiterer Kündigungsgrund erst

---

368 BGH, Urt. v. 15. 6. 1998 – II ZR 318/96, BGHZ 139, 89 = BB 1998, 1808 = NJW 1998, 3274; *Hommelhoff/Kleindiek*, in: Lutter/Hommelhoff, Anh § 6, Rn. 64; Scholz/*Uwe H. Schneider*, § 35, Rn. 237d.
369 BGH, Urt. v. 20. 6. 2005 – II ZR 18/03, z.V.b.
370 BGH, Urt. v. 1. 12. 2003 – II ZR 161/02, BB 2004, 64 = NJW 2004, 1528; *Hommelhoff/Kleindiek*, in: Lutter/Hommelhoff, Anh § 6, Rn. 63.
371 BGH, Urt. v. 20. 6. 2005 – II ZR 18/03, z.V.b.
372 BGH, Urt. v. 10. 9. 2001 – II ZR 14/00, NJW-RR 2002, 173 = BGH-Report 2002, 24.

nach Ausspruch der ursprünglichen Kündigung verwirklicht, so kommt ein Nachschieben nicht in Betracht. Vielmehr hat das zuständige Organ darüber abermals zu befinden und kann dann eine eigenständige neue fristlose Kündigung erklären.[373]

dd) Vergütungsanspruch bei unwirksamer fristloser Kündigung: Annahmeverzug

Erweist sich die außerordentliche Kündigung als unwirksam, besteht das Anstellungsverhältnis des Geschäftsführers einschließlich seines Gehaltsanspruchs fort. Es kann dahin stehen, ob der Geschäftsführer, dessen Anstellungsvertrag mangels einer wirksamen außerordentlichen Kündigung noch fortbesteht, der Gesellschaft die Leistung seiner Dienste zumindest wörtlich anbieten und damit die Voraussetzungen des *Annahmeverzugs* (§§ 295, 615 S. 1 BGB) herbeiführen muss, um die vereinbarte Vergütung weiterhin verlangen zu können. Ein solches Angebot ist jedenfalls dann nicht erforderlich, wenn die verpflichtete Gesellschaft erkennen lässt, dass sie unter keinen Umständen bereit ist, den Geschäftsführer weiter zu beschäftigen. Einen solchen Willen bringt die GmbH in aller Regel durch die Bestellung eines neuen Geschäftsführers zum Ausdruck. Außerdem werden die Dienste durch das Verlangen auf Zahlung des vereinbarten Entgelts konkludent angeboten.[374] Auf den Lohnanspruch sind gemäß § 615 S. 2 BGB die in Ausübung einer anderweitigen beruflichen Tätigkeit erzielten Einkünfte anzurechnen. Ein Verzicht auf die Anrechnung eines anderweit erzielten Verdienstes kommt nur dann in Betracht, wenn der Arbeitgeber durch sein gesamtes Verhalten zu erkennen gibt, dass ihn das Verhalten des Arbeitnehmers bis zum Ablauf des Vertrags in keiner Weise mehr interessiert. Davon kann aber nur dann ausgegangen werden, wenn die Parteien über Zeitpunkt und Anlass der Vertragsbeendigung im Einvernehmen auseinander gehen.[375]

d) Aufhebungsvertrag

Das Anstellungsverhältnis kann auch durch einen zwischen der Gesellschaft und dem Geschäftsführer zu vereinbarenden *Aufhebungsvertrag* beendet werden. Die Vertretungszuständigkeit richtet sich da-

---

373 *Goette*, § 8, Rn. 185; Roth/*Altmeppen*, § 6, Rn. 102.
374 BGH, Urt. v. 9. 10. 2000 – II ZR 75/99, BB 2000, 2434 = NJW 2001, 287.
375 BGH, Urt. v. 9. 10. 2000 – II ZR 75/99, BB 2000, 2434 = NJW 2001, 287.

bei auf Seiten der GmbH nach den für eine Kündigung maßgeblichen Grundsätzen.[376] Der Aufhebungsvertrag kann nicht wegen Drohung (§ 123 BGB) angefochten werden, wenn die Gesellschaft die Alternative einer fristlosen Kündigung in den Raum gestellt hat.[377]

IV. Haftung des Geschäftsführers

1. Ansprüche der GmbH gegen den Geschäftsführer

a) Verstoß gegen Auszahlungsverbot des § 30 GmbHG

Eine Schadensersatzverpflichtung für gemäß § 30 GmbHG verbotene Auszahlungen sieht § 43 Abs. 3 GmbHG – neben der sofortigen Rückzahlungspflicht des Leistungsempfängers und der subsidiären Haftung der übrigen Gesellschafter gemäß § 31 Abs. 1, 3 GmbHG – nur für Geschäftsführer mit der Maßgabe vor, dass diese selbst im Fall eines *Handelns auf Weisung* der Gesellschafterversammlung (oder des Alleingesellschafters) noch insoweit haften, als der Ersatz zur *Gläubigerbefriedigung* erforderlich ist.[378] Werden Leistungen aus gebundenem Vermögen (§ 30 GmbHG) an Gesellschafter erbracht, so trifft also den Geschäftsführer eine Schadensersatzpflicht. Insoweit kann sich ein Geschäftsführer nicht darauf berufen, er sei außerstande gewesen, sich gegen einen Mitgeschäftsführer durchzusetzen, weil eine Weisung der Gesellschafter, die Mittel auszukehren, rechtswidrig gewesen wäre und keine Bindungswirkung entfaltet hätte.[379] Daraus ist zu entnehmen, dass das keinen bestimmten Adressaten ausweisende, jedenfalls der Disposition der Gesellschafter nicht unterliegende Auszahlungsverbot des § 30 GmbHG sich nur gegen Geschäftsführer richtet. Sie haben dieses Verbot ebenso wie das Zahlungsverbot des § 64 Abs. 2 GmbHG als *öffentliche Pflicht* auf Grund ihres durch die Bestellung als Gesellschaftsorgan begründeten Rechtsverhältnisses zur Gesellschaft oder auf Grund faktischer Ausübung einer entsprechenden Funktion (ohne Bestellungsakt) selbst dann zu beachten, wenn es an einem (wirksamen) Anstellungsvertrag fehlt. Dabei haben die Geschäftsführer auf Grund ihrer Überwa-

---

376 Rowedder/Schmidt-Leithoff/*Koppensteiner,* § 35, Rn. 52.
377 Michalski/*Heyder,* § 6, Rn. 234.
378 BGH, Urt. v. 25. 2. 2002 – II ZR 196/00, BB 2002, 1012 = NJW 2002, 1803.
379 BGH, Urt. v. 24. 11. 2003 – II ZR 171/01, BB 2004, 293 = NJW 2004, 1111.

chungspflicht dafür zu sorgen, dass solche Auszahlungen auch nicht von Mitgeschäftsführern oder anderen zur Vertretung der Gesellschaft ermächtigten Personen – unter Einschluss der Prokuristen (§§ 48 ff. HGB) und Handlungsbevollmächtigten (§ 54 HGB) – vorgenommen werden.[380]

b) Schadensersatzansprüche wegen Pflichtverletzung (§ 43 GmbHG)

aa) Organstellung

Die Haftung aus § 43 GmbHG knüpft an die Organstellung des Geschäftsführers an. Die Haftung beginnt, ohne dass es auf die bloß deklaratorische Eintragung in das Handelsregister ankommt, mit der *tatsächlichen Übernahme* des Amtes.[381] Der Haftung unterliegt auch der fehlerhaft bestellte, aber das Amt tatsächlich ausübende Geschäftsführer.[382] Für die Haftung einer Person, die sich wie ein *faktischer Geschäftsführer* verhält, nach § 43 Abs. 2 GmbHG genügt es nicht, dass sie auf die satzungsmäßigen Geschäftsführer intern einwirkt. Erforderlich ist vielmehr ein eigenes, nach außen hervortretendes, üblicherweise der Geschäftsführung zurechenbares Handeln. Der faktische Geschäftsführer muss, ohne die gesetzliche Geschäftsführung völlig zu verdrängen, die Geschicke der Gesellschaft im *Außenverhältnis* maßgeblich in die Hand genommen haben. Ein Handeln im Außenverhältnis kann in der Abwicklung der Bankgeschäfte und der Vereinbarung von Zahlungsbedingungen mit dem Hauptlieferanten liegen.[383] Interne Einwirkungen und Weisungen, die im Rahmen einer Konzernleitung den zu reinen Befehlsempfängern degradierten Geschäftsführern erteilt werden, reichen nicht aus. Faktischer Geschäftsführer kann nur eine natürliche Person sein.[384] Schließlich währt die Haftung fort bis zur Beendigung des Amtes. Wer ohne Bestellung und Anstellungsvertrag, aber mit Wissen der Gesellschafter tätig wird, ist für die Dauer der Beschäftigung so zu behandeln, als wäre der Vertrag

---

[380] BGH, Urt. v. 25. 6. 2001 – II ZR 38/99, BB 2001, 1753 = NJW 2003, 3123.
[381] BGH, Urt. v. 20. 3. 1986 – II ZR 114/85, NJW-RR 1986, 1293.
[382] BGH, Urt. v. 20. 2. 1995 – II ZR 143/93, BGHZ 129, 30 = NJW 1995, 1290; Hachenburg/*Mertens,* § 43, Rn. 7; Baumbach/Hueck/*Zöllner,* § 43, Rn. 2.
[383] BGH, Urt. v. 11. 7. 2005 – II ZR 235/03, z.V.b.
[384] BGH, Urt. v. 25. 2. 2002 – II ZR 196/00, BGHZ 150, 61, 69 f. = BB 2002, 1012 = NJW 2002, 1803; BGH, Urt. v. 27. 6. 2005 – II ZR 113/03, z.V.b.

5. Kap. IV. Haftung des Geschäftsführers

wirksam zustande gekommen.[385] Neben der Haftung aus § 43 GmbHG ist für eine eigenständige Haftung wegen Verletzung des Anstellungsvertrages kein Raum. Der Anspruchsgrundlage der schuldhaften Verletzung des Geschäftsführervertrages kommt gegenüber der gesetzlichen Haftung aus § 43 GmbHG keine eigenständige Bedeutung zu. Diese nimmt als weitere gesetzliche Anspruchsgrundlage sowie *Spezialregelung* die vertragliche Haftungsgrundlage in sich auf.[386] Auch soweit eine angemaßte Eigengeschäftsführung in Betracht kommt, bestimmen sich die Rechtsfolgen nach § 43 GmbHG und nicht nach § 687 Abs. 2 BGB.[387] Falls der Geschäftsführer *Schmiergelder* annimmt, sind sie folglich nach § 43 GmbHG an die Gesellschaft weiterzuleiten.[388] *Deliktsansprüche* bestehen selbstständig neben Ansprüchen aus § 43 GmbHG.[389] Soweit in der Verletzung der Organpflichten zugleich ein Verstoß gegen die Treuepflicht des Gesellschaftergeschäftsführers zu erkennen ist, hat der BGH anstelle von § 43 Abs. 4 GmbHG die frühere Verjährungsfrist des § 195 BGB a. F. angewendet.[390] Nunmehr beträgt für diese Ansprüche die Regelverjährungsfrist des § 195 BGB drei Jahre.[391] Für deliktische Ansprüche richtet sich die *örtliche Zuständigkeit* nach § 32 ZPO. Ansprüche aus § 43 Abs. 2 GmbHG können gemäß § 29 ZPO am Sitz der Gesellschaft verfolgt werden.[392]

---

385 BGH, Urt. v. 17. 4. 1967 – II ZR 157/64, BGHZ 47, 341 = BB 1967, 647 = NJW 1967, 1711; *Hommelhoff/Kleindiek*, in: Lutter/Hommelhoff, § 43, Rn. 1; Michalski/*Haas*, § 43, Rn. 24.
386 BGH, Urt. v. 9. 12. 1996 – II ZR 240/95, BB 1997, 277 = NJW 1997, 741; Baumbach/Hueck/*Zöllner*, § 43, Rn. 4; Roth/*Altmeppen*, § 43, Rn. 2; a.A. Scholz/*Uwe H. Schneider*, § 43, Rn. 13: Anspruchskonkurrenz.
387 BGH, Urt. v. 12. 6. 1989 – II ZR 334/87; BB 1989, 1637 = NJW 1989, 2697 (LS) = NJW-RR 1989, 1255.
388 BGH, Urt. v. 2. 4. 2001 – II ZR 217/99, BB 2001, 1219 = NJW 2001, 2476; *Goette*, § 8, Rn. 194.
389 BGH, Urt. v. 12. 6. 1989 – II ZR 334/87; BB 1989, 1637 = NJW 1989, 2697 (LS) = NJW-RR 1989, 1255.
390 BGH, Urt. v. 14. 9. 1998 – II ZR 175/97, BB 1998, 2384 = NJW 1999, 781.
391 *Hommelhoff/Kleindiek*, in: Lutter/Hommelhoff, § 43, Rn. 45; Roth/*Altmeppen*, § 43, Rn. 110.
392 BGH, Urt. v. 10. 2. 1992 – II ZR 23/91, BB 1992, 726 = NJW-RR 1992, 800; Michalski/*Haas*, § 43, Rn. 243.

bb) Sorgfaltspflichtverletzung

Der Geschäftsführer hat nach § 43 Abs. 2 GmbHG objektiv und subjektiv den Anforderungen eines *ordentlichen Geschäftsmanns* zu genügen. Der Handlungsspielraum des Geschäftsführers umfasst auch die Eingehung geschäftlicher Risiken, wird aber überschritten, wenn das hohe Risiko eines Schadens unabweisbar ist.[393] Dieser Maßstab ist verletzt, wenn der Geschäftsführer einem unbekannten Dritten Waren in erheblichem Wert ohne Sicherheit veräußert.[394] Ebenso verhält es sich, wenn Verkäufe nicht verbucht werden oder gar der Geschäftsführer eigene Zahlungspflichten von der GmbH begleichen lässt.[395] Pflichtwidrig ist die Hingabe eines Gefälligkeitsschecks an ein zahlungsunfähiges Unternehmen.[396] Im Rahmen der Privatisierung einer Wohnungsbaugesellschaft ist es pflichtwidrig, besonders wertvolle Wohnungen zu einem viel zu niedrigen Preis zu veräußern, ohne dafür Sorge zu tragen, dass die Erwerberin auch die wertlosen Immobilien übernimmt und damit insgesamt einen gleichmäßigen durchschnittlichen Kaufpreis entrichtet.[397] Der Leiter einer Bank hat für die Stellung üblicher Sicherheiten und die Beachtung der Beleihungsobergrenzen Sorge zu tragen.[398] Der Geschäftsführer ist auch verantwortlich für Warenvorratsfehlbestände, Kassenfehlbeträge, oder infolge nicht ordnungsgemäßer Buchführung ungeklärten Verbleib von Gesellschaftsmitteln.[399] Geht der Geschäftsführer für die GmbH Verpflichtungen ein, von denen er von vornherein weiß, dass die GmbH sie nicht wird erfüllen können, so hat er der GmbH den daraus entstehenden Schaden zu ersetzen, falls er bei Beobachtung der nach § 43 Abs. 1 GmbHG gebotenen Sorgfalt den Schaden hätte erkennen können. Deshalb darf er den Treuhandauftrag auf Weiterleitung eines Guthabens nicht übernehmen, wenn er weiß, dass das Kreditinstitut der GmbH auf die Mittel zugreifen wird.[400] Schadensersatzpflichtig macht sich der Geschäftsführer, der ein finanziell ungeeignetes Un-

---

393 BGH, Urt. v. 21. 3. 2003 – II ZR 54/03.
394 BGH, Urt. v. 16. 2. 1981 – II ZR 49/80, WM 1981, 440 f.
395 BGH, Urt. v. 21. 4. 1994 – II ZR 65/93, NJW 1994, 2027.
396 BGH, Urt. v. 21. 12. 1979 – II ZR 244/78, NJW 1980, 1629.
397 BGH, Urt. v. 10. 9. 2001 – II ZR 14/00, BB 2001, 2239 (LS) = NZG 2002, 46.
398 BGH, Urt. v. 21. 3. 2003 – II ZR 54/03.
399 BGH, Urt. v. 9. 12. 1991 – II ZR 43/91, BB 1992, 592 = NJW 1992, 1166 m. w. N.
400 BGH, Urt. v. 12. 10. 1987 – II ZR 251/86, NJW 1988, 1321.

5. Kap. IV. Haftung des Geschäftsführers

ternehmen mit Gesellschaftsmitteln ausstattet.[401] Ebenso verhält es sich, wenn der Geschäftsführer einen Rechtsreferendar als Unternehmensberater einsetzt, der nicht über die erforderliche berufliche Qualifikation auf kaufmännischem Gebiet, dem Marketing und der Vertriebsgestaltung verfügt.[402] Eine *Ressortaufteilung* enthebt die Geschäftsführer nicht ihrer Pflicht, die anderen Geschäftsführer bei deren Tätigkeit einer wechselseitigen Kontrolle zu unterziehen. Darum darf ein Geschäftsführer Kreditgewährungen aus gebundenem Vermögen durch einen Kollegen an Gesellschafter nicht tatenlos hinnehmen.[403] Ebenso darf er einem Mitgeschäftsführer das Finanzwesen nicht über Jahre unkontrolliert überlassen.[404] Umgekehrt kann der Geschäftsführer, wenn ihm die erforderlichen Informationen systematisch vorenthalten werden, sein Amt aus wichtigem Grund niederlegen.[405] Der Geschäftsführer einer GmbH hat den Sitz der Gesellschaft, der sich in seiner Privatwohnung befindet, durch geeignete Hinweise am Hausbriefkasten zu verlautbaren.[406] Geschäftschancen der GmbH darf der Geschäftsführer nicht zu eigenen Gunsten ausnutzen;[407] er darf nicht im eigenen Interesse zum Nachteil der GmbH „Geschäfte machen".[408] Falls sich die Gesellschafter der GmbH nicht über ein gemeinsames Konzept zur Verwirklichung der Geschäftschance einigen können, darf der Geschäftsführer die Gelegenheit im eigenen Interesse wahrnehmen.[409] Der Geschäftsführer hat dafür Sorge zutragen, dass – etwa im Bereich der Abführung von Sozialversicherungsbeiträgen[410] – den *öffentlichrechtlichen Vorschriften* genüge

---

401 BGH, Urt. v. 10. 11.1986 – II ZR 140/85, BB 1987, 355 = NJW 1987, 1077.
402 BGH, Urt. v. 9. 12. 1996 – II ZR 240/95, BB 1997, 277 = NJW 1997, 741.
403 BGH, Urt. v. 24. 11. 2003 – II ZR 171/01, BGHZ 157, 72 = BB 2004, 239 = NJW 2004, 1111; BGH, Urt. v. 13. 4. 1994 – II ZR 16/93, BGHZ 125, 366 = BB 1994, 1095 = NJW 1994, 1801; Scholz/*Uwe H. Schneider*, § 43, Rn. 36 ff., 37a; Michalski/*Haas,* § 43, Rn. 161.
404 BGH, Urt. v. 1. 3. 1993 – II ZR 61/92, BB 1994, 1163 = NJW 1994, 2149.
405 BGH, Urt. v. 26. 6. 1995 – II ZR 109/94, BB 1995, 1844 = NJW 1995, 2850.
406 BGH, Beschl. v. 4. 10. 1990 – VI ZB 7/90, NJW 1991, 109.
407 BGH, Urt. v. 17. 2. 1997 – II ZR 278/95, BB 1997, 1913 = NJW 1997, 2055.
408 BGH, Urt. v. 2. 4. 2001 – II ZR 217/99, BB 2001, 1219 = NJW 2001, 2476.
409 Michalski/*Haas,* § 43, Rn. 124.
410 BGH, Urt. v. 18. 4. 2005 – II ZR 61/03; BGH, Urt. v. 15. 10. 1996 – VI ZR 319/95, BGHZ 133, 370 = BB 1996, 2531 = NJW 1997, 130; BGH, Urt. v. 21. 1. 1997 – VI ZR 338/95, BGHZ 134, 304 = BB 1997, 591 = NJW 1997, 1237; Roth/*Altmeppen,* § 43, Rn. 48.

getan wird. Haben Gesellschafter einen von der Bank der GmbH gewährten Kredit durch Bürgschaften gesichert, so ist der Geschäftsführer auch im Fall einer Beeinträchtigung des Stammkapitals zur Rückzahlung verpflichtet, weil es sich bei der Bank um einen außen stehenden Dritten handelt. Wegen der von ihnen gewährten kapitalersetzenden Bürgschaften sind in diesem Fall aber die Gesellschafter verpflichtet, die Gesellschaft von der Verbindlichkeit freizustellen. Falls der Geschäftsführer diesen Freistellungsanspruch nicht verfolgt, haftet er der Gesellschaft aus § 43 GmbHG.[411]

cc) Weisungen

Der Wille einer GmbH wird im Verhältnis zu ihrem Geschäftsführer grundsätzlich durch denjenigen ihrer Gesellschafter repräsentiert. Ein Handeln oder Unterlassen des Geschäftsführers im – auch stillschweigenden – *Einverständnis* mit sämtlichen Gesellschaftern stellt daher grundsätzlich keine (haftungsbegründende) Pflichtverletzung im Sinne von § 43 Abs. 2 GmbHG dar. Selbst eine Auszahlung von Gesellschaftsvermögen bildet bei Einverständnis sämtlicher Gesellschafter keine Pflichtverletzung gegenüber der Gesellschaft, soweit die *Dispositionsbefugnis der Gesellschafter* gegenüber der GmbH reicht, also die Grenzen der §§ 30, 33, 43 Abs. 3, 64 Abs. 2 GmbHG oder des unabdingbaren Schutzes der GmbH vor *existenzvernichtenden Eingriffen* nicht berührt werden.[412]

dd) Schaden

Der Ersatzanspruch gegen den Geschäftsführer setzt stets einen Schaden der Gesellschaft voraus. Ein bloßes nicht Schaden stiftendes Fehlverhalten genügt nicht.[413] Auszugehen ist gemäß § 249 BGB von der *Differenzhypothese*. In der zweckwidrigen Verwendung von Baugeldern ist nicht ohne weiteres ein Schaden der Gesellschaft zu erblicken. Wird Baugeld nicht zur Bezahlung der beteiligten Bauhandwerker, sondern für baufremde Ausgaben, also andere Gesellschaftszwecke eingesetzt, so entsteht dadurch zwar möglicherweise den Bauunternehmern, nicht aber ohne weiteres der Gesellschaft ein

---

411 BGH, Urt. v. 9. 12. 1991 – II ZR 43/91, BB 1992, 592 = NJW 1992, 1166.
412 BGH, Urt. v. 7. 4. 2003 – II ZR 193/02, BB 2003, 1141 = NJW-RR 2003, 895.
413 *Hommelhoff/Kleindiek*, in: Lutter/Hommelhoff, § 43, Rn. 25.

Schaden. An einem solchen fehlt es insbesondere dann, wenn mit dem Geld andere Gesellschaftsschulden beglichen oder gleichwertige Vermögensgegenstände für die Gesellschaft angeschafft werden.[414] Kein Gesellschaftsorgan kann der Gesellschaft gegenüber einwenden, seine Ersatzpflicht sei gemindert, weil ein anderes Organ für den Schaden mitverantwortlich sei. Aus § 43 Abs. 2 GmbHG folgt, dass sich ein Geschäftsführer nicht auf das *Mitverschulden* eines Mitgeschäftsführers berufen kann. Ebenso wenig kann der Geschäftsführer das Mitverschulden eines Aufsichtsratsmitglieds oder der aufsichtspflichtigen Gesellschafter einwenden.[415] Eine Haftungsminderung des für das Fehlverhalten eines Mitgeschäftsführers in Anspruch genommenen Geschäftsführers kommt freilich in Betracht, wenn die Gesellschafterversammlung einen erkennbar ungeeigneten Mitgeschäftsführer bestellt hat.[416] Auf eine Haftungsbeschränkung nach den *Grundsätzen* der *gefahrgeneigten Arbeit* kann sich der Geschäftsführer mangels Arbeitnehmerqualifizierung nicht stützen.[417] Die Geltendmachung von Ersatzansprüchen der Gesellschaft kann vertraglich auf eine bestimmte *Ausschlussfrist* beschränkt werden.[418]

ee) Darlegungs- und Beweislast

Nach den gesetzlichen Vorschriften der §§ 93 Abs. 2 S. 2, 116 AktG und der §§ 34 Abs. 2, 41 GenG trifft die betreffenden Organmitglieder im Streitfall die (Darlegungs- und) Beweislast dafür, dass sie „die Sorgfalt eines ordentlichen und gewissenhaften Geschäftsleiters angewandt haben". Für den Geschäftsführer einer GmbH kann unter dem Gesichtspunkt der *Sachnähe* jedenfalls dann, wenn er nach eigenem Gutdünken und nicht auf konkrete Weisung der Gesellschafter (§ 46 Nr. 6 GmbHG) gehandelt hat, nichts anderes gelten, mag auch das GmbH-Gesetz für ihn (in § 43 GmbHG) keine ausdrückliche entsprechende Regelung enthalten. Deswegen wird von einem Geschäftsführer in Fällen des *ungeklärten Kassen- oder Warenfehlbestands* der Nachweis verlangt, dass er die gebotene Sorgfalt zur Verhinderung des Fehlbestandes angewandt hat oder unverschuldet dazu

---

414 BGH, Urt. v. 21. 3. 1991 – II ZR 260/92, NJW-RR 1994, 806.
415 BGH, Urt. v. 14. 3. 1983 – II ZR 103/82, BB 1983, 1173 = NJW 1983, 1856.
416 Baumbach/Hueck/*Zöllner*, § 43, Rn. 35; Roth/*Altmeppen*, § 43, Rn. 79.
417 BGH, Urt. v. 27. 2. 1975 – II ZR 112/72, WM 1975, 467.
418 BGH, Urt. v. 21. 3. 2005 – II ZR 54/03.

nicht imstande war. Eine GmbH trifft im Rechtsstreit um Schadensersatzansprüche gegen ihren Geschäftsführer die Darlegungs- und Beweislast nur dafür, dass und inwieweit ihr durch ein Verhalten des Geschäftsführers in dessen *Pflichtenkreis*, das als pflichtwidrig überhaupt in Betracht kommt, sich also insofern als *möglicherweise pflichtwidrig* darstellt, ein Schaden erwachsen ist. Im Blick auf das Beweismaß für den Schaden gelten nicht die strengen Voraussetzungen des § 286 ZPO, sondern diejenigen des § 287 ZPO, der sich mit dem Vortrag und dem Nachweis von Tatsachen begnügt, die eine Schadensschätzung ermöglichen. Hingegen hat der Geschäftsführer darzulegen und zu beweisen, dass er seinen Sorgfaltspflichten gemäß § 43 Abs. 1 GmbHG nachgekommen ist oder ihn kein Verschulden trifft, oder dass der Schaden auch bei pflichtgemäßem Alternativverhalten eingetreten wäre.[419]

ff) Schutzwirkung des Geschäftsführervertrages zu Gunsten KG

Ein Anspruch einer GmbH & Co KG gegen den Geschäftsführer der Komplementär-GmbH kann sich aus dem insoweit bestehenden Dienstverhältnis ergeben, wenn die wesentliche Aufgabe der GmbH darin bestand, die Geschäfte der Kommanditgesellschaft zu führen. In diesem Fall erstreckt sich der *Schutzbereich* des zwischen der Komplementär-GmbH und ihrem Geschäftsführer zustande gekommenen Dienstverhältnisses im Hinblick auf seine Haftung aus § 43 Abs. 2 GmbHG auf die Kommanditgesellschaft. Eine zwischen dem Geschäftsführer und der Komplementär-GmbH getroffene *Haftungsfreistellung* wirkt nicht im Verhältnis zur GmbH & Co KG.[420]

gg) Entlastung

Dem Geschäftsführer kann durch Gesellschafterbeschluss Entlastung für seine bisherige Geschäftsführertätigkeit erteilt und darüber hinaus – im Sinne einer so genannten „Generalbereinigung" aus Anlass seines Ausscheidens – auf jegliche Haftung verzichtet werden. Wie sich aus § 46 Nr. 6, 8 GmbHG ergibt, ist es, solange nicht der Anwendungsbereich des § 43 Abs. 3 GmbHG betroffen ist, Sache der Gesellschafter, darüber zu befinden, ob ein Geschäftsführer wegen etwaiger

---

419 BGH, Urt. v. 4. 11. 2002 – II ZR 224/00, BB 2003, 273 = NJW 2003, 358.
420 BGH, Urt. v. 25. 2. 2002 – II ZR 236/00, BB 2002, 1164 = NJW-RR 2002, 965.

5. Kap. IV. Haftung des Geschäftsführers

Pflichtwidrigkeiten zur Rechenschaft gezogen oder ob auf Ansprüche gegen ihn durch Entlastungs- oder Generalbereinigungsbeschluss verzichtet werden soll. Dass durch den Anspruchsverzicht das Vermögen der Gesellschaft und damit ihr Haftungsfonds im Verhältnis zu ihren Gläubigern geschmälert wird, nimmt das Gesetz hin, soweit nicht der Verzicht auf eine gemäß § 30 GmbHG verbotene Auszahlung an einen Gesellschaftergeschäftsführer hinausläuft oder gemäß § 43 Abs. 3 GmbHG unverzichtbare Ersatzansprüche zum Gegenstand hat. Sind diese Grenzen zur Zeit des Verzichts gewahrt, so bleibt es bei dessen Wirksamkeit auch dann, wenn der Schadensersatzbetrag später zur Gläubigerbefriedigung benötigt würde. Ein Entlastungsbeschluss ist selbst dann nicht nichtig, sondern nur anfechtbar, wenn sein Gegenstand ein eindeutiges und schwer wiegendes Fehlverhalten des Geschäftsleiters gegenüber der GmbH ist. Nichtig ist er erst, wenn er seinem inneren Gehalt nach in einer sittenwidrigen Schädigung nicht anfechtungsberechtigter Personen besteht. Ein solcher dem Beschluss innewohnender Schädigungszweck ist nicht gegeben, wenn ein gegen die GmbH gerichteter Schadensersatzanspruch eines Dritten, der mit dem Schadensersatzanspruch der GmbH gegen ihren Geschäftsführer korrespondiert, im Zeitpunkt des Entlastungsbeschlusses hätte durchgesetzt werden können.[421]

hh) Haftungsverzicht vor Anspruchsentstehung

(1) Grundsätzliche Zulässigkeit

Es ist, solange nicht der Anwendungsbereich des § 43 Abs. 3 GmbHG erfasst ist, Sache der Gesellschafter, nach § 46 Nr. 8 GmbHG darüber zu befinden, ob und gegebenenfalls in welchem Umfang sie Ansprüche der Gesellschaft gegen einen pflichtwidrig handelnden Gesellschafter verfolgen wollen. Wie auf die Durchsetzung eines entstandenen Anspruchs – sei es förmlich durch Vertrag, durch Entlastungs- oder Generalbereinigungsbeschluss – verzichtet werden kann, so kann auch schon im Vorfeld das Entstehen eines Ersatzanspruchs gegen den Organvertreter näher geregelt, insbesondere begrenzt und ausgeschlossen werden, indem zum Beispiel ein anderer Verschuldensmaßstab vereinbart oder dem Geschäftsführer eine verbindliche Gesellschafterweisung erteilt wird. Die Abkürzung der Verjährungs-

---

421 BGH, Urt. v. 7. 4. 2003 – II ZR 193/02, BB 2003, 1141 = NJW-RR 2003, 895.

frist ist nur eine andere Form der Beschränkungs- und Verzichtsmöglichkeiten.[422] Erfasst ein Haftungsverzicht lediglich die Haftung des Geschäftsführers gegenüber der GmbH wegen einer Verletzung von Geschäftsführerpflichten, so bezieht sich die Freistellung nur auf die Rechtsstellung des Geschäftsführers innerhalb der GmbH. Forderungen der GmbH gegen den Geschäftsführer aus Drittgeschäften werden durch den Haftungsverzicht nicht berührt. Hatte die GmbH dem Geschäftsführer einen Auftrag über Architektenleistungen erteilt, so steht der Haftungsverzicht der Rückforderung zuviel gezahlten Architektenhonorars nicht entgegen. Dieser Anspruch unterliegt ferner nicht dem Erfordernis eines Gesellschafterbeschlusses nach § 46 Nr. 8 GmbHG, weil es sich nicht um einen durch die Tätigkeit als Geschäftsführer bedingten Rückgriff handelt. Sonstige Ansprüche, die der Gesellschaft aus einem Rechtsverhältnis mit einem Geschäftsführer oder Gesellschafter als außen stehendem Dritten zustehen, unterfallen nicht dem Gesellschafterentscheid. Schließlich gilt für den Anspruch, weil es sich nicht um einen Ersatzanspruch im Sinne des § 43 Abs. 2 GmbHG handelt, auch nicht die Verjährungsfrist des § 43 Abs. 4 GmbHG.[423]

(2) Grenzen

Nach § 43 Abs. 3 S. 3 GmbHG sind Erlass, Verzicht und die dem im Ergebnis gleich kommende Verkürzung der Verjährungsfrist unzulässig, soweit der Pflichtverstoß des Geschäftsführers darin besteht, dass er eine Verletzung der Kapitalschutzvorschriften (§§ 30, 33 GmbHG) nicht unterbunden hat und seine Ersatzleistung benötigt wird, um Gesellschaftsgläubiger befriedigen zu können. Diese Einschränkung greift nicht ein, wenn die Pflichtverletzung des Geschäftsführers in keinem Zusammenhang mit den Kapitalschutzvorschriften steht, seine Schadensersatzleistung aber zur Befriedigung der Gesellschafter benötigt wird. Entgegen früherer Rechtsprechung erachtet der BGH einen Verzicht, falls ein Verstoß gegen die Kapitalerhaltungsvorschriften nicht vorliegt, auch dann als wirksam, wenn die Ersatzleistung für die Gläubigerbefriedigung gebraucht wird.[424]

---

422 BGH, Urt. v. 16. 9. 2002 – II ZR 107/01, BB 2003, 2497 = NJW 2002, 3777.
423 BGH, Urt. v. 18. 9. 2000 – II ZR 15/99, BB 2000, 2436 = NJW 2001, 223.
424 BGH, Urt. v. 16. 9. 2002 – II ZR 107/01, BB 2002, 2497 = NJW 2002, 3777.

IV. Haftung des Geschäftsführers

c) Kreditgewährung aus gebundenem Vermögen

Nach § 43a GmbHG ist jede Kreditvergabe aus gebundenem Vermögen an Geschäftsführer und ihnen gleich gestellte Personen „uneingeschränkt" verboten. Das Verbot gilt unabhängig von der *Vollwertigkeit* des Rückzahlungsanspruchs. Es erstreckt sich damit ohne weiteres auf Kredite, die einem kreditwürdigen solventen Geschäftsführer gewährt werden oder die anderweit ausreichend besichert werden.[425]

d) Masseschmälerung

Der Geschäftsführer hat der GmbH gemäß § 64 Abs. 2 GmbHG solche Zahlungen zu erstatten, die er nach Eintritt der Zahlungsunfähigkeit oder Feststellung der Überschuldung geleistet hat.

aa) Schutzzweck der Norm

§ 64 Abs. 2 GmbHG ist *keine Schadensersatznorm*, sondern enthält einen *Ersatzanspruch eigener Art*. Er ist seiner Natur nach darauf gerichtet, das Gesellschaftsvermögen wieder aufzufüllen, damit es im Insolvenzverfahren zur ranggerechten und gleichmäßigen Befriedigung aller Gesellschaftsgläubiger zur Verfügung steht.[426] Obwohl der Ersatzanspruch nach § 64 Abs. 2 GmbHG allein der Gesellschaft zusteht, handelt es sich bei ihm der Sache nach um eine Haftung gegenüber der Gläubigergesamtheit, die bei verspäteter Insolvenzanmeldung durch eine Verminderung der Insolvenzmasse infolge zwischenzeitlicher Befriedigung einzelner Gläubiger benachteiligt ist, wogegen die Gesellschaft selbst keinen Schaden erleidet, soweit lediglich ihre Schulden bezahlt werden. Zur Begründung des Anspruchs hat die Gesellschaft lediglich darzulegen, dass ein zwischen Insolvenzreife und Insolvenzantrag gezahlter Betrag in der Insolvenzmasse fehlt.[427] Eine Person, die zwar rechtlich nicht dem geschäftsführenden Organ einer Kapitalgesellschaft angehört, tatsächlich aber wie ein Organmitglied auftritt und handelt *(faktischer Geschäftsführer)*, trifft die Pflicht, den Insolvenzantrag nach § 64 Abs. 1 GmbHG zu stellen und

---

425 BGH, Urt. v. 24. 11. 2003 – II ZR 171/01, BGHZ 157, 72 = BB 2004, 293 = NJW 2004, 1111.
426 BGH, Urt. v. 8. 1. 2001 – II ZR 88/99, BGHZ 146, 264 = BB 2001, 430 = NJW 2001, 1280; BGH, Urt. v. 31. 3. 2003 – II ZR 150/02, BB 2003, 1143 = NJW 2003, 2316.
427 BGH, Urt. v. 18. 3. 1974 – II ZR 2/72, BB 1974, 855 = NJW 1974, 1088.

1. Ansprüche der GmbH gegen den Geschäftsführer 5. Kap.

nach § 64 Abs. 2 GmbHG von Zahlungen aus dem Insolvenzvermögen Abstand zu nehmen. Zur Annahme einer faktischen Geschäftsführung ist es nicht erforderlich, dass der Handelnde die gesetzliche Geschäftsführung völlig verdrängt. Entscheidend ist vielmehr, dass der Betreffende die Geschicke der Gesellschaft maßgeblich in die Hand genommen hat.[428]

bb) Verbotene Zahlungen

Der Begriff der Zahlungen in § 64 Abs. 2 GmbHG ist entsprechend dem Zweck der Vorschrift weit auszulegen. Der von dem Geschäftsführer einer insolvenzreifen GmbH veranlasste Einzug eines Kundenschecks auf ein debitorisches Bankkonto der GmbH ist grundsätzlich als eine zur Ersatzpflicht des Geschäftsführers nach § 64 Abs. 2 GmbHG führende Zahlung (an die Bank) zu qualifizieren.[429] Der Geschäftsführer einer GmbH verletzt seine Pflicht, das Gesellschaftsvermögen zur ranggerechten und gleichmäßigen Befriedigung aller künftigen Insolvenzgläubiger zusammenzuhalten, wenn er bei Insolvenzreife der Gesellschaft Mittel von einem Dritten zu dem Zweck erhält, eine bestimmte Schuld zu tilgen, und dementsprechend kurze Zeit später die Zahlung an den *Gesellschaftsgläubiger* bewirkt. Allenfalls dann, wenn mit den vom Geschäftsführer bewirkten Zahlungen ein Gegenwert in das Gesellschaftsvermögen gelangt und dort verblieben ist, kann erwogen werden, eine Masseverkürzung und damit einen Erstattungsanspruch gegen das Organmitglied zu verneinen, weil dann der Sache nach lediglich ein *Aktiventausch* vorliegt. Davon kann nicht ausgegangen werden, wenn die Zahlung von Steuerschulden zu einer Masse verkürzende, vorrangige Befriedigung des Steuergläubigers führt, der kein im Gesellschaftsvermögen verbliebener Gegenwert gegenübersteht.[430] Im Falle der Insolvenzreife verstößt die von dem Geschäftsführer veranlasste Auszahlung seiner Bezüge an sich gegen § 64 Abs. 2 GmbHG.[431] Der Anspruch aus § 64 Abs. 2 GmbHG ist grundsätzlich von dem *Insolvenzverwalter* geltend zu ma-

---

428 BGH, Urt. v. 25. 2. 2002 – II ZR 196/00, BB 2002, 1012=NJW 2002, 1803.
429 BGH, Urt. v. 29. 11. 1999 – II ZR 273/98, BGHZ 143, 184 = BB 2000, 267 = NJW 2000, 668; BGH, Urt. v. 11. 9. 2000 – II ZR 370/99, BB 2000, 2274 = NJW 2001, 304.
430 BGH, Urt. v. 31. 3. 2003 – II ZR 150/02, BB 2003, 1143 = NJW 2003, 2316.
431 BGH, Urt. v. 25. 2. 2002 – II ZR 196/00, BB 2002, 1012 = NJW 2002, 1803.

chen. Im Falle einer *masselosen Insolvenz* ist der Anspruch der Pfändung durch die Gesellschaftsgläubiger eröffnet.[432]

cc) Kein Verweis auf Möglichkeit der Insolvenzanfechtung (§§ 129 ff. InsO)

Dem Gesetzeszweck widerspräche es, könnte der Geschäftsführer, der dem Verbot des § 64 Abs. 2 GmbHG zuwider Masse verkürzende Leistungen erbracht hat, auf andere Möglichkeiten der Rückführung der ausgezahlten Beträge verweisen oder den Ersatzanspruch im Voraus um den zu diesem Zeitpunkt regelmäßig nicht feststellbaren Betrag kürzen, den der durch die verbotene Zahlung begünstigte Gläubiger erhalten hätte oder sich gar mit einer bloßen Sicherstellung bis zum Abschluss des Insolvenzverfahrens begnügen. Vielmehr kann der Zweck der Vorschrift nur dadurch erreicht werden, dass der Geschäftsführer den *ausgezahlten Betrag ungekürzt erstattet.* Damit es nicht zu einer Bereicherung der Masse kommt, ist ihm in dem Urteil vorzubehalten, nach Erstattung an die Masse seine Rechte gegen den Insolvenzverwalter zu verfolgen; dabei deckt sich der ihm zustehende Anspruch nach Rang und Höhe mit dem Betrag, den der begünstigte Gesellschaftsgläubiger im Insolvenzverfahren erhalten hätte. Etwa bestehende Erstattungsansprüche der Masse gegen Dritte sind Zug um Zug an den Geschäftsführer abzutreten.[433]

dd) Verschulden

Der Geschäftsführer kann die *gesetzliche Vermutung schuldhaften Verhaltens* (§ 64 Abs. 2 GmbHG) durch den Nachweis entkräften, dass die Leistung mit der Sorgfalt eines ordentlichen Kaufmanns vereinbar war. Dazu kann er etwa vortragen, dass eine *Zahlungsunfähigkeit* oder *Überschuldung* nicht erkennbar oder – nach Maßgabe des zweistufigen Überschuldungsbegriffs – eine positive Fortbestehensprognose zu stellen gewesen sei.[434] Zieht der Geschäftsführer Kun-

---

432 BGH, Urt. v. 11. 9. 2000 – II ZR 370/99, BB 2000, 2274 = NJW 2001, 304.
433 BGH, Urt. v. 8. 1. 2001 – II ZR 88/99, BGHZ 146, 264 = BB 2001, 430 = NJW 2001, 1280; BGH, Urt. v. 31. 3. 2003 – II ZR 150/02, BB 2003, 1143 = NJW 2003, 2316; BGH, Urt. v. 11. 7. 2005 – II ZR 235/03, z.V. b.
434 BGH, Urt. v. 29. 11. 1999 – II ZR 273/98, BGHZ 143, 184 = BB 2000, 267 = NJW 2000, 668; BGH, Urt. v. 11. 9. 2000 – II ZR 370/99, BB 2000, 2274 = NJW 2001, 304.

denschecks auf ein debitorisches Konto ein, hat er den Nachweis für die fehlende Erkennbarkeit einer Zahlungsunfähigkeit oder Überschuldung zu führen.[435] Ein Verschulden ist zu verneinen, wenn soweit Leistungen eine Masseverkürzung nicht zur Folge haben oder soweit durch sie im Einzelfall größere Nachteile abgewendet werden.[436] Der Verschuldensmaßstab bestimmt sich nicht allein nach den allgemeinen Verhaltenspflichten eines Geschäftsführers, der bei seiner Amtsführung Recht und Gesetz zu wahren hat; er ist vielmehr an dem besonderen Zweck des § 64 Abs. 2 GmbHG auszurichten, die verteilungsfähige Vermögensmasse einer insolvenzreifen GmbH im Interesse der Gesamtheit ihrer Gläubiger zu erhalten und eine zu ihrem Nachteil gehende, bevorzugte Befriedigung einzelner Gläubiger zu verhindern. Das Bestreben des Geschäftsführers, sich durch die Leistung einer persönlichen deliktischen Haftung, etwa aus dem Gesichtspunkt des § 823 Abs. 2 BGB i.V.m. § 266a StGB, zu entziehen, ist kein im Rahmen des § 64 Abs. 2 GmbHG beachtlicher Umstand. Die *Pflichtenkollision* des Geschäftsführers ist vielmehr in der Art zu lösen, dass das *deliktische Verschulden* verneint wird, wenn sich der Geschäftsführer am Maßstab der dem Interesse der Gesamtheit der der Gesellschaftsgläubiger dienenden Spezialvorschrift des § 64 Abs. 2 GmbHG normgerecht verhält.[437] Das Gebot der Massesicherung darf nicht durch die vorrangige Abführung von Sozialversicherungsbeiträgen an öffentliche Kassen unterlaufen werden.[438]

f) Gründerhaftung

Geschäftsführer, aber auch Gesellschafter und Hintermänner (Treugeber) sind einer Gründerhaftung unterworfen, wenn bei Errichtung einer GmbH oder einer Kapitalerhöhung gegenüber dem Registergericht *falsche Angaben* gemacht werden (§§ 9a, 57 Abs. 4 GmbHG). Für unrichtig mitgeteilte Sacheinlagen ist Geldersatz zu leisten.[439]

---

435 BGH, Urt. v. 11. 9. 2000 – II ZR 370/99, BB 2000, 2274 = NZG 2000, 1222.
436 BGH, Urt. v. 8. 1. 2001 – II ZR 88/99, BGHZ 146, 264 = BB 2001, 430 = NJW 2001, 1280.
437 BGH, Urt. v. 8. 1. 2001 – II ZR 88/99, BGHZ 146, 264 = BB 2001, 430 = NJW 2001, 1280.
438 BGH, Urt. v. 18. 4. 2005 – II ZR 61/03.
439 Baumbach/*Hueck/Fastrich,* § 9a, Rn. 10.

Anspruchsberechtigt ist die *eingetragene* GmbH.[440] Zu den falschen Angaben gehören alle im Zuge des Gründungs- oder Kapitalerhöhungsverfahrens gegenüber dem Registergericht abzugebenden Erklärungen.[441] Falsch sind sowohl unrichtige als auch *unvollständige* Angaben.[442] Der Anspruch richtet sich inhaltlich auf die *Differenz* zwischen den tatsächlich geleisteten und den fehlerhaft angegebenen Beträgen.[443] Zwischen den Ersatzansprüchen aus § 9a GmbHG und Einlageansprüchen besteht eine *unechte Gesamtschuld*. Im internen Ausgleich trifft die Verpflichtung allein den *Einlageschuldner*. Soweit der nach § 9a verpflichtete Geschäftsführer zahlt, geht der Einlageanspruch analog § 426 Abs. 2 GmbHG auf ihn über.[444]

2. Ansprüche der Gläubiger der GmbH

a) Culpa in contrahendo

Den Geschäftsführer trifft gegenüber einem Geschäftspartner eine Aufklärungspflicht, falls die GmbH zahlungsunfähig oder überschuldet ist. Der Schadensersatzanspruch (§ 311 Abs. 2, § 280 Abs. 1 GmbHG) richtet sich aber grundsätzlich gegen die *Gesellschaft*.[445] Eine persönliche Haftung wegen *wirtschaftlichen Eigeninteresses* scheidet sowohl gegenüber dem Gesellschaftergeschäftsführer als auch dem Eigengeschäftsführer aus.[446] Die zweite Fallgruppe einer Eigenhaftung wegen der *Inanspruchnahme besonderen Vertrauens* kann gegenüber einem Geschäftsführer eingreifen. Dazu muss er aber in seiner Person besonderes Vertrauen für die Erfüllung der Verbindlichkeit übernehmen. Diese Voraussetzung kann allenfalls bei einer Erklärung im *Vorfeld einer Garantiezusage* angenommen werden.[447]

---

440 Hachenburg/*Ulmer,* § 9a, Rn. 9; Scholz/*Winter,* § 9a, Rn. 3; Baumbach/*Hueck/Fastrich,* § 9a, Rn. 13.
441 Baumbach/*Hueck/Fastrich,* § 9a, Rn. 5 ff.
442 *Roth*/Altmeppen, § 9a, Rn. 5; Scholz/*Winter,* § 9a, Rn. 20.
443 *Lutter/Bayer*, in: Lutter/Hommelhoff, § 9a, Rn. 7; Hachenburg/*Ulmer,* § 9a, Rn. 36.
444 *Lutter/Bayer*, in: Lutter/Hommelhoff, § 9a, Rn. 7; Hachenburg/*Ulmer,* § 9a, Rn. 48.
445 *Hommelhoff/Kleindiek*, in: Lutter/Hommelhoff, § 43, Rn. 50.
446 BGH, Urt. v. 6. 6. 1994 – II ZR 292/91, BGHZ 126, 181 = BB 1994, 1657 = NJW 1994, 2020; Scholz/*Uwe H. Schneider,* § 43, Rn. 227.
447 Scholz/*Uwe H. Schneider*, § 43, Rn. 225a; Michalski/*Haas,* § 43, Rn. 312.

b) Garantieversprechen

Das selbstständige Garantieversprechen ist als Vertrag eigener Art im Sinne des § 305 BGB dadurch gekennzeichnet, dass sich der Garant verpflichtet, für den Eintritt eines bestimmten Erfolges einzustehen und die Gefahr eines künftigen Schadens zu übernehmen. Die dem Warenlieferanten im Rahmen laufender Geschäftsverbindung vom Gesellschafter/Geschäftsführer einer GmbH gegebene Versicherung, er werde bei Verschlechterung der wirtschaftlichen Lage der GmbH Kapital nachschießen, so dass der Lieferant auf jeden Fall „sein Geld bekomme", kann ein *selbstständiges Garantieversprechen* darstellen. Da das selbstständige Garantieversprechen die Übernahme der Verpflichtung zur Schadloshaltung für den Fall des Nichteintritts des garantierten Erfolgs umfasst, bestimmt sich deren Umfang nach den Grundsätzen des Schadensersatzrechts (§§ 249 ff. BGB); der Garantieschuldner hat somit im Falle der Gewährleistung den Gläubiger so zu stellen, als ob der garantierte Erfolg eingetreten oder der Schaden nicht entstanden wäre.[448]

c) Insolvenzverschleppung

Die Gesellschaftsgläubiger können aus § 64 Abs. 2 GmbHG eigene Ansprüche gegen den Geschäftsführer nicht herleiten. Weitgehend anerkannt, stellt hingegen § 64 Abs. 1 GmbHG ein Schutzgesetz im Sinne von § 823 Abs. 2 BGB dar. Deswegen haben die außen stehenden Gesellschaftsgläubiger, nicht die GmbH selbst und deren Gesellschafter, einen deliktischen Anspruch gegen den Geschäftsführer, der seiner gesetzlichen Verpflichtung zur rechtzeitigen Insolvenzantragstellung nicht genügt.[449] Die Forderungen müssen bereits *vor Insolvenzeröffnung* entstanden sein, so dass der *Pensionssicherungsverein*, auf den nach § 9 Abs. 2 BetrAVG Ansprüche der Versorgungsberechtigten übergehen, und die *Bundesagentur für Arbeit*, die durch die Zahlung von Insolvenzgeld an die Arbeitnehmer einen Regressanspruch gegen die GmbH (§ 187 S. 1 SGB III) erwirbt, nicht dem ge-

---

448 BGH, Urt. v. 18. 6. 2001 – II ZR 248/99, BB 2001, 1806 = NJW-RR 2001, 1611.
449 BGH, Urt. v. 16. 12. 1958 – VI ZR 245/57, BGHZ 29, 100 = BB 1959, 208 = NJW 1959, 623; BGH, Urt. v. 3. 2. 1987 – VI ZR 268/85, BGHZ 100, 19 = BB 1987, 994, 1006; Baumbach/Hueck/*Schulze-Osterloh*, § 64, Rn. 82; Michalski/*Nerlich*, § 64, Rn. 9; *Lutter/Kleindiek*, in: Lutter/Hommelhoff, § 64, Rn. 41; Scholz/*K. Schmidt*, § 64, Rn. 37.

schützten Personenkreis gehört.[450] Im Hinblick auf den Umfang des Schadens ist zwischen den *Altgläubigern* und den *Neugläubigern* zu unterscheiden.

aa) Altgläubiger: Quotenschaden

Altgläubiger sind solche Gläubiger, die bei Eintritt der Insolvenzreife ihre Gläubigerstellung bereits erlangt hatten. Der Anspruch der Altgläubiger ist auf den *Quotenschaden* beschränkt, mithin den Betrag, um den sich die Insolvenzmasse und damit die dem einzelnen Gläubiger verbleibende Quote durch die Insolvenzverschleppung verringert hat. Dabei ist auf den fiktiven Zeitpunkt ordnungsgemäßer Insolvenzantragstellung abzustellen.[451] Der Quotenschaden kann nur zutreffend ermittelt werden, wenn in die Vergleichsrechnung alle sonstigen der GmbH gegen den Geschäftsführer, sei es auch in seiner Eigenschaft als Gesellschafter, zustehenden Forderungen eingestellt werden. Ansprüche wegen Verletzung des Kapitalerhaltungsgebots, aus Eigenkapitalersatz oder wegen schuldhaft fehlerhafter Geschäftsführung sind bei *Ermittlung des Quotenschadens*, auch wenn sie noch nicht realisiert worden sind, mit ihrem rechnerischen Wert mindernd anzusetzen. Die fiktive Quote ist aus dem Verhältnis der den Altgläubigern bei Insolvenzreife zur Verfügung stehenden Masse zu ihren damaligen Forderungen zu ermitteln. Die Quote ist mit den tatsächlichen Insolvenzforderungen der – in der Insolvenz noch vorhandenen Altgläubiger – zu multiplizieren; von dem Ergebnis ist der auf die Altgläubiger entfallende Masseanteil abzuziehen, der sich aus dem Verhältnis ihrer Forderungen zur Summe der Insolvenzforderungen ergibt.[452]

---

450 BGH, Urt. v. 26. 6. 1989 – II ZR 289/88, BB 1989, 2278 = NJW 1989, 3277; BGH, Urt. v. 19. 2. 1990 – II ZR 268/88, BGHZ 110, 342 = BB 1990, 802; NJW 1990, 1725; Rowedder/*Schmidt-Leithoff,* § 64, Rn. 41; *Lutter/Kleindiek*, in: Lutter/Hommelhoff, § 64, Rn. 41.
451 BGH, Urt. v. 13. 4. 1994 – II ZR 292/91, BGHZ 126, 181 = BB 1994, 1657 = NJW 1994, 2220; Rowedder/*Schmidt-Leithoff,* § 64, Rn. 42; *Lutter/Kleindiek*, in: Lutter/Hommelhoff, § 64, Rn. 47; kritisch etwa Roth/*Altmeppen,* § 64, Rn. 28 f.
452 BGH, Urt. v. 30. 3. 1998 – II ZR 146/96, BGHZ 138, 211 = BB 1998, 969 = NJW 1998, 2667; Michalski/*Nerlich,* § 64, Rn. 70; kritisch wegen des komplizierten Berechnungswegs: Rowedder/*Schmidt-Leithoff,* § 64, Rn. 42; Roth/*Altmeppen,* § 64, Rn. 30.

bb) Neugläubiger: Vertrauensschaden

Wenn ein Geschäftsführer schuldhaft verspätet Insolvenzantrag stellt, haftet er den *Gläubigern* der von ihm geführten GmbH nach § 823 Abs. 2 BGB i.V. m. § 64 Abs. 1 GmbHG wegen Insolvenzverschleppung auf Ersatz des ihnen durch die Pflichtverletzung entstandenen Schadens. Die Neugläubiger haben einen Anspruch auf Ausgleich des *vollen* – nicht durch den Quotenschaden begrenzten – *Schadens*, der ihnen dadurch entsteht, dass sie in Rechtsbeziehungen zu einer überschuldeten oder zahlungsunfähigen GmbH in Rechtsbeziehungen getreten sind. Diese Bewertung trägt dem Umstand Rechnung, dass Neugläubiger bei rechtzeitiger Antragstellung gar nicht mehr in vertragliche Rechtsbeziehungen zu der GmbH getreten wären. War die Gesellschaft zu einem früheren Zeitpunkt überschuldet, hat sie sich aber im Zeitpunkt des Vertragsschlusses erholt, scheidet ein Schadensersatzanspruch aus, weil der Gläubiger nicht in Rechtsbeziehungen zu einer überschuldeten oder zahlungsunfähigen Gesellschaft getreten ist.[453] Der Ersatzanspruch erfasst lediglich das *negative*, nicht auch das positive *Interesse* des Geschäftspartners. Danach kann der Gläubiger jedenfalls die Anschaffungs- oder Herstellungskosten einschließlich der Vertriebskosten, bei Werken die Selbstkosten beanspruchen. Wegen der Begrenzung auf das negative Interesse hat die vereinbarte Vergütung und damit der *Gewinnaufschlag* außer Betracht zu bleiben.[454] Dagegen dürfte ein Gewinn zu berücksichtigen sein, wenn dem Gläubiger der Abschluss eines Drittgeschäfts über die Leistung ohne weiteres möglich gewesen wäre.[455] Der Anspruch eines leichtfertigen Gläubigers kann durch ein *Mitverschulden* (§ 254 BGB) reduziert werden.[456] Der BGH hat die Frage offen gelassen, ob der auf Ersatz des negativen Interesses gerichtete Anspruch über Kon-

---

[453] BGH, Urt. v. 25. 7. 2005 – II ZR 390/03, z.V.b.; BGH, Urt. v. 6. 6. 1994 – II ZR 292/91, BGHZ 126, 181 = BB 1994, 1657 = NJW 1994, 2220; Rowedder/*Schmidt-Leithoff,* § 64, Rn. 44; *Lutter/Kleindiek,* in: Lutter/Hommelhoff, § 64, Rn. 48; a.A. Baumbach/Hueck/*Schulze-Osterloh,* § 64, Rn. 84; Scholz/*K. Schmidt,* § 64, Rn. 40.

[454] Baumbach/Hueck/*Schulze-Osterloh,* § 64, Rn. 86; Scholz/*K. Schmidt,* § 64, Rn. 42; Rowedder/*Schmidt-Leithoff,* § 64, Rn. 46.

[455] Baumbach/Hueck/*Schulze-Osterloh,* § 64, Rn. 86; Rowedder/*Schmidt-Leithoff,* § 64, Rn. 46.

[456] *Lutter/Kleindiek,* in: Lutter/Hommelhoff, § 64, Rn. 49.

5. Kap.   IV. Haftung des Geschäftsführers

trahierungsschaden hinaus auch auf gesetzliche Schuldverhältnisse zu erstrecken ist. Denn im Streitfall wurden von der klagenden Krankenkasse Beitragsausfälle geltend gemacht, die als positives Interesse nicht erstattungsfähig sind.[457] Soweit etwa *deliktische Ansprüche* im Raum stehen, wird darauf hingewiesen, dass solche Ansprüche schutzwürdig sind, wenn sie bei rechtzeitiger Antragstellung vermieden worden wären und der Schaden, was bei kriminellem Handeln abzulehnen ist, in den Schutzbereich der Norm fällt.[458]

cc) Geltendmachung des Anspruchs, Darlegungs- und Beweislast, Verjährung

Der Quotenschaden der *Altgläubiger* wird im Rahmen des Insolvenzverfahrens von dem Insolvenzverwalter verfolgt.[459] Der Vertrauensschaden der *Neugläubiger* ist hingegen nicht von dem Insolvenzverwalter, sondern von den Neugläubigern selbst geltend zu machen.[460] Die objektiven Voraussetzungen der Insolvenzantragspflicht und die Höhe des geltend gemachten Schadens hat der Gläubiger zu *beweisen*.[461] Das Verschulden des Geschäftsführers wird hingegen widerleglich vermutet. Steht demnach die Überschuldung fest, hat der Geschäftsführer zu beweisen, dass dies für ihn – auch im Blick auf den zweistufigen Überschuldungsbegriff – nicht erkennbar war oder konkrete Umstände *Sanierungsversuche* und die Fortführung des Unternehmens bis Ablauf der Dreiwochenfrist des § 64 Abs. 1 GmbHG rechtfertigten.[462] Die Dreiwochenfrist darf nur ausgeschöpft werden, wenn begründete Aussichten auf eine Sanierung bestehen. Andernfalls ist der Antrag sofort zu stellen.[463] Der Anspruch aus § 823 Abs. 2

---

457 BGH, Urt. v. 7. 7. 2003 – II ZR 241/02, BB 2003, 2144 = NZG 2003, 923.
458 BGH, Urt. v. 25. 7. 2005 – II ZR 390/03, z.V. b.; *Lutter/Kleindiek*, in: Hommelhoff/Kleindiek, § 64, Rn. 50; Michalski/*Nerlich,* § 64, Rn. 76; a.A. Rowedder/*Schmidt-Leithoff,* § 64, Rn. 45.
459 Michalski/*Nerlich,* § 64, Rn. 78.
460 BGH, Urt. v. 30. 3. 1998 – II ZR 146/96, BGHZ 138, 211 = BB 1989, 969 = NJW 1998, 2667.
461 Michalski/*Nerlich,* § 64, Rn. 48.
462 BGH, Urt. v. 6. 6. 1994 – II ZR 292/91, BGHZ 126, 181 = BB 1994, 1657 = NJW 1994, 2220; Rowedder/*Schmidt-Leithoff,* § 64, Rn. 48.
463 *Goette,* § 8, Rn. 240.

2. Ansprüche der Gläubiger der GmbH **5. Kap.**

BGB, § 64 Abs. 1 GmbHG *verjährt* analog § 64 Abs. 1, § 43 Abs. 4 in fünf Jahren; § 195 BGB bzw. § 852 sind nicht anzuwenden.[464]

d) Deliktische Haftung

Selbstverständlich unterliegt der Geschäftsführer einer deliktischen Haftung, falls er die Tatbestände der §§ 823 ff. BGB selbst verwirklicht. Darum haftet der Geschäftsführer nach § 823 BGB, sofern er persönlich den Verkauf der im Eigentum eines Dritten stehenden Gegenstände veranlasst.[465] Problematisch ist eine deliktische Haftung des Geschäftsführers wegen Verkehrspflichtverletzungen. Der VI. Zivilsenat des BGH hat dem Geschäftsführer, der an der Vertragsgestaltung und -abwicklung persönlich nicht mitgewirkt hat, eine *Garantenstellung* dafür auferlegt, dass der Eigentumsvorbehalt für gelieferte Materialien nicht durch deren anschließende Verarbeitung und die Vereinbarung eines Abtretungsverbots ins Leere geht.[466] Der II. Zivilsenat hat gegen die Entscheidung gewisse *Bedenken* anklingen lassen, weil sie die Gefahr berge, den Grundsatz, wonach Organisationspflichten nur im Verhältnis zur GmbH bestünden, aus den Angeln zu heben.[467]

e) Nichtabführen von Sozialversicherungsbeiträgen

Der Geschäftsführer haftet deliktsrechtlich (§ 823 Abs. 2 BGB i.V.m. § 266a Abs. 1, § 14 Abs. 1 Nr. StGB), wenn Arbeitnehmeranteile – Arbeitgeberanteile unterliegen nicht der strafrechtlichen Sanktion – zur Sozialversicherung nicht abgeführt werden. Das Merkmal des Vorenthaltens ist selbst dann erfüllt, wenn im betreffenden Zeitraum auch *kein Lohn* an die Arbeitnehmer gezahlt wurde.[468] Die Voraussetzungen der Strafbarkeit sind allerdings nicht gegeben, wenn im Fäl-

---

464 *Lutter/Kleindiek*, in: Lutter/Hommelhoff, § 64, Rn. 57; Scholz/*K. Schmidt*, § 64, Rn. 53; a.A. Rowedder/*Schmidt-Leithoff*, § 64, Rn. 51.
465 BGH, Urt. v. 12. 3. 1996 – VI ZR 90/95, BB 1996, 1027 = NJW 1996, 1535.
466 BGH, Urt. v. 5. 12. 1989 – VI ZR 335/88, BGHZ 109, 297 = BB 1990, 162 = NJW 1990, 976; Scholz/*Uwe H. Schneider*, § 43, Rn. 232; Roth/*Altmeppen*, § 43, Rn. 46; a.A. Baumbach/Hueck/*Zöllner*, § 43, Rn. 58 f.
467 BGH, Urt. v. 13. 4. 1994 – II ZR 16/93, BGHZ 125, 366 = BB 1994, 1095 = NJW 1994, 1801.
468 BGH, Urt. v. 11. 12. 2001 – VI ZR 123/00, BGH, NJW 2002, 1122; BGH, Urt. v. 16. 5. 2000 – VI ZR 90/99, BGHZ 144, 311.

5. Kap. IV. Haftung des Geschäftsführers

ligkeitszeitpunkt keine *finanziellen Mittel* zur Verfügung stehen, die für die Beitragszahlung ausgereicht hätten.[469] Dabei obliegt der Sozialkasse die Darlegungs- und Beweislast, dass der Geschäftsführer zur Abführung der Beiträge dank vorhandener Mittel in der Lage war. Der Geschäftsführer genügt der ihn insoweit treffenden *sekundären Darlegungslast*, wenn er auf einen bei der Hausbank überzogenen Kreditrahmen, eine fehlennde Unterstützung der Gesellschafter und weitere Verbindlichkeiten verweist. Eine besondere Dokumentationspflicht des Geschäftsführers besteht im Blick auf die sekundäre Darlegungslast nicht.[470] Zahlungsunfähigkeit entlastet den Geschäftsführer freilich nicht, wenn er sie selbst herbeigeführt oder unter Zurückstellung anderer Zahlungspflichten *keine Rücklagen* gebildet hat.[471] Der öffentlichrechtlichen Pflicht zur Abführung der Sozialversicherungsbeiträge können sich die Geschäftsführer einer mehrgliedrigen GmbH weder durch *Zuständigkeitsregel* noch durch *Delegation* auf andere Personen entledigen. Interne Zuständigkeitsvereinbarungen oder die Delegation von Aufgaben können aber die deliktische Verantwortlichkeit des Geschäftsführers beschränken. In jedem Fall verbleiben ihm *Überwachungspflichten*, die ihn zum Eingreifen verpflichten können. Eine solche Überwachungspflicht kommt vor allem in *finanziellen Krisensituationen* zum Tragen, in denen die laufende Erfüllung von Verbindlichkeiten nicht mehr gewährleistet erscheint.[472] Hätte der Insolvenzverwalter die keinen Vorrang gegenüber anderen Verbindlichkeiten genießenden Zahlungen nach der InsO anfechten können, entfällt mangels Kausalität ein Schaden.[473]

---

469 BGH, Urt. v. 11. 12. 2001 – VI ZR 123/00, BGH, NJW 2002, 1122; BGH, Urt. v. 16. 5. 2000 – VI ZR 90/99, BGHZ 144, 311; Roth/*Altmeppen*, § 43, Rn. 52.
470 BGH, Urt. v. 18. 4. 2005 – II ZR 61/03.
471 BGH, Urt. v. 11. 12. 2001 – VI ZR 123/00, NJW 2002, 1122; BGH, Urt. v. 11. 12. 2001 – VI ZR 123/00, NJW 2002, 1123.
472 BGH, Urt. v. 15. 10. 1996 – VI ZR 319/95, BGHZ 133, 370 = BB 1996, 2531 = NJW 1997, 130; BGH, Urt. v. 21. 1. 1997 – VI ZR 338/95, BGHZ 134, 304 = BB 1997, 591 = NJW 1997, 1237.
473 BGH, Urt. v. 18. 4. 2005 – II ZR 61/03.

V. Haftung von Prokuristen und Handlungsbevollmächtigten

Das Auszahlungsverbot des § 30 GmbHG richtet sich nur gegen Geschäftsführer, nicht gegen Prokuristen oder sonstige verfügungsbefugte Angestellte einer GmbH. Entsprechende Aufgaben und die ihnen vorgelagerte Pflicht, das Eingreifen des Verbots ggf. zu erkennen, hat ein Prokurist regelmäßig nicht, sofern er nicht die Geschäfte der GmbH tatsächlich wie ein (Mit-)Geschäftsführer führt.[474]

1. Verletzung des Anstellungsvertrages

Eine Aushöhlung des Kapitalerhaltungsschutzes ist nicht deswegen zu besorgen, weil ein Gesellschafter zum Zwecke verbotener Auszahlungen unter Umgehung des Geschäftsführers, dem die Haftung des § 43 Abs. 2, 3 GmbHG droht, einen entsprechender Haftung nicht unterliegenden, willfährigen Prokuristen einschalten oder dessen Einstellung veranlassen könnte. Wenn dieser weiß oder sich ihm nach den Umständen aufdrängt, dass er für unlautere Machenschaften unter Umgehung des Geschäftsführers zu erheblichem Nachteil der Gesellschaft eingeschaltet werden soll, muss er dies auf Grund seiner anstellungsvertraglichen Treupflicht zur Wahrung der Interessen seiner Arbeitgeberin entweder ablehnen oder dem Geschäftsführer als Arbeitgebervertreter mitteilen und von ihm Weisungen einholen. Handelt er diesen Pflichten zuwider, haftet er wegen Verletzung seines Anstellungsvertrages. Erklärt sich dagegen der Geschäftsführer mit der (ihm) verbotenen Auszahlung einverstanden, so haftet dafür dieser, aber – vorbehaltlich einer etwaigen deliktischen Haftung – der Prokurist nicht.[475]

2. Deliktische Haftung

§ 30 GmbHG ist kein Schutzgesetz zu Gunsten der Gesellschaft und ihrer Gläubiger im Sinne von § 823 Abs. 2 BGB, durch dessen vorsätzliche oder fahrlässige Verletzung sich jeder zu Zahlungen aus dem Gesellschaftsvermögen Ermächtigte haftbar machen könnte. Ebenso wie Gesellschafter, die ihre Gesellschaft vorsätzlich in einer

---

474 BGH, Urt. v. 25. 6. 2001 – II ZR 38/99, BB 2001, 1753 = NJW 2001, 3123.
475 BGH, Urt. v. 25. 6. 2001 – II ZR 38/99, BB 2001, 1753 = NJW 2001, 3123.

5. Kap. V. Haftung von Prokuristen und Handlungsbevollmächtigten

gegen die guten Sitten verstoßenden Weise schädigen, gemäß § 826 BGB haften können, haften allerdings auch Prokuristen und ähnliche Bevollmächtigte unter den Voraussetzungen dieser Vorschrift, die unabhängig davon sind, ob das betreffende Verhalten auch bei bloßer Fahrlässigkeit pflichtwidrig wäre. Weiter kann auch ein Prokurist einer GmbH ebenso wie ein Geschäftsführer nach §§ 823 BGB, 266 StGB haftbar sein, wenn er unter vorsätzlichem Missbrauch seiner Verfügungsbefugnis (§§ 49, 50 HGB) bewusst an Vermögensverschiebungen zulasten der GmbH mitwirkt, welche deren wirtschaftliche Existenz gefährden, ihre Insolvenz herbeiführen, wesentlich beschleunigen oder vertiefen.[476]

---

[476] BGH, Urt. v. 25. 6. 2001 – II ZR 38/99, BB 2001, 1753 = NJW 2001, 3123.

6. Kapitel
Sicherung der Kapitalaufbringung

I. Kapitalaufbringung als Korrelat der Haftungsbefreiung

Die GmbH ist eine Kapitalgesellschaft, die als Haftungsfonds über ein Stammkapital von mindestens 25 000 € verfügt, das in Stammeinlagen der Gesellschafter von mindestens 100 € aufgespalten ist (§ 5 Abs. 1 GmbHG). Das Haftungsprivileg der Gesellschafter, die für die Verbindlichkeiten der GmbH nicht persönlich einzustehen haben (§ 13 Abs. 2 GmbHG), lässt sich nur vor dem Hintergrund einer umfassenden Kapitalsicherung rechtfertigen. Die Befreiung von der mitunternehmerischen Haftung erfordert als Äquivalent, dass die Gesellschafter das Kapital in nachprüfbarer Weise aufbringen und der GmbH nicht wieder entziehen.[1] Nicht von ungefähr hat der BGH immer wieder betont, dass im Interesse des redlichen Rechtsverkehrs die *Aufbringung und Erhaltung des Stammkapitals* als der Haftungs- und Kreditgrundlage der GmbH gesichert sein muss.[2] Der Grundsatz der realen Kapitalaufbringung hat in zahlreichen Normen (§§ 4, 5, 7 Abs. 2 und 3, §§ 9, 9a, 9b, 9c, 30, 31, 32a, 32b, 56, 56a, 57 Abs. 1 2, 4, §§ 57a, 57d ff., 58 f. GmbHG) Niederschlag gefunden. Die effektive Kapitalaufbringung wird durch *formelle und materielle Sicherungsnormen* gewährleistet. Während die formellen Regeln das Prüfungsrecht des Registergerichts ausgestalten, begründen die materiellen – der Disposition der Gesellschafter entzogenen – Vorschriften Ansprüche der GmbH auf Leistung des Stammkapitals.

---

1 *K. Schmidt*, § 37 I.
2 BGH, Urt. v. 2. 12. 1968 – II ZR 144/67, BGHZ 51, 157 = BB 1969, 599 = NJW 1969, 840; BGH, Urt. v. 30. 6. 1958 – II ZR 213/56, BGHZ 28, 77 = BB 1958, 719 = NJW 1958, 1351; BGH, Urt. v. 13. 10. 1954 – II ZR 182/53, BGHZ 15, 52 = BB 1954, 977 = NJW 1954, 1842.

II. Unversehrtheitsgrundsatz

1. Verwirklichung durch Differenzhaftung

Dem Unversehrtheitsgrundsatz als Kerngedanken des Kapitalgesellschaftsrechts liegt die Erwägung zugrunde, dass die juristische Person nur mit einem garantierten Mindestkapital als der unerlässlichen Betriebs- und Haftungsgrundlage ins Leben treten darf. Der Rechtsverkehr soll sich darauf verlassen können, dass die GmbH wenigstens im Augenblick ihrer Eintragung, in dem sie „als solche" entsteht (§ 11 Abs. 1 GmbHG), über diesen öffentlich verlautbarten Haftungsfonds tatsächlich verfügt.[3] Beeinträchtigungen kann das Stammkapital insbesondere durch eine Geschäftsaufnahme vor Eintragung der GmbH erleiden. Bis zum Jahr 1981 versuchte die Rechtsprechung, den Unversehrtheitsgrundsatz durch das sog. *Vorbelastungsverbot* zu verwirklichen, indem die Vertretungsmacht der Geschäftsführer der Vor-GmbH, deren Aktiva und Passiva die eingetragene GmbH übernimmt, auf gründungsnotwendige Geschäfte beschränkt wurde. Das Vorbelastungsverbot wurde im Jahre 1981 aufgegeben und durch eine *Differenzhaftung* ersetzt: Danach haften die Gesellschafter im Verhältnis ihrer Geschäftsanteile der GmbH gegenüber auf Ausgleich, soweit sich durch Verbindlichkeiten der Vor-GmbH im Zeitpunkt der Entstehung der GmbH bei Eintragung in das Handelsregister eine Differenz zwischen dem Stammkapital und dem Wert des Gesellschaftsvermögens ergibt. Diese in der Beziehung des Gesellschafters zu der GmbH ausgestaltete (Innen-)Haftung ist nicht auf die Höhe des Stammkapitals beschränkt, sondern umfasst jede darüber hinausgehende Überschuldung.[4]

2. Mehrzahlung über Mindesteinlage hinaus

Leistet ein Gesellschafter von seiner in bar übernommenen Stammeinlage in das Vermögen der Vor-GmbH mehr, als er im *Gründungsstadium* mindestens aufzubringen hat (vgl. § 7 Abs. 2 GmbHG), so hat er seine Einlageverpflichtung hinsichtlich des Mehrbetrages auch

---

[3] BGH, Urt. v. 9. 3. 1981 – II ZR 54/80, BGHZ 80, 129 = BB 1981, 689 = NJW 1981, 1373.
[4] BGH, Urt. v. 9. 3. 1981 – II ZR 54/80, BGHZ 80, 129 = BB 1981, 689 = NJW 1981, 1373.

dann erfüllt, wenn dieser im Zeitpunkt der Eintragung der GmbH in das Handelsregister bereits verbraucht ist. Da alle Aktiva und Passiva von der Vor-GmbH auf die GmbH als juristische Person übergehen, wirken sich Gesellschafterleistungen, die in das Vermögen der Vor-GmbH erfolgt sind, auch im Vermögen der GmbH erhöhend aus; sei es auch nur, dass eine etwa bestehende *Unterbilanz* oder *Überschuldung* niedriger ausfällt, als sie ohne die Leistung ausgefallen wäre. Müsste der Gesellschafter, der freiwillig vorgeleistet hat, diese Leistung der eingetragenen GmbH nochmals erbringen, würde er insoweit einen Teil der Unterbilanz, der infolge seiner Vorleistung schon niedriger ausgefallen ist und für deren Rest alle Gesellschafter anteilig aufzukommen hätten, allein ausgleichen, also seinen Mitgesellschaftern in diesem Umfange die anteilige Haftung abnehmen und damit mehr zahlen als sie. Diese Ungleichbehandlung wird vermieden, wenn der Verbrauch des Vermögens ebenso wie dessen Belastung mit Verbindlichkeiten durch eine im Zeitpunkt der Eintragung einsetzende Unterbilanzhaftung ausgeglichen wird. Der Gesellschafter hat also seine Einlagepflicht erfüllt und unterliegt lediglich einer anteiligen Unterbilanzhaftung.[5]

III. Zahlung der Bareinlage

1. Fälligkeit der Bareinlage

Eine *Sacheinlage* muss bereits vor Anmeldung der Gesellschaft zum Handelsregister zur freien Verfügung des Geschäftsführers erbracht werden (§ 7 Abs. 3 GmbHG). Bei einer *Bareinlage* begnügt sich das Gesetz dagegen (§ 7 Abs. 2 S. 1 GmbHG) mit der Einzahlung eines Viertels, der *Mindesteinlage*, vor Anmeldung, während die *Resteinlage* noch nach Eintragung der GmbH geleistet werden kann. Die Summe aller Mindesteinlagen zuzüglich etwaiger Sacheinlagen hat sich vor Anmeldung auf 12 500 € zu belaufen (§ 7 Abs. 2 S. 2 GmbHG). Die Regelungen über den Zeitpunkt der Leistung von Sacheinlage und Bareinlage gelten auch bei einer *Kapitalerhöhung* (§ 56a GmbHG). Die sofortige *Fälligkeit* der Mindesteinlagen wird regelmäßig durch die Satzung oder den Kapitalerhöhungsbeschluss be-

---

[5] BGH, Urt. v. 24. 10. 1988 – II ZR 176/88, BGHZ 105, 300 = BB 1989, 169 = NJW 1989, 710.

gründet. Auch für die Resteinlage kann der Fälligkeitszeitpunkt in der Satzung bestimmt werden.[6] Fehlt es an einem satzungsmäßig festgelegten Zahlungstermin, so wird die Resteinlage durch ein zweistufiges Verfahren fällig gestellt: Einmal bedarf es eines *Gesellschafterbeschlusses* (§ 46 Nr. 2 GmbHG) über die Einforderung der Einlage, bei dessen Fassung alle – auch betroffene – Gesellschafter (ohne Beschränkung durch § 47 Abs. 4 S. 2 Alt. 1 GmbHG) stimmberechtigt sind.[7] Als weitere Voraussetzung hat die von dem Geschäftsführer zu bewirkende *Anforderung* der Zahlung an den Gesellschafter, mit deren Zugang die Einlage fällig wird, hinzuzutreten.[8] Eine nicht durch einen Gesellschafterbeschluss gedeckte Anforderung durch den Geschäftsführer ist unwirksam.[9] Der Einforderungsbeschluss kann von *sämtlichen* Gesellschaftern (auch konkludent) getroffen werden und bedarf in diesem Fall keiner Umsetzung durch eine Anforderung des Geschäftsführers.[10] Die Gesellschafter können die Einforderung von Bareinlagen einem anderen Organ – in erster Linie dem Geschäftsführer oder Aufsichtsrat – übertragen. Dies muss aus einer eindeutigen Satzungsbestimmung hervorgehen. Die Formulierung „die Restbareinlage wird nach Anforderung durch den Geschäftsführer fällig" entbehrt der notwendigen Klarheit.[11] Verzichtbar ist ein Einforderungsbeschluss der Gesellschafter bei *Insolvenz*[12] oder *Liquidation* sowie der *Zwangsvollstreckung* gegen die GmbH.[13]

2. Gleichmäßige Behandlung der Gesellschafter

Bei der Einforderung der Bareinlagen (§ 19 Abs. 1 GmbHG) ist der *Gleichbehandlungsgrundsatz* zu beachten. Das Gleichbehandlungsgebot besagt, dass der Einzahlungstermin auf einen einheitlichen

---

6 *Lutter/Bayer*, in: Lutter/Hommelhoff, § 19, Rn. 8; Scholz/*Uwe H. Schneider,* § 19, Rn. 9.
7 BGH, Urt. v. 9. 7. 1990 – II ZR 9/90, BB 1990, 1923 = NJW 1991, 172.
8 Hachenburg/*Ulmer,* § 19, Rn. 7; *Goette,* § 2, Rn. 12; Scholz/*Uwe H. Schneider,* § 19, Rn. 10.
9 BGH, Urt. v. 29. 6. 1961 – II ZR 39/60, BB 1961, 953.
10 BGH, Urt. v. 16. 9. 2002 – II ZR 1/00, BGHZ 152, 37 = BB 2002, 2347 = NJW 2002, 3774.
11 *Lutter/Bayer*, in: Lutter/Hommelhoff, § 19, Rn. 8.
12 BGH, Urt. v. 10. 5. 1982 – II ZR 89/81, BGHZ 84, 47 = BB 1982, 1325 = NJW 1982, 2882.
13 Hachenburg/*Ulmer,* § 19, Rn. 24; Baumbach/*Hueck/Fastrich,* § 19, Rn. 5.

Zeitpunkt festgelegt wird und die Gesellschafter einen gleichmäßigen prozentualen Anteil entsprechend der Höhe ihrer Stammeinlagen zu erbringen haben.[14] Leistungsunwilligkeit oder Leistungsunfähigkeit eines einzelnen Gesellschafters berührt nicht die Leistungspflicht der übrigen Gesellschafter.[15] Der Gleichheitsgrundsatz gilt auch für die *Mindesteinlagen* nach § 7 Abs. 2 GmbHG und im Rahmen einer *Kapitalerhöhung*.[16] Beruht eine Ungleichbehandlung auf einem Gesellschafterbeschluss (§ 46 Nr. 2 GmbHG), so kann der betroffene Gesellschafter den Mangel mittels einer Anfechtungsklage beanstanden. Sieht er von einer Klage ab, wird seine Leistungspflicht nicht berührt.[17] Beachtet der Gesellschafterbeschluss das Gleichbehandlungsgebot, erfolgt aber die Einforderung nur gegenüber einzelnen Gesellschaftern, so können sie sich auf ein *Leistungsverweigerungsrecht* berufen.[18] Zur Verwirklichung der Gleichbehandlung steht dem Gesellschafter ein Recht auf *Auskunft* über alle Einforderungen zu; bis zur Erteilung der Auskunft darf er die Zahlung, ohne in Verzug zu geraten, zurückhalten.[19]

3. Erfüllung der Bareinlageschuld

a) Zuordnung einer Zahlung

Eine Leistung auf die Einlageschuld setzt eine für den Geschäftsführer erkennbare Zuordnung voraus. Daran fehlt es bei einer *Überweisung*, wenn unklar bleibt, ob es sich um eine Leistung des Gesellschafters oder eines Dritten handelt und ob mit ihr die Einlageschuld oder eine andere Verbindlichkeit gegenüber der Gesellschaft erfüllt werden sollte.[20] Eine Zahlung, bei der dem Leistenden nach Vereinbarung oder Übung der Beteiligten vorbehalten bleibt zu bestimmen, auf welche von mehreren Verbindlichkeiten die Leistung angerechnet werden soll, kommt als Erfüllung einer in Geld bestehenden Einlagepflicht nur in Betracht, wenn er oder der für ihn Leistende eine ent-

---

14 Rowedder/Schmidt-Leithoff/*Pentz*, § 19, Rn. 12.
15 Hachenburg/*Ulmer*, § 19, Rn. 22, 27; Scholz/*Uwe H. Schneider*, § 19, Rn. 19.
16 Scholz/*Uwe H. Schneider*, § 19, Rn. 15.
17 Rowedder/Schmidt-Leithoff/*Pentz*, § 19, Rn. 19; Baumbach/*Hueck/Fastrich*, § 19, Rn. 7.
18 *Lutter/Bayer*, in: Lutter/Hommelhoff, § 19, Rn. 7.
19 Hachenburg/*Ulmer*, § 19, Rn. 28; Michalski/*Ebbing*, § 19, Rn. 19.
20 BGH, Urt. v. 29. 1. 2001 – II ZR 183/00, BB 2001, 694 (LS) = NJW 2001, 1647.

sprechende *Zweckbestimmung* trifft, und unter der Voraussetzung, dass der Einlagebetrag in diesem Zeitpunkt noch *unverbraucht* zur Verfügung der Gesellschaft steht. Der Geldbetrag muss für die Gesellschaft noch voll als *Kapital* in dem Augenblick verfügbar sein, in dem der Wille zur Leistung verbindlich erklärt worden ist. Die Gefahr, dass ein in die Gesellschaftskasse geflossener Geldbetrag nicht mehr als Einlage verwendet werden kann, weil er ausgegeben ist, trägt mithin der Einlageschuldner, der es versäumt oder bewusst unterlassen hat, eine Tilgungsbestimmung schon bei der Leistung zu treffen.[21] Dies bedeutet, dass eine Tilgungsbestimmung nach Eintritt der Insolvenz ausscheidet. Der Gesellschafter muss vielmehr nun (abermals) die Einlage erbringen; seinen Rückforderungsanspruch wegen der nicht befreienden Einlageleistung kann er als Insolvenzforderung verfolgen. Erst recht kann der Gesellschafter eine tatsächlich getroffene Zweckbestimmung seiner Zahlung nachträglich auf die Einlage umleiten.[22] Trotz fehlender *Tilgungsbestimmung* wird die Einlageschuld durch Überweisung des exakten Einlagebetrages (im Streitfall: 1 530 000 €) erfüllt. Zur Erfüllungswirkung genügt es, wenn im Falle mehrerer durch die Zahlung nicht vollständig gedeckter Verbindlichkeiten für den Empfänger ersichtlich ist, dass eine bestimmte Forderung nach dem Willen des Leistenden getilgt werden soll. Das ist jedenfalls dann anzunehmen, wenn gerade der Betrag der Schuldsumme gezahlt wird, die Überweisung die offene Einlage also genau abdeckt.[23]

b) Vorauszahlung

Die Einlageschuld kann *ausnahmsweise* durch eine *vor Abschluss* des notariellen Vertrages an die Vorgründungsgesellschaft geleistete Voreinzahlung beglichen werden. Tilgungswirkung kann eine solche Zahlung nur haben, wenn der Zahlungsbetrag als Einlage geleistet wurde und soweit er *unversehrt* auf die Vorgesellschaft überging. War allerdings unter Verwendung dieses Geldbetrages bereits ein Geschäftsbetrieb eröffnet und mit seinen Aktiva und Passiva auf die Vor-

---

21 BGH, Urt. v. 2. 12. 1968 – II ZR 144/67, BGHZ 51, 157 = BB 1969, 599 = NJW 1969, 840.
22 *Goette*, § 2, Rn. 30.
23 BGH, Urt. v. 17. 9. 2001 – II ZR 275/99, BB 2001, 2282 = NJW 2001, 3781.

3. Erfüllung der Bareinlageschuld 6. Kap.

gesellschaft übertragen worden, so scheidet eine Begleichung der Bareinlageverpflichtung aus.[24]

c) Zahlung auf eigenes, auch als Geschäftskonto der GmbH genutztes Konto des Gesellschafters

Der Gesellschafter erfüllt seine Einlageschuld nicht durch eine Überweisung mit dem Verwendungszweck „Einzahlung Stammkapital" auf ein Konto, dessen Inhaber er selbst ist.[25] Dies gilt unabhängig davon, dass das Konto auch als Geschäftskonto der GmbH fungierte und deren Geschäftsführer darüber verfügen konnte. Als Kontoinhaber war der Gesellschafter weiter *verfügungsbefugt* und daher in der Lage, den eingezahlten Betrag ohne Mitwirkung des Geschäftsführers wieder abzuziehen. Das Kontoguthaben stand sonach noch nicht endgültig zur freien Verfügung der Geschäftsführung, wie es für die Erfüllung der Einlageschuld erforderlich wäre. Eine Tilgung der Einlage kann ausnahmsweise angenommen werden, wenn und soweit der Geschäftsführer das Guthaben tatsächlich zur Begleichung (originärer) Gesellschaftsverbindlichkeiten eingesetzt hat.[26] Die bloße *Umschreibung* eines von dem Gesellschafter und der GmbH genutzten Kontos auf die GmbH führt, auch wenn das Guthaben die Einlage übersteigt, nicht zur Tilgung der Einlageschuld, weil das Guthaben (auch) auf Zuflüssen aus der Geschäftstätigkeit der Vorgesellschaft beruhen kann.[27]

d) Zahlung auf im Debet geführtes Konto

Die Überweisung der Einlage auf ein Konto der GmbH ist wirksam, wenn das Geld im Zeitpunkt der Anmeldung auf dem Konto unversehrt vorhanden ist. Schwieriger zu beurteilen ist hingegen eine Überweisung auf ein debitorisches Konto der GmbH. Die *freie Verfügung der Geschäftsführung* (§ 8 Abs. 2 GmbHG) über Einlagemittel ist dann nicht ausgeschlossen, wenn mit dem Einlagebetrag ein Debetsaldo zurückgeführt wird, der die Linie eines der Gesellschaft einge-

---

24 BGH, Urt. v. 22. 3. 2004 – II ZR 7/02, BGH-Report 2004, 1088; BGH, Urt. v. 22. 6. 1992 – II ZR 30/91, BB 1992, 1806 = NJW 1992, 2698; Baumbach/*Hueck*/*Fastrich*, § 7, Rn. 5; Scholz/*Winter*, § 7, Rn. 27.
25 Rowedder/*Schmidt-Leithoff*, § 7, Rn. 23; Scholz/*Winter*, § 7, Rn. 29.
26 BGH, Urt. v. 29. 1. 2001 – II ZR 183/00, BB 2001, 694 (LS) = NJW 2001, 1647.
27 BGH, Urt. v. 29. 1. 2001 – II ZR 183/00, BB 2001, 694 (LS) = NJW 2001, 1647.

6. Kap. III. Zahlung der Bareinlage

räumten Rahmenkredits nicht überschreitet. Denn in diesem Fall steht der Gesellschaft weiterhin Liquidität in Höhe des gezahlten Einlagebetrags zur Verfügung. Die Leistung einer Bareinlage, durch die der Debetsaldo eines Bankkontos zurückgeführt wird, kann auch dann zur freien Verfügung erfolgt sein, wenn das Kreditinstitut der Gesellschaft auf einem anderen Konto einen Kredit zur Verfügung stellt, der den Einlagebetrag erreicht oder übersteigt.[28] Die Einzahlung auf ein debitorisches Konto verstößt nur gegen das Gebot der freien Verfügung der Geschäftsführung, wenn die Bank die eingezahlten Mittel sofort ohne Einwirkungsmöglichkeit des Geschäftsführers mit dem Schuldsaldo verrechnet und die Gesellschaft wegen rechtzeitiger Kündigung oder Rückführung des Kreditrahmens auf den neuen Saldo keine Möglichkeit besitzt, über Mittel in entsprechender Höhe frei zu verfügen.[29] An einer Tilgung der Stammeinlage fehlt es also, wenn die Bank den Kredit *kündigt*, keine weiteren Verfügungen gestattet oder das Gesellschaftskonto *gepfändet* wird.[30] Wirksam ist dagegen eine Zahlung, wenn die Bank die Kreditlinie stillschweigend verlängert oder erhöht.[31] Entsprechendes soll gelten, wenn die Bank die Gesellschaft auffordert, eine voll ausgeschöpfte Kreditlinie zurückzuführen.[32] Erfüllungswirkung tritt schließlich ein, wenn der Gesellschafter auf *Anweisung* des Geschäftsführers, der damit sein Verfügungsrecht ausübt, auf ein gekündigtes Konto zahlt.[33]

e) Schuldrechtliche Verwendungsabsprachen

aa) Zulässige Abreden

Schuldrechtliche Verwendungsabsprachen, durch welche die Geschäftsführung der Gesellschaft verpflichtet wird, mit den einzuzah-

---

28 BGH, Urt. v. 18. 3. 2002 – II ZR 363/00, BGHZ 150, 197 = BB 2002, 957 = NJW 2002, 1716; Baumbach/*Hueck/Fastrich*, § 7, Rn. 5a; Hachenburg/*Ulmer,* § 7, Rn. 34; Rowedder/*Schmidt-Leithoff,* § 7, Rn. 23.
29 BGH, Urt. v. 3. 12. 1990 – II ZR 215/89, BB 1991, 866 = NJW 1991, 1294; BGH, Urt. v. 24. 9. 1990 – II ZR 203/89, BB 1990, 2282 = NJW 1991, 226; Baumbach/ *Hueck/Fastrich*, § 7, Rn. 5a; Rowedder/*Schmidt-Leithoff,* § 7, Rn. 23.
30 Scholz/*Winter*, § 7, Rn. 37.
31 BGH, Urt. v. 3. 12. 1990 – II ZR 215/89, BB 1991, 866 = NJW 1991, 1294; BGH, Urt. v. 8. 11. 2004 – II ZR 362/02, BB 2005, 123; a.A. *Lutter/Bayer*, in: Lutter/ Hommelhoff, § 7 Rn. 18: Erfüllungswirkung stehe im Belieben der Bank.
32 *Goette,* § 2, Rn. 18.
33 *Lutter/Bayer*, in: Lutter/Hommelhoff, § 7, Rn. 18.

lenden Einlagemitteln in bestimmter Weise zu verfahren, sind aus Sicht der Kapitalaufbringung unschädlich, wenn sie allein der Umsetzung von *Investitionsentscheidungen* der Gesellschafter oder sonstiger ihrer Weisung unterliegender geschäftspolitischer Zwecke dienen. Dies gilt auch dann, wenn die Bindung der Gesellschaft nicht gegenüber einem Dritten, sondern dem Einleger selbst besteht. Die zuvor abgesprochene Verwendung der auf eine Kapitalerhöhung zu erbringenden Bareinlage zur Tilgung einer Gesellschaftsschuld gegenüber einem Dritten ist jedenfalls solange nicht geeignet, die tatsächlich zu Händen des Geschäftsführers geleistete Barzahlung zu einer Sacheinlage zu machen, wie dieser nicht zugleich derart gebunden ist, dass ihn der Einleger an jeder anderen, wenn auch absprachewidrigen Verwendung der Mittel hindern kann.[34]

bb) Kein Mittelrückfluss an Einleger

Anders ist es aber, wenn die Abrede (auch) dahin geht, die Einlagemittel unter (objektiver) Umgehung der Kapitalaufbringungsregeln mittelbar oder gar unmittelbar wieder an den Einleger zurückfließen zu lassen. Das gilt auch im Falle einer Darlehensgewährung an den Inferenten, weil damit die Einlage im wirtschaftlichen Endergebnis nicht vom Inferenten bar geleistet, sondern von der Gesellschaft finanziert wird. Zwar verbleibt der Gesellschaft, wenn sie das Darlehen nicht ihrerseits refinanzieren musste, sondern (absprachegemäß) aus einbezahlten Einlagemitteln gewährt, an deren Stelle in bilanzieller Hinsicht ein Aktivum in Form des Rückzahlungsanspruchs, das aber weder der geschuldeten Bareinlage gleich steht noch den primären Einlageanspruch der Gesellschaft ersetzen kann, weil dadurch unter anderem dessen Unverzichtbarkeit gemäß § 19 Abs. 2 S. 1 GmbHG sowie die zwingende Verzinsungspflicht des § 20 GmbHG umgangen würden. Durch den Zusammenhang mit der Kapitalaufbringung des Inferenten unterscheidet sich die Darlehensgewährung in diesem Fall von einem entsprechenden *Verkehrsgeschäft* mit dem Gesellschafter oder einem Dritten. Das gilt auch dann, wenn sie zur Finanzierung von Gesellschafterleistungen dient, die der Gesellschaft zugute kommen sollen, weil dann der Gesichtspunkt der verdeckten Sacheinlage eingreift. Der Tatbestand der Umgehung der Kapitalaufbringungsre-

---

34 BGH, Urt. v. 24. 9. 1990 – II ZR 203/89, BB 1990, 2282 = NJW 1991, 226.

geln setzt die Identität zwischen Inferent und Auszahlungsempfänger nicht voraus. Es genügt vielmehr, dass der oder die Inferenten durch die Leistung an einen Dritten mittelbar in gleicher Weise begünstigt werden, wie durch eine unmittelbare Leistung an sie selbst, was bei der Leistung an ein von dem oder den Inferenten *beherrschtes Unternehmen* der Fall ist. Da das Vorgehen im wirtschaftlichen Ergebnis darauf zielt, dem beherrschten Unternehmen den Barbetrag und der GmbH lediglich den Darlehensrückzahlungsanspruch zu verschaffen, liegt zudem der Tatbestand einer verdeckten Sacheinlage (§ 19 Abs. 5 GmbHG) vor.[35]

f) Hin- und Herzahlung

An einer Leistung der geschuldeten Bareinlage zur endgültig freien Verfügung des Geschäftsführers fehlt es jedenfalls bei einer reinen *Scheinzahlung*, bei der die im Voraus abgesprochene Rückzahlung keinen außerhalb dieser Abrede liegenden Rechtsgrund hat. Ebenso wenig tilgt die *Hin- und Herzahlung* des Einlagebetrages binnen weniger Tage die Einlageschuld, weil in einem solchen Fall vermutet wird, dass die Leistung nicht zur endgültig freien Verfügung der Geschäftsführung gestanden hat. Eine Erfüllungswirkung kommt bei einer Ein- und Auszahlung am selben Tag nicht in Betracht.[36] Die Hin- und Herüberweisung des Einlagebetrags binnen weniger Tage (Überweisung des Gesellschafters am 26. September, Rücküberweisung der GmbH am 9. Oktober) tilgt die Einlageschuld nicht, weil in einem solchen Fall nicht davon ausgegangen werden kann, dass die Leistung zur endgültig freien Verfügung der Geschäftsführung gestanden hat. In einem solchen Fall besteht die Einlageschuld des Gesellschafters fort. Da es demnach schon an einer ordnungsgemäßen Kapitalaufbringung in der Gründungsphase der GmbH fehlt, kann die Rücküberweisung vom 9. 10. einen Erstattungsanspruch nach § 30 GmbHG nicht ausgelöst haben. Die Anwendbarkeit der §§ 30, 31 GmbHG setzt also einen ordnungsgemäß abgeschlossenen Kapi-

---

[35] BGH, Urt. v. 2. 12. 2002 – II ZR 101/02 BGHZ 153, 107 = BB 2003, 270 = NJW 2003, 825; Rowedder/*Schmidt-Leithoff*, § 7, Rn. 25; Scholz/*Winter*, § 7, Rn. 36.
[36] BGH, Urt. v. 22. 3. 2004 – II ZR 7/02, BGH-Report 2004, 1088; Michalski/*Heyder*, § 7, Rn. 30; *Lutter/Bayer*, in: Lutter/Hommelhoff, § 7, Rn. 17.

talaufbringungsvorgang voraus.³⁷ Mit dem Verbot der Hin- und Herzahlung sind auch zentralisierte Konzernfinanzierungsinstrumente *(cash-management)* unvereinbar, wenn die Einlage auf ein Konto der Tochtergesellschaft geleistet, der Betrag aber entsprechend einer zwischen den Gesellschaften und der Bank getroffenen Abrede auf ein Zentralkonto der Muttergesellschaft rückgebucht wird.³⁸ Anderes mag gelten, wenn der jederzeitige Zugriff der Tochtergesellschaft auf den zurück überwiesenen Betrag sichergestellt ist.³⁹

g) Zahlung aus Mitteln der Gesellschaft

Die Stammeinlage kann von einem Dritten (§ 267 BGB) oder durch den Gesellschafter mithilfe von Mitteln eines Dritten erbracht werden. Zahlungen aus dem Vermögen der GmbH, die dem Gesellschafter als *Darlehen* oder in sonstiger Weise überlassen werden, sind zur Tilgung der Einlageschuld nicht geeignet. Bei Einzahlung eines zuvor vom Konto der GmbH abgehobenen Betrages wurde die Einlage aus Mitteln der GmbH erbracht. Diese Transaktion steht einem verbotenen Erlass der Einlageschuld (§ 19 Abs. 2 GmbHG) gleich, weil der Gesellschafter von seiner Einlageschuld befreit wird, ohne selbst etwas aufgewendet zu haben.⁴⁰

h) Zahlung an Gesellschaftsgläubiger

Bei der Frage, ob der Gesellschafter in Abstimmung mit der Geschäftsführung seine Einlageschuld durch Erfüllung einer gegen die GmbH gerichteten Forderung tilgen kann, ist zwischen der *Mindesteinlage* und der *Resteinlage* zu differenzieren.

aa) Mindesteinlage

Wie sich aus § 362 Abs. 2 GmbHG ergibt, kann auf eine Forderung mit Zustimmung des Gläubigers auch an einen Dritten mit befreien-

---

37 BGH, Urt. v. 2. 12. 2002 – II ZR 101/02, BGHZ 153, 107 = BB 2003, 270 = NJW 2003, 825; BGH, Urt. v. 17. 9. 2001 – II ZR 275/99, NJW 2001, 3781; BGH, Urt. v. 27. 11. 2000 – II ZR 83/00, BGHZ 146, 105 = NJW 2001, 830; BGH, Urt. v. 4. 3. 1996 – II ZR 89/95, BGHZ 132, 133 = BB 1996, 711 = NJW 1996, 1286.
38 *Goette*, § 2, Rn. 22; Michalski/*Heyder*, § 7, Rn. 48.
39 Rowedder/*Zimmermann*, § 56a, Rn. 4.
40 BGH, Urt. v. 22. 3. 2004 – II ZR 7/02, BGH-Report 2004, 1088; Rowedder/ *Schmidt-Leithoff*, § 7, Rn. 24; Hachenburg/*Ulmer*, § 7, Rn. 41.

6. Kap. III. Zahlung der Bareinlage

der Wirkung geleistet werden. Diese Regel wird im GmbH-Recht aber insoweit verdrängt, als nach § 7 Abs. 2, § 8 Abs. 2 GmbHG der vor der Anmeldung der GmbH zu leistende *Mindestbetrag* zur freien Verfügung der Geschäftsführer eingezahlt werden muss.[41] Es kann also nicht als Erfüllung der Einlageforderung angesehen werden, wenn die Tilgung einer gegen die GmbH gerichteten *Drittgläubigerforderung* im Einverständnis der Geschäftsführung unmittelbar durch den Einlageschuldner mit Mitteln vorgenommen wird, die er vor der Anmeldung der Eintragung der Gesellschaft bzw. der Kapitalerhöhung an die Gesellschaft zu zahlen hat.[42]

bb) Resteinlage

Die Leistung des Einlagebetrages, die den gesetzlichen Mindestbetrag des § 7 Abs. 2 GmbHG überschreitet, kann wirksam durch Tilgung einer Drittgläubigerforderung erbracht werden, weil er von der Versicherung der Geschäftsleitung nach § 8 GmbHG nicht erfasst ist. Voraussetzung dafür ist, dass die Geschäftsführung ihr Einverständnis erklärt hat und die Gläubigerforderung *vollwertig*, *fällig* und *liquide* ist.[43] Vollwertigkeit setzt voraus, dass das Vermögen der GmbH im Zeitpunkt der Verrechnung zur Deckung ihrer sämtlichen Verbindlichkeiten ausreicht.[44] Fällig (§ 271 BGB) ist eine bestehende, nicht künftige Forderung, deren Leistung verlangt werden kann.[45] Als liquide bezeichnet man eine nicht mit Einwendungen oder Einreden behaftete Forderung, deren Bestand nach Prüfung durch den Geschäftsführer außer Zweifel steht.[46]

---

41 BGH, Urt. v. 25. 11. 1985 – II ZR 48/85, BB 1986, 214 = NJW 1986, 989.
42 BGH, Urt. v. 13. 7. 1992 – II ZR 263/91, BGHZ 119, 177 = BB 1992, 2067 = NJW 1992, 3300; Michalski/*Heyder*, § 7, Rn. 30; Baumbach/*Hueck/Fastrich*, § 7, Rn. 5, § 19, Rn. 9; Scholz/*Winter*, § 7, Rn. 31; a.A. Hachenburg/*Ulmer*, § 7, Rn. 38; Rowedder/*Schmidt-Leithoff*, § 7, Rn. 24.
43 BGH, Urt. v. 13. 7. 1992 – II ZR 263/91, BGHZ 119, 177 = BB 1992, 2067 = NJW 1992, 3300; BGH, Urt. v. 25. 11. 1985 – II ZR 48/85, BB 1986, 214 = NJW 1986, 989; Baumbach/*Hueck/Fastrich*, § 19, Rn. 9; Hachenburg/*Ulmer*, § 19, Rn. 44.
44 BGH, Urt. v. 2. 12. 2002 – II ZR 101/02, BGHZ 153, 107 = BB 2003, 270 = NJW 2003, 825; Scholz/*Uwe H. Schneider*, § 19, Rn. 76; Hachenburg/*Ulmer*, § 19, Rn. 62.
45 Hachenburg/*Ulmer*, § 19, Rn. 64; Michalski/*Ebbing*, § 19, Rn. 61.
46 Hachenburg/*Ulmer*, § 19, Rn. 65; Baumbach/*Hueck/Fastrich*, § 19, Rn. 18.

4. Verjährung

Der Anspruch aus § 19 Abs. 1 GmbHG verjährt nicht analog § 31 Abs. 5 S. 1 GmbHG. Der mangels einer Leistung zur freien Verfügung des Geschäftsführers nicht erfüllte Anspruch der Gesellschaft auf ordnungsgemäße Kapitalaufbringung (§ 19 Abs. 1 GmbHG) ist von dem durch § 31 GmbHG sanktionierten, auch nach ordnungsgemäßer Einlageleistung geltenden Kapitalerhaltungsgebot des § 30 GmbHG zu unterscheiden und unterlag bis zum 31. 12. 2001 der 30-jährigen *Verjährungsfrist des § 195 a.F. BGB*.[47] Seit dem 1. 1. 2002 betrug die Regelverjährungsfrist nur noch drei Jahre. Dies bedeutete einen Wertungswiderspruch, weil die Verjährung bei der Differenzhaftung (§ 9 Abs. 2 GmbHG), der Gründerhaftung (§ 9b Abs. 2 GmbHG) und der Unterbilanzhaftung bis dahin fünf Jahre beträgt. Eine Angleichung ist vom Gesetzgeber zwischenzeitlich verwirklicht. Die Verjährungsfrist beläuft sich einheitlich auf zehn Jahre.

5. Befreiungsverbot

Der Gesellschafter kann gemäß § 19 Abs. 2 S.1, Abs. 3 GmbHG von der Verpflichtung zur Leistung der Einlage nicht befreit werden. Die erst ab Eintragung in das Handelsregister anwendbare[48] Regelung gilt für *Bar- wie auch Sacheinlagen.*[49] Der Begriff der Befreiung ist in einem weiten Sinn zu verstehen und erfasst jede rechtsgeschäftliche Aufgabe des Einlageanspruchs.[50] Im Falle eines Verstoßes bleibt die Einlagepflicht unverändert bestehen.[51]

a) Erlass

Verboten ist sowohl ein Erlass (§ 397 Abs. 1 BGB) als auch ein negatives Schuldanerkenntnis (§ 397 Abs. 2 BGB). Dem stehen sonstige Vereinbarungen gleich, die – wie ein pactum de non petendo, die Annahme einer fehlerhaften Sacheinlage oder der Verzicht auf eine Ga-

---

47 BGH, Urt. v. 2. 12. 2002 – II ZR 101/02, BGHZ 153, 107 = BB 2003, 270 = NJW 2003, 825.
48 Rowedder/Schmidt-Leithoff/*Pentz*, § 19, Rn. 44.
49 Baumbach/*Hueck*/Fastrich, § 19, Rn. 10.
50 Rowedder/Schmidt-Leithoff/*Pentz*, § 19, Rn. 40; *Roth*/Altmeppen, § 19, Rn. 22.
51 *Roth*/Altmeppen, § 19, Rn. 24; Michalski/*Ebbing*, § 19, Rn. 38.

III. Zahlung der Bareinlage

rantie als Bestandteil des Sacheinlageversprechens – wirtschaftlich zu dem *Ergebnis* einer befreienden Schuldübernahme führen.[52]

b) Novation

Ebenso ist eine Novation untersagt, nämlich die Umwandlung der Einlageschuld in eine Forderung anderer Art wie etwa ein Darlehen. Dabei ist es ohne Bedeutung, ob für die neue Forderung weniger strenge oder gar strengere Zahlungsmodalitäten vereinbart werden. Vielmehr ist der Erlass in dem Umstand zu erkennen, dass die neue schuldrechtliche Forderung nicht den *Kapitalaufbringungs- und Erhaltungsvorschriften* unterliegt und der Gesellschaft daher kein gleichwertiges Äquivalent bietet. Eine bloße schuldrechtliche Verpflichtung ist im Übrigen nicht einlagefähig.[53]

c) Annahme an Erfüllungs statt

Das Erlassverbot erstreckt sich auf die Annahme einer anderen Leistung an Erfüllungs statt (§ 364 Abs. 1 BGB).[54] Weder darf die GmbH statt einer Bareinlage eine Sachleistung annehmen noch statt einer Sacheinlage eine Geldzahlung. Ferner dürfen nicht anstelle der ausbedungenen Sacheinlage andere Gegenstände akzeptiert werden. In diesen Fällen ist die Gefahr der *Überbewertung* der neuen Leistung nicht von der Hand zu weisen.[55] Eine *Leistung erfüllungshalber* etwa bei Annahme von Schecks oder Wechseln bewirkt nicht das Erlöschen der Einlageschuld (§ 364 Abs. 2 BGB); abzustellen ist vielmehr auf den Zeitpunkt, in dem der Erlös zur freien Verfügung des Geschäftsführers steht. Die Annahme einer Leistung erfüllungshalber kann, wenn die abgetretene Forderung erst noch fällig wird, auf eine unzulässige Stundung hinauslaufen.[56]

d) Stundung

Stundung bedeutet das rechtsgeschäftliche Hinausschieben eines Anspruchs bei fortbestehender Erfüllbarkeit.[57] Eine Stundungsvereinba-

---

[52] *Lutter/Bayer*, in: Lutter/Hommelhoff, § 19, Rn. 14.
[53] Baumbach/*Hueck/Fastrich*, § 19, Rn. 13; Michalski/*Ebbing*, § 19, Rn. 40.
[54] Hachenburg/*Ulmer*, § 19, Rn. 41; *Roth*/Altmeppen, § 19, Rn. 22.
[55] *Lutter/Bayer*, in: Lutter/Hommelhoff, § 19, Rn. 14.
[56] Rowedder/Schmidt-Leithoff/*Pentz*, § 19, Rn. 45.
[57] Scholz/*Uwe H. Schneider*, § 19, Rn. 46; Hachenburg/*Ulmer*, § 19, Rn. 49.

rung, durch die die Geschäftsführung einem einzelnen Gesellschafter ein Zahlungsziel einräumt, ist als Befreiung auf Zeit unzulässig. Schließlich kann eine großzügige Stundung dem Erlass der Einlage gleichkommen.[58] Dagegen liegt keine Stundung vor, wenn die Gesellschafter keinen Einforderungsbeschluss (§ 46 Nr. 2 GmbHG) fassen oder die Geschäftsführer trotz Einforderungsbeschluss von der Anforderung der Einlagen absehen.[59] Nicht anders dürfte es zu bewerten sein, wenn die Geschäftsführer trotz satzungsmäßiger Fälligkeit nicht zur Anforderung schreiten.[60]

e) Vergleich

Ein Vergleich über die Einlageforderung ist grundsätzlich verboten, weil jede Schmälerung dieser Verbindlichkeit als bloße *Teilbefriedigung* der Einlageschuld zu bewerten ist.[61] Ausnahmsweise kommt ein Vergleich in Betracht, wenn in rechtlicher oder tatsächlicher Hinsicht ernsthafter Streit über die Erfüllung der Einlage herrscht, weil etwa zweifelhaft ist, ob die Resteinlage bezahlt wurde oder die geschuldete Sacheinlage fehlerfrei war. Keinesfalls darf der Vergleich nur vorgeschoben werden. Einen *echten* Vergleich über eine Einlageforderung erachtet auch der BGH als zulässig.[62] Der Vergleich bedarf der Zustimmung der Gesellschafterversammlung.[63]

f) Schiedsfähigkeit von Einlagestreitigkeiten

Nach *neuem Schiedsverfahrensrecht* sind Streitigkeiten über die Wirksamkeit der Aufbringung des Stammkapitals einer GmbH schiedsfähig. Gemäß § 1030 ZPO kann jeder vermögensrechtliche Anspruch Gegenstand einer Schiedsvereinbarung sein. Aber auch unter der Geltung des § 1025 ZPO a.F. geschlossene Schiedsvereinbarungen können die Erfüllung der Einlageschuld zum Inhalt haben.

---

58 Michalski/*Ebbing*, § 19, Rn. 44; Baumbach/*Hueck*/*Fastrich*, § 19, Rn. 14.
59 Hachenburg/*Ulmer*, § 19, Rn. 52; Michalski/*Ebbing*, § 19, Rn. 45; Rowedder/Schmidt-Leithoff/*Pentz*, § 19, Rn. 56.
60 Baumbach/*Hueck*/*Fastrich*, § 19, Rn. 14; a.A. *Lutter/Bayer*, in: Lutter/Hommelhoff, § 19, Rn., 15.
61 *Lutter/Bayer*, in: Lutter/Hommelhoff, § 19, Rn. 16; Rowedder/Schmidt-Leithoff/*Pentz*, § 19, Rn. 57; Scholz/*Uwe H. Schneider*, § 19, Rn. 50.
62 BGH, Urt. v. 19.7.2004 – II ZR 65/03, BB 2004, 1870.
63 Baumbach/*Hueck*/*Fastrich*, § 19, Rn. 15; Rowedder/Schmidt-Leithoff/*Pentz*, § 19, Rn. 60; jetzt auch *Lutter/Bayer*, in: Lutter/Hommelhoff, § 19, Rn. 16.

6. Kap. III. Zahlung der Bareinlage

Die Schiedsfähigkeit fehlt nach § 1025 Abs. 1 ZPO a. F. im Wesentlichen nur dann, wenn sich der Staat im Interesse besonders schutzwürdiger, der Verfügungsmacht privater Personen entzogener Rechtsgüter ein Rechtsprechungsmonopol in dem Sinn vorbehalten hat, dass allein der staatliche Richter in der Lage sein soll, durch seine Entscheidung den angestrebten Rechtszustand herbeizuführen. Das ist im Hinblick auf die Einforderung von Stammeinlagen trotz der gläubigerschützenden Funktion der Kapitalaufbringungsvorschriften nicht der Fall. Zwar können nach § 19 Abs. 2 GmbHG die Gesellschafter von der Verpflichtung der Leistung der Einlagen nicht befreit werden. Das rechtfertigt jedoch nicht die Annahme, der Gesetzgeber habe durch § 19 Abs. 2 GmbHG ein Interesse des Staates an einem *Entscheidungsmonopol* seiner Gerichte im Rechtsstreit über die Aufbringung von Stammeinlagen im Sinne fehlender Schiedsfähigkeit zum Ausdruck bringen wollen. Damit steht in Einklang, dass ein „echter" Vergleich über eine umstrittene Einlageforderung grundsätzlich als zulässig zu erachten ist.[64]

6. Aufrechnungsverbot

§ 19 Abs. 2 S. 2, Abs. 5 GmbHG untersagt dem Gesellschafter die Aufrechnung gegen eine Einlageforderung der GmbH. Nach dem Wortlaut des Gesetzes richtet sich das Aufrechnungsverbot nur gegen den Gesellschafter. Im Interesse der realen Kapitalaufbringung ist auch der GmbH die Aufrechnung weitgehend verwehrt.[65]

a) Aufrechnung durch Gesellschafter

Eine einseitige Aufrechnung ist dem Gesellschafter strikt und ausnahmslos verboten. Dies gilt ohne Unterschied darauf, ob die Gegenforderung *gesellschaftsrechtlicher* oder *schuldrechtlicher Art*[66] oder erst nach Errichtung der GmbH entstanden ist.[67] Ebenso scheidet ein Aufrechnungsvertrag zwischen Gesellschafter und GmbH aus.[68] Das Vertrauen eines Gläubigers, der mit Rücksicht auf die ausstehende

---

[64] BGH, Urt. v. 19. 7. 2004 – II ZR 65/03, BB 2004, 1870.
[65] Rowedder/Schmidt-Leithoff/*Pentz*, § 19, Rn. 62; *Goette*, § 2, Rn. 28.
[66] Scholz/*Uwe H. Schneider*, § 19, Rn. 55.
[67] Rowedder/Schmidt-Leithoff/*Pentz*, § 19, Rn. 66.
[68] BGH, Urt. v. 13. 10. 1954 – II ZR 182/53, BGHZ 15, 52 = BB 1954, 977 = NJW 1954, 1842.

Einlageforderung der Gesellschaft Kredit gegeben und dabei vielleicht auch das gesetzliche Aufrechnungsverbot in Betracht gezogen hat, würde getäuscht werden, wenn sich die Einlageforderung infolge einer Aufrechnung mit Gegenansprüchen gegen die Gesellschaft in Luft auflösen würde.[69] Unzulässig ist die Aufrechnung mit einer rückständigen Gewinndividende,[70] einem Schadensersatzanspruch aus dem Gesellschaftsverhältnis,[71] einer an den Gesellschafter abgetretenen Drittforderung,[72] einem Bereicherungsanspruch[73] oder einer Gehaltsforderung des Gesellschafters.[74] Auch mit einem Hinweis auf Treu und Glauben (§ 242 BGB) kann dem Aufrechnungsverbot nicht begegnet werden.[75] Der Einlageschuldner kann nicht wegen eines eigenen Anspruchs in die gegen sich selbst gerichtete Einlageforderung der GmbH vollstrecken.[76] Eine unzulässige Aufrechnung lässt die Einlageschuld nicht untergehen.[77] Nach Pfändung der Einlageforderung darf der Gesellschafter mit einem ihm unmittelbar gegen den Pfändungsgläubiger zustehenden Anspruch aufrechnen.[78]

b) Aufrechnung durch GmbH

Soweit eine Aufrechnung durch den Gesellschafter unstatthaft ist, kann sich die GmbH mit ihm darüber nicht vertraglich einigen.[79] Im Blick auf die vor Anmeldung zu entrichtenden *Mindesteinlagen*

---

69 BGH, Urt. v. 18. 11. 1969 – II ZR 83/68, BGHZ 53, 71 = BB 1970, 188 = NJW 1970, 469.
70 RGZ 47, 180, 185; Scholz/*Uwe H. Schneider*, § 19, Rn. 55; Michalski/*Ebbing*, § 19, Rn. 57.
71 RGZ 93, 326, 330; Baumbach/*Hueck/Fastrich*, § 19, Rn. 17.
72 BGH, Urt. v. 18. 11. 1969 – II ZR 83/68, BGHZ 53, 71 = BB 1970, 188 = NJW 1970, 469.
73 BGH, Urt. v. 16. 3. 1998 – II ZR 303/96, BB 1998, 967 = NJW 1998, 1951; Baumbach/*Hueck/Fastrich*, § 19, Rn. 17.
74 BGH, Urt. v. 21. 9. 1978 – II ZR 214/77, BB 1978, 1635 = NJW 1979, 216; Rowedder/Schmidt-Leithoff/*Pentz*, § 19, Rn. 66.
75 BGH, Urt. v. 29. 3. 1962 – II ZR 50/61, BGHZ 37, 75 = NJW 1962, 1009; Scholz/*Uwe H. Schneider*, § 19, Rn. 55.
76 *Roth*/Altmeppen, § 19, Rn. 29; Hachenburg/*Ulmer*, § 19, Rn. 124.
77 BGH, Urt. v. 16. 3. 1998 – II ZR 303/96, BB 1998, 967 = NJW 1998, 1951; Baumbach/*Hueck/Fastrich*, § 19, Rn. 17; *Roth*/Altmeppen, § 19, Rn. 28.
78 BGH, Urt. v. 18. 11. 1969 – II ZR 83/68, BGHZ 53, 71 = BB 1970, 188 = NJW 1970, 469.
79 BGH, Urt. v. 13. 10. 1954 – II ZR 182/53, BGHZ 15, 52 = BB 1954, 977 = NJW 1954, 1842; Michalski/*Ebbing*, § 19, Rn. 67.

6. Kap. III. Zahlung der Bareinlage

scheidet jede Aufrechnung aus.[80] Dies gilt auch für die Fälle der *verdeckten Sacheinlage*.[81] Über den Wortlaut von § 19 Abs. 2, 5 GmbHG hinaus ist das Aufrechnungsverbot auch von der GmbH zu beachten. § 19 Abs. 5 GmbHG ist Ausdruck des das Kapitalaufbringungsrecht der GmbH beherrschenden Grundsatzes der realen Kapitalaufbringung und des aus ihm folgenden Verbots verdeckter Sacheinlagen. Tatbestand und Rechtsfolge dieser Vorschrift sind nur unvollkommen geregelt. Es ist darum anerkannt, dass die Bestimmung über ihren Wortlaut hinaus auf alle Handlungen anwendbar ist, mit denen der von ihr verfolgte Zweck *umgangen* wird.[82] Zur Sicherung einer effektiven Kapitalaufbringung kann eine Aufrechnung durch die GmbH nur gebilligt werden, sofern die Gesellschafterforderung fällig, liquide und vollwertig ist.[83] Handelt es sich um lange nach Begründung der Einlageschuld entstandene „Neuforderungen", kommt statt § 19 Abs. 5 GmbHG nur § 19 Abs. 2 S. 2 GmbHG zum Zuge, der eine im Einvernehmen mit der Gesellschaft durchgeführte Verrechnung der Einlageschuld gegen Neuforderungen des Gesellschafters zulässt, wenn diese fällig, liquide und vollwertig sind. *Vollwertigkeit* setzt voraus, dass das Vermögen der GmbH im Zeitpunkt der Verrechnung zur Deckung ihrer sämtlichen Verbindlichkeiten ausreiche,[84] was im Falle der Überschuldung selbstverständlich ausscheidet.[85] *Fällig* (§ 271 BGB) ist eine bestehende, nicht künftige Forderung, deren Leistung verlangt werden kann.[86] Als *liquide* bezeichnet man eine nicht mit Einwendungen oder Einreden behaftete Forderung, deren

---

[80] Hachenburg/*Ulmer*, § 7, Rn. 37; Scholz/*Winter*, § 7, Rn. 31; Baumbach/*Hueck/Fastrich*, § 19, Rn. 18; a.A. Michalski/*Ebbing*, § 19, Rn. 66.
[81] BGH, Urt. v. 4. 3. 1996 – II ZR 89/95, BGHZ 132, 133 = BB 1996, 711 = NJW 1996, 1286; *Lutter/Bayer*, in: Lutter/Hommelhoff, § 19, Rn. 22; Rowedder/Schmidt-Leithoff/*Pentz*, § 19, Rn. 82; *Goette*, § 2, Rn. 28.
[82] BGH, Urt. v. 4. 3. 1996 – II ZR 89/95, BGHZ 132, 133 = BB 1996, 711 = NJW 1996, 1286; Hachenburg/*Ulmer*, § 19, Rn. 61; *Lutter/Bayer*, in: Lutter/Hommelhoff, § 19, Rn. 22; Rowedder/Schmidt-Leithoff/*Pentz*, § 19, Rn. 70.
[83] BGH, Urt. v. 2. 12. 2002 – II ZR 101/02, BGHZ 153, 107 = BB 2003, 270 = NJW 2003, 825; BGH, Urt. v. 16. 9. 2002 – II ZR 1/00, BB 2002, 2347 = NJW 2002, 3774; Hachenburg/*Ulmer*, § 19, Rn. 61; Baumbach/*Hueck/Fastrich*, § 19, Rn. 18.
[84] BGH, Urt. v. 2. 12. 2002 – II ZR 101/02, BGHZ 153, 107 = BB 2003, 270 = NJW 2003, 825.
[85] BGH, Urt. v. 26. 3. 1984 – II ZR 14/84, BGHZ 90, 370 = BB 1984, 1067 = NJW 1984, 1891.
[86] Hachenburg/*Ulmer*, § 19, Rn. 64; Michalski/*Ebbing*, § 19, Rn. 61.

1. Begriff **6. Kap.**

Bestand nach Prüfung durch den Geschäftsführer außer Zweifel steht.[87] Fehlt nur eine dieser Voraussetzungen, so ist die Aufrechnung unwirksam.[88] Allerdings dürfen diese Erfordernisse nicht zu einer Schädigung der GmbH führen. Ihr ist die Aufrechnung ausnahmsweise gestattet, wenn die Einlageforderung gefährdet oder gar uneinbringlich ist.[89] Ist die Einlageforderung einverständlich mit einer Gegenforderung des Gesellschafters verrechnet worden, so muss dieser, wenn er sich auf die Erfüllung seiner Einlageschuld beruft, im Streitfall beweisen, dass sein eigener Anspruch im maßgebenden Zeitpunkt vollwertig war.[90]

IV. Erbringung der Sacheinlage

1. Begriff

Unter einer Sacheinlage (§ 5 Abs. 4 GmbHG) ist jede Einlage auf das Stammkapital zu verstehen, die bestimmungsgemäß nicht in Geld zu erbringen ist.[91] Auch die *Sachübernahme*, bei der der Gesellschafter eine Bareinlage schuldet, die durch Verrechnung des Kaufpreises für einen von der Gesellschaft erworbenen Gegenstand getilgt werden soll, bildet eine Sacheinlage.[92] Da eine Sacheinlage mit einem *bestimmten Geldbetrag* auf das Stammkapital anzurechnen ist, versucht das Gesetz die nahe liegende *Gefahr einer Überbewertung*, wenn nicht gar der Einleger den Wertgutachter täuscht,[93] durch ein enges Regelungsgeflecht nach Möglichkeit zu bannen. Zur Sicherung der effektiven Kapitalaufbringung ist die Vereinbarung einer Sacheinlage offen zu legen (§ 5 Abs. 4, § 8 Abs. 1 Nr. 4, 5, § 10 Abs. 3 GmbHG); die Gesellschafter haben einen Sachgründungsbericht zu erstellen (§ 5 Abs. 4 S. 2); die Sacheinlage ist schon vor Anmeldung der GmbH zu leisten (§ 7 Abs. 3 GmbHG); das Registergericht hat mangels einer Gründungsprüfung die Werthaltigkeit der Einlage zu kon-

---

[87] Hachenburg/*Ulmer,* § 19, Rn. 65; Baumbach/*Hueck*/*Fastrich,* § 19, Rn. 18.
[88] Rowedder/Schmidt-Leithoff/*Pentz,* § 19, Rn. 70.
[89] BGH, Urt. v. 13. 10. 1954 – II ZR 182/53, BGHZ 15, 52 = BB 1954, 977 = NJW 1954, 1842; Michalski/*Ebbing,* § 19, Rn. 67.
[90] BGH, Urt. v. 15. 6. 1992 – II ZR 229/91, BB 1992, 1515 = NJW 1992, 2229.
[91] Rowedder/*Schmidt-Leithoff,* § 5, Rn. 18; Scholz/*Winter,* § 5, Rn. 39.
[92] Michalski/*Zeidler,* § 5, Rn. 72; Baumbach/*Hueck*/*Fastrich,* § 5, Rn. 16.
[93] BGH, Urt. v. 12. 10. 1998 – II ZR 164/97, NJW 1999, 143.

trollieren (§ 9c GmbHG); der Gesellschafter unterliegt bei einer Überbewertung einer Differenzhaftung (§ 9 GmbHG), der Geschäftsführer einer Gründerhaftung (§ 9a GmbHG). Eine Überbewertung der Sacheinlage führt also nicht zur Unwirksamkeit der Sacheinlageverbindlichkeit, sondern begründet die genannten Rückgriffsansprüche gegen Gesellschafter und Geschäftsführer.[94] Das Fehlen eines Sachkapitalerhöhungsberichts löst nach erfolgter Eintragung keine materiellrechtlichen Folgen in Bezug auf die Sacheinlagevereinbarung aus und führt insbesondere nicht zu deren Unwirksamkeit.[95] Wird unter Verstoß gegen § 5 Abs. 4 GmbHG der Gegenstand der Sacheinlage und der Betrag der Stammeinlage, auf die sich die Sacheinlage bezieht, nicht im Gesellschaftsvertrag bezeichnet, so hat der Gesellschafter seine Stammeinlage durch Geldzahlung zu begleichen.[96]

2. Gegenstand einer Sacheinlage

Nach § 27 Abs. 2 AktG können Sacheinlagen nur Vermögensgegenstände sein, deren wirtschaftlicher Wert feststellbar ist; da es sich um eine Kodifizierung der im deutschen Kapitalgesellschaftsrecht allgemein anerkannten Grundsätze der Sacheinlage handelt, ist diese Inhaltsbestimmung auf das GmbH-Recht übertragbar.[97] Zur Sacheinlage eignet sich jeder übertragbare Anspruch, der einen *bilanzfähigen Vermögenswert* darstellt.[98] Einlagefähig ist das Eigentum an beweglichen und unbeweglichen Sachen[99] wie Werkzeug und Material,[100] die Gebrauchsüberlassung eines Grundstücks zur Bebauung,[101] ein Handelsgeschäft,[102] der selbstständige Betriebsteil eines Unternehmens einschließlich Betriebseinrichtung, Waren, Vorräten und Know

---

94 BGH, Urt. v. 14. 6. 2004 – II ZR 121/02, BB 2004, 1925.
95 BGH, Urt. v. 14. 6. 2004 – II ZR 121/02, BB 2004, 1925.
96 BGH, Urt. v. 21. 9. 1978 – II ZR 214/77, BB 1978, 1635 = NJW 1979, 216.
97 BGH, Urt. v. 14. 6. 2004 – II ZR 121/02, BB 2004, 1925.
98 BGH, Urt. v. 16. 2. 1959 – II ZR 170/57, BGHZ 29, 300 = BB 1959, 352 = NJW 1959, 934.
99 Scholz/*Winter,* § 5, Rn. 45.
100 BGH, Urt. v. 21. 9. 1978 – II ZR 214/77, BB 1978, 1635 = NJW 1979, 216.
101 BGH, Urt. v. 2. 5. 1966 – II ZR 219/63, BGHZ 45, 338 = BB 1966, 597 = NJW 1966, 1311.
102 BGH, Urt. v. 2. 5. 1966 – II ZR 219/63, BGHZ 45, 338 = BB 1966, 597 = NJW 1966, 1311.

2. Gegenstand einer Sacheinlage 6. Kap.

how,[103] (Darlehens-)Forderungen,[104] ein Urheberrecht (z.B. Operette),[105] eine Patentlizenz;[106] Forderungen des Gesellschafters gegen die GmbH oder Dritte können – wohlgemerkt unter Beachtung der bestehenden Publizitäts- und Prüfungsvorschriften – als Einlage verwendet werden.[107] Wegen eines Verstoßes gegen den Grundsatz der realen Kapitalaufbringung ist ein gegen den Gesellschafter selbst gerichteter schuldrechtlicher Anspruch etwa aus Wechsel oder Scheck nicht einlagefähig, weil die Einlageforderung nicht durch eine andere Verpflichtung ersetzt werden darf.[108] Ansprüche auf Dienstleistungen sind analog § 27 Abs. 2 HS 2 AktG nicht einlagefähig, auch wenn sie sich nicht gegen den Gesellschafter, sondern einen Dritten richten.[109] *Obligatorische Nutzungsrechte* haben jedenfalls dann einen im Sinn der Einlagefähigkeit feststellbaren wirtschaftlichen Wert, wenn ihre Nutzungsdauer in Form fester Laufzeit oder als konkrete Mindestdauer feststeht; der Zeitwert eines solchen Nutzungsrechts errechnet sich aus dem für die Dauer kapitalisierten Nutzungswert. Ein an die Dauer der Mitgliedschaft des Gesellschafters gekoppeltes Nutzungsrecht ist als wirtschaftlicher Wert – wenngleich unter erheblichen Risikoabschlägen – sacheinlagefähig.[110] Zahlt eine GmbH ihrem Gesellschafter als Vermieter einen nicht dem Marktwert entsprechenden Mietzins, so ist der Mehrwert einlagefähig. Den Gesellschaftern ist es unbenommen, nach freiem kaufmännischem Ermessen zu ihren Guns-

---

103 BGH, Urt. v. 18. 9. 2000 – II ZR 365/98, BGHZ 145, 150 = BB 2000, 2323 = NJW 2001, 67.
104 BGH, Urt. v. 18. 9. 2000 – II ZR 365/98, BGHZ 145, 150 = BB 2000, 2323 = NJW 2001, 67; BGH, Urt. v. 18. 2. 1991 – II ZR 104/90, BGHZ 113, 335 = BB 1991, 993 = NJW 1991, 1754; BGH, Urt. v. 7. 11. 1994 – II ZR 248/93, BB 1995, 115 = NJW 1995, 460.
105 BGH, Urt. v. 16. 2. 1959 – II ZR 170/57, BGHZ 29, 300 = BB 1959, 352 = NJW 1959, 934.
106 BGH, Urt. v. 10. 11. 1958 – II ZR 3/57, BGHZ 28, 314 = BB 1959, 26 = NJW 1959, 383.
107 BGH, Urt. v. 15. 1. 1990 – II ZR 164/88, BGHZ 110, 47 = BB 1990, 382 = NJW 1990, 862.
108 Hachenburg/*Ulmer,* § 5, Rn. 41; Baumbach/*Hueck/Fastrich,* § 5, Rn. 27; *Roth*/Altmeppen § 5 Rn. 44; a.A. Scholz/*Winter* § 5 Rn. 47, § 5 Rn. 47.
109 Rowedder/*Schmidt-Leithoff,* § 5, Rn. 29; *Lutter/Bayer,* in: Lutter/Hommelhoff, § 5, Rn. 17.
110 BGH, Urt. v. 14. 6. 2004 – II ZR 121/02, BB 2004, 1925.

ten über solche Vermögensteile der GmbH zu verfügen, die nicht den Bindungen des § 30 Abs. 1 GmbHG unterliegen.[111]

3. Gutgläubiger Erwerb der GmbH von einem Gesellschafter

Übereignet der eine Sacheinlage schuldende Gesellschafter an einen Dritten sicherungsübereignete Gegenstände der GmbH, so ist ein *gutgläubiger Erwerb* der GmbH grundsätzlich möglich. Ist der Erwerb wirksam vollzogen, so hat der Gesellschafter seine Einlagepflicht erfüllt.[112]

4. Verdeckte Sacheinlage

a) Begriff

Als verdeckte Sacheinlage wird es angesehen, wenn die gesetzlichen Regeln über Sacheinlagen dadurch unterlaufen werden, dass zwar eine *Bareinlage* vereinbart wird, die Gesellschaft aber bei wirtschaftlicher Betrachtung von dem Einleger aufgrund einer im Zusammenhang mit der Übernahme der Einlage getroffenen Absprache einen *Sachwert* erhalten soll. Übernimmt der Gesellschafter eine Bareinlage von 2 Mio. € und veräußert er wenige Monate später ein Grundstück für 1 Mio. € an die GmbH, so liegt eine verdeckte Sacheinlage vor, wenn der Gesellschafter den ihm von der GmbH gezahlten Kaufpreis von 1 Mio. € auf seine Einlageschuld bezahlt.[113] In dieser Konstellation wird zwar formell eine Bareinlage geleistet; tatsächlich dient aber der Einlagebetrag nur der Vergütung einer Sachleistung und fließt der Gesellschaft nicht als Barleistung zu. Ebenfalls handelt es sich um eine verdeckte Sacheinlage, wenn der Gesellschafter seine Einlageschuld mit einer gegen die GmbH gerichteten *Forderung verrechnet*. In diesem Fall soll Fremd- in Eigenkapital umgewandelt werden.[114]

b) Hin- und Herzahlung

Die Zahlung der GmbH auf eine Forderung aus der Veräußerung sacheinlagefähiger Gegenstände und die anschließende Tilgung der

---

111 BGH, Urt. v. 14. 6. 2004 – II ZR 121/02, BB 2004, 1925.
112 BGH, Urt. v. 21. 10. 2002 – II ZR 118/02, BB 2003, 14 = NJW-RR 2003, 170.
113 BGH, Urt. v. 7. 7. 2003 – II ZR 235/01, NJW 2003, 3127.
114 *K. Schmidt*, § 29, II. 1. c).

Bareinlage stellt sich als unzulässiges *Hin- und Herzahlen* dar. Dabei ist es bedeutungslos, ob erst die Gesellschaft leistet und der Gesellschafter sodann seine Einlageschuld begleicht oder ob erst der Gesellschafter zahlt und die Gesellschaft anschließend den Vergütungsanspruch tilgt.[115] Die Hin- und Herzahlung gleicht, wie der BGH plastisch formuliert, „einem geworfenen Ball, der an einem Gummiband hängt und wieder zurückschnellt".[116] Die Annahme einer verdeckten Sacheinlage setzt keine *Umgehungsabsicht* der Beteiligten voraus.[117] Die Umgehung der auf Publizität und Wertdeckungskontrolle zielenden Vorschriften über die Leistung von Sacheinlagen setzt eine – wenn auch unwirksame – *Abrede* des Einlageschuldners mit den Mitgesellschaftern (anlässlich der Gründung oder Kapitalerhöhung) voraus, die den wirtschaftlichen Erfolg einer Sacheinlage umfasst. Liegt ein enger zeitlicher und sachlicher Zusammenhang zwischen Leistung der Einlage und Erfüllung des zwischen Gesellschafter und Gesellschaft vereinbarten Rechtsgeschäfts vor, begründet das eine von dem Gesellschafter zu entkräftende *tatsächliche Vermutung* für das Vorliegen einer derartigen Abrede.[118] Für den engen zeitlichen Zusammenhang wird vielfach eine Frist von sechs Monaten befürwortet.[119] Auch bei längerem Zeitablauf kann die Gleichförmigkeit mit früherem, auf eine verdeckte Sacheinlage gerichtetes Vorgehen die Vermutung einer Vorabsprache nahe legen.[120]

c) Verrechnung

Das GmbH-Recht sucht die Aufbringung (und Erhaltung des Stammkapitals) auf mehrfache Weise sicherzustellen. Die Durchführung des Grundsatzes der Aufbringung des Stammkapitals wie auch das Er-

---

115 BGH, Urt. v. 4. 3. 1996 – II ZR 89/95, BGHZ 132, 133 = BB 1996, 711 = NJW 1996, 1286; BGH, Urt. v. 18. 2. 1991 – II ZR 104/90, BGHZ 113, 335 = BB 1991, 993 = NJW 1991, 1754; *Lutter/Bayer,* in: Lutter/Hommelhoff, § 5, Rn. 42.
116 BGH, Urt. v. 10. 11. 1958 – II ZR 3/57; BGHZ 28, 314 = BB 1959, 56 = NJW 1959, 382.
117 *Goette,* § 2, Rn. 43.
118 BGH, Urt. v. 4. 3. 1996 – II ZR 89/95, BGHZ 132, 133 = BB 1996, 711 = NJW 1996, 1286; Hachenburg/*Ulmer,* § 5, Rn. 146; Rowedder/Schmidt-Leithoff/*Pentz,* § 5, Rn. 122; Baumbach/*Hueck/Fastrich,* § 5, Rn. 30a.
119 Hachenburg/*Ulmer,* § 5, Rn. 147a; *Lutter/Bayer,* in: Lutter/Hommelhoff, § 5, Rn. 43.
120 *Goette,* § 2, Rn. 49.

6. Kap. IV. Erbringung der Sacheinlage

lassverbot gebieten, dass die Gesellschaft nur dann mit der Einlageforderung aufrechnen darf, wenn diese Maßnahme auch wirklich zur vollen Erfüllung der Einlageschuld und nicht dazu führt, dass die Gesellschaft bloß einen Teil des wirklichen Werts der Einlage erhält.[121] Darum handelt es sich um eine verdeckte Sacheinlage, wenn der etwa durch Lieferung einer Sache begründete Kaufpreisanspruch des Gesellschafters einfach mit seiner Einlageschuld verrechnet wird.[122] Nicht anders beurteilt sich die Hingabe eines Darlehens, wenn der Rückzahlungsanspruch zur Tilgung einer späteren Kapitalerhöhung verwendet wird.[123] Hier verlangt der BGH, dass die Darlehensforderung als Sacheinlage unter Beachtung der Publizitäts- und Prüfungsvorschriften eingelegt wird.[124]

aa) Altforderung

Dem Gesellschafter ist die Verrechnung von Altforderungen, die schon vor Gründung oder Kapitalerhöhung bestanden, mit seiner Einlageschuld grundsätzlich verwehrt.[125] Nach der Rechtsprechung ist zwar eine einseitige oder im Einvernehmen mit dem Gesellschafter durchgeführte Aufrechnung der Gesellschaft mit einem Bareinlageanspruch gegen Forderungen des Gesellschafters durch § 19 Abs. 2, 5 GmbHG nicht generell ausgeschlossen, was für den einer Aufrechnung gleichkommenden Tatbestand eines Hin- und Herzahlens in gleicher Weise gilt. Zur Sicherung einer effektiven Kapitalaufbringung muss jedoch die Gesellschafterforderung *liquide, fällig* und *vollwertig* sein. Auch in einem solchem Fall sind die genannten Verrechnungsformen allerdings unter dem *Gesichtspunkt der verdeckten Sacheinlage* (§ 19 Abs. 5 Alt. 2 GmbHG) dann unzulässig, wenn die

---

121 BGH, Urt. v. 13. 10. 1954 – II ZR 182/53, BGHZ 15, 52 = BB 1954, 1080 = NJW 1954, 1842.
122 BGH, Beschl. v. 4. 3. 1996 – II ZR 8/95, BGHZ 132, 141, 143 f. = BB 1996, 813 = NJW 1996, 1473; BGH, Urt. v. 16. 9. 2002 – II ZR 1/00, BGHZ 152, 37 = BB 2002, 2347 = NJW 2002, 3774.
123 BGH, Urt. v. 15. 1. 1990 – II ZR 164/88, BGHZ 110, 47 = BB 1990, 382 = NJW 1990, 982; BGH, Urt. v. 21. 2. 1994 – II ZR 60/93, BGHZ 125, 141 = BB 1994, 882 = NJW 1994, 1477; *Lutter/Bayer*, in: Lutter/Hommelhoff, § 5, Rn. 44.
124 BGH, Urt. v. 15. 1. 1990 – II ZR 164/88, BGHZ 110, 47 = BB 1990, 382 = NJW 1990, 862.
125 *Lutter/Bayer*, in: Lutter/Hommelhoff, § 5, Rn. 44; Baumbach/*Hueck/Fastrich*, § 5, Rn. 28.

4. Verdeckte Sacheinlage 6. Kap.

Gegenforderung des Gesellschafters zur Zeit der Begründung der Einlagepflicht bereits entstanden war und daher als Sacheinlage hätte eingebracht werden können und müssen. Das gilt auch für Altforderungen auf stehen gelassenem Gewinn und für ein hierauf bezogenes *Ausschüttungs-Rückholverfahren*; es sei denn, dass dieses Verfahren gegenüber dem Registergericht offen gelegt wird und die für eine Kapitalerhöhung aus Gesellschaftsmitteln geltenden Regelungen eingehalten werden.[126]

bb) Neuforderung

(1) Absprache

Handelt es sich um (nach dem Kapitalerhöhungsbeschluss entstandene) *Neuforderungen* der Gesellschafter auf Gewinnauszahlung, so erfasst das in § 19 Abs. 5 Alt. 2 geregelte Umgehungsverbot deren Verrechnung mit der Einlageforderung (im Einvernehmen der Gesellschaft) oder einen entsprechenden Tatbestand des Hin- und Herzahlens nur dann, wenn diese Vorgehensweise bereits vor oder bei Fassung des Kapitalerhöhungsbeschlusses durch eine – wenn auch unwirksame – Abrede unter den Beteiligten vorabgesprochen worden ist. Dafür genügt nicht, dass die Gesellschafter noch keine bestimmten Vorstellungen über die Mittelaufbringung hatten und sich lediglich die Möglichkeit offen halten wollten, je nach künftiger Gewinnsituation der Gesellschaft deren Gewinne einzusetzen. Andernfalls müssten sie sich vorzeitig auf das *Sacheinlageverfahren* oder auf eine *Kapitalerhöhung aus Gesellschaftsmitteln* festlegen oder wären gegebenenfalls darauf verwiesen, den Kapitalerhöhungsbeschluss später entsprechend zu ändern, was aber wegen der im Übrigen geltenden Kautelen nicht geboten erscheint. Fehlt es an einer definitiven, auf den wirtschaftlichen Erfolg einer Sacheinlage abzielenden Vereinbarung, so gelten für eine spätere Verrechnung der Bareinlageschuld gegen Neuforderungen des Gesellschafters die Schranken des § 19 Abs. 2 S. 2 GmbHG. Danach ist der Gesellschaft zur Sicherung der Kapitalaufbringung eine Aufrechnung nur unter der Voraussetzung erlaubt, dass die Gegenforderung des Gesellschafters *fällig, liquide* und *vollwertig* ist. Das weitere Erfordernis, dass jedenfalls die Min-

---

[126] BGH, Urt. v. 16. 9. 2002 – II ZR 1/00, BGHZ 152, 37 = BB 2002, 2347 = NJW 2002, 3774.

6. Kap. IV. Erbringung der Sacheinlage

desteinlage (§§ 56a, 7 Abs. 2 S. 1 GmbHG) vor der Handelsregistereintragung zur freien Verfügung des Geschäftsführers einbezahlt sein muss (§ 57 Abs. 2 GmbHG), ist nicht berührt, wenn der zu Einlagezwecken eingesetzte Gewinn tatsächlich erzielt worden und dessen Verwendung durch den Geschäftsführer nicht durch zusätzliche Absprachen beschränkt ist.[127]

(2) Vermutung einer Absprache

Der unmittelbare Zusammenhang zwischen der Auszahlung von Gewinnbeträgen und der Einlagenzahlung durch Gesellschafter spricht dafür, dass dies unter den Beteiligten abgesprochen wurde und eine unmittelbare Verrechnung der beiderseitigen Ansprüche ersetzen sollte. Die Vermutung, dass der verrechnungsähnliche Tatbestand eines verabredeten Hin- und Herzahlens vorlag, der bei der (Quasi-)Verrechnung mit Neuforderungen des Gesellschafters auch nicht unter § 19 Abs. 5 GmbHG fällt, kann sich aber nicht ohne weiteres darauf erstrecken, dass die betreffende Abrede schon anlässlich des *Kapitalerhöhungsbeschlusses* getroffen worden war. Vielmehr ist dafür ein *zeitlicher Zusammenhang* auch zwischen dem Kapitalerhöhungsbeschluss und der (Quasi-)Verrechnung erforderlich, den der BGH im Falle eines Zeitabstands von drei Jahren verneint hat. Ob dafür ein Zeitraum von bis zu sechs Monaten ausreicht, kann dahinstehen. Dieser war – im Streitfall – bei einem Zeitabstand von mehr als acht Monaten jedenfalls überschritten.[128]

d) Rechtsfolgen der verdeckten Sacheinlage

aa) Einlageschuld

Mit einer verdeckten Sacheinlage werden die Regelungen der § 5 Abs. 4, 9c GmbHG umgangen. Deswegen wird die verdeckte Sacheinlage als unzulässiges Umgehungsgeschäft betrachtet.[129] Eine ver-

---

[127] BGH, Urt. v. 16. 9. 2002 – II ZR 1/00, BGHZ 152, 37 = BB 2002, 2347 = NJW 2002, 3774.
[128] BGH, Urt. v. 16. 9. 2002 – II ZR 1/00, BGHZ 152, 37 = BB 2002, 2347 = NJW 2002, 3774.
[129] BGH, Urt. v. 18. 2. 1991 – II ZR 104/90, BGHZ 113, 335 = BB 1991, 993 = NJW 1991, 1754; BGH, Urt. v. 4. 3. 1996 – II ZR 89/95, BGHZ 132, 133 = BB 1996, 711 = NJW 1996, 1286; BGH, Urt. v. 18. 9. 2000 – II ZR 365/98, BGHZ 145, 150 = BB 2000, 2315 = NJW 2001, 67; BGH, Urt. v. 7. 7. 2003 – II ZR 235/01,

deckte Sacheinlage ist also unwirksam. Die Einlageleistung des Gesellschafters hat keine Erfüllungswirkung; vielmehr besteht seine Einlageverpflichtung fort.[130]

bb) Schuldrechtliche und dingliche Vereinbarung

Bei der verdeckten Sacheinlage ist auch im GmbH-Recht außer dem *Verpflichtungsgeschäft* zugleich das *Erfüllungsgeschäft* nichtig. In entsprechender Anwendung des § 27 Abs. 3 S. 1 AktG sind auch im GmbH-Recht sowohl der schuldrechtliche Verpflichtungsvertrag über die verdeckte Sacheinlage als auch die „Rechtshandlungen zu ihrer Ausführung der Gesellschaft gegenüber unwirksam". Zwar fehlt eine entsprechende Regelung im GmbH-Recht. Der Gesetzgeber hat aber von einer Übernahme des § 27 Abs. 3 AktG in das GmbH-Gesetz abgesehen, weil er annahm, die dort geregelte Rechtsfolge entspreche bereits dem geltenden GmbH-Recht. Vor diesem Hintergrund erscheint die *vollständige Analogie* zu § 27 Abs. 3 S. 1 AktG für verdeckte Sacheinlagen im GmbH-Recht, das heißt die Nichtigkeit sowohl des Verpflichtungs- als auch des Erfüllungsgeschäfts, ist geboten.[131]

cc) Heilung der verdeckten Sacheinlage

Zur Vermeidung der mitunter für den betroffenen Gesellschafter Existenz gefährdenden Folgen einer verdeckten Sacheinlage kann der Verstoß einer Heilung zugeführt werden. Der Inferent einer verdeckten Sacheinlage kann aus dem Gesichtspunkt der *gesellschaftsrechtlichen Treuepflicht* von seinen Mitgesellschaftern die Mitwirkung an einer grundsätzlich zulässigen „heilenden" Änderung der Einlagendeckung von der Bar- zur Sacheinlage jedenfalls dann verlangen, wenn sich die Gesellschafter über die geplante Einlage einig waren, dafür aber – gleich aus welchen Gründen – gemeinsam den rechtlich falschen Weg gewählt haben und das gegen § 19 Abs. 5, § 5 Abs. 4 S. 1 GmbHG verstoßende Umgehungsgeschäft einer – wirksamen – Heilung zugänglich ist. Die Mitwirkungspflicht der Gesellschafter

---

NJW 2003, 3127; *Lutter/Bayer*, in: Lutter/Hommelhoff, § 5, Rn. 41; Scholz/*Winter*, § 5, Rn. 76; K. Schmidt, § 29 II. 1. c); Hachenburg/*Ulmer*, § 5, Rn. 143 ff.; *Roth*/Altmeppen, § 5, Rn. 68; Baumbach/*Hueck/Fastrich*, § 19, Rn. 30.

130 *Lutter/Bayer*, in: Lutter/Hommelhoff, § 5, Rn. 48; Scholz/*Uwe H. Schneider*, § 19, Rn. 141.

131 BGH, Urt. v. 7. 7. 2003 – II ZR 235/01, NJW 2003, 3127.

6. Kap. IV. Erbringung der Sacheinlage

besteht nur im Rahmen des rechtlich Möglichen. Die Heilung der verdeckten Sacheinlage hat bei dem Vorgang anzusetzen, der den *Schutzzweck* der Sacheinlagevorschriften verletzt hat. Dabei ist der Zustand herzustellen, der bei ordnungsgemäßem Verhalten bestanden hätte. Die mit der verdeckten Sacheinlage verbundene objektive *Gesetzesumgehung* liegt nicht in der Einzahlung eines Barbetrages auf die Bareinlagepflicht, sondern resultiert aus dem Verkehrsgeschäft, welches dazu führt, dass die Gesellschaft letztlich einen Sachwert erhält, der jedoch nicht als Einlage offen gelegt und nicht auf seine Vollwertigkeit geprüft worden ist. Bei diesem Verkehrsgeschäft, welches das Gesetz verletzt, muss dementsprechend auch die Heilung ansetzen, indem nunmehr offen gelegt wird, dass Gegenstand der Einbringungspflicht nicht die bisher verlautbarte Bareinlage, sondern ein Sachwert (oder ein an seine Stelle getretener Anspruch) sein soll, und damit die *Nachholung der Prüfung* auf dessen Werthaltigkeit ermöglicht wird. Zunächst hat ein – wenn nicht eine Mitwirkungspflicht der anderen Gesellschafter eingreift – der satzungsändernden Mehrheit von drei Viertel (§ 53 Abs. 2 GmbHG) bedürftiger *Heilungsbeschluss* zu erfolgen, durch den klargestellt wird, dass der Gesellschafter seine Einlage oder einen Teil davon durch einen Sachwert erbringt. Wegen der aus der Analogie zu § 27 Abs. 3 S. 1 AktG folgenden Nichtigkeit des Erfüllungsgeschäfts ist der dingliche Vertrag zu wiederholen.[132] In dem Heilungsbeschluss ist der Einlagegegenstand für den (oder die) betroffenen Gesellschafter dahin zu konkretisieren, dass im Falle der Forderungsverrechnung die Gesellschafterforderung, im Falle des verdeckten Verkehrsgeschäfts das Eigentum an dem Gegenstand die Einlageschuld bildet. Daneben ist ein von den betroffenen Gesellschaftern und den Geschäftsführern unterzeichneter Bericht über die Einlagenänderung zu erstatten. Die Vollwertigkeit des einzulegenden Gegenstandes ist durch eine von einem Wirtschaftsprüfer testierte Bilanz, die nicht älter als acht Monate sein darf, nachzuweisen. Der Gesellschafterbeschluss ist unter Vorlage des Berichts der Geschäftsführer und der Gesellschafter und der testierten Bilanz in das Handelsregister anzumelden. Die Geschäftsführer haben die Versicherung abzugeben, dass die Gegenstände werthaltig und in das Eigentum der Gesellschaft übergegangen sind. Soll eine Forderung eingebracht

---

132 BGH, Urt. v. 7. 7. 2003 – II ZR 235/01, NJW 2003, 3127.

werden, so sind auch die ihr zugrunde liegenden Verträge beim Handelsregister einzureichen.[133]

V. Kapitalerhöhung

1. Verwirklichung der Kapitalerhöhung

Eine Kapitalerhöhung vollzieht sich im Wege von Kapitalerhöhungsbeschluss (§ 53 GmbHG), Übernahme des erhöhten Kapitals (§ 55 GmbHG), Leistung der Einlage (§ 57 Abs. 2 GmbHG) sowie Anmeldung und Eintragung der Kapitalerhöhung (§§ 57, 57a GmbHG). Das Bezugsrecht an einer Kapitalerhöhung richtet sich nach der Beteiligung des Gesellschafters am *ursprünglichen Kapital*; dies gilt auch im Fall der Erhöhung im Anschluss an eine vereinfachte Kapitalherabsetzung (§ 58a Abs. 4 GmbHG). Der Gesellschafter kann nicht in Abkehr von den bisherigen Beteiligungsverhältnissen eine Kleinstbeteiligung von 0.2% des Stammkapitals beanspruchen.[134] Mit der Annahme der Übernahmeerklärung des Gesellschafters durch die GmbH kommt ein *Übernahmevertrag* zustande. Ein solcher Vertrag verpflichtet in erster Linie den durch Gesellschafterbeschluss nach § 55 GmbHG zugelassenen Übernehmer zur Erbringung der vorgesehenen Einlage. Es handelt sich nicht um einen Austauschvertrag wie bei der Veräußerung eines Geschäftsanteils, sondern um einen Vertrag mit körperschaftlichem Charakter, weil das von dem Übernehmer erstrebte Mitgliedschaftsrecht nicht von der Gesellschaft „geliefert" wird, sondern auf der Grundlage des satzungsändernden Kapitalerhöhungsbeschlusses und des Übernahmevertrages kraft Gesetzes mit der Eintragung in das Handelsregister entsteht. Bis dahin steht nicht nur der Erwerb der Mitgliedschaft, sondern der Übernahmevertrag unter dem Vorbehalt des Wirksamwerdens der Kapitalerhöhung durch die Eintragung. Ein Erfüllungsanspruch des Übernehmers auf Durchführung der Kapitalerhöhung und auf den Erwerb der Mitgliedschaft besteht nicht, weil die für sie erforderliche Satzungsänderung erst mit der Eintragung wirksam wird (§ 54 Abs. 3 GmbHG) und bis dahin der Autonomie der

---

[133] BGH, Urt. v. 4. 3. 1996 – II ZR 89/95, BGHZ 132, 133, 148 ff., 154 f. = BB 1996, 711 = NJW 1996, 1286; *Lutter/Bayer*, in: Lutter/Hommelhoff, § 5, Rn. 56; *Goette*, § 2, Rn. 53.

[134] BGH, Urt. v. 18. 4. 2005 – II ZR 151/03, BB 2005, 1241.

6. Kap. V. Kapitalerhöhung

bisherigen Gesellschafter unterliegt.[135] Die zwischenzeitliche Eröffnung des Insolvenzverfahrens über das Vermögen der GmbH steht nicht der Eintragung und damit dem Wirksamwerden einer vorher beschlossenen und ordnungsgemäß angemeldeten Kapitalerhöhung entgegen. Die Gesellschafter sind nicht gehindert, die Geschäftsführer bis zur Eröffnung des Insolvenzverfahrens anzuweisen, die Anmeldung zurückzunehmen. Auch danach bleibt ihnen bis zur Eintragung die Möglichkeit, den Kapitalerhöhungsbeschluss aufzuheben.[136]

2. Fälligkeit

Der nach §§ 7 Abs. 2, 56a GmbHG vor Anmeldung der Kapitalerhöhung zum Handelsregister einzuzahlende Mindestbetrag von ein Viertel der Stammeinlage kann durch den *Kapitalerhöhungsbeschluss* sofort fällig gestellt werden. Die Fälligkeit der Resteinlagen hängt grundsätzlich von einem Einforderungsbeschluss (§ 46 Nr. 2 GmbHG) ab. Ein solcher Beschluss kann konkludent getroffen werden und eine zusätzliche Anforderung der Zahlung durch die Geschäftsführung der GmbH entbehrlich machen.[137]

3. Zeitpunkt der Zahlung

Bei einer Kapitalerhöhung ist die Einlage schon dann zur freien Verfügung der Geschäftsführung erbracht worden, wenn sie in ihren uneingeschränkten Verfügungsbereich gelangt ist. Eine zeitliche Grenze für die Mindesteinlage wie für die – freiwillig vorzeitig erbrachte – Resteinlage wird lediglich durch das Erfordernis eines *Kapitalerhöhungsbeschlusses* gesetzt.[138] Wird die Zahlung danach bis zur Eintragung der Kapitalerhöhung in das Handelsregister zu irgendeinem Zeitpunkt ordnungsgemäß ohne späteren Rückfluss an den Einleger erbracht, hat der Einleger seine Leistungspflicht erfüllt, so

---

135 BGH, Urt. v. 11. 1. 1999 – II ZR 170/98, BGHZ 140, 258 = NJW 1999, 1252.
136 BGH, Urt. v. 7. 11. 1994 – II ZR 248/93, BB 1995, 111 = NJW 1995, 460; Rowedder/Schmidt-Leithoff/*Zimmermann*, § 55, Rn. 25; a.A *Lutter/Hommelhoff*, § 55, Rn. 35.
137 BGH, Urt. v. 16. 9. 2002 – II ZR 1/00, BB 2002, 2347 = NJW 2002, 3774; Rowedder/*Zimmermann*, § 56a, Rn. 5; Hachenburg/*Ulmer*, § 56a, Rn. 18.
138 Michalski/*Hermanns*, § 56a, Rn. 21; Baumbach/Hueck/*Zöllner*, § 56a, Rn. 6.

dass er von der Einlageverpflichtung frei wird.[139] Die Versicherung des Geschäftsführers hat dahin zu lauten, dass der Betrag der Einzahlung zur freien Verfügung der Geschäftsführung für die Zwecke der Gesellschaft eingezahlt und auch in der Folge nicht an den Einleger zurückgezahlt worden ist. Damit hat der BGH seine frühere Auffassung, wonach über den Einlagebetrag aus einer Kapitalerhöhung vor dem Zeitpunkt des *Eintragungsantrags* nur unter dem *Vorbehalt wertgleicher Deckung* verfügt werden darf, aufgegeben.[140]

4. Vorausleistungen

aa) Geldeinlage

Wird eine Zahlung vor der Beschlussfassung über die Kapitalerhöhung bewirkt, handelt es sich um eine Zahlung auf künftige Einlageschuld. Voreinzahlungen auf künftige Kapitalerhöhungen sind grundsätzlich *unwirksam*. Eine Voreinzahlung kann eine künftige Einlageschuld nur tilgen, wenn sich der Betrag im Zeitpunkt des Entstehens der Einlageverpflichtung noch im Vermögen der Gesellschaft befindet.[141] Im Kapitalaufbringungssystem der GmbH bildet der Kapitalerhöhungsbeschluss die maßgebliche Zäsur, nach der sich nicht nur bestimmt, in welcher Weise der zur Übernahme des neuen Gesellschaftsanteils zugelassene Gesellschafter seine Einlage zu erfüllen hat, sondern von der ab der Geschäftsführer ihm aufgrund dieses Beschlusses eingegangenen Einlageleistungen für Zwecke der Gesellschaft verwenden darf, ohne dass der Gesellschafter Gefahr läuft, von seiner Einlageverpflichtung nicht frei zu werden. Bei vor Fassung des Kapitalerhöhungsbeschlusses erbrachten Leistungen ist Einlagegegenstand die entsprechende *Rückzahlungsforderung*, die nur auf dem Wege einer offen zu legenden und der registerrechtlichen Prüfung zu unterwerfenden Sacheinlage eingebracht werden kann. Hiervon ist nur eine Ausnahme zu machen, wenn sich der vorher eingezahlte Be-

---

139 BGH, Urt. v. 8. 11. 2004 – II ZR 362/02, BB 2005, 123; BGH, Urt. v. 18. 3. 2002 – II ZR 363/00, BGHZ 150, 197 = BB 2002, 957 = NJW 2002, 1716.
140 BGH, Urt. v. 18. 3. 2002 – II ZR 363/00, BGHZ 150, 197 = BB 2002, 957 = NJW 2002, 1716; vgl. zum früheren Rechtszustand *Goette*, § 2, Rn. 9 ff.
141 BGH, Urt. v. 18. 9. 2000 – II ZR 365/98, BGHZ 145, 150 = BB 2000, 2323 = NJW 2001, 67; BGH, Urt. v. 2. 12. 1968 – II ZR 144/67, BGHZ 51, 157 = BB 1969, 599 = NJW 1969, 840; BGH, Urt. v. 7. 11. 1966 – II ZR 136/64, BB 1966, 1362 = NJW 1967, 44.

6. Kap.   V. Kapitalerhöhung

trag als solcher im Zeitpunkt der Beschlussfassung über die Kapitalerhöhung *zweifelsfrei* noch im Gesellschaftsvermögen befindet. Voreinzahlungen haben schuldtilgende Wirkung also nur dann, wenn der eingezahlte Betrag im Zeitpunkt der Fassung des Erhöhungsbeschlusses noch als solcher im Vermögen der GmbH vorhanden ist. Erfüllt ist diese Voraussetzung, wenn der geschuldete Betrag sich entweder in der *Kasse* der Gesellschaft befindet oder wenn der Gesellschafter auf ein *Konto* der Gesellschaft einzahlt und dieses anschließend und fortdauernd bis zur Fassung des Kapitalerhöhungsbeschlusses ein Guthaben in entsprechender Höhe aufweist. Dagegen reicht es nicht aus, dass der Überweisungsbetrag mit Schulden der Gesellschaft verrechnet wird; das gilt selbst dann, wenn das Kreditinstitut eine erneute Verfügung über das Kreditkonto in entsprechender Höhe gestattet.[142]

bb) Sanierungsfälle

Ungeklärt ist in der Rechtsprechung, ob in Sanierungsfällen Voreinzahlungen auf künftige Bareinlagepflichten aus Kapitalerhöhung mit Schuld befreiender Wirkung zulässig sind.[143] Im Blick auf den mit der Einhaltung der gesetzlichen Abfolge von Kapitalerhöhungsbeschluss (§ 53 GmbHG), Übernahme des erhöhten Kapitals (§ 55 GmbHG), Leistung der Einlage (§ 57 Abs. 2 GmbHG) sowie Anmeldung und Eintragung der Kapitalerhöhung (§§ 57, 57a GmbHG) verbundenen Zeitverlust kann die Sanierung bereits in der Krise befindlicher Kapitalgesellschaften im Wege regulärer Kapitalerhöhung scheitern. Voraussetzung für eine Tilgung im Wege der Voreinzahlung wäre aber jedenfalls, dass die Voreinzahlung zur *Krisenbewältigung* notwendig ist und in *engem zeitlichen Zusammenhang* mit einer unmittelbar bevorstehenden, mit aller gebotenen Beschleunigung eingeleiteten Kapitalerhöhungsmaßnahme erfolgt.[144]

cc) Sacheinlage

Handelt es sich um eine Sacheinlage, kann eine Vorleistung wie eine Voreinzahlung von vornherein nur als Einlageleistung anerkannt werden, wenn ihr Gegenstand zumindest im Zeitpunkt des Kapitalerhö-

---

142 BGH, Urt. v. 15. 3. 2004 – II ZR 210/01, BB 2004, 957.
143 Baumbach/Hueck/*Zöllner,* § 56a, Rn. 6a; *Lutter/Hommelhoff,* § 56, Rn. 21; Scholz/*Priester,* § 56a, Rn. 22 ff.; Rowedder/*Zimmermann,* § 56a, Rn. 6.
144 BGH, Urt. v. 7. 11. 1994 – II ZR 248/93, BB 1995, 111 = NJW 1995, 460.

hungsbeschlusses im Gesellschaftsvermögen noch *gegenständlich* vorhanden ist.[145] Ist das jedoch nicht der Fall, steht dem Gesellschafter unter Umständen ein Anspruch auf Wert- oder Schadensersatz oder ein sonstiger vertraglicher Erstattungsanspruch zu, den er in das Gesellschaftsvermögen einbringen und der nach § 5 Abs. 4 GmbHG in den Kapitalerhöhungsbeschluss aufgenommen werden müsste. Eine *Firma* kann als Sacheinlage zusammen mit einem Betriebsteil eines Unternehmens eingebracht werden, wenn dieser für sich allein als Unternehmen geführt wird und somit selbstständig am Wirtschaftsleben teilnehmen kann.[146]

5. Zahlung auf im Debet geführtes Konto

Die freie Verfügung der Geschäftsführung über Einlagemittel ist dann nicht ausgeschlossen, wenn mit dem Einlagebetrag ein Debetsaldo zurückgeführt wird, der die Linie eines der Gesellschaft eingeräumten *Rahmenkredits* nicht überschreitet. Denn in diesem Fall steht der Gesellschaft weiterhin Liquidität in Höhe des gezahlten Einlagebetrags zur Verfügung. Die Leistung einer Bareinlage aus einer Kapitalerhöhung, durch die der Debetsaldo eines Bankkontos zurückgeführt wird, kann auch dann zur freien Verfügung erfolgt sein, wenn das Kreditinstitut der Gesellschaft mit Rücksicht auf die Kapitalerhöhung auf einem anderen Konto einen Kredit zur Verfügung stellt, der den Einlagebetrag erreicht oder übersteigt.[147]

6. Ausschüttungs-Rückhol-Verfahren

a) Tatsächliche Gestaltung

Die auch als *Schütt-aus-hol-zurück-Verfahren* bezeichnete Vorgehensweise beruht auf dem bis zum Jahre 2001 herrschenden Steuergefälle zwischen einbehaltenen und ausgezahlten Gewinnen. Da ausgeschüttete Gewinne einem erheblich geringeren als stehen gelassene Gewinne unterlagen, bestand bei den Gesellschaftern ein Anreiz, die

---

145 BGH, Urt. v. 14. 6. 2004 – II ZR 121/02, BB 2004, 1925, BGH, Urt. v. 18. 9. 2000 – II ZR 365/98, BGHZ 145, 150 = BB 2000, 2323 = NJW 2001, 67; *Rowedder/Zimmermann,* § 56a, Rn. 7; *Lutter/Hommelhoff,* § 56, Rn. 19.
146 BGH, Urt. v. 18. 9. 2000 – II ZR 365/98, BGHZ 145, 150 = BB 2000, 2323 = NJW 2001, 67.
147 BGH, Urt. v. 18. 3. 2002 – II ZR 363/00, BGHZ 150, 197 = BB 2002, 957 = NJW 2002, 1716.

Gewinne in Kapital der GmbH umzuwandeln. Infolge der Umstellung des Körperschaftsteuersystems dürfte das Ausschüttungs-Rückholverfahren an steuerlicher Attraktivität verloren haben. Für das Ausschüttungs-Rückholverfahren haben sich im Wesentlichen zwei Varianten herausgebildet: Einmal wird gemeinsam mit dem Gewinnverteilungsbeschluss eine Kapitalerhöhung beschlossen, die die Gesellschafter durch Rückzahlung des an sie tatsächlich ausgezahlten Gewinns oder Verrechnung mit ihrem Gewinnanspruch erbringen. Als Alternative ergeht ein Gewinnverteilungsbeschluss, in dessen Anschluss der Gewinn als Darlehen oder stille Einlage bei der Gesellschaft verbleibt und auf einen später gefassten Kapitalerhöhungsbeschluss verrechnet wird.

b) Rechtliche Behandlung als Sacheinlage

Der BGH hat entschieden, dass eine Kapitalerhöhung in beiden Fällen des „Schütt-aus-hol-zurück-Verfahrens" nur unter Beachtung der Vorschriften über die *Sacheinlage* möglich ist. Die Forderungen müssen im Kapitalerhöhungsbeschluss förmlich festgesetzt werden (§ 56 Abs. 2, § 5 Abs. 4 GmbHG), damit das Registergericht die Angemessenheit ihrer Bewertung überprüfen (§§ 57a, 9c GmbHG) und mit der Eintragung der Kapitalerhöhung die Festsetzung bekannt gemacht oder auf sie Bezug genommen werden kann (§ 57b GmbHG). Werden diese Vorschriften nicht beachtet, wird der Vorgang als verdeckte Sacheinlage behandelt, was zugleich bedeutet, dass die Bareinlagepflicht des Gesellschafters fortbesteht.[148]

c) Offenlegung des Verfahrens

Von der Beachtung der Sacheinlagevorschriften kann ausnahmsweise abgesehen werden, wenn die Kapitalerhöhung im Wege des Schütt-aus-hol-zurück-Verfahrens offen gelegt wird. Dies kann etwa durch die *Formulierung im Kapitalerhöhungsbeschluss* verlautbart werden, wonach die Leistung durch entsprechende Umbuchung im Wege des Ausschüttungs-Rückholverfahrens erfolgt. Im Falle dieser Klarstellung sind die Voraussetzungen der Eintragung an der für die Kapital-

---

[148] BGH, Urt. v. 13. 2. 1991 – II ZR 104/90, BGHZ 113, 335 = BB 1991, 993 = NJW 1991, 1754; BGH, Urt. v. 26. 5. 1997 – II ZR 69/96, BGHZ 135, 381 = NJW 1997, 2516.

erhöhung aus Gesellschaftsmitteln geltenden Regelung (§ 57c GmbHG) auszurichten. Eine Kapitalerhöhung aus Gesellschaftsmitteln kann unmittelbar im Anschluss an die Rücklagenbildung beschlossen werden. Entscheidend ist vielmehr, dass das Registergericht – ebenso wie beim Sacheinlageverfahren – in die Lage versetzt wird, eine präventive Kontrolle entsprechend § 57i Abs. 1 GmbHG in Verbindung mit §§ 57a, 9c GmbHG durchzuführen. Da sich Rücklagenbildung bzw. Bilanzgewinn aus einer testierten Bilanz ergeben, die nicht älter als acht Monate sein sollte (§ 57i Abs. 2 GmbHG), kann das Gericht bei ihrer Vorlage nachprüfen, ob die Forderung des Gesellschafters auf Gewinnausschüttung werthaltig ist. In Anlehnung von § 57i Abs. 4 GmbHG ist bei der Anmeldung anzugeben, dass es sich um eine Kapitalerhöhung im Wege des Schütt-aus-hol-zurück-Verfahrens handelt.[149]

VI. Kaduzierung

1. Anwendungsbereich

Die Kaduzierung steht in engem Kontext mit dem Grundsatz der realen Kapitalaufbringung und setzt die Gesellschaft in den Stand, einen Gesellschafter zwangsweise auszuschließen, der die eingeforderten Zahlungen auf seine Stammeinlage nicht rechtzeitig erbringt.[150] Die verschlungene Materie der §§ 21 bis 25 GmbHG behandelt den *entschädigungslosen Ausschluss* (Kaduzierung) von Gesellschaftern, die mit ihrer *Bareinlageverpflichtung* säumig sind. Da Anmeldung und Eintragung der Gesellschaft lediglich voraussetzen, dass auf jede Bareinlage ein Viertel geleistet und insgesamt die Hälfte des Stammkapitals, also mindestens 12 500 €, eingezahlt ist (§ 7 Abs. 3 GmbHG), bedarf es flankierender Regelungen, um die Kapitalaufbringung nach Eintragung zu sichern. Die Kaduzierung erstreckt sich nicht auf *Sacheinlagen*, die ohnehin gemäß § 7 Abs. 3 GmbHG vor Anmeldung und Eintragung zu erbringen sind. Jedoch erfasst der Regelungskomplex eine Sacheinlage, die sich wegen einer Überbewertung (§ 9 GmbHG)

---

149 BGH, Urt. v. 26. 5. 1997 – II ZR 69/96, BGHZ 135, 381 = NJW 1997, 2516; vgl. auch *Lutter/Hommelhoff*, § 56, Rn. 17.
150 Scholz/*Emmerich*, § 21, Rn. 1.

oder einer Leistungsstörung in eine Bareinlage verwandelt.[151] Handelt es sich um eine gemischte Einlage, ist § 21 GmbHG auf den Barcinlageteil anwendbar, wobei durch eine spätere Kaduzierung der gesamte Geschäftsanteil untergeht. Ebenso sind die Vorschriften auf eingeforderte Beträge aus Differenz- und Vorbelastungshaftung anwendbar.[152] Die der Sicherung der Stammeinlage dienende Kaduzierung ist gegenüber der Einziehung eines Geschäftsanteils (§ 34 GmbHG) abzugrenzen, die auf die Entfernung eines unliebsamen Gesellschafters abzielt und nicht Belange des Kapitalschutzes verfolgt.[153]

2. Verfahrensgang

Das Kaduzierungsverfahren ist wegen seiner einschneidenden Wirkungen engmaschig ausgestaltet. Die Kaduzierung ist nur unter *strikter Beachtung* des gesetzlich festgelegten Verfahrensgangs wirksam.[154] Werden die Formalien nicht exakt eingehalten, so ist der Ausschluss unwirksam.[155]

a) Säumnis des Gesellschafters und erste Zahlungsaufforderung

Die Kaduzierung kann nach dem Wortlaut des § 21 Abs. 1 GmbHG im Fall „verzögerter Einzahlung" der Stammeinlage in Angriff genommen werden. Säumnis ist gegeben, ohne dass es des Eintritts von Verzug (§§ 284 ff. BGB) bedarf, sofern trotz *Fälligkeit* die gesellschaftsrechtliche Zahlungspflicht nicht erfüllt wird.[156] Die Fälligkeit der Einlage wird grundsätzlich durch einen *Einforderungsbeschluss* der Gesellschafter (§ 46 Nr. 2 GmbHG) in Verbindung mit der – formlos gültigen[157] – *Anforderung* des Betrages durch die Geschäftsführer begründet.[158] Die Anforderung durch den Geschäftsfüh-

---

151 Michalski/*Ebbing*, § 21, Rn. 17; Scholz/*Emmerich*, § 21, Rn. 5a; Roth/*Altmeppen*, § 21, Rn. 5.
152 BGH, Urt. v. 9. 3. 1981 – II ZR 54/80, BGHZ 80, 129, 143 = BB 1981, 689 = NJW 1981, 1373; *Lutter/Bayer*, in: Lutter/Hommelhoff, § 21, Rn. 3; Baumbach/*Hueck/Fastrich* § 21 Rn. 3.
153 Michalski/*Ebbing*, § 21, Rn. 9; *Goette*, § 2, Rn. 62; Roth/*Altmeppen*, § 21, Rn. 2.
154 Scholz/*Emmerich*, § 21, Rn. 8.
155 *Lutter/Bayer*, in: Lutter/Hommelhoff, § 21, Rn. 18; Scholz/*Emmerich*, § 21, Rn. 32; Hachenburg/*Welf Müller*, § 21, Rn. 65 ff.
156 Roth/*Altmeppen*, § 21, Rn. 6; Michalski/*Ebbing*, § 21, Rn. 30.
157 Michalski/*Ebbing*, § 21, Rn. 34.
158 *Lutter/Bayer*, in: Lutter/Hommelhoff, § 21, Rn. 7; Michalski/*Ebbing*, § 21, Rn. 33.

rer wird als erste Zahlungsaufforderung bezeichnet, der die in § 21 Abs. 1 GmbHG geregelte „erneute Aufforderung" folgt. Die erste Zahlungsaufforderung ist indes entbehrlich, sofern die Fälligkeit der Einlage auf andere Weise verwirklicht worden ist. Die Einlage kann bereits durch einen im Gesellschaftsvertrag bestimmten Zahlungstermin fällig gestellt werden.[159] Fälligkeitsbegründend ist ebenfalls ohne gesonderte Anforderung ein von den – vollzählig anwesenden – Gesellschaftern gefasster Einforderungsbeschluss.[160]

b) Erneute Zahlungsaufforderung

Mit der erneuten Leistungsaufforderung (§ 21 Abs. 1 GmbHG) muss der Gesellschafter eindeutig zur Leistung seiner Einlage angehalten werden. Dabei ist der Betrag der rückständigen Einlage genau zu bezeichnen. Ist der angeforderte Betrag irrig zu niedrig, so ist dies unschädlich; der Gesellschafter vermeidet die Kaduzierung schon durch Zahlung dieses Betrages.[161] Eine *Zuvielforderung* wird, weil der Gesellschafter bei dem Geschäftsführer Rückfrage halten könne, ebenfalls verbreitet als unschädlich erachtet.[162] Ferner ist dem Gesellschafter eine *Nachfrist* von mindestens einen Monat ab Zugang der Nachforderung zu setzen (§ 21 Abs. 1 S. 4 GmbHG). Die Frist kann allgemein („innerhalb eines Monats ab Zugang dieses Schreibens") oder präzise („bis zum 12. 7.") bestimmt werden. Unzureichend ist Aufforderung zu „prompter", „unverzüglicher" oder „schnellstmöglicher" Leistung.[163] Vier Wochen entsprechen nicht der Mindestfrist von einem Monat. Die Nichtbeachtung der Mindestfrist bedingt die Unwirksamkeit der Leistungsaufforderung.[164] Schließlich muss die *Androhung des Ausschlusses* unter Verlust des Geschäftsanteils bei

---

159 BGH, Urt. v. 29. 6. 1961 – II ZR 39/60, BB 1961, 953; Rowedder/Schmidt-Leithoff/*Pentz*, § 21, Rn. 10; Scholz/*Emmerich*, § 21, Rn. 15.
160 BGH, Urt. v. 16. 9. 2002 – II ZR 1/00, BGHZ 152, 37 = BB 2002, 2347 = NJW 2002, 3774; *Lutter/Bayer*, in: Lutter/Hommelhoff, § 21, Rn. 7; Michalski/*Ebbing*, § 21, Rn. 39; Hachenburg/*Welf Müller*, § 21, Rn. 24; a.A. Baumbach/*Hueck/Fastrich*, § 21, Rn. 4.
161 Rowedder/Schmidt-Leithoff/*Pentz*, § 21, Rn. 15; Scholz/*Emmerich*, § 21, Rn. 16.
162 *Lutter/Bayer*, in: Lutter/Hommelhoff, § 21, Rn. 9; Hachenburg/*Welf Müller*, § 21, Rn. 29; Michalski/*Ebbing*, § 21, Rn. 69; einschränkend Scholz/*Emmerich*, § 21, Rn. 16; Roth/*Altmeppen*, § 21, Rn. 11; Schmidt-Leithoff/*Pentz*, § 21, Rn. 15.
163 Rowedder/Schmidt-Leithoff/*Pentz*, § 21, Rn. 21.
164 Baumbach/*Hueck/Fastrich*, § 21, Rn. 5.

6. Kap.   VI. Kaduzierung

fruchtlosem Ablauf der Nachfrist eindeutig bekundet werden. Hinweise auf „Wahrung aller Rechte" oder „bei der Gefahr der gesetzlichen Nachteile" sind unzureichend.[165] Mindestform für die Übermittlung von Leistungsaufforderung und Ausschlussandrohung bildet gemäß § 21 Abs. 1 S. 3 GmbHG der *eingeschriebene Brief*. Der Geschäftsführer kann sich selbstverständlicher strengere Formen wie der Zustellung bedienen.[166]

c) Zuständigkeit

Zahlungsaufforderung und Ausschlussandrohung liegen in der Hand und im pflichtgemäßen Ermessen des *Geschäftsführers;* er ist berechtigt, aber nicht verpflichtet, das Kaduzierungsverfahren in Gang zu setzen.[167] Allerdings müssen säumige Gesellschafter gleichbehandelt werden.[168] Eine Ermächtigung des Geschäftsführers durch die Gesellschafter ist entbehrlich; allerdings ist der Geschäftsführer auch im Außenverhältnis an einen *Gesellschafterbeschluss* gebunden.[169] Im Fall der Insolvenz ist die Kaduzierung durch den *Insolvenzverwalter* durchzuführen.[170]

d) Verlustigerklärung

Die Kompetenz, den säumigen Gesellschafter nach fruchtlosem Fristablauf seines Geschäftsanteils und geleisteter Teilzahlungen verlustig zu erklären, ist ebenfalls dem *Geschäftsführer* zugewiesen (§ 21 Abs. 2 GmbHG). Auch hier ist die Form des eingeschriebenen Briefs zu beachten. Die Ausschlusserklärung kann bereits vor Fristablauf ausgesprochen werden, darf dem Gesellschafter aber erst nach Fristablauf zu gehen.[171] Bis Zugang des Schreibens kann der Gesellschafter den Ausschluss durch Zahlung des eingeforderten Betrages abwenden.[172] Der Geschäftsführer ist, soweit keine Weisung der Gesellschafterver-

---

165 *Lutter/Bayer*, in: Lutter/Hommelhoff, § 21, Rn. 11.
166 Roth/*Altmeppen*, § 21, Rn. 14.
167 *Lutter/Bayer*, in: Lutter/Hommelhoff, § 21, Rn. 6; Michalski/*Ebbing*, § 21, Rn. 56.
168 Michalski/*Ebbing*, § 21, Rn. 58; Baumbach/*Hueck/Fastrich*, § 21, Rn. 7.
169 Baumbach/*Hueck/Fastrich*, § 21, Rn. 6; Hachenburg/*Welf Müller*, § 21, Rn. 20.
170 Roth/*Altmeppen*, § 21, Rn. 10.
171 Scholz/*Emmerich*, § 21, Rn. 22a; Roth/*Altmeppen*, § 21, Rn. 16.
172 Scholz/*Emmerich*, § 21, Rn. 20; Hachenburg/*Welf Müller*, § 21, Rn. 49.

sammlung vorliegt,[173] nicht verpflichtet, den Gesellschafter auszuschließen, sondern kann auf anderem Wege die Beitreibung suchen.[174]

3. Wirkungen

a) Verlust der Mitgliedschaft

Mit Zugang der Ausschlusserklärung verliert der Gesellschafter sämtliche *Mitgliedschaftsrechte* einschließlich bereits erbrachter Teilzahlungen, (bei gemischten Einlagen) Sacheinlagen und Nachschüssen. Verwaltungs- und Vermögensrechte erlöschen; dem Gesellschafter ist die Teilnahme und Abstimmung auf Gesellschafterversammlungen verschlossen. Die Kaduzierung wirkt ex nunc; deshalb behält der Gesellschafter einen durch Verwendungsbeschluss bereits entstandenen Gewinnanspruch.[175] Die *Primärpflicht* des Gesellschafters auf Einlageleistung geht unter; ihn trifft nur noch die Ausfallhaftung des § 21 Abs. 3 GmbHG.[176] Zur Zeit des Ausschlusses bereits begründete *Nebenpflichten* des Gesellschafters aus §§ 3 Abs. 2, 24 GmbHG bleiben unangetastet.[177] Nach Zugang der Ausschlusserklärung kann die Kaduzierung (selbst einverständlich) nicht mehr rückgängig gemacht werden.[178] Der kaduzierte Geschäftsanteil geht nicht unter, sondern wird treuhänderisch gebundenes Sondervermögen der GmbH.[179] Bis zum Übergang auf einen neuen Gesellschafter ruhen Stimmrecht und andere Mitgliedschaftsrechte, während der Anteil zu Gunsten eines späteren Erwerbers am Gewinn partizipiert.[180] *Pfändungen* von Gläubigern des früheren Gesellschafters[181] wie auch von Gläubigern der GmbH[182] in den Geschäftsanteil sind wirkungslos.

---

173 Michalski/*Ebbing*, § 21, Rn. 91.
174 Scholz/*Emmerich*, § 21, Rn. 21; *Goette*, § 2, Rn. 67.
175 Baumbach/*Hueck*/*Fastrich*, § 21, Rn. 11; Michalski/*Ebbing*, § 21, Rn. 104.
176 Roth/*Altmeppen*, § 21, Rn. 17; Scholz/*Emmerich*, § 21, Rn. 27.
177 Roth/*Altmeppen*, § 21, Rn. 18; Hachenburg/*Welf Müller*, § 21, Rn. 56; Scholz/*Emmerich*, § 21, Rn. 27.
178 Scholz/*Emmerich*, § 21, Rn. 31; Hachenburg/*Welf Müller*, § 21, Rn. 52.
179 Baumbach/*Hueck*/*Fastrich*, § 21, Rn. 12; Michalski/*Ebbing*, § 21, Rn. 116; Scholz/*Emmerich*, § 21, Rn. 29; gegen Treuhänderschaft Roth/*Altmeppen*, § 21, Rn. 19.
180 Baumbach/*Hueck*, § 21, Rn. 12; Scholz/*Emmerich*, § 21, 30; a.A. Rowedder/Schmidt-Leithoff/*Pentz*, § 21, Rn. 46.
181 Hachenburg/*Welf Müller*, § 21, Rn. 57; Scholz/*Emmerich*, § 21, Rn. 28.
182 Michalski/*Ebbing*, § 21, Rn. 117.

6. Kap.   VI. Kaduzierung

b) Stufenregress

Das Gesetz sieht zur Einbringung der Einlage einen Stufenregress vor: Ist von den Rechtsvorgängern des Gesellschafters keine Zahlung des rückständigen Betrages zu erlangen (§ 22 GmbHG) und scheitert auf der zweiten Stufe eine Verwertung des Geschäftsanteils durch öffentliche Versteigerung (§ 23 GmbHG), so kommt die Ausfallhaftung des ausgeschlossenen Gesellschafters zum Tragen (§ 21 Abs. 2 GmbHG), bevor auf einer vierten Stufe die Mitgesellschafter herangezogen werden (§ 24 GmbHG).

aa) Staffelregress

Zunächst sieht § 22 GmbHG einen Staffelregress gegen Rechtsvorgänger (Vormänner) des ausgeschiedenen Gesellschafters vor. Der unmittelbare Rechtsvorgänger haftet sofort als *primärer,* erster Regressschuldner auf die Einlageschuld (§ 22 Abs. 1 GmbHG).[183] Die früheren Rechtsvorgänger haften nicht gleichrangig, sondern in umgekehrter Folge ihres Erwerbs bis hin zum Gründer.[184] Die *subsidiäre* Haftung der früheren Rechtsvorgänger ist an das Erfordernis gekoppelt, dass ihre Nachmänner, also die Zwischenglieder bis zum direkten Vormann des ausgeschlossenen Gesellschafters, zahlungsunfähig sind. § 22 Abs. 2 HS 2 GmbHG erleichtert der Gesellschaft den Nachweis der Zahlungsunfähigkeit durch eine von drei Komponenten abhängende *Vermutung*: Die Gesellschaft hat erstens den unmittelbaren Nachmann des von ihr in Anspruch Genommenen zur Zahlung aufzufordern und zweitens den in Anspruch Genommenen darüber zu unterrichten; wenn dann von dem Vormann binnen eines Monats nach Zugang von Zahlungsaufforderung und Benachrichtigung die Regressschuld nicht voll beglichen wird, greift die Vermutungsregel durch.[185] Die Haftung bemisst sich auf den fälligen, rückständigen Teil der Bareinlage, mag die Fälligkeit auch erst nach der Kaduzierung eingetreten sein; noch nicht fällige Teile bleiben außer Betracht.[186] Der zahlende Gesellschafter erwirbt *kraft Gesetzes* (§ 22

---

183 Michalski/*Ebbing,* § 22, Rn. 27; Rowedder/Schmidt-Leithoff/*Pentz,* § 22, Rn. 6 f.
184 Michalski/*Ebbing,* § 22, Rn. 28; Rowedder/Schmidt-Leithoff/*Pentz,* § 22, Rn. 12.
185 Roth/*Altmeppen,* § 22, Rn. 11; Scholz/*Emmerich,* § 22, Rn. 9.
186 Roth/*Altmeppen,* § 22, Rn. 5.

Abs. 4 GmbHG) ohne Rücksicht auf die Willensrichtung der Beteiligten und etwaige Satzungsbeschränkungen den Geschäftsanteil.[187]

bb) Verwertung des Geschäftsanteils
Nach Kaduzierung und erfolgloser Inanspruchnahme der Rechtsvorgänger eröffnet § 23 GmbHG die Möglichkeit, die rückständige Stammeinlage durch Verkauf des Geschäftsanteils zu realisieren. Der *Zwangsverkauf* setzt eine rechtmäßige Kaduzierung und die Erschöpfung des Staffelregresses nach § 22 GmbHG voraus.[188] Die Vermutung des § 22 Abs. 2 HS 2 GmbHG gilt auch im Rahmen des § 23 GmbHG und setzt die Gesellschaft in den Stand, bei Fehlschlagen des Verkaufs im Wege der Ausfallhaftung (§ 21 Abs. 3 GmbHG) den ausgeschlossenen Gesellschafter haftbar zu machen.[189] Mit dem Verkauf bzw. Zuschlag erlischt die Regressschuld aus § 22 GmbHG, während der Erwerber den Geschäftsanteil ex nunc mit allen Rechten und Pflichten übernimmt.[190]

cc) Ausfallhaftung des ausgeschlossenen Gesellschafters
Der ausgeschlossene Gesellschafter schuldet zwar keine Einlage mehr, unterliegt aber der unbefristeten Ausfallhaftung des § 21 Abs. 3 GmbHG. Die Ausfallhaftung setzt eine gültig Kaduzierung voraus;[191] wegen ihres subsidiären Charakters setzt sie erst ein, wenn sowohl der Rückgriff gegen die Rechtsvorgänger (§ 22 GmbHG) als auch die Verwertung des Geschäftsanteils (§ 23 GmbHG) gescheitert ist. Nachrangig gegenüber der Ausfallhaftung des ausgeschlossenen Gesellschafters ist hingegen die Haftung seiner Mitgesellschafter (§ 24 GmbHG).[192] Wegen der erfolglosen Inanspruchnahme der Rechtsvorgänger wirkt die Vermutung des § 22 Abs. 2 HS 2 GmbHG zu Gunsten der Gesellschaft.[193] Von einem von vornherein aussichtslosen Verkauf darf die Gesellschaft aus Kostengründen absehen.[194] Die Haftung umfasst über den rückständigen Betrag hinaus auch spä-

---

187 *Lutter/Bayer*, in: Lutter/Hommelhoff, § 22, Rn. 14.
188 Baumbach/*Hueck/Fastrich*, § 23, Rn. 2; Roth/*Altmeppen*, § 23, Rn. 2.
189 Michalski/*Ebbing*, § 23, Rn. 7.
190 *Lutter/Bayer*, in: Lutter/Hommelhoff, § 23, Rn. 7f.
191 Hachenburg/*Welf Müller*, § 21, Rn. 67.
192 Rowedder/Schmidt-Leithoff/*Pentz*, § 21, Rn. 50.
193 Michalski/*Ebbing*, § 23, Rn. 142.
194 Scholz/*Emmerich*, § 21, Rn. 33; Roth/*Altmeppen*, § 21, Rn. 23.

ter eingeforderte Einlageteile, sofern insoweit ebenfalls ein Kaduzierungsverfahren eingeleitet wurde,[195] und die im Kaduzierungsverfahren angefallenen Kosten,[196] mindert sich natürlich um die bei Vormännern und einer Verwertung erzielten Beträge.[197]

dd) Ausfallhaftung der Mitgesellschafter

Die Ausfallhaftung der Gesellschafter (§ 24 GmbHG) soll als abschließende Regelung die Aufbringung des Stammkapitals sichern. Die subsidiäre Haftung der Gesellschafter hängt von der *ordnungsgemäßen Durchführung* der in §§ 21 bis 23 GmbHG geregelten vier Verfahrensschritte ab: Erforderlich ist eine wirksame Kaduzierung (§ 21 GmbHG) und zum zweiten die fruchtlose Inanspruchnahme der Rechtsvorgänger nach § 22 GmbHG, wobei der Gesellschaft die Vermutung des § 22 Abs. 2 HS 2 GmbHG zustatten kommt. Als dritte Voraussetzung hat die Verwertung nicht zu voller Deckung geführt oder sich als von vornherein aussichtslos erwiesen. Schließlich kann der Fehlbetrag auch bei dem Ausgeschlossenen (§ 21 Abs. 3 GmbHG) nicht erlangt werden.[198] Für die Auslösung der Haftung nach § 24 GmbHG genügt es, wenn die *Gesellschaftereigenschaft* bei Eintritt der Fälligkeit der Stammeinlage vorliegt. Der Anspruch auf Zahlung des Fehlbetrages entsteht in diesem Zeitpunkt aufschiebend bedingt durch den Eintritt der Voraussetzungen nach §§ 21 bis 23 GmbHG. Die Haftung eines ausgeschiedenen Gesellschafters dauert fort.[199] Die Ausfallhaftung erstreckt sich ihrem Umfang nach auf das Bareinlageversprechen, den Geldanteil einer gemischten Einlage, eine durch Umwandlung eines Sacheinlageversprechens begründete Zahlungspflicht, sowie schließlich Ansprüche aus Differenzhaftung (§ 9 GmbHG) und Unterbilanzhaftung.[200] Die Gesellschafter haften nicht als Gesamtschuldner, sondern der einzelne Gesellschafter lediglich *pro rata*, also im Verhältnis des Nennbetrags seines Geschäftsanteils zu den Nennbeträgen der übrigen haftenden Gesellschafter (§ 24

---

195 Scholz/*Emmerich,* § 21, Rn. 34; Hachenburg/*Welf Müller,* § 21, Rn. 77.
196 Roth/*Altmeppen,* § 21, Rn. 25; Rowedder/Schmidt-Leithoff/*Pentz,* § 21, Rn. 80.
197 *Lutter/Bayer,* in: Lutter/Hommelhoff, § 21, Rn. 17.
198 *Lutter/Bayer,* in: Lutter/Hommelhoff, § 24, Rn. 2.
199 BGH, Urt.v. 13. 5. 1996 – II ZR 257/94, BGHZ 132, 390 = BB 1996, 1573 = NJW 1996, 2306.
200 Hachenburg/*Welf Müller,* § 24, Rn. 16; Scholz/*Emmerich,* § 24, Rn. 3.

S. 1 GmbHG). Fehlbeträge, die von einzelnen Gesellschaftern nicht zu erlangen sind, werden nach dem Verhältnis der Höhe ihrer Geschäftsanteile auf die übrigen Gesellschafter verteilt (§ 24 S. 2 GmbHG). Die Darlegungs- und *Beweislast* für die Ausfallhaftung trägt die GmbH.[201]

---

201 BGH, Urt.v. 13. 5. 1996 – II ZR 257/94, BGHZ 132, 390 = BB 1996, 1573 = NJW 1996, 2306.

7. Kapitel
Sicherung der Kapitalerhaltung

I. Prinzip des Kapitalschutzes

1. Notwendigkeit der Kapitalerhaltung

Der Grundsatz der Kapitalaufbringung (§ 5 Abs. 4, § 7 Abs. 2, 3, § 8 Abs. 2, §§ 9, 9a, 9b, 19 GmbHG) ist mit dem Grundsatz der Kapitalerhaltung (§§ 30, 31, 32, 33, 43a GmbHG) eng verwoben. Beide Prinzipien verwirklichen den Kapitalschutz im Recht der GmbH und werden daher als *Kernstück* des GmbH-Rechts bezeichnet,[1] zumal sie nicht zuletzt die innere Rechtfertigung für die Haftungsfreistellung der Gesellschafter (§ 13 Abs. 2 GmbHG) bilden.[2] Der Grundsatz der Kapitalaufbringung bedarf der Ergänzung durch das Gebot der Kapitalerhaltung, um einen Rückfluss des Gesellschaftskapitals an die Gesellschafter zu verhindern.[3] Die Gesellschafter sind nicht verpflichtet, das unternehmerisch genutzte Gesellschaftsvermögen bei Verlusten aufzufüllen. Die Gefahr, dass die Gesellschaft das Stammkapital verwirtschaftet, kann niemals ausgeschlossen werden. Den Gesellschaftern ist es aber wegen der auf der Grundlage ihres Einlageversprechens im Handelsregister verlautbarten Mindestkapitalausstattung verwehrt, Stammkapital in ihr Privatvermögen zu überführen. Der Gesellschaft hat ein Garantiekapital als Betriebsvermögensreserve oder Auffangpolster zu verbleiben, das nicht durch Ausschüttungen an Gesellschafter angetastet werden darf.[4]

---

1 BGH, Urt. v. 30. 6. 1958 – II ZR 213/56, BGHZ 28, 77 = BB 1958, 719 = NJW 1958, 1351.
2 Michalski/*Heidinger,* § 30, Rn. 1.
3 *Goette,* § 3, Rn. 1.
4 Roth/*Altmeppen,* § 30, Rn. 6; Scholz/*Westermann,* § 30, Rn. 1.

7. Kap. I. Prinzip des Kapitalschutzes

2. Ausgestaltung des Kapitalschutzes

a) Regelung der §§ 30, 31 GmbHG

aa) Rückgewähranspruch

Das GmbH-Recht verwirklicht den Grundsatz der Kapitalerhaltung nicht durch einen gegenständlichen Eigentumsschutz, sondern eine wertmäßige Bindung des Kapitals in Höhe der Stammkapitalziffer.[5] Folgerichtig findet § 30 GmbHG sowohl auf Geld- als auch auf Sachleistungen an einen Gesellschafter Anwendung.[6] Allerdings statuiert das GmbH-Recht keinen vollkommen Schutz des Gläubigers gegen einen Verbrauch des Stammkapitals, der mit der Verselbstständigung der GmbH gegenüber ihren Mitgliedern (§ 13 Abs. 1 GmbHG) und der damit verbundenen Haftungsbeschränkung (§ 13 Abs. 2 GmbHG) unvereinbar wäre. Die Gesellschafter sind nach ordnungsgemäßer Kapitalaufbringung grundsätzlich nicht gezwungen, Verluste aus der Geschäftstätigkeit der Gesellschaft durch Zahlungen auf das Stammkapital auszugleichen.[7] Vielmehr sind durch § 30 GmbHG lediglich Zahlungen, worunter auch Sachleistungen[8] und sonstige Vermögensvorteile wie Forderungsverzicht oder Aufgabe einer Forderung durch Verrechnung[9] und die Stundung einer Kaufpreisforderung[10] fallen, aus dem Stammkapital an die *Gesellschafter* verboten. Damit einher geht eine durch die Ausfallhaftung der Mitgesellschafter verstärkte *Rückzahlungspflicht* des Gesellschafters (§ 31 GmbHG). Dabei handelt es sich um einen selbstständigen Anspruch aus dem Gesellschaftsverhältnis, aber keinen Bereicherungsanspruch.[11] Das Regelungsgeflecht der §§ 30, 31 GmbHG hat zwingenden Charakter und ist der Disposition der Gesellschafter entzogen. Tatsächlich ist sogar eine strenge Auslegung geboten, die auch jede Umgehung erfasst.[12]

---

5 *K. Schmidt*, § 37 III. 1. b); *Lutter/Hommelhoff*, § 30, Rn. 2.
6 Scholz/*Westermann*, § 30, Rn. 1.
7 Michalski/*Heidinger*, § 30, Rn. 1; *Lutter/Hommelhoff*, § 30, Rn. 2.
8 BGH, Urt. v. 21. 9. 1981 – II ZR 104/80, BGHZ 81, 311 = BB 1981, 2062 = NJW 1982, 382.
9 BGH, Urt. v. 31. 1. 2000 – II ZR 189/99, BB 2000, 581 = NJW 2000, 1571.
10 BGH, Urt. v. 21. 9. 1981 – II ZR 104/80, BGHZ 81, 311 = BB 1981, 2062 = NJW 1982, 382.
11 BGH, Urt. v. 14. 12. 1959 – II ZR 187/57, BGHZ 31, 258 = BB 1960, 18 = NJW 1960, 285.
12 Rowedder/Schmidt-Leithoff/*Pentz*, § 30, Rn. 1; *Lutter/Hommelhoff*, § 30, Rn. 1.

Geschäftsführer, nicht Prokuristen,[13] die schuldhaft verbotene Auszahlungen veranlasst haben, haften gemäß § 43 Abs. 3 der GmbH und gemäß § 31 Abs. 6 GmbHG den wegen Ausfallhaftung belangten Gesellschaftern. Entgegen früherer BGH-Rechtsprechung unterliegt ein Gesellschafter, der eine verbotene Leistung an einen anderen Gesellschafter veranlasst oder gefördert hat, lediglich der Ausfallhaftung und keiner weitergehenden Schadensersatzpflicht.[14]

bb) Abschließender Charakter der Regelung

Wegen des durch §§ 30, 31 GmbHG gewährten umfassenden Schutzes stellen die Vorschriften keine *Schutzgesetze* im Sinne des § 823 Abs. 2 BGB dar.[15] Die Absicht, die Kapitalerhaltungsvorschriften zu umgehen, führt nicht schon für sich genommen und ohne den Nachweis einer Zahlung aus gebundenem Vermögen nach § 134 BGB, § 30 GmbHG zur *Nichtigkeit des* zwischen GmbH und Gesellschafter vereinbarten *obligatorischen und dinglichen Vertrages* und damit zu einem Bereicherungsanspruch der GmbH gegen den Gesellschafter. Vielmehr bestimmen sich die Rechtsfolgen eines Verstoßes gegen das Kapitalerhaltungsverbot *ausschließlich nach § 31 GmbHG*. Deswegen kann auf das Bestehen und die Höhe einer Unterbilanz bzw. Überschuldung nicht verzichtet werden. Die sachgerechte Rechtsfolge eines Verstoßes gegen § 30 GmbHG besteht darin, dass ein entsprechendes Verpflichtungsgeschäft nicht erfüllt werden darf, soweit in dem maßgeblichen Zeitpunkt der Leistung das zur Deckung des Stammkapitals erforderliche Vermögen angegriffen wird, und dass eine gleichwohl erbrachte Zahlung den Erstattungsanspruch nach § 31 GmbHG auslöst. Dagegen ist es für §§ 30, 31 GmbHG ohne Bedeutung, ob die Beteiligten Kenntnis von der durch die Zahlung eintretenden oder vertieften Unterbilanz bzw. Überschuldung haben oder ob sie gar diesen Zustand bewusst haben herbeiführen wollen, weil der im Interesse der Gesellschaftsgläubiger angeordnete Kapitalerhaltungsschutz an objektiven Kriterien anknüpft und unabhängig

---

13 BGH, Urt. v. 25. 6. 2001 – II ZR 38/99, BB 2001, 1753 = NJW 2001, 3123.
14 BGH, 21. 6. 1999 – II ZR 47/98, BGHZ 142, 92 = BB 1999, 1569 = NJW 1999, 2817.
15 BGH, Urt. v. 19. 2. 1990 – II ZR 268/88, BGHZ 110, 342 = BB 1990, 802 = NJW 1990, 1725; Michalski/*Heidinger*, § 30, Rn. 6; Baumbach/*Hueck/Fastrich*, § 30, Rn. 1.

davon besteht, welche Vorstellungen Geschäftsführer und Gesellschafter mit ihren Handlungen verbinden. Dank der Wirksamkeit des Vertrages lassen sich auch die Fälle befriedigend lösen, in denen die Auszahlung nur zum Teil das das Stammkapital deckende Vermögen angreift.[16]

b) Ausstrahlungswirkung

aa) Andere Normen

Der Erwerb eigener Geschäftsanteile durch die GmbH ist nach § 33 Abs. 2 GmbHG an die Voraussetzungen geknüpft, dass die Einlage vollständig geleistet ist, die im Gegenzug gewährte Vergütung das Stammkapital nicht antastet und die gemäß § 272 HGB gebotene Rücklage aus ungebundenem Vermögen gebildet werden kann. Auch § 33 Abs. 2 GmbHG dient der Erhaltung des Stammkapitals; die Vorschrift ist als Ergänzung der Kapitalerhaltungsregeln in §§ 30 ff. GmbHG zu verstehen. Bei der Prüfung der Voraussetzungen des § 33 Abs. 2 GmbHG ist auf den *Zeitpunkt* abzustellen, in dem die Gegenleistung von der GmbH erbracht wird. Ob daneben kumulativ auf den Abschluss des schuldrechtlichen Geschäfts oder der Übertragung der Geschäftsanteile abzustellen ist, hat der BGH offen gelassen.[17] Auch bei der Einziehung eines Geschäftsanteils (§ 34 Abs. 3, § 30 GmbHG) und der Ausschließung eines Gesellschafters darf die Abfindung nur aus dem über den Betrag des Stammkapitals hinaus vorhandenen Vermögen geleistet werden.[18] Ein Einziehungsbeschluss ist nichtig, wenn bereits bei seiner Fassung feststeht, dass die Gesellschaft die sofort fällige Abfindung nicht aus ihrem ungebundenen Vermögen aufbringen kann.[19]

---

[16] BGH, Urt. v. 23. 6. 1997 – II ZR 220/95, BGHZ 136, 125 = BB 1997, 1807 = NJW 1997, 2599.

[17] BGH, Urt. v. 29. 6. 1998 – II ZR 353/97, BGHZ 139, 132 = BB 1998, 1966 = NJW 1998, 3121.

[18] BGH, Urt. v. 1. 4. 1953 – II ZR 235/52, BGHZ 9, 157 = BB 1953, 332 = NJW 1953, 780; Scholz/*Winter,* § 15, Rn. 149; Hachenburg/*Ulmer,* § 34, Rn. 37; Baumbach/*Hueck/Fastrich,* Anh. § 34, Rn. 10.

[19] BGH, Urt. v. 19. 6. 2000 – II ZR 73/99, BGHZ 144, 365 = BB 2000, 1590 = NJW 2000, 2819.

bb) Eigenkapitalersatzregeln

Die von der Rechtsprechung entwickelten Eigenkapitalersatzregeln finden ihren rechtlichen Ausgangspunkt in §§ 30, 31 GmbHG. Gewährt der Gesellschafter einer GmbH, die kreditunwürdig oder gar insolvenzreif ist, anstelle einer weiteren Kapitaleinlage *Darlehensmittel*, so sind diese Beträge wie *haftendes Kapital* zu behandeln. Die Gelder dürfen an den Gesellschafter nur zurücktransferiert werden, wenn bei der Gesellschaft auch nach Rückzahlung ein Kapital in Höhe der Stammkapitalziffer vorhanden ist. Fehlt diese Deckung, darf das Darlehen nicht an den Gesellschafter zurückgezahlt werden. Wird das Darlehen gleichwohl beglichen, kann die Gesellschaft Erstattung dieser Leistung in das Gesellschaftsvermögen beanspruchen.[20]

3. Unterschiede zwischen GmbH- und Aktien-Recht

Der Kapitalschutz ist im Aktien- und GmbH-Recht unterschiedlich ausgestaltet: Bei der AG beschränken sich Ausschüttungen an die Gesellschafter auf den im *Jahresabschluss ausgewiesenen Bilanzgewinn* (§§ 57 Abs. 3, 58 AktG). Damit wird das gesamte Vermögen der AG einschließlich der Rücklagen thesauriert. Demgegenüber darf in der GmbH nur das zur Erhaltung des Stammkapitals erforderliche Vermögen nicht ausgeschüttet werden, wodurch sich die Praxis der *verdeckten Gewinnausschüttung* erklärt. Freilich ist die Rückzahlungspflicht des § 31 GmbHG unter dem Aspekt der Ausfallhaftung schärfer als in § 62 AktG ausgeformt. Nach ganz überwiegender Meinung entsprechen diese Abweichungen der unterschiedlichen wirtschaftlichen und personellen Struktur beider Gesellschaftsformen.[21]

II. Reichweite des Vermögensschutzes

1. Stammkapital als Ausgangsgröße

Dem Auszahlungsverbot des § 30 GmbHG unterliegt der als Stammkapital bezeichnete *Haftungsfonds* der GmbH. Die Bestimmung bin-

---

20 BGH, Urt. v. 14. 12. 1959 – II ZR 187/57, BGHZ 31, 258 = BB 1960, 18 = NJW 1960, 285; Rowedder/Schmidt-Leithoff/*Pentz*, § 32a, Rn. 213.
21 Scholz/*Westermann*, § 30 Rn. 5; *Lutter/Hommelhoff,* § 30, Rn. 3; Baumbach/Hueck/*Fastrich,* § 30, Rn. 3; a.A. Michalski/*Heidinger*, § 30, Rn. 3 m. w. N.

det nach ihrem Wortlaut und Zweck nur den Teil des Gesellschaftsvermögens, der rechnerisch dem in der *Satzung ausgewiesenen Stammkapital* entspricht. Die Gesellschaft und ihre Gläubiger sollen gegen eine Aushöhlung des satzungsmäßig bestimmten, im Handelsregister eingetragenen Nennkapitals durch Entnahmen der Gesellschafter geschützt werden. Dagegen ist die Erhaltung von Gesellschaftsvermögen, das *über den Stammkapitalbetrag* hinaus erwirtschaftet wurde oder sonst wie vorhanden ist, gesetzlich nicht gesichert. Die Gesellschafter können über solche Vermögensteile grundsätzlich nach freiem kaufmännischem Ermessen verfügen, insbesondere sie auch als Gewinn ausschütten. So lässt sich über § 30 GmbHG nicht verhindern, dass Rücklagen, mögen sie angesichts eines zu niedrigen Stammkapitals einen noch so dringenden zusätzlichen Kapitalbedarf decken, an die Gesellschafter verteilt werden. Ein Gläubiger kann daher allgemein nicht darauf vertrauen, dass Kapitalbeträge, die Gesellschafter über das noch unverbrauchte Stammkapital hinaus einschießen und die zur Aufrechterhaltung eines normalen Geschäftsbetriebs notwendig sind, der Gesellschaft zu diesem Zweck auch belassen werden. Das Gesetz verlangt und gewährleistet aus guten Gründen nicht eine am Bedarf ausgerichtete, dem jeweiligen Geschäftsumfang wechselnd angepasste Kapitalausstattung, sondern lediglich einen durch Satzung und Handelsregister betragsmäßig genau festgelegten Vermögensfonds.[22] Ausgangsgröße für die Beurteilung, ob ein Verstoß gegen § 30 GmbHG vorliegt, bildet also die *Stammkapitalziffer* unabhängig davon, ob der Betrag tatsächlich (voll) eingezahlt, oder lediglich als Forderung aktiviert ist.[23] Eine Kapitalerhöhung oder Kapitalherabsetzung ist erst ab dem Zeitpunkt ihrer Eintragung zu berücksichtigen.[24] Das Gesellschaftsvermögen ist nach Bilanzgrundsätzen rechnerisch mit dem Stammkapital zu vergleichen. Danach hat eine Zahlung zu unterbleiben, sobald das *Aktivvermögen* die Verbindlichkeiten einschließlich Rückstellungen für ungewisse Verbindlich-

---

[22] BGH, Urt. v. 24. 3. 1980 – II ZR 213/77, BGHZ 76, 326 = BB 1980, 797 = NJW 1980, 1524; Michalski/*Heidinger,* § 30, Rn. 9; Rowedder/Schmidt-Leithoff/*Pentz,* § 30, Rn. 7; *Lutter/Hommelhoff,* § 30, Rn. 3.
[23] Scholz/*Westermann,* § 30, Rn. 13; Hachenburg/*Goerdeler/Welf Müller,* § 30, Rn. 20 ff., 28 ff.
[24] Michalski/*Heidinger,* § 30, Rn. 10.

keiten und das Stammkapital nicht mehr deckt.[25] Beträgt etwa das auf der Passivseite der Bilanz auszuweisende Stammkapital (§ 42 Abs. 1 GmbHG, § 266 Abs. 3 A I, 272 Abs. 1 S. 1 HGB) 110 000 € und belaufen sich die Verbindlichkeiten auf 20.000 €, so können bei auf der Aktivseite der Bilanz verbuchten Vermögenswerten von 170 000 € Vermögenswerte von bis zu 40 000 € an die Gesellschafter ausgekehrt werden. Betragen die Aktiva dagegen lediglich 130 000 €, verbietet § 30 GmbHG jede Auszahlung. Dies gilt erst recht, wenn die Aktiva den Betrag von 130.000 € unterschreiten und daher sogar eine Überschuldung gegeben ist.

2. Auszahlung

a) Adressat des Verbots

Das Auszahlungsverbot des § 30 GmbHG richtet sich gegen *Geschäftsführer*, nicht gegen Prokuristen oder sonstige verfügungsbefugte Angestellte einer GmbH. Entsprechende Aufgaben und die ihnen vorgelagerte Pflicht, das Eingreifen des Verbots ggf. zu erkennen, hat ein Prokurist regelmäßig nicht, sofern er nicht die Geschäfte der GmbH tatsächlich wie ein (Mit-)Geschäftsführer führt.[26] Das Verbot richtet sich aber auch an die *Gesellschafter*.[27]

b) Begriff

Unter einer Auszahlung im Sinne des § 30 GmbHG ist über den zu eng gefassten Wortlaut hinaus nicht nur die Auskehrung von Barmitteln, sondern jede Leistung zu verstehen, die wirtschaftlich das *Gesellschaftsvermögen verringert*. Es kommt also nur darauf an, ob der Gesellschafter etwas aus dem zur Deckung des Stammkapitals erforderlichen Gesellschaftsvermögen erhalten hat.[28] Ohne Bedeutung ist, ob die Auszahlung offen oder verdeckt im Rahmen eines Austauschgeschäfts über eine erhöhte Gegenleistung abgewickelt wird. Die Auszahlung muss von der Gesellschaft *veranlasst* sein; daher greift

---

25 Roth/*Altmeppen*, § 30, Rn. 9; Baumbach/*Hueck*/*Fastrich*, § 30, Rn. 5.
26 BGH, Urt. v. 25. 6. 2001 – II ZR 38/99, BB 2001, 1753 = NJW 2001, 3123.
27 BGH, Urt. v. 8. 12. 1986 – II ZR 55/86, BB 1987, 293 = NJW 1987, 779.
28 BGH, Urt. v. 10. 5. 1993 – II ZR 74/92, BGHZ 122, 333 = BB 1993, 1314 = NJW 1993, 1922; BGH, Urt. v. 1. 12. 1986 – II ZR 306/85, BB 1987, 433 = NJW 1987, 1194; Rowedder/Schmidt-Leithoff/*Pentz*, § 30, Rn. 30; Michalski/*Heidinger*, § 30, Rn. 34; Baumbach/*Hueck*/*Fastrich*, § 30, Rn. 12.

§ 30 GmbHG nicht ein, wenn der Gesellschafter die GmbH bestiehlt.[29] Darum fallen auch solche Zahlungen nicht unter das Verbot, die auf *gesetzlichen Ansprüchen* beruhen, gleich ob Delikt, Vertragsverletzung, ungerechtfertigte Bereicherung oder Geschäftsführung ohne Auftrag.[30] Wurde ein Gewinnverwendungbeschluss vor Eintritt der Unterbilanz gefasst, erwirbt der Gesellschafter zwar ein Gläubigerrecht gegen die Gesellschaft. Seine Durchsetzbarkeit scheitert aber im Stadium der Unterbilanz am vorrangig zu beachtenden Gläubigerschutz.[31] Da § 30 Geschäfte zwischen dem Gesellschafter und der GmbH nicht schlechthin verbietet, beschränkt sich das Verbot auf Auszahlungen, die im Gesellschaftsverhältnis wurzeln.[32] Insoweit ist ohne Rücksicht auf die Vorstellungen der Beteiligten eine *objektive Betrachtung* anzustellen.[33]

c) Minderung des Gesellschaftsvermögens

Für das Auszahlungsverbot ausschlaggebend ist allein die bei der GmbH eingetretene Vermögensminderung; dagegen ist es bedeutungslos, ob bei dem Gesellschafter eine Vermögensmehrung eingetreten ist.[34] Erbringt der Gesellschafter – etwa im Rahmen eines Austauschgeschäfts – eine vollwertige Gegenleistung, erleidet die Gesellschaft im Blick auf den gleichzeitigen Vermögenszuwachs keine Vermögensminderung.[35] Sind Leistung und Gegenleistung angemessen *(bilanzneutral)*, unterliegt die Vermögenshingabe durch die GmbH, gleich ob im Stadium der Unterbilanz oder Überschuldung – keinen rechtlichen Bedenken.[36]

---

29 Hachenburg/*Goerdeler/Welf Müller*, § 30, Rn. 58; Rowedder/Schmidt-Leithoff/*Pentz*, § 30, Rn. 30; Michalski/*Heidinger*, § 30, Rn. 38.
30 Rowedder/Schmidt-Leithoff/*Pentz*, § 30, Rn. 32.
31 Scholz/*Emmerich*, § 29 Rn., 85a; Hachenburg/*Goerdeler/Welf Müller*, § 29, Rn. 95; Baumbach/*Hueck/Fastrich*, § 29, Rn. 56; a.A. Michalski/*Heidinger*, § 30, Rn. 40.
32 BGH, Urt. v. 24. 3. 1954 – II ZR 23/53, BGHZ 13, 49 = BB 1954, 360 = NJW 1954, 1157; Scholz/*Westermann*, § 30, Rn. 20; Baumbach/*Hueck/Fastrich*, § 30, Rn. 13.
33 Scholz/*Westermann*, § 30, Rn. 20.
34 Hachenburg/*Goerdeler/Welf Müller*, § 30, Rn. 62; Michalski/*Heidinger*, § 30, Rn. 35.
35 Baumbach/*Hueck/Fastrich*, § 30, Rn. 7.
36 *Goette,* § 3, Rn. 30.

aa) Darlehensvergabe

Kreditgewährungen an Gesellschafter, die nicht aus Rücklagen oder Gewinnvorträgen, sondern zulasten des gebundenen Vermögens der Gesellschaft bestritten werden, sind auch dann grundsätzlich als verbotene Auszahlung von Gesellschaftsvermögen im Sinne von § 30 GmbHG zu bewerten, wenn der Rückforderungsanspruch gegen den Gesellschafter *vollwertig* sein sollte. Kraft § 30 GmbHG soll der Gesellschaft ein Mindestbetriebsvermögen und ihren Gläubigern eine Befriedigungsreserve gesichert werden. Mit diesem Ziel wäre es nicht vereinbar, wenn die Gesellschafter der GmbH zulasten des gebundenen Vermögens Kapital entziehen könnten und der GmbH im Austausch für das fortgegebene reale Vermögen nur ein zeitlich hinausgeschobener, schuldrechtlicher Rückzahlungsanspruch verbliebe. Durch die Darlehenshingabe erlangen die Gläubiger des Gesellschafters zum Nachteil der Gläubiger der GmbH einen vollstreckungs- und insolvenzrechtlich vorrangigen Zugriff auf Vermögenswerte der Gesellschaft. Bei Unterbilanz der Gesellschaft ist deshalb gegenüber den Gesellschaftern nicht nur der bilanzielle Wert des Gesellschaftsvermögens zu wahren, sondern auch dessen *reale Substanz* zusammenzuhalten und vor einer Aufspaltung in schuldrechtliche Ansprüche gegen die Gesellschafter zu schützen. Da dem Kapitalabfluss eine nur rechnerische, aber nicht sofort realisierbare Förderung gegenübersteht, ist auch die Gewährung eines ordnungsgemäß verzinsten Darlehens an einen kreditwürdigen Gesellschafter mit § 30 GmbHG nicht zu vereinbaren.[37]

bb) Austauschverträge

Bei Austauschgeschäften zwischen Gesellschaft und Gesellschafter ist zu prüfen, ob es sich um eine vergütungswürdige Leistung handelt und die Vergütung angemessen ist.[38] Ob ein normales Austauschgeschäft oder eine verdeckte Ausschüttung von Gesellschaftsvermögen vorliegt, beurteilt sich im Rahmen eines *Drittvergleichs* danach, ob ein gewissenhafter, nach kaufmännischen Grundsätzen handelnder Geschäftsführer das Geschäft unter sonst gleichen Umständen zu

---

37 BGH, Urt. v. 24. 11. 2003 – II ZR 171/01, BGHZ 157, 72 = BB 2004, 293 = NJW 2004, 1111.
38 Rowedder/Schmidt-Leithoff/*Pentz,* § 30, Rn. 32.

gleichen Bedingungen auch mit einem Nichtgesellschafter abgeschlossen hätte, ob die Leistung also durch betriebliche Gründe gerechtfertigt war. Davon kann nicht ausgegangen werden, wenn die GmbH ihrem Gesellschafter einen Preis gewährt, der unter ihren eigenen Selbstkosten liegt.[39]

cc) Verdeckte Gewinnausschüttung, verdeckte Sondervorteile

Eine nach den Grundsätzen der §§ 30 ff. GmbHG zu behandelnde „verdeckte Gewinnausschüttung", die auch als verdeckter Sondervorteil bezeichnet wird, liegt in jeder außerhalb der förmlichen Gewinnverwendung vorgenommenen Leistung der Gesellschaft aus ihrem Vermögen an einen ihrer Gesellschafter, der *keine gleichwertige Gegenleistung* gegenübersteht. Ob im Einzelfall ein normales Austauschgeschäft oder eine verdeckte Gewinnausschüttung von Gesellschaftsvermögen vorliegt, richtet sich danach, ob ein gewissenhaft nach kaufmännischen Grundsätzen handelnder Geschäftsführer das Geschäft unter sonst gleichen Umständen zu den gleichen Bedingungen auch mit einem Nichtgesellschafter abgeschlossen hätte, ob die Leistung also durch betriebliche Gründe gerechtfertigt war. Dieser Bewertungsmaßstab, der einen gewissen unternehmerischen Handlungsspielraum anerkennt, schließt die Berücksichtigung *subjektiver Erwägungen* der Geschäftsführer, die Leistung und Gegenleistung für ausgeglichen halten, aus.[40] Die steuerrechtliche Figur der verdeckten Gewinnausschüttung besagt für sich noch nicht, ob ein Erstattungsanspruch gegen den Gesellschafter besteht. Eine solche Zahlung ist aus der Sicht des Kapitalerhaltungsrechts unbedenklich, soweit sie aus ungebundenem Vermögen geleistet werden kann.[41] Eine mit den Kapitalerhaltungsregeln vereinbare verdeckte Gewinnausschüttung kann unter dem Aspekt der Gleichbehandlung im Innenverhältnis der Gesellschafter Ausgleichsansprüche begründen.[42]

---

[39] BGH, Urt. v. 1. 12. 1986 – II ZR 306/95, BB 1987, 433 = NJW 1987, 1195; Michalski/*Heidinger*, § 30, Rn. 44.
[40] BGH, Urt. v. 13. 11. 1995 – II ZR 113/94, BB 1996, 128 = NJW 1996, 589.
[41] BGH, Urt. v. 23. 6. 1997 – II ZR 220/95, BGHZ 136, 125 = BB 1997, 1807 = NJW 1997, 2599.
[42] BGH, Urt. v. 13. 11. 1995 – II ZR 113/94, BB 1996, 128 = NJW 1996, 589.

dd) Geschäftsführervergütung

Handelt es sich um die Vergütung eines Gesellschafter-Geschäftsführers, so sind die diesem tatsächlich gewährten Leistungen mit dem Gehalt zu vergleichen, das ein Fremdgeschäftsführer für eine gleiche Tätigkeit erhalten hätte. Dabei sind alle Umstände zu berücksichtigen, die für eine angemessene Festsetzung der Bezüge von Bedeutung zu sein pflegen. Dazu gehören außer Art und Umfang der Tätigkeit insbesondere Art, Größe und Leistungsfähigkeit des Betriebs sowie Alter, Ausbildung, Berufserfahrung und Fähigkeiten des Geschäftsführers. Sind die *Gesamtbezüge* – einschließlich einer gewinnunabhängigen Tantieme bzw. eines Dienstwagens – bei Anlegung dieses Maßstabs nicht überhöht, dann verstößt ihre Zahlung nicht gegen § 30 GmbHG.[43] Verschlechtern sich die wirtschaftlichen Verhältnisse der Gesellschaft in wesentlichem Maße, kann allerdings ein Organmitglied aufgrund der von ihm als solche geschuldeten Treuepflicht gehalten sein, einer Herabsetzung seiner Bezüge zuzustimmen.[44] Dem Drittvergleich hält die Zahlung einer *Abfindung* an einen Gesellschafter-Geschäftsführer und die Fortsetzung seiner Tätigkeit als freier Handelsvertreter nicht stand.[45]

ee) Verzicht auf Gewinn

Auch der Verzicht auf einen möglichen Gewinn, wenn etwa die Gesellschaft ihre Leistung zum Einstandspreis für den Gesellschafter erbringt, bedeutet regelmäßig eine Auszahlung von Gesellschaftsvermögen. Dies ist jedenfalls anzunehmen, sofern für die Gesellschaft tatsächlich die Möglichkeit bestanden hätte, den Gewinn im Rahmen eines *Drittgeschäfts* zu realisierbaren.[46] Die Abnahme zum Herstellungspreis kann dagegen unter dem Blickpunkt des § 30 GmbHG gerechtfertigt sein, wenn der Gesellschafter der GmbH eine anderweitig schwer absetzbare Überproduktion abnimmt.[47]

---

43 BGH, Urt. v. 15. 6. 1992 – II ZR 88/91, BB 1992, 1583 = NJW 1992, 2894.
44 BGH, Urt. v. 15. 6. 1992 – II ZR 88/91, BB 1992, 1583 = NJW 1992, 2894.
45 BGH, Urt. v. 30. 3. 1998 – II ZR 146/96, BGHZ 138, 211 = BB 1998, 969 = NJW 1998, 2667.
46 Rowedder/Schmidt-Leithoff/*Pentz,* § 30, Rn. 39; Michalski/*Heidinger,* § 30, Rn. 52; *Goette,* § 3, Rn. 34; a.A. Hachenburg/*Goerdeler/Welf Müller,* § 30, Rn. 61.
47 Scholz/*Westermann,* § 30, Rn. 24; Rowedder/Schmidt-Leithoff/*Pentz,* § 30, Rn. 39.

ff) Unschädlichkeit eines reinen Passiventauschs

Entrichtet die Gesellschaft die einem ausgeschiedenen Gesellschafter geschuldete Abfindung aus gebundenem Vermögen, so ist der Gesellschafter nach § 30 GmbHG zur Rückzahlung verpflichtet. Anders verhält es sich in einer solchen Gestaltung, wenn ein Mitgesellschafter der GmbH ein eigenkapitalersetzendes *Darlehen* gewährt und daraus die Abfindung beglichen wird. Wegen der Unterbilanz waren zwar der Abfindungsanspruch des ausgeschiedenen wie auch der Darlehensrückzahlungsanspruch des Mitgesellschafters durch § 30 GmbHG gesperrt. Die Zahlung der Abfindung hat die Unterbilanz aber nicht vertieft, weil an die Stelle des gesperrten Abfindungsanspruchs der ebenfalls gesperrte Darlehensrückzahlungsanspruch getreten ist. Der bloße Austausch gleichrangiger Passiva birgt keinen Nachteil für die Gläubiger der GmbH und fällt daher nicht unter § 30 GmbHG.[48]

3. Unterbilanz und Überschuldung

Im Rahmen der §§ 30, 31 GmbHG ist strikt zwischen Unterbilanz und Überschuldung zu trennen.[49] Unterschreitet das Reinvermögen das Stammkapital der GmbH, so liegt eine Unterbilanz vor. Weitergehend spricht man von einer Überschuldung, wenn die Verbindlichkeiten höher sind als die Vermögenswerte der GmbH. Entgegen früherer Rechtsprechung werden beide Konstellationen von §§ 30, 31 GmbHG erfasst.[50] Der Gesellschafter hat die an ihn geflossenen Leistungen der GmbH – also sowohl im Falle einer Unterbilanz als auch einer Überschuldung – auszugleichen. Allerdings werden bei der Ermittlung des Gesellschaftsvermögens jeweils unterschiedliche Methoden angewendet je nach dem, ob es sich um den Ausgleich einer Unterbilanz oder einer Überschuldung handelt.

---

48 BGH, Urt. v. 30. 6. 2003 – II ZR 326/01, BB 2003, 1749 = NJW-RR 2003, 1265.
49 Vgl. die unklare Begriffsbildung „Unterdeckung", die nicht zwischen Unterbilanz und Überschuldung unterscheidet, wiedergegeben in BGH, Urt. v. 23. 6. 1997 – II ZR 220/95, BGHZ 136, 125 = BB 1997, 1807 = NJW 1997, 2599; *Goette,* § 3, Rn. 17 Fn 40.
50 BGH, Urt. v. 5. 2. 1990 – II ZR 114/89, BB 1990, 728 = NJW 1990, 1730; Baumbach/*Hueck*/*Fastrich,* § 30, Rn. 9; Hachenburg/Goerdeler/*Welf Müller,* § 30, Rn. 46; Scholz/*Westermann,* § 30, Rn. 18; Rowedder/Schmidt-Leithoff/*Pentz,* § 30, Rn. 13.

4. Unterbilanz

a) Feststellung der Unterbilanz

Nach ständiger Rechtsprechung wird bei einer GmbH die Frage, ob eine Entnahme zu einer Unterbilanz führt, nicht anhand eines Vermögensstatus mit Bilanzansätzen zu Verkehrs- oder Liquidationswerten beantwortet; vielmehr kommt es auf die Vermögenssituation der GmbH an, wie sie sich aus einer für den Zeitpunkt der Entnahme aufzustellenden, den Anforderungen des § 42 GmbHG entsprechenden Bilanz zu *fortgeführten Buchwerten* ergibt. Auf diese Weise wird im Interesse des Gläubigerschutzes vermieden, dass die Unsicherheiten und Unwägbarkeiten einer Bewertung etwa vorhandener stiller Reserven dazu führen, dass Beträge an den Gesellschafter ausgeschüttet werden, die in Wahrheit zur Erhaltung des gezeichneten Kapitals erforderlich sind.[51] Ausgangspunkt der Bewertung ist der letzte *Jahresabschluss*.[52] Damit ist die Gesellschaft an ihre bisherige Bewertungs- und Bilanzierungspraxis gebunden. Folglich ist die Gesellschaft gehindert, durch Ausübung von Bewertungswahlrechten *stille Reserven* aufzulösen.[53] Das Gesetz hat ebenso Vermögensgegenstände von der Aktivierung ausgeschlossen, deren Werthaltigkeit nicht hinreichend objektivierbar, vielmehr von subjektiven Werturteilen abhängig ist. Hierzu zählen insbesondere ein nicht deriativ erworbener, selbst geschaffener *Firmenwert* (§ 255 Abs. 4 HGB) sowie die *immateriellen Vermögensgegenstände* des Anlagevermögens, die nicht entgeltlich erworben worden sind (§ 248 Abs. 2 HGB).[54] Ausstehende Gesellschafterforderungen sind zu aktivieren, soweit sie uneinbringlich sind, abzuschreiben.[55] Eigene Anteile der GmbH (§ 33 GmbHG) sind mit den realen Anschaffungskosten zu aktivieren.[56] Eigenkapitalersetzende Gesellschafterdarlehen sind bei Fehlen einer Rangrücktrittsvereinbarung als Verbindlichkeiten zu passivieren. Dagegen hat eine

---

51 BGH, Urt. v. 8. 11. 2004 – II ZR 300/02, BB 2005, 176; BGH, Urt. v. 11. 12. 1989 – II ZR 78/89, BGHZ 109, 334 = BB 1990, 317 = NJW 1990, 1109.
52 *Lutter/Hommelhoff,* § 30, Rn. 15.
53 Scholz/*Westermann,* § 30, Rn. 14; *Lutter/Hommelhoff,* § 30, Rn. 15; Rowedder/Schmidt-Leithoff/*Pentz,* § 30, Rn. 10.
54 BGH, Urt. v. 11. 12. 1989 – II ZR 78/89, BGHZ 109, 334 = BB 1990, 317 = NJW 1990, 1109.
55 *Lutter/Hommelhoff,* § 30, Rn. 15.
56 Michalski/*Heidinger,* § 30, Rn. 21.

Passivierung nicht zu erfolgen wenn der Gesellschafter seinen *Rangrücktritt*, also sinngemäß erklärt hat, er wolle wegen der genannten Forderung erst nach der Befriedigung sämtlicher Gesellschaftsgläubiger und – bis zur Abwendung der Krise – auch nicht vor, sondern nur zugleich mit den Einlagerückgewähransprüchen seiner Mitgesellschafter berücksichtigt, also so behandelt werden, als handele es sich bei seiner Gesellschafterleistung um statutarisches Kapital.[57] Aufwendungen sowohl für die Gründung (§ 248 Abs. 1 HGB) als auch die Ingangsetzung oder Erweiterung des Geschäftsbetriebs (§ 269 S. 1 HGB) bleiben außer Ansatz.[58] Für die Beurteilung, ob eine Unterbilanz vorliegt, ist als maßgebenden Zeitpunkt an die effektive Leistung anzuknüpfen.[59]

b) Haftungsgrenze

Eine Unterbilanz ist gegeben, wenn das Reinvermögen der Gesellschaft (Aktiva minus Verbindlichkeiten) das Stammkapital nicht mehr deckt. Kennzeichnend für eine Unterbilanz ist also, dass die Stammkapitalziffer durch das vorhandene Vermögen nicht mehr erreicht wird, ohne dass eine Überschuldung eingetreten ist.[60] Im Falle einer Unterbilanz beschränkt sich der Erstattungsanspruch gegen den Gesellschafter aus § 31 GmbHG auf das *Maß der Unterbilanz*, mithin den Betrag, um den die Stammkapitalziffer unterschritten wird.[61] Der Höhe nach kann der Ausgleich *nie* über die Stammkapitalziffer hinausgehen.[62] Falls die Zahlung nur zum Teil eine Unterbilanz bewirkt, ist der Rückgewähranspruch entsprechend zu vermindern.

---

[57] BGH, Urt. v. 8. 1. 2001 – II ZR 88/99, BGHZ 146, 264 = BB 2001, 430 = NJW 2001, 1280; BGH, Urt. v. 6. 12. 1993 – II ZR 102/93, BGHZ 124, 282 = BB 1994, 392 = NJW 1994, 724; Scholz/*Westermann,* § 30, Rn. 15; Roth/*Altmeppen,* § 30, Rn. 10; a.A. Rowedder/Schmidt-Leithoff/*Pentz,* § 30, Rn. 10; Michalski/*Heidinger,* § 30, Rn. 24.
[58] *Lutter/Hommelhoff,* § 30, Rn. 15; Michalski/*Heidinger,* § 30, Rn. 17 f.
[59] Baumbach/*Hueck/Fastrich,* § 30, Rn. 11; Roth/*Altmeppen,* § 30, Rn. 15.
[60] *K. Schmidt,* § 37 III. 1. d); Michalski/*Heidinger,* § 30, Rn. 13.
[61] BGH, Urt. v. 23. 6. 1997 – II ZR 220/95, BGHZ 136, 125 = BB 1997, 1807 = NJW 1997, 2599.
[62] *Goette,* § 3, Rn. 24.

5. Überschuldung

a) Begriff der Überschuldung

Die Überschuldung ist von der bloßen Unterbilanz zu unterscheiden. Eine Unterbilanz der GmbH tritt schon ein, sobald die Passiva unter Einbeziehung des Stammkapitals die Aktiva übersteigen. Eine *bilanzielle Überschuldung* liegt hingegen vor, wenn die Aktiva der Gesellschaft hinter den Passiva, zu denen in diesem Zusammenhang die Verbindlichkeiten und Rückstellungen, aber nicht die *Stammkapitalziffer* gehören, zurückbleiben.[63] Eine bilanzielle Überschuldung muss mangels Auflösung stiller Reserven nicht bedeuten, dass die Verbindlichkeiten das Vermögen der Gesellschaft überragen. Von einer *materiellen (rechnerischen) Überschuldung* spricht man schließlich, wenn selbst bei Aufdeckung stiller Reserven – also Bewertung nach Verkehrswerten – ein Reinvermögen nicht mehr vorhanden ist.[64] Die für die Feststellung einer Unterbilanz geltenden Grundsätze des § 42 GmbHG können auf die Beurteilung, ob Überschuldung eingetreten ist, nicht übertragen werden. Vielmehr ist eine rechnerische Überschuldung im Sinne von § 19 Abs. 2 S. 1 InsO zu fordern, bei der das Vermögen des Schuldners die bestehenden Verbindlichkeiten nicht mehr deckt.

b) Feststellung der rechnerischen Überschuldung

aa) Vermögensbilanz

(1) Aktivvermögen

Überschuldung liegt gemäß § 19 Abs. 2 S. 1 InsO vor, wenn das Vermögen der Gesellschaft die bestehenden Verbindlichkeiten nicht mehr deckt. Diese Bewertung erfordert die Aufstellung einer *Überschuldungsbilanz*, die auch als Vermögensbilanz oder Vermögensstatus bezeichnet wird. In der Überschuldungsbilanz sind das Aktivvermögen und die Verbindlichkeiten gegenüberzustellen. Der maßgebliche Unterschied zwischen einer Überschuldungsbilanz und einer regulären Handelsbilanz ist in den Ansätzen der Aktiva zu erkennen. Statt der in der Handelsbilanz ausgewiesenen *Buchwerte* sind die tat-

---

[63] Rowedder/Schmidt-Leithoff/*Pentz,* § 30, Rn. 12; Scholz/*Westermann,* § 30, Rn. 17; Michalski/*Heidinger,* § 30, Rn. 26.
[64] Michalski/*Heidinger,* § 30, Rn. 26.

7. Kap.   II. Reichweite des Vermögensschutzes

sächlichen *Verkehrs- bzw. Liquidationswerte* zugrunde zu legen. Deshalb sind immaterielle Vermögensgüter wie ein selbst geschaffener Firmenwert oder technisches Know how[65] werterhöhend auszuweisen. Bei der Bemessung des Verkehrswerts sind *Zerschlagungswerte* zu berücksichtigen, wenn das Unternehmen nicht fortgeführt werden wird und darum die Vermögensgüter einzeln veräußert werden. Demgegenüber kann gemäß § 19 Abs. 2 S. 2 GmbHG der regelmäßig höhere *Fortführungswert* angesetzt werden, der bei einer Forführung des gesamten Unternehmens durch einen Erwerber (going concern) erzielt werden kann.[66] Dem Fortführungswert ist nur dann der Vorzug zu geben, sofern eine Unternehmensfortführung überwiegend wahrscheinlich ist (§ 19 Abs. 2 S. 2 InsO).

(2) Passivvermögen

Das Passivvermögen umfasst alle Verbindlichkeiten zum Nennwert, die im Insolvenzfall aus der Masse bedient werden müssen. Freie Rücklagen und das Stammkapital gehören nicht auf die Passivseite.[67] Entsprechendes gilt für ein mit einer *Rangrücktrittserklärung* ausgestattetes Gesellschafterdarlehen, das erst nach Befriedigung sämtlicher Gläubiger beglichen werden soll.[68] Ebenso ist ein Darlehen außer Betracht zu lassen, das ausdrücklich für den Sanierungsfall gegeben wurde.[69]

(3) Ergebnis

Die Frage, ob eine rechnerische Überschuldung vorliegt, bemisst sich folglich nach dem Ergebnis der Überschuldungsbilanz. Weist die Überschuldungsbilanz eine negative Differenz aus, so ist von einer rechnerischen Überschuldung der Gesellschaft auszugehen.[70]

---

65 BGH, Urt. v. 30. 9. 1996 – II ZR 51/95 = BB 1996, 2561 = NJW 1997, 196.
66 Rowedder/*Schmidt-Leithoff*, § 63, Rn. 34 f.; *Lutter/Kleindiek*, in: Lutter/Hommelhoff, § 64, Rn. 11.
67 Scholz/*K. Schmidt*, Rn. 28, vor § 64.
68 BGH, Urt. v. 8. 1. 2001 – II ZR 88/99, BGHZ 146, 264 = BB 2001, 430 = NJW 2001, 1280; BGH, Urt. v. 6. 12. 1993 – II ZR 102/93, BGHZ 124, 282 = BB 1994, 392 = NJW 1994, 724; Michalski/*Nerlich*, § 60, Rn. 111; Hachenburg/*Ulmer*, § 63, Rn. 46a.
69 BGH, Urt. v. 28. 6. 1999 – II ZR 272/98, BGHZ 142, 116 = BB 1999, 1672 = NJW 1999, 2809.
70 *Lutter/Kleindiek*, in: Lutter/Hommelhoff, § 30, Rn. 13.

bb) Bisherige Rechtsprechung: Zweistufiger Überschuldungsbegriff

Im Falle einer *rechnerischen Überschuldung* der GmbH war nach der bis zum In-Kraft-Treten der InsO herrschenden Auffassung nicht gesagt, dass auch eine Überschuldung im Rechtssinne vorlag. Nach der bisherigen Rechtsprechung kann von einer Überschuldung nur dann gesprochen werden, wenn das Vermögen der Gesellschaft bei Ansatz von Liquidationswerten unter Einbeziehung der stillen Reserven die bestehenden Verbindlichkeiten nicht deckt (rechnerische Überschuldung) und die Finanzkraft der Gesellschaft nach überwiegender Wahrscheinlichkeit mittelfristig nicht zur Fortführung des Unternehmens ausreicht (Überlebens- oder Fortbestehensprognose). Es gilt also ein zweistufiger Überschuldungsbegriff. Danach kann trotz rechnerischer Überschuldung allein eine *günstige Fortbestehensprognose* der Wertung einer rechtlichen Überschuldung entgegenstehen.[71]

cc) Neue Rechtslage

Im Schrifttum – der BGH hat sich zu dem neuen Recht noch nicht geäußert – wird es als zweifelhaft erachtet, ob nach dem Inhalt des zum 1. 1. 1999 in Kraft getretenen § 19 Abs. 2 S. 2 InsO der bisherige zweistufige Überschuldungsbegriff aufrechterhalten werden kann. Nach dem Wortlaut der Vorschrift kann in die Taxierung der einzelnen Vermögensgegenstände ein durch die Fortführung des Unternehmens erhöhter Wert einfließen. Eine günstige Fortbestehensprognose wird folglich als bloßer Faktor für die Wertermittlung, nicht aber als selbstständig einer Überschuldung entgegenstehender Tatbestand anerkannt. Gelangt die *Überschuldungsbilanz* trotz günstiger Fortführungsprognose zu einem negativen Ergebnis, besteht nach dem Wortlaut des § 19 Abs. 2 S. 2 InsO vielleicht nicht mehr die Möglichkeit, *allein wegen der günstigen Fortbestehensprognose* eine Überschuldung abzulehnen.[72] Gelangt die Überschuldungsbilanz sowohl nach Zerschlagungs- als auch nach Fortführungswerten zu einem negativen

---

[71] BGH, Urt. v. 13. 7. 1992 – II ZR 269/91, BGHZ 119, 201 = NJW 1992, 2891; BGH, Urt. v. 6. 6. 1994 – II ZR 292/91, BGHZ 126, 181 = BB 1994, 1657 = NJW 1994, 2220; Scholz/*K. Schmidt*, Rn. 16 vor § 64; Hachenburg/*Ulmer,* § 63, Rn. 33.

[72] Rowedder/Schmidt-Leithoff/*Pentz,* § 32a, Rn. 37; Baumbach/Hueck/*Schulze-Osterloh,* § 64, Rn. 11; *Lutter/Kleindiek,* in: Lutter/Hommelhoff, § 64, Rn. 12; Scholz/*K. Schmidt,* Rn. 17 vor § 64; Michalski/*Nerlich,* § 60, Rn. 87; uneindeutig Rowedder/*Schmidt-Leithoff,* § 63, Rn. 36, 73, der einerseits einen zweistufigen

Ergebnis, kann von diesem Ansatz her eine günstige Fortbestehensprognose die Überschuldung nicht überwinden. Dagegen liegt keine Überschuldung vor, wenn nur die Bilanz nach Zerschlagungswerten, nicht aber die Bilanz nach Fortführungswerten eine Überschuldung ausweist und eine günstige Fortbestehensprognose zu stellen ist.[73]

c) Haftungsgrenze

aa) Gesellschafter

(1) GmbH

Wird durch die Zahlung an einen Gesellschafter eine Überschuldung herbeigeführt oder vertieft, könnte die Anwendbarkeit des § 30 GmbHG Bedenken begegnen, weil in diesem Fall ein noch zu schützendes Stammkapital überhaupt nicht mehr vorhanden ist. In Abkehr von seiner früheren Rechtsprechung, wonach §§ 30, 31 GmbHG bei Eintritt einer Überschuldung nur entsprechend anwendbar sind,[74] hat der BGH das Regelungswerk zwischenzeitlich für unmittelbar einschlägig erklärt. Die Erstattungspflicht aus §§ 30, 31 GmbHG greift über eine Unterbilanz hinaus auch bei einer *Überschuldung* direkt ein. Die Sicherung des Stammkapitals ist nicht gegenständlich, sondern als rein rechnerischer Schutz des Gesellschaftsvermögens angelegt und dementsprechend der Rechnungsposten „Stammkapital" auch dann noch zu schützen, wenn das Aktivvermögen der Gesellschaft nicht mehr die vorhandenen Verbindlichkeiten sowie den rechnerischen Betrag des Stammkapitals deckt.[75] § 30 GmbHG deckt also nicht nur die Erhaltung vorhandenen Stammkapitals, sondern auch den Fall ab, dass Zahlungen an Gesellschafter nach Verlust des Stammkapitals der Gesellschaft nur noch unter Herbeiführung oder Vertiefung einer Überschuldung aus Fremdmitteln erfolgen können. Die Erstattungspflicht des begünstigten Gesellschafters (§ 31 Abs. 1

Überschuldungsbegriff vertritt, andererseits eine günstige Fortbestehensprognose allein als nicht tragfähig erachtet.

73 Vgl. im Einzelnen *Lutter/Kleindiek*, in: Lutter/Hommelhoff, § 64, Rn. 13 f.
74 BGH, Urt. v. 29. 3. 1973 – II ZR 25/70, BGHZ 60, 324 = BB 1973, 580 = NJW 1973, 1036.
75 BGH, Urt. v. 5. 2. 1990 – II ZR 114/89, BB 1990, 728 = NJW 1990, 1730; Baumbach/*Hueck*/*Fastrich,* § 30, Rn. 9; Hachenburg/Goerdeler/*Welf Müller,* § 30, Rn. 46; Scholz/*Westermann,* § 30, Rn. 18; Rowedder/Schmidt-Leithoff/*Pentz,* § 30, Rn. 13.

und 2 GmbHG) erstreckt sich also auf den *gesamten nicht durch Eigenkapital gedeckten Fehlbetrag*.[76] Nach § 31 Abs. 1 GmbHG muss ein Gesellschafter Zahlungen, die er entsprechend dem Verbot des § 30 Abs. 1 GmbHG aus dem zur Erhaltung des Stammkapitals erforderlichen Vermögen erhalten hat, der Gesellschaft erstatten.[77] Deshalb erscheint es gerechtfertigt, die Erstattungspflicht des durch eine Auszahlung begünstigten Gesellschafters gemäß § 31 Abs. 1 und 2 GmbHG auf den gesamten, nicht durch Eigenkapital gedeckten Fehlbetrag zu erstrecken.[78] Das Auszahlungsverbot und ein etwaiger Rückgewähranspruch gegen den Gesellschafter werden nicht durch die Höhe des Nennkapitals begrenzt, sondern sie bestimmen sich darüber hinaus nach den ungedeckten Verbindlichkeiten.[79] Der Anspruch geht – begrenzt auf den Betrag des verlorenen Stammkapitals *und* der darüber hinausgehenden Überschuldung der GmbH – auf Rückgewähr des aus dem Gesellschaftsvermögen Empfangenen.[80] Soweit nach vollständiger Rückgewähr der verbotenen Zahlung eine Unterbilanz oder Überschuldung gegeben ist, unterliegt der Gesellschafter nach § 31 GmbHG keiner weiteren Zahlungspflicht, weil die Vorschrift keine *Nachschusspflicht* schafft.[81]

(2) GmbH & Co KG

§§ 30, 31 GmbHG sind auch anwendbar, wenn der Gesellschafter der Komplementär-GmbH, der zugleich Kommanditist der GmbH & Co KG ist, eine Zuwendung aus dem Vermögen der GmbH & Co KG erhält. In diesem Fall, der sich von der ohne weiteres durch § 30

---

76 BGH, Urt. v. 25. 2. 2002 – II ZR 196/00, BGHZ 150, 61 = BB 2002, 1012 = NJW 2002, 1803.
77 BGH, Urt. v. 25. 9. 1976 – II ZR 162/75, BGHZ 67, 171 = BB 1976, 1528 = NJW 1977, 104.
78 BGH, Urt. v. 25. 2. 2002 – II ZR 196/00, BGHZ 150, 61 = BB 2002, 1012 = NJW 2002, 1803.
79 BGH, Urt. v. 13. 7. 1981 – II ZR 256/79, BGHZ 81, 252 = BB 1981, 1664 = NJW 1981, 2570; Scholz/*Westermann*, § 30, Rn. 18; *Lutter/Hommelhoff*, § 30, Rn. 13; Rowedder/Schmidt-Leithoff/*Pentz*, § 30, Rn. 13; Hachenburg/*Goerdeler/Welf Müller*, § 30, Rn. 46.
80 BGH, Urt. v. 8. 7. 1985 – II ZR 269/84, BGHZ 95, 188 = BB 1985, 1814 = NJW 1985, 2947; BGH, Urt. v. 24. 3. 1980 – II ZR 213/77, BGHZ 76, 326 = BB 1980, 797 = NJW 1980, 1524.
81 *Goette*, § 3, Rn. 24; Michalski/*Heidinger*, § 31, Rn. 27.

GmbHG erfassten Konstellation einer Leistung der Komplementär-GmbH an den Gesellschafter unterscheidet, ist § 30 GmbHG einschlägig, sofern durch die Leistung der GmbH & Co KG das Vermögen der Komplementär-GmbH nicht mehr dem Stammkapitalwert entspricht. Dies kann einmal geschehen, wenn die im Übrigen vermögenslose GmbH ihr Kapital als Einlage in die KG eingebracht hat und der *Wert ihrer Beteiligung an der KG* infolge einer Zuwendung an den Gesellschafter unter den Stammkapitalnennwert herabsinkt. Besitzt die GmbH eigenes Reinvermögen, aber keinen oder nur einen verhältnismäßig geringen Kapitalanteil, kann die Zuwendung an den Gesellschafter, von der Minderung des Kapitalanteils abgesehen, auch darüber hinaus zu einer Aufzehrung ihres Stammkapitals führen, wenn sie zum Ausgleich der Passivposten, die sich aus ihrer Haftung für die Verbindlichkeiten der KG ergeben, infolge der Aushöhlung des Vermögens der KG *keinen gegenüber dieser realisierbaren Freistellungsanspruch* mehr aktivieren kann und das Vermögen der GmbH aus diesem Grund unter die Ziffer des Stammkapitals herabgedrückt wird.[82] Bei der Zahlung aus dem Vermögen der KG steht der Erstattungsanspruch aus § 31 GmbHG ihr selbst zu; er ist von der GmbH als Komplementär zu verfolgen.[83]

bb) Ausfallhaftung der Mitgesellschafter

Zwar erscheint es gerechtfertigt, die Erstattungspflicht des durch eine Auszahlung begünstigten Gesellschafters gemäß § 31 Abs. 1 und 2 GmbHG auf den gesamten, nicht durch Eigenkapital gedeckten Fehlbetrag zu erstrecken. Den Belangen der nach § 31 Abs. 3 GmbHG haftenden Gesellschafter würde man auch bei angemessener Berücksichtigung der Gläubigerinteressen nicht gerecht, wenn sie auch für den die Stammkapitalziffer übersteigenden Betrag haften würden. Eine unbeschränkte Haftung wäre mit der besonderen Haftungsstruk-

---

[82] BGH, Urt. v. 29. 3. 1973 – II ZR 25/70, BGHZ 60, 324 = BB 1973, 580 = NJW 1973, 1036; BGH, Urt. v. 27. 3. 1995 – II ZR 30/94, BB 1995, 1049 = NJW 1995, 1960; BGH, Urt. v. 6. 7. 1998 – II ZR 284/94, BB 1998, 1705 = NJW 1998, 3273; Hachenburg/*Goerdeler/Welf Müller,* § 30, Rn. 83; Scholz/*Westermann,* § 30, Rn. 39; Rowedder/Schmidt-Leithoff/*Pentz,* § 30, Rn. 71.
[83] BGH, Urt. v. 29. 3. 1973 – II ZR 25/70, BGHZ 60, 324 = BB 1973, 580 = NJW 1973, 1036; Michalski/*Heidinger,* § 31, Rn. 99; Rowedder/Schmidt-Leithoff/*Pentz,* § 30, Rn. 73.

tur der GmbH und mit dem Fehlen einer gesetzlichen Nachschuss- und Übernahmepflicht der Gesellschafter unvereinbar. Der BGH hat zunächst offen gelassen, ob sich die Ausfallhaftung auf die Höhe des Stammkapitals oder der Stammeinlagebeträge der Gesellschafter beschränkt.[84] Nunmehr hat der BGH entschieden, dass die Ausfallhaftung nach oben bis auf den Betrag der *Stammkapitalziffer* beschränkt ist. Für eine weitere Beschränkung auf den Stammeinlagebetrag des jeweiligen Mitgesellschafters in Parallele zu § 24 GmbHG besteht wegen des ungleich höheren Fehlbetrages in den von § 31 Abs. 3 GmbHG miterfassten Überschuldungsfällen kein Anlass. Ebenso wenig besteht Anlass, die Solidarhaftung des Mitgesellschafters auf das Stammkapital abzüglich seiner eigenen Einlage zu begrenzen.[85] Die Rechtsfolgen eines Verstoßes gegen das Kapitalerhaltungsgebot aus § 30 GmbHG richten sich ausschließlich nach § 31 GmbHG. Die abschließende Regelung dieser Vorschrift schließt eine weitergehende Haftung auch bei *schuldhafter Mitwirkung* der anderen Gesellschafter an dem Vermögensentzug grundsätzlich aus.[86]

III. Auszahlungsempfänger

Das Auszahlungsverbot richtet sich nach dem Wortlaut des § 30 GmbHG an Gesellschafter. In bestimmten Konstellationen werden auch gesellschaftsfremde Dritte erfasst.

1. Gesellschafter

a) Direkte Leistung an Gesellschafter

Adressat des Auszahlungsverbots ist der Gesellschafter im Sinne des § 16 GmbHG. Da das Kapitalerhaltungsgebot mit der Leistung der Einlage korrespondiert, setzen §§ 30, 31 GmbHG voraus, dass derje-

---

[84] BGH, Urt. v. 25. 2. 2002 – II ZR 196/00, BGHZ 150, 61 = BB 2002, 1012 = NJW 2002, 1803.
[85] BGH, Urt. v. 22. 9. 2003 – II ZR 229/02, BB 2003, 2423 = NJW 2003, 3629; zustimmend Rowedder/Schmidt-Leithoff/*Pentz*, § 31, Rn. 38; Baumbach/*Hueck*/*Fastrich*, § 31, Rn. 17; Hachenburg/*Goerdeler*/*Welf Müller*, § 31, Rn. 54; anders Lutter/*Hommelhoff*, § 31, Rn. 21: Stammkapital abzüglich eigener Einlage; Scholz/*Westermann*, § 31, Rn. 30: Haftung nur in Höhe der Einlage.
[86] BGH, Urt. v. 25. 2. 2002 – II ZR 196/00, BGHZ 150, 61 = BB 2002, 1012 = NJW 2002, 1803.

7. Kap.   III. Auszahlungsempfänger

nige, der auf Kosten des Stammkapitals eine Auszahlung verlangt oder erhalten hat, bei *Begründung* der Auszahlungsverpflichtung (noch) Gesellschafter gewesen ist. Unschädlich ist es, wenn der (frühere) Gesellschafter bei Bewirken der Leistung der GmbH nicht mehr angehört.[87] Das Ausscheiden zwischen Kausalgeschäft und Leistungsbewirkung befreit den Gesellschafter also nicht von seiner Rückzahlungspflicht.[88] Das Verbot gilt ausnahmsweise *vor Erwerb* der Mitgliedschaft, wenn die Leistung im Blick auf die künftige Gesellschafterstellung erfolgt.[89] Dies kann beim *Management-buy-out-Verfahren*, wenn das Vermögen der übernommenen Gesellschaft als Kreditmittel dient, Probleme aufwerfen.[90] Ausnahmsweise genügt auch eine Vereinbarung nach Ausscheiden, die im Zusammenhang mit dem Ausscheiden getroffen wird, indem etwa der Kaufpreis für die Anteilsveräußerung aus der Gesellschaftskasse bezahlt wird.[91]

b) Leistung an Gesellschafter über Dritten

Mit der Zuwendung an einen Dritten, die bei wirtschaftlicher Betrachtung dem Gesellschafter zugute kommt, kann eine Leistung an den Gesellschafter erbracht werden. Dies ist etwa anzunehmen, wenn die Drittzahlung im *Einverständnis* oder auf *Weisung* des Gesellschafters geschieht.[92] Nicht anders verhält es sich, sofern die Leistung der Gesellschaft auf *Rechnung* des Gesellschafters erfolgt: Wird ein dem Gesellschafter eingeräumter Anspruch auf Auszahlung eines – in Wirklichkeit nicht vorhandenen – Gewinns unter den Vorausset-

---

[87] BGH, Urt. v. 24. 3. 1954 – II ZR 23/53, BGHZ 13, 49 = BB 1954, 360 = NJW 1954, 1157; BGH, Urt. v. 29. 9. 1977 – II ZR 157/76, BGHZ 69, 274 = BB 1977, 1730 = NJW 1978, 160; BGH, Urt. v. 13. 7. 1981 – II ZR 256/79, BGHZ 81, 252 = BB 1981, 1664 = NJW 1981, 2570; *Lutter/Hommelhoff*, § 30, Rn. 22; Roth/*Altmeppen*, § 30, Rn. 24; Baumbach/*Hueck/Fastrich*, § 30, Rn. 20.
[88] Roth/*Altmeppen*, § 30, Rn. 24.
[89] Roth/*Altmeppen*, § 30, Rn. 25; Rowedder/Schmidt-Leithoff/*Pentz*, § 30, Rn. 18; *Lutter/Hommelhoff*, § 30, Rn. 22; *Goette*, § 3, Rn. 36.
[90] Rowedder/Schmidt-Leithoff/*Pentz*, § 30, Rn. 18; Roth/*Altmeppen*, § 30, Rn. 106.
[91] BGH, Urt. v. 24. 3. 1954 – II ZR 23/53, BGHZ 13, 49 = BB 1954, 360 = NJW 1954, 1157; *Lutter/Hommelhoff*, § 30, Rn. 22, Rowedder/Schmidt-Leithoff/*Pentz*, § 30, Rn. 19; Michalski/*Heidinger*, § 30, Rn. 69.
[92] BGH, Urt.v. 13. 7. 1981 – II ZR 256/79, BGHZ 81, 252 = BB 1981, 1664 = NJW 1981, 2570; BGH, Urt. v. 8. 7. 1985 – II ZR 269/84, BGHZ 95, 188 = BB 1985, 1814 = NJW 1985, 2947; Rowedder/Schmidt-Leithoff/*Pentz*, § 30, Rn. 20; *Lutter/Hommelhoff*, § 30, Rn. 23.

zungen des § 30 GmbHG einverständlich mit einer Forderung verrechnet, die der GmbH gegen ein dem Gesellschafter wirtschaftlich gehörendes Unternehmen zusteht, so ist er, wenn dieses später in Vermögensverfall gerät, zum Ersatz verpflichtet, soweit die Forderung der Gesellschaft an Wert verloren hat.[93] Ferner trifft den Gesellschafter eine Erstattungspflicht, falls die GmbH seine Steuerschuld aus gebundenem Vermögen begleicht.[94] Des Weiteren reicht es für die Anwendung des § 30 GmbHG aus, wenn sich die Gesellschaft gegenüber dem Gesellschafter zur Erfüllung einer für sie fremden Verbindlichkeit verpflichtet und dieser Verpflichtung nachkommt.[95]

2. Dritte

Leistungen der Gesellschaft an einen Dritten, der tatsächlich Zuwendungsempfänger ist, können dem Gesellschafter in gewissen Konstellationen zugerechnet werden. Die Zahlung an den Dritten steht einer Zahlung an den Gesellschafter gleich. In diesen Fällen sind Gesellschafter und Dritter *Gesamtschuldner* des Erstattungsanspruchs.[96]

a) Treuhand

Leistungen der Gesellschaft an den *Treuhänder* selbst sind als Leistung an einen Gesellschafter zu bewerten, weil der Treuhänder die Gesellschafterstellung (§ 16 GmbHG) einnimmt.[97] Zugleich wirkt die Leistung an den Treuhänder auch als Leistung an den *Treugeber*. Nach der Rechtsprechung des BGH hat derjenige, der als so genannter Hintermann mittelbar eine Beteiligung an einer GmbH für einen auf seine Rechnung handelnden Mittels- oder Strohmann hält, sowohl für die Aufbringung des Stammkapitals (§§ 19, 24 GmbHG) als auch die Erhaltung des Stammkapitals im Rahmen der §§ 30, 31 GmbHG und

---

[93] BGH, Urt. v. 10. 5. 1993 – II ZR 74/92, BGHZ 122, 333 = BB 1993, 1314 = NJW 1993, 1922; Roth/*Altmeppen,* § 30, Rn. 29.
[94] BGH, Urt. v. 22. 9. 2003 – II ZR 229/02, BB 2003, 2423 = NJW 2003, 3629; BGH, Urt. v. 29. 3. 1973 – II ZR 25/70, BGHZ 60, 324 = BB 1973, 580 = NJW 1973, 1036.
[95] BGH, Urt. v. 24. 3. 1954 – II ZR 23/53, BGHZ 13, 49 = BB 1954, 360 = NJW 1954, 1157.
[96] Lutter/*Hommelhoff,* § 31, Rn. 5; Rowedder/Schmidt-Leithoff/*Pentz,* § 31, Rn. 9 f.
[97] Michalski/*Heidinger,* § 30, Rn. 71; Rowedder/Schmidt-Leithoff/*Pentz,* § 30, Rn. 22.

7. Kap.   III. Auszahlungsempfänger

der §§ 32a, 32b GmbHG wie der unmittelbare Gesellschafter einzustehen.[98] Die Einstandspflicht des Treugebers ist auch dann gegeben, wenn der Treuhänder die empfangene Leistung nicht an den Treugeber weitergeleitet hat.[99] Der *Komplementär* der Gesellschafterin einer GmbH kann einem Gesellschafter der GmbH gleichgestellt werden, wenn er die KG beherrscht oder wegen der von ihm erbrachten Leistung einen Freistellungsanspruch gegen die KG erworben hat.[100]

b) Verbundene Unternehmen

Um einer besonders nahe liegenden Umgehung des § 30 GmbHG entgegenzutreten, müssen sich Dritte eine Leistung auch dann unmittelbar zurechnen lassen, wenn sie gesellschaftsrechtlich mit der leistenden Gesellschaft verbunden sind. Dies gilt vor allem für den Fall, dass an eine Gesellschaft ausgezahlt wird, an der ein Gesellschafter der leistenden Gesellschaft maßgeblich beteiligt ist. Hier ist der Gesellschafter selbst als mittelbar Begünstigter zur Rückzahlung verpflichtet.[101] Daneben ist stets auch der Dritte Schuldner des Rückgewähranspruchs. Für eine maßgebliche Beteiligung an der anderen Gesellschaft reicht grundsätzlich eine *Mehrheitsbeteiligung* aus, aufgrund deren der Gesellschafter beherrschenden Einfluss auf das leistende Unternehmen ausüben, also dessen Geschäftspolitik bestimmen und Weisungen an dessen Geschäftsführer durch entsprechenden Gesellschafterbeschluss (§ 46 Nr. 5 GmbHG) durchsetzen kann. Dazu genügt eine einfache Mehrheit, also auch eine solche von 51%. Auch eine Beteiligung von exakt 50% kann ausreichen, wenn der Gesellschafter in dem verbundenen Unternehmen als Geschäftsführer bestimmenden Einfluss ausübt. Die maßgebliche Beteiligung des Gesellschafters muss an beiden Unternehmen bestehen. Bei der Beurteilung der Frage, ob es sich um verbundene Unternehmen handelt, kann

---

98 BGH, Urt. v. 24. 11. 2003 – II ZR 171/01, BGHZ 157, 72 = BB 2004, 293 = NJW 2004, 1111; BGH, Urt. v. 13. 4. 1992 – II ZR 225/91, BGHZ 118, 107 = BB 1992, 1374 = NJW 1992, 2023 m. w. N.; BGH, Urt. v. 20. 2. 1989 – II ZR 167/88, BGHZ 107, 7 = NJW 1989, 1800; BGH, Urt. v. 8. 7. 1985 – II ZR 269/84, BGHZ 95, 188 = BB 1985, 1814 = NJW 1985, 2947; BGH, Urt. v. 14. 12. 1959 – II ZR 187/57, BGHZ 31, 258 = BB 1960, 18 = NJW 1960, 285; Roth/*Altmeppen,* § 30, Rn. 33; Scholz/*Westermann,* § 30, Rn. 29.
99 Roth/*Altmeppen,* § 30, Rn. 33.
100 BGH, Urt. v. 18. 11. 1996 – II ZR 207/95, BB 1997, 220 = NJW 1997, 740.
101 BGH, Urt. v. 28. 2. 2005 – II ZR 103/03, BB 2005, 846.

jedoch nicht auf die Verteilung der Geschäftsanteile zu dem Zeitpunkt abgestellt werden, in dem die *Verbindlichkeit begründet* wird, sondern in der Regel nur auf den Zeitpunkt, zu dem die Gesellschaft tatsächlich in Anspruch genommen wird. Die Umgehungsgefahr besteht nicht mehr, wenn kein Gesellschafter der leistenden Gesellschaft im Zeitpunkt der Erfüllung der Verbindlichkeit an der den Vermögensgegenstand empfangenden Gesellschaft beteiligt ist.[102] Besichert eine GmbH einen ihrer Muttergesellschaft gewährten Kredit, ist das Sicherungsgeschäft – Globalabtretung – nicht schon deshalb sittenwidrig, weil die GmbH nicht mehr genügend freies Vermögen hat, um ihre Gläubiger zu befriedigen. Die außerhalb der Regelung der §§ 30, 31 GmbHG stehende *Bank* ist danach Forderungsinhaber geworden. Erst wenn sich für die Bank aufdrängt, dass ein wirtschaftlicher Zusammenbruch des Konzerns droht, kommt eine Haftung der Bank gegenüber den Gläubigern der Konzerngesellschaften nach § 826 BGB in Betracht.[103]

c) Leistungen an Familienangehörige

Im Aktienrecht verbieten die die Gewährung von Organkrediten regelnden Bestimmungen (§ 89 Abs. 3, § 115 Abs. 2 AktG) nicht nur die ohne Zustimmung des Aufsichtsrats erfolgende Zahlung an den für Rechnung des Organs handelnden Dritten, sondern auch die Zahlung an Ehegatten und minderjährige Kinder des Organs. Hierbei handelt es sich um eine gesetzliche Typisierung von Umgehungstatbeständen, die nach Ansicht des BGH auf das Verbot der Kapitalrückzahlung zu übertragen ist.[104] Von dieser typisierenden Betrachtungsweise ist der BGH allerdings abgerückt. Der Umstand, dass der

---

[102] BGH, Urt. v. 21. 9. 1981 – II ZR 104/80, BGHZ 81, 311 = BB 1981, 2026 = NJW 1982, 382; BGH, Urt. v. 13. 11. 1995 – II ZR 113/94, BB 1996, 128 = NJW 1996, 589; BGH, Urt. v. 21. 6. 1999 – II ZR 70/98, BB 1999, 1675 = NJW 1999, 2822; BGH, Urt. v. 27. 11. 2000 – II ZR 179/99, BB 2001, 166 = NJW 2001, 1490; BGH, Urt. v. 13. 12. 2004 – II ZR 206/02, BB 2005, 232; Michalski/*Heidinger*, § 30, Rn. 80, 114 ff.

[103] BGH, Urt. v. 19. 3. 1998 – IX ZR 22/97, BGHZ 138, 291 = BB 1998, 1966 = NJW 1998, 2592; kritisch Roth/*Altmeppen*, § 30, Rn. 107.

[104] BGH, Urt. v. 28. 9. 1981 – II ZR 223/80, BGHZ 81, 365 = BB 1981, 365 = NJW 1981, 386; Hachenburg/Goerdeler/*Welf Müller*, § 30, Rn. 52; Baumbach/*Hueck*/ *Fastrich*, § 30, Rn. 17; zurückhaltend im Hinblick auf Art. 6 GG Rowedder/ Schmidt-Leithoff/*Pentz*, § 30, Rn. 25.

Fremdgeschäftsführer einer GmbH der Ehemann von deren Alleingesellschafterin ist, zwingt nicht dazu, ihm die Aufrechnung gegen die GmbH zu versagen.[105]

IV. Der Erstattungsanspruch

1. Umfang des Anspruchs

Im Falle einer *Unterbilanz* beschränkt sich der Erstattungsanspruch gegen den Gesellschafter aus § 31 GmbHG auf das *Maß der Unterbilanz*, mithin den Betrag, um den die Stammkapitalziffer unterschritten wird.[106] Der Höhe nach kann der Ausgleich *nie* über die Stammkapitalziffer hinausgehen.[107] Falls die Zahlung nur zum Teil eine Unterbilanz bewirkt, ist der Rückgewähranspruch entsprechend zu vermindern. Im Falle einer *Überschuldung* geht der Anspruch – begrenzt auf den Betrag des verlorenen Stammkapitals *und* der darüber hinausgehenden Überschuldung der GmbH – auf Rückgewähr des aus dem Gesellschaftsvermögen Empfangenen.[108] Soweit nach vollständiger Rückgewähr der verbotenen Zahlung eine Unterbilanz oder Überschuldung gegeben ist, unterliegt der Gesellschafter nach § 31 GmbHG keiner weiteren Zahlungspflicht, weil die Vorschrift keine *Nachschusspflicht* schafft.[109] Wird beim Ausscheiden eines Gesellschafters aus einer GmbH deren Stammkapital durch Forderungsverzichte des Ausscheidenden „auf Null" gestellt, darf die Gesellschaft auf die verbliebenen Forderungen des früheren Gesellschafters, die bei der Beendigung der Gesellschafterstellung eigenkapitalersetzenden Charakter angenommen haben, aus ihrem Vermögen keine Zahlungen erbringen. Wird hiergegen verstoßen, hat der ausgeschiedene Gesellschafter den empfangenen Betrag an die GmbH zurückzugewähren.[110]

---

105 BGH, Urt. v. 8. 2. 1999 – II ZR 261/97, NJW 1999, 2123.
106 BGH, Urt. v. 23. 6. 1997 – II ZR 220/95, BGHZ 136, 125 = BB 1997, 1807 = NJW 1997, 2599.
107 *Goette,* § 3, Rn. 24.
108 BGH, Urt. v. 8. 7. 1985 – II ZR 269/84, BGHZ 95, 188 = BB 1985, 1814 = NJW 1985, 2947; BGH, Urt. v. 24. 3. 1980 – II ZR 213/77, BGHZ 76, 326 = BB 1980, 797 = NJW 1980, 1524.
109 *Goette,* § 3, Rn. 24; Michalski/*Heidinger,* § 31, Rn. 27.
110 BGH, Urt. v. 15. 11. 2004 – II ZR 299/02, BB 2005, 177.

2. Inhalt des Anspruchs

Der Rückgewähranspruch ist gesellschaftsrechtlicher Natur und kein Bereicherungsanspruch, so dass sich der Gesellschafter nicht auf §§ 814, 817, 818 Abs. 3 BGB berufen kann.[111] Der Gesellschafter hat grundsätzlich das Empfangene zu erstatten. Soweit es sich um eine Zuwendung von Geld handelt, ist der erhaltene Betrag zu erstatten.[112] Besteht die Zuwendung darin, dass die Gesellschaft eine Forderung gegen den Leistungsempfänger aufgegeben hat, so muss dessen Verbindlichkeit wieder begründet werden. Wenn es sich um eine fällige Verbindlichkeit handelt, kann die Gesellschaft unmittelbar *Zahlung* verlangen.[113] Steht der Gesellschaft ein Anspruch auf Wiederbegründung einer erlassenen Verbindlichkeit zu, kann sie ebenfalls Zahlung fordern, sofern die Verbindlichkeit fällig ist.[114] Handelt es sich um die Leistung von Sachen, sind diese gegenständlich *in Natur* herauszugeben. Sofern eine Rückgabe nicht möglich ist, hat der Gesellschafter Wertersatz zu leisten.[115]

3. Fälligkeit des Anspruchs

Der Erstattungsanspruch wird mit seinem Entstehen sofort fällig. Seine Fälligkeit hängt nicht davon ab, dass die *Gesellschafterversammlung* beschließt, ihn geltend zu machen (§ 46 Nr. 2 GmbHG). Die Gesellschafter können die Rückforderung nicht dadurch unterlaufen, dass sie sie nicht beschließen. Auch kann der Gesellschafter die Begleichung von einer Gesamtabrechnung des Gesellschaftsverhältnisses abhängig machen.[116] Auch können die Gesellschafter den

---

111 Rowedder/Schmidt-Leithoff/*Pentz*, § 30, Rn. 12.
112 Michalski/*Heidinger*, § 31, Rn. 27; Baumbach/*Hueck/Fastrich,* § 31, Rn. 13.
113 BGH, Urt. v. 8. 7. 1985 – II ZR 269/84, BGHZ 95, 188 = BB 1985, 1814 = NJW 1985, 2947.
114 BGH, Urt. v. 2. 10. 2000 – II ZR 64/99, BB 2000, 2487 = NJW 2001, 370.
115 Scholz/*Westermann*, § 31, Rn. 2; *Lutter/Hommelhoff,* § 31, Rn. 7; Rowedder/Schmidt-Leithoff/*Pentz*, § 31, Rn. 15; a.A. wahlweise Geldzahlung statt Rückgabe in Natur *K. Schmidt,* § 37, III 2. a); Hachenburg/*Goerdeler/Welf Müller*, § 31, Rn. 25.
116 BGH, Urt. v. 22. 9. 2003 – II ZR 229/02, BB 2003, 2423 = NJW 2003, 3629; BGH, Urt. v. 8. 12. 1986 – II ZR 55/86, BB 1987, 293 = NJW 1987, 779; BGH, Urt. v. 24. 3. 1980 – II ZR 213/77, BGHZ 76, 326 = BB 1980, 797 = NJW 1980, 1524; Rowedder/Schmidt-Leithoff/*Pentz*, § 31, Rn. 12; *Lutter/Hommelhoff,* § 31, Rn. 10.

Geschäftsführer nicht anweisen, von einer Rückforderung abzusehen.[117]

4. Nachträgliche Auffüllung des Stammkapitals

a) Kein nachträglicher Wegfall des Erstattungsanspruchs

Für Ansprüche aus § 31 Abs. 1 GmbHG sind allein die bilanziellen Verhältnisse zum *Zeitpunkt der Auszahlung* maßgebend. Liegt danach ein Verstoß gegen § 30 GmbHG vor, so entfällt der Erstattungsanspruch durch spätere Auffüllung des Stammkapitals nicht. Für den Bestand des Erstattungsanspruchs ist eine nachträgliche Besserung der Vermögenssituation der GmbH ohne Bedeutung. Ein einmal wegen Verstoßes gegen § 30 Abs. 1 GmbHG entstandener Erstattungsanspruch der Gesellschaft gemäß § 31 Abs. 1 GmbHG entfällt nicht von Gesetzes wegen, wenn das Gesellschaftskapital zwischenzeitlich anderweitig bis zur Höhe der Stammkapitalziffer nachhaltig wiederhergestellt ist. Es ist den Gesellschaftern vorbehalten, über die Verwendung der Rückzahlung nach Maßgabe der inneren Verhältnisse der Gesellschaft und etwa bestehender Verpflichtungen zu entscheiden.[118]

b) Behandlung von Rückstellungen

Im Falle einer bilanziellen Unterdeckung infolge einer *Rückstellung*, die erst nach rechtskräftiger Abweisung des zugrunde liegenden Anspruchs mit Wirkung von da an aufzulösen ist, gilt nichts anderes. Sie ist kein fiktives, sondern ein reguläres, im Rahmen des § 30 GmbHG zu berücksichtigendes Passivum. Die Rückstellung soll in Verbindung mit § 30 GmbHG sicherstellen, dass auch die zur Bedienung ungewisser Verbindlichkeiten (mit einem Abschlag) gegebenenfalls erforderlichen Mittel im Gesellschaftsvermögen verbleiben und nicht an Gesellschafter ausgeschüttet werden. Für eine bilanzielle Unterdeckung ist gleichgültig, ob diese auf Rückstellungen oder (sonstigen) Verbindlichkeiten beruht. Es würde der *sofortigen Fälligkeit* des Anspruchs aus § 31 GmbHG widersprechen, wenn die Gesellschaft mit dessen Realisierung im Fall einer ungewissen, in eine

---

117 BGH, Urt. v. 8. 12. 1986 – II ZR 55/86, BB 1987, 293 = NJW 1987, 779.
118 BGH, Urt. v. 29. 5. 2000 – II ZR 118/98, BGHZ 144, 336 = BB 2000, 1483 = NJW 2000, 2577; BGH, Urt. v. 22. 9. 2003 – II ZR 229/02, BB 2003, 2423 = NJW 2003, 3629.

Rückstellung eingegangenen Verbindlichkeit zuwarten müsste, bis der Streit darüber rechtskräftig entschieden oder sonst wie zu ihren Gunsten beigelegt ist. Die Rückstellung für ungewisse Verbindlichkeiten ist so lange fortzuführen, bis ihre Erledigung feststeht.[119]

5. Anspruch gegen gutgläubigen Gesellschafter

Beruft sich der nach § 31 Abs. 2 GmbHG in Anspruch genommene Gesellschafter auf seine vermeintliche *Gutgläubigkeit*, trägt er hierfür die Beweislast.[120] Auf die Gutgläubigkeit kommt es ohnehin nicht an, wenn die Klagesumme nach § 31 Abs. 2 GmbHG zur Befriedigung der Gläubiger benötigt wird. Das ist grundsätzlich der Fall, wenn die Gesellschaft zahlungsunfähig oder überschuldet ist. Auch in diesem Rahmen ist nicht zu entscheiden, ob eine in einer Rückstellung berücksichtigte Verbindlichkeit tatsächlich besteht. Maßgeblich ist vielmehr insoweit eine bilanzielle Betrachtungsweise nach den Grundsätzen einer Überschuldungsbilanz (§ 19 Abs. 2 S. 1 InsO), die das Schuldendeckungspotenzial der Gesellschaft nach Liquidationswerten zeigt. Dabei kommt es bei § 31 Abs. 2 GmbHG nicht auf den Vermögensstatus zum *Zeitpunkt* der verbotenen Auszahlung, sondern denjenigen der tatrichterlichen *Verhandlung* über den Anspruch aus § 31 Abs. 2 GmbHG an.

6. Aufrechnung, Erlass, Stundung

Das Aufrechnungsverbot des § 19 Abs. 2 S. 2 GmbHG gilt auch für den Rückzahlungsanspruch der Gesellschaft aus § 31 GmbHG. Zwar bezieht sich § 19 Abs. 2 S. 2 GmbHG nach seiner systematischen Stellung nur auf die Einlageforderung. Die Regelung der §§ 30 f. GmbHG soll der Erhaltung des zur Gläubigerbefriedigung erforderlichen, durch die Stammkapitalziffer gebundenen Vermögens der Gesellschaft dienen. Angesichts des engen *funktionalen Zusammenhangs* zwischen Kapitalaufbringung und Kapitalerhaltung ist es daher geboten, die Regelung des § 19 Abs. 2 S. 2 GmbHG in erweiternder Auslegung auch auf den Anspruch aus § 31 GmbHG zu erstrecken. Es gibt keinen sachlichen Grund, der es rechtfertigen könnte, dem Gesetzgeber zu unterstellen, er habe die Aufrechnung nur für den Fall versagen wollen, dass die Gesellschaft das im Gesellschaftsvertrag festgesetzte Stammkapi-

---

119 BGH, Urt. v. 22. 9. 2003 – II ZR 229/02, BB 2003, 2423 = NJW 2003, 3629.
120 BGH, Urt. v. 22. 9. 2003 – II ZR 229/02, BB 2003, 2423 = NJW 2003, 3629.

7. Kap.   IV. Der Erstattungsanspruch

tal erstmalig von den Gesellschaftern einfordert, ihr den durch das Aufrechnungsverbot gewährten Schutz aber habe versagen wollen, wenn sie anschließend Beträge zurückfordert, die sie den Gesellschaftern unter Verletzung des Gesetzes aus dem durch die Stammkapitalziffer gebundenen Vermögen ausgezahlt hat.[121] Der Erstattungsanspruch aus § 31 Abs. 1 GmbHG wird mit seinem Entstehen *sofort fällig* und kann dem Gesellschafter *nicht erlassen* werden (§ 31 Abs. 4 GmbHG). Ebenso wie die Einlageforderung darf der funktionell vergleichbare Erstattungsanspruch nicht gestundet werden.[122]

7. Ausfallhaftung

Die Mitgesellschafter des begünstigten Gesellschafters trifft gemäß § 31 Abs. 3 GmbHG eine Ausfallhaftung, die *doppelt subsidiär* an zwei Voraussetzungen gekoppelt ist: Einmal muss die Rückzahlung an die Gesellschaft zur Gläubigerbefriedigung erforderlich sein; zum anderen darf der geschuldete Betrag bei dem erstattungspflichtigen Gesellschafter nicht zu erlangen sein. Ein fruchtloser Vollstreckungsversuch erbringt den Nachweis, dass der Betrag bei dem Primärschuldner nicht zu erlangen ist. Der umständliche Weg der Klageerhebung braucht aber nicht beschritten zu werden, sofern die fehlende Leistungsfähigkeit auf andere Weise dargetan werden kann.[123] Im Blick auf die Gesellschaftereigenschaft ist § 16 GmbHG ausschlaggebend. Der Haftung unterliegen die Gesellschafter, die der GmbH im Zeitpunkt der verbotenen Zahlung angehören.[124] Die Haftung bemisst sich pro rata nach dem Verhältnis der Geschäftsanteile.

8. Verjährung

Der Erstattungsanspruch verjährte, wenn der Empfänger gutgläubig war, nach § 31 Abs. 5 GmbHG in fünf Jahren. Fiel dem Schuldner eine bösliche Handlungsweise zur Last, sollte diese Verjährungsfrist

---

121 BGH, Urt. v. 27. 11. 2000 – II ZR 83/00, BGHZ 146, 105 = BB 2001, 165 = NJW 2001, 830.
122 BGH, Urt. v. 24. 11. 2003 – II ZR 171/01, BGHZ 157, 72 = BB 2004, 293 = NJW 2004, 1111.
123 Scholz/*Westermann,* § 31, Rn. 27; Michalski/*Heidinger,* § 31, Rn. 55.
124 Baumbach/*Hueck/Fastrich,* § 31, Rn. 15; *Goette,* § 3, Rn. 54; *Lutter/Hommelhoff,* § 31, Rn. 20; a.A. Zeitpunkt des Ausfalls des Zahlungsempfängers Scholz/*Westermann,* § 31, Rn. 25; Rowedder/Schmidt-Leithoff/*Pentz,* § 31, Rn. 35: beide Gesellschaftergruppen.

nach § 31 Abs. 5 S. 2 GmbHG nicht gelten. Nach früherem Recht blieb deshalb der Rückgriff auf die 30-jährige Verjährungsfrist des § 195 a.F. BGB. Seit dem 1.1.2002 beträgt indes die Regelverjährung nach §§ 195, 199 BGB nur noch drei Jahre. Wegen des Wertungswiderspruchs, dass der *böslich handelnde Gesellschafter* danach einer kürzeren Verjährung als der gutgläubige Gesellschafter unterworfen ist, wurde vertreten, dass der Anspruch in zehn Jahren[125] oder überhaupt nicht verjährt.[126] Nunmehr hat der Gesetzgeber auch in diesem Bereich eine Klarstellung getroffen. Der Anspruch verjährt – gleich ob der Gesellschafter gutgläubig ist oder böswillig handelt – nach Ablauf von zehn Jahren (§ 31 Abs. 5 GmbHG). Damit gilt für die Kapitalerhaltung dieselbe Frist wie für die Kapitalaufbringung (§ 19 Abs. 6 GmbHG). Böslich handelt ein Gesellschafter, der die Auszahlung in Kenntnis ihrer Unzulässigkeit entgegennimmt, also weiß, dass bereits Überschuldung oder eine Unterbilanz besteht oder dass infolge der Auszahlung das zur Deckung des Stammkapitals erforderliche Vermögen nunmehr angegriffen wird.[127]

9. Darlegungs- und Beweislast

Die Darlegungs- und Beweislast für das Bestehen von Unterbilanzhaftungsansprüchen trifft grundsätzlich die *Gesellschaft* bzw. im Falle ihrer Insolvenz den *Insolvenzverwalter*. Beide haben grundsätzlich den Nachweis zu führen, dass die Leistung zulasten des Stammkapitals bewirkt wurde.[128] Ist eine Vorbelastungsbilanz auf den Eintragungsstichtag nicht erstellt worden oder sind nicht einmal geordnete Geschäftsaufzeichnungen vorhanden, auf deren Grundlage der Insolvenzverwalter seiner Darlegungspflicht nachkommen kann, ergeben sich aber hinreichende Anhaltspunkte dafür, dass das Stammkapital der Gesellschaft schon im Gründungsstadium angegriffen oder verbraucht worden ist oder dass sogar darüber hinausgehende Verluste entstanden sind, ist es Sache der Gesellschafter darzulegen, dass eine Unterbilanz nicht bestanden hat.[129]

---

125 *Lutter/Hommelhoff,* § 31, Rn. 27.
126 Rowedder/Schmidt-Leithoff/*Pentz,* § 31, Rn. 52.
127 BGH, Urt. v. 23.6.1997 – II ZR 220/95, BGHZ 136, 125 = BB 1997, 1807 = NJW 1997, 2599.
128 Rowedder/Schmidt-Leithoff/*Pentz,* § 30, Rn. 43.
129 BGH, Urt. v. 17.2.2003 – II ZR 281/00, BB 2003, 703; *Lutter/Hommelhoff,* § 30, Rn. 26.

V. Ansprüche gegen Gesellschafter wegen existenzvernichtenden Eingriffs

1. Planmäßiger Vermögensentzug

Der Gesellschafter einer GmbH und eine von ihm beherrschte Schwestergesellschaft der GmbH haften den Gesellschaftsgläubigern jedenfalls nach § 826 BGB auf Schadensersatz, wenn sie der GmbH planmäßig deren Vermögen entziehen und es auf die Schwestergesellschaft verlagern, um den Zugriff der Gesellschaftsgläubiger zu verhindern und auf diese Weise das von der GmbH betriebene Unternehmen ohne Rücksicht auf die entstandenen Schulden fortführen zu können. Zwar sind die Gesellschafter nicht verpflichtet, den Geschäftsbetrieb im Interesse der Gläubiger aufrechtzuerhalten. Sie dürfen aber nicht *außerhalb eines Liquidationsverfahrens* das Vermögen der alten GmbH auf eine neue Gesellschaft verlagern und den Gläubigern der Alt-GmbH den Haftungsfonds entziehen. So verhält es sich, wenn ein Krankenhausbetrieb ohne nach außen erkennbaren Bruch unter einem neuen Rechtsträger fortgesetzt wird. Die Haftung kommt auch zum Tragen, wenn die GmbH zum Zeitpunkt der schädigenden Handlung bereits überschuldet ist, diese Überschuldung aber noch vertieft wird mit der Folge, dass die Gläubiger noch schlechter dastehen als ohne die schädigende Handlung.[130]

2. Haftung der Gesellschafter wegen existenzvernichtenden Eingriffs

a) Schutz der abhängigen GmbH gegenüber ihrem Alleingesellschafter

Der Schutz einer abhängigen GmbH gegenüber Eingriffen ihres Alleingesellschafters folgt nicht dem Haftungssystem des *Konzernrechts* des Aktiengesetzes (§§ 291 ff. AktG). Er beschränkt sich auf die Erhaltung ihres Stammkapitals im Sinne der § 30 f. GmbHG, für die im Rahmen des § 43 Abs. 3 GmbHG auch ihre Geschäftsführer haften, und die Gewährleistung ihres Bestandsschutzes in dem Sinne, dass ihr Alleingesellschafter bei Eingriffen in ihr Vermögen und ihre Geschäftschancen angemessene Rücksicht auf ihre seiner Disposition entzogenen eigenen Belange zu nehmen hat. An einer solchen ange-

---

130 BGH, Urt. v. 20. 9. 2004 – II ZR 302/02, BB 2004, 2372.

messenen Rücksichtnahme auf die Eigenbelange der abhängigen GmbH fehlt es dann, wenn diese infolge der Eingriffe ihres Alleingesellschafters ihren *Verbindlichkeiten* nicht mehr nachkommen kann. Zu einer Haftung des Alleingesellschafters für die Verbindlichkeiten der von ihm beherrschten GmbH führt aber auch ein solcher *bestandsvernichtender Eingriff* nur dann, wenn sich die Fähigkeit der GmbH zur Befriedigung ihrer Gläubiger nicht schon durch die Rückführung entzogenen Stammkapitals gemäß § 31 GmbHG wiederherstellen lässt. Veranlasst der Alleingesellschafter die von ihm abhängige GmbH, ihre liquiden Mittel in einen von ihm beherrschten konzernierten Liquiditätsverbund einzubringen, trifft ihn die Pflicht, bei Dispositionen über ihr Vermögen auf ihr Eigeninteresse an der Aufrechterhaltung ihrer Fähigkeit, ihren Verbindlichkeiten nachzukommen, angemessene Rücksicht zu nehmen und ihre Existenz nicht zu gefährden. Neben dem *Alleingesellschafter* treffen nicht auch die *Organe* eine Haftung wegen eines bestandsvernichtenden Eingriffs.[131]

b) Missbrauch der Rechtsform GmbH

Die Voraussetzungen für eine Haftung wegen eines Existenz vernichtenden Eingriffs hat der BGH zwischenzeitlich *präzisiert*. Die Notwendigkeit der Trennung des Vermögens der Gesellschaft von dem übrigen Vermögen der Gesellschafter und die strikte Bindung des ersteren zur – vorrangigen – Befriedigung der Gesellschaftsgläubiger, besteht während der gesamten Lebensdauer der GmbH. Beide – *Absonderung und Zweckbindung* – sind unabdingbare Voraussetzung dafür, dass die Gesellschafter die *Beschränkung ihrer Haftung* auf das Gesellschaftsvermögen in Anspruch nehmen können. Allein dieses Zusammenspiel von Vermögenstrennung und Vermögensbindung einerseits sowie die Haftungsbeschränkung andererseits vermögen das Haftungsprivileg des § 13 Abs. 2 GmbHG zu rechtfertigen. Entziehen die Gesellschafter unter Außerachtlassung der gebotenen Rücksichtnahme auf diese Zweckbindung des Gesellschaftsvermögens durch offene oder verdeckte Entnahmen ohne angemessenen Ausgleich Vermögenswerte und beeinträchtigen sie dadurch in einem ins Gewicht fallenden Ausmaß die Fähigkeit der Gesellschaft zur Erfüllung

---

131 BGH, Urt. v. 17. 9. 2001 – II ZR 178/99, BGHZ 149, 10 = BB 2001, 2233 = NJW 2001, 3622; Michalski/*Heidinger*, § 30, Rn. 95; *Lutter/Hommelhoff*, § 30, Rn. 7; ablehnend Rowedder/Schmidt-Leithoff/*Pentz*, § 30, Rn. 51.

7. Kap.   V. Ansprüche gegen Gesellschafter

ihrer Verbindlichkeiten, so liegt darin ein *Missbrauch* der Rechtsform der GmbH, der zum Verlust des Haftungsprivilegs führen muss, soweit nicht der der GmbH durch den Eingriff insgesamt zugefügte Nachteil schon nach §§ 30, 31 GmbHG vollständig ausgeglichen werden kann oder kein ausreichender Ausgleich in das Gesellschaftsvermögen erfolgt. Das gilt auch und erst recht bei Vorliegen einer Unterbilanz. Unter diesen Voraussetzungen sind die Gesellschaftsgläubiger außerhalb des Insolvenzverfahrens grundsätzlich berechtigt, ihre Forderungen *unmittelbar gegen die Gesellschafter* geltend zu machen.[132] Nach der Eröffnung des Insolvenzverfahrens ist die Forderung von dem *Insolvenzverwalter* zu verfolgen. Der Haftung unterliegt auch ein Gesellschafter, der selbst nichts empfangen hat, jedoch durch sein *Einverständnis* mit dem Vermögensabzug an der Existenzvernichtung der Gesellschaft mitgewirkt hat.[133] Wegen Existenz vernichtenden Eingriffs haftet auch derjenige, der zwar nicht an der GmbH, wohl aber an einer Gesellschaft beteiligt ist, die ihrerseits Gesellschafterin der GmbH (Gesellschafter-Gesellschafter) ist, wenn er einen beherrschenden Einfluss auf die Gesellschafterin ausüben kann.[134] Der Gesellschafter unterliegt lediglich einer beschränkten Haftung, wenn er nachweist, dass der Gesellschaft im Vergleich zu der Vermögenslage bei redlichem Verhalten nur ein begrenzter – und dann in diesem Umfang auszugleichender – Nachteil entstanden ist.[135] Unter einem bestandsvernichtenden Eingriff ist ein gezielter, betriebsfremden Zwecken dienender Eingriff in das Gesellschaftsvermögen zu verstehen.[136] Ein bestandsvernichtender Eingriff scheidet aus, wenn die Gesellschafter der GmbH nach einem Vermögensentzug Mittel in gleicher Höhe zugeführt haben.[137] Entsprechendes gilt für bloße Ma-

---

132 BGH, Urt. v. 24. 6. 2002 – II ZR 300/00, BGHZ 151, 181 = BB 2002, 1823 = NJW 2002, 3024; BGH, Urt. v. 25. 2. 2002 – II ZR 196/00, BGHZ 150, 61 = BB 2002, 1012 = NJW 2002, 1803.
133 BGH, Urt. v. 24. 6. 2002 – II ZR 300/00, BGHZ 151, 181 = BB 2002, 1823 = NJW 2002, 3024; BGH, Urt. v. 25. 2. 2002 – II ZR 196/00, BGHZ 150, 61 = BB 2002, 1012 = NJW 2002, 1803.
134 BGH, Urt. v. 13. 12. 2004 – II ZR 206/02, BB 2005, 234.
135 BGH, Urt. v. 13. 12. 2004 – II ZR 206/02, BB 2005, 234.
136 BGH, Urt. v. 13. 12. 2004 – II ZR 256/02, BB 2005, 286.
137 BGH, Urt. v. 25. 2. 2002 – II ZR 196/00, BGHZ 150, 61 = BB 2002, 1012 = NJW 2002, 1803.

2. Haftung der Gesellschafter wegen existenzvernichtenden Eingriffs 7. Kap.

nagementfehler.[138] Auch ist der Gesellschafter nicht verpflichtet, das Unternehmen im Interesse der Gläubiger fortzuführen oder gar seine Ertragskraft durch Investitionen zu erhalten oder wiederherzustellen. Bei einer Einstellung der Unternehmenstätigkeit muss er allerdings gemäß § 73 GmbHG das Vermögen der GmbH ordnungsgemäß verwerten und aus dem Erlös die Gläubiger befriedigen. Die Überleitung des Kundenstamms auf ein anderes Unternehmen kann einen Bestand vernichtenden Eingriff darstellen. Dies gilt insbesondere, wenn ein dem früheren Unternehmen als Vertreiber von Automobilen gegen den Produzent zustehender Ausgleichsanspruch aus § 89b HGB nicht geltend gemacht wird. Andererseits scheidet eine Haftung aus, sofern dem früheren Unternehmen für Verkäufe an dessen Kunden eine angemessene Provision bezahlt wird.[139] Die – unberechtigte – Veräußerung einer Bank zur Sicherheit übereigneter Unternehmensgegenstände stellt keinen bestandsvernichtenden Eingriff dar, weil es sich um Sicherungsgut eines bestimmten Gläubigers handelt.[140] Dagegen liegt ein bestandsvernichtender Eingriff vor, wenn die Gesellschafter sämtliche Vermögenswerte der überschuldeten Gesellschaft auf eine neue GmbH übertragen und die Altgesellschaft in eine masselose Insolvenz führen.[141]

c) Haftung im qualifiziert faktischen Konzern

Der Schutz einer abhängigen GmbH gegenüber Eingriffen ihres Alleingesellschafters folgt nicht dem Haftungssystem des Konzernrechts des Aktiengesetzes (§§ 291 ff. AktG). *Der BGH hat damit die Haftung aus qualifiziert faktischem Konzern aufgegeben.* An ihre Stelle ist die Ausfallhaftung wegen existenzvernichtenden Eingriffs getreten. Im Übrigen gelten die Grundsätze der Haftung aus Treupflichtverletzung gegenüber den Mitgesellschaftern.[142]

---

138 BGH, Urt. v. 13. 12. 2004 – II ZR 256/02, BB 2005, 286.
139 BGH, Urt. v. 13. 12. 2004 – II ZR 206/02, BB 2005, 234.
140 BGH, Urt. v. 13. 12. 2004 – II ZR 256/02, BB 2005, 286.
141 BGH, Urt. v. 24. 6. 2002 – II ZR 300/00, BGHZ 151, 181 = BB 2002, 1823 = NJW 2002, 3024.
142 BGH, Urt. v. 25. 2. 2002 – II ZR 196/00, BGHZ 150, 61 = BB 2002, 1012 = NJW 2002, 1803; BGH, Urt. v. 17. 9. 2001 – II ZR 178/99, BGHZ 149, 10 = BB 2001, 2233 = NJW 2001, 3622.

VI. Durchgriffshaftung

Die in § 13 Abs. 2 GmbHG statuierte Haftungsbefreiung der Gesellschafter für Verbindlichkeiten der Gesellschaft ist für die juristische Person GmbH konstituierend. Nach dem Rechtsinstitut der *Durchgriffshaftung* muss der GmbH-Gesellschafter in besonderen Ausnahmefällen allerdings für Verbindlichkeiten der Gesellschaft persönlich einstehen. In diesen Fällen versagt die Berufung auf das Haftungsprivileg des § 13 Abs. 2 GmbHG; die haftungsausschließende Trennung zwischen Gesellschafter und Gesellschaft ist aufgehoben, die Schuldverpflichtung der Gesellschaft greift auf den Gesellschafter durch.[143] Dabei geht es um Sachverhalte, bei denen die Berufung auf die förmliche Verschiedenheit von Gesellschaft und Gesellschafter objektiv dem Zweck der Rechtsordnung widerspricht und damit gegen Treu und Glauben (§ 242 BGB) verstößt.[144] Die Durchgriffshaftung kommt danach zum Tragen, wenn das Trennungsprinzip zu Ergebnissen führt, die mit *Treu und Glauben* nicht in Einklang stehen, und wenn die Ausnutzung der rechtlichen Verschiedenheit zwischen der juristischen Person und den hinter ihr stehenden natürlichen Personen einen *Rechtsmissbrauch* bedeutet.[145] Bei der Befürwortung einer Durchgriffshaftung ist die Rechtsprechung im konkreten Einzelfall sehr zurückhaltend, weil über die Rechtsfigur einer juristischen Person nicht leichtfertig und schrankenlos hinweggegangen werden kann. Haftet der Gesellschafter ausnahmsweise persönlich, kann er dem Gesellschaftsgläubiger Einwendungen, die nicht in seiner Person begründet sind, analog § 129 HGB nur entgegenhalten, soweit die GmbH das (noch) könnte.[146]

1. Vermögensvermischung

Die bisher einzig klar strukturierte Fallgruppe eines Haftungsdurchgriffs hat die Rechtsprechung zur Vermögensvermischung entwi-

---

143 BSG, Urt. v. 7. 12. 1983 – 7 Rar 20/82, NJW 1984, 2117; *K. Schmidt*, § 9 IV. 1 a).
144 BGH, Urt. v. 14. 12. 1959 – II ZR 187/57, BGHZ 31, 258 = BB 1960, 18 = NJW 1960, 285.
145 BGH, Urt. v. 5. 11. 1980 – VIII ZR 230/79, BGHZ 78, 318 = BB 1981, 200 = NJW 1981, 522; *Altmeppen* in: Roth/Altmeppen, § 13, Rn. 20; *Lutter/Hommelhoff*, § 13, Rn. 6.
146 BGH, Urt. v. 16. 9. 1985 – II ZR 275/84, BGHZ 95, 330 = BB 1985, 2065 = NJW 1986, 188.

ckelt.¹⁴⁷ Nach der Rechtsprechung kommt eine persönliche Haftung von GmbH-Gesellschaftern in Betracht, wenn die Abgrenzung zwischen Gesellschafts- und Privatvermögen durch eine undurchsichtige Buchführung oder auf andere Weise verschleiert worden ist. Denn dann können die Kapitalerhaltungsvorschriften, deren Einhaltung ein unverzichtbarer Ausgleich für die Beschränkung der Haftung auf das Gesellschaftsvermögen (§ 13 Abs. 2 GmbHG) ist, nicht funktionieren.¹⁴⁸ Von einer *Vermögensvermengung* kann nur ausgegangen werden, wenn sich nicht ermitteln lässt, welcher Vermögensgegenstand zum Gesellschafts- und welcher Vermögensgegenstand zum Privatvermögen gehört. Bei einer *Entnahme* von Gesellschaftsvermögen kann von einer solchen Ununterscheidbarkeit keine Rede sein.¹⁴⁹ Die persönliche Haftung kann unter dem genannten Gesichtspunkt nur die Gesellschafter treffen, die aufgrund des ihnen in dieser Stellung gegebenen Einflusses für den Vermögensvermischungstatbestand verantwortlich sind. Über derartige Einflussmöglichkeiten verfügen in der Regel nur solche Gesellschafter, die auf die Gesellschaft einen beherrschenden Einfluss ausüben können. Dazu gehören Minderheitsgesellschafter nur dann, wenn sie aufgrund besonderer tatsächlicher oder rechtlicher Umstände die Geschicke des Unternehmens bestimmen können. Dies ist etwa der Fall, wenn einem Gesellschafter zwar nicht rechtlich, wohl aber wirtschaftlich die Mehrheit der Anteile gehört, weil andere Gesellschafter ihre Anteile als Treuhänder für ihn halten oder er in der Gesellschafterversammlung immer mit der Unterstützung bestimmter anderer Gesellschafter rechnen kann.¹⁵⁰

2. Sphärenvermischung

Von einer Sphärenvermischung spricht man, wenn die *Trennung der Rechtssubjekte* nicht hinreichend offen gelegt und die unterschied-

---

147 Scholz/*Emmerich*, § 13, Rn. 91.
148 BGH, Urt. v. 13. 4. 1994 – II ZR 16/93, BGHZ 125, 366 = BB 1994, 1095 = NJW 1994, 1801; BGH, Urt. v. 16. 9. 1985 – II ZR 275/84, BGHZ 95, 330 = BB 1985, 2065 = NJW 1986, 188; BGH, Urt. v. 12. 11. 1984 – II ZR 250/83, BB 1987, 77 = NJW 1985, 740; Michalski/*Michalski*, § 13, Rn. 349; Lutter/*Hommelhoff*, § 13, Rn. 13.
149 BGH, Urt. v. 16. 9. 1985 – II ZR 275/84, BGHZ 95, 330 = BB 1985, 2065 = NJW 1986, 188; BGH, Urt. v. 12. 11. 1984 – II ZR 250/83, BB 1987, 77 = NJW 1985, 740; Michalski/*Michalski*, § 13, Rn. 349; Scholz/*Emmerich*, § 13, Rn. 86.
150 BGH, Urt. v. 13. 4. 1994 – II ZR 16/93, BGHZ 125, 366 = BB 1994, 1095 = NJW 1994, 1801.

liche Sphäre von Gesellschafter und Gesellschaft oder mehreren Gesellschaften verschleiert wird. Dies kann etwa anzunehmen sein, wenn ähnliche Firmen unter identischer Anschrift mit dem gleichen Personal geführt werden. Die mangelnde organisatorische Trennung kann den Durchgriff auf den Gesellschafter rechtfertigen.[151] In diesen Fällen wird häufig bereits eine *Rechtsscheinhaftung* in Betracht kommen.[152]

3. Unterkapitalisierung

Die streitigste Fallgruppe der Durchgriffshaftung bildet die *Unterkapitalisierung*. Sie liegt vor, wenn das Eigenkapital nicht ausreicht, um den nach Art und Umfang der angestrebten oder tatsächlichen Geschäftstätigkeit unter Berücksichtigung der Finanzierungsmethoden bestehenden, nicht durch Kredite Dritter zu deckenden mittel- oder langfristigen Finanzbedarf zu befriedigen.[153] Ist die Gesellschaft unterkapitalisiert, also mit völlig unzureichenden Mitteln ausgestattet, die einen Misserfolg zulasten der Gläubiger bei normalem Geschäftsverlauf erwarten lassen, so wird im Falle der durch die Unterkapitalisierung verschuldeten *Insolvenz* der GmbH von einer Strömung des Schrifttums eine unmittelbare Haftung der verantwortlichen Gesellschafter anerkannt.[154] Die Rechtsprechung ist demgegenüber von Zurückhaltung geprägt. Lediglich in einem vereinsrechtlichen Fall hat der BGH einen Durchgriff wegen Unterkapitalisierung befürwortet.[155] In weiteren Entscheidungen hat der BGH jedoch Distanz erkennen lassen.[156] Vielmehr spricht manches dafür, dass er diese Sachverhalte mit Hilfe des § 826 BGB einer Lösung zuführt.[157]

---

151 Baumbach/*Hueck/Fastrich*, § 13, Rn. 18; *K. Schmidt*, § 9 IV2. b); *Lutter/Hommelhoff*, § 13, Rn. 14.
152 Scholz/*Emmerich*, § 13, Rn. 86; Michalski/*Michalski*, § 13, Rn. 356.
153 Hachenburg/*Ulmer* Anh. § 30, Rn. 16.
154 *Lutter/Hommelhoff*, § 13, Rn. 7 ff. m. w. N.; *Altmeppen*, in: Roth/Altmeppen, § 13, Rn. 31; vgl. auch die Nachweise bei Scholz/*Emmerich*, § 13, Rn. 85.
155 BGH, Urt. v. 8. 7. 1970 – VIII ZR 28/69, BGHZ 54, 222 = BB 1970, 1024 = NJW 1970, 2015.
156 BGH, Urt. v. 26. 3. 1984 – II ZR 171/83, BGHZ 90, 381 = NJW 1984, 1893.
157 *Goette*, § 9, Rn. 45; Scholz/*Emmerich*, § 13, Rn. 93.

4. Einpersonengesellschaft

In der scheinbar für eine Durchgriffshaftung prädestinierten Einpersonengesellschaft hat das Rechtsinstitut keinen Anwendungsbereich gefunden. Der Umstand, dass das Unternehmen nur durch einen Gesellschafter getragen wird, rechtfertigt für sich genommen keine *Haftungsverschärfung*.[158]

5. Umgekehrter Durchgriff

Mit einem umgekehrten Durchgriff sind Konstellationen gemeint, in denen die GmbH für Verbindlichkeiten ihres Gesellschafters haften soll.[159] Ein solcher Durchgriff kann nicht anerkannt werden, weil er mit den Kapitalerhaltungsvorschriften des GmbH-Gesetzes unvereinbar ist. Das Vermögen der GmbH ist ausschließlich für ihre Gläubiger reserviert.[160] Auch zulasten der *Einpersonengesellschaft* scheidet im Gläubigerinteresse eine Haftung für Verbindlichkeiten ihres Gesellschafters aus.[161]

VII. Weitere Haftung von Gesellschaftern

1. Mithaftung des Gesellschafters neben der GmbH

Ein Kreditinstitut, das einer GmbH ein Darlehen gewährt, hat grundsätzlich ein berechtigtes Interesse an der persönlichen Haftung der maßgeblich beteiligten Gesellschafter. Die gängige Bankpraxis, bei der Gewährung von Geschäftskrediten für eine GmbH *Bürgschaften der Gesellschafter* zu verlangen, ist deshalb rechtlich nicht zu beanstanden. Die kreditgebende Bank kann davon ausgehen, dass der Gesellschafter, der sich an einer GmbH beteiligt, dies aus eigenem finanziellem Interesse tut und schon deshalb durch die Haftung kein unzumutbares Risiko auf sich nimmt. Weder die krasse finanzielle Überforderung eines bürgenden Gesellschafters noch seine emotionale

---

158 BGH, Urt. v. 10. 5. 1993 – II ZR 74/92, BGHZ 122, 333 = BB 1993, 1314 = NJW 1993, 1922; *Altmeppen*, in: Roth/Altmeppen, § 13, Rn. 28.
159 BGH, Urt. v. 5. 11. 1980 – VIII ZR 230/79, BGHZ 78, 318 = BB 1981, 200 = NJW 1981, 522; *K. Schmidt*, § 9 IV. 6.
160 BGH, Urt. v. 12. 2. 1990 – II ZR 134/89, BB 1990, 730 = NJW-RR 1990, 738; Scholz/*Emmerich*, § 13, Rn. 93.
161 Scholz/*Emmerich*, § 13, Rn. 96; Baumbach/*Hueck/Fastrich*, § 13, Rn. 18; *Lutter/Hommelhoff*, § 13, Rn. 28.

7. Kap. VII. Weitere Haftung von Gesellschaftern

Verbundenheit mit einem die Gesellschaft beherrschenden Dritten begründen daher die Vermutung der Sittenwidrigkeit. Die vom BGH entwickelten Grundsätze zur *Sittenwidrigkeit von Mithaftung und Bürgschaft finanziell überforderter Lebenspartner* gelten somit grundsätzlich nicht für GmbH-Gesellschafter, die für Verbindlichkeiten der GmbH die Mithaftung oder Bürgschaft übernehmen. Anders verhält es sich, wenn der GmbH-Gesellschafter ohne eigenes wirtschaftliches Interesse ausschließlich Strohmannfunktion hat, die Mithaftung oder Bürgschaft nur aus emotionaler Verbundenheit mit der hinter ihm stehenden Person übernimmt und beides für die kreditgebende Bank evident ist.[162] Bei einem nicht mit der Geschäftsführung betrauten Minderheitsgesellschafter, der 10% der Gesellschaftsanteile hält, ist ein eigenes wirtschaftliches Interesse an der Kreditaufnahme anzunehmen. Nur bei unbedeutenden Bagatell- und Splitterbeteiligungen kann nach dem Schutzgedanken des § 138 Abs. 1 BGB eine andere rechtliche Beurteilung in Betracht kommen.[163]

2. Haftung der Gesellschafter untereinander

Macht ein Gesellschafter gegen einen Mitgesellschafter einen Schaden geltend, weil durch dessen Verhalten das Vermögen der GmbH gemindert wurde, so handelt es sich um einen *mittelbaren Schaden*, weil die Beteiligung des Anspruch stellenden Gesellschafters nicht mehr werthaltig ist. Mit Rücksicht auf die Zweckbindung des Gesellschaftsvermögens hat die Beseitigung des Schadens dadurch zu erfolgen, dass der Schadensbetrag an die GmbH zu leisten ist.[164] Es besteht kein Schadensersatzanspruch eines Gesellschafters gegen einen Mitgesellschafter, der seine Einlagepflicht durch Übereignung ihm nicht gehörender Gegenstände erfüllt, an denen die GmbH mangels näherer Kenntnis des Geschäftsführers gutgläubig Eigentum erwirbt. Selbst wenn dem Mitgesellschafter die Verletzung einer Offenbarungspflicht vorzuwerfen ist, fällt der Schaden nicht in den *Schutzbereich der verletzten Pflicht*. Die Pflichtverletzung hat sich infolge des gutgläubigen Erwerbs der GmbH und der mithin wirksamen Erfüllung der Einlagepflicht nicht ausgewirkt.[165]

---

162 BGH, Urt. v. 15. 1. 2002 – XI ZR 98/01, 956, BB 2002, 425 = NJW 2002, 956.
163 BGH, Urt. v. 10. 12. 2002 – XI ZR 82/02, BB 2003, 326 = NJW 2003, 967.
164 BGH, Urt. v. 21. 10. 2002 – II ZR 118/02, BB 2003, 14 = NJW-RR 2003, 170.
165 BGH, Urt. v. 21. 10. 2002 – II ZR 118/02, BB 2003, 14 = NJW-RR 2003, 170.

8. Kapitel

Eigenkapitalersatzrecht

I. Grundgedanken des Eigenkapitalersatzrechts

1. Notwendigkeit einer Kapitalstärkung

Das dem Gesellschafter durch § 13 Abs. 2 GmbHG gewährte Haftungsprivileg findet seine innere Rechtfertigung in einer ordnungsgemäßen *Kapitalausstattung* der GmbH. Das Stammkapital ist entsprechend den gesetzlichen Regelungen aufzubringen (§§ 5, 7 Abs. 2, § 8 Abs. 2, §§ 56a, 57 GmbHG) und darf nicht an den Gesellschafter ausgekehrt werden (§§ 30, 31 GmbHG). Das Eigenkapitalersatzrecht geht in gewisser Weise über §§ 30, 31 GmbHG hinaus und erstreckt das Rückzahlungsverbot auf weitere von dem Gesellschafter der GmbH zur Verfügung gestellte, *nicht als Einlage* deklarierte Leistungen. Empirische Untersuchungen haben ergeben, dass wohl bei rund zwei Drittel aller Gesellschaften das Stammkapital lediglich der Mindestausstattung von 25 000 € entspricht.[1] Es liegt auf der Hand, dass solche Kapitalstrukturen vielfach unzureichend sind, um eine ordnungsgemäße Betriebsführung sicherzustellen. Gerät die unterkapitalisierte Gesellschaft in eine *Krise*, in der das Eigenkapital verbraucht ist und von dritter Seite keine Kredite mehr zu erhalten sind, stehen die Gesellschafter vor *zwei Alternativen*: Entweder sie liquidieren die Gesellschaft oder führen ihr neues Kapital – etwa in Form von Nachschüssen (§§ 26 ff.) – zu. Die Gesellschafter sind also nicht gezwungen, das verlorene Stammkapital durch eine Erhöhung der Einlage zu ersetzen.[2] Im Entscheidungskonflikt, ihr Unternehmen zu liquidieren oder mit zusätzlichem Eigenkapital auszustatten, beschreiten die Gesellschafter in der Praxis einen *dritten Weg*, indem sie die Liquidität des Unternehmens durch die Hingabe von Kreditmitteln erhalten.[3] Wenn aber der Gesellschafter der GmbH statt des objektiv gebotenen Eigenkapitals eine andere Finanzierungshilfe gewährt, hat er diese

---

1 Michalski/*Fleischer,* Syst. Darstellung 6, Rn. 105.
2 BGH, Urt. v. 11. 7. 1994 – II ZR 162/92, BGHZ 127, 17 = BB 1994, 2158 = NJW 1994, 2760; Hachenburg/*Ulmer,* § 32a, Rn. 6f.; Michalski/*Heidinger,* §§ 32a/b, Rn. 12; Baumbach/*Hueck/Fastrich,* § 32a, Rn. 2.
3 *Lutter/Hommelhoff,* §§ 32a/b, Rn. 1.

8. Kap. I. Grundgedanken des Eigenkapitalersatzrechts

den Gläubigern bis zur anderweitigen Deckung des Stammkapitals zu belassen.[4]

2. Gleichbehandlung von Darlehen und Eigenkapital

a) Darlehen zur Kapitalzufuhr ungeeignet

Die Darlehenshingabe ist als Finanzierungsmittel bilanzrechtlich ungeeignet, weil der Darlehensrückzahlungsanspruch zu passivieren ist und folglich der höhere Kassenbestand durch die Verbindlichkeit aufgezehrt wird. Soll der mit dem Darlehen bezweckte Erfolg erreicht werden, so dürfen die Gelder nicht als Schulden der Gesellschaft erscheinen, sondern müssen wie *haftendes Kapital* behandelt werden. Zu dieser durch den Insolvenzabwendungszweck der Geldgabe und die wirtschaftliche Struktur des Unternehmens bedingten Folge setzt sich der Gesellschafter durch die Rückforderung und Entgegennahme seines Darlehens in Widerspruch.[5]

b) Keine Risikoverlagerung auf Gläubiger

Ein Gesellschafter, der die Not leidende Gesellschaft nicht durch die sonst gebotene Hergabe fehlenden Eigenkapitals, sondern durch Darlehen über Wasser zu halten sucht, darf das damit verbundene Finanzierungsrisiko nicht auf außen stehende Gläubiger abwälzen. Er soll nicht in der Erwartung, sein Geld aufgrund besserer Informationsmöglichkeiten noch rechtzeitig in Sicherheit bringen zu können, auf dem Rücken der Gesellschaftsgläubiger spekulieren dürfen. Der tragende Grund für die Behandlung von Gesellschafterdarlehen als haftendes Kapital im Sinne der §§ 30, 31 GmbHG liegt also darin, dass ein Gesellschafter, der die sonst insolvenzreife GmbH anstatt durch die wirtschaftlich gebotene Zufuhr neuen Eigenkapitals durch Darlehen zu stützen sucht und dadurch den *Anschein ausreichender Kapitalausstattung* hervorruft, sich zu seinem eigenen Verhalten und dem Zweck der gesetzlichen Kapitalerhaltungsvorschriften in *Widerspruch* setzt, wenn er der Gesellschaft die als Kapitalgrundlage benötigten Mittel wieder entzieht, obwohl sie (noch) nicht ohne diese

---

4 BGH, Urt. v. 19. 9. 1996 – IX ZR 249/95, BGHZ 133, 298 = BB 1996, 2316 = NJW 1996, 3203.
5 BGH, Urt. v. 14. 12. 1959 – II ZR 187/57, BGHZ 31, 258 = BB 1960, 18 = NJW 1960, 285; *Goette*, § 4, Rn. 5.

lebensfähig ist. Es ist die Verantwortung des Gesellschafters für eine ordnungsgemäße Unternehmensfinanzierung, die ihn in der Krise zwar nicht positiv verpflichtet, fehlendes Kapital aus seinem Vermögen nachzuschießen, der er sich aber nicht in der Weise zum Nachteil der Gläubiger entziehen kann, dass er bei einer tatsächlich beabsichtigten Finanzhilfe, anstatt sie durch die objektiv gebotene Einbringung haftenden Kapitals zu leisten, auf eine andere, ihm weniger riskante Erscheinungsform ausweicht.[6]

c) Anwendung der §§ 30, 31 GmbHG

Mit der Gewährung eines Kredits geht also eine *Finanzierungsfolgeverantwortung* des Gesellschafters einher, die die analoge Anwendung der §§ 30, 31 GmbHG rechtfertigt.[7] Kapitalersetzende Darlehen unterliegen einem Ausschüttungsverbot. Darum hat der Gesellschafter der GmbH das Darlehen als *funktionales Eigenkapital* bis zur Überwindung der Krise zu belassen (§ 30 GmbHG). Der Gesellschaft ist auch die Zahlung von Zinsen sowie bei Umwandlung des Darlehens in eine stille Beteiligung von Gewinnanteilen untersagt.[8] Wird das Darlehen während der Dauer der Krise gegenüber dem Gesellschafter getilgt, so hat er es der Gesellschaft nach § 31 GmbHG zu erstatten.[9] Die Gesellschafterleistung kann sich nicht nur in einem Darlehen manifestieren. Die Bestellung von Kreditsicherheiten, die Stundung von Drittgläubigerforderungen und auch die Nutzungsüberlassung durch den Gesellschafter stehen der Darlehensgewährung gleich und können während der Dauer der Krise nicht abgezogen werden.

3. Zweistufiger Schutz der Gesellschaft

Der Schutz der GmbH gegen die Rückführung eigenkapitalersetzender Gesellschafterleistungen ist zweistufig ausgestaltet. Zum einen

---

[6] BGH, Urt. v. 26. 3. 1984 – II ZR 171/83, BGHZ 90, 381 = NJW 1984, 1893; BGH, Urt. v. 27. 9. 1976 – II ZR 162/75, BGHZ 67, 171 = BB 1976, 1528 = NJW 1977, 104, gegen den Gedanken des widersprüchlichen Verhaltens Scholz/*K. Schmidt,* §§ 32a/b, Rn. 9.
[7] BGH, Urt. v. 7. 11. 1994 – II ZR 270/93, BGHZ 127, 336 = BB 1995, 58 = NJW 1995, 326.
[8] BGH, Urt. v. 8. 11. 2004 – II ZR 300/02, BB 2005, 176; *Goette,* § 4, Rn. 8.
[9] Rowedder/Schmidt-Leithoff/*Pentz,* § 32a, Rn. 2 f.

8. Kap. I. Grundgedanken des Eigenkapitalersatzrechts

gelten die vom BGH entwickelten Rechtsprechungsregeln; daneben tritt die unvollkommen ausgestaltete gesetzliche Regelung der §§ 32a, 32b GmbHG.

a) Rechtsprechungsregeln

Nach Auffassung von Rechtsprechung und Schrifttum können Darlehen und ähnliche Leistungen, die ein Gesellschafter der sonst nicht mehr lebensfähigen GmbH anstelle von Eigenkapital zuführt oder belässt, wie gebundenes Stammkapital nach §§ 30, 31 GmbHG zu behandeln sein. Voraussetzung ist hierbei einmal, dass die Leistung bei ihrer Hergabe (oder Stundung) *Eigenkapitalcharakter* hat, und zum anderen, dass ihre Rückgewähr zulasten des nach §§ 30, 31 GmbHG geschützten *Stammkapitals* der GmbH geht. Das Darlehen wird zu Eigenkapitalersatz umqualifiziert und den Regeln der §§ 30, 31 GmbHG unterworfen.[10] Der Anspruch beschränkt sich der Höhe nach auf den unter Berücksichtigung einer etwaigen *Überschuldung* zur Wiederherstellung der Stammkapitalziffer erforderlichen Betrag, deckt also Unterbilanz und Überschuldung ab.[11] Ist die GmbH bei einem Stammkapital von 25 000 € um 100 000 € überschuldet, so hat ein Gesellschafterdarlehen von 50 000 € in Höhe von 35 000 € Eigenkapitalersatzcharakter und darf mithin bis zum Betrag von 15 000 € zurückgeführt werden. Der zusätzliche Betrag von 15 000 € kann allenfalls nach §§ 32a, 32b GmbHG gesperrt sein. Neben dem gegen den Gesellschafter im Anschluss an die Rückzahlung seines Darlehens durch § 31 Abs. 1 GmbHG eröffneten Erstattungsanspruch tritt die Ausfallhaftung der Mitgesellschafter (§ 31 Abs. 3 GmbHG).[12] Der insbesondere außerhalb eines Insolvenzverfahrens verfolgbare Anspruch verjährt nach § 31 Abs. 5 GmbHG in fünf Jahren.[13]

---

10 BGH, Urt. v. 26. 3. 1984 – II ZR 14/84, BGHZ 90, 370 = BB 1984, 1067 = NJW 1984, 1891; BGH, Urt. v. 24. 3. 1980 – II ZR 213/77, BGHZ 76, 336 = BB 1980, 797 = NJW 1980, 1524; *K. Schmidt*, § 37, IV. 2. a); *Lutter/Hommelhoff*, §§ 32a/b, Rn. 2; Michalski/*Heidinger*, §§ 32a/b, Rn. 10;
11 BGH, Urt. v. 5. 2. 1990 – II ZR 114/89, BB 1990, 728 = NJW 1990, 1730; Hachenburg/*Ulmer*, §§ 32a/b, Rn. 167; Scholz/*K. Schmidt*, §§ 32a/b, Rn. 77; Rowedder/Schmidt-Leithoff/*Pentz*, § 32a, Rn. 218.
12 Roth/*Altmeppen*, § 2a, Rn. 115; Rowedder/Schmidt-Leithoff/*Pentz*, § 32a, Rn. 219.
13 Roth/*Altmeppen*, § 32a, Rn. 108; *Lutter/Hommelhoff*, §§ 32a/b, Rn. 11.

b) Gesetzliche Konzeption

Die Regelung der im Jahre 1980 eingeführten – verbreitet als Novellenregeln bezeichneten – §§ 32a, 32 b GmbHG, die nach der Vorstellung des Gesetzgebers einen umfassenden, auch die Rechtsprechungsregeln ersetzenden Schutz entfalten sollten, sind nach ihrem eindeutigen Wortlaut auf die Situation einer Insolvenz zugeschnitten und gestatten bis zur Eröffnung des *Insolvenzverfahrens* die Rückgewähr kapitalersetzender Leistungen.[14] Ist das Darlehen bei Insolvenzeröffnung noch *nicht getilgt*, kann es der Gesellschafter nur als nachrangige Forderung zur Tabelle anmelden (§ 39 Abs. 1 Nr. 5 InsO). Regelmäßig wird der Gesellschafter nicht mit einer Quote rechnen können.[15] Auch wenn das Insolvenzverfahren mit einem Vergleich endet, muss der Gesellschafter hinter allen anderen Gläubigern zurücktreten.[16] Eine im letzten Jahr vor dem Antrag auf Verfahrenseröffnung erfolgte Darlehenstilgung, die sich oberhalb der Stammkapitalziffer bewegt, kann der Insolvenzverwalter anfechten (§ 135 InsO). Außerhalb des Insolvenzverfahrens gewährt § 6 AnfG dem Vollstreckungsgläubiger entsprechende Anfechtungsrechte.[17] Der Anspruch aus §§ 32a, 32b GmbHG erstreckt sich auf den vollen Darlehensbetrag und nicht nur den Teil, der zum Ausgleich einer Überschuldung oder Unterbilanz erforderlich ist. Der Anspruch setzt außerdem weder eine *Unterbilanz* noch eine *Überschuldung* voraus.[18]

c) Rechtsprechungsregeln und Novellenregeln nebeneinander anwendbar

aa) Unterschiede

Während der Rückgewähranspruch nach den Rechtsprechungsregeln analog §§ 30, 31 GmbHG auf den *Nennwert* des Stammkapitals einschließlich einer Überschuldung begrenzt ist, kennen §§ 32a, 32b GmbHG eine solche Beschränkung nicht. Andererseits sind nach

---

14 *Lutter/Hommelhoff*, §§ 32a/b, Rn. 13; *Michalski/Heidinger*, §§ 32a/b, Rn. 23.
15 Rowedder/Schmidt-Leithoff/*Pentz*, § 32a, Rn. 11; *Baumbach/Hueck/Fastrich*, § 32a, Rn. 6; *Lutter/Hommelhoff*, §§ 32a/b, Rn. 14; *Michalski/Heidinger*, §§ 32a/b, Rn. 25.
16 BGH, Urt. v. 6. 4. 1995 – II ZR 108/94, NJW 1995, 1962.
17 Rowedder/Schmidt-Leithoff/*Pentz*, § 32a, Rn. 16; *Michalski/Heidinger*, §§ 32a/b, Rn. 25.
18 *Michalski/Heidinger*, §§ 32a/b, Rn. 22, 24; *Lutter/Hommelhoff*, §§ 32a/b, Rn. 14 f.

8. Kap. I. Grundgedanken des Eigenkapitalersatzrechts

§§ 32a, 32b GmbHG die Möglichkeiten, die Kapitalersatzfunktion eines Gesellschafterdarlehens geltend zu machen, auf die Fälle des *Insolvenzverfahrens* und die Gläubigeranfechtung beschränkt. Falls das Darlehen schon zurückgezahlt ist, sind diese Möglichkeiten davon abhängig, ob innerhalb *eines Jahres* das Insolvenzverfahren eröffnet wird oder ein Gläubiger die Rückgewähr anficht. Ein Recht des Geschäftsführers der GmbH, die Darlehensvaluta, solange sie als Kapitalersatz benötigt wird, einzubehalten oder, wenn sie zurückgewährt wurde, vom Empfänger Erstattung zu verlangen, besteht nach §§ 32a, 32b GmbHG nicht.[19]

bb) Folgerung

Die alleinige Anwendbarkeit der §§ 32a, 32b GmbHG und der Verzicht auf die Rechtsprechungsregeln würde zulasten der *Gesellschaftsgläubiger* auf eine empfindliche Rechtsschutzlücke hinauslaufen. Dies wäre umso weniger hinnehmbar, als der Gesetzgeber mit der Einführung der Novellenregeln die Gläubigerrechte zu stärken suchte. Der BGH hat deshalb mit nahezu einhelliger Zustimmung des Schrifttums die *Rechtsprechungsregeln* weiter neben §§ 32a, 32b GmbHG für anwendbar erklärt.[20] Außerhalb des Insolvenzverfahrens sind nur die Rechtsprechungsregeln einschlägig, während nach Insolvenzeröffnung sowohl die §§ 32a, 32b GmbHG als auch, soweit die Novellenregeln nicht eingreifen, die Rechtsprechungsregeln anwendbar sind.[21] Danach besteht für kapitalersetzende Darlehen unabhängig von der Eröffnung eines Insolvenzverfahrens so lange ein Rückzahlungsverbot, wie nicht trotz der Rückzahlung ein Aktivvermögen in Höhe des satzungsgemäßen Stammkapitals der Gesellschaft verbleibt, durch die Rückzahlung also keine Unterbilanz auftritt oder eine bereits bestehende Unterbilanz nicht weiter vertieft wird.[22] Soweit es um das Merkmal der Krise, den erfassten Personenkreis und

---

19 BGH, Urt. v. 26. 3. 1984 – II ZR 14/84, BGHZ 90, 370 = BB 1984, 1067 = NJW 1984, 1891.
20 BGH, Urt. v. 26. 3. 1984 – II ZR 14/84, BGHZ 90, 370 = BB 1984, 1067 = NJW 1984, 1891; Hachenburg/*Ulmer,* §§ 32a/b, Rn. 14; *Lutter/Hommelhoff,* §§ 32a/b, Rn. 10; Scholz/*K. Schmidt,* §§ 32a/b, Rn. 11; Roth/*Altmeppen,* § 32a, Rn. 107; Baumbach/*Hueck/Fastrich,* § 32a, Rn. 74.
21 *Goette,* § 4, Rn. 11.
22 BGH, Urt. v. 6. 4. 1995 – II ZR 108/94, NJW 1995, 1962.

die möglichen Gesellschafterleistungen geht, stimmen beide Regelungskomplexe überein.[23] Die durch die *Kleinbeteiligungsschwelle* und das *Sanierungsprivileg* (§ 32a Abs. 3 S. 2, 3 GmbHG) bedingten Einschränkungen schlagen auch auf die Rechtsprechungsregeln durch.[24]

II. Krise der Gesellschaft

Den Rechtsprechungsregeln und den Vorschriften der §§ 32a, 32b GmbHG unterliegen nicht sämtliche von dem Gesellschafter der GmbH eingeräumte Kredite. Vielmehr wirken nur Darlehen kapitalersetzend, die der Gesellschaft im Zeitraum der Krise gegeben werden. Durch den im Jahre 1998 in § 32a Abs. 1 GmbHG eingefügten Klammerzusatz hat der Gesetzgeber klargestellt, dass eine *Krise der Gesellschaft* besteht, wenn ein ordentlicher Kaufmann der Gesellschaft Eigenkapital zugeführt hätte. Einem an dessen Stelle gewährten Darlehen kommt also die Funktion von Kapitalersatz zu. Die Gesellschaft befindet sich in einer Krise, wenn sie entweder *insolvenzreif*, also überschuldet oder zahlungsunfähig, oder kreditunwürdig bzw. *überlassungsunwürdig* ist. Mitunter wird im Schrifttum die Kreditunwürdigkeit als Oberbegriff einer Krise bezeichnet, die gegeben ist, wenn die Gesellschaft überschuldet ist oder von dritter Seite zu marktüblichen Bedingungen ohne Besicherung durch ihre Gesellschafter keinen Kredit mehr erhalten könnte und ohne die Zuführung von Eigenkapital oder Gesellschafterdarlehen liquidiert werden müsste.[25] Aber auch aus dieser Warte wird zwischen der *Insolvenzfinanzierung* und der Kreditgewährung bei *Kreditunwürdigkeit* unterschieden.[26]

---

23 Rowedder/Schmidt-Leithoff/*Pentz,* § 32a, Rn. 217; Baumbach/*Hueck/Fastrich,* § 32a, Rn. 75; Michalski/*Heidinger,* §§ 32a/b, Rn. 22.
24 Baumbach/*Hueck/Fastrich,* § 32a, Rn. 75; Rowedder/Schmidt-Leithoff/*Pentz,* §32a, Rn. 214.
25 Hachenburg/*Ulmer,* §§ 32a/b, Rn. 49; Rowedder/Schmidt-Leithoff/*Pentz,* § 32a, Rn. 33; Michalski/*Heidinger,* §§ 32a/b, Rn. 45.
26 *Scholz/K. Schmidt,* §§ 32a/b, Rn. 38.

8. Kap.   II. Krise der Gesellschaft

1. Insolvenzreife

a) Zahlungsunfähigkeit

Die Zahlungsunfähigkeit indiziert als *Insolvenzgrund* (§ 17 Abs. 2 InsO) zwingend die Krise der Gesellschaft.[27] Zahlungsunfähig ist eine Gesellschaft, die nicht in der Lage ist, ihre fälligen Zahlungspflichten zu erfüllen, was nach Einstellung der Zahlungen vermutet wird.[28] Ohne Bedeutung ist es, dass die Zahlungsfähigkeit dank des Gesellschafterdarlehens verhindert oder beseitigt wird. Abzustellen ist auf die der GmbH verfügbaren Mittel. Bei der Gegenüberstellung der zur Verfügung stehenden Mittel und der Verbindlichkeiten dürfen nur solche Zahlungspflichten passiviert werden, die im Insolvenzfall *bedient* werden müssen. Da kapitalersetzende Darlehen im Fall der Insolvenz nicht beglichen werden dürfen, spricht bei der Feststellung der Zahlungsunfähigkeit manches gegen eine Passivierungspflicht.[29]

b) Überschuldung

aa) Zweistufiger Überschuldungsbegriff

Eine Gesellschaft befindet sich im Sinne des § 32 a Abs. 1 GmbHG in der Krise, wenn sie insolvenzreif, das heißt zahlungsunfähig oder überschuldet oder wenn sie kreditunwürdig ist.[30] Nach zutreffender Erkenntnis kann von einer Überschuldung im Sinne der Eigenkapitalersatzregeln nur gesprochen werden, wenn das Vermögen der Gesellschaft bei Ansatz von Liquidationswerten unter Einbeziehung der stillen Reserven die bestehenden Verbindlichkeiten nicht deckt (rechnerische Überschuldung) und die Finanzkraft der Gesellschaft nach überwiegender Wahrscheinlichkeit mittelfristig nicht zur Fortführung des Unternehmens ausreicht (Überlebens- oder Fortbestehensprognose). Es gilt mithin ein zweistufiger Überschuldungsbegriff.[31] Eine positive Fortbestehensprognose kann bei rückläufigem Geschäftsver-

---

[27] BGH, Urt. v. 25. 9. 1976 – II ZR 162/75, BGHZ 67, 171 = BB 1976, 1528 = NJW 1977, 104; Michalski/*Heidinger,* §§ 32a/b; Rn. 60; Scholz/*K. Schmid,* §§ 32a/b, Rn. 39; Baumbach/*Hueck/Fastrich,* § 32a, Rn. 45.
[28] Roth/*Altmeppen,* Rn. 5 vor § 64.
[29] Michalski/*Heidinger,* §§ 32a/b, Rn. 60; *Goette,* § 4, Rn. 22.
[30] BGH, Urt. v. 27. 11. 2000 – II ZR 179/99, BB 2001, 166 = NJW 2001, 1491.
[31] BGH, Urt. v. 13. 7. 1992 – II ZR 269/91, BGHZ 119, 201 = NJW 1992, 2891; BGH, Urt. v. 23. 2. 2004 – II ZR 207/01, WM 2004, 1075.

kehr und einer wirtschaftlichen Schieflage nicht angenommen werden. Ebenso wenig kann sie auf ein Sanierungskonzept gestützt werden, wenn dessen Umsetzung von dem Einverständnis eines Gläubigers abhängt und dieser seine Zustimmung verweigert hat. Ferner kann von einem tauglichen Sanierungskonzept keine Rede sein, wenn die Gesellschaft lediglich liquidiert und nicht fortgeführt werden soll.[32] Nicht geklärt ist, ob nach In-Kraft-Treten des § 19 Abs. 2 S. 2 InsO an diesem Überschuldungsbegriff festzuhalten ist (vgl. oben 5. Kap. II. 5. b) cc).

bb) Überschuldungsbilanz

(1) Jahresabschluss, stille Reserven

Die fortgeführten Buchwerte in der Bilanz einer GmbH sind nur für unmittelbar gegen § 30 GmbHG verstoßende Auszahlungen an einen Gesellschafter aus dem Gesellschaftsvermögen sowie für die Dauer und den Umfang der Rückzahlungssperre nach den Eigenkapitalersatzregeln maßgebend, während für die Voraussetzungen der Kapitalersatzfunktion einer Gesellschafterleistung sowohl nach §§ 32a, 32b GmbHG als auch nach den außerhalb einer Insolvenz eingreifenden Rechtsprechungsregeln eine nur bilanzielle Unterdeckung oder Überschuldung nicht ausreicht.[33] Eine *buchmäßige Überschuldung* ist für die Frage der Insolvenzreife für sich allein nicht aussagekräftig; eine in der Jahresbilanz ausgewiesene Überschuldung kann vielmehr – es sei denn, stille Reserven und andere aus der Bilanz nicht ersichtliche Vermögenswerte können abgeschlossen werden – allenfalls indizielle Bedeutung haben und muss der Ausgangspunkt für die weitere Ermittlung des wahren Wertes des Gesellschaftsvermögens sein.[34] Das Vorhandensein einer Überschuldung kann also – trotz ihrer indiziellen Bedeutung – nicht auf der Grundlage einer *fortgeschriebenen Jahresbilanz* festgestellt werden. Vielmehr geht es um die Feststellung eines etwaigen Verwertungserlöses, der bei der Veräußerung des gesamten Unternehmens oder der einzelnen Gegenstände gewonnen werden kann. Hierzu bedarf es der Aufstellung einer *Überschuldungsbilanz*,

---

32 BGH, Urt. v. 23. 2. 2004 – II ZR 207/01, BGH-Report 2004, 1025.
33 BGH, Urt. v. 12. 7. 1999 – II ZR 87/98, BB 1999, 1887 = NJW 1999, 3120.
34 BGH, Urt. v. 7. 3. 2005 – II ZR 138/03; BGH, Urt. v. 2. 4. 2001 – II ZR 261/99, BB 2001, 1005 = NJW-RR 2001, 1043.

in welcher die Vermögenswerte der Gesellschaft mit ihren aktuellen Verkehrs- oder Liquidationswerten auszuweisen sind. In der Überschuldungsbilanz sind auf der Passivseite alle Verbindlichkeiten mit ihrem Nennwert einzustellen, während auf der Aktivseite alle Vermögenswerte auszuweisen sind. Gegenstände, an denen ein Aus- oder Absonderungsrecht besteht, dürfen bei den Vermögenswerten nicht berücksichtigt werden.[35] Auf die Erstellung einer derartigen Überschuldungsbilanz kann auch bei einer GmbH, die lediglich als Betriebsgesellschaft fungiert, ohne eigenen Grundbesitz ist und ihre Produkte im Wesentlichen mit Hilfe gemieteter oder gepachteter Maschinen herstellt, grundsätzlich nicht verzichtet werden. Denn auch eine solche Gesellschaft kann im Einzelfall über eigenes Vermögen verfügen, das in der Jahresbilanz nicht mit den aktuellen Werten erfasst ist, also *stille Reserven* enthält.[36] Bei der gebotenen Aufdeckung stiller Reserven, die in Grundstücken der Gesellschaft erblickt werden könnten, besteht die Möglichkeit, dass „die Überschuldung *neutralisiert*" wird. Stille Reserven können als Kreditsicherheit für externe Gläubiger dienen und deswegen ebenfalls einer Kreditunwürdigkeit entgegenstehen.[37]

(2) Rückstellungen

Bei der Bewertung, ob eine GmbH nach den Grundsätzen einer Überschuldungsbilanz (bei Ansatz von Liquidationswerten) überschuldet ist, sind auch Rückstellungen für *ungewisse Verbindlichkeiten* (§ 249 Abs. 1 HGB) zu berücksichtigen. Eine Rückstellungspflicht gemäß § 249 Abs. 1 HGB besteht gerade auch bei dem Grunde nach ungewissen Verbindlichkeiten jedenfalls dann, wenn ernsthaft mit ihrem Bestand gerechnet werden muss. Maßgeblich ist insoweit, ob der Bilanzierungspflichtige bei sorgfältiger Abwägung aller in Betracht zu ziehender Umstände eine Rückstellungspflicht nicht verneinen durfte. Auch ein faktischer Leistungszwang kann genügen. Diese Grundsätze entsprechen der Rechtsprechung des BFH, wonach die Verbind-

---

35 BGH, Urt. v. 28. 4. 1997 – II ZR 20/96, NJW 1997, 3021.
36 BGH, Urt. v. 21. 2. 1994 – II ZR 60/93, BGHZ 125, 141 = BB 1994, 882 = NJW 1994, 1477; BGH, Urt. v. 8. 1. 2001 – II ZR 88/99, BGHZ 146, 264 = BB 2001, 430 = NJW 2001, 1280; BGH, Urt. v. 18. 12. 2000 – II ZR 191/99, BB 2001, 640 (LS); NJW 2001, 1136.
37 BGH, Urt. v. 2. 4. 2001 – II ZR 261/99, BB 2001, 1005 = NJW-RR 2001, 1043.

lichkeit mit einiger Wahrscheinlichkeit bestehen muss, was dann der Fall ist, wenn mehr Gründe für als gegen das Bestehen und die künftige Inanspruchnahme der Verbindlichkeit sprechen. Bei der Bilanzierung sind gemäß § 252 Abs. 1 Nr. 4 HGB auch Wert aufhellende, bis zum Tag der Aufstellung des Jahresabschlusses bekannt gewordene Umstände, die sich auf Gegebenheiten im abgelaufenen Geschäftsjahr beziehen, zu berücksichtigen. Deshalb sind bis zur Aufstellung der Bilanz bekannt gewordene ungewisse Verbindlichkeiten bereits für das abgelaufene Geschäftsjahr in die Bilanz einzustellen.[38]

cc) Passivierung von Gesellschafterforderungen

Bei der Beurteilung der Überschuldung bestand – wie auch weiterhin bei der Zahlungsunfähigkeit – Unklarheit, ob die kapitalersetzende Gesellschafterhilfe, deren Auszahlung ohnehin gesperrt ist, im Überschuldungsstatus zu passivieren ist.[39]

(1) Gesellschafterdarlehen

Im Rahmen des Überschuldungsstatus ist die Passivierung solcher Gesellschafterforderungen geboten, die wegen ihres eigenkapitalersetzenden Charakters in der durch die Notwendigkeit der Prüfung der Überschuldungssituation gekennzeichneten Krise nicht bedient werden dürfen. Derartige Gesellschafterforderungen verlieren nach gefestigter Rechtsprechung ihren Charakter als Verbindlichkeiten nicht; ebenso wenig wie sie mit dem Eintritt der Krise erlöschen, werden sie automatisch in dieser Situation zu statutarischem Eigenkapital. Die Umqualifizierung der von dem Gesellschafter als Drittem gewährten Leistung in *funktionales Eigenkapital* und das Eingreifen der von der Rechtsprechung entwickelten Eigenkapitalersatz- und der Novellenregeln (§§ 32a und 32b GmbHG) hat lediglich zur Folge, dass der Gesellschafter während der Dauer der Krise seine Forderungen gegen die GmbH nicht durchsetzen darf. Nach Überwindung der Krise ist er jedoch nicht gehindert, die aus seiner Drittgläubigerstellung folgenden Rechte gegen die Gesellschaft und zwar auch hinsichtlich der Rückstände zu verfolgen. Im Verhältnis zu seinen Mitgesellschaftern verliert er auch im Falle der Insolvenz der Gesellschaft

---

38 BGH, Urt. v. 22. 9. 2003 – II ZR 229/02, BB 2003, 2423 = NJW 2003, 3629.
39 Vgl. die Nachweise pro und contra bei Michalski/*Heidinger*, §§ 32a/b, Rn. 384.

diese Stellung als *Gesellschaftsgläubiger* nicht und kann deswegen, sofern nach Befriedigung aller anderen Gläubiger der Gesellschaft ein zu verteilender Betrag verbleibt, die bis dahin in der Durchsetzung gehemmten Ansprüche mit Vorrang vor den Forderungen der Mitgesellschafter bei der Verteilung des Liquidationserlöses geltend machen. Diese nach früherem Recht geltenden Regelungen sind nunmehr in § 39 Abs. 1 Nr. 5 InsO ausdrücklich niedergelegt worden. Bereits dieser Umstand, dass auch die zeitweise nicht durchsetzbaren, weil den Eigenkapitalersatzregeln unterworfenen Gesellschafterforderungen ihren Charakter als *Verbindlichkeiten der Gesellschaft* beibehalten, spricht für ihren Ausweis in der Überschuldungsbilanz.[40]

(2) Rangrücktrittserklärung

In Übereinstimmung mit der Rechtsprechung zur Vorbelastungs- und Jahresbilanz wird allgemein angenommen, dass sich die Frage der Passivierung von Gesellschafterforderungen mit eigenkapitalersetzendem Charakter auch beim Überschuldungsstatus dann nicht stellt, wenn der betreffende Gesellschafter seinen qualifizierten Rangrücktritt, also *sinngemäß erklärt* hat, er wolle wegen der genannten Forderungen erst nach der Befriedigung sämtlicher Gesellschaftsgläubiger und bis zur Abwendung der Krise nicht vor, sondern nur zugleich mit den Einlagerückgewähransprüchen seiner Mitgesellschafter berücksichtigt, also so behandelt werden, als handele es sich bei seiner Gesellschafterleistung um statutarisches Kapital. Stellt sich der Gesellschafter in dieser Weise wegen seiner Ansprüche aus einer in funktionales Eigenkapital umqualifizierten Drittleistung auf dieselbe Stufe, auf der er selbst und seine Mitgesellschafter hinsichtlich ihrer Einlagen stehen, besteht *keine Notwendigkeit*, diese Forderungen in den Schuldenstatus der Gesellschaft aufzunehmen.[41] Mithilfe der Vereinbarung kann also eine Überschuldung der GmbH verhindert werden.[42] Zwar kann die qualifizierte Rangrücktrittsvereinbarung durch Vertrag

---

40 BGH, Urt. v. 8. 1. 2001 – II ZR 88/99, BGHZ 146, 264 = BB 2001, 430 = NJW 2001, 1280; *Kleindiek*, in: *Lutter/Hommelhoff*, § 42, Rn. 46; *Roth/Altmeppen*, § 42, Rn. 47; *Scholz/K. Schmidt*, §§ 32a/b, Rn. 63, 99.
41 BGH, Urt. v. 8. 1. 2001 – II ZR 88/99, BGHZ 146, 264 = BB 2001, 430 = NJW 2001, 1280; *Kleindiek*, in: Lutter/Hommelhoff, § 42, Rn. 47; *Scholz/K. Schmidt*, §§ 32a/b, Rn. 63, 99.
42 Rowedder/Schmidt-Leithoff/*Pentz*, § 32a, Rn. 226.

zwischen dem Gesellschafter und der von dem Geschäftsführer vertretenen GmbH aufgehoben werden. Erfolgt die Aufhebung in der Krise, so bleibt das Darlehen kraft Gesetzes haftendem Kapital gleichgestellt.[43] Eines Forderungsverzichts des Gesellschafters bedarf es nicht, um einen Rangrücktritt annehmen zu können. Die Erklärung von Gesellschaftern, „auf ihre Forderungen so lange zu verzichten, wie durch ihre Geltendmachung eine Überschuldung der GmbH herbeigeführt würde", dürfte keinen hinreichenden Rangrücktritt darstellen, weil der Verzicht bei einer von dritter Seite veranlassten Insolvenz nicht gelten soll. Der Erklärung kann die eindeutige Festlegung, dass die Forderung nur aus künftigen Jahresüberschüssen, aus dem Liquidationsüberschuss oder aus weiterem, die sonstigen Schulden der Gesellschaft übersteigendem Vermögen befriedigt werden soll, folgen.[44]

c) Beweislast
Wer sich auf die Eigenkapitalersatzregeln beruft, trägt die Beweislast für eine *Insolvenz* der GmbH. Dies ist die *Gesellschaft* oder der für sie eingesetzte *Insolvenzverwalter*.[45] Dabei muss die Gesellschaft bzw. der Insolvenzverwalter nicht jede denkbare Möglichkeit ausschließen, sondern nur nahe liegende Anhaltspunkte – beispielsweise stille Reserven bei Grundvermögen – und die von dem Gesellschafter insoweit aufgestellten Behauptungen widerlegen.[46]

2. Kreditunwürdigkeit

In einer GmbH können Gesellschafterdarlehen und ähnliche Leistungen auch dann als ein Ersatz für Eigenkapital zu betrachten sein, wenn die Gesellschaft bei ihrer Hingabe weder überschuldet war noch ihr Stammkapital eingebüßt hatte. Der Eintritt der Überschuldung ist *nicht der einzige Zeitpunkt*, in dem ein Gesellschafter als ordentlicher Kaufmann Eigenkapital zugeführt hätte.

---

43 Scholz/*K. Schmidt*, §§ 32a/b, Rn. 101; Rowedder/Schmidt-Leithoff/*Pentz*, § 32a, Rn. 228.
44 Roth/*Altmeppen*, § 42, Rn. 49.
45 BGH, Urt. v. 7. 3. 2005 – II ZR 138/03, BGH, Urt. v. 2. 4. 2001 – II ZR 261/99, BB 2001, 1005 = NJW-RR 2001, 1043.
46 BGH, Urt. v. 7. 3. 2005 – II ZR 138/03.

8. Kap.   II. Krise der Gesellschaft

a) Begriff der Kreditunwürdigkeit

Die Rechtsprechung geht davon aus, dass ein Gesellschafter, der die Not leidende Gesellschaft durch die Zufuhr anderer Mittel als des sonst dringend benötigten Eigenkapitals vor dem Zusammenbruch zu bewahren sucht, das damit eingegangene Finanzierungsrisiko nicht auf die Gläubiger abwälzen darf, sondern im Rahmen der gesetzlichen Kapitalerhaltungsvorschriften selber tragen muss. Dieser Gedanke kann auch dann zutreffen, wenn die Leistung der Gesellschaft in einem *Augenblick* zufließt, in dem sie, ohne bereits in einer Insolvenzlage zu sein, mit dem vorhandenen Kapital *nicht existenzfähig*, insbesondere außerstande ist, ihren Kapitalbedarf durch Fremdkredite zu befriedigen. Eine Gleichstellung von Gesellschafterleistungen mit haftendem Eigenkapital *unabhängig von den Insolvenzvoraussetzungen* ist geboten, wenn die Gesellschaft im Zeitpunkt der Leistung von dritter Seite keinen Kredit zu marktüblichen Bedingungen hätte erhalten können und deshalb ohne die Leistung hätte liquidiert werden müssen.[47]

b) Unterscheidung von Kreditunwürdigkeit und Insolvenzreife

Kreditwürdigkeit und Insolvenzreife sind als eigenständige Tatbestände für das Eingreifen der Eigenkapitalersatzregeln zu differenzieren: Die Kreditunwürdigkeit der GmbH wird häufig im Vorfeld der Insolvenz gegeben sein.[48] Nach Eintritt der Insolvenzreife kommt es für die Frage der Umqualifizierung der Gesellschafterleistung in Eigenkapital auf die Kreditunwürdigkeit der GmbH nicht mehr an.[49] Umgekehrt ist das – auf den früheren zweistufigen Überschuldungsbegriff – abzielende Merkmal einer positiven Fortbestehensprognose für die Feststellung der Kreditunwürdigkeit, wenn die Gesellschaft den zur Fortsetzung ihres Geschäftsbetriebs erforderlichen Kreditbedarf nicht aus eigener Kraft decken kann, ohne Bedeutung.[50] Ist die GmbH aufgrund vorhandener Sicherheiten noch imstande, ihren Kre-

---

47 BGH, Urt. v. 24. 3. 1980 – II ZR 213/77, BGHZ 76, 326 = BB 1980, 797 = NJW 1980, 1524; Hachenburg/*Ulmer*, §§ 32a/b, Rn. 49; Scholz/*K. Schmidt*, §§ 32a/b, Rn. 38; *Lutter/Hommelhoff*, §§ 32a/b, Rn. 19.
48 Baumbach/*Hueck/Fastrich*, § 32a, Rn. 46.
49 Michalski/*Heidinger*, §§ 32a/b, Rn. 58.
50 BGH, Urt. v. 2. 12. 1996 – II ZR 243/95, NJW-RR 1997, 606; Baumbach/*Hueck/Fastrich*, § 32a, Rn. 46.

ditbedarf bei außen stehenden Dritten zu decken, so kann dieser Umstand nur den Umqualifizierungsgrund der Kreditunwürdigkeit ausschließen, nicht aber denjenigen der Insolvenzreife wegen Zahlungsunfähigkeit oder Überschuldung.[51]

c) Feststellung der Kreditunwürdigkeit
Das Merkmal der Kreditwürdigkeit bzw. Kreditunwürdigkeit ist anhand eines *objektiven Maßstabs* zu prüfen. Die Beurteilung hat nicht rückblickend, sondern vielmehr allein anhand der Umstände im Zeitpunkt der Gewährung oder Belassung der möglicherweise kapitalersetzenden Leistung zu erfolgen.[52] Die Bewertung hat also objektiv aus einer *ex-ante-Sicht* zu erfolgen.[53] Es müssen bezogen auf den Zeitpunkt der Gewährung oder Belassung der Gesellschafterleistung die maßgeblichen Liquiditätsdaten ausgewertet werden. Dabei sind eine Reihe von Indizien heranzuziehen, die den Schluss auf eine fehlende oder bestehende Kreditwürdigkeit gestatten können.[54] Jedoch verbietet sich jede schematische Bewertung.

aa) Kreditbezogene Indizien
Besonders günstige Darlehenskonditionen wie eine lange Laufzeit, ein unter dem Markpreis liegender Zins oder gar der Verzicht auf eine Verzinsung sprechen für eine Kreditunwürdigkeit. Andererseits kann auch ein besonders hoher Zins eine Kreditunwürdigkeit nahe legen.[55] Gegen die Kreditunwürdigkeit der Gesellschaft spricht im Allgemeinen, wenn sie für den Kredit ausreichende *Sicherheiten* aus ihrem eigenen Vermögen stellen kann. Kreditunwürdigkeit scheidet daher aus, wenn die mit ausreichenden Sicherungen ausgestattete Gesell-

---

51 BGH, Urt. v. 4. 12. 1995 – II ZR 281/94, NJW 1996, 720; BGH, Urt. v. 11. 12. 1995 – II ZR 128/94, NJW 1996, 722; BGH, Urt. v. 14. 6. 1993 – II ZR 252/92, BB 1993, 1546 = NJW 1993, 2179.
52 BGH, Urt. v. 13. 7. 1992 – II ZR 269/91, BGHZ 119, 201 = NJW 1992, 2821; Scholz/*K. Schmidt*, §§ 32a/b, Rn. 41; Michalski/*Heidinger*, §§ 32a/b, Rn. 45; Lutter/*Hommelhoff*, §§ 32a/b, Rn. 19.
53 Roth/*Altmeppen*, § 32a, Rn. 19.
54 Michalski/*Heidinger*, §§ 32a/b, Rn. 46; Scholz/*K. Schmidt*, §§ 32a/b Rn. 41; Rowedder/Schmidt-Leithoff/*Pentz*, § 32a, Rn. 41; Lutter/*Hommelhoff*, §§ 32a/b, Rn. 19; skeptisch Roth/*Altmeppen*, § 32a, Rn. 21.
55 Lutter/*Hommelhoff*, §§ 32a/b, Rn. 24; Michalski/*Heidinger*, §§ 32a/b, Rn. 51; zurückhaltend Scholz/*K. Schmidt*, §§ 32a/b, Rn. 41.

schaft von ihren Hausbanken keinen Kredit erhält, weil diese kein Vertrauen in die Sanierungsbemühungen der Geschäftsführung haben. Es kann nämlich nicht angenommen werden, dass andere Banken, denen es weniger um die Qualifikation der Geschäftsführung und den Erfolg der Sanierungsbemühungen als darum ging, sicheres Geld zu verdienen, den Kredit trotz ausreichender Sicherheiten verweigert hätten.[56] In Jahresabschlüssen ausgewiesene, in Grundstückswerten steckende *stille Reserven* können nicht nur eine buchmäßige Überschuldung neutralisieren, sondern auch der Annahme einer Kreditunwürdigkeit entgegenstehen, wenn solche Reserven als Kreditsicherheiten für externe Gläubiger dienen können.[57] Eine Besicherung des Kredits durch den Gesellschafter ist in der Bankpraxis vielfach üblich. Verfügt die GmbH aber nicht über ausreichende Sicherheiten, kann eine Kreditunwürdigkeit gegeben sein.[58] Die Freigabe von Gesellschaftersicherheiten durch einen Großgläubiger kann Kreditwürdigkeit indizieren.[59] Hat eine GmbH ihrem Gesellschafter zur Sicherung eines ihr gewährten Darlehens Grundschulden bestellt, so kann die *Grundschuldbestellung* der Annahme ihrer Kreditunwürdigkeit entgegenstehen, weil die Grundschulden auch zur Sicherung eines dritten Kreditgebers hätten verwendet werden können. Für die Frage, ob die GmbH einen entsprechenden Kredit von dritter Seite zu marktüblichen Bedingungen erhalten hätte, käme es deshalb auf den Wert der als Sicherheit dienenden Grundstücke im Verhältnis zur Höhe des jeweils ausgereichten Kredits an.[60] Indizien für eine Kreditunwürdigkeit sind in der *Kündigung von Krediten* oder einer fehlenden bzw. ausgeschöpften Kreditlinie zu erkennen. Ebenso verhält es sich bei der Weigerung anderer Banken oder außen stehender Personen, an der Darlehensgewährung mitzuwirken. Jeder Kredit muss für sich betrachtet werden. Aus dem kapitalersetzenden Charakter eines frühe-

---

56 BGH, Urt. v. 28. 9. 1987 – II ZR 28/87, BB 1987, 2390 = NJW 1988, 824.
57 BGH, Urt. v. 12. 7. 1999 – II ZR 87/88, BB 1999, 1887 = NJW 1999, 3120; BGH, Urt. v. 2. 4. 2001 – II ZR 261/99, BB 2001, 1005 = NJW-RR 2001, 1043.
58 Scholz/*K. Schmidt,* §§ 32a/b, Rn. 41; Rowedder/Schmidt-Leithoff/*Pentz,* § 32a, Rn. 42.
59 *Lutter/Hommelhoff,* §§ 32a/b, Rn. 29.
60 BGH, Urt. v. 27. 11. 2000 – II ZR 179/99, NJW 2001, 1491.

ren kann nicht auf die Kapitalersatzfunktion eines späteren Gesellschafterdarlehens geschlossen werden.[61]

bb) Unternehmensbezogene Indizien

Unternehmensbezogene Kriterien, die tendenziell gegen eine Kreditwürdigkeit ausschlagen, sind in der Nichtbedienung fälliger Verbindlichkeiten, fehlende stille Reserven, Pfändungen, Moratorien und Kündigungen von Krediten zu erblicken. Die spätere Insolvenz kann die Kreditunwürdigkeit im Finanzierungszeitpunkt nahe legen. Rechnerische Überschuldung indiziert, weil keine Kreditsicherheiten mehr angeboten werden können, die Kreditunwürdigkeit.[62] Fehlendes Vertrauen in die Gesellschafter, die Geschäftsführung oder in die Produkte des Unternehmens, das Verhältnis von Rohertrag und Kosten, ungünstige Ertragsaussichten können ebenso wie die in der Vergangenheit zulasten des Stammkapitals erwirtschafteten Verluste auf Kreditunwürdigkeit deuten.[63] Eine bereits seit längerem bestehende, ansteigende rechnerische Überschuldung einer GmbH ist – im Zusammenwirken mit der Kündigung des Mietverhältnisses über das Betriebsgrundstück wegen erheblicher Zahlungsrückstände – auch für die Beurteilung ihrer Kredit(un)würdigkeit durch einen wirtschaftlich denkenden außen stehenden Kreditgeber von wesentlicher Bedeutung.[64]

cc) Darlegungs- und Beweislast

Die Beweislast für die Kreditunwürdigkeit trägt die *GmbH* bzw. der für sie eingesetzte *Insolvenzverwalter*. Der Gesellschafter kann die Kreditunwürdigkeit der Gesellschaft nicht mit der pauschalen Erwägung verneinen, es sei nicht auszuschließen, dass die Gesellschaft noch Vermögensgegenstände oder stille Reserven gehabt habe, die sie ihren Gläubigern als ausreichende Sicherheit hätte zur Verfügung stellen können. Dem Insolvenzverwalter ist es nur zumutbar, den von ihm zu erbringenden Negativbeweis zu führen, wenn der Gesellschaf-

---

[61] BGH, Urt. v. 13. 7. 1992 – II ZR 269/91, BGHZ 119, 201 = NJW 1992, 2821; Scholz/*K. Schmidt*, §§ 32a/b, Rn. 41; *Lutter/Hommelhoff,* §§ 32a/b, Rn. 21.
[62] Scholz/*K. Schmidt*, §§ 32a/b, Rn. 41.
[63] *Lutter/Hommelhoff,* §§ 32a/b, Rn. 20; Rowedder/Schmidt-Leithoff/*Pentz*, § 32a, Rn. 41.
[64] BGH, Urt. v. 23. 2. 2004 – II ZR 207/01, WM 2004, 1075.

ter konkret darlegt, welche Vermögensgegenstände die Insolvenzschuldnerin seiner Ansicht nach ihren Gläubigern noch als Sicherheiten hätte anbieten können und inwiefern sie noch über stille Reserven, die als Kreditsicherheiten tauglich gewesen wären, verfügt haben soll. Der Insolvenzverwalter muss also nur die von den Gesellschaftern *substantiiert behaupteten Möglichkeiten* einer Kreditsicherung mit gesellschaftseigenen Mitteln widerlegen.[65] Ergeben sich aus dem Jahresabschluss hingegen Anhaltspunkte auf stille Reserven, die als Sicherheit für externe Kreditgeber anstelle des Gesellschafters hätten dienen können, so ist die Gesellschaft für das Gegenteil in vollem Umfang darlegungs- und beweispflichtig.[66] Die Entscheidung über die Kreditunwürdigkeit ist für jede Gesellschafterhilfe individuell zu treffen.[67] Bei wiederholten Leistungen *(ratierliche Zahlungen)* muss für den Zeitpunkt jeder Leistung dargelegt und bewiesen werden, dass die Gesellschaft kreditunwürdig war.[68] Deswegen hat der Insolvenzverwalter etwaige monatliche betriebswirtschaftliche Auswertungen nutzbar zu machen und eine vorläufige Bewertung des Aktivvermögens im Sinne einer Zwischenbilanz, die auch stille Reserven erfasst, vorzunehmen. Dieser Status ist für jeden einzelnen Zeitabschnitt fortzuschreiben, um die Umqualifizierung der Gesellschafterhilfe in Eigenkapital zu belegen.[69]

3. Erkennbarkeit der Krise

Im Blick auf das subjektive Kriterium der Erkennbarkeit der Krise dürfen an die Möglichkeit, die Krise zu erkennen, keine hohen Anforderungen gestellt werden; vielmehr ist die Erkennbarkeit prinzipiell als gegeben anzusehen. Die grundsätzliche Verantwortlichkeit für eine seriöse Finanzierung der im Rechtsverkehr auftretenden GmbH folgt schon allein aus der Stellung eines Gesellschafters; um dieser Verantwortung gerecht zu werden, muss der Gesellschafter von sich aus sicherstellen, dass er laufend zuverlässig über die wirtschaftliche

---

65 BGH, Urt. v. 17. 11. 1997 – II ZR 224/96, BB 1998, 555 = NJW 1998, 1143; BGH, Urt. v. 2. 6. 1997 – II ZR 211/95, BB 1997, 2183 = NJW 1997, 3171; Michalski/*Heidinger*, §§ 32a/b, Rn. 47.
66 BGH, Urt. v. 12. 7. 1999 – II ZR 87/98, BB 1999, 1887 = NJW 1999, 3120.
67 Scholz/*K. Schmidt*, §§ 32a/b, Rn. 41.
68 *Goette*, § 4, Rn. 49; Baumbach/*Hueck/Fastrich*, § 32a, Rn. 52.
69 *Goette*, § 4, Rn. 49.

Lage der Gesellschaft, insbesondere den eventuellen Eintritt einer Krise, informiert ist. Deshalb ist anzunehmen, dass der Gesellschafter die *wirtschaftlichen Umstände*, welche die Umqualifizierung seiner Hilfe in funktionales Eigenkapital begründen, *gekannt* hat oder jedenfalls hätte kennen können.[70]

III. Umqualifizierung der Leistung des Gesellschafters in Eigenkapital

§ 32a Abs. 1 GmbHG hat als Gesellschafterleistung insbesondere das Darlehen im Auge. Daneben wird von § 32a Abs. 2 GmbHG auch die Gewährung von Sicherheiten dem Eigenkapitalersatzrecht unterstellt. Schließlich erfasst § 32a Abs. 3 GmbHG auch sämtliche weitere Leistungen, die einer Darlehensgewährung entsprechen.

1. Darlehen

a) Grundmodell des Eigenkapitalersatzrechts

Das Eigenkapitalersatzrecht wurde am Modell der Darlehenshingabe entwickelt. Aus Sicht des Gesellschafters ist die Kreditgewährung der unauffälligste Weg, die Krisensituation zu beseitigen. Ein Gesellschafter, der die Not leidende Gesellschaft nicht durch die sonst gebotene Hergabe fehlenden Eigenkapitals, sondern durch Darlehen über Wasser zu halten sucht, darf das damit verbundene Finanzierungsrisiko nicht auf außen stehende Gläubiger abwälzen. Er soll nicht in der Erwartung, sein Geld aufgrund besserer Informationsmöglichkeiten noch rechtzeitig in Sicherheit bringen zu können, auf dem Rücken der Gesellschaftsgläubiger spekulieren dürfen. Der tragende Grund für die Behandlung von Gesellschafterdarlehen als haftendes Kapital im Sinne der §§ 30, 31 GmbHG liegt also darin, dass ein Gesellschafter, der die sonst insolvenzreife GmbH anstatt durch die wirtschaftlich gebotene Zufuhr neuen Eigenkapitals durch Darlehen zu stützen sucht und dadurch den *Anschein ausreichender Kapitalausstattung* hervorruft, sich zu seinem eigenen Verhalten und dem Zweck der gesetzlichen Kapitalerhaltungsvorschriften in *Widerspruch* setzt, wenn er der Gesellschaft die als Kapitalgrundlage benötigten Mittel wieder ent-

---

[70] BGH, Urt. v. 23. 2. 2004 – II ZR 207/01, WM 2004, 1075.

zieht, obwohl sie (noch) nicht ohne diese lebensfähig ist. Es ist die Verantwortung des Gesellschafters für eine ordnungsgemäße Unternehmensfinanzierung, die ihn in der Krise zwar nicht positiv verpflichtet, fehlendes Kapital aus seinem Vermögen nachzuschießen, der er sich aber nicht in der Weise zum Nachteil der Gläubiger entziehen kann, dass er bei einer tatsächlich beabsichtigten Finanzhilfe, anstatt sie durch die objektiv gebotene Einbringung haftenden Kapitals zu leisten, auf eine andere, ihm weniger riskante Erscheinungsform ausweicht.[71] Ob ein Darlehen eigenkapitalersetzend anzusehen ist, beurteilt sich nach dem Zeitpunkt der *verbindlichen Kreditzusage*, sofern die Leistung später gewährt wird. Folglich greifen die Eigenkapitalersatzregeln wegen der im Zeitpunkt der Krise erteilten Zusage ein, falls die Leistung nach Eintritt der Insolvenz und damit nicht mehr während der Dauer der Krise erbracht wird.[72]

b) Finanzplankredit

aa) Begriff

Eine Finanzplanfinanzierung liegt vor, wenn die Gesellschafter nach Maßgabe einer speziellen Vereinbarung der GmbH über die Stammeinlagen hinaus die Gewährung zusätzlicher Leistungen, insbesondere eines Darlehens, versprechen.[73] Anders als bei den vor Eintritt der Krise zugesagten und zugeflossenen Darlehen geht es hier um die Frage, ob noch Erfüllung der **vor** *der Krise zugesagten* aber noch *nicht erbrachten Darlehen* verlangt werden kann.[74] Das Eigenkapitalersatzrecht kennt nur ein Abzugsverbot, die Verpflichtung zur Zuführung neuer Mittel kann aus ihm nicht hergeleitet werden. Deswegen wird Missverständnissen Vorschub geleistet, wenn der „Finanzplankredit" als *eigene Kategorie* des Eigenkapitalersatzrechts verstanden werden soll. Soweit das Darlehensversprechen bei Eintritt der Krise erfüllt ist, finden die Eigenkapitalersatzregeln ohne weiteres Anwen-

---

71 BGH, Urt. v. 26. 3. 1984 – II ZR 171/83, BGHZ 90, 381 = NJW 1984, 1893; BGH, Urt. v. 27. 9. 1976 – II ZR 162/75, BGHZ 67, 171 = BB 1976, 1528 = NJW 1977, 104, gegen den Gedanken des widersprüchlichen Verhaltens Scholz/*K. Schmidt*, §§ 32a/b, Rn. 9.
72 BGH, Urt. v. 19. 9. 1996 – IX ZR 249/95, BGHZ 133, 298 = BB 1996, 2316 = NJW 1996, 3203; Roth/*Altmeppen*, § 32a, Rn. 34.
73 Rowedder/Schmidt-Leithoff/*Pentz*, § 32a, Rn. 46.
74 Michalski/*Heidinger*, §§ 32a/b, Rn. 64.

dung. Soweit das Darlehensversprechen noch nicht erfüllt ist, kann die Einordnung des Finanzplankredits als Unterfall des Eigenkapitalersatzrechts die Pflicht des Gesellschafters nicht begründen, der Gesellschaft weiteres Kapital zuzuführen. Grundlage hierfür kann allein eine unter den Gesellschaftern selbst oder zwischen den Gesellschaftern und der GmbH getroffene besondere *Abrede* sein.[75]

bb) Auslegung der Abrede

Inwieweit ein Gesellschafter verpflichtet ist, ein unter der Prämisse „Finanzplankredit" zugesagtes Darlehen der Gesellschaft zur Verfügung zu stellen, richtet sich nach Inhalt und Fortbestand der zwischen den Gesellschaftern untereinander oder mit der Gesellschaft – sei es auf satzungsrechtlicher Grundlage, sei es in Form einer schuldrechtlichen Nebenabrede – getroffenen Vereinbarungen.[76] Finanzplankredite sind also nur durch die Vereinbarung der Gesellschafter im Eigenvermögen der GmbH gebunden und nicht durch Gesetz.[77] Die Abrede kann auf einer *materiellen Satzungsklausel*, etwa in Form einer Nebenleistungspflicht (§ 3 Abs. 2 GmbHG), aber auch einer *schuldrechtlichen Nebenabrede* der Gesellschafter beruhen, die sowohl in der Satzung als auch ad hoc auf einer Gesellschafterversammlung getroffen werden kann.[78] Die Einführung durch Satzungsänderung bedarf der Zustimmung aller Gesellschafter (§ 53 Abs. 3 GmbHG).[79] Wurde die Zahlungspflicht in der Satzung verankert, ist zu untersuchen, ob es sich um einen formellen, nur die Gründungsgesellschafter oder einen materiellen, auch künftige Gesellschafter bindenden materiellen Satzungsbestandteil handelt. Im letztgenannten Fall ist die Auslegung ohne Rücksicht auf die Vorstellungen der Gesellschafter bei Vertragsschluss einer *objektiven Auslegung* zu unterziehen. Falls

---

75 BGH, Urt. v. 28. 6. 1999 – II ZR 272/98, BGHZ 142, 116 = BB 1999, 1672 = NJW 1999, 2809; Scholz/*K. Schmidt*, §§ 32a/b, Rn. 91; Baumbach/*Hueck*/*Fastrich*, § 32a, Rn. 46a; Roth/*Altmeppen*, § 32a, Rn. 74; Michalski/*Heidinger*, §§ 32a/b, Rn. 65.
76 BGH, Urt. v. 28. 6. 1999 – II ZR 272/98, BGHZ 142, 116 = BB 1999, 1672 = NJW 1999, 2809.
77 Scholz/*K. Schmidt*, §§ 32a/b; Roth/*Altmeppen,* § 32a, Rn. 76.
78 BGH, Urt. v. 28. 6. 1999 – II ZR 272/98, BGHZ 142, 116 = BB 1999, 1672 = NJW 1999, 2809; Scholz/*K. Schmidt,* §§ 32a/b, Rn. 93; Rowedder/Schmidt-Leithoff/ *Pentz*, § 32a, Rn. 48.
79 Baumbach/*Hueck*/*Fastrich,* § 32a, Rn. 46a.

8. Kap.   III. Umqualifizierung der Leistung

es sich um eine – in- oder außerhalb der Satzung geregelte – bloß schuldrechtliche Verpflichtung handelt, käme es allein auf das Verständnis der Gründungsgesellschafter an.[80]

cc) Aufhebung der Verpflichtung

Sofern die Verpflichtung in der Satzung niedergelegt ist, kann sie nur durch einen *satzungsändernden Beschluss* mit einer Mehrheit von drei Vierteln und in notarieller Form beseitigt (§ 53 Abs. 2 GmbHG, werden.[81] Eine schuldrechtliche Vereinbarung kann formlos im Einvernehmen *aller* Beteiligter aufgehoben werden.[82] Aufgehoben werden kann diese einlageähnliche Darlehenszusage ohne Einschränkungen nur vor Eintritt der Krise. Im *Insolvenzfall* hat der Gesellschafter dagegen vereinbarungsgemäß zu leisten und kann sich vor allem nicht auf § 490 BGB (§ 610 BGB a.F.) berufen. Diese Sperrwirkung beruht allerdings nicht auf einer Anwendung der Regeln über den Eigenkapitalersatz, sondern ergibt sich aus einer Sinn entsprechenden Anwendung der § 19 Abs. 2, § 58 GmbHG.[83] Folgerichtig kann ein bereits eingezahlter Finanzplankredit nach Eintritt der Krise auch mit Zustimmung der Gesellschafter nicht mehr abgezogen werden.[84]

c) Kurzfristiger Überbrückungskredit

Nach der (früheren) Rechtsprechung sollen kurzfristige Überbrückungskredite nicht der Eigenkapitalzufuhr zugerechnet werden. Kurzfristige Überbrückungskredite werden danach nicht von den Eigenkapitalersatzregeln erfasst, wenn im Zeitpunkt der Einräumung des Kredits aufgrund der wirtschaftlichen Lage des Unternehmens objektiv damit gerechnet werden konnte, dass die Gesellschaft den Kredit in der vorgesehenen kurzen Zeitspanne werde ablösen kön-

---

[80] BGH, Urt. v. 28. 6. 1999 – II ZR 272/98, BGHZ 142, 116 = BB 1999, 1672 = NJW 1999, 2809; Scholz/*K. Schmidt,* §§ 32a/b, Rn. 93; Rowedder/Schmidt-Leithoff/ *Pentz,* § 32a, Rn. 48.

[81] BGH, Urt. v. 28. 6. 1999 – II ZR 272/98, BGHZ 142, 116 = BB 1999, 1672 = NJW 1999, 2809; Rowedder/Schmidt-Leithoff/*Pentz,* § 32a, Rn. 53.

[82] BGH, Urt. v. 28. 6. 1999 – II ZR 272/98, BGHZ 142, 116 = BB 1999, 1672 = NJW 1999, 2809; Rowedder/Schmidt-Leithoff/*Pentz,* § 32a, Rn. 54.

[83] BGH, Urt. v. 28. 6. 1999 – II ZR 272/98, BGHZ 142, 116 = BB 1999, 1672 = NJW 1999, 2809; Rowedder/Schmidt-Leithoff/*Pentz,* § 32a, Rn. 57.

[84] Scholz/*K. Schmidt,* §§ 32a/b, Rn. 98.

nen.⁸⁵ Lässt es der Gesellschafter zu, dass die Gesellschaft ihm zustehende einzelne Forderungen aus Warenlieferungen fortlaufend um bis zu mehrere Monate verspätet begleicht, so ist zwar nicht in Höhe jeder einzelnen Rechnung, aber des *durchschnittlichen offenen Forderungssaldos* eine Kreditgewährung nach Eigenkapitalersatzregeln zu erkennen.⁸⁶ Damit hat der BGH gerade nicht sämtliche Rechnungen den Kapitalersatzregeln entzogen, sondern den durchschnittlichen Saldo berücksichtigt.⁸⁷ Allerdings hat der BGH in einem anderen Fall eine bis zum Jahresende bewilligte Liquiditätshilfe als bloßen Überbrückungskredit nicht den Kapitalersatzregeln unterworfen.⁸⁸ Im Schrifttum wird ein kurzfristiger Überbrückungskredit nur als nicht kapitalersetzend anerkannt, wenn aufgrund objektiver Umstände mit der alsbaldigen Rückzahlung gerechnet werden kann. Scheidet eine alsbaldige Rückerstattung aus oder wird der Kredit zur Insolvenzabwendung gegeben, ist er den Kapitalersatzregeln zu unterstellen.⁸⁹

d) Sanierungsdarlehen

Der BGH hat in seiner Rechtsprechung ein die Anwendung des Kapitalersatzrechts ausschließendes Privileg für Sanierungsdarlehen nicht anerkannt.⁹⁰ Diese mitunter kritisierte Rechtsprechung wird durch das mit Wirkung zum 1. 5. 1998 eingefügte Sanierungsprivileg des § 32a Abs. 3 S. 3 GmbHG modifiziert. Einem Darlehensgeber soll in der Krise der GmbH die Möglichkeit eröffnet werden, Anteile und unternehmerische Kontrolle zu übernehmen, ohne dass stehen gelassene oder neue Kredite in Eigenkapitalersatz umqualifiziert werden. Das Privileg gilt sowohl in Anwendung der *Novellenregeln* (§§ 32a, 32b GmbHG) als auch der auf §§ 30, 31 GmbHG basierenden Rechtspre-

---

85 BGH, Urt. v. 28. 11. 1994 – II ZR 77/93, NJW 1995, 457; vgl. BGH, Urt. v. 2. 6. 1997 – II ZR 211/95, BB 1997, 1283 = NJW 1997, 3171.
86 BGH, Urt. v. 28. 11. 1994 – II ZR 77/93, NJW 1995, 457; vgl. BGH, Urt. v. 2. 6. 1997 – II ZR 211/95, BB 1997, 1283 = NJW 1997, 3171.
87 *Goette,* § 4, Rn. 47.
88 BGH, Urt. v. 26. 3. 1984 – II ZR 171/83, BGHZ 90, 381 = NJW 1984, 1893.
89 Scholz/*K. Schmidt,* §§ 32a/b, Rn. 43; *Lutter/Hommelhoff,* §§ 32a/b, Rn. 34 f.; Rowedder/Schmidt-Leithoff/*Pentz,* § 32a, Rn. 36, 44.
90 BGH, Urt. v. 13. 7. 1992 – II ZR 251/91, BGHZ 119, 191 = BB 1992, 1946 = NJW 1992, 3035; BGH, Urt. v. 19. 9. 1988 – II ZR 255/87, BGHZ 105, 168 = BB 1988, 2054 = NJW 1988, 3143; BGH, Urt. v. 21. 9. 1981 – II ZR 104/80, BGHZ 81, 311 = BB 1981, 2026 = NJW 1982, 383.

8. Kap.   III. Umqualifizierung der Leistung

chungsregeln. Mangels zwischenzeitlich ergangener höchstrichterlicher Rechtsprechung sollen nur die Grundzüge der Regelung skizziert werden.

aa) Erwerb von Geschäftsanteilen

Das Sanierungsprivileg setzt den Erwerb von Geschäftsanteilen, deren Höhe jenseits der Kleinbeteiligungsschwelle keine Rolle spielt,[91] in der Krise voraus. Der Erwerb kann sich durch Übernahme vorhandener Anteile im Wege der Anteilsübertragung oder der Zeichnung eines Geschäftsanteils aus einer Kapitalerhöhung vollziehen.[92] Als Erwerber kommt jedermann in Betracht, also nicht nur etwa Kreditinstitute oder Gesellschaftsgläubiger, sondern auch professionelle Sanierer oder ein Fremdgeschäftsführer. Der Erwerber muss insbesondere nicht schon *Darlehensgeber* sein, sondern kann diese Stellung gemeinsam mit der Gesellschafterstellung erwerben.[93] Ausgeschlossen sind *Altgesellschafter* und die ihnen gleichgestellten Personen, weil sie für die Krise der Gesellschaft objektiv verantwortlich sind.[94]

bb) Sanierungszweck

Zentrales Erfordernis ist der Erwerb in der Krise zwecks Überwindung der Krise. Es spricht eine Vermutung dafür, dass ein Anteilserwerb in der Krise, der mit einer Darlehensgewährung verbunden ist, Sanierungszwecken dienen soll.[95] Der Anteilserwerb muss sich als Bestandteil eines Gesamtplans zur Überwindung der Krise darstellen.[96] Die Sanierung muss *objektiv möglich* und die getroffenen Maßnahmen hierzu objektiv geeignet sein. Ob die Sanierung gelingt, ist bedeutungslos.[97]

---

91 Rowedder/Schmidt-Leithoff/*Pentz,* § 32a, Rn. 110.
92 *Lutter/Hommelhoff,* §§ 32a/b, Rn. 82; Scholz/*K. Schmidt,* §§ 32a/b, Rn. 197.
93 *Lutter/Hommelhoff,* §§ 32a/b, Rn. 81; Scholz/*K. Schmidt,* §§ 32a/b, Rn. 196.
94 *Lutter/Hommelhoff,* §§ 32a/b, Rn. 80; a.A. Rowedder/Schmidt-Leithoff/*Pentz,* § 32a, Rn. 115.
95 *Scholz/K. Schmidt,* §§ 32a/b, Rn. 198.
96 Rowedder/Schmidt-Leithoff/*Pentz,* § 32a, Rn. 110.
97 Michalski/*Heidinger,* §§ 32a/b, Rn. 223.

cc) Rechtsfolgen

Das Privileg erfasst Alt- und Neudarlehen des Gesellschafters, die vor oder in der Krise mit dem Erwerb der Gesellschafterstellung gegeben wurden. Über den Wortlaut hinaus sind der Darlehensgewährung gleichgestellte Gesellschafterleistungen (Gebrauchsüberlassung, Besicherung eines Drittdarlehens) von dem Privileg erfasst.[98] Als Rechtsfolge werden die Gesellschafterleistungen von der *Regelung des § 32a GmbHG freigestellt*. Scheitert der Sanierungsversuch, nimmt der Gesellschafter als normaler, nicht nachrangiger Gläubiger (§ 39 InsO) an dem Insolvenzverfahren der Gesellschaft teil. Nach dem Wortlaut entfällt auch die Rückzahlungssperre des § 30 GmbHG, was für *Altkredite*, die vor Erwerb der Gesellschafterstellung gewährt wurden, vertretbar, für *Neukredite* aber schwer haltbar ist.[99] Gelingt die Sanierung, so dauert die Privilegierung bis zum durchgreifenden Erfolg der Bemühungen an. Das Stehenlassen des Kredits nach Überwindung der Krise wird indes nicht von dem Privileg erfasst. Bei Eintritt einer neuen Krise ist das Darlehen in eine eigenkapitalersetzende Gesellschafterleistung umzuqualifizieren.[100]

2. Gesellschafterbesicherte Drittdarlehen

Wirtschaftlich betrachtet entspricht es der Gewährung eines Darlehens durch den Gesellschafter an die GmbH, wenn er einem Dritten, der der Gesellschaft Kreditmittel überlässt, eine Sicherheit stellt und damit die Darlehensgewährung erst ermöglicht. Zur Vermeidung einer Gesetzesumgehung wird der Kredit *in Höhe der Sicherheit* als Darlehen des Gesellschafters an die GmbH behandelt. Auch die Übernahme einer Sicherheit durch den Gesellschafter kann wie eine Einlageleistung zu behandeln sein, wenn sie nichts weiter als ein Weg ist, einer vor dem wirtschaftlichen Zusammenbruch stehenden Gesellschaft durch persönlichen Vermögenseinsatz, aber unter Vermeidung einer sonst gebotenen Kapitalerhöhung, neue Mittel zuzuführen, wirt-

---

98 *Lutter/Hommelhoff,* §§ 32a/b, Rn. 86; Rowedder/Schmidt-Leithoff/*Pentz*, § 32a, Rn. 125.
99 Scholz/*K. Schmidt*, §§ 32a/b, Rn. 199.
100 Rowedder/Schmidt-Leithoff/*Pentz*, § 32a, Rn. 126; Michalski/*Heidinger*, §§ 32a/b, Rn. 227; *Lutter/Hommelhoff*, §§ 32a/b, Rn. 88.

schaftlich also derselbe Erfolg eintritt, wie wenn der Gesellschafter in gleicher Lage unmittelbar ein Darlehen gewährt hätte.[101]

a) Tatbestand

Der Tatbestand des gesellschafterbesicherten Drittdarlehens kann in *drei* Merkmalen zusammengefasst werden: Das Darlehen muss – die direkte Hingabe durch den Gesellschafter unterstellt – *eigenkapitalersetzende Funktion* haben. Der eigenkapitalersetzende Charakter ist also nach denselben Kriterien wie bei der Gewährung durch den Gesellschafter zu bestimmen. Bei der Würdigung ist insbesondere darauf abzustellen, ob die Gesellschaft den Kredit auch *ohne die Sicherheit* von einem außen stehenden Dritten zu marktüblichen Bedingungen erhalten hätte.[102] Als zweite Voraussetzung ist die Darlehenshingabe durch einen *gesellschaftsfremden Dritten* zu fordern, der weder zum Kreis der Gesellschafter noch der ihnen gleichgestellten – unmittelbar nach Novellenregeln und Rechtsprechungsregeln haftenden – Personen gehört.[103] Schließlich muss das Darlehen als letztes Merkmal von dem Gesellschafter abgesichert worden sein. Insoweit sind alle *Sicherungsmittel* im denkbar weitesten Sinn einbezogen.[104] In der Praxis kommen vor allem *Bürgschaft*,[105] aber auch *dingliche Sicherheiten* wie Grundschulden[106] und die Sicherungsübereignung beweglicher Sachen,[107] Sicherungsabtretung,[108] Verpfändung von Bank-

---

[101] BGH, Urt. v. 27. 9. 1976 – II ZR 162/75, BGHZ 67, 171 = BB 1976, 1528 = NJW 1977, 104; Scholz/*K. Schmidt*, §§ 32a/b, Rn. 143; Hachenburg/*Ulmer,* §§ 32a/b, Rn. 128; *Lutter/Hommelhoff,* §§ 32a/b, Rn. 111.

[102] Hachenburg/*Ulmer,* §§ 32a/b, Rn. 133; Scholz/*K. Schmidt*, §§ 32a/b, Rn. 146; Baumbach/*Hueck/Fastrich,* § 32a, Rn. 66.

[103] Hachenburg/*Ulmer,* §§ 32a/b, Rn. 135; *Lutter/Hommelhoff,* §§ 32a/b, Rn. 115; Michalski/*Heidinger,* §§ 32a/b, Rn. 138.

[104] BGH, Urt. v. 12. 12. 1988 – II ZR 378/87, BB 1989, 316 = NJW 1989, 1733; *Lutter/Hommelhoff,* §§ 32a/b, Rn. 116; Roth/*Altmeppen,* § 32a, Rn. 128.

[105] BGH, Urt. v. 14. 1. 1999 – IX ZR 208/97, BGHZ 140, 270 = NJW 1999, 1182; BGH, Urt. v. 18. 11. 1996 – II ZR 207/95, BB 1997, 220 = NJW 1997, 740; BGH, Urt. v. 11. 12. 1995 – II ZR 128/94, NJW 1996, 722; BGH, Urt. v. 9. 12. 1991 – II ZR 43/91, BB 1992, 592 = NJW 1992, 1166; BGH, Urt. v. 27. 9. 1976 – II ZR 162/75, BGHZ 67, 171 = BB 1976, 1528 = NJW 1977, 104.

[106] BGH, Urt. v. 27. 11. 2000 – II ZR 179/99, BB 2001, 166 = NJW 2001, 1490; BGH, Urt. v. 18. 11. 1991 – II ZR 258/90, BB 1992, 593 = NJW 1992, 1169.

[107] BGH, Urt. v. 18. 11. 1991 – II ZR 258/90, BB 1992, 593 = NJW 1992, 1169.

[108] BGH, Urt. v. 18. 11. 1991 – II ZR 258/90, BB 1992, 593 = NJW 1992, 1169.

2. Gesellschafterbesicherte Drittdarlehen 8. Kap.

konten,[109] Schuldversprechen,[110] Kaution[111] und Garantieerklärung in Betracht.

b) Rechtsfolgen

aa) Verhältnis Kreditgeber zur GmbH

Die Rückzahlungsforderung des Kreditgebers kann vor Eröffnung des *Insolvenzverfahrens* gegen die GmbH uneingeschränkt geltend gemacht werden. Nach der Eröffnung beschränkt sich die Forderung auf den nach Inspruchnahme der Gesellschaftersicherheit noch offenen Restbetrag (§ 32a Abs. 2 GmbHG). Die Forderung kann mit dem zu erwartenden Ausfallbetrag schon vor Inanspruchnahme der Sicherheit angemeldet werden.[112] Der Kreditgeber kann im Falle einer *Doppelsicherung* seines Darlehens durch die GmbH und den Gesellschafter auf die ihm von der GmbH erteilte dingliche (insolvenzfeste) Sicherung zugreifen, ohne vorrangig die Gesellschaftersicherheit in Anspruch nehmen zu müssen.[113]

bb) Verhältnis der GmbH zu Gesellschafter

Falls ihre Inanspruchnahme durch den Gläubiger zu befürchten ist, steht der GmbH ein *Befreiungsanspruch* gegen den Gesellschafter in Höhe der kapitalersetzenden Sicherheitsleistung zu. Hat die Gesellschaft die Verbindlichkeit aus ihrem gebundenen Vermögen beglichen, ist gegen den Gesellschafter ein Erstattungsanspruch gegeben.[114] Beschränkt sich die *Bürgschaft*, die ein Gesellschafter unter den Voraussetzungen einer kapitalersetzenden Leistung für einen Bankkredit der Gesellschaft übernimmt, auf einen *Teil der Kreditsumme*, so ist der Gesellschafter, wenn die Gesellschaft den Kredit teilweise zurückzahlt, nur insoweit zur Erstattung verpflichtet, als der Erstattungsbetrag zusammen mit dem Betrag, mit dem er dem Gläubi-

---

109 BGH, Urt. v. 18. 11. 1991 – II ZR 258/90, BB 1992, 593 = NJW 1992, 1169.
110 BGH, Urt. v. 9. 3. 1992 – II ZR 168/91, BB 1992, 1026 = NJW 1992, 1763.
111 BGH, Urt. v. 12. 12. 1988 – II ZR 378/87, BB 1989, 316 = NJW 1989, 1733.
112 Baumbach/*Hueck*/*Fastrich*, § 32a, Rn. 68; Hachenburg/*Ulmer*, §§ 32a/b, Rn. 149.
113 BGH, Urt. v. 19. 11. 1984 – II ZR 84/84, BB 1985, 424 = NJW 1985, 858; Roth/*Altmeppen*, § 32a, Rn. 139; Baumbach/*Hueck*/*Fastrich*, § 32a, Rn. 70.
114 BGH, Urt. v. 6. 7. 1998 – II ZR 284/94, BB 1998, 1705 = NJW 1998, 3273; BGH, Urt. v. 9. 12. 1991 – II ZR 43/91, BB 1992, 592 = NJW 1992, 1166; Baumbach/*Hueck*/*Fastrich*, § 32a, Rn. 70; Roth/*Altmeppen*, § 32a, Rn. 140.

ger weiter verhaftet bleibt, die Bürgschaftssumme nicht übersteigt. Auch im Falle von *Höchstbetragsbürgschaften* in der besonderen Form selbstständiger Nebenbürgschaften ist die Anspruchshöhe begrenzt durch die vereinbarte betragsmäßige Höhe der Bürgenhaftung im Zahlungszeitpunkt.[115]

3. Gebrauchsüberlassung

a) Begriff der kapitalersetzenden Gebrauchsüberlassung

Auch eine Gebrauchsüberlassung von Grundstücken[116] oder anderen Wirtschaftsgütern wie einer Betriebsausrüstung kann es der insolvenzreifen oder ohne Unterstützung ihres Gesellschafters nicht mehr lebensfähigen GmbH ermöglichen, ihren Geschäftsbetrieb fortzusetzen. Zwar beseitigt die Gebrauchsüberlassung nicht eine bereits eingetretene Zahlungsunfähigkeit der GmbH; sie ermöglicht der GmbH aber den *Fortbestand* in einer Zeit, während der ein außen stehender Dritter ihr weder die Nutzung des Wirtschaftsguts noch einen Kredit zu dessen Ankauf zur Verfügung stellen würde. In einem solchen Fall verhindert der Gesellschafter durch Gebrauchsüberlassung des benötigten Wirtschaftsguts die andernfalls nicht abzuwendende Liquidation der Gesellschaft ebenso wirkungsvoll, wie wenn er dieser durch die darlehensweise Überlassung der erforderlichen Zahlungsmittel ermöglicht hätte, die Investition selbst durchzuführen.[117] Gegenstand des Eigenkapitalersatzes ist in dieser Konstellation das der Gesellschaft – gleich ob auf vertraglicher oder rein faktischer Grundlage[118] – eingeräumte *Nutzungsrecht*.[119] Sind an einem *Unternehmenskauf* auf der Veräußerer- und Erwerberseite dieselben Personen beteiligt, so kann eine Gebrauchsüberlassung, die ein Gesellschafter

---

115 BGH, Urt. v. 23. 2. 2004 – II ZR 207/01, WM 2004, 1075.
116 BGH, Urt. v. 16. 10. 1989 – II ZR 307/88, BGHZ 109, 55 = BB 1989, 2350 = NJW 1990, 516 „Lagergrundstück I"; BGH, Urt. v. 14. 12. 1992 – II ZR 298/91, BGHZ 121, 31 = BB 1993, 240 = NJW 1993, 392 „Lagergrundstück II"; BGH, Urt. v. 11. 7. 1994 – II ZR 146/92, BGHZ 127, 1 = BB 1994, 2020 = 1994, 2349 „Lagergrundstück III"; BGH, Urt. v. 11. 7. 1994 – II ZR 162/92, BGHZ 127, 17 = BB 1994, 2158 = NJW 1994, 2760 „Lagergrundstück IV".
117 BGH, Urt. v. 16. 10. 1989 – II ZR 307/88, BGHZ 109, 55 = BB 1989, 2350 = NJW 1990, 516.
118 *Lutter/Hommelhoff,* §§ 32a/b, Rn. 141.
119 *Scholz/K. Schmidt,* §§ 32a/b, Rn. 126.

der erwerbenden GmbH in diesem Zusammenhang gewährt, als eigenkapitalersetzende Leistung zu behandeln sein. Es gilt zu verhindern, dass der sowohl an der veräußernden als auch erwerbenden Gesellschaft beteiligte Gesellschafter das Risiko, dass die Erwerberin nach ihrer finanziellen Ausstattung außerstande ist, sowohl den vereinbarten Kaufpreis für das Unternehmen als auch den marktüblichen Mietpreis für das Betriebsgrundstück zu entrichten, den übrigen Gläubigern der Gesellschaft aufbürdet.[120]

b) Insolvenzreife

Der Zeitpunkt, ab dem Gesellschafterleistungen wie Eigenkapital behandelt werden, oder in der ein Gesellschafter als ordentlicher Kaufmann der GmbH Eigenkapital zugeführt hätte, weil sie andernfalls nicht mehr lebensfähig war, ist jedenfalls erreicht, wenn die Gesellschaft *insolvenzreif* ist. Wird kein Insolvenzantrag gestellt, vielmehr die Gesellschaft mit Leistungen fortgesetzt, die ihr der Gesellschafter während dieser Zeit zur Verfügung stellt, so ist das nur um den Preis möglich, dass diese Leistungen in Eigenkapitalersatz umqualifiziert werden.[121]

c) Kreditunwürdigkeit

Allerdings ist der Eintritt der Überschuldung nicht der einzige Zeitpunkt, in dem ein Gesellschafter als ordentlicher Kaufmann Kapital zugeführt hätte. Der Gesichtspunkt der Kreditunwürdigkeit ist auch bei der Gebrauchsüberlassung nicht ohne Bedeutung. Allerdings ist nicht darauf abzustellen, ob die Gesellschaft noch allgemein kreditwürdig war, als ihr das Wirtschaftsgut zum Gebrauch überlassen wurde. Vielmehr kommt es darauf an, ob die Gesellschaft, wenn sie schon nicht selbst über ausreichende Zahlungsmittel verfügte, wenigstens *ohne Hilfe ihrer Gesellschafter* auf dem *Kapitalmarkt* einen Kredit hätte beschaffen können, der es ihr ermöglicht hätte, das benötigte Wirtschaftsgut selbst zu kaufen, ohne dass ihre sonstigen Zahlungsverpflichtungen darunter litten.[122]

---

120 BGH, Urt. v. 16. 6. 1997 – II ZR 154/96, BB 1997, 1601 = NJW 1997, 3026.
121 BGH, Urt. v. 16. 10. 1989 – II ZR 307/88, BGHZ 109, 55 = BB 1989, 2350 = NJW 1990, 516; Hachenburg/*Ulmer,* §§ 32a/b, Rn. 107; Michalski/*Heidinger,* §§ 32a/b, Rn. 186.
122 Scholz/*K. Schmidt,* §§ 32a/b, Rn. 128; *Lutter/Hommelhoff,* §§ 32a/b, Rn. 142.

8. Kap. III. Umqualifizierung der Leistung

d) Überlassungsunwürdigkeit

Das Unvermögen einer Gesellschaft, die *Investitionskosten* für ein bestimmtes Wirtschaftsgut aus eigener Kraft aufbringen oder beschaffen zu können, reicht in Fällen der Gebrauchsüberlassung *allein* nicht aus, um eine Krisenfinanzierung und die Umqualifizierung der Gesellschafterleistung in haftendes Kapital annehmen zu können. Es muss hinzukommen, dass anstelle des Gesellschafters kein außen stehender Dritter zur Überlassung des Gebrauchs bereit gewesen wäre.[123] Neben die Unfähigkeit, Kreditmittel zur Anschaffung des Gegenstandes zu beschaffen *(spezielle Kreditunwürdigkeit)*, muss eine Überlassungsunwürdigkeit hinzutreten.[124]

aa) Standardwirtschaftsgüter

Bei Standardwirtschaftsgütern wie einem Fließbandfahrzeug oder einem Seriencomputer, die generell für eine Vielzahl von Verwendern in Betracht kommen, reicht dem Überlassenden das Eigentum an den Gegenständen und das daraus folgende Aussonderungsrecht zum Schutze seiner Interessen normalerweise aus; er wird die Gegenstände selbst einer kreditunwürdigen Gesellschaft vermieten, wenn diese ihm bei Vertragsschluss liquide genug zu sein scheint, für eine bestimmte Nutzungsperiode zahlen und eventuelle Schäden an den überlassenen Sachen ausgleichen zu können. Denn er kann den Gegenstand jederzeit anderweitig vermieten, falls die Gesellschaft wider Erwarten illiquide wird.[125] *Überlassungsunwürdigkeit* ist der Gesellschaft also erst zu attestieren, wenn sie zur *Zahlung des laufenden Entgelts* und dem *Ausgleich von Schäden* außerstande ist. In einer vom BGH entschiedenen Sache verlangte der Insolvenzverwalter eine nach Eintritt der Überschuldung von der GmbH an den Gesellschafter bewirkte Mietzahlung über 15 000,- € zurück. Das OLG wies die Klage ab, weil die GmbH im gleichen Monat dem Gesellschafter wegen eines anderen Gebäudeteils zustehende Untermietzinsen von 30 000,- € vereinnahmt hatte. Die Untermietzinsen sollten aber zu dem Zweck verwendet werden, die Pflicht des Gesellschafters zur Er-

---

123 Scholz/*K. Schmidt*, §§ 32a/b, Rn. 128; *Lutter/Hommelhoff*, §§ 32a/b, Rn. 142.
124 Michalski/*Heidinger*, §§ 32a/b, Rn. 187f.
125 BGH, Urt. v. 16. 10. 1989 – II ZR 307/88, BGHZ 109, 55 = BB 1989, 2350 = NJW 1990, 516.

stattung der Aufwendungen zu erfüllen, die der GmbH durch die im Auftrag des Gesellschafters veranlassten Bau- und Sanierungsmaßnahmen an dem Grundstück entstanden waren. Wegen dieser *Zweckbindung der Untermietzinsen* hat der BGH die Klage des Insolvenzverwalters als begründet erachtet. Dem Anspruch auf Rückgewähr des in der Krise der GmbH gezahlten Entgelts für eine eigenkapitalersetzend wirkende Gebrauchsüberlassung steht nicht entgegen, dass der Gesellschafter der Gesellschaft Mittel (hier: Untermietzinsen) überlassen hat, durch welche ein Aufwendungsersatzanspruch erfüllt werden sollte, den die GmbH gegen ihn besaß.[126]

bb) Spezialwirtschaftsgüter

Anders beurteilt sich freilich der Zeitpunkt der Umqualifizierung bei der Vermietung von Spezialwirtschaftsgütern, die auf die besonderen Bedürfnisse der GmbH zugeschnitten und nicht ohne weiteres auf dem allgemeinen Markt für Gebrauchsüberlassungen abzusetzen sind. Die Anforderungen, die ein Vermieter an die Bonität des Mieters stellt, werden aber umso höher, je schwieriger eine anderweitige Verwendung des betreffenden Gutes oder dessen Anpassung an die Bedürfnisse eines anderen Nutzers ist. Sind die Betriebsanlagen eines Grundstücks den besonderen Bedürfnissen eines Mieters angepasst worden, wird sich das Grundstück anderweitig nicht oder nur nach kostspieligem Umbau oder Beseitigung der Anlagen vermieten lassen. Zur Errichtung und Vermietung derartiger Anlagen ist ein Grundstückseigentümer regelmäßig nur bereit, wenn die Bonität des Mieters so ist, dass er erwarten kann, im Lauf einer hinreichend langen Mietzeit die Kosten für Bau und späteren Umbau der Anlagen über den Mietzins wieder hereinzubekommen. Hier wirkt die Überlassung bereits kapitalersetzend, wenn die GmbH, weil sie die *Veränderungskosten* nicht mehr tragen kann, *kreditunwürdig* ist.[127]

cc) Betriebsaufspaltung

Bei einer Betriebsaufspaltung vermietet oder verpachtet eine natürliche Person oder eine Personengesellschaft als Besitzunternehmen die

---

[126] BGH, Urt. v. 18. 12. 2000 – II ZR 191/99, BB 2001, 640 (LS) = NJW 2001, 1136.
[127] BGH, Urt. v. 16. 10. 1989 – II ZR 307/88, BGHZ 109, 55 = BB 1989, 2350 = NJW 1990, 516; Hachenburg/*Ulmer*, §§ 32a/b, Rn. 108 ff.; *Lutter/Hommelhoff*, §§ 32a/b, Rn. 142; Michalski/*Heidinger*, §§ 32a/b, Rn. 188.

8. Kap.   III. Umqualifizierung der Leistung

für die Geschäftstätigkeit benötigte Betriebseinrichtung einschließlich Räume und Gelände dem in der Rechtsform einer GmbH geführten Betriebsunternehmen.[128] Zweck der Ausgliederung ist es, Gläubigern der Betriebsgesellschaft den Zugriff auf das *Anlagevermögen* zu verwehren.[129] Die Grundsätze über die kapitalersetzende Nutzungsüberlassung finden auf die *Betriebsaufspaltung*, in deren Zusammenhang sie vor allem behandelt werden, uneingeschränkte Anwendung.[130] Jedoch ginge es zu weit, dieser Gestaltung *von Anfang an* eigenkapitalersetzenden Charakter beizulegen. Zwar mag es sein, dass die Gesellschaft unter Berücksichtigung ihrer finanziellen Ausstattung auf dem Kapitalmarkt keinen Kredit erhalten hätte, mit dessen Hilfe sie die Betriebseinrichtung selbst hätte anschaffen können. Diese hat sie aber nicht gekauft, sondern zur Nutzung erhalten; wäre ihr diese Nutzungsmöglichkeit auch von dritter Seite eingeräumt worden, dann lässt sich nicht sagen, der Gesellschafter habe durch die Gebrauchsüberlassung die sonst liquidationsreife Gesellschaft am Leben erhalten. Die Umqualifizierung einer solchen Gesellschafterhilfe in Eigenkapitalersatz kommt erst in Betracht, wenn gerade diese konkrete Leistung auf dem allgemeinen Markt nicht zu beschaffen gewesen wäre. Auch dieser Maßstab ist freilich für die Beurteilung eines Falls der Betriebsaufspaltung nur bedingt geeignet, weil es im Allgemeinen an einem Markt für die Vermietung oder Verpachtung kompletter Betriebseinrichtungen fehlt. Daraus lässt sich aber nicht folgern, in diesen Fällen liege immer Eigenkapitalersatz vor. Der Umstand, dass ein Wirtschaftsgut allgemein auf dem freien Markt nicht zu bekommen ist, zwingt für sich allein den Gesellschafter, wenn er es seiner Gesellschaft, die darauf angewiesen ist, selbst zur Verfügung stellt, dies in Form einer Eigenkapitalzuführung zu tun. Die Vermietung oder Verpachtung des Wirtschaftsguts kann aus seiner Sicht, auch wenn es keinen Markt dafür gibt, im Einzelfall sinnvoll sein. Ob dies mit den Gepflogenheiten eines ordentlichen Kaufmanns vereinbar ist, hängt davon ab, ob ein vernünftig handelnder Vermieter oder Verpächter, der nicht an der Gesellschaft beteiligt ist und sich auch

---

128 Baumbach/*Hueck*/*Fastrich*, § 32a, Rn. 33a; Rowedder/Schmidt-Leithoff/*Pentz*, § 32a, Rn. 162.
129 *Lutter/Hommelhoff*, §§ 32a/b, Rn. 138.
130 Hachenburg/*Ulmer*, §§ 32a/b, Rn. 117; Baumbach/*Hueck*/*Fastrich*, § 32a, Rn. 33a.

nicht beteiligen will, der Gesellschaft die Gegenstände unter denselben Verhältnissen und zu denselben Bedingungen überlassen hätte.[131]

4. Andere Leistungen

Auch sonstige Gesellschafterhilfen, die wie Darlehen, Sicherheitsleistung oder Gebrauchsüberlassung geeignet sind, den „Todeskampf" der GmbH zu verlängern, werden nach § 32a Abs. 3 GmbHG den Kapitalersatzregeln unterworfen.

a) Stundung

Die Stundung einer dem Gesellschafter gegen die GmbH aus einem Verkehrsgeschäft zustehenden Forderung steht wirtschaftlich einer Darlehensgewährung gleich. Dabei ist es nicht erforderlich, dass der Gesellschafter mit der Gesellschaft eine *Stundungsabrede* trifft. Es reicht vielmehr aus, dass der Gesellschafter in dieser Situation nicht von einer ihm zustehenden Möglichkeit Gebrauch macht, seine Hilfe zurückzuziehen und unmittelbar die Liquidation der Gesellschaft einzuleiten.[132] Wie auch beim „Stehenlassen" einer Gesellschafterhilfe hängt die Anwendbarkeit der Kapitalersatzregeln bei der Stundung einer Forderung davon ab, ob der Gesellschafter die Krise der Gesellschaft zumindest erkennen konnte, wobei freilich an die dabei erforderliche Sorgfalt strenge Anforderungen zu stellen sind. Der Gesellschafter muss also wenigstens die Möglichkeit gehabt haben, den Eintritt der Krise zu erkennen.[133] Durch Stundung in der Krise wird jede Gesellschafterforderung in *Eigenkapital* umgewandelt, gleich ob es sich um Gehaltsrückstände,[134] nicht entnommene Gewinne,[135] An-

---

[131] BGH, Urt. v. 14. 12. 1992 – II ZR 298/91, BGHZ 121, 31 = BB 1993, 240 = NJW 1993, 392.
[132] BGH, Urt. v. 28. 11. 1994 – II ZR 77/93, NJW 1995, 457; BGH, Urt. v. 18. 11. 1991 – II ZR 258/90, BB 1992, 593 = NJW 1992, 1169; Michalski/*Heidinger*, §§ 32a/b, Rn. 187; Scholz/*K. Schmidt*, §§ 32a/b, Rn. 115.
[133] BGH, Urt. v. 28. 11. 1994 – II ZR 77/93, NJW 1005, 457.
[134] BGH, Urt. v. 24. 3. 1980 – II ZR 213/77, BGHZ 76, 326 = BB 1980, 797 = NJW 1980, 1524.
[135] BGH, Urt. v. 26. 11. 1979 – II ZR 104/77, BGHZ 75, 334 = BB 1980, 222 = NJW 1980, 592.

8. Kap. III. Umqualifizierung der Leistung

sprüche aus Warenlieferungen[136] und den Entgeltanspruch aus einem Grundstücksveräußerungsgeschäft[137] handelt. Lässt es der Gesellschafter zu, dass die Gesellschaft ihm zustehende einzelne Forderungen aus Warenlieferungen fortlaufend um bis zu mehrere Monate verspätet begleicht, so ist zwar nicht in Höhe jeder einzelnen Rechnung, aber des *durchschnittlichen offenen Forderungssaldos* eine Kreditgewährung nach Eigenkapitalersatzregeln zu erkennen.[138] Veräußert die GmbH im *sale and lease back Verfahren* einem Gesellschafter Betriebseinrichtungen, die sie gleichzeitig zurückmietet, so ist darin eine von § 32a Abs. 3 GmbHG Darlehenshingabe gegen die Gewährung einer Sicherheit zu erkennen.[139] Ebenso bildet ein *unechtes Factoring* eine Darlehensgewährung, weil die abtretende GmbH das Risiko der Einbringlichkeit der Forderung trägt. Das *echte Factoring*, bei dem der Gesellschafter das Delkredererisiko übernimmt, fällt hingegen nicht unter den Eigenkapitalersatz.[140] Die erfüllungshalber erfolgte Begebung eines *Wechsels* (§ 364 Abs. 2 BGB)[141] und ein *pactum de non petendo*[142] sind ebenfalls als Stundung zu behandeln.

b) Fälligkeitsvereinbarungen

Auch *Fälligkeitsvereinbarungen*, die im Rahmen von Verkehrsgeschäften getroffen werden und von den üblichen Konditionen abweichen, kann der Charakter von Eigenkapitalersatz zuwachsen.[143] Dann kann auch das für eine Dienstleistung vereinbarte Entgelt dem Eigenkapital zuzuordnen sein.[144] *An- und Vorauszahlungen* des Gesellschafters unterstehen den Eigenkapitalersatzregeln, sofern damit eine

---

136 BGH, Urt. v. 13. 7. 1981 – II ZR 256/79, BGHZ 81, 252 = BB 1981, 1664 = NJW 1981, 2570.
137 BGH, Urt. v. 24. 11. 2003 – II ZR 171/01, BGHZ 157, 72 = BB 2004, 293 = NJW 2004, 111; BGH, Urt. v. 21. 9. 1981 – II ZR 104/80, BGHZ 81, 311 = BB 1981, 2026 = NJW 1982, 382.
138 BGH, Urt. v. 28. 11. 1994 – II ZR 77/93, NJW 1995, 457; vgl. BGH, Urt. v. 2. 6. 1997 – II ZR 211/95, BB 1997, 1283 = NJW 1997, 3171.
139 Rowedder/Schmidt-Leithoff/*Pentz*, § 32a, Rn. 160.
140 Scholz/*K. Schmidt*, §§ 32a/b, Rn. 116; Rowedder/Schmidt-Leithoff/*Pentz*, § 32a, Rn. 158.
141 Hachenburg/*Ulmer*, §§ 32a/b, Rn. 93.
142 Scholz/*K. Schmidt*, §§ 32a/b, Rn. 115; Michalski/*Heidinger*, §§ 32a/b, Rn. 157.
143 BGH, Urt. v. 28. 11. 1994 – II ZR 77/93, NJW 1995, 457.
144 Scholz/*K. Schmidt*, §§ 32a/b, Rn. 116.

4. Andere Leistungen **8. Kap.**

Überlassung von Kapital verbunden ist und es sich nicht ohnehin um ein Darlehen handelt.[145] Die ständige Belieferung unter *Eigentumsvorbehalt* wirkt, falls sie eine dauerhafte Kreditfinanzierung bezweckt, eigenkapitalersetzend. Über die Forderung hinaus verfällt dann auch das Vorbehaltseigentum, weil es als Kreditsicherheit dient, dem Kapitalersatz.[146] In einer vom BGH entschiedenen Sache hatte ein Gesellschafter seiner GmbH im Jahre 1992 ein von ihr schon zuvor genutztes Grundstück verkauft, das in zehn Jahresraten von je 51 780 € bezahlt werden sollte. Nachdem die GmbH im Jahre 1996 in die Krise geriet, aber noch vor Eröffnung des Insolvenzverfahrens, erklärte der Gesellschafter den Rücktritt von dem Kaufvertrag. Gegen den Anspruch der GmbH auf Rückzahlung der tatsächlich erbrachten beiden ersten Jahresraten rechnete der Gesellschafter mit einem Nutzungsentschädigungsanspruch von monatlich 6680 € für den Zeitraum von 1992 bis 1996 auf. Der BGH hat die Aufrechnung als unwirksam erachtet. Der durch den in der Krise erklärten Rücktritt von dem Kaufvertrag entstandene *Nutzungsentschädigungsanspruch* des Gesellschafters teilt das Rechtsschicksal des bis dahin gestundeten Kaufpreisanspruchs und ist wie dieser als eigenkapitalersetzende Gesellschafterhilfe zu qualifizieren. Der Kaufpreisanspruch ist, soweit die weiteren Jahresraten fällig geworden sind, durch Stehenlassen in der spätestens seit dem 15. 5. 1996 bestehenden Krise in funktionales Eigenkapital mit der Folge umgewandelt worden, dass der Gesellschafter gehindert ist, während der Dauer dieser Situation diese Raten selbst und darauf entfallende Verzugszinsen einzufordern. Das Festhalten an dem 1992 geschlossenen Kaufvertrag führt außerdem zur Erstreckung der Wirkung der Eigenkapitalersatzregeln auch auf die weiteren Kaufpreisraten. Hätte der Gesellschafter den Rücktritt vom Kaufvertrag nicht kurz vor dem Antrag auf Einleitung des Insolvenzverfahrens erklärt, hätte er den Kaufpreisanspruch in dem Insolvenzverfahren nur als nachrangiger Gläubiger verfolgen können, ohne für die unentgeltliche Überlassung des Grundstücks Ersatz fordern zu können. Könnte der Gesellschafter diesen Konsequenzen seines Ver-

---

145 Scholz/*K. Schmidt,* §§ 32a/b, Rn. 116; Rowedder/Schmidt-Leithoff/*Pentz,* § 32a, Rn. 157.
146 Hachenburg/*Ulmer,* §§ 32a/b, Rn. 102; Scholz/*K. Schmidt,* §§ 32a/b, Rn. 168; *Lutter/Hommelhoff* §§ 32a/b Rn. 153; Michalski/*Heidinger* §§ 32a, 32b Rn. 160; zweifelnd Rowedder/Schmidt-Leithoff/*Pentz,* § 32a, Rn. 168.

haltens dadurch ausweichen, dass er nach Eintritt der Krise, aber noch vor Eröffnung des Insolvenzverfahrens den Rücktritt vom Kaufvertrag erklärt und dadurch einen nicht den Eigenkapitalersatzregeln unterstehenden Nutzungsentschädigungsanspruch erwirbt, würde der Zweck des Eigenkapitalersatzrechts verfehlt. Vielmehr muss sich der Gesellschafter an seinem Verhalten festhalten lassen, der GmbH unentgeltlich und nach Eintritt der Krise das Grundstück auch ohne Bezahlung der fälligen Kaufpreisraten belassen zu haben.[147]

c) Stille Beteiligung

Eine in der Krise – ohne Teilnahme am Verlustrisiko – eingegangene stille Beteiligung des Gesellschafters ist einem Darlehen gleichzustellen. Die stille Beteiligung bildet einen qualifizierten Kredit. Die Eigenkapitalersatzregeln gehen § 236 HGB vor und führen zur Nachrangigkeit des Anspruchs auf Rückzahlung der Einlage.[148] Ein *außen stehender* stiller Gesellschafter erlangt nach § 236 HGB eine Insolvenzforderung.[149] Dagegen steht ein nicht an der GmbH beteiligter *atypischer stiller Gesellschafter*, der an Ertrag und Verlust der Gesellschaft beteiligt ist und auf ihre Geschicke Einfluss nimmt, einem Gesellschafter gleich.[150]

5. Zeitpunkt der Umqualifizierung

Wird die Gesellschafterleistung (zur Vereinfachung: das Darlehen) nach Verwirklichung der Krise gegeben, hat es von vornherein eigenkapitalersetzenden Charakter. Den Eigenkapitalersatzregeln unterliegen aber auch bereits vor der Krise gewährte, aber nach ihrem Eintritt stehen gelassene Darlehen.

a) Darlehenshingabe nach Eintritt der Krise

Die Rechtsprechung zum Eigenkapitalersatz hat ihren Ausgangspunkt in tatsächlichen Gestaltungen gefunden, in denen die Leistung des Gesellschafters erbracht wurde, nachdem die GmbH insolvenzreif

---

147 BGH, Urt. v. 2. 7. 2001 – II ZR 264/99, BB 2001, 1599 = NJW-RR 2002, 691.
148 Hachenburg/*Ulmer*, §§ 32a/b, Rn. 96 f.; Scholz/*K. Schmidt*, §§ 32a/b, Rn. 119; Roth/*Altmeppen*, § 32a, Rn. 217.
149 Roth/*Altmeppen*, § 32a, Rn. 217; Michalski/*Heidinger*, §§ 32a/b, Rn. 156.
150 Scholz/*K. Schmidt*, §§ 32a/b, Rn. 92, 119; Hachenburg/*Ulmer*, §§ 32a/b, Rn. 125.

5. Zeitpunkt der Umqualifizierung **8. Kap.**

geworden war. Diese Konstellationen sind in der heutigen Praxis selten anzutreffen, weil Gesellschaftern und vor allem ihren Beratern diese Rechtsfolge weithin bekannt ist.

aa) Leistung in der Krise

Die von der Rechtsprechung entwickelten Eigenkapitalersatzregeln finden ihren rechtlichen Ausgangspunkt in §§ 30, 31 GmbHG. Gewährt der Gesellschafter einer GmbH, die kreditunwürdig oder gar insolvenzreif ist, anstelle einer weiteren Kapitaleinlage *Darlehensmittel*, so sind diese Beträge wie *haftendes Kapital* zu behandeln. In dieser Phase dient das Darlehen dem Zweck, die Insolvenzantragspflicht (§ 64 Abs. 1 GmbHG) abzuwenden. Ohne das Darlehen wäre die GmbH zahlungsunfähig oder überschuldet gewesen. Mit dem Darlehen wird also der Eintritt der Zahlungsunfähigkeit oder Überschuldung verhindert. Würde die alsbaldige Rückzahlung der Kreditmittel geschuldet, so wäre mit ihrer Leistung entweder Überschuldung eingetreten oder eine bereits bestehende Überschuldung vergrößert worden. Soll der mit dem Darlehen verfolgte Zweck erreicht werden, so dürfen die Gelder nicht als Schulden der GmbH erscheinen, sondern müssen wie haftendes Kapital behandelt werden. Fehlt es an einer Kapitaldeckung in Höhe der Stammkapitalziffer, darf das Darlehen nicht an den Gesellschafter zurückgezahlt werden. Wird das Darlehen gleichwohl beglichen, kann die Gesellschaft *Erstattung* dieser Leistung in das Gesellschaftsvermögen beanspruchen.[151] Der Gesellschafter kann den Anspruch auf Rückgewähr eines Darlehens nicht geltend machen, das er der Gesellschaft im Zustand der Kreditunwürdigkeit gegeben hat.[152] Wird also die insolvenzreife Gesellschaft mit Mitteln des Gesellschafters fortgesetzt, ist dies nur um den Preis der Umqualifizierung in Eigenkapital möglich.[153]

---

[151] BGH, Urt. v. 14. 12. 1959 – II ZR 187/57, BGHZ 31, 258 = BB 1960, 18 = NJW 1960, 285.
[152] BGH, Urt. v. 19. 9. 1996 – IX ZR 249/95, BGHZ 133, 298 = BB 1996, 2316 = NJW 1996, 3203; Roth/*Altmeppen*, § 32a, Rn. 31.
[153] BGH, Urt. v. 16. 10. 1989 – II ZR 307/88, BGHZ 109, 55 = BB 1989, 2350 = NJW 1990, 516.

8. Kap. III. Umqualifizierung der Leistung

bb) Leistungsversprechen in der Krise

Ob ein Darlehen eigenkapitalersetzend anzusehen ist, beurteilt sich nach dem Zeitpunkt der *verbindlichen Kreditzusage*, sofern die Leistung später gewährt wird. Schon die bindende Zusage, die kurzfristig benötigten Mittel zur Verfügung zu stellen, ermöglicht es der Gesellschaft, den Geschäftsbetrieb vorläufig aufrechtzuerhalten statt sogleich die Liquidation einzuleiten. Die Gesellschaft wird dadurch in die Lage versetzt, bestimmte Waren bei Lieferanten abzunehmen und auf diesem Wege eigene Pflichten gegenüber ihren Kunden zu erfüllen oder neue Verträge abzuschließen. Bereits die *schuldrechtliche Vereinbarung* kann bei Dritten den Eindruck erwecken, die Gesellschaft sei noch lebensfähig, und sich damit wirtschaftlich ähnlich wie die Übernahme einer Bürgschaft oder die Einräumung einer Kreditlinie auswirken. Der auf diese Weise entstandene Anschein beruht auf der Finanzierungsverantwortung des Gesellschafters, die den tragenden Grund bildet für die Gleichsetzung der erbrachten Leistung mit haftendem Eigenkapital. Folglich greifen die Eigenkapitalersatzregeln wegen der im Zeitpunkt der Krise erteilten Zusage ein, falls die Leistung nach Eintritt der Insolvenz und damit nicht mehr während der Dauer der Krise erbracht wird.[154]

cc) Krisenfinanzierung

Eine vor Eintritt der Krise erbrachte Gesellschafterleistung gewinnt den Charakter von Kapitalsatz, wenn sie auf eine spätere Krisenfinanzierung bezogen ist. Eine Bürgschaft kann für den Fall übernommen werden, dass die Gesellschaft ihre Gläubiger aus eigenen Mitteln nicht mehr befriedigen kann und ist dann eine von vornherein auf den Krisenfall hin angelegte Kapitalhilfe.[155] Grundsätzlich kann der Gesellschafter, wenn sich die Vermögensverhältnisse der GmbH verschlechtern, nach § 775 Abs. 1 Nr. 1 BGB *Befreiung von der Bürgschaft* verlangen. Dasselbe gilt, wenn der Gesellschafter Kredite Dritter zugunsten der Gesellschaft dadurch absichert, dass er dem Kreditgeber Grundschulden bestellt; werden nicht das außerordentliche

---

154 BGH, Urt. v. 19. 9. 1996 – IX ZR 249/95, BGHZ 133, 298 = BB 1996, 2316 = NJW 1996, 3203; Roth/*Altmeppen*, § 32a, Rn. 34.
155 BGH, Urt. v. 13. 7. 1981 – II ZR 256/79, BGHZ 81, 252 = BB 1981, 1664 = NJW 1981, 2570.

Kündigungsrecht wegen wesentlicher Verschlechterung der Vermögenslage und der daraus folgende Befreiungsanspruch aus §§ 670, 257 BGB ausdrücklich oder zumindest durch schlüssiges Verhalten abbedungen, kann der Gesellschafter *kündigen,* wenn die Kreditwürdigkeit der GmbH sich verschlechtert und deshalb die Gefahr besteht, dass die bisher neutrale Grundschuldbestellung des Gesellschafters in eine eigenkapitalersetzende Leistung umqualifiziert wird. Von vornherein auf Krisenfinanzierung angelegt ist eine Kapitalleistung, wenn der Gesellschafter ausdrücklich oder durch schlüssiges Verhalten auf das *Recht verzichtet,* sie aus wichtigem Grunde zu kündigen, falls die Gesellschaft später kreditunwürdig wird und deshalb die Leistung unter das Rückforderungsverbot zu fallen droht.[156] Ist der Eintritt der Kreditunwürdigkeit bei Abgabe der Bürgschaftserklärung schon abzusehen, so ist die Bürgschaft als Krisenfinanzierung gerade auch für diesen Fall gedacht.[157] Geben die Gesellschafter zu Gunsten der Gesellschaft ein *Schuldversprechen* ab, das gerade auch für den Fall Bestand haben soll, dass eine Verschlechterung der Vermögensverhältnisse der Gesellschaft eintritt, dann liegt in dieser Vereinbarung der Nichtrückforderbarkeit der Gesellschafterleistung eine vorgezogene Finanzierungsentscheidung; im Augenblick des Eintritts der Krise wirkt das Schuldversprechen automatisch eigenkapitalersetzend, weil die sonst im Fall der Umqualifizierung notwendige Finanzierungsentscheidung bereits vorab getroffen worden ist.[158]

b) Stehenlassen eines Darlehens

Die Praxis wird beherrscht von Konstellationen, in denen das der gesunden GmbH gegebene Darlehen nach Eintritt der Insolvenzreife belassen wird. Das Stehenlassen wird wie die Einräumung eines neuen Kredits behandelt und den Eigenkapitalersatzregeln unterworfen.

aa) Kreditbelassung entspricht Kreditverlängerung

Die Anwendung der §§ 30, 31 GmbHG auf kapitalersetzende Gesellschafterdarlehen beruht darauf, dass ein Gesellschafter, der die vor

---

156 BGH, Urt. v. 9. 10. 1986 – II ZR 58/86, BB 1987, 80 = NJW 1987, 1080; BGH, Urt. v. 21. 3. 1988 – II ZR 238/87, BGHZ 104, 33 = BB 1988, 1048 = NJW 1988, 1841.
157 BGH, Urt. v. 18. 11. 1991 – II ZR 258/90, BB 1992, 593 = NJW 1992, 1169.
158 BGH, Urt. v. 9. 3. 1992 – II ZR 168/91, BB 1992, 1026 = NJW 1992, 1763.

dem wirtschaftlichen Zusammenbruch stehende GmbH anstatt durch die sonst gebotene Zufuhr neuen Eigenkapitals durch Darlehen zu stützen sucht, das damit verbundene Risiko nicht im Widerspruch zu seinem eigenen Verhalten und den gesetzlichen Kapitalerhaltungsvorschriften willkürlich auf die außen stehenden Gläubiger abwälzen darf, indem er der Gesellschaft die als Kapitalgrundlage benötigten Mittel wieder entzieht, bevor der mit der Darlehensvergabe verfolgte Zweck nachhaltig erreicht ist. Dieser Gedanke kann auch dann zutreffen, wenn ein Gesellschafter sein unter wirtschaftlich gesunden Verhältnissen gegebenes Darlehen stehen lässt, nachdem Überschuldung eingetreten ist. Denn auch in diesem Fall dient die Darlehensvaluta ungeachtet ihrer ursprünglichen Zweckbestimmung nunmehr dazu, das Not leidende Unternehmen auf eine Weise *künstlich am Leben* zu erhalten, die mit Rücksicht auf die hierdurch gefährdeten oder auch getäuschten Gläubiger allenfalls zu verantworten ist, wenn die als Einsatz für fehlendes Eigenkapital gegebenen Mittel im Unternehmen bleiben, solange es ohne sie nicht lebensfähig ist.[159] Die *Prolongation* eines Darlehens entspricht also wirtschaftlich dessen abermaligen Gewährung.[160]

bb) Entbehrlichkeit einer Finanzierungsabrede

Für die Beurteilung der Frage, ob eine Gesellschafterleistung unter die Kapitalersatzregeln fällt, kann es grundsätzlich nur auf objektive Gesichtspunkte ankommen. Denn es steht nicht in der Macht der Gesellschafter, die Leistung durch eine bestimmte Vertragsgestaltung dem Kapitalersatzrecht zu entziehen. Deshalb kann die Einordnung als Kapitalersatz nicht von der Voraussetzung abhängig gemacht werden, dass es sich um eine Finanzierungsleistung „causa societatis" – also um eine Leistung, die ihren Rechtsgrund im Gesellschaftsverhältnis hat – handelt. Das Gesetz wertet zwar Gesellschafterleistungen, die ein vernünftig handelnder Außenstehender so nicht gemacht hätte, als solche, die mit Rücksicht auf die Gesellschaftereigenschaft erbracht werden. Ob eine solche Wertung gerechtfertigt ist, hängt

---

[159] BGH, Urt. v. 26. 11. 1979 – II ZR 104/77, BGHZ 75, 334 = BB 1980, 222 = NJW 1980, 592; BGH, Urt. v. 21. 9. 1981 – II ZR 104/80, BGHZ 81, 311 = BB 1981, 2026 = NJW 1982, 383; Scholz/*K. Schmidt*, §§ 32a/b, Rn. 49; Hachenburg/*Ulmer*, §§ 32a/b, Rn. 28; Baumbach/*Hueck/Fastrich*, § 32a, Rn. 34.
[160] Hachenburg/*Ulmer*, §§ 32a/b, Rn. 28; Scholz/*K. Schmidt*, §§ 32a/b Rn. 49.

aber grundsätzlich nicht von einer Verständigung der Gesellschafter untereinander, sondern allein vom Vorhandensein der dafür erforderlichen objektiven Voraussetzungen ab.[161] Mit dem Eintritt der Krise wird etwa der durch Wareneinkäufe aus dem Gründungsstadium entstandene Erstattungsanspruch des Gesellschafters von selbst aus dem Gesichtspunkt des Stehenlassens in funktionales Eigenkapital umqualifiziert; einer ausdrücklichen *Stundungsabrede* bedarf es nach ständiger Rechtsprechung nicht.[162]

cc) Kennenmüssen der Krise

Anstelle einer Finanzierungsabrede begnügt sich die Rechtsprechung mit dem subjektiven Merkmal, dass die Krise für den Gesellschafter bei der Verlängerung der Kreditgewährung erkennbar war. Nur im Falle subjektiver Erkennbarkeit kann er seine *Finanzierungsfolgenverantwortung*, die Darlehensmittel abzuziehen und die Gesellschaft zu liquidieren oder die Gesellschaft in bisheriger Form weiterzuführen, wahrnehmen.[163] Im Blick auf das subjektive Kriterium der Erkennbarkeit der Krise dürfen an die Möglichkeit, die Krise zu erkennen, keine hohen Anforderungen gestellt werden; vielmehr ist die Erkennbarkeit prinzipiell als gegeben anzusehen. Die grundsätzliche Verantwortlichkeit für eine seriöse Finanzierung der im Rechtsverkehr auftretenden GmbH, die es verbietet, zum eigenen Vorteil das Risiko, das mit der Fortführung einer aus eigener Kraft nicht mehr lebensfähigen und deshalb liquidationsreifen Gesellschaft verbunden ist, durch Einsatz von als Fremdmitteln gewährten Gesellschafterhilfen auf die Gläubiger abzuwälzen, folgt schon allein aus der Stellung eines Gesellschafters. Um dieser Verantwortung gerecht zu werden, muss der Gesellschafter von sich aus sicherstellen, dass er laufend zuverlässig über die wirtschaftliche Lage der Gesellschaft, insbesondere den eventuellen Eintritt einer Krise, informiert ist. Deshalb ist in aller Regel anzunehmen, dass der Gesellschafter die *wirtschaftlichen Um-*

---

161 BGH, Urt. v. 14. 12. 1992 – II ZR 298/91, BGHZ 121, 31 = BB 1993, 240 = NJW 1993, 392; BGH, Urt. v. 7. 11. 1994 – II ZR 270/93, BGHZ 127, 336 = BB 1995, 58 = NJW 1995, 326; BGH, Urt. v. 18. 11. 1991 – II ZR 258/90, BB 1992, 593 = NJW 1992, 1169; Scholz/*K. Schmidt*, §§ 32a/b, Rn. 50; *Lutter/Hommelhoff*, §§ 32a/b, Rn. 47; a.A. Hachenburg/*Ulmer*, §§ 32a/b, Rn. 92, 30 f.
162 BGH, Urt. v. 17. 2. 2003 – II ZR 281/00, BB 2003, 703 = NZG 2003, 393.
163 *Goette*, § 4, Rn. 62.

stände, die die Umqualifizierung seiner Hilfe in funktionales Eigenkapital begründen, *gekannt* hat oder jedenfalls hätte kennen können.[164] Ausnahmsweise kann von einer fehlenden Erkennbarkeit ausgegangen werden, wenn der Geschäftsführer die Zahlen schönt,[165] die an einen Steuerberater vergebene Buchhaltung unzutreffend ist[166] oder Grundstücke von einem Sachverständigen zu hoch bewertet werden.[167] Die *Darlegungs- und Beweislast* dafür, dass der Gesellschafter ausnahmsweise von der zur Anwendung der Eigenkapitalersatzregeln führenden Krise keine Kenntnis hat haben können, trifft ihn und nicht die Gesellschaft.[168]

dd) Möglichkeit des Darlehensabzugs

Das Stehenlassen eines Darlehens kann dem Gesellschafter nur zugerechnet werden, wenn er in der Lage war, die Gesellschafterhilfe abzuziehen, also über die Kredithilfe verfügen kann. Diese Möglichkeit ist gegeben, wenn der Gesellschafter entweder das *Darlehen kündigen* oder die *Liquidation* der Gesellschaft betreiben kann.[169] Hat der Gesellschafter keine weitere Möglichkeit, zwischen weiterer Unterstützung und Liquidierung zu wählen, weil er rechtlich gehindert ist, die der Gesellschaft früher gewährte Hilfe zu entziehen, so liegt in seinem Verhalten keine Finanzierungsentscheidung, an die bei der Anwendung der Kapitalersatzregeln angeknüpft werden könnte.[170]

(1) Kündigung

Ein von ihm der Gesellschaft gegebenes Darlehen kann der Gesellschafter im Falle einer Verschlechterung ihrer Vermögensverhältnisse gemäß § 490 BGB (§ 610 BGB a.F.) aus wichtigem Grund kündi-

---

[164] BGH, Urt. v. 23. 2. 2004 – II ZR 207/01, WM 2004, 1075; BGH, Urt. v. 7. 11. 1994 – II ZR 270/93, BGHZ 127, 336 = BB 1995, 58 = NJW 1995, 326.
[165] BGH, Urt. v. 28. 11. 1994 – II ZR 77/93, NJW 1995, 457.
[166] BGH, Urt. v. 7. 11. 1994 – II ZR 270/93, BGHZ 127, 336 = BB 1995, 58 = NJW 1995, 326.
[167] *Goette*, § 4, Rn. 64.
[168] BGH, Urt. v. 15. 6. 1998 – II ZR 17/97, NJW 1998, 3200.
[169] Scholz/*K. Schmidt*, §§ 32a/b, Rn. 50; *Lutter/Hommelhoff,* §§ 32a/b, Rn. 49f.; Baumbach/*Hueck/Fastrich,* § 32a, Rn. 39; Michalski/*Heidinger,* §§ 32a/b, Rn. 112.
[170] BGH, Urt. v. 14. 12. 1992 – II ZR 298/91, BGHZ 121, 31 = BB 1993, 240 = NJW 1993, 392.

gen.¹⁷¹ Als Bürge kann der Gesellschafter, wenn sich die Vermögensverhältnisse der GmbH verschlechtern, nach § 775 Abs. 1 Nr. BGB *Befreiung von der Bürgschaft* verlangen. Dasselbe gilt, wenn der Gesellschafter Kredite Dritter zu Gunsten der Gesellschaft dadurch absichert, dass er dem Kreditgeber Grundschulden bestellt; werden nicht das außerordentliche Kündigungsrecht wegen wesentlicher Verschlechterung der Vermögenslage und der daraus folgende Befreiungsanspruch aus §§ 670, 257 BGB ausdrücklich oder zumindest durch schlüssiges Verhalten abbedungen, kann der Gesellschafter *kündigen*, wenn die Kreditwürdigkeit der GmbH sich verschlechtert und deshalb die Gefahr besteht, dass die bisher neutrale Grundschuldbestellung des Gesellschafters in eine eigenkapitalersetzende Leistung umqualifiziert wird.¹⁷² Anders verhält es sich, wenn eine von dem Gesellschafter übernommene Bürgschaft durch von der GmbH gestellte Grundschulden *voll abgesichert* ist. In diesem Fall fehlt dem Gesellschafter auch bei einer Verschlechterung der Vermögensverhältnisse der Gesellschaft das Recht, unter Berufung auf § 775 Abs. 1 Nr. 1 BGB Befreiung von der Bürgschaft wegen der Gefährdung seines Regressanspruchs zu verlangen. Ein *freiwilliges* Stehenlassen der Bürgschaft bei Eintritt der Krise, das Voraussetzung für die Umqualifizierung der Bürgschaft in Eigenkapital wäre, kommt in Ermangelung der Möglichkeit des Gesellschafters, sich von der Bürgschaft zu lösen, nicht in Betracht.¹⁷³

(2) Liquidation

Die fehlende rechtliche Möglichkeit, die Gesellschafterhilfe mittels einer Kündigung abzuziehen, führt noch nicht zur Unanwendbarkeit des Kapitalersatzrechts. Der Gesellschafter steht nicht in der Situation eines gesellschaftsfremden Dritten, der ohne *Kündigungsrecht* gegen den Willen der GmbH den Mietgegenstand (oder eine andere Gesellschafterhilfe) nicht zurückerlangen kann. Die Gesellschafter brauchen sich vielmehr nur in angemessener Zeit nach Kriseneintritt da-

---

171 *Lutter/Hommelhoff,* §§ 32a/b, Rn. 49; Baumbach/*Hueck/Fastrich,* § 32a, Rn. 40; Michalski/*Heidinger,* §§ 32a/b, Rn. 115.
172 BGH, Urt. v. 9. 10. 1986 – II ZR 58/86, BB 1987, 80 = NJW 1987, 1080; BGH, Urt. v. 21. 3. 1988 – II ZR 238/87, BGHZ 104, 33 = BB 1988, 1048 = NJW 1988, 1841.
173 BGH, Beschl. v. 14. 12. 1992 – II ZR 185/92, DStR 1993, 251 f.

8. Kap. III. Umqualifizierung der Leistung

rüber schlüssig zu werden, ob sie, indem sie der Gesellschaft das Anlagevermögen weiter belassen, deren Geschäftsbetrieb fortführen oder ob sie durch Herausnahme der Gegenstände die Gesellschaft – mit oder ohne Insolvenz – beenden wollen. Das ist ausschlaggebend. Eine der Gesellschaft in gesunden Zeiten gewährte Gesellschafterleistung wird nach Eintritt der Krise auch dann zu Eigenkapitalersatz, wenn der Gesellschafter die Leistung zwar nach allgemeinen schuldrechtlichen Regeln nicht abziehen kann, er aber von der ihm – zumindest objektiv – gegebenen Möglichkeit, die Gesellschaft unter Entzug der ihr zur Verfügung gestellten Mittel zu *liquidieren*, keinen Gebrauch macht. Darauf, ob in gleicher Lage ein nicht über diesen gesellschaftsrechtlichen Einfluss verfügender Außenstehender das der Leistung zugrunde liegende Rechtsverhältnis einseitig hätte beenden können, kommt es nicht an. Eine solche gesellschaftsrechtliche Möglichkeit wird freilich dann nicht gegeben sein, wenn der Gesellschafter, der der Gesellschaft die Leistung gewährt hat, gegen den Willen der anderen keine Entscheidung über die *Liquidation* herbeiführen kann.[174] Der mit der Mehrheit des § 60 Abs. 1 Nr. 2 GmbHG ausgestattete Gesellschafter kann aus eigener Machtvollkommenheit die Gesellschaft liquidieren. Sind bei einer Betriebsaufspaltung die Gesellschafter der Besitz- und der Betriebsgesellschaft personengleich, so können sie die Liquidation der Betriebsgesellschaft herbeiführen.[175] Anders liegt es bei einem Gesellschafter, der nur zu 26 % beteiligt ist.[176] Nach Kenntnis der Krise müssen die Gesellschafter, wollen sie die Umqualifizierung ihrer Hilfe vermeiden, binnen einer *Überlegungsfrist von zwei bis drei Wochen* zum Zweck der Liquidation einen Insolvenzantrag stellen. Mit dieser Frist orientiert sich der BGH an § 64 Abs. 1 GmbHG.[177]

---

[174] BGH, Urt. v. 14. 12. 1992 – II ZR 298/91, BGHZ 121, 31 = BB 1993, 240 = NJW 1993, 392; *Lutter/Hommelhoff,* §§ 32a/b, Rn. 50; Scholz/*K. Schmidt,* §§ 32a/b, Rn. 52; *Michalski/Heidinger,* §§ 32a/b, Rn. 117.
[175] BGH, Urt. v. 11. 7. 1994 – II ZR 146/92, BGHZ 127, 1 = BB 1994, 2020 = NJW 1994, 2349.
[176] BGH, Urt. v. 16. 6. 1997 – II ZR 154/96, BB 1997, 1601 = NJW 1997, 3026.
[177] BGH, Urt. v. 15. 6. 1998 – II ZR 17/97, NJW 1998, 3200; BGH, Urt. v. 11. 12. 1995 – II ZR 128/94, NJW 1996, 722; Michalski/*Heidinger,* §§ 32a/b, Rn. 117; Rowedder/Schmidt-Leithoff/*Pentz,* § 32a, Rn. 147.

ee) Klage wegen späteren Abzugs eines stehen gelassenen Darlehens

Beim Stehenlassen eines Darlehens ist zur Schlüssigkeit der Klage des Insolvenzverwalters der GmbH kein Vortrag dazu erforderlich, dass der Gesellschafter in der Lage gewesen wäre, das Darlehen in der Krise fällig zu stellen und zurückzufordern. Vielmehr ist mangels gegenteiligen Vortrags des Beklagten von einem ordentlichen Kündigungsrecht oder einem solchen aus wichtigem Grund (Krise der Gesellschaft) auszugehen.[178]

IV. Umfang der Haftung wegen Eigenkapitalersatzes

1. Haftender Personenkreis

a) Gesellschafter

Die Haftung wegen Eigenkapitalersatzes trifft – abgesehen vom Kleinbeteiligungsprivileg (§ 32a Abs. 3 S. 2 GmbHG) – *jeden Gesellschafter*. Allein durch die Tatsache seiner Beteiligung an der Gesellschaft übernimmt der Gesellschafter die Verantwortung dafür, dass er die GmbH durch Finanzierungsleistungen in Zeiten am Leben hält, in der ihr die Gesellschafter als ordentliche Kaufleute Eigenkapital zugeführt hätten; es kommt nicht auf die Zwecke an, die er mit seiner Beteiligung verfolgt. Erfasst werden also auch institutionelle Anleger wie Banken.[179] Bei Rechtsnachfolge ist, weil der Normzweck auf die Belange der Gläubiger und nicht der GmbH abzielt, die materielle Berechtigung, nicht die Anmeldung (§ 16 GmbHG) maßgeblich.[180] Die Verantwortlichkeit knüpft an die *Gesellschafterstellung zum Zeitpunkt* der Gewährung oder des Stehenlassens des Darlehens an.[181] Finanzierungsverantwortung trägt auch der *Nur-Kommanditist* in der GmbH & Co KG. Wird dem Kommanditisten einer GmbH & Co KG deren Vermögen in einem Umfang ausbezahlt, dass dadurch mittelbar

---

178 BGH, Urt. v. 27. 11. 2000 – II ZR 179/99, BB 2001, 166 = NJW 2001, 1490.
179 BGH, Urt. v. 19. 9. 1988 – II ZR 255/87, BGHZ 105, 168 = BB 1988, 2054 = NJW 1988, 3143; Michalski/*Heidinger*, §§ 32a/b, Rn. 122f.; Scholz/*K. Schmidt*, §§ 32a/b, Rn. 32.
180 Baumbach/*Hueck/Fastrich*, § 32a, Rn. 16; Scholz/*K. Schmidt*, §§ 32a/b, Michalski/*Heidinger*, §§ 32a/b, Rn. 122.
181 Scholz/*K. Schmidt*, §§ 32a/b, Rn. 33; Baumbach/*Hueck/Fastrich*, § 32a, Rn. 27; Hachenburg/*Ulmer*, §§ 32a/b, Rn. 38.

8. Kap. IV. Umfang der Haftung wegen Eigenkapitalersatzes

das Vermögen der Komplementär-GmbH unter den Nennwert des Stammkapitals herabsinkt, so liegt darin auch dann ein Verstoß gegen § 30 GmbHG, wenn der Kommanditist nicht zugleich der GmbH angehört.[182]

aa) Ehemaliger Gesellschafter

Eine der Gesellschaft in der Krise gewährte oder belassene Gesellschafterleistung verliert die Eigenschaft als Kapitalersatz nicht dadurch, dass der Gesellschafter später aus der GmbH ausscheidet. Es genügt also, wenn der Verpflichtete bei *Begründung der Zahlungsverpflichtung* Gesellschafter war.[183] Entsprechendes gilt im Fall einer Abtretung: Die auf seiner schon vor der Abtretung begründeten Eigenkapitalfunktion beruhende Bindung des Darlehens zu Gunsten der Gesellschaftsgläubiger richtet sich gegen die Durchsetzbarkeit des Rückzahlungsanspruchs. Sie ist nicht an die Person des Abtretenden gebunden und kann deshalb gemäß § 404 BGB auch dem *Zessionar* gegenüber geltend gemacht werden. Der auf Darlehensrückgewähr gerichtete Anspruch muss deshalb hinter die Ansprüche der außen stehenden Gläubiger zurücktreten und darf erst nach diesen befriedigt werden.[184] Das Ausscheiden eines Gesellschafters aus der GmbH lässt eine bis dahin eingetretene Umqualifizierung seiner Leistungen in Eigenkapitalersatz und damit auch eine entsprechende Verstrickung der durch Grundpfandrechte gesicherten Forderungen unberührt.[185] Für

---

[182] BGH, Urt. v. 19. 2. 1990 – II ZR 268/88, BGHZ 110, 342 = BB 1990, 802 = NJW 1990, 1725; *Lutter/Hommelhoff,* §§ 32a/b, Rn. 57; Baumbach/*Hueck/Fastrich,* § 32a, Rn. 16.
[183] BGH, Urt. v. 8. 11. 2004 – II ZR 300/02, BB 2005, 176; BGH, Urt. v. 2. 4. 2001 – II ZR 261/99, BB 2001, 1005 = NJW-RR 2001, 1450; BGH, Urt. v. 11. 7. 1994 – II ZR 146/92, BGHZ 127, 1 = BB 1994, 2020 = NJW 1994, 2349; BGH, Urt. v. 13. 7. 1981 – II ZR 256/79, BGHZ 81, 252 = BB 1981, 1664 = NJW 1981, 2570; BGH, Urt. v. 24. 3. 1954 – II ZR 23/53, BGHZ 13, 49 = BB 1954, 360 = NJW 1954, 1157; Baumbach/*Hueck/Fastrich,* § 32a, Rn. 27; Hachenburg/*Ulmer,* §§ 32a/b, Rn. 40; Scholz/*K. Schmidt,* §§ 32a/b, Rn. 34.
[184] BGH, Urt. v. 21. 3. 1988 – II ZR 238/87, BGHZ 104, 33 = BB 1988, 1084 = NJW 1988, 1841; BGH, Urt. v. 2. 4. 2001 – II ZR 261/99, BB 2001, 1005 = NJW-RR 2001, 1450; BGH, Urt. v. 13. 7. 1981 – II ZR 256/79, BGHZ 81, 252 = BB 1981, 1664 = NJW 1981, 2570; BGH, Urt. v. 6. 5. 1985 – II ZR 132/84, BB 1985, 1813 = NJW 1985, 2719; *Lutter/Hommelhoff,* §§ 32a/b, Rn. 60; Michalski/*Heidinger,* §§ 32a/b, Rn. 130.
[185] BGH, Urt. v. 27. 11. 2000 – II ZR 179/99, BB 2001, 166 = NJW 2001, 1490.

eine erst nach Abtretung eintretende Überschuldung trifft dagegen den ausgeschiedenen Gesellschafter keine *Finanzierungsfolgenverantwortung*.[186] Bei der Frage, ob die Forderung eines früheren Gesellschafters einer Durchsetzungssperre nach den Eigenkapitalersatzregeln unterliegt, ist darauf abzustellen, ob sich die GmbH im *Zeitpunkt seines Ausscheidens* in einer Krise befand. Ist das zu verneinen, so spielt das spätere finanzielle Schicksal der GmbH für die Durchsetzbarkeit der Forderung keine Rolle, weil den ausgeschiedenen Gesellschafter für eine später eingetretene Überschuldung keine Finanzierungsverantwortung trifft.[187] Eine Finanzierungsleistung, die ein Gesellschafter der GmbH nach seinem Ausscheiden in einer finanziellen Krise erbringt, unterliegt dem Eigenkapitalersatzrecht, wenn die rechtliche Grundlage für die Leistung bereits zu einem Zeitpunkt geschaffen wurde, als der Finanzierungsgeber noch Gesellschafter war, die Leistung also bereits vor dem Ausscheiden (auch) auf *Krisenfinanzierung* angelegt war.[188]

bb) Neugesellschafter

Wird ein Gläubiger Gesellschafter der GmbH, unterliegen die von ihm zuvor erbrachten Leistungen uneingeschränkt den Bindungen des Eigenkapitalersatzrechts. Wie der BGH dargelegt hat, ist der Gläubiger im Zeitpunkt des Erwerbs der Gesellschafterstellung vor die Entscheidung gestellt, ob er etwa eine mietweise Überlassung eines Grundstücks beendet, die Gesellschaft in die Liquidation führt oder mit neuem Kapital ausstattet. In diesem Zeitpunkt kann er *Kenntnis von der Krisensituation* nehmen und die gebotenen Entscheidungen treffen.[189] Zieht der Neugesellschafter seine frühere Hilfe nicht ab, finden die Kapitalersatzregeln Anwendung.[190]

---

186 BGH, Urt. v. 2. 4. 2001 – II ZR 261/99, BB 2001, 1005 = NJW-RR 2001, 1450.
187 BGH, Urt. v. 2. 4. 2001 – II ZR 261/99, BB 2001, 1005 = NJW-RR 2001, 1450; BGH, Urt. v. 27. 11. 2000 – II ZR 179/99, BB 2001, 166 = NJW 2001, 1490.
188 BGH, Urt. v. 9. 10. 1986 – II ZR 58/86, BB 1987, 80 = NJW 1987, 1060; BGH, Urt. v. 15. 2. 1996 – IX ZR 245/94, BB 1996, 708 = NJW 1996, 1341; *Lutter/Hommelhoff,* §§ 32a/b, Rn. 59; *Scholz/K. Schmidt,* §§ 32a/b, Rn. 34.
189 BGH, Urt. v. 15. 6. 1998 – II ZR 17/97, NJW 1998, 3200; vgl. auch BGH, Urt. v. 21. 9. 1981 – II ZR 104/80, BGHZ 81, 311 = BB 1981, 2026 = NJW 1982, 383; *Goette,* § 4, Rn. 107.
190 *Baumbach/Hueck/Fastrich,* § 32a, Rn. 27; *Scholz/K. Schmidt,* §§ 32a/b, Rn. 35; *Michalski/Heidinger,* §§ 32a/b, Rn. 131.

8. Kap.   IV. Umfang der Haftung wegen Eigenkapitalersatzes

b) Kleinbeteiligte Gesellschafter

§ 32a Abs. 3 S. 2 GmbHG stellt Gesellschafter, die an der GmbH mit *10% oder weniger* beteiligt sind und zugleich keine *Geschäftsführerstellung* einnehmen, von der Anwendung der Kapitalersatzregeln – Novellenregeln und Rechtsprechungsregeln[191] – frei. Damit wird nicht unternehmerisch beteiligten Familienangehörigen, Erben und Anlegern ein Status *„relativer Unverantwortlichkeit"* eingeräumt.[192] Die bisher in der höchstrichterlichen Rechtsprechung unbehandelte Regelung soll kurz skizziert werden.

aa) Tatbestand

(1) Kleingesellschafter

Das Haftungsprivileg genießen lediglich Kleingesellschafter mit einer Beteiligung von höchstens 10%. Die Schwelle von 10% ist strikt zu beachten: Bei einem einflusslosen Gesellschafter kann nicht eine Beteiligung von mehr als 10% hingenommen und ein einflussreicher Gesellschafter trotz einer Beteiligung von weniger als 10% dem Kapitalersatz unterworfen werden.[193] Die Anteilsaufteilung zu dem Zweck, Kleinbeteiligungen zu verwirklichen, ist für sich genommen unschädlich.[194] *Stimmbindungsverträge* zwischen oder *Konsortialkredite* von Gesellschaftern führen aber zur Addition der Beteiligungen.[195] Eine *stimmrechtslose Beteiligung* ist uneingeschränkt zu beachten und genießt, falls sie mehr als 10% beträgt, kein Haftungsprivileg.[196] Ergibt sich durch Mehrstimmrechte, Gewinnvorzüge oder das Sonderrecht, den Geschäftsführer zu bestellen, eine über 10% hinausgehende faktische Gesellschafterstellung, scheidet eine Freistellung aus.[197] Ein *Treuhandverhältnis* erhöht den Anteil des Treu-

---

191 Scholz/*K. Schmidt*, §§ 32a/b, Rn. 180; Roth/*Altmeppen*, § 32a, Rn. 7; Michalski/*Heidinger*, §§ 32a/b, Rn. 210.
192 *Lutter/Hommelhoff*, §§ 32a/b, Rn. 66.
193 Scholz/*K. Schmidt*, §§ 32a/b, Rn. 182.
194 *Lutter/Hommelhoff*, §§ 32a/b, Rn. 67.
195 Baumbach/*Hueck/Fastrich*, § 32a, Rn. 18; Rowedder/Schmidt-Leithoff/*Pentz*, § 32a, Rn. 93; Roth/*Altmeppen*, § 32a, Rn. 10; Scholz/*K. Schmidt*, §§ 32a/b, Rn. 186.
196 Rowedder/Schmidt-Leithoff/*Pentz*, § 32a, Rn. 90.
197 Baumbach/*Hueck/Fastrich*, § 32a, Rn. 18; Michalski/*Heidinger*, §§ 32a/b, Rn. 211; Rowedder/Schmidt-Leithoff/*Pentz*, § 32a, Rn. 91; enger *Lutter/Hommelhoff*, §§ 32a/b, Rn. 67.

gebers, wenn ihm gegenüber dem Treuhänder Weisungsrechte zustehen. Verfügt der Treugeber selbst über 7% und der Treuhänder über 6%, so beträgt die Beteiligung des Treugebers 13%.[198] Verringert sich die Beteiligung eines Gesellschafters auf nicht mehr als 10%, bleibt ein früher gewährtes Darlehen weiter verstrickt. Entsprechendes gilt für einen Gesellschafter, der seine Beteiligung auf mehr als 10% erhöht und ein früheres Darlehen stehen lässt.[199]

(2) Fehlende Geschäftsführung

Freistellungsschädlich ist die Übernahme der Geschäftsführung, die mit einer relativen Unverantwortlichkeit nicht zu vereinbaren ist.[200] Schon die Geschäftsführerstellung eines Beteiligten in einem Stimmrechtsverbund oder Kreditkonsortium beseitigt die Befreiungsregel.[201] Ohne Bedeutung ist, ob der Geschäftsführer Entscheidungsfreiheit besitzt oder an der kurzen Leine geführt wird.[202] Auch der *faktische Geschäftsführer* kann sich nicht auf das Haftungsprivileg berufen.[203] Der lediglich als Prokurist oder Handlungsbevollmächtigter in der GmbH tätige Gesellschafter verliert, sofern er nicht als faktischer Geschäftsführer einzustufen ist, die Haftungsfreistellung nicht.[204] Trotz fehlender Geschäftsführung kann ein Kleingesellschafter wie ein Geschäftsführer zu behandeln sein, wenn ihm weitgehende Einflussrechte zustehen, dem Geschäftsführer Weisungen zu erteilen, ihn zu berufen oder abzuberufen.[205]

bb) Rechtsfolge

Als Rechtsfolge der Kleinbeteiligung ergibt sich die Unanwendbarkeit des Eigenkapitalersatzrechts; sowohl die Rechtsprechungsregeln

---

198 Scholz/*K. Schmidt*, §§ 32a/b, Rn. 188.
199 *Lutter/Hommelhoff*, §§ 32a/b, Rn. 70; Rowedder/Schmidt-Leithoff/*Pentz*, § 32a, Rn. 101, 102.
200 *Lutter/Hommelhoff*, §§ 32a/b, Rn. 73.
201 Michalski/*Heidinger*, §§ 32a/b, Rn. 215.
202 *Lutter/Hommelhoff*, §§ 32a/b, Rn. 73.
203 Rowedder/Schmidt-Leithoff/*Pentz*, § 32a, Rn. 96.
204 *Lutter/Hommelhoff*, §§ 32a/b, Rn. 73; Baumbach/*Hueck/Fastrich*, § 32a, Rn. 18; Scholz/*K. Schmidt*, §§ 32a/b, Rn. 183; a.A. Rowedder/Schmidt-Leithoff/*Pentz*, § 32a, Rn. 96; in diese Richtung auch Michalski/*Heidinger*, §§ 32a/b, Rn. 215.
205 Michalski/*Heidinger*, §§ 32a/b, Rn. 215; Scholz/*K. Schmidt*, §§ 32a/b, Rn. 185; *Lutter/Hommelhoff*, §§ 32a/b, Rn. 75.

8. Kap. IV. Umfang der Haftung wegen Eigenkapitalersatzes

(analog §§ 30, 31 GmbHG) als auch die Novellenregeln (§§ 32a, 32b GmbHG) einschließlich § 177a HGB, § 135 InsO, § 6 AnfG sind nicht einschlägig.[206] Das Kleinbeteiligungsprivileg gilt nur für nach In-Kraft-Treten der Vorschrift verwirklichte Haftungstatbestände. War für eine Ausfallhaftung von Mitgesellschaftern (§ 31 Abs. 3 GmbHG) schon durch die Zahlung an den begünstigten Gesellschafter vor In-Kraft-Treten der Regelung die Grundlage gelegt, können sie sich nicht auf § 32a Abs. 3 S. 2 GmbHG berufen.[207]

c) Dritte

Die Eigenkapitalersatzregeln richten sich eigentlich nur an Gesellschafter. Wie auch bei der verbotenen Einlagenrückgewähr werden unter bestimmten Voraussetzungen Dritte in den Anwendungsbereich des Kapitalersatzrechts einbezogen.

aa) Treuhand

Leistungen der Gesellschaft an den *Treuhänder* selbst sind als Leistung an einen Gesellschafter zu bewerten, weil der Treuhänder die Gesellschafterstellung (§ 16 GmbHG) einnimmt.[208] Zugleich wirkt die Leistung an den Treuhänder auch als Leistung an den *Treugeber*. Nach der Rechtsprechung des BGH hat derjenige, der als so genannter Hintermann mittelbar eine Beteiligung an einer GmbH für einen auf seine Rechnung handelnden Mittels- oder Strohmann hält, sowohl für die Aufbringung des Stammkapitals (§§ 19, 24 GmbHG) als auch die Erhaltung des Stammkapitals im Rahmen der §§ 30, 31 GmbHG und der §§ 32a, 32b GmbHG wie der unmittelbare Gesellschafter einzustehen.[209]

---

206 *Scholz/K. Schmidt,* §§ 32a/b, Rn. 189.
207 BGH, Urt. v. 11. 7. 2005 – II ZR 285/03 z.v. B.
208 Michalski/*Heidinger,* § 30, Rn. 71; Rowedder/Schmidt-Leithoff/*Pentz,* § 30, Rn. 22.
209 BGH, Urt. v. 13. 12. 2004 – II ZR 206/02, BB 2005, 232; BGH, Urt. v. 8. 11. 2004 – II ZR 300/02, BB 2005, 176; BGH, Urt. v. 24. 11. 2003 – II ZR 171/01, BGHZ 157, 72 = BB 2004, 293 = NJW 2004, 1111; BGH, Urt. v. 13. 4. 1992 – II ZR 225/91, BGHZ 118, 107 = BB 1992, 1374 = NJW 1992, 2023 m. w. N.; BGH, Urt. v. 20. 2. 1989 – II ZR 167/88, BGHZ 107, 7 = NJW 1989, 1800; BGH, Urt. v. 8. 7. 1985 – II ZR 269/84, BGHZ 95, 188 = BB 1985, 1814 = NJW 1985, 2947; BGH, v. 14. 12. 1959 – II ZR 187/57, BGHZ 31, 258 = BB 1960, 18 = NJW 1960,

bb) Verbundene Unternehmen

(1) Voraussetzungen

Nach ständiger Rechtsprechung steht gemäß § 32a Abs. 3 S. 1 GmbHG der Finanzierungshilfe eines Gesellschafters unter anderem diejenige eines mit ihm *verbundenen Unternehmens* gleich. Dies gilt für den Gesellschafter-Gesellschafter, also denjenigen, der an einer Gesellschafterin der GmbH beteiligt ist. Mit einem Gesellschafter in diesem Sinne verbunden ist ein Unternehmen dann, wenn er an ihm maßgeblich beteiligt ist, also dessen Geschicke bestimmen und durch Gesellschafterbeschlüsse gemäß § 46 Nr. 8 GmbHG Weisungen an dessen Geschäftsführung – etwa zur Vergabe an Krediten an die Gesellschaft, an der er ebenfalls als Gesellschafter beteiligt ist – durchsetzen kann. Dazu genügt regelmäßig – vorbehaltlich einer gegenteiligen Regelung im Gesellschaftsvertrag – eine Beteiligung an der leistenden Gesellschaft von *mehr als 50 %*. Eine Beteiligung von exakt 50 % genügt bereits, wenn der Gesellschafter in dem Unternehmen als Geschäftsführer bestimmenden Einfluss ausübt. Die Einbeziehung eines an der Not leidenden GmbH nicht beteiligten Unternehmens in den Kreis der Dritten nach § 32a Abs. 3 S. 1 GmbHG rechtfertigt sich aus den typischen, gesellschaftsrechtlich fundierten Einflussmöglichkeiten des Gesellschafters auf die Gewährung oder den Abzug der Kredithilfe durch die leistende Gesellschaft, weshalb ihre Leistung nicht als solche eines außen stehenden Gesellschafters erscheint. Die Interessen der leistenden Gesellschaft und ihrer Gläubiger am Bestand ihrer Rückzahlungsforderung werden auch im Fall ihrer unmittelbaren Beteiligung an der Leistungsempfängerin durch die vorrangigen Eigenkapitalersatzregeln verdrängt.[210]

285; *Lutter/Hommelhoff,* §§ 32a/b, Rn. 56; Michalski/*Heidinger,* §§ 32a/b, Rn. 126; Rowedder/Schmidt-Leithoff/*Pentz,* § 32a, Rn. 70.

210 BGH, Urt. v. 27. 11. 2000 – II ZR 179/99, BB 2001, 166 = NJW 2001, 1490; BGH, Urt. v. 21. 6. 1999 – II ZR 70/98, BB 1999, 1675 = NJW 1999, 2822; BGH, Urt. v. 16. 12. 1991 – II ZR 294/90, NJW 1992, 1167; BGH, Urt. v. 21. 9. 1981 – II ZR 104/80, BGHZ 81, 311 = BB 1981, 2026 = NJW 1981, 383; BGH, Urt. v. 28. 9. 1981 – II ZR 223/80, BGHZ 81, 365 = BB 1981, 2088 = NJW 1981, 386; Hachenburg/*Ulmer,* §§ 32a/b, Rn. 121; Baumbach/*Hueck/Fastrich,* § 32a, Rn. 26; Scholz/ *K. Schmidt,* §§ 32a/b, Rn. 135; a.A. *Lutter/Hommelhoff,* §§ 32a/b, Rn. 63: Mehrheitsbeteiligung an verbundenem Unternehmen allein soll nicht genügen; in diese Richtung wohl auch Rowedder/Schmidt-Leithoff/*Pentz,* § 32a, Rn. 82.

8. Kap. IV. Umfang der Haftung wegen Eigenkapitalersatzes

(2) Rechtsfolgen

In einem solchen Fall liegt eine wirtschaftliche Einheit vor, die es rechtfertigt, die Verantwortung für die ordnungsgemäße Finanzierung einer Gesellschaft auch einem nicht unmittelbar an ihre beteiligten, aber in jene wirtschaftliche Einheit einbezogenen Unternehmen aufzuerlegen. Aus diesem Grund ist das verbundene Unternehmen zur Rückzahlung des Empfangenen verpflichtet.[211] Inzwischen hat der BGH entschieden, dass neben dem mit einem Gesellschafter verbundenen Unternehmen auch dieser selbst den Eigenkapitalersatzregeln unterliegt und *gesamtschuldnerisch* für nach den Rechtsprechungsregeln entsprechend § 30 GmbHG verbotene Kreditzahlungen haftet.[212] Davon abgesehen richtet sich die Sperre des § 32a Abs. 1 GmbHG und der Rückgewähranspruch gegen das mit dem Gesellschafter *verbundene Unternehmen* als Kreditgeber bzw. Sicherungsnehmer.[213] Der *Komplementär* der Gesellschafterin einer GmbH kann einem Gesellschafter der GmbH gleichgestellt werden, wenn er die KG beherrscht oder wegen der von ihm erbrachten Leistung einen Freistellungsanspruch gegen die KG erworben hat.[214]

cc) Miteigentümer bei Gebrauchsüberlassung

Der BGH hat bisher nicht entschieden, ob ein neben dem Gesellschafter stehender Miteigentümer wegen der Überlassung eines Grundstücks an die Not leidende GmbH den Eigenkapitalersatzregeln untersteht. Jedenfalls mindert sich der *Mietzinsanspruch* des an der GmbH nicht beteiligten Miteigentümers um die auf den anderen Miteigentümer/Gesellschafter entfallende Quote. Vermieten mehrere Miteigentümer ein Grundstück an eine GmbH, an welcher nur einer der Gesellschafter beteiligt ist, und stellt die Vermietung für ihn eine eigenkapitalersetzende Gesellschafterhilfe dar, so müssen sich die Miteigentümer die mit Rücksicht auf das Eingreifen der Eigenkapital-

---

211 BGH, Urt. v. 27. 11. 2000 – II ZR 179/99, BB 2001, 166 = NJW 2001, 1490; BGH, Urt. v. 21. 6. 1999 – II ZR 70/98, BB 1999, 1675 = NJW 1999, 2822; BGH, Urt. v. 16. 12. 1991 – II ZR 294/90, NJW 1992, 1167; BGH, Urt. v. 21. 9. 1981 – II ZR 104/80, BGHZ 81, 311 = BB 1981, 2026 = NJW 1981, 383; BGH, Urt. v. 28. 9. 1981 – II ZR 223/80, BGHZ 81, 365 = BB 1981, 2088 = NJW 1981, 386.
212 BGH, Urt. v. 28. 2. 2005 – II ZR 103/02, BB 2005, 846.
213 BGH, Urt. v. 27. 11. 2000 – II ZR 179/99, BB 2001, 166 = NJW 2001, 1490.
214 BGH, Urt. v. 18. 11. 1996 – II ZR 207/95, BB 1997, 220; NJW 1997, 740.

ersatzregeln fehlende Durchsetzbarkeit der Mietzinsforderung in der Höhe entgegenhalten lassen, die der internen Berechtigung des Gesellschafters an dem Mietzinsanspruch entspricht.[215]

dd) Pfandgläubiger

Der Pfandgläubiger an dem Geschäftsanteil des Gesellschafters einer GmbH unterliegt den Grundsätzen über die Erhaltung des Stammkapitals im Allgemeinen nur dann, wenn er sich zusätzliche Befugnisse einräumen lässt, die es ihm ermöglichen, die Geschicke der GmbH ähnlich wie ein Gesellschafter (mit) zu bestimmen. Dies kann ausnahmsweise gegeben sein, wenn sich der Pfandgläubiger, eine Bank, durch *schuldrechtliche Nebenabreden* Eingriffsbefugnisse vorbehält, die es ihm ermöglichen, Einfluss auf die Unternehmenspolitik und die Geschäftsführung zu nehmen.[216]

d) Nahe Angehörige

Die Rechtsprechung zur Ausdehnung des Auszahlungsverbots des § 30 GmbHG auf nahe Verwandte kann nicht ohne weiteres auf § 32a GmbHG übertragen werden, weil der Verwandte im Unterschied zu einer ihn begünstigenden Zahlung aus Vermögen der GmbH bei der Gewährung eines Darlehens durchaus ein eigenes Vermögensopfer erbringen kann. Eine Erstreckung des Eigenkapitalersatzes auf nahe Verwandte scheidet aus, wenn sie der GmbH wie ein gesellschaftsfremder Dritter gegenübertreten und die Hilfe aus ihrem eigenen Vermögen stammt. Ist der Fremdgeschäftsführer einer GmbH der Ehemann ihrer Alleingesellschafterin, so rechtfertigt dieser Umstand allein es nicht, ihm in der Krise der GmbH die Aufrechnung mit Pachtzinsforderungen gegen Forderungen, die der GmbH ihm gegenüber zustehen, unter dem Gesichtspunkt des Kapitalersatzes zu versagen.[217] Finanzierungsmittel, die ein Verwandter des Gesellschafters der GmbH in Krisenzeiten zur Verfügung stellt, werden deshalb nur von den Kapitalerhaltungsregeln erfasst, wenn entweder die Mittel

---

215 BGH, Urt. v. 16. 6. 1997 – II ZR 154/96, BB 1997, 1601 = NJW 1997, 3026; Scholz/*K. Schmidt*, §§ 32a/b, Rn. 141; Michalski/*Heidinger*, §§ 32a/b, Rn. 206.
216 BGH, Urt. v. 13. 7. 1992 – II ZR 251/91, BGHZ 119, 191 = BB 1992, 1946 = NJW 1992, 3035; Scholz/*K. Schmidt*, §§ 32a/b, Rn. 139; Michalski/*Heidinger*, §§ 32a/b, Rn. 199.
217 BGH, Urt. v. 8. 2. 1999 – II ZR 261/97, NJW 1999, 2123.

8. Kap. IV. Umfang der Haftung wegen Eigenkapitalersatzes

von dem *Gesellschafter* selbst stammen oder umgekehrt dieser den Geschäftsanteil treuhänderisch für den *Verwandten als Kreditgeber* hält.[218] Allerdings ist in diesem Zusammenhang stets zu beachten, dass die Einschaltung eines selbst nicht dem Kapitalersatzrecht unterworfenen Dritten zur Haftung des Gesellschafters führen kann, weil die Kapitalersatzregeln auch *Umgehungstatbestände* erfassen, die im wirtschaftlichen Ergebnis auf ein Gesellschafterdarlehen oder eine vergleichbare Kredithilfe hinauslaufen. Dafür ist allein entscheidend, ob die der Gesellschaft in einer Krise zur Verfügung gestellten Finanzierungsmittel im wirtschaftlichen Ergebnis aus dem Vermögen ihres Gesellschafters aufgebracht werden sollen. In einer vom BGH entschiedenen Sache hatte die Ehefrau des Gesellschafters das Darlehen durch die Beleihung eines ihr gehörenden Grundstücks erbracht, der Gesellschafter gegenüber der Bank die Mithaftung übernommen und seine Ehefrau intern von der Rückzahlung freigestellt. In diesem Fall hat der Gesellschafter die von der GmbH erstatteten Zahlungen zu erstatten. Der Gesellschafter einer GmbH kann sich seiner Finanzierungsfolgenverantwortung und damit den Rechtsfolgen des Eigenkapitalersatzes nicht entziehen, indem er die von der GmbH in einer Krise benötigten Finanzmittel durch gemeinschaftliche Darlehensaufnahme mit seinem Ehegatten beschafft und diesen dann – unter interner Freistellung von dessen Rückzahlungspflicht – als Darlehensnehmer gegenüber der GmbH einschaltet.[219]

2. Inhalt der Haftung

a) Auszahlungsverbot

aa) Höhe

Zu Eigenkapital umqualifizierte Gesellschafterleistungen dürfen nicht an den Gesellschafter ausgekehrt werden. Im Anwendungsbereich der *Novellenregeln* erfasst das Auszahlungsverbot das Darlehen

---

218 BGH, Urt. v. 18. 2. 1991 – II ZR 259/89, BB 1991, 641 = NJW-RR 1991, 744; Scholz/*K. Schmidt,* §§ 32a/b, Rn. 134; Rowedder/Schmidt-Leithoff/*Pentz,* § 32a, Rn. 78; Michalski/*Heidinger,* §§ 32a/b, Rn. 193.
219 BGH, Urt. v. 26. 6. 2000 – II ZR 21/99, BB 2000, 1750 = NJW 2000, 3278; Michalski/*Heidinger,* §§ 32a/b, Rn. 193.

in *vollem Umfang*.²²⁰ Dagegen beschränkt sich die Auszahlungssperre im Bereich der *Rechtsprechungsregeln* auf den Betrag, in dessen Höhe er rechnerisch eine *Unterbilanz* oder eine darüber hinausgehende *Überschuldung* abdeckt.²²¹ Hat ein Gesellschafterdarlehen eigenkapitalersetzenden Charakter, darf die schuldende GmbH nach den Rechtsprechungsregeln die Darlehenssumme einschließlich Zinsen nicht an den Darlehensgeber zurückzahlen, soweit das Darlehen verlorenes Stammkapital oder eine über diesen Verlust hinaus bestehende Überschuldung abdeckt.²²² Ist die GmbH bei einem Stammkapital von 25 000 € um 100 000 € überschuldet, so hat ein Gesellschafterdarlehen von 50 000 € in Höhe von 35 000 € Eigenkapitalersatzcharakter und darf mithin bis zum Betrag von 15 000 € zurückgeführt werden. Der zusätzliche Betrag von 15 000 € kann allenfalls nach §§ 32a, 32b GmbHG gesperrt sein. Im Rahmen einer eigenkapitalersetzenden *Gebrauchsüberlassung* bleibt das Miet- oder Pachtverhältnis zwar bestehen; dem Gesellschafter wird lediglich für die Dauer der Krise verwehrt, den vereinbarten Miet- oder Pachtzins zu fordern. Die nach den Eigenkapitalersatzregeln in der Krise der Gesellschaft eintretende Undurchsetzbarkeit des Anspruchs auf Auszahlung des vereinbarten Nutzungsentgelts hat dieselben Rechtsfolgen wie eine rechtsgeschäftliche *Stundungsabrede*, weil die Umqualifizierung nicht zu einem Erlöschen des Anspruchs, sondern nur dazu führt, dass die Gesellschaft für die Dauer der Krise das jeweils fällig werdende Nutzungsentgelt nicht zahlen, gleichwohl aber eine fristlose Kündigung des Miet- oder Pachtverhältnisses wegen Zahlungsverzuges nicht gegenwärtigen muss.²²³

bb) Dauer der Verstrickung

Soweit das Stammkapital der Gesellschaft nachhaltig wiederhergestellt und die Stammkapitalziffer erreicht ist, entfällt die Verstrickung

---

220 BGH, Urt. v. 26. 3. 1984 – II ZR 14/84, BGHZ 90, 370 = BB 1984, 1067 = NJW 1984, 1891; Scholz/*K. Schmidt*, §§ 32a/b, Rn. 53; Michalski/*Heidinger,* §§ 32a/b, Rn. 79.
221 BGH, Urt. v. 5. 2. 1990 – II ZR 114/89, BB 1990, 728 = NJW 1990, 1730; Rowedder/Schmidt-Leithoff/*Pentz,* § 32a, Rn. 218; Michalski/*Heidinger,* §§ 32a/b, Rn. 80.
222 BGH, Urt. v. 15. 2. 1996 – II ZR IX 245/94, BB 1996, 708 = NJW 1996, 1341.
223 BGH, Urt. v. 7. 12. 1998 – II ZR 382/96, BGHZ 140, 147 = BB 1999, 173 = NJW 1999, 577.

8. Kap. IV. Umfang der Haftung wegen Eigenkapitalersatzes

des Rückzahlungsanspruchs. Die Gesellschafterforderung verliert durch die Umqualifizierung in Eigenkapital ihren Charakter als Verbindlichkeit nicht; ebenso wenig wie sie mit dem Eintritt der Krise erlöschen, werden sie automatisch in dieser Situation zu statutarischem Eigenkapital. Die Umqualifizierung in funktionales Eigenkapital und das Eingreifen der von der Rechtsprechung entwickelten Eigenkapitalersatz- und der Novellenregeln (§§ 32a, 32b GmbHG) hat lediglich zur Folge, dass der Gesellschafter *während der Dauer der Krise* seine Forderungen gegen die GmbH nicht durchsetzen kann. Nach *Überwindung der Krise* ist er jedoch nicht gehindert, die aus seiner Drittgläubigerstellung folgenden Rechte einschließlich der Rückstände gegen die GmbH zu verfolgen.[224] Der Gesellschafter ist nach Überwindung der Krise ebenso berechtigt, sich den rückständigen Mietzins auszahlen zu lassen, soweit das geschehen kann, ohne dass das zur Deckung des Stammkapitals erforderliche Vermögen der Gesellschaft angegriffen wird.[225]

b) Erstattungsanspruch

aa) Höhe

Wird die Auszahlungssperre nicht beachtet, besteht gegen den Gesellschafter nach § 31 GmbHG ein Rückzahlungsanspruch. Der Anspruch beschränkt sich der Höhe nach auf den unter Berücksichtigung einer etwaigen *Überschuldung* zur Wiederherstellung der Stammkapitalziffer erforderlichen Betrag, deckt also Unterbilanz und Überschuldung ab.[226] Ist die GmbH nach dem wiederholt gebildeten Beispiel bei einem Stammkapital von 25 000 € um 10 000 € überschuldet, so hat ein Gesellschafterdarlehen von 50 000 € in Höhe von 35 000 € Eigenkapitalersatzcharakter und darf mithin bis zum Betrag von 15 000 € zurückgeführt werden. Der zusätzliche Betrag von

---

[224] BGH, Urt. v. 8. 1. 2001 – II ZR 88/99, BGHZ 146, 246 = BB 2001, 430 = NJW 2001, 1230; Michalski/*Heidinger,* §§ 32a/b, Rn. 91; Baumbach/*Hueck/Fastrich,* § 32a, Rn. 77; großzügiger Scholz/*K. Schmidt,* §§ 32a/b, Rn. 54, der das Stammkapital angreifende Rückzahlungen oberhalb der Überschuldungsgrenze billigt.
[225] BGH, Urt. v. 7. 12. 1998 – II ZR 382/96, BGHZ 140, 147 = BB 1999, 173 = NJW 1999, 577.
[226] BGH, Urt. v. 5. 2. 1990 – II ZR 114/89, BB 1990, 728 = NJW 1990, 1730; Hachenburg/*Ulmer,* §§ 32a/b, Rn. 167; Scholz/*K. Schmidt,* §§ 32a/b, Rn. 77; Rowedder/Schmidt-Leithoff/*Pentz,* § 32a, Rn. 218.

2. Inhalt der Haftung 8. Kap.

15 000 € kann allenfalls nach §§ 32a, 32b GmbHG gesperrt sein. Bei einem Darlehen besteht die Möglichkeit, dass Tilgungsleistungen, aber nicht Zinsleistungen das Stammkapital angreifen.[227] Dann ist der Erstattungsanspruch entsprechend zu ermäßigen. Neben dem gegen den Gesellschafter im Anschluss an die Rückzahlung seines Darlehens durch § 31 Abs. 1 GmbHG eröffneten Erstattungsanspruch tritt die Ausfallhaftung der Mitgesellschafter (§ 31 Abs. 3 GmbHG).[228] Der insbesondere außerhalb eines Insolvenzverfahrens verfolgbare Anspruch verjährt nach § 31 Abs. 5 GmbHG in fünf Jahren.[229]

bb) Dauer der Verstrickung

In Anlehnung an die Auszahlungssperre könnte man annehmen, dass auch der Erstattungsanspruch der GmbH im Falle einer nachhaltigen Wiederherstellung ihres Stammkapitals untergeht. Dies entsprach auch der früheren Auffassung der Rechtsprechung.[230] Zwischenzeitlich hat der BGH aber im unmittelbaren Anwendungsbereich des § 31 Abs. 1 GmbHG abweichend dahin entschieden, dass für Ansprüche allein die bilanziellen Verhältnisse zum *Zeitpunkt der Auszahlung* maßgebend sind und ein einmal wegen Verstoßes gegen § 30 Abs. 1 GmbHG entstandener Erstattungsanspruch der Gesellschaft gemäß § 31 Abs. 1 GmbHG nicht von Gesetzes wegen entfällt, wenn das Gesellschaftskapital zwischenzeitlich anderweitig bis zur Höhe der Stammkapitalziffer nachhaltig wiederhergestellt ist. Liegt danach ein Verstoß gegen § 30 GmbHG vor, so geht der Erstattungsanspruch durch spätere Auffüllung des Stammkapitals nicht unter. Für den Bestand des Erstattungsanspruchs ist eine nachträgliche Besserung der Vermögenssituation der GmbH ohne Bedeutung.[231] Diese Entscheidungen sind auch im Rahmen der analogen Anwendung des § 31 GmbHG bei der Rückgewähr kapitalersetzender Darlehen zu beachten.[232] Deshalb ist der Erstattungsanspruch von dem Gesellschafter

---

[227] Michalski/*Heidinger*, §§ 32a/b, Rn. 82.
[228] Roth/*Altmeppen*, § 2a, Rn. 115; Rowedder/Schmidt-Leithoff/*Pentz*, § 32a, Rn. 219.
[229] Roth/*Altmeppen*, § 32a, Rn. 108; *Lutter/Hommelhoff*, §§ 32a/b, Rn. 11.
[230] BGH, Urt. v. 11. 5. 1987 – II ZR 226/86, BB 1987, 1553 = NJW 1988, 139.
[231] BGH, Urt. v. 29. 5. 2000 – II ZR 118/98, BGHZ 144, 336 = BB 2000, 1483 = NJW 2000, 2577; BGH, Urt. v. 22. 9. 2003 – II ZR 229/02, BB 2003, 2423 = NJW 2003, 3629.
[232] *Goette*, § 4, Rn. 130; Michalski/*Heidinger*, §§ 32a/b, Rn. 93.

8. Kap.   IV. Umfang der Haftung wegen Eigenkapitalersatzes

auch bei durchgreifender Besserung der Vermögensverhältnisse der GmbH zu erfüllen. Allerdings dürfte dem betroffenen Gesellschafter ein Anspruch gegen seine Mitgesellschafter zuzubilligen sein, seinen Anspruch in voller Höhe zu bedienen.[233] Dem Gesellschafter ist die *Aufrechnung* mit seinem Darlehensanspruch gegen den auf § 31 GmbHG beruhenden Erstattungsanspruch der Gesellschaft wegen des in § 19 Abs. 2 S. 2 GmbHG verankerten Verbots versagt.[234] Der GmbH ist hingegen die Aufrechnung erlaubt.

c) Gesellschafterbesicherte Drittdarlehen

Sichert der Gesellschafter ein kapitalersetzendes Darlehen der GmbH ab, so ist deren Gläubiger außerhalb eines Insolvenzverfahrens nicht gehindert, sich wegen der Rückführung an die GmbH zu halten.[235] Die Kreditrückführung aus Mitteln des zur Erhaltung des Stammkapitals erforderlichen Vermögens der GmbH stellt eine Auszahlung im Sinne des § 30 GmbHG an den die Sicherheit stellenden Gesellschafter dar. Dies löst gegen ihn sowohl nach Rechtsprechungsregeln als auch Novellenregeln einen *Erstattungsanspruch* aus.[236] Tilgt der Gesellschafter eine gegen ihn bestehende Darlehensforderung der GmbH durch Überweisung auf ein im Debet geführtes Gesellschaftskonto, für das er eine eigenkapitalersetzende Bürgschaft übernommen hat, so liegt in der mit dem Zahlungsvorgang verbundenen Verminderung seiner Bürgschaftsschuld eine verbotene Einlagenrückgewähr an den Gesellschafter. In dieser Konstellation war der Gesellschafter der GmbH in doppelter Weise verpflichtet, nämlich aus dem Darlehen und der eigenkapitalersetzenden Bürgschhaft. Deswegen

---

233 *Goette,* § 4, Rn. 130; Michalski/*Heidinger,* §§ 32a/b, Rn. 93; vgl. BGH, Urt. v. 29. 5. 2000 – II ZR 118/98, BGHZ 144, 336 = BB 2000, 1483 = NJW 2000, 2577; BGH, Urt. v. 22. 9. 2003 – II ZR 229/02, BB 2003, 2423 = NJW 2003, 3629.
234 BGH, Urt. v. 27. 11. 2000 – II ZR 83/00, BB 2001, 165 = NJW 2001, 830.
235 BGH, Urt. v. 14. 10. 1985 – II ZR 280/84, BB 1986, 17 = NJW 1986, 429; Rowedder/Schmidt-Leithoff/*Pentz,* § 32a, Rn. 223; *Lutter/Hommelhoff,* §§ 32a/b, Rn. 121; Hachenburg/*Ulmer,* §§ 32a/b, Rn. 140; Scholz/*K. Schmidt,* §§ 32a/b, Rn. 154.
236 BGH, Urt. v. 2. 6. 1997 – II ZR 211/95, BB 1997, 2183 = NJW 1997, 3171; BGH, Urt. v. 9. 12. 1991 – II ZR 43/91, BB 1992, 592 = NJW 1992, 1166; BGH, Urt. v. 2. 4. 1990 – II ZR 149/89, BB 1990, 446 = NJW 1990, 2260; BGH, Urt. v. 14. 10. 1985 – II ZR 280/84, BB 1986, 17 = NJW 1986, 429; Scholz/*K. Schmidt,* §§ 32a/b, Rn. 167; *Lutter/Hommelhoff,* §§ 32a/b, Rn. 131; Rowedder-Schmidt-Leithoff/*Pentz,* § 32a, Rn. 223.

war der Gesellschafter gehindert, durch die Darlehensrückzahlung seine Bürgschaftsverpflichtung zu vermindern.[237] Dessen ungeachtet ist der Gesellschafter der GmbH gegenüber schon zuvor verpflichtet, sie von der Rückzahlungsforderung bei Fälligkeit *freizustellen*.[238] Gewährt die GmbH dem Gesellschafter für ein ihr gegebenes Darlehen eine Sicherheit, so ist der Gesellschafter zur Freigabe der Sicherheit an die GmbH verpflichtet, wenn feststeht, dass die GmbH wegen der Umqualifizierung des Darlehens in Kapitalersatz auf Dauer – infolge Insolvenz – nicht zur Rückzahlung verpflichtet ist.[239]

d) Gebrauchsüberlassung

aa) Unentgeltliches Nutzungsrecht der Gesellschaft

Miet- oder *Pachtzins* kann der Gesellschafter so lange nicht fordern, wie dieser nicht aus ungebundenem Vermögen der GmbH bezahlt werden kann. Die Gesellschaft braucht für die Dauer der Krise das jeweils fällig werdende Nutzungsentgelt nicht zahlen, gleichwohl aber eine fristlose Kündigung des Miet- oder Pachtverhältnisses wegen Zahlungsverzuges nicht zu befürchten. Der Gesellschaft ist also der Gebrauch auf Zeit *unentgeltlich* zu überlassen.[240] Die Gebrauchsüberlassung beschränkt sich nicht auf ein Gebäudegrundstück ohne die zugehörige Versorgung. Die Umqualifizierung eines Miet- oder Pachtverhältnisses über ein Grundstück in funktionales Eigenkapital erstreckt sich deshalb auf alle in dem Gebrauchsüberlassungsvertrag eingegangenen Verpflichtungen des Gesellschafters. Soweit der Gesellschafter nach diesem Vertrag die Versorgung des Grundstücks – etwa mit Wärme, Wasser oder Strom – schuldet, ist er verpflichtet, die während der Krise der Gesellschaft dafür entstehenden Kosten zu tragen, und kann einen etwa aufgrund einer vertragsgemäß jährlich

---

237 BGH, Urt. v. 14. 3. 2005 – II ZR 129/03, BB 2005, 908.
238 BGH, Urt. v. 9. 12. 1991 – II ZR 43/91, BB 1992, 592 = NJW 1992, 1166; BGH, Urt. v. 14. 10. 1985 – II ZR 280/84, BB 1986, 17 = NJW 1986, 429; *Lutter/Hommelhoff*, §§ 32a/b, Rn. 130; *Scholz/K. Schmidt*, §§ 32a/b, Rn. 165; Rowedder/Schmidt-Leithoff/*Pentz*, § 32a, Rn. 223.
239 BGH, Urt. v. 27. 11. 2000 – II ZR 179/99, BB 2001, 166 = NJW 2001, 1490.
240 BGH, Urt. v. 7. 12. 1998 – II ZR 382/96, BGHZ 140, 147 = BB 1999, 173 = NJW 1999, 577; BGH, Urt. v. 26. 6. 2000 – II ZR 370/98, BB 2000, 1753 (LS) = NJW 2000, 3565; *Lutter/Hommelhoff*, §§ 32a/b, Rn. 145; Baumbach/*Hueck/Fastrich*, § 32a, Rn. 59a; *Scholz/K. Schmidt*, §§ 32a/b, Rn. 131.

vorzunehmenden Abrechnung entstehenden Erstattungsanspruch nicht durchsetzen.[241]

bb) Insolvenz

Nach der Rechtsprechung ist der Gesellschafter auch nach Eröffnung eines *Insolvenzverfahrens* nicht gezwungen, das Grundstück der Gesellschaft zu Eigentum zu übertragen oder es seiner Substanz nach dem Insolvenzverwalter für Zwecke der gleichmäßigen Befriedigung aller Insolvenzgläubiger zur Verfügung zu stellen.[242] Der Insolvenzverwalter kann aber verlangen, dass ihm das vermietete oder verpachtete *Grundstück* für die Zwecke des Insolvenzverfahrens für die vereinbarte oder die – im Falle der Vereinbarung einer nicht hinnehmbar kurzen, den Gepflogenheiten auf dem entsprechenden Markt widersprechenden Frist – übliche Zeit überlassen bleibt, wobei er dasselbe selbst nutzen oder aber das Nutzungsrecht übertragen kann. Die im Überlassungsvertrag zwischen dem Gesellschafter und der GmbH vereinbarten zeitlichen Grenzen gelten nicht, wenn ein inhaltsgleicher Vertrag mit einem außen stehenden Dritten über eine längere Laufzeit oder längere Kündigungsfristen geschlossen worden wäre. Dann kann der Insolvenzverwalter Überlassung des Nutzungsrechts für diesen angemessenen Zeitraum verlangen. Anstelle einer Nutzung für den Betrieb der GmbH kann der Insolvenzverwalter das Nutzungsrecht durch anderweitige Vermietung oder Verpachtung verwerten. Das Risiko der Verwertbarkeit trägt der Insolvenzverwalter; der Gesellschafter ist nicht verpflichtet, anstelle einer weiteren Überlassung der Gegenstände den *Wert des Nutzungsrechts* in Geld zu ersetzen. Dagegen besteht ein Anspruch auf Wertersatz, wenn die weitere Nutzungsüberlassung dadurch unmöglich wird, dass der Gesellschafter den Nutzungsgegenstand gegen den Willen der GmbH oder des Insolvenzverwalters veräußert oder die Veräußerung einverständlich er-

---

241 BGH, Urt. v. 26. 6. 2000 – II ZR 370/98, BB 2000, 1753 (LS) = NJW 2000, 2565.
242 BGH, Urt. v. 11. 7. 1994 – II ZR 146/92, BGHZ 127, 1 = BB 1994, 2020 = NJW 1994, 2349; BGH, Urt. v. 11. 7. 1994 – II ZR 162/92, BGHZ 127, 17 = BB 1994, 2158 = NJW 1994, 2760; *Lutter/Hommelhoff,* §§ 32a/b, Rn. 146; Baumbach/*Hueck/Fastrich,* § 32a, Rn. 59b; Michalski/*Heidinger,* §§ 32a/b, Rn. 284.

folgt und der Erlös in Höhe des Restwerts des Nutzungsrechts der GmbH oder der Insolvenzmasse zufließen soll.[243]

cc) Zwangsverwaltung

Die Wirkung einer eigenkapitalersetzenden Gebrauchsüberlassung, dass nämlich die Gesellschaft – bzw. im Falle ihrer Insolvenz – der Insolvenzverwalter das Grundstück nutzen darf, endet, sofern das überlassene Grundstück mit einem Grundpfandrecht belastet war, in entsprechender Anwendung von §§ 146 ff. ZVG, §§ 1123, 1124 Abs. 2 BGB mit dem Wirksamwerden des im Wege der Zwangsverwaltung erlassenen Beschlagnahmebeschlusses, ohne dass es eines weiteren Tätigwerden des Zwangsverwalters bedarf. Die von dem Grundpfandrechtsgläubiger erwirkte *Beschlagnahme* bildet also die Zäsur, von der ab ihm gegenüber die auf das Eingreifen der Regeln über die kapitalersetzende Nutzungsüberlassung gestützte Undurchsetzbarkeit der Miet- oder Pachtzinsforderung nicht mehr geltend gemacht werden kann.[244] Wird der Gesellschaft das ihr nach Eigenkapitalersatzregeln zu belassende Grundstück durch einen Grundpfandrechtsgläubiger des Gesellschafters entzogen, so kann die Gesellschaft von dem Gesellschafter Ersatz in Höhe des *Wertes des Nutzungsrechtes* verlangen. Bei der Bemessung kann der zwischen der Gesellschaft und dem Gesellschafter vereinbarte Mietzins eine Richtschnur bilden.[245]

e) Insolvenz der GmbH

aa) Insolvenzforderung des Gesellschafters

Im Unterschied zu der bis zum Jahr 1998 geltenden Fassung des § 32a GmbHG sind kapitalersetzende Darlehensforderungen eines Gesellschafters nicht mehr undurchsetzbar, sondern nehmen als nachrangi-

---

243 BGH, Urt. v. 11. 7. 1994 – II ZR 146/92, BGHZ 127, 1 = BB 1994, 2020 = NJW 1994, 2349; BGH, Urt. v. 11. 7. 1994 – II ZR 162/92, BGHZ 127, 17 = BB 1994, 2158 = NJW 1994, 2760; BGH, Urt. v. 7. 12. 1998 – II ZR 382/96, BGHZ 140, 147 = BB 1999, 173 = NJW 1999, 577; Scholz/*K. Schmidt,* §§ 32a/b, Rn. 131.
244 BGH, Urt. v. 7. 12. 1998 – II ZR 382/96, BGHZ 140, 147 = BB 1999, 173 = NJW 1999, 577; Scholz/*K. Schmidt,* §§ 32a/b, Rn. 131; Rowedder/Schmidt-Leithoff/*Pentz,* § 32a, Rn. 167; Michalski/*Heidinger,* §§ 32a/b, Rn. 304.
245 BGH, Urt. v. 28. 2. 2005 – II ZR 103/02, BB 2005, 846; BGH, Urt. v. 31. 1. 2005 – II ZR 240/02.

ge Forderung am Insolvenzverfahren teil (§ 39 Abs. 1 Nr. 5 InsO). Nachrangige Forderungen können aber nur nach einer Aufforderung durch das Insolvenzgericht (§ 174 Abs. 3 InsO) zur Tabelle angemeldet werden. Findet eine Aufforderung nicht statt, gelten die Forderungen – wie nach früherem Recht – als *erloschen*.[246] Der Gesellschafter ist an einer *Aufrechnung* mit seiner Forderung entgegen insolvenzrechtlichen Grundsätzen unter dem Blickwinkel des § 30 GmbHG gehindert.[247]

bb) Haftung des Gesellschafters wegen Rückzahlung des Darlehens

Eine Rechtshandlung, durch die der Gläubiger einer nach § 32a GmbHG verstrickten Forderung *Befriedigung* binnen eines Jahres vor Eröffnung des Insolvenzverfahrens erlangt hat, kann im Insolvenzverfahren durch den Insolvenzverwalter (§ 135 Nr. 2 InsO) angefochten werden. Der Anspruch unterliegt nach § 146 InsO einer *Verjährungsfrist* von zwei Jahren, die ab Verfahrenseröffnung läuft. Außerhalb des Insolvenzverfahrens erfolgt die Anfechtung durch einen Gläubiger (§ 6 AnfG). Die Anfechtungsfristen des § 6 AnfG laufen gemäß § 7 AnfG vom Zeitpunkt der gerichtlichen Geltendmachung. Die Anfechtung ist Voraussetzung für die Erhebung des Anspruchs.[248] Falls die Frist versäumt wird, bleibt jedoch Raum für die *Rechtsprechungsregeln*.[249] Dass nur binnen Jahresfrist abgewickelte Befriedigungsvorgänge erfasst werden, ist rechtspolitisch bedenklich. Der Anspruch aus § 32a erfasst sämtliche Rückzahlungen an den Gesellschafter und ist im Unterschied zu §§ 30, 31 GmbHG nicht auf den zur Erhaltung des *Stammkapitals* erforderlichen Betrag beschränkt.[250] Falls das Darlehen im Zeitpunkt der Gewährung oder des Stehenlassens eigenkapitalersetzend war, bedarf es weder im Rahmen der Insolvenz- noch der Gläubigeranfechtung des Nachweises, dass das Darlehen weiterhin

---

246 *K. Schmidt*, § 37, IV. 5. a); Michalski/*Heidinger*, §§ 32a/b, Rn. 256.
247 Scholz/*K. Schmidt*, §§ 32a/b, Rn. 59; Michalski/*Heidinger*, §§ 32a/b, Rn. 257.
248 *Lutter/Hommelhoff*, §§ 32a/b, Rn. 91; Michalski/*Heidinger*, §§ 32a/b, Rn. 259.
249 *K. Schmidt*, § 37, IV. 5 b); *Goette*, § 4, Rn. 147.
250 *Lutter/Hommelhoff*, §§ 32a/b, Rn. 92; Scholz/*K. Schmidt*, §§ 32a/b, Rn. 70; Michalski/*Heidinger*, §§ 32a/b, Rn. 261.

diesen Charakter hat. Vielmehr greift die *unwiderlegliche Vermutung* einer Fortdauer des Eigenkapitalersatzes ein.[251]

f) Haftung der Mitgesellschafter

aa) Rückgriffsanspruch der GmbH

Zulasten des Stammkapitals gehende Auszahlungen an einen oder mehrere Gesellschafter sind gemäß § 31 Abs. 1, 2 GmbHG von diesen zu erstatten. Die Übrigen haften dafür auch bei Mitwirkung an der Transaktion – vom Fall einer Existenzgefährdung der GmbH abgesehen – regelmäßig nur unter den Voraussetzungen der §§ 31 Abs. 3, 43 Abs. 3 S. 3 GmbHG. Die *Darlegungs-* und *Beweislast* für diese Voraussetzungen trifft im Streitfall die GmbH.[252] Der BGH hat entschieden, dass die Ausfallhaftung nach oben bis auf den Betrag der *Stammkapitalziffer* beschränkt ist. Für eine weitere Beschränkung auf den Stammeinlagebetrag des jeweiligen Mitgesellschafters in Parallele zu § 24 GmbHG besteht wegen des ungleich höheren Fehlbetrages in den von § 31 Abs. 3 GmbHG miterfassten Überschuldungsfällen kein Anlass. Ebenso wenig besteht Anlass, die Solidarhaftung des Mitgesellschafters auf das Stammkapital abzüglich seiner eigenen Einlage zu begrenzen.[253]

bb) Ausgleichsanspruch des haftenden gegen andere Gesellschafter

Gewährt ein Gesellschafter ein als Eigenkapitalersatz zu qualifizierendes Darlehen, das er als Bestandteil des Haftungsstocks nicht zurückfordern kann, so steht ihm grundsätzlich ein Ausgleichsanspruch gegen seine Mitgesellschafter nicht zu.[254] Die Kreditierung erfolgt vielmehr auf eigenes Risiko des Gesellschafters. Ein *Ausgleichsan-*

---

251 BGH, Urt. v. 26. 3. 1984 – II ZR 14/84, BGHZ 90, 370 = BB 1984, 1067 = NJW 1984, 1891; Lutter/*Hommelhoff*, §§ 32a/b, Rn. 93; a.A. Scholz/*K. Schmidt*, §§ 32a/b, Rn. 54; Roth/*Altmeppen*, § 32a, Rn. 51.
252 BGH, 21. 6. 1999 – II ZR 47/98, BGHZ 142, 92 = BB 1999, 1569 = NJW 1999, 2817.
253 BGH, Urt. v. 22. 9. 2003 – II ZR 229/02, BB 2003, 2423 = NJW 2003, 3629; zustimmend Rowedder/Schmidt-Leithoff/*Pentz*, § 31, Rn. 38; Baumbach/Hueck/*Fastrich*, § 31, Rn. 17; Hachenburg/Goerdeler/*Welf Müller*, § 31, Rn. 54; anders Lutter/*Hommelhoff*, § 31, Rn. 21: Stammkapital abzüglich eigener Einlage; Scholz/*Westermann*, § 31, Rn. 30: Haftung nur in Höhe der Einlage.
254 Scholz/*K. Schmidt*, §§ 32a/b, Rn. 112.

8. Kap. IV. Umfang der Haftung wegen Eigenkapitalersatzes

spruch für ein eigenkapitalersetzendes Darlehen gegen die Mitgesellschafter auf der Grundlage des § 426 BGB scheidet aus, weil jene nicht verpflichtet sind, über die ausbedungene Einlage hinaus die Gesellschaft durch Hingabe eines Darlehens mit Eigenkapital auszustatten. Ausnahmsweise besteht eine Ausgleichspflicht, wenn das Darlehen auch im Auftrag der anderen Gesellschafter (§§ 670, 778 BGB) gegeben wurde oder zwischen mehreren Kreditgebern eine Konsortialvereinbarung (§ 735 BGB) zum Zweck der Risikominimierung getroffen wurde.[255] Sichern mehrere Gesellschafter ein der GmbH gewährtes Darlehen durch persönliche oder dingliche Sicherheiten ab und befriedigt einer der Gesellschafter den Gläubiger, so findet der Ausgleich außerhalb des Kapitalersatzrechts auf der Grundlage des § 426 BGB statt.[256]

---

255 Scholz/*K. Schmidt,* §§ 32a/b, Rn. 112; Michalski/*Heidinger,* §§ 32a/b, Rn. 381.
256 BGH, Urt. v. 24. 9. 1992 – IX ZR 195/91, NJW 1992, 3228; BGH, Urt. v. 29. 6. 1989 – IX ZR 175/88, NJW 1989, 2530.

9. Kapitel
Auflösung und Beendigung der GmbH

I. Auflösung, Liquidation und Beendigung der Gesellschaft

1. Beendigung einer GmbH in drei Phasen

Als Gegenstück ihrer streng formalisierten, sich über mehrere Stadien erstreckenden Gründung kann die GmbH ebenfalls nur in einem *formalisierten mehraktigen Verfahren* rechtlich vernichtet werden.[1] Die Beseitigung der Gesellschaft vollzieht sich in *drei Phasen*:[2] Die *Auflösung* der GmbH (§§ 60 bis 62 GmbHG) tritt aufgrund bestimmter, vornehmlich in § 60 Abs. 1 GmbHG geregelter Tatbestände ein. Ein Auflösungsgrund führt noch nicht zur Beendigung der Gesellschaft. Als Folge der Auflösung ist vielmehr der auf Gewinnerzielung bezogene Zweck der werbenden GmbH auf Abwicklung gerichtet.[3] Die aufgelöste GmbH besteht fort und ist als zweite Stufe einem *Liquidationsverfahren* (Abwicklungsverfahren: §§ 65 bis 74 GmbHG) unterworfen, in dessen Rahmen die laufenden Geschäfte zu beenden, das Gesellschaftsvermögen zwecks Befriedigung der Gläubiger in Geld umzusetzen und ein danach etwa verbleibender Erlös an die Gesellschafter zu verteilen ist (§ 70 GmbHG). Mit Abschluss des Liquidationsverfahrens und der Löschung im Handelsregister (Doppeltatbestand) verwirklicht sich die *Vollbeendigung* der Gesellschaft, also ihr Untergang als juristische Person.[4]

2. Zusammenfallen von Auflösung und Beendigung

Ausnahmsweise fallen Auflösung und Vollbeendigung zusammen, wenn – abgesehen von Verschmelzung und Umwandlung – eine Liquidation nicht stattfindet. Wird die Gesellschaft nach § 141a FGG wegen *Vermögenslosigkeit* im Handelsregister gelöscht, so scheidet

---

1 Roth/*Altmeppen*, § 60, Rn. 1.
2 *Lutter/Kleindiek*, in: Lutter/Hommelhoff, § 60, Rn. 1; *K. Schmidt*, § 38 IV. 1. a); Michalski/*Nerlich*, § 60, Rn. 3.
3 BGH, Urt. v. 23. 11. 1998 – II ZR 70/97, NJW 1999, 1481; Roth/*Altmeppen*, § 60, Rn. 6.
4 Rowedder/Schmidt-Leithoff/*Rasner*, § 60, Rn. 2, § 74, Rn. 12.

eine Liquidation naturgemäß aus.[5] Systemwidrig ist die Regelung des § 60 Abs. 1 Nr. 7 GmbHG, wonach die Gesellschaft mit der Löschung, welche die vorherigen Verfahrensschritte entbehrlich macht, aufgelöst wird.[6] Der Begriff der Vermögenslosigkeit des § 141a FGG ist in einem engen Sinne zu interpretieren. Eine Löschung wegen Vermögenslosigkeit ist erst dann möglich, wenn die Gesellschaft vermögenslos geworden ist, also ohne verwertbares Vermögen dasteht, nicht aber solange überhaupt noch Vermögen, wenn auch möglicherweise weit unter der Stammkapitalziffer vorhanden ist.[7] Die Zuführung auch nur geringer Mittel beseitigt die Vermögenslosigkeit.[8] Ergibt sich nachträglich, dass die Gesellschaft tatsächlich noch über Vermögen verfügt, hat nunmehr ihre Abwicklung zu erfolgen.[9] In diesem Sonderfall führt der Löschungseintrag tatsächlich zur Auflösung der Gesellschaft (§ 60 Abs. 1 Nr. 7 GmbHG).[10] Die nach Löschung vollzogene Abwicklung wird als *Nachtragsliquidation bezeichnet.*[11]

II. Auflösungsgründe

Die gesetzlichen Auflösungsgründe sind in § 60 Abs. 1 GmbHG geregelt. Durch den Gesellschaftsvertrag können nach § 60 Abs. 2 GmbHG weitere Auflösungsgründe statuiert werden.

1. Befristung

Die Auflösung infolge Zeitablaufs, der kaum praktische Bedeutung zukommt, erfordert gemäß § 3 Abs. 2 GmbHG eine entsprechende Abrede im Gesellschaftsvertrag. Die fehlende *Eintragung und Bekanntmachung* der Befristung (§ 10 Abs. 2 und 3 GmbHG) berührt nicht die Wirksamkeit der Vereinbarung.[12] Falls die Zeitbestimmung nicht in dem Gesellschaftsvertrag verankert ist, kann sich eine Ver-

---

5 *K. Schmidt,* § 38 IV. 1. b); Michalski/*Nerlich,* § 60, Rn. 16.
6 Rowedder/Schmidt-Leithoff/*Rasner,* § 60, Rn. 2, 31.
7 BGH, Urt. v. 16. 3. 1992 – II ZB 17/91, BGHZ 117, 323 = BB 1992, 1018 = NJW 1992, 1824.
8 *Lutter/Kleindiek* in: Lutter/Hommelhoff, § 60, Rn. 16.
9 BGH, Urt. v. 11. 9. 2000 – II ZR 370/99, BB 2000, 2274 = NJW 2001, 304.
10 Scholz/*K. Schmidt,* § 60, Rn. 58.
11 Scholz/*K. Schmidt,* § 74, Rn. 18.
12 Baumbach/Hueck/*Schulze-Osterloh,* § 60, Rn. 13; Scholz/*K. Schmidt,* § 60, Rn. 9.

pflichtung der Gesellschafter ergeben, gemäß § 60 Abs. 1 Nr. 2 an der Auflösung mitzuwirken.[13] Der Endtermin muss nicht kalendermäßig fixiert sein; ausreichend ist ein *objektiv bestimmbarer Zeitpunkt* wie der Tod eines Gesellschafters oder der Ablauf eines Schutzrechts.[14] Soll die Auflösung vom Eintritt eines ungewissen künftigen Ereignisses abhängen, liegt ein satzungsmäßig bestimmter, an eine auflösende Bedingung gekoppelter (§ 60 Abs. 2 GmbHG) Auflösungsgrund vor.[15] Mit Erreichen des vereinbarten Zeitpunkts ist die Gesellschaft – ohne etwa das zusätzliche Erfordernis eines Gesellschafterbeschlusses – automatisch aufgelöst.[16] Der Auflösung kann durch eine *Satzungsänderung* oder einen *Fortsetzungsbeschluss* begegnet werden. In beiden Fällen bedarf es neben einer Dreiviertelmehrheit (§ 60 Abs. 1 Nr. 2 GmbHG) der Gesellschafter auch der Zustimmung aller nebenleistungspflichtigen Gesellschafter (§ 53 Abs. 3 GmbHG).[17]

2. Auflösungsbeschluss

a) Voraussetzungen

Die GmbH wird nach § 60 Abs. 1 Nr. 2 GmbHG durch einen Gesellschafterbeschluss aufgelöst. Gegenstand des keiner besonderen *Rechtfertigung* bedürftigen[18] Beschlusses ist allein die Auflösung, also die Überführung der Gesellschaft in das Liquidationsstadium.[19] Mangels einer Befristung – eine auflösende Bedingung scheidet aus[20] – wird der Beschluss, der nach § 60 Abs. 1 Nr. 2 der Mehrheit von *drei Viertel* der abgegebenen, nicht aller vorhandenen[21] Stimmen bedarf, sofort wirksam.[22] Die Eintragung nach § 65 GmbHG wirkt le-

---

13 *Lutter/Kleindiek*, in: Lutter/Hommelhoff, § 60, Rn. 2.
14 Baumbach/Hueck/*Schulze-Osterloh*, § 60, Rn. 14; Hachenburg/*Ulmer*, § 60, Rn. 22.
15 Scholz/*K. Schmidt*, § 60, Rn. 9; Baumbach/Hueck/*Schulze-Osterloh*, § 60, Rn. 14.
16 Rowedder/Schmidt-Leithoff/*Rasner*, § 60, Rn. 15; Hachenburg/*Ulmer*, § 60, Rn. 23.
17 *Lutter/Kleindiek*, in: Lutter/Hommelhoff, § 60, Rn. 3, 35; Hachenburg/*Ulmer*, § 60, Rn. 89 ff.; Michalski/*Nerlich*, § 60, Rn. 31.
18 BGH, Urt. v. 28. 1. 1980 – II ZR 124/78, BGHZ 76, 352 = BB 1980, 550 = NJW 1980, 1278; Rowedder/Schmidt-Leithoff/*Rasner*, § 60, Rn. 17.
19 Scholz/*K. Schmidt*, § 60, Rn. 13.
20 *Lutter/Kleindiek*, in: Lutter/Hommelhoff, § 60, Rn. 5.
21 Baumbach/Hueck/*Schulze-Osterloh*, § 60, Rn. 17.
22 Rowedder/Schmidt-Leithoff/*Rasner*, § 60, Rn. 16.

9. Kap. II. Auflösungsgründe

diglich deklaratorisch.[23] Stimmenthaltungen und ungültige Stimmen, die als nicht abgegeben gelten, werden bei der Berechnung der Mehrheit nicht berücksichtigt.[24] Ein Gesellschafter ist nicht durch § 181 BGB gehindert, auch für einen anderen Gesellschafter an der Abstimmung mitzuwirken. Gesetzliche Vertreter können das Stimmrecht für einen minderjährigen Gesellschafter ohne die Notwendigkeit einer vormundschaftsgerichtlichen Genehmigung wahrnehmen.[25] Der Begriff „Auflösungsbeschluss" braucht nicht verwendet zu werden, wenn der *Auflösungswille* auf andere Weise – auch konkludent – zum Ausdruck kommt.[26] Es ist eine Frage des Einzelfalles, ob der Beschluss über die Veräußerung oder Einstellung des Unternehmens als Auflösungsbeschluss zu verstehen ist.[27] Im Zusammenhang mit der Sanierung von Betrieben der DDR durch die Treuhandanstalt hat der BGH die stille Liquidation durch Betriebseinstellung als Auflösung bewertet.[28] Der Beschluss ist, weil er – in aller Regel – keine Satzungsänderung darstellt, formlos gültig; er kann im Umlaufverfahren (§ 48 Abs. 2 GmbHG), aber auch nur mündlich gefasst werden.[29] Die Kompetenz der Gesellschafter ist zwingend und kann nicht durch die *Satzung* auf andere Organe verlagert werden.[30] Die Satzung kann die Mehrheitserfordernisse abmildern oder verschärfen. Ist „Unauflösbarkeit" der Gesellschaft vereinbart, so kann die Auflösung nur durch einstimmigen Beschluss erfolgen.[31] Mit diesem Beschluss ist nicht – mit Blick auf die „Unauflösbarkeit" – eine formbedürftige Satzungsänderung verbunden, weil durch diesen Begriff lediglich das Mehrheitserfordernis modifiziert wird.[32]

---

23 BGH, Urt. v. 23. 11. 1998 – II ZR 70/97, NJW 1999, 1481.
24 *Lutter/Kleindiek*, in: Lutter/Hommelhoff, § 60, Rn. 6.
25 BGH, Urt. v. 22. 9. 1969 – II ZR 144/68, BGHZ 52, 316 = NJW 1970, 33.
26 *Lutter/Kleindiek*, in: Lutter/Hommelhoff, § 60, Rn. 5; enger: Scholz/*K. Schmidt*, § 60, Rn. 13.
27 Michalski/*Nerlich*, § 60, Rn. 43; Baumbach/Hueck/*Schulze-Osterloh*, § 60, Rn. 19.
28 BGH, Urt. v. 23. 11. 1998 – II ZR 70/97, NJW 1999, 1481.
29 Roth/*Altmeppen*, § 60, Rn. 13; Michalski/*Nerlich*, § 60, Rn. 40; Hachenburg/*Ulmer*, § 60, Rn. 32.
30 Hachenburg/*Ulmer*, § 60, Rn. 26; Baumbach/Hueck/*Schulze-Osterloh*, § 60, Rn. 17; Rowedder/Schmidt-Leithoff/*Rasner*, § 60, Rn. 18.
31 Scholz/*K. Schmidt*, § 60, Rn. 19.
32 Rowedder/Schmidt-Leithoff/*Rasner*, § 60, Rn. 17; Baumbach/Hueck/*Schulze-Osterloh*, § 60, Rn. 18; Scholz/*K. Schmidt*, § 60, Rn. 19; a.A. Hachenburg/*Ulmer*, § 60, Rn. 29, 33; *Goette*, § 10, Rn. 25.

b) Anfechtung

Falls der Auflösungsbeschluss *nichtig* ist, bleibt die Gesellschaft als werbende bestehen. Dagegen treten die Rechtsfolgen der Auflösung sofort ein, wenn der Beschluss lediglich *anfechtbar* ist. Die Auflösung kann aber durch eine erfolgreiche Anfechtungsklage rückwirkend beseitigt werden.[33] Der Beschluss kann der *Anfechtung* unterliegen. Aus der Liquidation und Zerschlagung des Gesellschaftsunternehmens kann ein Anfechtungsgrund nicht hergeleitet werden, weil dieser Nachteil zwangsläufige Folge einer durch Gesetz oder Satzung zugelassenen Auflösung ist.[34] Auch kann die Anfechtung nicht auf den Umstand gestützt werden, dass der eine Gesellschafter wirtschaftlich mehr am Fortbestand der Gesellschaft mit dem sich daraus ergebenden Gewinnbezug, der andere mehr an ihrer Auflösung und der Auszahlung des Auseinandersetzungserlöses interessiert ist. Die gesetzliche Folge der Auflösung, die Liquidation, betrifft nach §§ 66 GmbHG alle Gesellschafter in rechtlich gleicher Weise. Dass sie sich wirtschaftlich verschieden auswirken kann, liegt an den persönlichen Verhältnissen des Gesellschafters und ist regelmäßig in Kauf zu nehmen. Deshalb vermag der Umstand, dass ein die Auflösung betreibender Gesellschafter eher als der andere wirtschaftlich in der Lage ist, das Betriebsvermögen aus der Liquidationsmasse aufzukaufen und zu verwerten, seine Stimmrechtsausübung noch nicht als treuwidrig zu beanstanden.[35] Indes liegt ein die Anfechtung rechtfertigender *Stimmrechtsmissbrauch* vor, wenn der Mehrheitsgesellschafter den Auflösungsbeschluss vorbereitet, indem er zur Überleitung des Betriebsvermögens eine Auffanggesellschaft gründet und zur Fortsetzung des Geschäftsbetriebs die Mitarbeiter der Gesellschaft abwirbt.[36]

---

[33] BGH, Urt. v. 28. 1. 1980 – II ZR 124/78, BGHZ 76, 352 = BB 1980, 550 = NJW 1980, 1278.
[34] BGH, Urt. v. 28. 1. 1980 – II ZR 124/78, BGHZ 76, 352 = BB 1980, 550 = NJW 1980, 1278.
[35] BGH, Urt. v. 28. 1. 1980 – II ZR 124/78, BGHZ 76, 352 = BB 1980, 550 = NJW 1980, 1278.
[36] BGH, Urt. v. 28. 1. 1980 – II ZR 124/78, BGHZ 76, 352 = BB 1980, 550 = NJW 1980, 1278; vgl. auch für die AG BGH, Urt. v. 1. 2. 1988 – II ZR 75/87, BGHZ 103, 184 = BB 1988, 577 = NJW 1988, 1579; Michalski/*Nerlich*, § 60, Rn. 46; Baumbach/Hueck/*Schulze-Osterloh*, § 60, Rn. 20; Scholz/*K. Schmidt*, § 60, Rn. 17.

3. Auflösung kraft Hoheitsakt

a) Auflösungsurteil

Die Gesellschaft wird gemäß § 60 Abs. 1 Nr. 3 GmbHG durch gerichtliches Urteil (§ 61 GmbHG) oder Entscheidung einer Verwaltungsbehörde (§ 62 GmbHG) aufgelöst.

aa) Auflösungsgrund

Materielle Auflösungsvoraussetzung ist die Unmöglichkeit der Zweckerreichung oder ein anderer wichtiger Grund. Die *Unmöglichkeit der Zweckerreichung* kann auf rechtlichen oder wirtschaftlichen Gründen beruhen. Beispiel ist die Nichtigerklärung eines Patents, auf dessen Auswertung der Gesellschaftszweck gerichtet ist. Entsprechendes gilt, wenn einer Bank die Erlaubnis nach dem KWG entzogen wird.[37] Bei der Bewertung, ob ein – kein Verschulden erfordernder[38] – *wichtiger Grund* eingreift, ist zu beachten, dass die Auflösungsklage das äußerste Mittel (*ultima ratio*) zur Lösung eines Gesellschafterkonflikts darstellt.[39] Falls die Störung durch den *Ausschluss* oder *Austritt* eines oder mehrerer Gesellschafter behoben werden kann, ist für eine Auflösungsklage kein Raum.[40] Der wichtige Grund muss nach dem Wortlaut des § 61 GmbHG in den Verhältnissen der Gesellschaft liegen. Zu berücksichtigen sind aber auch die Verhältnisse der Gesellschafter, falls sie in der GmbH weiterwirken. Ein unheilbares Zerwürfnis der Gesellschafter kann in einer personalistisch strukturierten, auf vertrauensvolle Zusammenarbeit angelegten Gesellschaft einen Auflösungsgrund bilden.[41] Entsprechendes gilt für den Konflikt zweier gleich starker Gesellschaftergruppen, der die Willensbildung blockiert.[42]

---

[37] *Lutter/Kleindiek*, in: Lutter/Hommelhoff, § 61, Rn. 9.
[38] BGH, Urt. v. 23. 2. 1981 – II ZR 229/79, BGHZ 80, 346 = BB 1981, 1729 = NJW 1981, 2302.
[39] *Scholz/K. Schmidt*, § 61, Rn. 3; *Lutter/Kleindiek*, in: Lutter/Hommelhoff, § 61, Rn. 1; Rowedder/Schmidt-Leithoff/*Rasner*, § 61, Rn. 10.
[40] *Lutter/Kleindiek*, in: Lutter/Hommelhoff, § 61, Rn. 1; Rowedder/Schmidt-Leithoff/*Rasner*, § 61, Rn. 1; Michalski/*Nerlich*, § 61, Rn. 11 f.
[41] BGH, Urt. v. 23. 2. 1981 – II ZR 229/79, BGHZ 80, 346 = BB 1981, 1729 = NJW 1981, 2302.
[42] Hachenburg/*Ulmer*, § 61, Rn. 21; Baumbach/Hueck/*Schulze-Osterloh*, § 61, Rn. 11.

bb) Verfahren

§ 61 GmbHG eröffnet einer Minderheit die Möglichkeit, die Auflösung der Gesellschaft durch Gestaltungsurteil zu erwirken. *Aktivlegitimiert* sind nur Gesellschafter (nicht Nießbraucher oder Pfandrechtsgläubiger)[43], deren Geschäftsanteile allein oder zusammen mindestens *10%* des Stammkapitals entsprechen; bei der Berechnung bleiben eigene Anteile der GmbH außer Ansatz.[44] Die Satzung kann die Erhebung der Auflösungsklage etwa durch die Ermäßigung des Quorums oder die Fixierung stets genügender wichtiger Gründe erleichtern, aber nicht erschweren.[45] Mehrere Gesellschafter sind *notwendige Streitgenossen* (§ 62 ZPO).[46] Das Recht, Auflösungsklage zu erheben, kann nicht durch den Gesellschaftsvertrag eingeschränkt werden.[47] *Passivlegitimiert* ist die Gesellschaft: Die Klage ist gegen die durch die Geschäftsführer vertretene GmbH zu richten (§ 61 Abs. 2 GmbHG).[48] Falls der Gesellschaftergeschäftsführer die Auflösungsklage erhoben hat und darum die Gesellschaft nicht vertreten kann, ist entweder durch das Registergericht ein Notgeschäftsführer (§ 29 BGB) oder durch das Prozessgericht ein Prozessvertreter (§ 57 ZPO) zu bestellen.[49] Ausschließlich zuständig (§ 61 Abs. 3 GmbHG) ist die Kammer für Handelssachen des LG am Sitz der Gesellschaft (§ 17 ZPO, § 95 Abs. 1 Nr. 4 a) GVG). Die Einsetzung eines *Schiedsgerichts* kann nach neuerem Verständnis im Gesellschaftsvertrag vereinbart werden.[50] Die Auflösung erfolgt durch ein stattgebendes *Gestaltungsurteil*, dessen Gestaltungswirkung erst mit Rechtskraft eintritt.[51] Trotz der Fassung des § 61 Abs. 1 GmbHG als „Kann-Vorschrift" ist das Gericht verpflichtet, die Auflösung auszusprechen, wenn die rechtlichen Voraussetzungen gegeben sind.[52]

---

43 Baumbach/Hueck/*Schulze-Osterloh*, § 61, Rn. 15.
44 Baumbach/Hueck/*Schulze-Osterloh*, § 61, Rn. 14; Roth/*Altmeppen*, § 61, Rn. 7.
45 Rowedder/Schmidt-Leithoff/*Rasner*, § 61, Rn. 4.
46 *Lutter/Kleindiek*, in: Lutter/Hommelhoff, § 61, Rn. 3; Scholz/*K. Schmidt*, § 61, Rn. 8.
47 Rowedder/Schmidt-Leithoff/*Rasner*, § 61, Rn. 4.
48 Baumbach/Hueck/*Schulze-Osterloh*, § 61, Rn. 17.
49 *Lutter/Kleindiek*, in: Lutter/Hommelhoff, § 61, Rn. 4.
50 BGH, Urt. v. 19. 7. 2004 – II ZR 65/03, BB 2004, 1870 = JDR NJW 2004, 2898.
51 Scholz/*K. Schmidt*, § 61, Rn. 11.
52 Roth/*Altmeppen*, § 61, Rn. 10; Hachenburg/*Ulmer*, § 61, Rn. 40.

b) Auflösung im Verwaltungsweg

Die Regelung des § 62 GmbHG gestattet eine Auflösung wegen Gefährdung des Gemeinwohls. Dabei hat das Gesetz Konstellationen im Blick, in denen die Gesellschafter der GmbH gesetzwidrige Beschlüsse fassen oder gesetzwidrige Handlungen der Geschäftsführer wissentlich dulden und dadurch das Gemeinwohl gefährden. Gesetzeswidrig sind Verstöße gegen zwingende Normen des GmbH-Rechts, des Kartell- und Wirtschaftsrechts, des Steuerrechts wie auch des Strafrechts. Sofern die Gesetzeswidrigkeit nicht bereits Gesellschafterbeschlüssen anhaftet, bedarf es für die Zurechnung von Verhalten der Geschäftsführer des weiteren Merkmals der Wissentlichkeit.[53] Ein Tätigwerden der Behörden können nur *Gesetzesverstöße* rechtfertigen, die das *Gemeinwohl* gefährden.[54] Damit sind schwer wiegende Fälle gemeint, die Kreise der Öffentlichkeit bedrohen.[55] Zuständige Behörde ist analog § 396 Abs. 1 S. 1 AktG die oberste Landesbehörde, regelmäßig das *Wirtschaftsministerium*. Die Behörde hat nicht im Wege der Auflösungsklage vorzugehen. Vielmehr stellt § 62 GmbHG eine *Ermächtigungsgrundlage* dar, die Auflösung durch privatrechtsgestaltenden Verwaltungsakt anzuordnen, der von der GmbH im Wege der Anfechtungsklage (§ 42 Abs. 1 VwGO) vor den Verwaltungsgerichten angefochten werden kann.[56] § 62 Abs. 2 S. 2 und 3 GmbHG sind durch die VwGO obsolet geworden.[57]

4. Insolvenzeröffnung

Die Gesellschaft wird nach § 60 Abs. 1 Nr. 4 GmbHG zwingend mit der Eröffnung des Insolvenzverfahrens aufgelöst. Die Insolvenz des Gesellschafters berührt hingegen den Fortbestand der Gesellschaft nicht.[58] Dabei ist es ohne Bedeutung, ob der *Insolvenzgrund* der Zahlungsunfähigkeit (§ 17 InsO) oder der Überschuldung (§ 19 InsO) vorliegt. Die Auflösung tritt mit Rechtskraft des Eröffnungsbeschlusses ein.[59] Als Folge der Insolvenzeröffnung geht die Verwaltungs- und

---

53 *Lutter/Kleindiek*, in: Lutter/Hommelhoff, § 62, Rn. 4.
54 Rowedder/Schmidt-Leithoff/*Rasner*, § 62, Rn. 3.
55 Roth/*Altmeppen*, § 62, Rn. 3.
56 Baumbach/Hueck/*Schulze-Osterloh*, § 62, Rn. 11; Roth/*Altmeppen*, § 62, Rn. 4.
57 *Lutter/Kleindiek*, in: Lutter/Hommelhoff, § 62, Rn. 1.
58 Scholz/*K. Schmidt*, § 60, Rn. 21.
59 Rowedder/Schmidt-Leithoff/*Rasner*, § 60, Rn. 22.

Verfügungsbefugnis auf den *Insolvenzverwalter* über (§ 80 InsO). Dem Insolvenzverwalter obliegt die vollständige Abwicklung der Gesellschaft (vgl. § 199 S. 2 InsO).[60] Die Zuständigkeit der Gesellschaftsorgane wird weitgehend durch die Rechte des Insolvenzverwalters verdrängt.[61]

5. Ablehnung der Insolvenzeröffnung

Auch die Ablehnung der Eröffnung des Insolvenzverfahrens mangels Masse (§ 60 Abs. 1 Nr. 5 GmbHG) bewirkt ipso iure die Auflösung der GmbH. Die GmbH bleibt *partei- und rechtsfähig*. Infolge der Auflösung ist das Restvermögen zu liquidieren und die Gesellschaft zu beenden.[62]

6. Registergerichtliche Verfügung

§ 60 Abs. 1 Nr. 6 GmbHG verleiht bestimmten rechtskräftigen Verfügungen des Registergerichts zwingend die Wirkung eines Auflösungsgrundes. Werden *Mängel des Gesellschaftsvertrages* beanstandet (§ 144a Abs. 4 FGG), so folgt daraus die Auflösung der GmbH. Ebenso verhält es sich, wenn festgestellt wird (§ 144b FGG), dass der Einpersonengesellschafter seinen *Einlageverpflichtungen* aus § 19 Abs. 4 GmbHG nicht genügt hat.

7. Gesellschaftsvertragliche Auflösungsgründe

Die Satzung kann nicht die gesetzlich geregelten Auflösungsgründe einschränken, aber beliebige zusätzliche Auflösungsgründe vorsehen.[63] Da auch hier die Auflösung ipso iure mit der Verwirklichung des Tatbestands eintritt,[64] müssen die Auflösungsgründe *eindeutig bestimmt* sein.[65] Andernfalls bestünde die Gefahr, dass der Auflösungsgrund nicht erkannt und die Gesellschaft als werbende weitergeführt wird.[66] Als Auflösungsgrund können beispielsweise der Tod, das Ausscheiden oder die Insolvenz eines Gesellschafters, die Pfändung eines

---

60 Rowedder/Schmidt-Leithoff/*Rasner*, § 60, Rn. 22.
61 Baumbach/Hueck/*Schulze-Osterloh*, § 60, Rn. 24.
62 *Lutter/Kleindiek*, in: Lutter/Hommelhoff, § 60, Rn. 9.
63 Roth/*Altmeppen*, § 60, Rn. 32; Baumbach/Hueck/*Schulze-Osterloh*, § 60, Rn. 50.
64 Michalski/*Nerlich*, § 60, Rn. 311.
65 Hachenburg/*Ulmer*, § 60, Rn. 64; Michalski/*Nerlich*, § 60, Rn. 315.
66 Hachenburg/*Ulmer*, § 60, Rn. 64; Michalski/*Nerlich*, § 60, Rn. 315.

9. Kap.   III. Fortsetzung einer aufgelösten GmbH

Geschäftsanteils, die Einstellung der Mitarbeit, der Entzug einer gewerberechtlichen Erlaubnis, der zeitliche Ablauf eines Schutzrechts oder die Feststellung eines bestimmten Verlusts in der Jahresbilanz vereinbart werden.[67] Zu unbestimmt sind die Klauseln der „mangelnden Rentabilität" oder „eines wichtigen Grundes".[68] Fehlt der Satzungsbestimmung die notwendige Klarheit, kann sie als *(Stimmbindungs-)Vereinbarung* der Gesellschafter auszulegen sein, unter bestimmten Voraussetzungen an einer Auflösung durch Beschluss nach § 60 Abs. 1 Nr. 2 GmbHG mitzuwirken.[69] Nicht selten sehen Gesellschaftsverträge ein *Kündigungsrecht* der Gesellschafter vor. Streitig ist, ob die Ausübung des Kündigungsrechts zur *Auflösung* der Gesellschaft oder lediglich zum *Ausscheiden* des Kündigenden aus der Gesellschaft führt. Zur Vermeidung von Streitigkeiten sollten die Rechtsfolgen einer Kündigung im Gesellschaftsvertrag unzweideutig fixiert werden. Fehlt es an einer Klarstellung, dürfte vor dem Hintergrund des § 131 Abs. 3 Nr. 3 HGB im Zweifel ein Ausscheiden des Gesellschafters gegen Abfindung gewollt sein.[70] In diese Richtung tendiert auch der BGH. Die Kündigung der GmbH durch einen Gesellschafter führt nur dann zur Auflösung, wenn dies in der Satzung ausdrücklich bestimmt ist. Soll nach der Satzung dagegen im Falle der Kündigung die Gesellschaft von den verbleibenden Gesellschaftern fortgesetzt werden, sofern diese Gegenteiliges nicht binnen einer bestimmten Frist verlautbaren, ist die GmbH nicht aufgelöst; eines besonderen Fortsetzungsbeschlusses bedarf es in diesem Fall nicht.[71]

III. Fortsetzung einer aufgelösten GmbH

Mit der Fortsetzung der aufgelösten Gesellschaft ist ihre *Rückumwandlung* in eine werbende Gesellschaft gemeint. Diese Konstellation ist von der liquidationswidrigen Fortsetzung der werbenden Geschäfte zu unterscheiden. Die Fortsetzung dient dem Zweck, die Ge-

---

67 Baumbach/Hueck/*Schulze-Osterloh*, § 60, Rn. 50.
68 Scholz/*K. Schmidt*, § 60, Rn. 76.
69 Rowedder/Schmidt-Leithoff/*Rasner*, § 60, Rn. 42.
70 *Lutter/Kleindiek*, in: Lutter/Hommelhoff, § 60, Rn. 27; Rowedder/Schmidt-Leithoff/*Rasner*, § 60, Rn. 44 f.; a.A. Baumbach/Hueck/*Schulze-Osterloh*, § 60, Rn. 51; Hachenburg/*Ulmer*, § 60, Rn. 67 ff.
71 BGH, Urt. v. 2. 12. 1996 – II ZR 243/95, NJW-RR 1997, 606.

sellschaft aus dem Liquidationsstadium zu lösen und als werbende Gesellschaft weiter zu betreiben.[72] Die in § 60 Abs. 1 Nr. 4 GmbHG ausdrücklich eröffnete Möglichkeit der Fortsetzung ist – unter den nachfolgenden drei Voraussetzungen – für *alle Auflösungsgründe* anerkannt.[73]

1. Fortsetzungsbeschluss

Die Weiterführung als werbende Gesellschaft setzt einen Fortsetzungsbeschluss der Gesellschaft voraus, der analog § 60 Abs. 1 Nr. 2 GmbHG, § 274 Abs. 1 S. 2 AktG einer Mehrheit von *drei Vierteln* der abgegebenen Stimmen bedarf.[74] Sieht der Gesellschaftsvertrag für die Auflösung eine andere Mehrheit vor, gilt dies auch für den Fortsetzungsbeschluss.[75] Der Fortsetzungsbeschluss kann formlos und konkludent gefasst werden.[76] Ist der Fortsetzungsbeschluss – etwa wegen einer Kapitalerhöhung – mit einer Satzungsänderung verbunden, ist die notarielle Form des § 53 Abs. 2 GmbHG zu beachten.[77] Überstimmte Gesellschafter haben nicht allein wegen der Fortsetzung ein *Austrittsrecht*.[78] Der Eintragung des Fortsetzungsbeschlusses im Handelsregister kommt nur *deklaratorische Bedeutung* zu.[79]

2. Keine Vollbeendigung

Eine Fortsetzung kann nur beschlossen werden, solange die GmbH als juristische Person existent und noch nicht *vollbeendet* ist. Darum scheidet eine Fortsetzung aus, wenn die Gesellschaft als letzte Maßnahme der Liquidation (§ 72 GmbHG) mit der Verteilung des Vermögens an die Gesellschafter *begonnen* hat (vgl. § 274 Abs. 1 S. 1

---

72 Scholz/*K. Schmidt*, § 60, Rn. 79; Rowedder/Schmidt-Leithoff/*Rasner*, § 60, Rn. 65; *Lutter/Kleindiek*, in: Lutter/Hommelhoff, § 60, Rn. 28; Roth/*Altmeppen*, § 60, Rn. 36.
73 Michalski/*Nerlich*, § 60, Rn. 331; Hachenburg/*Ulmer*, § 60, Rn. 78.
74 *Lutter/Kleindiek*, in: Lutter/Hommelhoff, § 60, Rn. 29; Baumbach/Hueck/*Schulze-Osterloh*, § 60, Rn. 52.
75 Michalski/*Nerlich*, § 60, Rn. 346; Rowedder/Schmidt-Leithoff/*Rasner*, § 60, Rn. 70.
76 Rowedder/Schmidt-Leithoff/*Rasner*, § 60, Rn. 69.
77 Scholz/*K. Schmidt*, § 60, Rn. 87, 92, 103.
78 Baumbach/Hueck/*Schulze-Osterloh*, § 60, Rn. 52; Hachenburg/*Ulmer*, § 60, Rn. 93.
79 Roth/*Altmeppen*, § 60, Rn. 37.

AktG).[80] In diesem Fall erfordert der Neubeginn die Neugründung einer Gesellschaft. Die Begleichung der Gesellschaftsschulden hindert dagegen die Fortsetzung nicht.[81]

3. Beseitigung des Auflösungsgrundes

Eine Fortsetzung kommt nur nach Beseitigung des Auflösungsgrundes in Betracht.[82]

a) Zeitablauf (§ 60 Abs. 1 Nr. 1 GmbHG), Auflösungsbeschluss (§ 60 Abs. 1 Nr. 2 GmbHG)

Beruht die Auflösung auf einer Befristung, ist eine Satzungsänderung (§§ 53, 54 GmbHG) vorzunehmen, wenn die Dauer der Gesellschaft verlängert werden soll. Fallen der Fortsetzungsbeschluss und der *satzungsändernde Beschluss* zusammen, ist für beide die notarielle Form des § 53 Abs. 2 S. 1 GmbHG einzuhalten.[83] Im Fall des § 60 Abs. 1 Nr. 2 GmbHG genügt ein formfrei gültiger Fortsetzungsbeschluss als *actus contrarius* zu dem Auflösungsbeschluss.[84]

b) Auflösungsurteil und Auflösungsverfügung (§ 60 Abs. 1 Nr. 3 GmbHG)

Nach Erlass eines Auflösungsurteils (§ 61 GmbHG) kann die Gesellschaft durch einen Fortsetzungsbeschluss mit *Zustimmung* des (der) klagenden Gesellschafter(s) weitergeführt werden.[85] Durch die Zustimmung erledigt sich eine laufende Auflösungsklage.[86] Im Fall der verwaltungsbehördlichen Auflösung (§ 62 GmbHG) kommt eine Fortsetzung erst nach *Rücknahme des Verwaltungsakts* in Betracht.

---

80 *Lutter/Kleindiek*, in: Lutter/Hommelhoff, § 60, Rn. 29; Baumbach/Hueck/*Schulze-Osterloh*, § 60, Rn. 52; Scholz/*K. Schmidt*, § 60, Rn. 82; a.A. Roth/*Altmeppen*, § 60, Rn. 42.
81 Scholz/*K. Schmidt*, § 60, Rn. 82.
82 Roth/*Altmeppen*, § 60, Rn. 38.
83 Scholz/*K. Schmidt*, § 60, Rn. 85; Michalski/*Nerlich*, § 60, Rn. 355; *Lutter/Kleindiek*, in: Lutter/Hommelhoff, § 60, Rn. 31.
84 Michalski/*Nerlich*, § 60, Rn. 356; Rowedder/Schmidt-Leithoff/*Rasner*, § 60, Rn. 74.
85 Hachenburg/*Ulmer*, § 60, Rn. 97; Michalski/*Nerlich*, § 60, Rn. 357; Baumbach/Hueck/*Schulze-Osterloh*, § 60, Rn. 52; a.A. Scholz/*K. Schmidt*, § 60, Rn. 94; Roth/*Altmeppen*, § 60, Rn. 56: Wegfall des wichtigen Grundes genügt.
86 Rowedder/Schmidt-Leithoff/*Rasner*, § 60, Rn. 75.

3. Beseitigung des Auflösungsgrundes 9. Kap.

Eine Fortsetzung allein kraft Beschluss der Gesellschafter scheidet aus.[87] Eine Aufhebung der Verfügung im Rechtsmittelverfahren führt zur rückwirkenden Beseitigung des Auflösungsgrundes.[88]

c) Eröffnung des Insolvenzverfahrens (§ 60 Abs. 1 Nr. 4 GmbHG)

Nach Eröffnung des Insolvenzverfahrens ist eine Fortsetzung nur unter den in § 60 Abs. 1 Nr. 4 GmbHG geregelten Voraussetzungen zulässig. Danach ist eine Fortsetzung möglich, wenn entweder das Insolvenzverfahren auf Antrag des Schuldners mit Zustimmung der Gläubiger eingestellt worden ist (§§ 212, 213 InsO) oder nach einem Insolvenzplan, der den Fortbestand der Gesellschaft vorsieht, aufgehoben worden ist (§ 258 InsO). In den anderen Fällen der *Insolvenzbeendigung* – § 207 InsO, Einstellung mangels Masse, § 211 InsO, Einstellung wegen Masseunzulänglichkeit – ist eine Fortsetzung ausgeschlossen, weil für ein Weiterleben einer gescheiterten GmbH keine Rechtfertigung besteht, der Insolvenzverwalter die Liquidation der Gesellschaft zu Ende zu führen hat.[89]

d) Ablehnung der Insolvenzeröffnung mangels Masse (§ 60 Abs. 1 Nr. 5 GmbHG)

Nach Ablehnung der Eröffnung eines Insolvenzantrags mangels Masse ist für eine Fortsetzung der Gesellschaft kein Raum. Finanziell *gescheiterte Gesellschaften* sind nicht erhaltungswürdig. Einer Gesellschaft, die ihr gesamtes Vermögen zum Nachteil der Gläubiger verloren hat, kann eine weitere Teilnahme am Rechtsverkehr nicht ermöglicht werden. Gesellschaften, die nicht einmal mehr die Mittel zur Durchführung eines Insolvenzverfahrens besitzen, sollen im *öffentlichen Interesse* nach dem Willen des Gesetzgebers möglichst rasch beendet werden: Der nur noch vorhandene leere Mantel soll nicht durch einfachen Fortsetzungsbeschluss und Zuführung neuer Mittel ohne die Kontrolle eines förmlichen Gründungsvertrages in die Lage ver-

---

87 Hachenburg/*Ulmer*, § 60, Rn. 54; Baumbach/Hueck/*Schulze-Osterloh*, § 60, Rn. 53; Rowedder/Schmidt-Leithoff/*Rasner*, § 60, Rn. 75.
88 Michalski/*Nerlich*, § 60, Rn. 359.
89 Hachenburg/*Ulmer*, § 60, Rn. 102; Baumbach/Hueck/*Schulze-Osterloh*, § 60, Rn. 55; Rowedder/Schmidt-Leithoff/*Rasner*, § 60, Rn. 76; a.A. Scholz/*K. Schmidt*, § 60, Rn. 96 f.; Roth/*Altmeppen*, § 60, Rn. 47: Fortsetzung nach Beseitigung der Vermögenslosigkeit oder Überschuldung.

setzt werden, wieder werbend am Geschäftsverkehr teilzunehmen.[90] Gegen eine Fortsetzung streiten auch die von dem BGH für die *Mantelverwendung* aufgestellten Grundsätze.[91]

e) Registergerichtliche Verfügung

Im Falle einer Auflösung nach § 60 Abs. 1 Nr. 6 GmbHG setzt der Fortsetzungsbeschluss die *Behebung des Satzungsmangels* im Wege der Satzungsänderung in der Form des § 53 Abs. 2 S. 1 GmbHG voraus.[92] In der zweiten Variante des § 60 Abs. 1 Nr. 6 GmbHG kann in der Erfüllung der Einlageverbindlichkeit durch den Alleingesellschafter der Fortsetzungsbeschluss erkannt werden.[93] Bei einer *Amtslöschung* nach § 60 Abs. 1 Nr. 7 GmbHG ist eine Fortsetzung regelmäßig ausgeschlossen, weil die Gesellschaft durch Verwirklichung des *Doppeltatbestands* der Vermögenslosigkeit und der Löschung rechtlich untergeht (vgl. oben I. 1.).[94] Ist die gelöschte Gesellschaft tatsächlich nicht vermögenslos, so ist die GmbH nur ausgelöst und noch nicht vollbeendet. In diesem Sonderfall kann ein Fortsetzungsbeschluss gefasst werden, wenn der Gesellschaft das zur Abwendung der Zahlungsunfähigkeit und Überschuldung benötigte *Kapital* zugeführt wird.[95]

IV. Liquidation

Ablauf und Zweck der *Liquidation (Abwicklung)* sind in § 70 GmbHG zusammengefasst: Die Liquidatoren haben die laufenden

---

90 BGH, Urt. v. 8. 10. 1979 – II ZR 257/78, BGHZ 75, 180 = BB 1980, 11 = NJW 1980, 233; Hachenburg/*Ulmer*, § 60, Rn. 107; Baumbach/Hueck/*Schulze-Osterloh*, § 60, Rn. 56; Rowedder/Schmidt-Leithoff/*Rasner*, § 60, Rn. 77; Michalski/*Nerlich*, § 60, Rn. 361 ff.; a.A. Scholz/*K. Schmidt*, § 60, Rn. 97; Roth/*Altmeppen*, § 60, Rn. 50: Fortsetzung nach Beseitigung der Vermögenslosigkeit oder Überschuldung.
91 BGH, Beschl. v. 7. 7. 2003 – II ZB 4/02, BGHZ 155, 318 = BB 2003, 2079 = NJW 2003, 3198; BGH Beschl. v. 9. 12. 2002 – II ZB 12/02, BGHZ 153, 158 = BB 2003, 324 = NJW 2003, 892; vgl. oben 1. Kap. II. 3 c) bb).
92 Michalski/*Nerlich*, § 60, Rn. 369.
93 Michalski/*Nerlich*, § 60, Rn. 369.
94 Rowedder/Schmidt-Leithoff/*Rasner*, § 60, Rn. 2„ § 74, Rn. 12.
95 Baumbach/Hueck/*Schulze-Osterloh*, § 60, Rn. 58; Michalski/*Nerlich*, § 66, Rn. 106 f.; a.A. Hachenburg/*Ulmer*, § 60, Rn. 109; *Lutter/Kleindiek*, in: Lutter/Hommelhoff, § 60, Rn. 32; Rowedder/Schmidt-Leithoff/*Rasner*, § 60, Rn. 79.

Geschäfte zu beendigen, die Verpflichtungen der GmbH zu erfüllen, ihre Forderungen einzuziehen, das verbleibende Vermögen in Geld zu versilbern und an die Gesellschafter entsprechend ihrer Beteiligung auszukehren.

1. Bestellung und Anstellung des Liquidators

Als (geborene) *Liquidatoren (Abwickler)* sind nach § 66 Abs. 1 GmbHG – mit Ausnahme des Insolvenzverfahrens – die *Geschäftsführer* berufen. Das Anstellungsverhältnis der Geschäftsführer bleibt während des Liquidationsstadiums unberührt. Sowohl für das Amt als auch den Anstellungsvertrag gilt gegenüber dem Geschäftsführer der *Grundsatz der Kontinuität*.[96] Allerdings kann die Liquidation durch Satzung oder – mit einfacher Mehrheit[97] – durch Gesellschafterbeschluss anderen unbeschränkt geschäftsfähigen natürlichen oder juristischen Personen[98] (gekorenen Liquidatoren) übertragen werden (§ 66 Abs. 1 GmbHG). Auf Antrag einer mit wenigstens 10 % beteiligten Gesellschafterminderheit kann die Bestellung eines Liquidators, wenn ein *wichtiger Grund* gegeben ist, durch das Registergericht[99] erfolgen (§ 66 Abs. 2 GmbHG). Im Falle der Bestellung eines Liquidators kraft Satzung oder Gesellschafterbeschluss ist nach Annahme des Amtes, zu dessen Übernahme die auserschene Person nicht verpflichtet ist,[100] zwischen dem Liquidator und der durch die Gesellschafterversammlung vertretenen GmbH (§ 46 Nr. 5 GmbHG) ein Anstellungsverhältnis zu schließen. Kommt eine Einigung nicht zustande, kann der Liquidator gemäß § 612 Abs. 2 BGB Zahlung einer angemessenen vor dem Prozess-, nicht dem Registergericht geltend zu machenden Vergütung beanspruchen.[101] Handelt es sich um einen gerichtlich bestellten Liquidator, so kann das Registergericht keinen Anstellungsvertrag als *Zwangsvertrag* dekretieren;[102] vielmehr

---

96 Scholz/*K. Schmidt*, § 66, Rn. 6; Rowedder/Schmidt-Leithoff/*Rasner*, § 66, Rn. 21.
97 *Lutter/Kleindiek*, in: Lutter/Hommelhoff, § 66, Rn. 4.
98 Scholz/*K. Schmidt*, § 66, Rn. 3, 3a; Baumbach/Hueck/*Schulze-Osterloh*, § 66, Rn. 5 f.
99 Roth/*Altmeppen*, § 66, Rn. 31.
100 Rowedder/Schmidt-Leithoff/*Rasner*, § 66, Rn. 23; Scholz/*K. Schmidt*, § 66, Rn. 50.
101 Rowedder/Schmidt-Leithoff/*Rasner*, § 66, Rn. 23; Scholz/*K. Schmidt*, § 66, Rn. 50; anders Michalski/*Nerlich*, § 66, Rn. 74.
102 In diesem Sinn aber: Rowedder/Schmidt-Leithoff/*Rasner*, § 66, Rn. 24.

ist die Vergütung von dem Registergericht *analog § 265 Abs. 4 AktG* unter Berücksichtigung der Maßstäbe des § 612 Abs. 2 BGB festzusetzen. Üblich sind die Sätze eines Konkurs- bzw. Insolvenzverwalters.[103] Der als Liquidator tätige Rechtsanwalt kann ein zusätzliches Honorar nach anwaltlichem Gebührenrecht für die Wahrnehmung solcher Aufgaben verlangen, zu deren sachgerechter Erledigung selbst ein als Liquidator erfahrener Nichtjurist einen Rechtsanwalt hinzuziehen müsste.[104]

2. Vertretungsmacht der Liquidatoren

Die Liquidatoren sind anstelle der Geschäftsführer[105] Geschäftsführungs- und Vertretungsorgan der aufgelösten GmbH; sie allein sind gesetzliche Vertreter der Gesellschaft. Wie sich aus der Zusammenschau der §§ 68, 70 und 71 Abs. 4 GmbHG ergibt, verfügen Liquidatoren in Übereinstimmung mit den Geschäftsführern der werbenden GmbH über eine *unbeschränkte Vertretungsmacht*.[106] Der Umfang der Vertretungsmacht ist nicht durch den *Liquidationszweck* begrenzt.[107] Dies folgt im Übrigen aus § 70 S. 2 GmbHG, der zur Beendigung schwebender auch den Abschluss neuer Geschäfte gestattet.[108] Der gerichtlich bestellte Liquidator genießt, falls das Gericht keine Beschränkung anordnet, eine identische Vertretungsmacht.[109] Ist nur ein Liquidator bestellt, verfügt er naturgemäß über eine unbeschränkte *Einzelvertretungsmacht*; mehrere Liquidatoren besitzen *Gesamtvertretungsmacht*.[110] Fällt einer von zwei Gesamtvertretern aus, wächst dem verbliebenen keine Einzelvertretungsmacht zu.[111] Falls nicht von

---

103 BGH, Urt. v. 25. 7. 2005 – II ZR 199/03; Baumbach/Hueck/*Schulze-Osterloh*, § 66, Rn. 23; *Lutter/Kleindiek*, in: Lutter/Hommelhoff, § 66, Rn. 9; Roth/*Altmeppen*, § 66, Rn. 41.
104 BGH, Urt. v. 17. 9. 1998 – IX ZR 237/97, BB 1998, 2384 = NJW 1998, 3567; *Lutter/Kleindiek*, in: Lutter/Hommelhoff, § 66, Rn. 9.
105 Rowedder/Schmidt-Leithoff/*Rasner*, § 68, Rn. 2.
106 Rowedder/Schmidt-Leithoff/*Rasner*, § 70, Rn. 5; Scholz/*K. Schmidt*, § 68, Rn. 2; Baumbach/Hueck/*Schulze-Osterloh*, § 70, Rn. 2; Roth/*Altmeppen*, § 68, Rn. 2.
107 *Lutter/Kleindiek*, in: Lutter/Hommelhoff, § 68, Rn. 5.
108 BGH, Urt. v. 23. 11. 1998 – II ZR 70/97, NJW 1999, 1481; *Goette*, § 10, Rn. 43.
109 *Lutter/Kleindiek*, in: Lutter/Hommelhoff, § 68, Rn. 3.
110 Rowedder/Schmidt-Leithoff/*Rasner*, § 68, Rn. 3.
111 BGH, Urt. v. 8. 2. 1993 – II ZR 62/92, BGHZ 121, 263 = NJW 1993, 1654; *Lutter/Kleindiek*, in: Lutter/Hommelhoff, § 68, Rn. 3; Scholz/*K. Schmidt*, § 68, Rn. 4;

der Möglichkeit der gerichtlichen Bestellung (§ 29 BGB) Gebrauch gemacht wird, muss die GmbH, um ihre Handlungsfähigkeit zu wahren, umgehend einen Nachfolger einsetzen.[112] Die Vertretungsmacht der Liquidatoren umfasst auch die *Prozessvertretung*: Die GmbH wird selbst in einem Rechtsstreit, in dem ein Gesellschafter nicht nur die Anfechtbarkeit, sondern die Nichtigkeit des Auflösungsbeschlusses geltend macht, durch ihre Liquidatoren vertreten.[113] Die Vertretungsbefugnis der Liquidatoren erlischt nach Beendigung ihrer Tätigkeit und Anzeige an das Gericht. Taucht nach Löschung durch das Registergericht Vermögen der GmbH auf, bedarf es einer *Nachtragsliquidation*. Da keine Liquidatoren oder Geschäftsführer mehr im Amt sind, hat das Registergericht neue Liquidatoren zu bestellen. Die Vertretungsbefugnis der früheren Liquidatoren lebt nicht wieder auf. Vielmehr hat das Gericht analog § 273 Abs. 4 AktG, § 66 Abs. 5 S. 2 GmbHG auf Antrag die bisherigen oder andere Abwickler nach seinem Ermessen neu zu bestellen.[114] Zur Antragstellung ist ein Beteiligter befugt; dies kann ein Gesellschafter, Gläubiger, früherer Liquidator oder sonstiger Dritter sein, der ein berechtigtes Interesse glaubhaft macht.[115]

3. Aufgaben der Liquidatoren im Innenverhältnis

a) Geschäftsführung

Die Geschäftsführungsbefugnis der Liquidatoren ist im Gegensatz zur Vertretungsmacht beschränkt. Gemäß § 70 S. 2 GmbHG dürfen neue Geschäfte nur eingegangen werden, um schwebende Geschäfte zu erfüllen. Ferner wird die Geschäftsführung durch den Liquidationszweck beschränkt. Liquidatoren sind wie Geschäftsführer den Weisungen der Gesellschafterversammlung untergeordnet. Einen von

---

Baumbach/Hueck/*Schulze-Osterloh*, § 68, Rn. 2; differenzierend Roth/*Altmeppen*, § 68, Rn. 7.
112 *Goette*, § 10, Rn. 44.
113 BGH, Urt. v. 14. 12. 1961 – II ZR 97/59, BGHZ 36, 207 = BB 1962, 196 = NJW 1962, 538; BGH Urt. v. 10. 11. 1980 – II ZR 51/80, BB 1981, 199 = NJW 1981, 1041; Lutter/Kleindiek, in: Lutter/Hommelhoff, § 68, Rn. 5.
114 BGH, Beschl. v. 23. 2. 1970 – II ZB 5/69, BGHZ 53, 264 = BB 1970, 510 = NJW 1970, 1044; Baumbach/Hueck/*Schulze-Osterloh*, § 60, Rn. 65; Rowedder/ Schmidt-Leithoff/*Rasner*, § 74, Rn. 24.
115 Roth/*Altmeppen*, § 74, Rn. 31.

9. Kap. IV. Liquidation

den Gesellschaftern beschlossenen *Liquidationsplan* haben die Liquidatoren zu befolgen, soweit er nicht gegen Gesetze verstößt oder eine Ersatzpflicht der Liquidatoren gegenüber Dritten begründet.[116] In Ermangelung gesellschaftlicher Weisungen haben die Liquidatoren selbst ein *Liquidationskonzept* zu entwickeln, das zur alsbaldigen Beendigung der Gesellschaft bei möglichst günstigen Liquidationsergebnissen führt.[117] Orientieren sich die Liquidatoren nicht am *Liquidationszweck*, können sie sich gegenüber den Gesellschaftern schadensersatzpflichtig machen (§§ 71 Abs. 4, 43 Abs. 2 GmbHG).[118] Die Geltendmachung des Anspruchs setzt allerdings einen Beschluss der Gesellschafterversammlung (§ 46 Nr. 8 GmbHG) voraus.[119] Sofern ein Gesellschafter eigene deliktische Ansprüche gegen den Liquidator verfolgt, ist ein Gesellschafterbeschluss (§ 46 Nr. 8 GmbHG) entbehrlich.[120]

b) Beendigung der laufenden Geschäfte

Das von § 70 S. 1 GmbHG in den Vordergrund gestellte Merkmal der Beendigung der laufenden Geschäfte ist als *Beendigung der Geschäftstätigkeit* zu verstehen.[121] Die Beendigung der laufenden Geschäfte bedeutet darum nicht etwa, vertragswidrig Geschäfte abzubrechen und ihre Erfüllung zu verweigern.[122] Es besteht auch keine Verpflichtung, sofort sämtliche Verträge zu kündigen und die Produktion einzustellen. Vielmehr ist stets auf eine möglichst effektive Verwertung des Gesellschaftsvermögens bedacht zu nehmen. Darum kann sich die Liquidation bei einem Großunternehmen über mehrere Jahre hinziehen.[123] Jedenfalls ist eine *zeitlich begrenzte Betriebsfortführung* zur Vermeidung von Abwicklungsverlusten nicht zu beanstanden.[124] Eine geordnete

---

116 Scholz/*K. Schmidt*, § 70, Rn. 5.
117 *Lutter/Kleindiek*, in: Lutter/Hommelhoff, § 70, Rn. 4.
118 Michalski/*Nerlich*, § 70, Rn. 13.
119 BGH, Urt. v. 20. 11. 1958 – II ZR 17/57, BGHZ 28, 355 = BB 1958, 1272 = NJW 1959, 194; *Lutter/Kleindiek*, in: Lutter/Hommelhoff, § 71, Rn. 17.
120 BGH, Urt. v. 23. 6. 1969 – II ZR 272/67, BB 1969, 973 = NJW 1969, 1712; Baumbach/Hueck/*Schulze-Osterloh*, § 69, Rn. 19.
121 Rowedder/Schmidt-Leithoff/*Rasner*, § 70, Rn. 7; Michalski/*Nerlich*, § 70, Rn. 15; Scholz/*K. Schmidt*, § 70, Rn. 7.
122 Rowedder/Schmidt-Leithoff/*Rasner*, § 70, Rn. 8.
123 Scholz/*K. Schmidt*, § 70, Rn. 7; Michalski/*Nerlich*, § 70, Rn. 15.
124 Baumbach/Hueck/*Schulze-Osterloh*, § 70, Rn. 4.

Abwicklung kann gebieten, aus vorhandenen Vorräten verkaufsfähige Produkte zu fertigen, zu diesem Zweck notwendige Anlagegüter zu kaufen und die Kündigung der Dauerschuldverhältnisse – Arbeits- und Mietverhältnisse – auf einen möglichst günstigen Zeitpunkt hinauszuschieben.[125] Über den Wortlaut des § 70 S. 2 GmbHG hinaus dürfen neue Geschäfte abgeschlossen werden, als sie objektiv dem Abwicklungszweck dienen und subjektiv dazu bestimmt sind.[126]

c) Erfüllung der Verpflichtungen

Voraussetzung der Vermögensverteilung ist nach § 73 Abs. 1 GmbHG die Schuldentilgung. Da die Vermögensverteilung Zweck der Liquidation bildet, kommt der Erfüllung der Verbindlichkeiten besondere Bedeutung zu. Fällige Verpflichtungen sind, gleich ob der Gläubiger den Anspruch geltend macht oder nicht, zu erfüllen, *nicht fällige und streitige Verpflichtungen* durch Hinterlegung (§§ 372 ff. BGB) oder auf andere Weise (§§ 232 ff. BGB) zu sichern.[127] Die Liquidatoren haben grundsätzlich keine Rangordnung der Gläubiger zu beachten. Gläubiger aus von den Liquidatoren nach § 70 S. 2 GmbHG eingegangenen Neugeschäften sind nicht anders als „Altgläubiger" zu behandeln.[128] Selbst bei einer masselosen Liquidation gilt nicht der Grundsatz der Gleichbehandlung der Gläubiger.[129] Auch Schulden gegenüber Gesellschaftern aus normalen *Verkehrsgeschäften* sind, soweit nicht § 30 GmbHG eingreift, zu erfüllen.[130] Die Grundsätze ordnungsgemäßer Liquidation gebieten zwar nicht, dass ein Gesellschafter schuldrechtliche Ansprüche gegen die Gesellschaft mit Rücksicht auf die Forderungen fremder Gläubiger zurückstellt. Sie verbieten aber die *Bevorzugung eines Gesellschafters* in der Weise, dass diesem

---

125 Rowedder/Schmidt-Leithoff/*Rasner*, § 70, Rn. 8.
126 Baumbach/Hueck/*Schulze-Osterloh*, § 70, Rn. 10; Scholz/*K. Schmidt*, § 70, Rn. 16.
127 Baumbach/Hueck/*Schulze-Osterloh*, § 70, Rn. 5, § 73, Rn. 4; Scholz/*K. Schmidt*, § 70, Rn. 11, § 73, Rn. 11; *Lutter/Kleindiek*, in: Lutter/Hommelhoff, § 73, Rn. 8.
128 BGH, Urt. v. 18. 11. 1969 – II ZR 83/68, BGHZ 53, 71 = BB 1970, 188 = NJW 1970, 469; Baumbach/Hueck/*Schulze-Osterloh*, § 70, Rn. 5; Michalski/*Nerlich*, § 70, Rn. 23; Rowedder/Schmidt-Leithoff/*Rasner*, § 70, Rn. 11; Scholz/*K. Schmidt*, § 70, Rn. 10; Roth/*Altmeppen*, § 70, Rn. 14.
129 Michalski/*Nerlich*, § 70, Rn. 23; Roth/*Altmeppen*, § 70, Rn. 15.
130 Scholz/*K. Schmidt*, § 70, Rn. 9; *Lutter/Kleindiek*, in: Lutter/Hommelhoff, § 70, Rn. 9.

eine noch unerfüllte Einlageforderung abgetreten und damit ein zum Grundstock des Gesellschaftsvermögens gehörender Wert dem Zugriff aller Fremdgläubiger entzogen, also praktisch eine gehörige Abwicklung durch eine auf den Kreis der Gesellschafter beschränkte Zuteilung des möglicherweise einzigen Vermögensgegenstandes ersetzt wird.[131] Gesellschafterforderungen, die aus dem Gesellschaftsverhältnis rühren und also nicht Drittforderungen sind, dürfen erst nach Befriedigung der übrigen Gläubiger beglichen werden.[132] Sobald die Liquidatoren aber Zahlungsunfähigkeit oder Überschuldung feststellen, müssen sie das Insolvenzverfahren einleiten.[133]

d) Einziehung der Forderungen

Die Einziehung der Forderungen sichert eine liquide Abwicklungsmasse. Die Liquidatoren haben nicht nur die Zahlungsforderungen, sondern auch alle auf *andere Leistungen* gerichteten Ansprüche, etwa einen Auflassungsanspruch,[134] Dienstleistungs- und Werkansprüche, zu verfolgen.[135] Anstelle einer Einziehung kann eine Forderung auch verkauft, abgetreten (Factoring) oder zur Aufrechnung gestellt werden.[136] Ebenso sind die Forderungen gegen *Gesellschafter* einzuziehen, ungeachtet ob sie aus *Verkehrsgeschäften* oder dem *Gesellschaftsverhältnis* herrühren.[137] Forderungen aus dem Gesellschaftsverhältnis dürfen jedoch nur insoweit eingezogen werden, als sie für die Liquidation – Schuldentilgung, Verteilung des Restvermögens auf die Gesellschafter – benötigt werden. Der zahlungsunwillige Gesellschafter trägt die *Beweislast* für die Behauptung, dass der eingeforderte Betrag für die Liquidation nicht gebraucht wird.[138] Die Einzie-

---

131 BGH, Urt. v. 18. 11. 1969 – II ZR 83/68, BGHZ 53, 71 = BB 1970, 188 = NJW 1970, 469; Roth/*Altmeppen*, § 70,, Rn. 17.
132 Scholz/*K. Schmidt*, § 70, Rn. 9, § 73, Rn. 2; Roth/*Altmeppen*, § 70, Rn. 18.
133 Rowedder/Schmidt-Leithoff/*Rasner,*, § 70, Rn. 11.
134 RGZ 44, 84.
135 Rowedder/Schmidt-Leithoff/*Rasner*, § 70, Rn. 13; Scholz/*K. Schmidt*, § 70, Rn. 12; Baumbach/Hueck/*Schulze-Osterloh*, § 70, Rn. 7.
136 Michalski/*Nerlich*, § 70, Rn. 24; Scholz/*K. Schmidt*, § 70, Rn. 12.
137 Michalski/*Nerlich*, § 70, Rn. 25; *Lutter/Kleindiek*, in: Lutter/Hommelhoff, § 70, Rn. 12; vgl. BGH, Urt. v. 11. 9. 2000 – II ZR 370/99, BB 2000, 2274 = NJW 2001, 304.
138 BGH, Urt. v. 18. 11. 1969 – II ZR 83/68, BGHZ 53, 71 = BB 1970, 188 = NJW 1970, 469; Michalski/*Nerlich*, § 70, Rn. 25; Rowedder/Schmidt-Leithoff/*Rasner*, § 70, Rn. 14; *Lutter/Kleindiek*, in: Lutter/Hommelhoff, § 70, Rn. 12.

3. Aufgaben der Liquidatoren im Innenverhältnis 9. Kap.

hung von Stammeinlagen oder sonstigen Forderungen aus dem Gesellschaftsverhältnis hängt nicht von einer Beschlussfassung nach § 46 Nr. 2 GmbHG ab.[139]

e) Umsetzung des Gesellschaftsvermögens in Geld

Die Versilberung des Vermögens dient dem Zweck, einerseits die Verbindlichkeiten zu tilgen und andererseits das danach verbliebene Restvermögen auf die Gesellschafter zu verteilen.[140] Gegenstände, die ein Gesellschafter der GmbH zur Nutzung zur Verfügung gestellt hat, sind ihm zurückzugeben (§ 732 BGB).[141] Die Umsetzung in Geld kann zur Vermeidung von Zerschlagungsverlusten verwirklicht werden, indem das Unternehmen, was nicht der Zustimmung der Gesellschafter bedarf,[142] als Ganzes veräußert wird.[143] Sofern keine Schulden (mehr) zu begleichen sind, können die Gesellschafter einvernehmlich eine *reale Vermögensteilung* vornehmen.[144] Das gesamte Unternehmen oder einzelne Vermögensgegenstände können – zum wahren Wert[145] – an einen Gesellschafter oder eine Gesellschaftergruppe veräußert werden. Der Gleichbehandlungsgrundsatz gebietet, dass der Liquidator das Unternehmen auch den anderen Gesellschaftern zum Kauf offeriert. Darum setzt die Veräußerung an einen oder mehrere Gesellschafter analog § 162 InsO die Zustimmung der weiteren Gesellschafter voraus.[146]

f) Vermögensverteilung

Die Liquidation vollendet sich mit der Vermögensverteilung (§ 72 GmbHG), die erst nach Ablauf des *Sperrjahres* (§ 73 Abs. 1 GmbHG) erfolgen darf. Die Verteilung bestimmt sich – wenn der Gesellschafts-

---

139 Rowedder/Schmidt-Leithoff/*Rasner*, § 70, Rn. 14.
140 Michalski/*Nerlich*, § 70, Rn. 26; Baumbach/Hueck/*Schulze-Osterloh*, § 70, Rn. 8; Rowedder/Schmidt-Leithoff/*Rasner*, § 70, Rn. 15; Scholz/*K. Schmidt*, § 70, Rn. 13.
141 Scholz/*K. Schmidt*, § 70, Rn. 13.
142 Michalski/*Nerlich*, § 70, Rn. 26; Baumbach/Hueck/*Schulze-Osterloh*, § 70, Rn. 8; Hachenburg/*Hohner*, § 70, Rn. 16.
143 Baumbach/Hueck/*Schulze-Osterloh*, § 70, Rn. 8.
144 Rowedder/Schmidt-Leithoff/*Rasner*, § 70,, Rn. 15.
145 Rowedder/Schmidt-Leithoff/*Rasner*, § 70, Rn. 17.
146 Scholz/*K. Schmidt*, § 70, Rn. 14; Michalski/*Nerlich*, § 70, Rn. 28.

vertrag nichts anderes vorsieht – nach dem Maßstab der Beteiligung der Gesellschafter (§ 72 GmbHG). Grundsätzlich können die Gesellschafter, weil das Vermögen nach § 70 GmbHG zu versilbern ist, Geldzahlung beanspruchen. Eingebrachte Gegenstände sind den Gesellschaftern in Natur herauszugeben (§ 732 BGB).[147] Im *Einverständnis* der Gesellschafter können ihnen im Wege der *Realteilung* Sachwerte zugewendet werden.[148] Die Erfüllung bestimmt sich nach der Art der Verteilung. Der Anteil am Liquidationserlös ist den Gesellschaftern auszuzahlen; eine Realteilung wird durch Übereignung verwirklicht.[149] Ein Verstoß gegen das Sperrjahr des § 73 Abs. 1 GmbHG macht die Vermögensübertragung nicht unwirksam (§ 134 BGB). Anders ist es aber, wenn Liquidator und Gesellschafter bewusst gegen § 73 Abs. 1 GmbHG verstoßen. In diesem Fall ist die Vermögensverteilung nichtig. Dann können Gläubiger der Gesellschaft auf den verteilten Vermögenswert zugreifen.[150]

V. Vollbeendigung

Die Liquidation ist beendet, wenn das Sperrjahr (§ 73 Abs. 1 GmbHG) abgelaufen, kein verteilbares Vermögen mehr vorhanden und keine weiteren Liquidationsmaßnahmen zu erledigen sind.[151] Mit der *Beendigung der Liquidation*, die nur das Abwicklungsverfahren zum Abschluss bringt, ist noch nicht die Vollbeendigung der Gesellschaft verbunden.[152] Nach Beendigung der Liquidation hat der Liquidator eine Schlussrechnung zu erstellen und den Schluss der Liquidation zum Handelsregister anzumelden (§ 74 Abs. 1 GmbHG). Das Registergericht hat sodann die GmbH zu löschen (§ 74 Abs. 1 S. 2 GmbHG). Von der Löschung im Handelsregister ist das Erlöschen der GmbH als juristische Person (*Vollbeendigung*) zu unterscheiden. Nach früherer Auffassung ging die GmbH als Rechtssubjekt mit Ein-

---

147 Baumbach/Hueck/*Schulze-Osterloh*, § 72, Rn. 3.
148 Roth/*Altmeppen*, § 72, Rn. 6.
149 Baumbach/Hueck/*Schulze-Osterloh*, § 72, Rn. 17.
150 BGH, Urt. v. 4. 7. 1973 – VIII ZR 156/72, BB 1973, 1280 = NJW 1973, 1695; Scholz/*K. Schmidt*, § 73, Rn. 19.
151 *Lutter/Kleindiek*, in: Lutter/Hommelhoff, § 74, Rn. 2; Baumbach/Hueck/*Schulze-Osterloh*, § 74, Rn. 2.
152 Scholz/*K. Schmidt*, § 74, Rn. 2.

3. Aufgaben der Liquidatoren im Innenverhältnis 9. Kap.

tritt ihrer Vermögenslosigkeit unter; der Eintragung der Löschung kam nur *deklaratorische* Bedeutung zu.[153] Nach heute vorherrschender Auffassung setzt das Erlöschen einen *Doppeltatbestand*, die *Vermögenslosigkeit* und die *Eintragung* des Erlöschens in das Handelsregister, voraus; damit kommt der Eintragung auch, aber nicht allein, *konstitutive* Wirkung zu.[154] Fehlt es an einer dieser beiden Voraussetzungen, weil etwa nachträglich Gesellschaftsvermögen aufgefunden wird, besteht die Gesellschaft fort und ist im Rahmen einer *Nachtragsliquidation* abzuwickeln.

---

153 RGZ 156, 23, 26; 155, 42, 44; 149, 293, 296; 134, 91, 94.
154 BAG Urt. v. 4. 6. 2003 – 10 AZR 448/02, NZA 2003, 1049 = GmbHR 2003, 1009; BAG Urt. v. 22. 3. 1988 – 3 AZR 350/86, NJW 1988, 2637; Scholz/*K. Schmidt*, § 74, Rn. 13 f.; Baumbach/Hueck/*Schulze-Osterloh*, § 60, Rn. 6; *Lutter/Kleindiek*, in: Lutter/Hommelhoff, § 74, Rn. 6 f.; *K. Schmidt*, § 38 IV. 3. d); Roth/*Altmeppen*, § 60, Rn. 7.

Literaturverzeichnis

Baumbach/Hueck, GmbHG, 17. Aufl.
Goette, Die GmbH, 2. Aufl.
Hachenburg, GmbHG, 9. Aufl.
Lutter/Hommelhoff, GmbHG, 16. Aufl.
Michalski, GmbHG, 2002

Roth/Altmeppen, GmbHG, 4. Aufl.
Rowedder/Schmidt-Leithoff, GmbHG, 4. Aufl.
K. Schmidt, Gesellschaftsrecht, 4. Aufl.
Scholz, GmbHG, 8. Aufl.

Sachregister

Abberufung 154, 226 ff.
- Amtsniederlegung 233 ff.
- Aufhebungsvertrag 235
- aus wichtigem Grund 230 f.
- ordentliche 227 ff.

Abfindung
- des ausgeschiedenen Gesellschafters 123
- Gesellschafter 143 ff.
- Nachfolgeregelung gegenüber Erben 79
- Zahlung aus ungebundenem Vermögen 141

Abfindungsbeschränkung 144 f.

Abtretung
- Beschränkung 90 ff.
- Genehmigung 94 ff.

AGB-Inhaltskontrolle 53
Aktivvermögen 355
Alt-GmbH 42
Anfechtungs- und Nichtigkeitsklage 194 ff.
Anfechtungsfrist 203
Anmeldung 105 ff.
- Legitimationswirkung 105
- Rechtsfolgen 108 ff.

Anstellungsverhältnis 236 ff.
- Begründung 236 ff.
- Beendigung 262 ff.
- - Aufhebungsvertrag 273
- - fristlose Kündigung 266 ff.
- - ordentliche Kündigung 263 ff.
- Pflichten des Geschäftsführers 254 ff.
- Rechte des Geschäftsführers 242 ff.
- Rechtsnatur 240 ff.

Anteilsveräußerung 80 ff.
- Anmeldung 105 ff.
- Formzwang von Verpflichtungs- und Verfügungsgeschäft 80 ff.
- Gewährleistung 88 ff.
- Teilveräußerung 97 ff.
- Vinkulierung 90 ff.

Aufhebungsvertrag 235, 273
Aufklärungspflicht 88
Auflösung 445 ff.
- Auflösungsgründe 446 ff.
- Fortsetzung der aufgelösten GmbH 454 ff.
- Liquidation 458 ff.
- Vollbeendigung 466 ff.

Auflösungsbeschluss 447
Auflösungsgrund 446 ff.
- Auflösung kraft Hoheitsakts 450 f.
- Auflösungsbeschluss 447
- Befristung 446
- Beseitigung 456
- Insolvenzeröffnung 452
- Registergerichtliche Verfügung 453

Aufrechnung 369
Aufrechnungsverbot 312 f.
Ausfallhaftung 337 f., 370
Ausschließung 125 ff.
Ausschließungsgrund 128 ff.

Sachregister

Ausschüttungs-Rückhol-Verfahren 329 f.
Austritt 146
Auszahlungsempfänger 361 ff.
– Dritte 363 ff.
– – Familienangehörige 365
– – Treuhand 363
– – verbundene Unternehmen 364
– Gesellschafter 361 f.
Auszahlungsverbot 347 ff., 434

Bareinlage 299 ff.
– Aufrechnungsverbot 321 f.
– Befreiungsverbot 309 ff.
– Erfüllung 301 ff.
– Fälligkeit 299
– Verjährung 309
Beendigung der GmbH 445 ff.
Befreiungsverbot 309 ff.
Beitrittsmangel 73
Bereicherungsausgleich 89
Beschlussanfechtung 201 ff.
Beschlussfassung 176 ff.
Beurkundung
– ausländische 49
– notarielle 48
Beurkundungsmangel 198
Beweislast s. Darlegungs- und Beweislast

Culpa in contrahendo 288

Darlehen 382, 399, 419
Dienstvertrag 240
Dienstwagen 247
Differenzhaftung 298
Drittdarlehen 405 ff.

Dritte 363 ff., 430
Durchgriffshaftung 376 ff.
– Einpersonengesellschaft 379
– Sphärenvermischung 377
– Unterkapitalisierung 378
– Vermögensvermischung 376
Darlegungs- und Beweislast 62, 146, 280, 292, 371, 397

Eigenkapitalersatzrecht 381 ff.
– Gleichbehandlung von Darlehen und Eigenkapital 382 f.
– Haftungsumfang 425 ff.
– Kapitalstärkung 381
– Krise der Gesellschaft 387 ff.
– Umqualifizierung der Leistung 399 ff.
– zweistufiger Schutz der Gesellschaft 383 ff.
Eigenkapitalersatzregeln 345
Einberufung 165 ff.
Einberufungsmangel 175, 197
Eingriff, existenzvernichtender s. Existenzvernichtender Eingriff
Einpersonengesellschaft 57, 379
Einpersonengründung 38, 67
Eintragung 68 ff.
– Anmeldung 68
– Registergerichtliche Prüfung 69
Einziehung 113 ff.
Erfüllung 301 ff.
Erlass 369
Erstattungsanspruch 366 ff.
– Aufrechnung 369
– Ausfallhaftung 370

- Darlegungs- und Beweislast 371
- Erlass 369
- Fälligkeit 367
- Haftung wegen Eigenkapitalersatzes
- nachträgliche Auffüllung des Stammkapitals 368
- Stundung 369
- Verjährung 370
Existenzvernichtender Eingriff 372 ff.
- Haftung des Gesellschafters 372 ff.
- planmäßiger Vermögensentzug 372

Fälligkeit 299, 326, 367
Fälligkeitsvereinbarung 414 ff.
Familienangehöriger 365
Finanzplankredit 400
Firma 38 ff.
Form 48 ff.
Formmangel 72
Formzwang 80 ff.
- Verpflichtungsgeschäft 81 ff.
- Verfügungsgeschäft 87
Fortsetzungsbeschluss 455

Garantieversprechen 289
Gebrauchsüberlassung 408 ff., 439 ff.
Genehmigung 94, 97
Geschäftsanteil 75 ff.
- Beschränkung der Abtretung (Vinkulierung) 90 ff.
- fehlerhafte Übertragung 104
- Mitberechtigung 100 ff.

- Teilung und Einziehung 154
- Teilveräußerung 97 ff.
- Veräußerlichkeit 76
- Veräußerung, Gewährleistung 88 ff.
- Vererblichkeit 77 ff.
- Vernichtung 122
- Verwertung 337
Geschäftsführer
- Bestellung, Abberufung 154
- Entlastung 155 ff.
- Geschäftsführung 215 ff.
- Haftung 274 ff.
- Pflichten 254 ff.
- Vergütung 242 ff.
- Vertretung 208 ff.
- Vertretungs- und Geschäftsführungsorgan 207 ff.
Geschäftsführung 158, 215 ff.
Geschäftsführungsorgan 207 ff.
Gesellschaft, fehlerhafte 71 ff.
- Beitrittsmangel 73
- Eintragung der GmbH 72
- Geschäftsanteil, Abtretung 73
- Vor-GmbH 71
Gesellschafter
- Abfindung 143 ff.
- Ausschließung aus wichtigem Grund 125 ff.
- Austritt 146
- Auszahlungsempfänger 361 ff.
- Gesellschaftsvertrag 36 ff.
- Haftung wegen existenzvernichtenden Eingriffs 372 ff.

471

- Teilnahmerecht 180 ff.
Gesellschafterbeschluss
- Anfechtbarkeit 201 ff.
- Anfechtungs- und Nichtigkeitsklage 194 ff.
- Haftung wegen Eigenkapitalersatzes 425 ff.
- Nichtigkeit 197 ff.
- rechtliche Kontrolle 194 ff.
- Unwirksamkeit 196
Gesellschafterdarlehen 391
Gesellschafterversammlung
- Beschlussfassung 176 ff.
- Einberufung 165 ff.
- Kompetenzen 150 ff.
Gesellschaftsvermögen, Minderung 348 ff.
Gesellschaftsvertrag 32 ff.
- Form 48 ff.
- Gesellschafter 36 ff.
- Gesellschaftszweck 32 ff.
- Inhaltskontrolle von AGB 53
- Körperschaftliche Regelungen 47
- Mindestinhalt 38 ff.
- Vertragsauslegung 52
Gewährleistung bei Anteilsveräußerung 88 ff.
- Aufklärungspflichten 88
- Ergebnisabgrenzungsvereinbarung 89
- Kapitalerhöhung 90
- Rechts- und Unternehmenskauf 88
Gewinnausschüttung 110 ff.
Gewinnausschüttung, verdeckte 350

GmbH
- Auflösung, Beendigung, Liquidation 445 ff.
- Eintragung 68 ff.
- – Handelsregisteranmeldung 68
- – Registergerichtliche Prüfung
- Gründung 29 ff.
- Mitgliedschaft 75 ff.
GmbH, aufgelöste 454 ff.
Gründerhaftung 287

Haftung
- des Geschäftsführers 274
- der Gesellschafter wegen existenzvernichtenden Eingriffs 372 ff.
- im qualifiziert faktischen Konzern 375
- von Prokuristen und Handlungsbevollmächtigten 295
- wegen Eigenkapitalersatzes 425 ff.
- – Haftungsinhalt 434 ff.
- – Personenkreis 425 ff.
Haftungsbefreiung 297
Haftungsgrenze 354, 358
Haftungsübernahme 31
Handelndenhaftung 46
Handelsregisteranmeldung 68
Handlungsbevollmächtigter 295
Heilung
- des formwidrigen Verpflichtungsgeschäfts 86
- von Einberufungsmängeln 174
Hin- und Herzahlung 318

Hinauskündigungsklausel 133 ff.

Inhaltskontrolle 53
Insolvenz 441
Insolvenzeröffnung 452 f., 456 f.
Insolvenzreife 388, 394, 409
Insolvenzverschleppung 289 ff.

Jahresabschluss 152, 389

Kaduzierung 331 ff.
Kapitalaufbringung 297 ff.
– Bareinlage 299 ff.
– Kaduzierung 331 ff.
– Kapitalerhöhung 325 ff.
– Korrelat der Haftungsbefreiung 297
– Sacheinlage 315 f.
– Unversehrtheitsgrundsatz 298
Kapitalerhaltung 341 ff.
– Auszahlungsempfänger 361 ff.
– Durchgriffshaftung 376 ff
– Erstattungsanspruch 366 ff.
– existenzvernichtender Eingriff 372 ff.
– Kapitalschutz 341 ff.
– Mithaftung 379
– Reichweite des Vermögensschutzes 345 ff.
Kapitalerhöhung 325 ff.
– Ausschüttungs-Rückhol-Verfahren 329 f.
– Fälligkeit 326

– Vorausleistung 327 f.
Kapitalschutz 341 ff.
Kapitalstärkung 381
Klagebefugnis 201
Kontrolle, registergerichtliche 44, 69
Kreditgewährung 284
Kreditunwürdigkeit 393 ff., 409
Krise 387 ff.
– Erkennbarkeit der Krise 398
– Insolvenzreife 388 ff.
– Kreditunwürdigkeit 393 ff.
Kündigung
– fristlose 266 ff
– ordentliche 263 f.
Kundenstamm 89

Leistungsstörung 247
Liquidation 458 ff.
– Bestellung und Anstellung des Liquidators 459
– Vertretungsmacht des Liquidators 460
– Aufgaben der Liquidatoren 461 ff.
Liquidator 459 ff.

Mantelgründung 42 ff.
Masseschmälerung 284
Mehrheitserfordernis 178
Mindesteinlage 298
Missbrauch 373
Mitberechtigung 100 ff.
Mitgliedschaft
– Verlust 113 ff.
– – Abfindung 143 ff.
– – Einziehung 113 ff.

Sachregister

– – Kaduzierung 335
– – Ausschließung aus wichtigem Grund 125 ff.
– – Austritt 146
Mithaftung 379

Neugründung 42
Nichtigkeitsklage 194

Organverhältnis 220 ff.
– Abberufung 226 ff.
– – Amtsniederlegung 233 ff.
– – Aufhebungsvertrag 235
– – aus wichtigem Grund 230 f.
– – ordentliche 227 ff.
– Bestellungsorgan 222 ff.

Passivvermögen 356
Pflichtverletzung 275 ff.
Prokurist 159, 295

Quotenschaden 290

Rechtskauf 88
Rechtsscheinhaftung 40
Reserve, stille 389
Ruhegehalt 249 ff.
Rückstellung 390

Sacheinlage 315 ff.
Sacheinlage, verdeckte 318 ff.
Sanierungsdarlehen 403
Satzungsgrundlage 91, 114, 132
Schadensersatzanspruch 275 ff.
Schutz, zweistufiger 383
Sozialversicherungsbeitrag 293

Sphärenvermischung 377
Stammkapital 46, 118 f., 345, 368
Stimmrecht 183 ff.
Stufenregress 336
Stundung 369, 413

Tantieme 244 f.
Treuhand 51, 363

Überbrückungskredit 402
Überschuldung 352, 355 f., 388
Überschuldungsbegriff, zweistufiger 357, 388
Überschuldungsbilanz 389
Umqualifizierung der Leistung in Eigenkapital 399 ff.
– Darlehen 399
– Drittdarlehen 405 ff.
– Gebrauchsüberlassung 408 ff.
– Überbrückungskredit 402
– Zeitpunkt 416
Unterbilanz 352 ff.
Unterbilanzhaftung 45, 59 ff.
Unterkapitalisierung 378
Unternehmen, verbundene 364
Unternehmenskauf 88
Unversehrtheitsgrundsatz 298

Verfügung, registergerichtliche 453, 458
Verlustdeckungshaftung 61
Vergütung 242 ff.
Verjährung 292, 309, 370
Verkehrswert 143
Vermögensbilanz 355

Sachregister

Vermögensschutz 345 ff.
– Auszahlung 347 ff.
– Stammkapital 345
– Überschuldung 352, 355 f.
– Unterbilanz 352 ff.
Vermögensvermischung 376
Versorgungszusage 250 ff.
Vertragsauslegung 52
Vertrauensschaden 291
Vertretung 208
Vertretungsorgan 207 ff.
Vinkulierung 90 ff.
Vollbeendigung 466 ff.
Vorausleistung 327 f.
Vorgesellschaft 54 ff.
– Einpersonen-GmbH 57
– Innenverhältnis 56
– Rechtsfähigkeit 54
– Rechtsnatur 54
– Vertretung 56
– Haftung für Verbindlichkeiten der V. 58 ff.
– – Beweislast 62
– – Handelndenhaftung 63 ff.
– – unechte Vor-GmbH 67
– – Unterbilanzhaftung 59 f.
– – Verlustdeckungshaftung 61
Vor-GmbH 73
Vor-GmbH, unechte 67 ff.
Vorgründungsgesellschaft 29 ff.
Vorratsgründung 42 ff.
Vorvertrag 51

Wettbewerbsverbot 257 ff.
Wichtiger Grund 125 ff., 230
Widerruf 252 f.

Zahlungsaufforderung 332 f.
Zahlungsunfähigkeit 388
Zuständigkeitskatalog des § 46 GmbHG 152 ff.

Schriften des Betriebs-Berater

- 10 Grüll/Janert, Der Anstellungsvertrag mit leitenden Angestellten und Führungskräften, 14. Aufl.
- 21 Hofmann, Der Prokurist, 7. Aufl.
- 27 Schleßmann, Das Arbeitszeugnis, 17. Aufl.
- 38 Eberstein, Der Handelsvertreter-Vertrag, 8. Aufl.
- 48 Frotscher, Besteuerung bei Insolvenz, 6. Aufl.
- 83 Wilhelm/Hennig, Kleines Handbuch der Steuerbilanz, 2. Aufl.
- 86 Rasenack, Einkünfte aus Vermietung und Verpachtung, 2. Aufl.
- 88 Reiserer/Heß-Emmerich, Der GmbH-Geschäftsführer im Arbeits-, Sozialversicherungs- und Steuerrecht, 2. Aufl.
- 93 Bauer/Röder/Lingemann, Krankheit im Arbeitsverhältnis, 2. Aufl.
- 96 Nissen, Amtshaftung der Finanzverwaltung, 2. Aufl.
- 98 Hübner, Die Unternehmensnachfolge im Erbschaft- und Schenkungsteuerrecht
- 99 Hastedt/Mellwig, Leasing
- 100 Stolz, Die Kunst im Steuerrecht
- 101 Gebel, Erbschaftsteuer bei deutsch-spanischen Nachlässen
- 104 Korts/Korts, Der Weg zur börsennotierten Aktiengesellschaft, 2. Aufl.
- 106 Wagner, Kapitalbeteiligung von Mitarbeitern und Führungskräften
- 107 Wagner, Verdeckte Gewinnausschüttungen und verdeckte Einlagen bei Kapitalgesellschaften
- 110 Zwanziger, Das Arbeitsrecht der Insolvenzordnung, 2. Aufl.
- 111 Eichmann, Abzugsteuer im Ertrag- und Umsatzsteuerrecht
- 112 Ebel/Funke, Fusionskontrolle beim Unternehmenskauf

Recht und Wirtschaft
Verlag des Betriebs-Berater

Ein Unternehmen der Verlagsgruppe Deutscher Fachverlag

Schriften des Betriebs-Berater

- 113 Henze, Managerhaftung
- 115 Lembke, Mediation im Arbeitsrecht
- 116 Dehner, Das Maklerrecht – Leitfaden für die Praxis
- 117 Küting/Dawo/Heiden, Internet und externe Rechnungslegung
- 121 Schmittmann/Gorris, Steuerliche Aspekte des Fernabsatzrechts
- 122 Rose, Reform der Einkommensbesteuerung in Deutschland
- 123 Riehmer, Feindliche Übernahmen in Deutschland
- 124 Schnelle/Bartosch (Hrsg.), Europarecht in der Unternehmens- und Beratungspraxis
- 125 Boemke (Hrsg.), Gewerbeordnung – Kommentar zu §§ 105–110
- 127 Voß, Systematisches Handbuch zum neuen Körperschaftssteuerrecht
- 128 Milatz/Kemcke/Schütz, Stiftungen im Zivil- und Steuerrecht
- 129 Spirolke/Regh, Die Änderungskündigung
- 130 von Steinau-Steinrück/Hurek, Arbeitsvertragsgestaltung
- 131 Ehricke, Schuldvertragliche Nebenabreden zu GmbH-Gesellschaftsverträgen
- 132 Sandrock/Wetzler (Hrsg.), Deutsches Gesellschaftsrecht im Wettbewerb der Rechtsordnungen
- 133 Triebel, Die englische Limited
- 134 Thümmel, Die Europäische Aktiengesellschaft
- 135 Kreindler/Schäfer, Leitfaden Schiedsgerichtsbarkeit
- 136 Hunold/Wetzling, Umgang mit leistungsschwachen Mitarbeitern
- 137 Kuthe/Rückert/Sickinger (Hrsg.), Compliance-Handbuch Kapitalmarktrecht
- 138 Gehrlein, GmbH-Recht in der Praxis

Recht und Wirtschaft
Verlag des Betriebs-Berater

Ein Unternehmen der Verlagsgruppe Deutscher Fachverlag